특수아상담 및 사례

특수아 상담 및 사례

counseling children with special needs

양종국 저

동문사

머리말

모든 사람들은 행복한 삶을 살아가기 위해서 나름대로 열심히 노력한다. 장애인들도 행복한 삶을 살아가기 위해서 최선을 다해서 노력한다. 특수아 상담은 특수아들의 삶의 질을 높이고, 행복한 삶을 계획할 수 있도록 잠재능력을 개발하고, 주어진 외부의 다양한 자극에 적절하게 대처하고 적응할 수 있는 내적인 힘을 길러주고, 다양한 도전에 효과적으로 대처할 수 있도록 돕는 필수적인 과정이다. 특수아 상담은 일반적인 상담과는 상당히 다른 특성과 필요성을 가지고 있다. 장애인은 다른 어떤 집단보다도 독특성과 다양성을 가지고 있어 상담을 위해서는 장애인에 대한 이해를 통한 감수성을 기반으로 체계적이고 전문적인 접근이 요구됩니다. 이 책은 이러한 필요성에 부응하여, 특수아에 대한 이해, 특수아 상담의 이론적 기초, 실제 상담 사례를 구체적으로 제시하였다.

특수아들이 신체적, 정신적, 사회적 도전 속에서 삶을 영위해 나가야 하며, 이 과정에서 다양한 형태의 심리상담이 큰 도움이 될 수 있다. 특수아 상담의 궁극적인 목표는 장애인이 자신의 능력과 잠재력을 최대한 발휘하도록 돕고, 그들의 자존감을 높이며, 사회 속에서 독립적이고 자립적인 삶을 살아갈 수 있도록 지원하는 것입니다. 따라서 특수아 상담은 단순히 문제를 해결하는 것에 그치지 않고, 장애인들이 더 나은 미래를 바라볼 수 있도록 동기 부여와 심리적 지지, 실질적인 도움을 제공하여 행복한 삶을 영위할 수 있는 토대를 만드는 것이다.

이 책은 네 개의 주요 부문으로 구성되어 있습니다. 첫 번째 부문은 "특수아 상담의 패러다임"으로, 특수아 상담의 정의, 필요성, 다양한 유형과 원리, 패러다임 등을 다룹니다. 이를 통해 독자들은 장애인 상담의 전반적인 개념과 이론적 배경을 이해하게 될 것이다.

두 번째 부문은 "특수아에 대한 이해"로, 장애유형별로 심도 있게 설명하여 독자들이 각 장애의 특성과 필요를 제대로 파악할 수 있도록 합니다. 우리나라의 장애인 유형을 분류하는 법적 기준에 따라서 발달장애, 감각장애, 정신장애 및 건강장애로 구분해서 상세하게 다루어 상담사 및 관련 전문가들이 장애인을 더 잘 이해하고 효과적으로 지원할 수 있게 합니다.

세 번째 부문은 "특수아를 위한 상담이론"으로 정신분석상담, 인지행동상담, 개인심리상담, 수용전념치료, 문제해결상담, 긍정심리상담 등 다양한 상담 이론과 그 응용법을 제시합니다. 각 이론은 장애인의 특수한 상황에 어떻게 적용될 수 있는지 구체적으로 설명하며, 상담사들이 실제 상담 과정에서 유용하게 활용할 수 있는 도구와 기법을 제공합니다.

네 번째 부문은 "장애인 상담사례"를 제시하고 그에 따른 접근방법에 대해서 논의하였다. 발달장애인, 감각장애인, 건강장애인을 대상으로 한 상담 사례 등을 제시하며, 장애인을 위한 긍정기반 상담 사례 개념화 방법을 상세히 설명하였다. 이를 통해 상담사들이 상담 장면에서 마주할 수 있는 다양한 상황에 대비하고, 보다 효과적으로 장애인을 지원하는 방법을 배우고, 장애를 겪는 내담자에게 효과적인 상담을 수행할 수 있는 기초를 제공할 것이다.

이 책은 장애 학생들을 상담한 경험과 학문적인 토대의 바탕 위에 집필되었다. 장애인들의 염원을 담아 2002년도에 장애인고등교육을 위해서 설립되어 현재는 한경국립대학교 사회통합학부에서 장애인들을 가르치고 상담한 경험, 수년간 특수교육현장에서 장애인들을 위한 연구와 교수학습활동, 그리고 상담활동을 하면서 얻은 경험이 바탕이 되었다. 또한 장애인들과 함께하면서 느끼는 감정 속에서 최고보다는 최선, 효율성보다는 효과성, 불가능보다는 가능성에 무게를 두고 시작하였다. 장애인 상담에 관심이 있는 상담사, 교사, 사회복지사, 심리학자, 의료 전문가뿐만 아니라, 장애인과 그 가족들에게도 유익한 정보를 제공할 것입니다. 우리나라에 장애인 상담과 관련해서 출판된 책들은 주로 특수아 상담으로 제공되고 있으나 심리상담적인 측면보다는 특수교육적인 측면이 강조되고 있으며, 상담사례에 대한 접근이 부족하지만 본 서는 장애인의 심리상담적인 측면에 주안점을 두고 장애인 상담의 이론적 기초와 실제적 적용방법을 체계적으로 접근하고자 하였으며, 특히 장애 학생 상담의 실제 사례와 슈퍼비전 내용 제시를 통해서 예비상담사들에 작은 도움을 드리고자 하였다.

우리는 모두 서로를 더 잘 이해하고 지원할 책임이 있습니다. 이 책이 장애인 상담의 복잡성과 다양성을 탐구하는 데 있어 귀중한 자원이 되기를 바라며, 이를 통해 더욱 포용적이고 이해심 많은 사회를 만들어 나가는 데 기여할 수 있기를 희망합니다.

이 책이 장애인 상담 이론과 실제적인 측면에 초점을 두었기에 현장에서의 실질적인 적용에 큰 도움이 되기를 기대합니다. 독자 여러분과 함께 더 나은 미래를 향해 나아갈 수 있기를 바랍니다.

이 책을 세상에 내놓으면서 가슴 벅찬 감동보다는 두려움, 애석함, 아쉬운 마음이 앞선다. 완벽보다는 불완전함이 많은 내용으로 집필되었으므로 부단한 노력을 통한 지속적인 수정작업을 통해 장애인 상담사들에게 작은 도움이 되길 바랄 뿐이다. 끝으로 이 책이 만들어지는 과정에서 많은 도움을 둔 장애인과 동문사의 이중수 사장님, 편집을 위해서 고생하신 편집 관계자분들께 감사드리며, 특히 장애상담에 관심을 갖고 상담공부를 성실하게 수행하면서 상담 사례를 제공해 준 김미현, 남경록, 변준호, 윤정은, 이보영 등 나의 예비상담사들에게 진심으로 감사드린다.

2024년 12월

양 종 국

차 례

3부 상담의 이론

1부

특수아 상담의 기초

1장 특수아 상담의 정의 및 필요성

이 장에서는 특수아 상담을 이해하기 위해 기초적인 개념을 정리해 보고자 한다. 특수아 상담을 이해하기 위해서 먼저 일반적인 상담과 특수아 상담의 개념을 정의하고, 특수아 상담의 목적, 원리, 특성, 및 특수아 상담의 유형에 대해 알아보고자 한다.

1. 특수아 상담의 개념

1) 일반적인 상담의 정의

상담이란 무엇인가에 대해서 단순 명료하게 정의한다는 것은 쉬운 일이 아니다. 상담을 하고 있는 사람들도 상담이 무엇인가에 대한 질문에 정확하게 이것이라고 말하는 사람들이 많지 않다. 상담에 대해서 연구한 전문가와 학자들도 각자 상담에 대한 정의를 다양하게 내리고 있다. 상담을 어떻게 정의하느냐에 따라 상담사의 가치관과 상담의 방향, 상담을 통해 이루고자 하는 목표들이 영향을 받게 된다. 상담을 누구나 이해하기 쉽게 정의하는 것은 상담을 배우는 사람이나 가르치는 사람에게 필요한 과정이라고 생각한다.

상담의 어원적인 의미를 살펴보면 서양의 의미와 우리나라에서 사용하는 의미가 다르다. 서양에서 사용되는 'Counseling'이라는 단어의 어원적인 의미는 라틴어 'consulere'에서 유래되었다. 이 라틴어 단어는 '조언하다' 또는 '충고하다'를 의미하며, 영어로 이 단어가 전해지면서 'counsel'이라는 형태로 변화되었으며, 여기서 파생된 것이 'counseling'이다. 즉, 상담사가 내담자에게 조언과 지침을 제공하는 과정을 의미하게 되었다. 그러나 우리나라에서 사용하는 상담(相談)은 문자 그대로 '상대방[相]의 화[炎]를 대화[言]로 언어화시켜서 풀어주는 것'이다. 화는 일상적인 생활 속에서 나의 뜻대로 이루어지지 않아서 나타나는 부정적 감정을 의미한다. 사람에게 나타나는 부정적 감정은 마음속에 숨겨두는 것이 아니라 신뢰할 수 있는 사람에게 말로 표현하면 지나가고 사라지게 된다. 화(火)는 마음의 불이다. 마음의 불은 우리 삶의 에너지이다. 우리들의 마음의 불은 많은 의미를 제공한다. 마음의 불이라는 에너지를 적절하게 사용하면 우리 삶을 풍요롭고, 활기차고, 밝고 즐겁게 해준다. 하지만 자신에게 제공되는 마음의 불이라는 에너지를 부정적으로 사용하면 자신이 가지고 있는 잠재적인 능력뿐만 아니라 재산과 생명까지로 잃을 수도 있는 재앙(災殃)으로 변한다. 그러므로 우리 안에 들어 있는 에너지라는 마음의 화(火)는 더 이상 부정적인 재앙이 아니라 우리 삶에 유용하게 해주는 에너지로 승화시키는 방법이 상담이라고 할 수 있다.

상담이란 '상담사와 내담자 간의 여러 번의 면접 과정'으로서, '도움을 필요로 하는 사람이 전문적 훈련을 받은 사람과의 대면 관계에서 생활 과제의 해결과 사고, 행동 및 감정 측면의 인간적 성장을 위해 노력하는 학습 과정'(이장호, 1982)이다. 상담이란 치료적 관계, 문제해결 과정, 재교육, 행동을 변화시키는 방법 등이며 상담은 아동들이 발달상의 문제를 극복하도록 돕는 방법이요, 예방적 과정이라 할 수 있다(Tompson & Rudolph, 2000). 또한 현실적인 문제를 해결하는 데 도움을 주고 내담자가 잘 적응할 수 있도록 인도해 주는 것뿐만 아니라 그러한 개개의 문제해결의 과정을 통해서 자기 스스로가 판단하고 해결할 수 있는 능력을 준비하여 주는 과정(김영숙·윤여홍, 2013)이라고 할 수 있다.

김동일 외(2014)는 상담의 과제로 다섯 가지를 제시하고 있다. 첫째, 내담자가 와서 자기를 드러내고 표현하고 탐색하게 하는 일, 둘째, 내담자가 원하는 변화가 무엇인지를 확인하고 규정하는 일, 셋째, 내담자가 원하는 변화를 성취하는 방법을 찾아내는 일, 넷째, 내담자가 원하는 변화를 성취하도록 돕는 일, 다섯째, 언제 내담자가 상담들 그만해도 되는지를 아는 일이라고 하였다.

이러한 정의들에서 볼 때 상담이란 상담사, 내담자, 해결문제라는 세 가지 요소로 되어 있으며, 일반 대화 과정과는 다르게 여기서 상담사는 전문적인 훈련을 받은 상담전문가를 의미하며, 내담자란 자신이 자라온 환경이나 어려움 때문에 자신이 가진 잠재력을 발휘하지 못하여 여러 가지 심리적 좌절을 경험한 사람이다. 내담자는 자신의 행복한 삶을 영위할 수 있는 능력과 잠재력을 가지고 태어났지만, 환경과 기타 여러 가지 요인 때문에 그 능력을 제대로 발휘하지 못하고 있다. 내담자들이 어떻게 변화를 이루고 어려움을 극복해야 하는지 잘 알지 못하고 혹 알더라도 이를 실천하는 데 어려움이 있어 도움이 필요한 사람이다. 부동산 상담, 법률 상담, 금융상담 등을 의뢰할 때 모두 부동산이나 법률, 금융에 관해 전문적으로 지식이 있고 그 문제에 관해 해결해 줄 수 있는 사람을 찾게 되듯, 심리상담 역시 전문적인 상담훈련이 되어 있는 상담가를 찾게 된다.

일상적인 생활 속에서 사용하는 심리상담이란 훈련을 통하여 전문적인 지식과 기술을 갖춘 상담사가 심리적 어려움을 겪고 있는 내담자와의 면접 과정과 상호작용을 통하여 내담자의 당면한 문제해결뿐만 아니라 내담자의 잠재력과 능력이 발휘되어 건강하고 적응적인 삶을 살아갈 수 있도록 돕는 과정이라고 할 수 있다.

상담은 내담자 본인뿐만 아니라 내담자와 밀접한 관계에 있는 주변 사람들도 함께 행복할 수 있도록 돕는 과정이라고 본다. 즉, 내담자는 자신이 가진 심리적 어려움으로 인해 감정, 사고, 행동, 관계성에 여러 가지 패턴적 문제를 드러내게 되는데, 이를 구체적으로 통찰하고 스스로 해결할 수 있도록 도와주어 자신과 주변인이 행복하게 삶을 살아갈 수 있도록 도와주는 일련의 과정이라고 할 수 있다.

이와 같이 상담의 어원적인 의미와 학자들의 의미를 종합하면, 상담이란 내담자와 상담사와의 만남을 통해서 인간적인 관계를 형성하여 치료적 관계로 변화시키는 참만남을 통해서 내담자의 사고와 감정, 행동을 통찰하도록 하는 상생적인 만남을 갖고, 내담자가 새로운 행동과 습관을 갖도록 하는 창의적인 만남을 통해서 내담자의 마음건강과 성장을 촉진하는 과정을 말한다. 이러한 개념을 도식화하면 다음 **그림 1-1**과 같다.

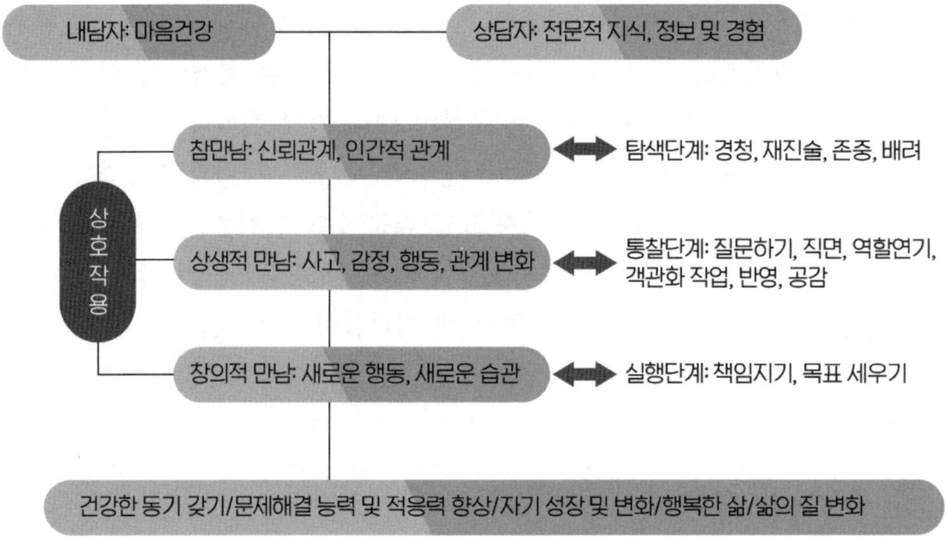

그림 1-1 상담개념의 도식

그림 1-1과 같이 상담이란 내담자와 상담사가 인간적인 참만남을 통해서 신뢰관계를 형성하여 내담자 자신을 탐색하도록 하고, 상담사와 내담자가 서로 성장하는 상생적인 만남을 통해 내담자가 자신의 생각과 감정, 관계를 구체적으로 탐색하면서 자신이 어떤 사람이고 어떤 패턴으로 문제를 해결하고 있고 그래서 "아하! 내가 이런 사람이군"이라 통찰을 하도록 하고, 자신의 문제를 새로운 방법과 행동이나 자신 안에 가지고 있었던 해결점을 실생활에 적용하고 실천하여 새로운 습관을 만들어 가는 창의적인 만남으로 이루어진 것이라고 할 수 있다.

2) 특수아 상담의 정의

일반적으로 상담이라 함은 자신의 문제를 해결하고 성장하고 싶은 욕구를 해결하기 위해서 도움을 요청하는 내담자와 도움을 주는 상담사, 그리고 내담자와 상담사 간의 대면 관계로 이루어진다. 특수아 상담은 신체적, 정신적, 발달적 장애를 가진 아동과 그들의 가족을 대상으로 하는 전문적이고 체계적인 상담을 의미한다. 장애아동이 겪는 다양한 도전과 어려움을 돕기 위해 심리적, 정서적, 사회적 지원을 제공하는 과정이다.

일반상담과 마찬가지로 특수아 상담도 일반상담의 절차에 따라 행해진다. 다만 특수아 상담에서는 상담의 대상자가 일반인이 아닌 장애아동과 그 가족들을 대상으로 한다는 것이다. 특수아 상담은 '신체, 인지, 정서, 사회, 행동상의 독특한 문제로 인한 장애를 지닌 내담자와 전문적인 훈련을 받은 상담사 간의 관계에서 상담사가 장애에 대한 감수성을 기반으로 내담자의 성장과 변화를 촉진하기 위해서 통찰, 탐색, 교육 등의 활동을 통해 전문적으로 도와주는 활동이라고 할 수 있다.

특수아 상담은 특수교육 안에 상담이 포함되어 있으나 서비스 지원에 있어서 차이점이 있다. 특수교육은 일반적으로 특수아동의 개별적인 필요를 충족시키기 위해서 특별히 고안된 교수 방법을 가지고 특별히 고안된 교재나 도구나 시설을 이용하여 특수교사에 의해 이루어지는 특별한 교육이라 정의할 수 있다.

또한, 특수교육은 법적으로 보장이 되어 있으며, 장애인 등에 대한 특수교육법(2023)은 장애인 및 특별한 교육적 요구가 있는 사람에게 통합된 교육환경을 제공하고 생애주기에 따라 장애유형·장애 정도의 특성을 고려한 교육을 실시하여 이들이 자아실현과 사회통합을 하는 데 기여함을 목적으로 한다로 명시되어 있다.

따라서, 특수교육은 특수아동을 대상으로 교육내용, 교육과정, 교수학습 방법 등의 교육적 측면에 초점을 두는 것이라면 특수아 상담은 생활지도를 포함하여 그들이 가진 심리적 어려움을 전문적 훈련을 받은 상담사와 함께 해결해 나감으로써 특수아동의 전반적인 성장발달을 도와 특수아동들이 좀 더 행복한 삶을 영위할 수 있도록 도와주는 지원서비스에 초점을 두는 것이다(김영수·윤여홍, 2013). 즉 특수교육은 주로 교육적인 가르침을 통해서 장애아동들의 자아실현과 사회통합적인 관점에 초점을 두고 있다면 특수아 상담에서는 장애아동들이 가지고 있는 잠재능력을 최대한 발견하고, 자기 스스로 문제를 해결할 수 있도록 도와주고, 상담사가 이끌어가는 것보다는 내담자가 주도적인 역할을 수행하도록 하는 데 초점을 두고 있다고 할 수 있다.

현장에서 특수아 상담과 장애아 상담이 비교적 동의어로 쓰이고 있어, 본고에서는 독특한 특성으로 인해 특별한 서비스와 지원이 필요한 아동 중에서 영재아를 제외한 모든 특수아를 말한다.

지금까지 많은 상담가뿐만 아니라 일반인들도 특수아에게 상담을 적용하는 것에 대해 많은 어려움을 경험하고 있으며, 발달장애 아동들에게 상담을 적용하는 것이나 필요성에 대해서는 비판적, 회의적인 사고를 가지고 있다. 즉, 지적장애아인 경우 지적능력의 저하로 인하여 통찰하는 능력이나 정보를 받아들이는 데 한계가 있을 수 있다고 할 수 있으나 이것 또한 일반적인 시각, 비장애인의 입장에서 보는 하나의 편견일 수 있다. 또한 언어가 주를 이루는 언어상담에 있어서 언어능력이 충분하지 않은 지적장애아나 자폐성 아동의 경우에 어려움이 있는 것도 또한 사실이다. 그럼에도 불구하고 발달장애나 자폐성 장애아동들도 자기 주도성이 내재되어 있으며, 한 사람으로 자기 책임성과 자기 결정성을 존중하는 자세로 접근할 필요가 있다.

장애아 상담은 가르치고 교육하는 교육의 일 이상을 넘어서는 일이며, 의사소통이 말로만 이루어지는 언어적 의사소통 외에도 비언어적 의사소통과 상호작용이 충분히 이루어진다는 것은 특수아에게 매우 필요한 일이다. 특수아 상담은 독특한 특성을 가지고 있는 장애아동들의 신체적, 심리적 건강과 성장, 발달에 필요한 교육과 정보제공, 당면한 문제해결, 적응 등의 문제와 심리 내적인 부분까지 고려한 접근이 요구된다. 내담자 스스로 감정을 알아차리고 내담자가 하는 행동의 의미를 이해하여 의사소통도 하고 용기를 북돋우기도 하며, 때로는 함께 행동을 연습하기도 한다(김동일 외, 2014).

이와 같이 특수아 상담 역시 일반상담과 크게 다르지는 않고, 상담 대상자인 내담자가 독특한 특성을 가지고 있는 장애인이라는 점이다. 장애인들과 상담을 수행하기 위해서는 장애영역에 대한 세심한 이해와 감수성이 필요하다. 장애인의 영역의 다양성, 장애의 질, 장애시기, 장애유형 등 다양한 요인을 고려하여야 한다. 또한 특수아 상담 시 선천적인 장애를 가지고 태어난 내담자와 후천적인 장애인, 비장애인으로 활동하다가 중도에 병이나 사고로 인해서 장애를 갖게 되는 중도장애인 등을 고려하여 상담해야 한다.

특수아 상담은 훈련을 통해 전문적인 기술과 자질을 갖춘 상담사가 독특한 특성이나 특수한 영역에 장애가 있는 내담자와의 인간적인 관계를 통해서 치료적 관계를 형성하여 내담자들이 처한 환경, 심리내적 경험을 충분히 이해하고 그 이해를 바탕으로 내담자를 공감하며 겉으로 드러난 문제와 현상을 넘어 내적 의도와 목적, 욕구를 고려하여, 내담자의 전반적인 성장과 발달을 도우며, 자신이 가지고 있는 장애라는 것을 일상적인 생활 속에서 수용하고, 그 장애를 적절하게 활용하여, 지금 이 순간에 자신의 삶을 만족하고 행복하게 살아갈 수 있도록 돕는 과정이라고 할 수 있다.

2. 특수아 상담의 목적

상담의 목적을 내담자의 성장적인 측면과 치료적인 측면에서 살펴볼 수 있다. 내담자의 성장적인 측면에서는 내담자의 잠재능력을 개발하고, 행복한 삶의 의미를 찾도록 하며, 생애적인 관점에서 자신의 진로를 설계하는 등의 접근이 이루어지는 것을 말하며, 내담자의 치료적인 접근에서는 내담자의 문제해결, 환경에 대한 적응, 문제 발생의 예방 등의 목적이다. 특수아 상담의 목적 또한 일반 상담의 목표와 크게 다르지 않다.

특수아 상담도 장애를 가진 아동이나 성인들이 자신의 잠재능력을 최대한 개발하도록 하고, 자신의 삶에 대한 의미를 부여하고, 행복한 삶을 설계하고, 삶의 질을 개선하는 등의 성장적인 접근과 자신의 장애에 대한 의미와 관점, 외부의 자극에 대한 반응과 문제해결능력, 주어진 환경에 대한 적응능력, 문제 발생에 대한 예방적인 접근 등을 통해서 행복한 삶을 추구하도록 하는 것이라고 할 수 있다. 특수아가 지닌 문제를 해결하여 내담자의 사고방식이나 행동을 변화시키거나 증상을 완화시키며, 또한 앞으로 닥칠 여러 문제를 해결할 수 있는 능력을 기르는 데 있다고 볼 수 있다(김미경, 2012). 특수아가 지닌 문제를 구체적으로 해결하며 내담자의 사고방식의 변화 및 행동의 변화, 증상의 해소 등이 목표가 된다. 또한 앞으로 닥칠 여러 가지 문제를 해결할 수 있는 능력을 기르는 데 있다. 김영숙, 윤여홍(2014)은 특수아 상담의 목적을 크게 두 가지로 나누고 다음과 같이 제시하고 있다.

첫째, 상담을 통하여 특수아가 지닌 여러 분야의 인지·감정·행동의 문제를 함께 해결해 나감으로써 당면한 문제해결을 조력해 줄 뿐 아니라 특수아가 지닌 정당한 가치를 발견시키는 일이다.

둘째, 상담 과정을 통하여 장래에 일어날 수 있는 문제를 자신이 해결할 수 있도록 잠재능력을 최대한 발달시키는 것이다.

즉, 장애아동이나 성인이 일상적인 생활 속에서 적응하는 데 필요한 성격의 특이성을 교정하여 원만한 인격형성을 목표로 하고, 자립할 수 있는 기능을 갖추게 하여 사회적으로 자립할 수 있고, 나아가 사회에 공헌하도록 육성하며, 직업적 기능과 태도를 기르며, 신체적·정신적 기능의 결합을 보충하고 수정하며, 신체 발달과 건강 증진을 위하여 의료 서비스를 받도록 돕는 것 등에 목표를 두고 있다.

최중옥(1998)은 특수아 상담은 특수교육을 요구하는 특수아동들의 잠재성과 가능성을 최대한 신장시킬 수 있도록 하기 위해서 심신을 건강하게 하고, 행복한 생활을 위한 기초능력을 배양하는 것을 목적으로 하는 교육활동이라고 하였다.

셋째, 특수아 상담의 목적으로 장애를 겪고 있는 자신의 장애를 이해하고 자신의 장애를 어떻게 바라볼 것 인가에 대한 관점, 인식을 탐색하고 통찰하기 위한 목적이다. 비장애인과 다르게 특수아 상담에서 장애를 겪고 있는 장애 학생들이 자신의 장애를 어떻게 수용하고, 어떻게 바라보고 있느냐에 초점을 두고 상담을 진행하여 자신의 장애에 대한 인식이나 관점에 따라서 변화와 성장이 다르게 나타났다는 것을 통찰할 수 있도록 하는 것이 중요하다.

넷째, 특수아 상담의 목적이 문제해결 자체에만 그치는 것이 아니라 문제해결을 매개로 하여 학생이나 상담사로 하여금 자율적인 문제해결의 능력과 고차적인 적응능력을 배양하는 데 있다고 할 수 있다. 특수아 상담은 내담자의 특수성 때문에 일반 학생들의 상담 필요성 이상으로 전문적이고 구체적인 상담을 필요로 한다. 특수아 상담은 특수아동이 겪는 특정의 고통과 증상에서부터 특수한 상황에서의 적응 문제, 스트레스 및 당면한 생활 과제를 다루며 나아가 새로운 기술을 습득하거나 진로 지도 및 인간 성장을 위한 적응상의 모든 것을 상담에서 다룬다. 장애아는 또래의 일반 학생들과 비교해 볼 때 신체, 지식, 정서, 사회 및 행동 영역에서 기능적인 어려움을 겪고 있는 학생들이 많기 때문이다.

다섯째, 장애아라는 자체가 상담을 필요로 한다고 할 수 있다. 이 세상에 태어나면서부터 일반아들과 다른 모습을 발견하면서 심리적인 문제를 갖게 되고, 또한 일반아로 성장하다가 순간적인 사고나 병으로 갑자기 장애를 갖게 되는 경우 전반적인 삶 전체에서 예기치 않은 심리적인 문제에 봉착하게 된다. 또한 장애아가 가진 여러 어려움은 자신뿐만 아니라 가족과 형제, 또래와의 관계 속에서 다양한 문제와 적응 등의 심리적인 문제에 봉착하게 된다.

그러므로 특수아 상담의 목적은 일반상담의 목적과 동일한 목적을 가지고 있고, 장애라는 특수한 상황을 어떤 관점으로 볼 것이고, 어떻게 수용하며, 장애를 어떻게 활용하고 있으며, 장애라는 어렵고 힘든 상황을 어떤 의미와 가치를 부여하면서 행동하고 있으며, 앞으로 어떻게 살아가는 삶이 행복한 삶, 가치 있는 삶인가에 대해서 다루는 것이 일반상담의 목적과 다른 점이라고 할 수 있다.

3. 특수아 상담의 유형

특수아 상담의 유형 역시 일반상담과 크게 다르지 않다. 특수아 상담은 상담의 목적 및 내용에 따라, 집단 구성원의 형태에 따라, 상담의 형식에 따라, 장애 유형에 따라 구분해 볼 수 있다. 즉, 상담의 내용에 따라 교육상담, 치료상담, 성장상담, 문제해결상담, 진로상담 등으로 나눌 수 있다.

교육상담은 문제해결능력을 향상시키기 위한 특정한 기술, 자기표현 훈련, 역할연습, 시범, 모델, 관찰 및 연습 등을 지도하고 가르치는 상담이며 특히 학업에 문제가 있는 경우는 학업기술 훈련을 통해 학업의 문제를 해결해 가는 상담이다.

문제해결 및 치료상담은 특정한 증상을 앓거나 일정 기간 지속되어 온 만성적인 문제가 지속적으로 발생하는 경우에 해당하며, 특수아가 직면한 문제 상황에 적극 개입해서 특수아가 만나는 여러 가지의 문제를 해결하거나 어려움을 줄여주고 도움을 주는 상담이다. 치료 상담으로 갈수록 시간과 에너지 및 전문성이 더 많이 요구되며 더 적극적이고 직접적으로 문제 상황에 개입하게 되고, 치료 상담은 특수아의 문제해결, 증상 해소, 고통의 감소 및 현실 상황에 적응하도록 하는 것을 상담의 주목적으로 한다. 지지상담은 표현하거나 수용하기 어려웠던 감정을 표현할 기회를 주고 감정을 표현함으로써 정서적 지지와 격려, 수용 등을 통해 내담자가 자신의 감정을 정리하고 현실적으로 적응하도록 하는 것을 목적으로 한다. 또한 문제해결상담은 특수아가 지닌 적응문제, 의사결정, 진로선택 및 생활에서의 고충 등 특수아가 학교 및 가정, 사회생활 환경에서 해결해야 할 현실적인 문제를 해결하도록 하는 데 적합하며, 때로는 상담사가 적절하게 정보를 제공해 주어야 하는 것도 포함된다. 이러한 상담유형들이 개별적으로 분리되어 있는 것이 아니라 때로는 함께 이루어져야 하는 경우도 많다(윤여홍, 2000).

심리검사 해석상담은 내담자의 성격, 적성 등을 단순히 이해하고자 할 때 심리검사를 실시하고 그 결과를 해석해 주는 상담으로 1-3회 정도 실시하는 경우가 많다. 심리검사를 사용하는 목적은 장애인들이 자신의 문제가 무엇인가를 탐색할 수 있는 기회를 갖기 위한 목적이거나 자신이 어떤 사람인가를 정확하게 인식하기 위한 목적, 자신이 어느 정도 변화되었는가를 인식하기 위한 목적, 자신의 잠재적인 특성에 알맞은 진로를 탐색할 수 있는 기회를 갖기 위한 목적 등으로 사용된다. 심리검사를 통해서 장애인이 자신의 독특한 심리적인 특성을 객관적이고 과학적인 방법으로 구체적으로 인식하여 자신을 통찰할 수 있도록 한다.

재활상담은 장애를 가진 사람들이 신체적, 정서적, 사회적, 직업적 기능을 최대한 회복하여 독립적인 삶을 영위할 수 있도록 지원하는 전문적인 과정이라고 할 수 있다. 재활상담사는 개인의 생리적, 심리적, 사회적 상태를 평가하고, 이에 기반하여 적절한 재활 계획을 수립한다. 이를 통해 개인이 직업을 구하거나 유지하고, 사회적으로 통합되며, 삶의 질을 향상할 수 있도록 도와주는 활동을 한다. 주요 활동에는 상담, 교육, 직업 훈련 프로그램 연계, 보조기기 사용법 교육 등이 포함될 수 있다. 우리나라에서 재활상담은 전문적인 심리상담이라고 하기보다는 직업재활, 직업훈련 정보제공, 사회복지적, 특수교육적인 측면이 강조되는 분야이다.

특수아상담 유형을 집단구성원의 형태에 따라서 분류하면, 개인상담과 집단상담으로 나눌 수 있다. 개인상담은 상담사와 내담자가 일대일 관계로 상담이 진행되고, 집단상담은 5명 이상의 집단원과 함께 상담이 진행된다. 특수아는 지적능력이나 의사소통 또는 심리적 행동적 어려움으로 인해 집단상담이 어려울 수 있으므로 주로 개인상담이 주류를 이루고 있다. 특수아의 경우에 있어 개인의 성장배경이나 실패자나 약자라는 의식, 명명으로 인한 특수아 또는 장애아라는 생각 때문에 집단에서 자신을 노출시키고, 이야기하기를 주저하고 꺼릴 수 있기 때문에 개인상담을 주도한다. 개인상담과 집단상담의 선택은 상담을 받는 특수아의 특성과 문제점, 연령, 지적 특성, 정서적 특성, 행동 양상, 치료의 동기, 의사전달 가능성 등을 고려하여 이루어져야 한다. 비록 특수아 상담에 있어 개인상담이 주류를 이루고는 있지만 집단상담이 도움이 되는 경우가 있다.

특수아 아동이 집단상담에 참여하면서 자신만이 어려움을 겪는 것이 아님을 알고 오히려 친숙해지며 서로를 더 이해하고 위로할 수 있게 되며, 지금까지 다른 사람의 도움을 받는 존재라는 생각을 갖고 있지만 집단 속에서는 자신이 다른 사람에게 도움이 될 수 있다는 경험을 갖게 된다. 이러한 경험을 통해 특수아동은 스스로 힘을 얻고 자신감을 가질 수 있다. 또한 타인의 감정을 느낄 수 있는 기회가 제공되고 타인의 의견이나 생각도 나누게 되고 인간관계 및 사회적 활동에 관심을 갖게 될 수 있다. 또한 집단상담은 크게 심리적인 부담을 주지 않으면서 친밀한 인간관계 속에서 자신의 행동과 동기, 대인관계, 상호작용 패턴 등을 좀 더 잘 이해하고 배울 수 있도록 하며 자신의 행동을 집단 구성원 속에서 현실적으로 객관적으로 점검하는 데에 매우 유용한 상담이다. 필요에 따라서는 개인상담과 집단상담을 병행하거나 순차적으로 보완하여 적절하게 사용하는 것도 바람직한 방법이다(김영숙·윤여홍, 2003).

상담의 형식과 방법에 따라서 대면상담, 서면상담, 전화상담, 사이버상담 등으로 나눌 수 있다. 현재까지 상담은 대면상남이 수류를 이루고 있다. 대면상담은 직접 면대면으로 마주하고 상담을 진행하는 것이다. 대면으로 상담할 경우 자신의 신체가 노출되는 것을 꺼리는 경우 목소리만으로 상담할 수 있는 전화상담을 선호하기도 하고, 익명으로 상담할 수 있는 사이버상담도 많이 이루어지기도 한다.

장애인들에 대한 특수교육법 시행령(2015)에 의한 장애유형으로는 시각장애, 청각장애, 지적장애, 지체장애, 정서·행동장애, 자폐성장애, 의사소통장애, 학습장애, 건강장애 등으로 구분하고 있다. 이를 장애유형별에 따른 상담이 장애유형별 상담이라고 할 수 있다. 각 장애의 유형별에 따른 개인차가 크게 나타나고 있으므로 개별화된 접근이 요구된다.

4. 특수아 상담의 원리

특수아 상담의 기본원리 역시 목적과 마찬가지로 일반아동 상담의 원리와 크게 다르지 않다. 일반아동이나 특수아 상담 모두 내담자를 마음속 깊이 사랑하고 존경하는 마음과 공감적 이해와 수용, 진솔성, 무조건적 긍정적 관심과 배려로 그들의 말을 경청하고 그들의 심신을 보듬어 소중하게 상담에 임해야 한다. 기본적으로는 일반상담의 원리를 따른다. 여기에 특수아가 지닌 어려운 문제나 독특한 필요성을 고려하여 특수아를 상담하는 상담의 원리를 몇 가지 제시하면 다음과 같다.

첫째, 특수아동은 장애의 유형, 심각성 등이 모두 다른 이질적인 집단이므로 특수아동 개인의 문제 종류와 심각성 정도에 따라 개별적인 방법으로 접근해야 한다. 상담 개별성의 원리와 같이 특수아 상담에서도 장애영역별 개인차가 심하기 때문에 철저한 개별성의 원리가 적용되어야 한다.

둘째, 특수아 상담은 장애유형에 따른 지식과 특수교육에 대한 기본적인 지식을 필요로 하므로 여러 영역의 전문가에 의한 종합적인 평가 결과에 기초한 상담이 이루어져야 한다. 특수아 상담은 장애영역에 대한 종합적인 이해, 심리발달적인 이해, 재활에 대한 이해 등 총체적이고 종합적인 원리가 적용되어야 한다.

셋째, 특수아 상담은 과학적이고 전문적인 일로서 특수아 상담의 목적에 따라 다양하면서도 특수하게 체계화된 프로그램이 지속성과 연속성이 적용되어야 한다. 장애인들의 다양한 특성을 고려한 맞춤형 프로그램이 적용되어 효과를 나타내기 위해서는 일관성 원리가 적용되어야 한다. 장애아들의 사고나 행동, 감정, 관계의 패턴이 변화되기 위해서는 일관된 반복적인 학습이 이루어져야 한다.

넷째, 특수아 상담은 아동과 가정 및 학교 지역사회와의 연계를 필요로 한다. 장애의 문제는 한 개인의 문제이기도 하지만 지역사회 및 우리 사회의 공동체의 문제이기도 하다. 장애인이 사회환경에 적응하기 위해서는 한 개인의 노력으로만 이루어질 수 없으며, 우리 사회의 환경적인 개선, 장애에 대한 인식개선 등이 적절하게 이루어졌을 때 가능하다. 그러므로 특수아 상담은 지역사회와 함께하는 공동체의 원리가 적용되어야 한다.

다섯째, 특수아 상담은 특수교육과 특수아에 대한 이해가 있는 특수한 영역에서 담당하는 전문가에 의해 이루어져야 한다. 장애유형에 대한 심도 있는 전문적인 지식과 이해가 있어야 원만한 특수아 상담을 진행할 수 있는 전문성의 원리가 적용되어야 한다.

5. 특수아 상담의 특성

특수아 상담은 일반상담에 비해서 대상의 차이로만 생각하여 접근하는 태도를 지양하여야 한다. 특수아 상담이 일반적인 상담에 비해서 가지고 있는 특성들을 구체적으로 살펴보면 다음과 같다.

첫째, 특수아 상담은 다양한 측면을 고려한 통합적인 서비스가 제공되어야 한다. 특수아 상담은 단순히 심리적인 문제를 넘어 장애인들의 삶의 전반적인 생애적 관점뿐만 아니라 현실적응의 문제 등에서 심도 있게 다루어져야 한다. 장애아를 위한 통합적 접근 시 다음과 같은 사항을 고려해야 한다. ① 특수아는 다양한 장애를 가진 아동과 영재아동으로 각각이 매우 이질적인 집단이라는 점이다. ② 장애를 포함하여 일반아들이 경험하지 못한 특수한 문제를 경험하거나 지니고 있다는 점이다. ③ 장애의 문제는 단순히 개인적인 문제를 넘어서 사회적인 접근이 이루어져야 한다는 점이다. ④ 부모를 포함하여 가정환경 및 학교 환경에도 크게 영향 등 환경의 영향을 많이 받는다는 점이다. 이와 같은 특성을 고려한 다측면적인 통합서비스가 제공되려면 각 분야에서의 여러 전문가들이 함께 협업해야 한다는 특성이 있다.

둘째, 특수아 상담은 크게 치료와 유지 및 예방적 조치라는 세 가지 방향을 가지고 진행된다. 치료는 아동이 지닌 지체나 결핍의 영역과 부분을 보완하고 채워주어서 일반적 발달이 근접하도록 도와주는 것을 의미한다. 그러나 내담자가 유아, 아동 및 청소년들이기 때문에 지체나 결핍 영역을 보완하는 치료만으로 끝나기보다는 보완된 부분을 계속 유지하면서 일반적 발달 과정을 따라갈 수 있도록 좀 더 지속적으로 도와주어야 한다.

유지는 아동이나 청소년에게서 재발을 방지하며 같은 연령 또래 아동의 지적 능력이나 정서발달, 사회성, 언어발달 및 행동 등이 일반적 발달수준에 따라가도록 도와주는 것을 의미한다. 정상발달곡선을 유지하지 못하게 되면 일정한 시간이 지난 결과 또다시 발달상의 지체나 지연이 되는 결과를 낳기 때문에 특수아 상담은 치료와 유지를 넘어 예방적 조치도 매우 필요하다. 예방적 조치는 특수아가 지닌 장애나 문제가 발달 과정상 앞으로 발생할지도 모르는 2차적인 문제, 또 다른 지체나 지연, 결핍의 문제, 사회·정서적인 부적응이 발생하지 않도록 도와주는 상담으로 발달상담 또는 예방상담이 이에 속한다고 볼 수 있다.

셋째, 특수아 상담은 치료 교육적 접근을 지니고 있다. 특수아 상담에서는 상담과 치료 및 교육을 뚜렷하게 구분 짓기 어렵다. 치료라는 용어는 좀 더 심각한 장애를 지닌 환자를 대상으로 치료적인 관점에서 성격이나 행동적인 문제를 다루기 위한 심화된 의학적, 심리학적 치료 환경을 제공하는 경우를 의미하는 반면 상담은 덜 심각한 장애를 지닌 내담자를 대상으로 하여 예방적이고 발달적인 관점에서 직업이나 교육, 의사결정상의 문제를 다루기 위한 교육적인 환경을 제공하는 경우를 의미한다.

상담의 대상이 덜 심각한 장애에서부터 심각한 장애에 이르기까지 장애의 정도가 폭넓게 분포되어 있고 상담의 관점도 발달적이고 예방적인 관점에서부터 치료적인 관점에 이르기까지 사용되며, 상담의 주문제도 직업이나 교육, 의사결정상의 문제에서부터 성격, 사회성, 행동까지를 포함하고 있다. 따라서 특수아 상담에서는 교육영역과 상담 및 치료 영역이 혼합될 가능성이 높다.

넷째, 특수아 상담은 여러 가지 방법을 사용한다. 일반적으로 상담의 주요 방법은 언어이지만 특수아 상담에서는 언어적 의사소통에서 좀 더 확장되어 여러 가지 방법을 사용해야만 한다. 왜냐하면 특수아동은 성인이 아니라 아동이면서 영재를 제외하고는 언어의 사용이 비교적 제한되어 있기 때문이다. 영재를 포함하여 특수아동들에게 접근하고 이들과 상호교류하면서 의사소통하기 위해서는 언어 외의 여러 가지 방법이 절대적으로 필요하다. 음악이나 미술, 놀이, 모래놀이, 독서, 영화 등의 접근방법이 매우 유용하게 사용된다.

다섯째, 특수아 상담은 특수아 부모상담이 병행되어야 한다. 특수아동이 갖는 제한점뿐만 아니라 대상 자체가 특수아동이라는 제한점을 지니고 있는 만큼 부모의 개입이 절대적으로 필요하며 부모상담이 병행되어야 한다.

여섯째, 특수아 상담은 아동의 개인적인 기능, 가족의 기능 및 사회적 기능과 관계된 내용을 포괄적으로 다룬다. 아동의 개인적인 기능과 관계된 내용은 증상의 감소나 제거, 지적, 정서적, 사회적 기능의 손상 정도에 따른 증진, 사회적 적응의 향상, 학업수행의 증가 등을 다루게 된다. 가족의 기능과 관계된 내용으로는 특수아로 인한 가족 역기능의 감소, 형제관계나 가족관계의 개선, 스트레스 감소, 생활의 질 향상, 행복감이나 안녕감의 증진, 가족의 지지 증가, 특수아동을 돌보아야 하는 부담감의 감소 등이 포함된다. 사회적 기능과 관계된 내용에는 학교 활동 참여의 양적 질적 증가, 출석, 지각과 조퇴의 감소, 청소년 범죄집단 참여의 감소, 특별한 감독의 필요성 감소, 약물중독의 감소, 신체 및 정신건강의 증진 등을 다룬다. 또한 개인적 기능과 가족 기능 및 사회적 기능이 서로 얽혀 있어서 한 아동의 경우에도 여러 내용이 혼합되어 나타나기 때문에 상담에서 세 가지 기능과 관계된 내용을 모두 다루어야 한다.

2장 특수아의 정의와 분류

이 장에서는 내담자에 대한 이해 부분이다. 특수아 상담에 있어 내담자는 특수아이므로 내담자들의 특성이나 장애영역에 대한 바른 이해가 이루어져야 한다. 특수아를 위한 이해의 작업으로 특수아에 대한 정의 및 분류, 특수아를 위한 상담사의 전반적인 역할을 구체적으로 기술하였다. 이 장을 통해서 내담자인 다양한 특성을 가진 특수아들의 특성과 분류체계 등을 구체적 이해를 통해서 내담자인 장애아들에게 개별화된 최상의 서비스를 제공할 수 있을 것으로 생각된다.

1. 특수아의 정의

1) 특수아의 학자별 정의

특수아에 대한 정의는 학자에 따라 차이가 있다. 특수교육학에서는 주로 특수아란 자신의 잠재력을 개발하기 위해서 특수교육 및 그와 관련된 서비스를 필요로 하는 아동을 지칭한다(Hallahan & Kauffman, 2003). 즉 정신적 특성, 감각능력, 신경근육이나 신체적인 특징, 사회적 및 정서적 특성, 의사소통능력과 같은 특정영역에서 대부분의 일반 아동들과는 다르거나 복합적인 장애로 인해 교수방법을 수정하거나 특수교육서비스가 필요한 아동을 말한다(송미경 · 최윤희, 2013). 과거에는 장애아동과 같은 의미로 여겨졌고, 상당히 심각한 장애의 경우를 특수아라고 본다면 최근에는 경미한 장애를 지니거나, 영재아동과 같이 장애의 범주가 아닌 아동과 청소년을 포함해서 특수아동으로 보고 있다. 특수아동에 대한 정의는 학자들마다 차이가 있다. 커크와 갤러거(Kirk & Gallagher, 1996)는 정신적 특성, 감각 능력, 신경의 운동이나 신체적 특성, 사회적 행동, 의사소통능력, 중복 장애 등에서 장애를 지니지 않는 아동에 비해 '편향되어 있는 아동'이라고 정의하여 일반 아동과의 비교된 정의를 제시하였다. 할라한과 카우프만(Hallahan & Kauffman, 1995)은 자기의 소질을 최대로 개발하기 위해 특수한 교육적 조치나 그와 관련된 서비스를 필요로 하는 아동으로 포괄적으로 정의를 내리면서 특수교육적 조치를 강조하였다. 이러한 정의는 장애의 개념을 'disability'라는 개념보다는 'disorder' 또는 'deviance'라는 개념으로 사용되고 있으며, 특수아에 대한 개념 자체가 확대되고 있다. 특수교육현장에서의 특수아동에 대한 정의는 일반교실 현장에서는 채워질 수 없는 특별한 욕구를 가진 아동으로 특별한 교육적 조치를 필요로 하는 아동을 의미한다.

여기에는 영재아동을 포함할 뿐만 아니라 심한 장애아동 및 경미한 장애아동은 주로 법이 정한 법적 장애아동과 법에서 정하지는 않았으나 특수교육적 조치와 그와 관련한 서비스를 필요로 하는 준장애아동을 다 포함한다. 준장애아동들(장애 위험을 가진 아동)은 주로 장애의 정도나 문제의 심각성 면에서 그다지 크지 않지만 여전히 일반학교에서나 특수학급에 배치되어 통합교육을 받아야 하는 이들을 지칭한다.

실제 일반학교 현장에서 근무하는 교사들이나 학부모들은 통합교육의 활성화로 심한 장애보다는 경미한 장애를 갖고 있거나 준장애아동을 더 많이 접하게 된다. 학습장애, 정서 및 행동장애, 경도의 지적장애 아동을 모두 경도의 장애아동이라는 용어로 사용하고 있으며, 학령기 아동의 약 5~7%를 차지하며 외모상으로 크게 식별이 어렵고 일반학교에서 공부할 가능성이 높다(Lewis & Dooralg, 1994). 장애아동의 약 75%를 차지하는 경도장애 학생들은 적어도 부분적으로나마 일반교육을 통하여 학업적인 성취를 할 수 있을 것으로 여겨진다. 이들은 비록 특수아동이지만 여러 측면에서 또래의 일반아동과 특성상 비슷하기 때문에 학업성취에서 실패를 경험하기 전까지는 잘 발견되지 않을 수 있으므로 교사의 특별한 주의가 필요하다.

교사는 특수아동이 지닌 장애와 일반아동과의 차이점만을 보기보다는 많은 특수아동들이 대부분 또래 아동과 유사한 발달 및 행동 특성을 지니고 있다는 사실을 인식함으로써 결함(또는 장애)만을 강조하기보다는 이들이 지니고 있는 능력(또는 잠재력)을 고려하는 교육을 제공해야 한다. 또한 학교 상담사나 교사는 학생 개인마다 독특하고 개별적인 특성을 지니고 있다는 것을 간과해서는 안 될 것이다.

장애인 등에 대한 특수교육법 시행령(2022)에서는 특수교육대상자를 시각장애, 청각장애, 지적장애, 지체장애, 정서행동장애, 자폐성장애, 의사소통장애, 학습장애, 건강장애, 발달지체, 중복장애로 나누고 있으며, 장애인 복지법 시행규칙(2022)에는 장애인을 지체장애, 뇌병변장애, 시각장애, 청각장애, 언어장애, 지적장애, 정신장애, 자폐성장애, 신장장애, 심장장애, 호흡기장애, 간장애, 안면장애, 장루, 요루장애, 뇌전증장애인으로 구분하고 있다. 그러므로 본고에서 특수아란 장애인 등에 대한 특수교육법 시행령과 장애인복지법 시행령에서 말하고 있는 장애 구분 중에서 장애아동에 해당되는 아동을 말한다.

2) 특수아의 법적 정의

우리나라에는 특수아동에 관한 법이 크게 장애아동과 관련된 특수교육진흥법(일명 특진법)과 영재와 관련된 영재교육진흥법으로 나뉘어져 있다. 특진법이 폐지되고 2007년 5월 25일에 장애인 등에 대한 특수교육법(일명 장특법)이 제정되어 2008년 5월 26일자로 시행, 영재교육진흥법은 훨씬 늦은 시기인 2000년에 공포되어 시행되었다. 최근 개정된 2022년에 의하면 특수교육법에서는 특수교육 대상자 선정 기준으로 명확하게 정의하고 있다.

장특법 제2조 제3항에 "특수교육대상자란 제15조에 따라 특수교육을 필요로 하는 사람으로 선정된 사람을 말한다고 명시되어 있다. 장특법 제15조에는 '교육장 또는 교육감은 다음 각 호의 어느 하나에 해당하는 사람 중 특수교육을 필요로 하는 사람으로 진단, 평가된 사람을 특수교육대상자로 선정한다."고 되어 있다. 여기에서 다음 각 호의 어느 하나에 해당되는 사람으로는 시각장애, 청각장애, 지적장애, 지체장애, 정서 및 행동장애, 자폐성장애(이와 관련된 장애를 포함), 의사소통장애, 학습장애, 건강장애, 발달지체, 그 밖에 대통령령으로 정하는 장애를 말한다. 또한 2000년 1월 28일 공포된 한국의 영재교육진흥법에는 제2조 제1항에 영재의 정의를 다음과 같이 언급하고 있다. 영재아라 함은 재능이 뛰어난 사람으로서 타고난 잠재력을 개발하기 위하여 특별한 교육을 받아야 할 필요가 있는 자를 말한다. 선정하는 영재교육대상자로는 일반지능, 특수학문 적성, 창의적 사고 능력, 예술적 재능, 신체적 재능, 기타 특별한 재능 사항에 대하여 뛰어난 성취가 있거나 잠재력이 우수한 사람 중 영재 판별 기준에 의거 판별된 사람을 영재교육대상자로 선정한다고 언급하고 있다(제5조 제1항).

특수교육법 시행령(2025.2.25)에서 특수교육 대상자를 명확하게 정의하고 있는데, 이를 구체적으로 살펴보면 다음과 같다.

특수교육대상자 선정 기준(제10조 관련)

첫째, 시각장애를 지닌 특수교육대상자란 시각계의 손상이 심하여 시각기능을 전혀 이용하지 못하거나 보조공학기기의 지원을 받아야 시각적 과제를 수행할 수 있는 사람으로서 시각에 의한 학습이 곤란하여 특정의 광학기구 · 학습매체 등을 통하여 학습하거나 촉각 또는 청각을 학습의 주요 수단으로 사용하는 사람을 말한다.

둘째, 청각장애를 지닌 특수교육대상자란 청력 손실이 심하여 보청기를 착용해도 청각을 통한 의사소통이 불가능 또는 곤란한 상태이거나, 청력이 남아 있어도 보청기를 착용해야 청각을 통한 의사소통이 가능하여 청각에 의한 교육적 성취가 어려운 사람을 말한다.

셋째, 지적장애를 지닌 특수교육대상자란 지적 기능과 적응행동상의 어려움이 함께 존재하여 교육적 성취에 어려움이 있는 사람을 말한다.

넷째, 지체장애를 지닌 특수교육대상자란 기능 · 형태상 장애를 가지고 있거나 몸통을 지탱하거나 팔다리의 움직임 등에 어려움을 겪는 신체적 조건이나 상태로 인해 교육적 성취에 어려움이 있는 사람을 말한다.

다섯째, 정서 · 행동장애를 지닌 특수교육대상자란 장기간에 걸쳐서 지적 · 감각적 · 건강상의 이유로 설명할 수 없는 학습상의 어려움을 지닌 사람, 또래나 교사와의 대인관계에 어려움이 있어 학습에 어려움을 겪는 사람, 일반적인 상황에서 부적절한 행동이나 감정을 나타내어 학습에 어려움이 있는 사람, 전반적인 불행감이나 우울증을 나타내어 학습에 어려움이 있는 사람, 학교나 개인 문제에 관련된 신체적인 통증이나 공포를 나타내어 학습에 어려움이 있는 사람을 말하는데. 이 중에서 하나라도 해당되는 사람으로 특별한 교육적 조치가 필요한 경우를 말한다.

여섯째, 자폐성장애를 지닌 특수교육대상자란 사회적 상호작용과 의사소통에 결함이 있고, 제한적이고 반복적인 관심과 활동을 보임으로써 교육적 성취 및 일상생활 적응에 도움이 필요한 사람을 말한다.

일곱째, 의사소통장애를 지닌 특수교육대상자란 언어의 수용 및 표현 능력이 인지능력에 비하여 현저하게 부족한 사람, 조음능력이 현저히 부족하여 의사소통이 어려운 사람, 말 유창성이 현저히 부족하여 의사소통이 어려운 사람, 기능적 음성장애가 있어 의사소통이 어려운 사람을 말하는데, 이 중에서 하나라도 해당되는 사람으로 특별한 교육적 조치가 필요한 경우를 말한다.

여덟째, 학습장애를 지닌 특수교육대상자란 개인의 내적 요인으로 인하여 듣기, 말하기, 주의집중, 지각(知覺), 기억, 문제 해결 등의 학습기능이나 읽기, 쓰기, 수학 등 학업 성취 영역에서 현저하게 어려움이 있는 사람을 말한다.

아홉째, 건강장애를 지닌 특수교육대상자란 만성질환으로 인하여 3개월 이상의 장기입원 또는 통원치료 등 계속적인 의료적 지원이 필요하여 학교생활 및 학업 수행에 어려움이 있는 사람을 말한다.

열째, 발달지체를 보이는 특수교육대상자란 신체, 인지, 의사소통, 사회·정서, 적응행동 중 하나 이상의 발달이 또래에 비하여 현저하게 지체되어 특별한 교육적 조치가 필요한 영아 및 9세 미만의 아동을 말한다.

열한째, 두 가지 이상 중복된 장애를 지닌 특수교육대상자란 중도중복(重度重複)장애를 말하는데, 이 경우 장애의 정도는 법(장애인 등에 대한 특수교육법 시행령) 제14조제1항에 따른 선별검사의 결과, 제9조제4항에 따라 제출한 건강검진 결과통보서 또는 진단서 및 「장애인복지법 시행령」 제2조제2항에 따른 장애의 정도 등을 고려하여 정한 심한 경우를 말하고, 또한 지적장애 또는 자폐성장애 인 경우, 시각장애, 청각장애, 지체장애 또는 정서·행동장애 경우가 중복으로 나타나는 경우, 시각장애 및 청각장애를 모두 지니면서 시각과 청각에 의한 학습이 곤란하고 의사소통 및 정보 접근에 심각한 제한이 있는 경우를 말한다.

이상과 같이 장애아의 기준이 학습장애, 건강장애, 의사소통장애 등을 포함한 기능적인 장애를 의미하는 개념으로 변화되고 있다는 점이다. 장애인복지법과 시행령에 따른 신체적 장애와 정신적 장애로 구분하여, 일상생활이나 사회생활에서 상당한 제약을 받는 자로 정의하고 15가지의 장애유형을 제시하고 있다.

2. 일반아동과 특수아동의 차이

특수아동이란 용어 자체가 기준에 비해 뭔가 특수하다는 것을 전제한다. 그러므로 특수아동을 이해하기 위해서는 기본적으로 일반아동을 이해할 필요가 있다. 일반아동의 신체, 인지, 정서, 사회성이 나이에 따라 어떻게 발달하는지를 이해하는 일은 특수아의 정의 및 특성을 이해할 수 있도록 해준다.

일반발달 과정이란 집단에서 평균적으로 보여주는 규준으로서 신체, 인지, 정서, 사회성 등이 같은 나이와 같은 성의 또래 아이들이 보편적으로 보여주는 특성이라는 것이다. 특수아 개개인 발달 특성은 바로 그 나이의 정상발달 규준을 근거로 비교할 수 있다. 일반발달 규준에 근거하여 개인의 발달 과정의 위치, 발달 속도, 규준으로부터의 일탈정도를 비교하면 비정상적 발달이나 장애의 여부 또는 조숙한 발달의 정도를 파악할 수 있다. 특수아동은 일반발달 규준으로부터 떨어져 있는 독특한 특성을 지닌 아동을 말한다.

1) 특수아의 발달평가 근거

특수아동의 발달평가는 크게 양적 자료와 질적 자료를 근거로 이루어진다. 첫째, 양적 자료에 근거한 평가는 생활연령과 성별에 따른 규준에 기초한 발달 특성과 한 개인의 발달 특성을 비교하여 평가되는 행동이나 정서 및 사고의 표현에 있어서의 빈도, 강도, 심각성 및 지속시간 등에서의 차이를 의미한다. 빈도는 특정의 행동이나 사고, 정서의 표현이 얼마나 자주 또는 얼마나 가끔 나타나느냐의 문제에 근거를 두고 평가하는 것이다. 강도는 특정한 상황하에서 행동이나 사고 또는 정서의 표현 정도가 얼마나 과다하게 또는 얼마나 부족하게 나타나느냐의 문제로 평가하는 것이다. 심각성은 행동이나 사고 또는 정서의 표현이 발생할 때 얼마나 심각한 형태로 나타나느냐의 문제로서 자신이나 타인에게 영향을 끼치는 불편감의 정도로 표시된다. 지속기간에 있어서는 개인이 보여주는 문제행동의 특성이 일시적으로 나타나는지, 일정 기간 지속적으로 나타나는지 등을 나타내주는 지표로서, 같은 연령 규준에 맞추어 지속기간의 길고 짧은 정도, 일시적인 현상의 여부를 파악하는 것이다.

둘째, 질적 자료에 근거한 평가는 정상발달에서 보여주는 모습과는 전혀 질적으로 다른 특성의 행동이나 정서, 언어 양식 등을 평가하여 얻는 자료이다. 예를 들면 자폐성 아동이 보여주는 언어의 특성이나 상동적 행동은 어느 발달연령의 아이들에게서도 나타나지 않는 행동이다. 이러한 점은 자폐성 아동의 이상성이 일반아동과는 질적으로 전혀 다르다는 것을 의미하며, 그 외 대부분의 특수아동들은 일반아동에 비해 정도의 차이를 나타낸다.

2) 이상행동을 정의하는 근거

이상행동을 정의할 때는 다음과 같은 준거들이 고려될 수 있다. 첫째, 심리에 대한 판단은 심리적인 문제가 흔히 평균에서 이탈했다는 의미에서 비전형적 또는 비정상적이라고 간주된다. 사실 정상은 평균 또는 표준을 가리키는 데 반해 이상은 이로부터 벗어난다는 뜻이다. 그러나 비전형적인 것 자체를 모두 병리라고 할 수 없다. 이상 또는 병리는 흔히 개인 내에 존재하는 역기능으로 여겨지는데 이 역기능은 적응을 방해한다. 달리 말하면 개인과 생활환경과의 조화를 방해하게 된다는 것이다.

둘째, 행동에 대한 판단은 전형적인 성장 속도, 성장 순서, 운동 기술, 언어, 인지, 정서 및 상호적 행동을 기술하는 발달 규준에 의존한다.

셋째, 개인이 속한 사회문화적 기준에서 용인하고 있는 특정한 행동기준, 신념, 가치에서 일탈된 행동을 할 때 '이상'이라고 간주할 수 있다.

3. 특수아의 분류

특수아를 특성에 따라 분류하는 것은 전문가 사이의 의사소통을 원활하게 하고 교육 프로그램을 개발하거나 구체적으로 치료나 교육하는 일을 수월하게 해준다. 출현 빈도를 측정하거나 과학적인 연구를 할 때에도 이러한 분류가 꼭 필요하다. 현재 가장 일반적인 도식은 특수아동을 장애 영역별로 분류하는 일이며, 특수교육학의 분류 도식과 정신의학적 분류 도식으로 나뉘어 볼 수 있다.

1) 특수교육학적 분류

(1) 우리나라 특수교육학 분류 도식

우리나라 특수교육진흥법(특진법)에서는 특수교육 대상자를 시각장애, 청각장애, 지적장애, 지체부자유, 정서장애, 언어장애, 학습장애를 지니는 아동으로 분류하고 있다. 또한 장애인 등에 대한 특수교육법(장특법)에서는 특수교육대상자를 시각장애, 청각장애, 지적장애, 지체장애, 정서 및 행동장애, 자폐성장애, 의사소통장애, 학습장애, 건강장애, 발달지체, 그 밖의 대통령령으로 정하는 장애로 지정 분류하고 있다. 장특법에서는 과거 특진법에서는 명시되지 않았던 자폐성장애와 발달지체가 새로이 추가되었다. 영재집단은 장특법에 명시되지 않고 영재교육진흥법에 따로 명시되어 특수교육대상자로 분류하고 있다.

(2) 미국의 특수교육학 분류 도식

미국의 특수교육대상자는 미국 장애인교육법에 명시되어 있다. 미국 장애인교육법인 장애인 교육 향상법(Individuals with Disabilities Improvement Act, IDEIA)에서는 특수아를 지적장애, 청각장애, 언어 또는 의사소통장애, 시각장애, 정서행동장애, 지체장애, 자폐스펙트럼장애, 외상성뇌손상장애, 기타 건강장애, 학습장애, 난청 및 의사소통장애, 중복장애, 발달지연장애로 분류하고 있다.

특수교육학 분류 도식은 일반적이면서도 친숙하게 알려진 명칭이지만 정서장애나 행동장애 용어는 전문가들 사이에 논란의 여지가 많다. 이러한 분류와 명칭은 전문가들 사이의 의사소통을 원활하게 하기 위하는 것이 목적임에도 불구하고 교육자나 의사, 법률가, 심리학자 및 각계 전문가마다 사용하는 목적과 견해에 따라 그 용어의 의미를 다르게 사용하고 있어서 혼동을 주고 있다.

2) 정신의학적 분류

(1) DSM 분류 체계

현재 심리학이나 의학계에서 널리 사용하고 있는 분류로는 미국 정신의학회의 '정신장애의 진단과 통계편람(Diagnostic and Statistical Manual of Mental Disorder, 이하 DSM)이 있다. DSM 체계는 정신의학에 기초하여 정신장애를 분류한 전통적 분류 체계로서 유용한 진단 개념이 되도록 과학적인 연구를 지속하여 여러 번 개정되었다. 현재 DSM-V를 사용하고 있다. DSM-V는 이전의 DSM 체제와 달리 중다축 분류 체계를 사용한다. 각 장애에 대해 명확하고, 구체적인 진단기준을 제시하고 있으며, 자살 및 비자살적 자해행동, 지속적 비탄장애 등이 포함되었다. 중다축 분류 체계는 단일 증상의 평가에만 초점을 모았을 때 간과될 수 있는 부분인 다양한 정신장애와 일반적인 의학적 상태, 심리·사회적이고 환경적인 문제, 전반적인 기능 수준을 포함하여 종합적인 평가를 하게 해준다. 각

축은 임상적인 정보를 교환·조직화하고 임상적인 복잡한 상황을 잘 포착해 내며 같은 진단 범주에 속하는 개인들의 이질성을 기술함으로써 개인이 처한 상황과 맥락을 구체화하는 데 필요하다. DSM-V-TR은 특정 장애의 특성에 관한 최신의 여러 정보를 제공한다. 예를 들면 얼마나 만연되어 나타나는가, 시작되는 연령, 과정, 장애가 생겨나기 쉽게 하는 요인이 무엇인가, 변별 집단, 실험실 결과, 연령, 특징적인 또는 문화특정적인 특질 등에 대한 정보를 제공해 준다.

임상가의 증상과 증후 관찰을 위주로 장애의 특성을 정의하여 심리장애를 개념화하여 전문가들 사이에 누구나 사용할 수 있도록 진단적 규준을 제공해 준다.

(2) DSM-V-TR의 분류

아동에게만 특수하게 나타나는 장애와 성인과 아동 모두에게 나타나는 장애로 구분한다. 아동기에만 나타나는 장애로는 유아, 아동, 청소년기에 시작되는 지적, 정서적, 신체적 및 발달적 장애를 포함한다. 여기에는 지적장애, 학습장애, 운동기술장애, 의사소통장애, 전반적 발달장애, 주의력결핍과 파괴적 행동장애, 섭식 및 식이 장애, 틱장애, 배설장애, 기타장애(분리불안, 선택적 함구증, 반응성 애착장애, 상동증적 운동장애)가 포함된다. 성인과 아동 모두에게 나타나는 장애로는 기분장애, 불안장애, 신체화 장애, 인위적 장애, 해리성 장애, 수면장애, 정신분열증, 물질관련장애, 충동조절장애, 적응장애, 성격장애가 있다.

특히, 기존의 70개 이상의 정신질환진단기준을 최신 연구 결과를 반영하고, 자살 및 비자살적 행동, 지속적 비탄장애, 문화적 영향, 차별 등이 반영되었다는 점이 특징이다.

(3) DSM-V-TR의 준거

DSM-V-TR의 준거에는 '임상적 관심의 초점이 될 수 있는 기타 상태'라는 범주로 문제행동과 일반적인 분류 장애를 구분 짓고 있다. 문제행동에는 관계문제, 학대나 방치, 사별, 경계선 수준의 지적 지능, 학업문제, 반사회적 행동, 정체성 문제 등이 포함한다. DSM-V-TR에서는 진단범주를 더욱더 명확화하고 각 질환의 특정 증상을 제시하고, 진단코드를 국제질병코드화하였고, 문화적 영향, 차별 등을 고려하였다.

3) 행동적 분류

혼동을 유발하는 정서장애나 행동의 분류를 퀘이(Quay)와 동료들은 아동들에게 안정적으로 보이면서 전반적으로 적용 가능한 네 가지의 행동패턴으로 요약하였다. 행동패턴의 네 가지 분류로는 품행장애, 사회화된 공격행동, 불안·위축행동, 미성숙이 포함된다. ① 품행장애에는 파괴적, 비협조적, 무례함, 싸움, 구타, 거만, 불복종 등을 포함한다. ② 사회화된 공격행동에는 나쁜 집단에 대한 충성, 함께 물건 훔치기, 지하조직 단원으로 활동 등을 포함한다. ③ 불안·위축행동에는 불안, 두려움, 긴장, 위축, 고립적, 소심한, 은밀함 등을 포함한다. ④ 미성숙행동에는 주의집중 시간이 짧음, 협응미숙, 몰두, 공간 주시, 백일몽 등을 포함한다.

4) 분류와 명명

일부 장애는 DSM-V-TR과 특수교육학에서 공통으로 사용하고 있지만 정서나 행동 영역의 장애는 특수교육에서는 정서 및 행동 장애로, 미국법에서는 중증정서장애로 크게 묶어 놓은 반면에 DSM-V-TR에서는 증상을 세분화시켜 놓고 있다. 예를 들어, DSM-V-TR에서는 주의결핍장애나 품행장애, 분리불안이나 배설장애 등 증상에 따라 세분화시켜 여러 장애로 진단하고 명명하고 있다. 지체부자유, 시각 및 청각 장애들은 정신장애가 아닌 만큼 DSM-V-TR에서는 분류되지 않고 있다. 사실 특수아를 여러 분야에서 각기 다르게 정의하고 있어서 전문가들 사이에서도 혼란을 야기하고 있고, 어디까지를 특수아로 보아야 하는지에 대한 논란의 여지가 많다.

교사를 포함하여 많은 사람들은 아직도 특수아를 보수적인 시각에서 보고, 시각 및 청각장애나 지체장애를 포함하는 지적장애나 자폐 아동들의 발달장애까지만 특수아로 여기는 경향이 있으나, 현대에 오면서 특수아의 정의는 좀 더 포괄적이고 확대된 개념으로 사용되고 있다. 어떤 정의를 사용하든지 간에 특수아의 신체, 인지, 정서 및 행동 특성에 따른 특별한 교육적 조치를 필요로 하는 사람을 의미한다는 것에는 거의 의견의 일치를 보이고 있다.

특수아 상담이 어디에서 누가 누구를 대상으로 하느냐에 따라 분류와 대상이 달라질 수는 있지만 특수아의 분류와 명명은 장·단점을 가지고 있다. 특수아를 분류하고 명명함으로 얻게 되는 이점은 전문가 간의 의사소통과 전문적인 상담 및 교육의 효율성을 위해, 그리고 과학적인 데이터를 위해 특수아의 정의와 분류는 꼭 필요할 것으로 본다. 또한 분류하고 명명함으로써 발생할 수 있는 단점으로는 특수아의 명명이 교사나 상담가 및 많은 사람들에게 편견으로 작용할 수 있으므로 주의해야 한다.

5) 장애인복지법에 따른 장애분류 장애범주

1975년 UN에서 발표한 장애인 권리선언(Declaration on the Disabled Persons)에 의하면, 장애인은 "신체적 또는 정신적 능력의 결함으로 인하여, 일상의 개인 또는 사회생활에 필요한 것을 확보하는 데 스스로는 완전히 혹은 부분적으로 행할 수 없는 사람"을 의미한다. 우리나라 장애인복지법 제2조에 따르면 장애인은 "신체적·정신적 장애로 인하여 장기간에 걸쳐 일상생활 또는 사회생활에 상당한 제약을 받는 자"로 정의하고 있다.

장애와 관련된 우리나라 현행법은 장애인복지법, 장애인 고용촉진 및 직업재활법, 장애인 교육 등에 관한 법률, 산업재해보상보험법, 자동차손해배상보장법, 근로기준법, 국가유공자 등의 예우 및 지원에 관한 법률, 국민연금법, 공무원연금법, 군인연금법, 국가배상법, 장애인차별금지법 등이 있다. 그러나 장애라는 개념은 위에 열거한 각 법에 따라 장애, 장해, 폐질, 상이, 후유장애 등으로 달리 표현되고 있으며, 등급과 장애 종류가 중도에 처한 장애상황에 따라 적용범위와 수준이 다르다. 일반적으로 장애관련법을 대표할 수 있는 장애인복지법의 시행령에 따라 범주화하고 있는데, 이를 구체적으로 살펴보면 다음과 같다.

표 2-1 장애인의 분류

대분류	중분류	소분류	세분류
신체적 장애	외부 신체 기능의 장애	지체장애	절단장애, 관절장애, 지체기능장애, 척추장애, 변형 등의 장애
		뇌병변장애	뇌의 손상으로 인한 복합적인 장애
		시각장애	시력장애, 시야결손장애, 겹보임(복시)
		청각장애	청력장애, 평형기능장애
		언어장애	언어장애, 음성장애, 구어장애
		안면장애	안면부의 추상, 함몰, 비후 등 변형으로 인한 장애
	내부 기관의 장애	신장장애	투석치료 중이거나 신장을 이식받은 경우
		심장장애	일상생활이 현저히 제한되는 심장기능 이상
		간장애	일상생활이 현저히 제한되는 만성·중증의 간기능 이상
		호흡기장애	일상생활이 현저히 제한되는 만성·중증의 호흡기기능 이상
		장루·요루장애	일상생활이 현저히 제한되는 장루·요루
		뇌전증장애	일상생활이 현저히 제한되는 만성·중증의 뇌전증
정신적 장애	지적장애(정신지체)		지능지수가 70 이하인 경우
	자폐성장애		소아청소년 자폐 등 자폐성 장애
	정신장애		조현병, 조현정동장애, 양극성정동장애, 재발성우울 장애, 뇌의 신경학적 손상으로 인한 기질성 정신장애, 강박장애, 투렛장애(Tourette's disorder), 기면증

주: 장애인복지법 시행령(2022) 일부 개정.

선천적으로 장애인이 되는 경우도 있으나 중도에 장애가 되는 경우도 많이 있다. 장애는 인생의 어떤 시기에 장애를 입게 되었는가에 따라서 선천적 장애, 중도장애, 노화장애로 다시 분류할 수 있다.

3장 특수아 상담사의 역할

상담의 알파와 오메가는 상담이론마다 인간관, 상담 기법, 상담전략이 다를지라도 모든 상담사가 갖추어야 할 기본자세는 수용과 존중, 배려, 경청과 공감 그리고 러블리 어텐션(lovely attention)이다. 특히 특수아는 사람들의 시선을 많이 받고 위축되어 자존감이 낮은 경우가 많다. 또한 특수아 주변 사람 특히 부모의 경우 장애아동을 키우면서 받는 주변의 왜곡된 시선과 장애아동을 돌보는 데서 오는 육체적 심리적 고달픔으로 인해 삶 자체가 힘든 경우가 대부분이다. 그러기에 특수아들이 지닌 장애 자체를 온전히 수용해 주어야 할 뿐 아니라 장애아동 및 그 주변의 사람들에 대한 사랑이 깃든 관심이 매우 중요하다고 본다.

기본적으로 특수아 상담사의 역할과 일반 상담사의 역할에서 크게 차이가 나지 않는다. 상담의 가장 기본적인 도구는 상담사 자신이기에 상담사 자신이 훈련하고 인격적 소양을 쌓아가는 것이 먼저 우선시 되어야 한다. 상담사는 어떤 사람이어야 하며 어떤 역할을 해야 하는지를 구체적으로 살펴보고자 한다.

1. 상담사의 기본 자질

상담사가 우선적으로 갖추어야 할 자질은 늘 자신의 마음상태가 어떠한지 알아차리고 자신의 감정, 인지, 행동을 온전히 이해하고 수용하며 개방할 수 있어야 한다. 로저스(Rogers)가 말한 진실성(genuineness, realness, congruence), 무조건적 긍정적 관심(unconditional positive regard), 정확한 공감적 이해(accurate empathic understanding)는 특수아동뿐만 아니라 모든 내담자를 위한 상담사의 기본 자질이다.

특히 특수아 상담에서는 내담자의 장애를 수용하고 있는 그대로를 존중하고 배려할 수 있는 능력이 가장 기본적인 자질이라고 할 수 있다.

상담사는 내담자를 이해하기에 앞서 먼저 자신이 어떠할 때 감정이 올라오는지 자신의 어떤 부분이 삶을 어렵게 하는지 등 자신에 대해 이해하고 그러한 자신을 온전히 수용하고 자신을 경험에 개방할 수 있어야 한다. 자신의 감정 경험을 개방할 때는 자신의 내면에서 일어나는 것과 일치되고 진실하게 표현하여야 하는 것이 중요하다. 이것이 곧 진실성이며 일치성이다.

또한 상담사가 자기 마음을 먼저 잘 알아차려야 하는 이유는 상담사들이 느끼는 불안과 긴장은 내담자 문제에 대한 지나친 개입과 실수를 가져와 상담에 방해를 주기 때문이다. 상담사가 갖추어야 할 자질 중 무조건적인 긍정적 관심이란 상담사 자신이 가진 가치관이나 판단을 배제하여 내담자를 평가하거나 판단하지 않고 내담자가 나타내는 어떤 감정이나 행동 특성들도 있는 그대로 수용해 주며 그를 소중히 여기고 존중하는 태도를 말한다. "실제 상담현장에 가면 내가 잘할 수 있을까?" 특히 첫 내담자를 만나면 그 불안감이 굉장히 커서 내담자에게 온전히 집중하기 어렵다. 상담사란 내담자의 심리적 갈등이나 현실적인 문제를 합리적이고 올바른 방법으로 대처하고 해결해 나가도록 도와주는 사람이다. 상담사는 해결해 주는 사람이 아니고 조력하는 사람이다. 상담사는 나침반과 같은 역할을 하는 것이지 내담자를 끌고 가거나 내담자의 문제에 답을 주는 것이 아니다. 본인이 해결하고 답을 찾아갈 수 있도록 길을 안내하는 작업이라고 할 수 있다. 특수아 상담에서 내담자가 장애를 겪고 있다고 해서 상담사들이 자꾸 이끌어가려는 특성을 발휘하지 않도록 자기 자신을 늘 경계해야 한다.

1) 상담사의 전문적 자질

특수아 상담을 수행하기 위해서는 일반상담과 동일한 전문적 자질이 요구되면서 특수아 상담은 장애에 대한 이해, 장애의 수용과정 등 기본적인 것에 이해가 필요한데, 이를 구체적으로 살펴보면 다음과 같다.

① 장애에 대한 이해가 특수아 상담에서는 매우 중요하다. 장애의 종류 및 특성, 장애로 인한 기능적인 어려움, 장애의 수용과정, 장애의 적응 과정 등

에 대한 정확한 이해가 있어야 한다.

② 심리학적인 지식과 다양한 상담이론의 활용: 전문의가 환자를 대할 때 기술과 이론을 함께 갖추고 있어야 하듯이 상담사도 심리학적 지식을 갖추고 있어야 하며, 다양한 상담이론을 익히고 활용할 수 있어야 한다. 상담에서 이론은 내담자를 어떤 틀로 이해하고 어떻게 상담해 나갈지에 대한 로드맵을 그릴 수 있도록 해준다.

③ 상담기술 훈련: 의사에게 수술이나 도구를 사용하는 기술을 연마해야 하듯이 상담사도 상담을 이끌어 가는 직접적인 기술을 훈련해야 한다. 심리학적인 지식과 상담이론을 알고 있어도 상담에서 언제 어떻게 질문을 할 것인지, 언제 들을 것인지 구체적인 기술을 훈련해 나가야 한다.

④ 문화적 차이 및 장애에 대한 이해: 문화적 차이뿐 아니라 특수아 상담사는 특별히 장애유형에 대한 이해가 선행되어야 한다.

⑤ 상담사의 윤리: 상담사의 자질 중 중요한 부분이 상담사의 윤리라고 할 수 있다. 그중 비밀유지의 원칙을 지킬 수 있어야 한다. 내담자와의 상담내용은 예외조항(자신이나 타인에게 위해가 되는 경우, 슈퍼비전을 받을 경우 등)을 제외하고는 어떤 경우라도 비밀을 유지해 주어야 한다. 상담사는 어떤 경우라도 내담자를 보호하고, 내담자의 이익을 최우선으로 고려해야 한다. 내담자에게 질문을 할 때도 상담사가 궁금해서 하는 것이 아니라 내담자를 더 잘 돕기 위해서 해야 한다. '내담자 우선의 원칙'을 기억해야 한다. 내담자의 권익 우선이라는 원칙에서 비밀유지의 원칙 제외사항을 고려하여 대처해야 한다.

⑥ 성실성: 상담사는 무엇보다 인간적으로 따뜻하고 사람을 사랑하는 사람이어야 한다. 상담사는 성실성을 갖추어서 상담시간을 성실하게 지키며 성실하게 들어주어야 한다.

⑦ 이중관계 금지: 상담사와 내담자는 이중관계를 갖지 말아야 한다.

⑧ 전문가로서의 책임 준수: 상담사의 윤리이기도 하다. 상담사는 상담과 내담자에게 책임을 질 수 있어야 한다.

2) 상담사의 인간적 자질

특수아 상담을 진행하는 데 있어서 가장 기본적인 것은 상담사의 인간적인 자질이라고 할 수 있다. 장애를 가지고 있는 내담자를 있는 그대로 존중하고 사랑할 수 있고 장애를 가지고 있는 내담자를 감사하게 느끼며, 장애를 가지고 있는 내담자에게 동정이 아닌 한 인간으로 이해할 수 있어야 한다. 장애를 가지고 있는 내담자를 교육의 대상, 상담사의 도움을 받아야 하는 대상, 장애를 가지고 있어 힘들어하는 대상, 장애로 인해서 미성숙한 대상으로 인식하거나 선입견을 갖지 않는 것이 중요하다.

① 인간에 대한 깊은 이해와 존중: 상담사는 인간에 대한 깊은 이해와 존중을 가져야 한다. 특히 장애아동을 상담하는 상담사는 여러 유형의 장애아동에 대한 깊은 존중이 있어야 한다.

② 상담에 대한 열의: 상담사는 상담에 대한 열의를 가지고 있어야 한다.

③ 다양한 경험과 상담관 정립: 상담사는 다양한 삶의 경험을 통해 내담자를 더 잘 이해할 수 있기에 삶의 다양한 경험뿐 아니라 상담에 대한 다양한 경험도 필요하다.

④ 상담사 자신을 인정하고 돌보기: 상담의 가장 중요한 도구는 상담사 자신이기에 상담사는 자신을 늘 인정하고 돌보아야 한다. 자신을 이해하고 수용할 수 있어야 내담자를 온전히 수용할 수 있다. 상담사는 신체적, 심리적으로 자신을 돌보고 건강을 챙길 수 있어야 한다.

⑤ 상담사의 가치관: 상담사의 가치관과 철학은 내담자를 이해하고 조력하는 기본 틀이 되기에 상담사가 가치관을 잘 정립할 필요가 있다.

⑥ 상담사가 되고 싶은 동기: 왜 상담사가 되고 싶은지 그 동기와 욕구는 상담에도 영향을 미친다. 물질 때문에 상담사가 되고 싶다면 내담자를 물질적인 관점으로 이해하게 된다. 예를 들면, 도움을 주고 싶어 하는 상담사는 내담자를 잘 도와줄 수도 있지만 무의식적으로 내담자가 도움을 요청하도록 이끌고 갈 수도 있기에 정말 내담자의 안녕 때문인지 자신의 동기와 욕구에 대한 분석을 할 수 있어야 하고 이것이 상담에 방해가 되지 않도록 점검해야 한다. 특히, 특수아 상담에서는 인간적 자질이 상담효과에 지대한 영향을 주므로 이에 대한 관심, 성찰, 알아차림 등이 이루어져야 한다.

2. 상담 장면에서 겪게 되는 어려움

상담을 하다 보면 내담자의 이야기를 듣는 것이 어렵고 집중이 안 될 때가 있다. 상담에 대한 불안한 마음이 있을 수 있다. 그 불안한 마음은 첫째, 유능한 상담사로 보이기 위한 마음이 있을 때 나타나기도 한다. 뭔가 멋진 말을 해주려고 하다 보면 내담자에게 온전히 집중할 수 없게 된다. 둘째, 말하는 것을 좋아하는 상담사이다. 내담자는 자신의 이야기를 하면서 길을 찾아간다. 그런데 말하기 좋아하는 상담사는 자신의 불안 때문에 그럴 수 있는데, 이것은 내담자의 자기 탐색과 통찰을 방해하게 된다. 셋째, 내담자를 제대로 도와주고 싶은데 내가 잘하고 있는가에 대한 의심과 두려움이 있을 때 나타난다. 넷째, 상담이론에 대한 토대가 없을 시에 불안한 마음은 가중된다. 다섯째, 내담자를 진정으로 이해하지 못하고 사랑하지 못했을 때 나타난다.

이와 같이 상담에서 겪게 되는 어려움은 크게 상담사 요인과 내담자 요인에서 전문적인 자질과 인간적인 자질로 나누어 볼 수 있다.

1) 상담사 요인

상담사가 내담자를 빨리 도움을 주고 싶고 상담효과를 빨리 보고 싶어서 서두르다 보면 어려움을 겪게 된다. 상담사는 내담자가 스스로 해결방안을 찾도록 돕고, 내담자보다 앞서면 상담에 실패할 확률이 많다. 또한 내담자가 가지고 오는 문제에만 초점을 맞추다 보면 어려움을 겪을 수도 있다. 내담자의 문제 이면에 있는 내담자의 강점을 볼 수 있어야 한다. 내담자가 지닌 문제는 내담자가 삶을 헤쳐오고 이겨온 자원일 수도 있다.

또한 상담사의 역전이로 인해 어려움을 겪을 수 있다. 상담사가 자신의 감정, 사고, 행동, 관계성, 상담에 대한 이론적인 관점 등을 정확하게 이해하지 못하거나 자신의 심리적인 건강상태가 유지되지 못할 경우에 나타난다. 상담사의 정신건강뿐만 아니라 신체적·심리적 소진이 상담을 어렵게 할 수 있기에 상담사는 늘 자신을 돌보고 있어야 한다.

2) 내담자 요인

상담에서 겪는 어려움 중에는 첫째, 내담자가 상담사에게 강한 전이 감정을 보이는 경우이다. 내담자가 자신이 과거에 살아오면서 가졌던 관계를 상담사에게 투사하는 것이다. 둘째, 상담 장면에 내담자가 저항하고 있는 경우도 있다. 셋째, 내담자가 상담에 비자발적으로 참여하게 되면 상담현장에서 어려움을 겪게 된다. 상담을 시작하기 전에 비자발적인 내담자를 자발적인 내담자가 될 수 있도록 상담사는 이끌어야 한다. 넷째, 상담사에게 지나치게 의존하는 경우, 다섯째, 내담자가 지나치게 말이 많은 경우 역시 상담현장에서 겪게 되는 어려움이다. 내담자가 이야기 주제를 바꾸어 가면서 혼자 계속 말하게 되면 자기 탐색과 통찰이 일어나기가 어렵다. 여섯째, 내담자가 자신의 감정을 전혀 드러내지 않는 경우이다. 이것이 내담자의 문제일 수 있으므로 감정을 드러낼 수 있도록 안전한 상담현장을 만들어 주어야 한다.

3. 특수아 상담사의 실제적인 역할

상담사는 편안하고 안락한 분위기를 조성해야 하며 주의집중력이 약한 특수아동을 위해 주의를 끌 만한 물건은 제거하거나 눈에 띄지 않는 곳으로 치워두어야 한다. 상담사의 복장과 외모도 아동으로 하여금 신경 쓰이지 않게 유의하여야 한다. 옷 색깔이 너무 화려하거나, 요란한 액세서리나 머리 모양은 주의하는 것이 좋다. 특수아동은 내면의 탐색이나 통찰이 어려울 수 있고 직접적인 정보 제공이 필요한 경우도 많다. 그러므로 특수아동을 상담할 경우 자신과 환경에 대한 정보 부족이 문제해결의 원인이 되기도 하므로, 자료, 사실, 약간의 대안 등 정보를 제공해 준다. 무엇보다 중요한 상담사의 역할은 내담자에 대한 진실된 관심과 경청하기이다. 내담자에게 온전히 집중해 주고 내담자의 말을 경청해 주는 것은 다른 어떤 역할보다 중요하다. 그러므로 특수아 상담사의 실제적인 역할을 구체적으로 살펴보면 다음과 같다.

1) 상담사의 역할

특수아 상담에서는 일반상담과 동일하게 전통적인 상담사의 역할을 적절하게 잘 수행하여야 한다. 내담자가 자신이 겪고 있는 여러 가지의 상황과 문제를 종합적으로 탐색하는 과정을 걸쳐 스스로 통찰하도록 하여 주어진 상황을 이해하고, 그에 따른 해결점을 찾아서 새로운 행동을 습관화하도록 도와주는 역할을 충실하게 수행하여야 한다. 특히 특수아 상담에서 내담자에 대한 편견 없이 어떤 장애를 겪고 있는 내담자라도 있는 그대로 수용하고 자기주도성을 발휘하도록 하는 역할 수행이 중요하다.

2) 모델자의 역할

특수아 상담에서는 일반적인 상담사의 역할뿐만 아니라 장애인들에게 새로운 행동에 대한 구체적인 모델자의 역할을 꾸준히 제공해 주어야 한다. 장애인들 중에는 이동과 정보의 제한 등으로 인해서 매우 제한된 모델링을 제공받았기 때문에 상담사는 장애인에게 필요한 다양한 모델자의 역할을 수행하여야 한다. 일반상담에 비해서 상담사가 끈기와 진실성을 기반으로 한 일관된 모델자 역할을 수행하는 것이 중요하다.

3) 교육자의 역할

장애인들 중에서는 신체적인 장애나 어린 시절의 질병이나 사고에 의한 중도장애로 인해서 교육과 발달시기의 민감적인 시기에 경험하고 익혀야 하는 기본적인 생활태도나 습관이 미흡한 경우가 있다. 또한 발달장애나 정서행동장애 등에서는 지속적인 습관화 과정을 거쳐야 되는 경우가 있다. 그러므로 특수아 상담에서는 장애의 특성을 고려하여 교육자의 역할을 지속적으로 수행해야 하는 경우도 많다. 특수아 상담에서 내담자가 지적장애나 발달장애 등을 겪고 있는 경우에는 교육자적인 역할 수행에 초점을 두고 상담을 진행하는 경우가 많다.

4) 정보제공자의 역할

장애인들 중에서는 정보에 대한 접근성, 개방성의 부족, 선입견, 경제적인 이유 등으로 인해서 정보가 극히 제한되는 경우가 많이 있다. 그러므로 상담사는 장애인들의 특성에 알맞은 삶에 필요한 다양한 정보를 적절하게 제공해야 한다. 장애를 겪고 있는 내담자들이 자신의 삶에 필요한 정보를 탐색하고 분석하는 데 어려움을 경험할 수 있으므로 상담사는 장애아동과 함께 정보를 탐색하는 역할에 관심을 두어야 한다.

5) 사회복지사의 역할

장애인들은 일반인들에 비해서 경제적인 여건이 열악할 수밖에 없다. 장애로 인한 고정경비의 지출, 직업의 제한, 경제적 활동의 미흡 등으로 인해서 장애인들의 경제적인 여건이나 기본 생활 여건의 미흡으로 어려움을 겪고 있는 경우가 많으므로 지역사회와의 연계, 경제적인 지원, 의료적인 지원 등의 사회복지적인 역할 수행이 요구된다. 장애를 겪고 있는 아동들에게 교육적 지원을 넘어 사회적응적 다양한 지원서비스를 경험할 수 있도록 하는 다양한 사회복지사의 역할 수행이 필요하다.

2부

특수아 상담을 위한 내담자 이해

본서에서는 특수아를 특수교육학 분류 도식에 따라 시각장애, 청각장애, 지적장애, 지체장애, 정서 및 행동장애, 자폐성장애, 의사소통장애, 학습장애, 건강장애로 분류하고자 한다. 분류된 장애유형에 따른 인지, 감정, 행동 특성을 살펴보고, 상담사가 어떻게 개입해야 하는지 상담사 역할에 관해 논의하고자 한다.

내담자에 해당되는 특수아동들은 선천적 장애인가, 후천적 장애인가에 따라서 인지, 행동, 감정적 특성이 다르고, 장애의 정도, 장애의 수용 정도에 따라서도 다양한 특성을 나타내기 때문에 모든 장애인에게 상담사가 가지고 있는 선지식이나 경험에 의한 판단을 하지 않고 객관적 이해를 하는 데 필요한 자료를 제공하고자 한다.

4장 지적장애 및 자폐성장애

1. 지적장애

1) 지적장애의 정의 및 원인

(1) 지적장애의 정의

일반적으로 정신지체라고도 하지만 명칭 자체가 편견, 모욕, 무시의 느낌을 주고 있다는 지적을 받아 2007년 10월 장애인복지법이 개정됨에 따라 정신지체가 지적장애로 법적 명칭이 변경되었다. 지적장애의 개념과 정의는 다양하고 유동적이며, 지적장애는 평균 이하인 지적기능과 적응행동상의 결함이 동시에 존재해야 하며 이 두 가지가 모두 발달기간인 18세 이전에 일어난 경우에 해당한다. 여기서 지적기능이라 함은 장애가 있는 사람과 없는 사람을 모두 포함한 인구 표본을 대상으로 표준화한 측정도구를 사용하여 IQ를 측정하여 검사한다.

여기에서 적응행동이라 함은 개념적 적응행동, 사회적 적응행동, 실제적 적응행동으로 나뉘어 볼 수 있다. 개념적 적응행동에는 언어, 읽기, 쓰기, 돈 개념 등을 포함하며, 사회적 적응행동에는 인간관계, 책임감, 순수함 등이 포함되며, 실제적 적응행동에는 식사하기, 옷 입기, 집 청소 등이 포함된다.

적응행동이 심각한 제한을 정의해 주는 조작적 정의는 개념적, 사회적, 실제적 적응행동 중 하나 또는 개념적, 사회적, 실제적 기술을 포함하는 표준화된 측정의 전체점수 중 하나가 정상분포곡선상 표준편차 -2 이하로 나타나는 것이라고 할 수 있다.

미국지적 및 발달장애협회(AAIDD, American Association on Intellectual and Developmental Disabilities)가 몇 가지의 적합한 이유 때문에 '정신지체'를 '지적장애'로 그 용어를 변경하였다. 첫째, 지적장애라는 용어가 국제보건기구나 미국 지적 및 발달장애협회(AAIDD)에서 설명하는 최근의 장애 개념을 더 잘 반영하고 있다고 보았다. 둘째, 기능적 행동과 상황적 요인을 강조하는 현재의 전문적 임상실제와 잘 맞기 때문이다. 셋째, 지적장애는 사회-생태학적 틀에 기초한 용어로 개별화된 지원을 제공하기 위한 논리적 기초를 제공한다. 넷째, 장애인 당사자에게 덜 불쾌하게 느껴진다. 다섯째, 국제적 용어와의 일관성이 더 높기 때문이다. 정신지체는 개인 안에 내재하는 결함을 의미하는 반면, 지적장애는 한 개인의 능력과 그 개인이 생활하고 기능해야 하는 환경 사이 그 어딘가에 장애가 존재한다고 간주한다.

우리나라 장애인복지법에서는 지적장애인이란 정신발육이 항구적으로 지체되어 능력의 발달이 불충분하거나 불완전하고 자신의 일을 처리하는 것과 사회생활에의 적응이 상당히 곤란한 사람으로 정의하고 있다.

미국 지적 및 발달장애협회(AAIDD)에서는 지적장애란 지적기능과 개념적·사회적·실질적 적응기술에서 상당한 제한이 나타나는 장애이며, 이는 18세 이전에 시작된다고 정의하고 있다. 또한, 세계보건기구(WHO)에서는 지적장애는 정신발달이 정지된 또는 불완전한 상태로서 특히 발달기에 나타나는 지능의 장애로 보며, 지적기능 수행의 수준이 낮아 정상적인 사회환경에서 적응하는 능력에 한계가 있을 경우에 지적장애로 보고 있다. 또한 다섯 가지 가정을 포함하고 있으며 그 가정은 다음과 같다.

가정 1: 개인이 현재 나타내고 있는 기능상의 제약에 대한 판단기준에는 당사자의 동년배 집단과 당사자의 문화가 포함된 지역사회 환경 맥락이 반드시 고려되어야 한다.

가정 2: 타당한 사정평가를 위해서는 개인의 의사소통능력, 감각능력, 운동능력, 행동특성에서의 차이뿐만 아니라 문화 및 언어적 차이까지도 고려되어야 한다.

가정 3: 개인이 보이고 있는 특정 능력에서의 한계는 그것이 전부가 아니라 다른 강점도 함께 가지고 있을 수 있다.

가정 4: 개인에게서 나타나는 능력의 한계들을 기술하는 주된 목적은 당사자에게 필요한 지원이 무엇인지 그 윤곽을 파악하기 위함이다.

가정 5: 지적장애 현상을 나타내는 개인이라 하더라도 그들에게 일정 기간 동안 지속적으로 적절하게 개별화된 지원을 할 경우 그 대부분의 생활 기능은 향상될 수 있다(이세정, 2008).

우리나라 장애인복지법 시행령(2022)에서의 지적장애란 지능지수가 70 이하인 사람으로서 교육을 통한 사회적·직업적 재활이 가능한 사람을 말하고, 특수교육법 시행령(2022)에서는 지적 기능과 적응행동상의 어려움이 함께 존재하여 교육적 성취에 어려움이 있는 사람을 말한다. 이상과 같이 지적장애란 지능지수가 70 이하로 지적기능과 적응행동상, 교육성취에 어려움이 있어 특별한 서비스가 필요한 사람이라고 할 수 있다.

(2) 지적장애의 원인

지적장애의 원인을 명확하게 이론은 없으나 대체적으로 크게 생물학적인 요인과 사회·심리적인 요인으로 나누어 볼 수 있다. 생물학적 요인은 염색체 이상과 같은 유전자의 결함이나 임신 중의 영향, 즉 산모가 임신 중 풍진, 매독, 기타 감염, 혈액형 부조화, 영양결핍, 음주, 흡연, 방사선노출 등이 원인이 되며, 또는 태아의 발육지연 및 뇌 발달에 이상이 있는 경우, 출생 시 난산으로 아기 뇌에 산소공급이 부족하거나 뇌에 손상을 입혔을 때, 산모가 고령일 때 지적장애아를 출생할 가능성이 있다. 또한 사회·심리적 요인으로는 가족환경, 즉 부모의 보살핌이 부족하거나 불안정한 환경에서 성장할 때 지적 발달이 낮아질 수 있다고 하였으나 명확한 원인을 규명하지 못하고 있다.

(3) 지적장애의 진단평가

특수교육법 시행령(2022) 지적장애는 지능지수(IQ)와 사회성숙도 검사, 적응행동검사, 기초학습검사, 운동능력검사 등을 실시하여 종합적으로 판정한다. 지적장애 1급은 지능지수와 사회성숙지수가 34 이하인 사람으로 일생 동안 타인의 보호가 필요한 사람이다. 지적장애 2급은 지능지수와 사회성숙도지수가 35 이상 49 이하인 사람으로 일상생활의 단순한 행동을 훈련시킬 수 있는 사람이라고 본다. 지적장애 3급은 지능지수와 사회성숙지수가 50 이상 70 이하인 사람으로 교육을 통한 사회적·직업적 재활이 가능한 사람으로 정의하였으나 최근에는 모두 심한 장애인으로 정의한다. 지적장애를 진단평가하는 데는 시기 또한 매우 중요하다.

① 유아기의 판별

유아기와 학령기 등 시기별로 지적장애를 판별하는 데 있어서 중요한 것은 일상적인 생활 속에서 관찰과 전문적인 검사이다. 지적장애를 조기에 판별하는 것은 아동들이 가지고 있는 가능성을 증진시키기 위한 지원서비스를 제공하는 것이 매우 중요하다. 유아기는 주로 관찰검사, 생육력 조사, 신체적·의학적 검사 등을 통해서 판별하게 된다.

첫째, 관찰이라 함은 말의 유창성, 보육활동에 참가해서 노는 태도의 부적절성, 적응이 잘 되는지 안 되는지, 신변자립을 할 수 있는지 등 중심으로 한 사회성숙도 등을 관찰해 본다.

둘째, 유아기의 검사는 정신발달검사나 지능검사를 이용하여 진단하지만, 집단 지능검사에서 득점이 낮은 유아를 지적장애로 의심하는 것은 위험하다. 유아기의 검사는 집단검사가 아닌 개인지능검사를 사용하여 지능을 측정해야 한다. 한 가지의 검사만으로 판별하기보다는 종합적으로 판별하는 것이 중요하다.

셋째, 생육력 조사는 생육 과정을 조사해서 진단의 중요한 참고자료로 삼게 된다. 그 외 신체적·의학적 검사를 통하여 종합적인 진단평가할 수 있다.

지적장애를 겪고 있는 아동들은 조기진단을 통해서 독특한 서비스가 제공될 경우 아동들의 가속성 때문에 다양한 잠재능력을 발휘할 수 있어 조기진단이 아주 중요하다.

② 학령기의 판별

학령기 아동의 지적장애를 진단하는 데 있어 중증에 해당되는 장애를 진단하는 데는 일상적인 관찰을 통해서 어느 정도 예측될 수 있으나 경도 지적장애의 경우에는 학교에 입학하여 적응하는 과정에 의해서 나타나는 경우가 많다. 경도 지적장애아의 경우에 학령기 판별이 매우 중요하다. 학령기에 판별하기 위한 것은 아동의 특성을 최대한 성장과 발전을 시키기 위해 전략을 만들어 적절한 학습과제와 방법 등을 제공하기 위한 것이다. 아동에게 지적장애로 판별하기 위한 것이 목적이 아니다. 그러므로 부모와 교사가 협력체제를 구축하여 학습장면에서 무엇이 강점이고 무엇이 약점인지를 구분하여 체계적·단계적으로 접근하도록 하기 위한 것이다. 학령기 아동들의 지적장애 판별 시 교사가 학습장면에서 아동 섬세한 관찰을 통해서 이루어져야 하므로 교사의 역할이 결정적인 요인으로 작용할 수 있다.

③ 지능검사

지적장애의 평가에 있어서 지능지수와 적응행동과의 관계는 매우 중요하다. 지능검사는 개인지능검사를 사용하는데, 언어능력과 동작능력으로 구분해서 측정한다. 보통 지능검사는 주로 기억력·이해력·어휘력·수리력·공간력 등 측정하는 문항으로 되어 있다. 지적장애아동은 지능지수 수준이 규준치보다 표준편차가 -2표준편차 이상 아래여야 한다는 정의적 표준에 충족하기 위하여도 지능의 평가는 중요하다.

지능검사에는 집단용 검사와 개인용 검사가 있다. 집단용 지능검사는 개인용 지능검사에 비해 정확성과 예언력이 낮기 때문에 지적장애를 진단할 때는 개인용 지능검사를 더 많이 사용한다.

④ 적응행동의 평가

지적장애 아동을 평가하는 데 있어서 적응행동평가는 일상적인 생활 속에서 요구되는 기술이나 행동을 의미한다. 즉, 일상적인 생활을 하는 데 필요한 자기돌봄으로 옷을 입거나 개인위생과 관련한 씻기, 양치질하기나 친구들과 관계를 맺고, 부모와 다른 사람과의 상호작용능력, 학교나 가정에서 요구하는 기본적인 학습능력 등을 평가한다. 부모, 교사 또는 가장 가까운 보호자 등과 같은 아동들 가까이에 있는 사람들과의 면접에 의해 아동이 얼마나 적응하는지에 대한 적응행동을 평가한다. 평가를 통해서 지적장애 여부를 평가하는 자료로 사용하는 동시에 적절한 교육적·치료적 개입을 계획할 때 기초자료로 활용할 수 있다.

2) 지적장애의 분류

지적장애는 그 심각성에 따라, 장애지원 정도에 따라 분류해 볼 수 있다. 첫째, 장애 정도의 심각성에 따라 '경도 지적장애, 중등도 지적장애, 중도 지적장애 최중도 지적장애'로 구분되며, 지적장애 아동을 지원해 주는 정도에 따라 간헐적 지원, 제한적 지원 확장적 지원, 전반적 지원으로 분류할 수 있다.

(1) 미국 지적장애 및 발달장애협회의 분류

미국 지적 및 발달장애협회는 1992년도 연차 회의에서 지적장애아를 어떤 지원이 요구되는 아동이라고 기술하기도 하였다. 요구되는 지원의 강도에 따라 간헐적 지원이 필요한 지적장애, 제한적 지원이 필요한 지적장애, 확장적 지원이 필요한 지적장애, 전반적 지원이 필요한 지적장애로 분류하고 있다.

① 간헐적(intermittent) 지원이 필요한 지적장애는 필요에 따른 지원, 일시적인 필요에 따른 지원, 지원의 강도가 높을 수도 있고 낮을 수도 있다.

② 제한적(limited) 지원이 필요한 지적장애는 시간에 걸쳐 일관적인, 시간 제한적인 지원 강도로 적은 수의 지원인력과 적은 비용이 들 수 있다. 예를 들면 시간 제한적인 고용훈련 또는 학교에서 성인기로의 전환을 위한 지원을 할 수 있다.

③ 확장적(extensive) 지원이 필요한 지적장애는 직장 또는 가정과 같은 환경에서 정기적으로 시간 제한적이 아닌 지원수준이다. 예를 들면, 장기적 지원을 필요로 하고, 장기적인 가정생활 지원를 필요로 하는 수준이다.

④ 전반적(pervasive) 지원이 필요한 지적장애는 지속성과 높은 강도의 전반적 환경에 걸쳐 지원이 필요한 수준이다. 전형적으로 많은 수의 지원인력과 더 많은 개입을 필요로 하는 지원이다.

(2) 미국정신의학협회의 분류

미국정신의학협회는 지능검사의 규준치에 따라 지적장애를 분류하면서 경도 지적장애, 중등도 지적장애, 중도 지적장애, 최중도 지적장애로 분류하고 있다.

① 경도 지적장애는 지능지수가 50~55부터 약 70까지에 속한다. 지적장애인의 약 85%를 차지한다. 흔히 일반아동과 구별되지 않는다. 10대 말까지 약 6학년 수준의 학문기술을 습득할 수 있다. 적절한 지원을 하면 지역사회에서 독립적으로 또는 지원 상황에서 성공적으로 생활할 수 있다.

② 중등도 지적장애는 지능지수가 35~40부터 50~55에 속한다. 지적장애인의 약 10%를 차지한다. 교과에서는 2학년 수준 이상으로 향상되기 어렵다. 일반적으로 감독하에 지역사회 생활에 적응할 수 있다.

③ 중도 지적장애는 지능지수가 20~25부터 35~40에 속한다. 지적장애인의 3~4%를 차지한다. 학령기에 말을 배울 수 있고 초보적인 자기보호 기술 훈련을 받을 수 있다. 대다수는 집단가정에서 또는 그들의 가족과 지역사회 생활에서 적응할 수 있는 수준이다.

④ 최중도 지적장애는 지능지수가 20 또는 25 이하에 속한다. 지적장애인의 1~2%를 차지한다. 아동초기에는 감각운동 기능 수행에 상당한 장애가 있음을 보인다. 운동발달, 자기보호, 의사소통 기술은 적절한 훈련을 받으면 향상된다. 일부는 철저한 감독과 보호하에 간단한 과제를 수행할 수 있다.

(3) 세계보긴기구의 정의

세계보건기구(World Health Organization, 2001)는 국제질병분류(ICD-11)체계에서는 지적발달장애로 분류한다. 신단 시에 인지기능과 적응행동에 있어 발달시기에 발생하는 유의미한 제한을 특징으로 하고 있다.

표 4-1 세계보건기구의 지적장애 분류 및 진단지침

분류명	진단지침
경도 지적장애	IQ 50~70 • 학습속도가 느리고 특정수준의 서비스가 필요하며, 일상적인 생활에서 상호작용과 기본적인 문제해결이 가능하다. • 언어의 이해와 사용이 지체되고, 실용언어의 문제가 성인기까지 지속되는 경우가 있으며, 일부에게서 기질적 원인이 확인되는 경우가 있다.
중등도 지적장애	IQ 35~49 • 일부는 아주 서툴지만, 사회적 접촉과 간단한 대화를 할 수 있으나, 대다수는 기본적 욕구를 겨우 전달할 수 있을 정도이며, 일부는 간단한 지시를 이해하고, 손짓을 배울 수 있을 정도이다. • 일부는 언어에 의존하는 작업보다 시각-공간적 기능에서 더 높은 수준에 도달한다. • 대다수에서 기질적 원인이 확인된다. • 일부는 자폐증이나 기타 전반적 발달장애를 보인다. • 대다수는 다른 사람의 도움 없이 걸을 수 있으나, 간질, 신경학적·신체적 불구가 흔하다. • 기타 정신과적 상태가 확인되는 경우가 있다.
중도 지적장애	IQ 20~34 • 언어가 제한적이며, 주로 몇 개의 단어나 말로 의사소통을 하는 정도이다. • 일상적인 활동이나 간단한 작업 시에 충분한 지원과 감독이 필요하다. • 학업 및 기본적 신변처리 등이 어렵다.
최중도 지적장애	IQ 20 미만 • 언어는 잘해야 기본적 지시를 이해하고 단순한 요구를 하는 정도이다. • 변별하고 짝짓기 정도의 기초적이고 단순한 시각-공간적 기능을 습득할 수도 있다. 이러한 사람은 감독과 지도하에 가사와 실용적 작업의 일부를 할 수 있다. • 대부분의 경우 기질적 원인이 확인된다. • 간질·시각장애·청각장애같이 운동성에 영향을 미치는 심한 신경학적 또는 신체적 불구가 흔하다. • 극심한 형태의 전반적 발달장애, 특히 비전형적 자폐증이, 특히 움직일 수 있는 사람에게서 흔히 나타난다.
기타 정신지체	• 정신지체에 동반하는 감각 및 신체장애 때문에 보통의 검사방법으로 정신지체의 정도를 평가하기가 어렵거나 불가능한 경우
불특정 정신지체	• 정신지체의 증거는 있으나, 위의 진단 범주 중 어느 하나라고 하기에 충분한 정보가 없는 경우

(4) 우리나라의 지적장애

우리나라에서 지적장애인의 정도에 대해서 장애인복지법 시행규칙(2023)에서는 지능지수가 70 이하인 사람으로 교육을 통한 사회적, 직업적 재활이 가능한 사람으로 정의하고, 장애의 정도가 심한 장애인에 해당된다고 정의하고 있다. 장애인들에 대한 특수교육법 시행령(2023)에서는 지적기능과 적응행동상의 어려움이 함께 존재하여 교육적 성취에 어려움이 있는 사람으로 정의하고 있다.

3) 지적장애의 특성

(1) 지적장애의 영역별 특성

일반적으로 지적장애는 같은 연령 또래와 비교해서 지능이 낮게 평가된 것으로 단순하게 생각된다. 지적장애 아동들의 집단도 다양한 정도와 특성을 지닌 아동들의 집합으로, 인지능력이 낮을 뿐만 아니라 동시에 적응행동 발달, 대인관계 등에 있어서 문제를 보일 때 지적장애로 판별이 가능하다(이소현·박은애, 2009).

지적장애의 경우, 다른 언어영역과 비교하였을 때 활용력을 뜻하는 화용론적 언어 사용에서 어려움이 더 크다(박지혜 외, 2014). 낮은 언어 이해력으로 인해 일상생활에서의 의사소통에 어려움을 초래하고 지시에 대해 반응이 늦거나 지시의 내용을 납득하지 못하기 때문에 고집을 부리는 것처럼 보일 때가 많다(문상진, 2012). 지적장애 학생은 지적능력 및 적응행동의 제한성으로 인해 가정 및 사회에서 자연스럽게 사회적 능력을 습득하는 데 어려움을 보인다(김수연, 2019). 이로 인하여 지적장애 학생은 일반 학생보다 또래와 긍정적인 사회적 상호작용이 이루어지기 어렵기 때문에 상호작용이 이루어지는 환경에서 수용할 수 없는 부적절한 행동을 나타내기도 한다(김민정, 2013).

지적장애는 단지 천천히 느리게 발달하는 것이지 중단을 의미하는 것은 아니다. 그들의 문제는 지능의 발달과 적응행동에서 특별하게 지체된다는 것이다. 여기서는 지적장애의 전반적인 특성과 장애 정도의 심각성에 따른 특성들도 함께 살펴보고자 한다.

① 인지적 특성

인지능력에 있어서 지적장애아는 주의력과 기억력이 낮다는 특성을 보이는 데 기억력 중 장기기억력보다는 특히, 단기기억력이 낮다. 모방학습이나 우발학습 능력이 일반아동에 비해서 부족하고, 과도한 일반화를 하거나 반대로 일반화하는 데 어려움을 겪는다. 학업성취 면에서는 학습동기가 낮으며, 학습된 무기력을 보이고, 특정과제를 하기 위해 어떤 전략이 필요한지를 알고, 자신이 하는 일에 대해 지속적으로 검토하며 결과와 효과성에 대해 점검할 수 있는 능력인 초인지가 낮다. 인지능력 저하와 함께 언어발달 면에서는 조음에 문제를 지닌다. 전형적인 언어발달 단계를 따르나 발달속도가 지체되었고, 언어로 감정을 표현하는 어려움이 문제행동으로 표출되기도 한다.

특히, 지적장애아의 인지적인 특성은 각 개인마다 차이가 다양하다. 일반적으로 지적장애아는 학습 능력이 낮고 지적 발달이 느리며, 심한 경우에 의사소통이 안 되고 추상적인 개념을 이해하기 어려울 수 있고 학습하는 데 추가적인 지원이 필요할 수 있으며, 기억력이나 집중력 이상, 논리적 사고 능력이 제한될 수 있다.

② 사회성 발달 특성

지적장애 아동들은 주변 사람과 상호작용하는 법을 모르며, 빈약한 자아개념을 가지고 있다. 그러므로 통합 환경하에서 장애아동은 사회성 기술을 습득할 수 있도록 지원해 주고 일반아동에게는 지적장애 아동에 대한 올바른 인식을 가질 수 있도록 해야 한다. 또한 특수아를 담당하는 교사는 구조화된 중재를 할 필요가 있다. 지적장애인은 학령기에서부터 자주 실패에 부딪히기 때문에 실패를 미리 예상하는 경향이 있어 동기유발에 어려움이 있으며, 문제 상황을 해결하기 위해 일반적으로 다른 사람에게 의존하는 경향을 보인다.

지적장애 아동은 일상적인 생활 속에서 부정적인 자극으로 인해서 일반적으로 열등한 자아개념을 가지고 있으며, 자신의 능력과 잠재성에 대해서도 부정적이다. 지적장애아의 언어발달에 있어서는 조음장애가 자주 발생하고 구어발달의 지연, 제한된 어휘 그리고 정확하지 않은 문법사용 등을 포함한 언어장애를 동반하는 경우도 많다. 또한 주의집중 지속시간, 주의집중의 범위와 초점, 선택적 주의에 심한 곤란을 가지며 단기기억 분야에서는 한계를 가지고 있다. 지적장애인이 대인관계가 원만하지 못하고 여러 상황에 적응하지 못하는 것은 적응능력이 부족하기 때문이다. 지적장애 아동들의 언어능력은 인지발달과 사회성 발달과도 밀접하게 연관되어 있기 때문에 이들 영역의 발달을 함께 고려하는 것이 필요하다.

이세정(2008)에 의한 사회적 행동에 관한 특성을 살펴보면 다음과 같다.

첫째, 공격행동으로 지적장애 아동은 사회적 상호작용이나 사회적 행동으로 공격적인 반응을 하는 경우가 많다. 버커위츠(Berkowitz, 1974)는 공격성이란 '타인에게 의도적으로 상해를 입히는 행위'라고 규정하고 여기에 신체적, 물리적 상해는 물론 언어적 상해도 모두 포함했다.

둘째, 위축행동을 한다. 위축행동은 사회·정서적 결함으로 나타나는 것으로 어떤 지적장애 아동은 대인관계를 맺을 때나 여러 가지 놀이를 할 때 쉽게 불안해하며 환경의 변화를 전혀 의식하지 못하는 경우도 있다.

셋째, 불안행동을 한다. 지적장애 아동은 강한 두려움과 불안의 시기를 거친다. 또한 쉽게 짜증을 내고 사람이 다가서면 달아나려고 하며 전에 보여 왔던 익숙한 행동이나 반응을 거부하며 울기도 한다.

넷째, 과잉행동과 주의집중 결함을 갖고 있다. 대부분의 지적장애 아동들은 차례를 기다리거나 다른 사람의 말이나 행동에 주의를 기울이는 것이 곤란하다.

다섯째, 사회적 지각 곤란을 들 수 있다. 지적장애 어린이의 사회적 기능 결함은 대인관계에 대한 원만성 부족과 사회적 상황을 바르게 지각하지 못하는 사회성 발달의 부족함으로 볼 수 있다. 이러한 사회적 기능 결함은 지적장애 어린이가 그들의 부모나 형제자매, 그리고 또래와 함께 원만하게 어울리는 것을 어렵게 하고 나아가서는 타인의 수용을 거부하며 사회적 상호작용을 시도하려고 할 때 거부하기도 한다. 따라서 지적장애 아동들은 부적절한 사회적 상호작용을 하며 위축된 행동, 주의집중 결함, 성공에 대한 낮은 기대감과 낮은 자아개념을 가지고 있다.

지적장애아의 행동적 특성은 각 개인마다 다양한 특성을 나타내지만, 일반적으로 지적장애아는 사회적 상호작용이나 의사소통에 어려움을 겪을 수 있으며, 감정을 표현하거나 관리하는 능력, 자신의 욕구를 적절하게 표현하는 능력, 다른 사람과의 관계에서 맥락을 파악하여 접근하는 능력이나 유머, 농담 등의 제한될 수 있다. 몇몇 지적장애아는 과민반응을 보일 수도 있고, 적응력이 낮을 수도 있다. 상담 시에는 이러한 특성을 고려하여 적절한 대응이 중요하며, 해당 아동을 이해하고 지원하는 것이 필요하다.

(2) 장애 정도에 따른 특성

우리나라의 지적장애는 모두 장애의 정도가 심한 장애인에 해당되지만, 이 중에서 장애 정도에 따라서 경도, 중등도, 중도, 최중도 지적장애아로 분류할 수 있으며, 특별히 다운증후군을 따로 분류하여 각 특성을 살펴보고자 한다.

① 경도 지적장애아의 특성

지적장애인들 중에 가장 높은 수준의 적응행동 및 지적기능을 보인다. 경도 지적장애 아동의 경우 학교에 들어갈 때까지 알아차리지 못하는 때가 종종 있다. 흔히 교과에서의 어려움과 행동문제들이 함께 나타나야 비로소 걱정하기 시작한다. 또래의 비장애아동들만큼의 언어 및 의사소통능력을 가지지 못한 아이들은 대인관계에서 움츠러들거나 부적절한 방식으로 사람들의 주의를 끌려 할 수 있다. 문제행동은 또한 학습에서 맛본 실패로 인한 좌절로부터 생길 수도 있다. 교사는 지적장애 아동이 때때로 발생하는 어쩔 수 없는 실패를 딛고 일어설 수 있도록 반복된 성공을 통하여 충분한 자신감을 얻게 하는 방식으로 학습경험을 조성해야 한다. 특정행동에 대해 즉시 피드백을 제공하며, 성취에 대해 보상을 해주어야 한다.

② 중등도 지적장애아의 특성

대체로 10세가 될 때까지 학습활동을 위한 준비가 되어 있지 않다. 그들은 개인 간의 관계 문제, 사회적 개념, 정서적 불안정 그리고 의사소통의 문제들을 가진다. 중등도 지적장애 아동들에게는 나이가 들수록 그들의 발달적 지체의 폭이 점점 넓어진다. 경도 지적장애 아동이 성인이 되면서 점점 지체의 폭이 좁아지는 것과 대조를 이룬다.

③ 중도 지적장애아의 특성

중도 지적장애 아동들은 성공적인 적응을 하는 데 많은 어려움을 겪는다. 고유한 지적장애 이외에 언어의 결핍문제, 사회적 기능의 부적응, 운동발달 결핍, 이동의 부자유, 실금, 감각손상, 발작 그리고 뇌성마비 등 추가적 장애를 가질 수 있다.

④ 최중도 지적장애아의 특성

대부분 심하게 손상을 입은 장애인으로 철저한 훈련과 치료의 다양한 형식들 없이는 그들은 사실상 적응행동을 나타낼 수 없다.

⑤ 다운증후군의 특성

중등도 지적장애와 중도 지적장애 아동의 전체 인구 중 다운증후군은 대략 10%로 추산된다. 지적으로 다운증후군 아동은 경도에서 중도 지적장애까지의 범위 안에 속하나, 대부분 중등도 지적장애로 분류되는 경향이 있다. 다운증후군에서 흔히 보이는 기타 문제들로는 눈과 의의 감염, 비만, 거칠고 건조한 피부의 특징을 보이는 피부문제, 치아와 잇몸의 문제, 그리고 청각장애 등이 있다.

4) 지적장애아를 위한 상담사의 역할

상담사는 지적장애의 인지능력, 학업성취, 언어발달, 사회성 발달에 있어서의 득징을 이해하고 있어야 올바른 상담을 할 수 있다. 이는 특수아동이 지니고 있는 어려움과 문제들도 있고 내담자 자체가 특수아동이기에 이에 대한 어려움을 함께 다루어 주어야 하기 때문에 기본적으로 특수아를 상담할 경우는 다차원적, 통합적인 상담서비스가 이루어져야 한다. 지적장애아를 위한 상담 시에는 내담자가 지적장애가 어느 정도인지를 고려한 상담이 진행되어야 한다. 내담자가 중증 지적장애아인지, 경증 지적장애아인지 고려하여 접근하는 것이 가장 우선시되어야 한다. 중증 지적장애아인 경우에는 의사소통능력을 고려한 언어 사용과 내담자 스스로 통찰하는 데 한계가 있으므로 교육적인 접근의 상담이 이루어져야 하며, 경증 지적장애아인 경우에는 인지적인 능력을 고려한 언어의 선택, 구체적인 접근 등이 이루어질 수 있도록 하여야 한다. 지적장애는 모두 심한 장애로 판정되기 때문에 상담이 어느 정도 가능한 지능지수 70 이하 50 이상의 장애인들에게 인지적인 특성을 고려하여 구체화 기법, 명료화 기법, 행동주의적인 기법 등을 활용한 접근이 이루어져야 한다. 지적장애인들이 스스로 통찰할 수 있도록 하기 위해서는 기존에 습관화, 신념화된 인지적인 구조를 살피면서 구체적으로 비교하여 탐색할 수 있는 기회를 제공하는 것이 필요하다. 지적장애 50 이하의 장애인들에게는 상담적인 기법보다는 교육적인 기법이 매우 유용하다고 할 수 있다. 이러한 특성을 고려한 접근을 구체적으로 살펴보면 다음과 같다.

(1) 치료적인 접근

지적장애아를 위한 상담 시에 치료적인 접근 시에는 약물이나 의료적인 접근이 이루어져야 하지만 지적인 능력을 개선하기 위한 외과적 조치나 약을 처방하는 경우는 극히 드물면 현재까지는 효과적인 의료적인 처방은 없다고 할 수 있다. 지적장애아를 위한 의료적 조치보다는 지적장애아들의 인지적인 능력, 문제해결능력, 사회적 능력 등을 증진시키고 개선시키는 데 초점을 두고 있다.

지적장애 아동에 대한 소아과 의사의 정식 의료적 진단은 객관적이고 과학적인 접근이 절대적으로 필요하며, 상담사는 지적장애 아동이 좀 더 유효한 기능을 성취하도록 도울 수 있는 잠재력을 조사해야 하며, 장애아의 지적능력의 가소성을 증진시키고 개선하는 데 도움이 될 수 있는 훈련, 감각과 운동능력, 인지훈련 등을 수행하는 것이 필요하다.

(2) 성장과 발달 촉진적 접근

지적장애아의 성장과 발달에 초점을 두는 접근이 필요하다. 현대 과학기술의 진보는 지적장애인을 위해 특별하게 고안된 기자재나 도구의 발달을 가져왔다. 지적장애 아동을 위해 새로운 교육적 과학기술로 마이크로컴퓨터와 혁신적인 소프트웨어가 개발·제공되고 있으므로 이를 적극적으로 활용하여 지적장애아들의 성장과 발달을 촉진할 수 있는 접근이 요구된다.

장애를 가진 아동들을 위한 다양한 도구와 장비들이 개발되어 지적장애아들의 인지능력, 자립기능을 향상시키기 위한 제품들이 있으므로 상담사는 이러한 기구들을 사용방법과 효과적인 제품들을 선별하고 적용할 수 있도록 하는 것도 중요하다.

(3) 교육적 중재

특수아의 경우 상담과 교육을 구분하기가 쉽지 않다. 특수아를 상담할 경우, 특히 지적장애인 경우 지적능력이 부족하기 때문에 교육적인 상담서비스가 많은 비중을 차지한다. 지적장애아의 경우 그 지적능력에 따라 다소 접근이 달라질 수도 있다. 경도 지적장애 아동은 지체된 학습자들 중 가장 큰 집단이며, 가장 넓은 범위의 기능과 욕구들을 가진다. 지적장애 아동의 상담사는 특수아동에 대한 경험이 있어야 하고 장애아동을 온전히 수용하고 필요한 경우 사회적 자료를 제공해 주는 등의 장애아동을 위한 실제적인 도움을 줄 수 있어야 한다.

1학년 수준 이상의 읽기를 배울 수 없는 중등도 지적장애 아동을 위한 상담사의 역할은 내담자를 온전히 이해하고 수용해 줄 뿐 아니라 생활기능 훈련도 함께 실시해 줄 수 있어야 한다. 중등도 지적장애 아동들에게 실시하는 생활기능 훈련은 자신을 돌볼 수 있는 능력을 길러줌으로써 자립기능 성취에 필수적이다. 자립기능은 먹기, 옷 입고 벗기, 목욕하기, 단정하게 하기, 화장실 사용 등과 관련된 것들이 있다. 중도 및 최중도 지적장애아를 위한 상담사의 역할은 반복훈련과 같은 단순한 훈련을 행동수정요법으로 할 수 있어야 한다. 그러나 중도 및 최중도 지적장애아라 할지라도 한 인간으로 존엄하게 바라보고 그들을 무조건적인 긍정적 존중이 필요하다. 특수아를 상담할 경우 특수아에 대한 존중뿐만 아니라 그 아동의 주변인물(부모, 형제, 학교 교사 등)에 대한 존중도 매우 필요하다.

2. 자폐성장애

1) 자폐성장애의 정의

자폐성장애는 사회성의 결여와 언어적 또는 의사소통의 문제, 제한되고 반복적인 양상을 보이는 행동 등을 특징으로 하는 세 가지의 핵심적인 증상을 보이며, 이런 상태를 정의하는 질적인 장해는 개인의 발달수준이나 정신연령에 비해 명백하게 일탈되어 있다. 현재 자폐성장애는 뇌의 기능적인 면에서 생물학적 결함(neurobiological defect)을 가지는 전반적인 발달장애(pervasive developmental disorder)로 이해하고 있다.

자폐성장애는 진단적 개념의 불확실성뿐만 아니라 발달상의 문제가 아동에 따라 매우 다양하고 개인차가 존재한다. 그러다 보니 진단 과정에서 아동을 평가하고 정확한 진단을 내리기가 쉽지 않은 경우가 많다. 대개 아동이 나이가 들수록 자폐성장애보다 정확하게 진단하기 용이한 것은 사실이지만, 늦은 나이까지 정확한 진단을 내리는 것을 유보하는 것이 정당하다는 의미는 결코 아니다. 왜냐하면 일반적으로 자폐성장애는 소아정신과 전문의에 의하여 조기에 자폐성장애로 진단되면, 자폐성장애를 위한 조기특수교육프로그램(early intervention program)에 가능한 한 빨리 들어가서 그 아동에게 적합하고 체계적인 특수교육을 받는 것이 절대적으로 중요하기 때문이다. 또한 얼마나 효과적으로 특수교육을 받느냐에 따라 나중에 자폐아가 보이는 기능의 수준이 천양지차라는 사실은 이미 정설로 굳어졌다. 자폐성장애가 보이는 예후는 약 만 5세경에 자폐아가 나타내는 지능지수와 언어구사능력에 좌우되는 것으로 알려져 있으므로, 적어도 만 3세 이전에 자폐성장애로 진단되어 조기특수교육 과정에서 자폐성장애에 필요한 여러 가지 서비스를 적절히 받아 아동이 가진 잠재력을 최대한 키우는 것이 아주 중요하다.

일반적으로, 발달장애에 경험 있는 임상가들은 전형적인 자폐 증상들을 보이는 경우, 비교적 어렵지 않게 구별할 수 있다. 자폐성장애는 현재 아동이 보이는 행동유형과 과거 발달 과정에서의 경과에 근거하여 내리는 임상적인 진단으로, 이 진단의 신뢰도나 일치도는 상당히 높은 편이다. 그럼에도 불구하고, 아동의 나이가 어린 경우에는 발달지연을 보이는 다른 종류의 장애들과 구분하기가 까다로울 때가 많다. 임상적으로 만 18개월부터 전형적인 자폐증의 경우는 진단이 가능해지며, 보다 어린 나이에 정확한 진단을 내리기 위한 노력을 해야 한다. 이때, 초기 진단 과정에서 보다 명확한 경과를 얻을 수 있도록 도움을 주고자 다양한 평가도구를 이용하기도 한다. 또한 자폐성장애를 진단하여 다른 종류의 발달장애와의 차이를 식별해 내는 의학적인 검사(medical test)는 없지만, 자폐증과 관련된 많은 행동들이 다른 의학적 질환에서도 공통적으로 나타날 수 있기 때문에 의사는 다른 가능한 의학적 원인을 배제하기 위하여 검사를 시행하게 된다.

우리나라의 경우 2000년 1월 1일 시행된 특수교육법에서는 발달장애인으로 명칭하였고, 소아기 자폐증, 비전형적 자폐증에 의한 기능 및 능력 장애로 인하여 일상생활 혹은 사회생활을 영위하기 위한 기능 수행에 제한을 받아 도움이 필요한 사람이라고 정의하였다. 2000년 10월 15일 시행된 특수교육법에서는 자폐성장애인으로 명칭을 변경하였고, 소아기 자폐증, 비전형적 자폐증에 따른 언어·신체표현·자기조절·사회적응 기능 및 능력의 장애로 인하여 일상생활이나 사회생활에 상당한 제약을 받아 다른 사람의 도움이 필요한 사람으로 정의하고 있으나 2025년 장애인 등에 대한 특수교육법 시행령에서는 자폐성장애를 지닌 특수교육대상자로 명하고 사회적 상호작용과 의사소통에 결함이 있고, 제한적이고 반복적인 관심과 활동을 보임으로써 교육적 성취 및 일상생활 적응에 도움이 필요한 사람이라고 정의하고 있다. 지폐성장애를 가진 사람에게는 조기 진단을 통한 체계적인 치료적, 교육적인 접근이 이루어질 수 있도록 하는 것이 매우 중요하다.

(1) 자폐성장애의 역사적 변천

1943년 미국 존스 홉킨스(Johns Hopkins) 대학의 정신과 의사인 레오 카너(Leo Kanner)는 자신의 클리닉에 의뢰된 환아들을 대상으로 유사한 특성을 보이는 아동들에 대해 연구한 후, 이것을 그리스어의 자기(self)라는 단어에서 어원을 둔

자폐증(조기 영아자폐증, early infantile autism)이라고 이름 붙였다. 카너와 같은 시대에 활동했던, 비엔나의 의사 한스 아스페르거(Hans Asperger)는 정상적인 지능과 언어 발달이 되어 있지만 자폐와 유사한 행동(autistic-like behaviour) 및 사회적 기술과 의사소통 기술의 심한 결함(marked deficiencies in social and communication skills)을 가지고 있는 몇 명의 소년들의 행동 양상에 대해 기술된 논문을 출간하였다.

아스페르거는 카너(Kanner) 증후군과 비슷하지만, 다른 한편으로는 몇 가지 중요한 차이점을 관찰했다. 카너가 보고한 11명의 소년 중에 3명은 전혀 말을 하지 못했고, 나머지 아이들도 거의 의사소통을 하지 못했다. 아스페르거의 사례에서는 소년들이 마치 작은 어른(little adult)처럼 말을 잘했다. 전반적인 운동 통합 능력(gross coordination)과 미세한 운동 기술(fine motor skill)에 대해서도 불일치가 있었다. 카너는 전자는 불량하고 후자는 매우 우수하다고 했지만, 아스페르거는 둘 다 영향을 받는다고 보았다. 카너는 기계적인 학습(learning by rote)을 시키는 것이 자폐아를 발달시키는 가장 좋은 방법이라고 했지만, 아스페르거는 자신의 환자들은 추상적으로 생각하는 사람들이므로, 자발적으로 매우 잘 성취한다고 보았다.

로나 윙(Lorna Wing)의 선구적인 연구는 자폐증의 세 가지 핵심 증상(the triad of impairment)에 대한 개념을 이끌어 내었다. 이 개념은 마음의 이론 기능에서의 장해(deficit in theory of mind)라는 자폐증의 신경심리학적인 관점을 설명하는 데 유효 적절하게 사용된다.

① 사회적 상호작용의 장애(impairment of social interaction)
② 의사소통의 장애(impairment of communication)
③ 상상력의 장애(impairments of imagination)

이상과 같이 자폐성장애를 가진 아동의 신경심리학적 기능은 여러 가지 특성과 관련이 있을 수 있다. 이러한 특성은 개인마다 다르게 나타날 수 있지만, 일반적으로 다른 사람과의 사회적 상호작용에서 어려움을 사람들과의 상호작용에서 어려움을 겪을 수 있으며, 다른 사람들과 눈맞춤을 피하거나 다른 사람의 감정을 이해하고 이에 반응하는 데 어려움이 있을 수 있다. 또한 언어발달이 늦거나 언어 사용에서 어려움을 겪을 수 있으며, 비언어적 의사소통 역시 어렵게 느껴 의사소통에 어려움을 경험한다. 자폐성장애는 반복적인 행동이나 고정된 관심사를 보이고, 일상에서 일관된 루틴을 선호하며, 변화에 대한 적응이 어려울 수 있으며, 감각 자극에 대한 과민 또는 둔감 반응을 보일 수 있고, 특정 소리, 빛, 냄새 등에 대해 민감하게 반응할 수 있다.

자폐성장애아들은 지적인 능력에서 개인마다 다를 수 있다. 일부는 평균 이상의 지능을 보이기도 하고 특정 영역에서 두드러진 능력을 보이는 경우가 있으며, 예를 들어 수학, 음악, 예술 등의 특정 분야에서 뛰어난 재능을 보일 수 있다. 주의집중에 어려움을 겪을 수 있으며, 이는 학습과 일상생활에 영향을 미칠 수 있다. 자폐아동의 신경심리학적 기능은 매우 다양하며, 이러한 특성을 이해하고 이에 맞는 지원을 제공하는 것이 중요하다. 초기 진단과 지속적인 지원을 통해 자폐아동이 최대한의 잠재력을 발휘할 수 있도록 돕는 것이 필요하다.

(2) 자폐성장애의 빈도

엄격한 의미의 전형적인 자폐성장애는 미국에서 약 10,000명당 4~5명꼴로 발생한다. 가벼운 자폐증상의 아동들까지 포함하는 포괄적인 개념인 자폐스펙트럼장애(autistic spectrum disorder)의 경우는 10,000명당 20~30명 정도 발생한다고 알려져 있으나, 일부의 연구는 10,000명당 91명까지 문제점을 보인다는 보고도 있는 실정이다. 우리나라에서도 외국의 경우들과 유사하게 발생하리라 생각한다.

(3) 자폐성장애와 관련한 용어상의 혼돈

① 우리나라에서 자주 사용하는 표현 중에 하나가 '자폐성향(autistic tendency)'이라는 용어이다. 소아정신과 의사를 비롯하여 특수교사 등 자폐 관련 업무 종사자들이 무차별적으로 사용하는 이 단어는 자신의 자녀를 처음 진단받는 부모들에게는 약간 덜 충격적으로 들릴 수도 있겠으나, 진단적으로 매우 모호한 표현이다. 왜냐하면 아동이 진짜 자폐성장애가 아니더라도 일시적으로 자폐성향을 보일 수 있기 때문에 정확한 진단에 도움이 되지 않는다.

② 유사자폐라는 용어가 한때 '반응성 애착장애'라는 질환의 동의어와 같이 사용되던 때도 있었으나, 아마도 진짜 자폐증은 아니면서 자폐증상과 유사하다는 의미로 사용된 듯하다. 그러나 자폐증상과 유사하게 보이는 발달장애가 여러 종류이므로 정확한 진단을 내리는 데 전혀 도움이 안 된다고 하여도 과언이 아니다. 그러므로 자폐성장애에 관련한 전문가들이 '유사자폐'라는 표현을 사용하지 않는 것이 옳다고 생각한다.

③ 부모들이 자녀를 데리고 소아정신과를 찾는 이유는 아동이 말로 표현하는 것이 늦고 말을 잘 이해하지 못하며, 불러서 반응하는 것이 떨어지고 혼자 노는 모습을 보이는 등의 사회성 발달이 늦으면서 인지기능 역시 떨어지게 보이기 때문이다. 이런 상태를 '발달지연(developmental delay)' 되었다고 한다. 즉 발달지연이나 발달지체는 진단명이 아니라, 아동의 상태에 대한 표현일 뿐이다. 왜 아동에게 발달지연이 발생했는지에 대한 원인을 찾는 과정이 진단 과정이다.

④ 상당수의 소아정신과 의사들이 자폐성장애를 보이는 아동들을 진단함에 있어서 'Pervasive Developmental Disorder(전반적 발달장애, 혹은 광범위성 발달장애)'라는 표현을 사용한다. 현실적으로 많은 사람들이 자폐성장애와 전반적 발달장애를 거의 같은 개념으로 사용하고 있다. 소아정신과 의사들이나 부모들은 자폐성장애이라는 진단을 내리는 것이 심한 낙인(stigma)을 찍는 것이라는 생각을 가지고 있기 때문에, 실제적인 부모와의 상담 과정에서 '자폐'라는 표현을 직접적으로 사용하는 것을 피하기 위하여 전반적 발달장애라는 용어를 선택한다. 또한, 그냥 '발달장애'라는 표현을 쓰거나, '유사자폐' 내지는 '자폐 끼'가 있다는 식의 용어를 사용함으로써 조기진단 과정을 통하여 부모가 아이의 상태에 대하여 조기에 인식할 기회를 놓치거나 애써 외면해 버려서 적절한 치료 시기를 늦추게 된다.

⑤ '자폐성장애(Autism Spectrum Disorder or Autistic Spectrum Disorder)'는 자폐증상을 보이는 환자들 가운데, 아주 가벼운 상태의 자폐증 환자가 한쪽의 끝에 위치하고 다른 끝에는 전형적이고 심한 형태의 자폐증을 연속선상으로 연결하여 그사이에는 다양한 증상들과 기능 수준을 보이는 자폐증 환자군이 존재한다고 간주한다. 이렇듯 자폐증상의 환자군을 하나의 스펙트럼의 관

점에서 보아 자폐성장애라는 개념은 전형적인 자폐증인 자폐성장애(Autistic Disorder)와 비전형적 자폐증(Atypical Autism or PDD, NOS)로 구분하여 진단할 필요는 없다고 생각한다. 영국의 저명한 소아정신과 의사인 로나 윙의 경우는 가벼운 자폐증상이나 아스퍼거증후군을 포함하는 경우 유병률이 약 10,000명당 91명에 이른다고 주장한다. 물론 이 통계가 일반적으로 알려진 것(10,000명당 20~30명)보다 높기는 하지만, 그만큼 자폐성장애는 생각보다 많다고 볼 수 있다. 미국자폐협회(American Society of Autism)에서는 자폐스펙트럼장애를 Autism Spectrum Disorder로 사용하고, 영국에서는 Autistic Spectrum Disorder를 사용하는 등 약간의 차이가 있다. 최근에 예일대학 소아정신과의 프레드 볼크마르(Fred Volkmar, 2000) 등이 발표한 연구 결과에 의하면, 유전적인 관점에서 볼 때 자폐증과 아스퍼거증후군은 원인론적으로 다르다는 사실을 제시하고 있다.

(4) 자폐성장애와 구별해야 하는 장애들

부모님이 아이의 발달이 늦어서 소아정신과를 방문하게 되는 경우, 아이가 말로 표현하는 것이 늦고 말을 잘 이해하지 못하며, 불러서 반응하는 것이 떨어지고 혼자 노는 모습을 보이는 등의 사회성 발달이 늦으면서 인지기능 역시 떨어지게 보인다. 이런 상태를 '발달이 지연(developmental delay)'되었다고 한다.

① 청력 자체에 문제가 있는 경우

나이 어린 아이가 말이 늦으면, 진단의 종류에 상관없이 청력 자체가 정상인지를 확인하기 위하여 우선적으로 청력검사를 받는 것이 필요하다. 가끔 난청으로 인하여 언어발달의 지연을 비롯하여 발달지체를 보이는 경우가 있다.

② 발달성 언어장애(혼합형 수용-표현 언어장애)

뇌의 기형 등의 구조적인 병변이 없으면서 언어의 발달이 늦는 경우이다. 아기가 태어난 후, 두뇌의 발달(특히, 언어중추 부위)이 미성숙해서 뚜렷한 구조적인 병변이 없음에도 불구하고, 또래의 타 아동들에 비하여 언어발달이 늦은 경우이다. 유전적인 요인도 일부 작용하는 것으로 알려져 있다. 발달지연의 원인으로 가장 흔하며, 약 4% 정도의 발생빈도를 보이고 있다.

③ 혼합형 수용-표현 언어장애

또래의 정상 아동에 비하여 수용언어(언어 이해력)나 표현언어(언어 표현력) 수준이 모두 떨어진다. 상대적으로 경한 수준의 언어장애를 보이는 경우는 정서적 상호교류나 가장놀이 등이 정상에 가깝고 비교적 쉽게 자폐증과 감별할 수 있다. 그러나 나이 어린 아동이 혼합형 수용-표현 언어장애와 지적장애(심한 인지기능의 장애)가 동반하여 있을 때, 기능수준의 저하로 수용언어가 심하게 떨어짐으로 인하여 사회성이나 인지기능의 발달이 매우 뒤떨어져서 마치 자폐아와 유사하게 보여 흔히 혼동이 되기도 한다.

④ 의학적 상태와 관련한 심한 지적장애

언어, 사회성, 그리고 인지기능 등이 모두 떨어져 있는 정신기능의 발달지체로서, 많은 경우에 뇌의 구조적인 기형, 유전 질환, 선천성 대사질환 등이 있거나, 갓난아기 때 뇌 감염을 앓아 그 후유증으로 심한 지적장애를 보이기도 한다.

⑤ 특수한 형태의 소아간질

랜도-크레프너 증후군(Landau-Kleffner Syndrome)으로, 말을 잘하던 아동이 밤에 잠을 자다가 간질을 하기 시작하면서 언어가 퇴행되는 경우이다. 수면뇌파로 확진이 가능하다. 영아 연축(infantile spasm) 역시 자폐증상과 유사하게 보일 수 있다.

⑥ 반응성 애착장애

아이가 극도로 열악한 환경에서 양육된 경우로서, 엄마와 아이 사이의 애착형성이 비일관적이고 지리멸렬한 경우이다. 즉 부모(주로, 엄마)가 아이에게 학대를 지속적으로 하거나 아이를 돌보지 않고 오랫동안 방치하거나 하는 등의 극히 잘못된 보살핌으로 인하여 아기가 정서적으로 심하게 위축되고, 발달지체를 보이기도 한다. 그러므로 미국에서는 아이에게 반응성 애착장애라는 진단이 내려지면, 그 아이의 부모는 주정부 기관인 Child Protective Services로부터 아이에게 어떤 잘못을 해서 양육환경이 나쁘게 되었는지에 대하여 조사를 받게 된다. 말하자면, "부모가 몹쓸 사람"이란 뜻이다. 통계적으로 이 질환은 매우 흔치 않다(very uncommon)고 알려져 있다. 다시 말해, 우리나라에서는 반응성 애착장애의 진단이 지나치게 많다는 느낌이다. 정확한 진단하에 적절한 치료가 시작되었다면, 반응성 애착장애 증상을 보이던 아동은 약 6개월 이내에 현저한 호전을 보일 것이다.

2) 자폐성장애의 분류

첫째, DSM-V-TR(APA, 2023)은 전반적 발달장애의 하위유형에 5개 장애, 즉 레트장애, 아동기 붕괴성장애, 아스퍼거장애, 달리 분류되지 않는 전반적 발달장애로 분류하였다.

둘째, ICD-10(1992)에서는 전반적 발달장애의 하위유형을 아동기 자폐, 비정형 자폐, 레트증후군, 기타 아동기 붕괴성장애, 지적장애 및 상동운동과 관련된 과잉행동장애, 아스퍼거증후군, 기타 전반적 발달장애, 기타 세분화되지 않는 전반적 발달장애로 분류하고 있다.

셋째, 자폐스펙트럼장애(ASD)는 DSM 혹은 ICD에서 공식적으로 사용하는 진단 범주는 아니지만 중재나 임상적 처치를 목적으로 학자 및 임상가들이 사용하고 있다.

DSM-V-TR(APA, 2003)에서 제시한 자폐장애의 진난 준거는 사회적 상호작용과 의사소통에 있어서 질적인 결함, 제한적이고 반복적인 상도증적 행동이나 관심 및 활동, 사회적 상호작용 및 의사소통에서 사용되는 언어·상징놀이·상상놀이 중 한 가지 이상이 지연되거나 비정상적이다. 그리고 이런 특성은 3세 이전에 시작된다.

3) 자폐성장애의 원인

자폐성장애의 원인으로 뇌의 구조적·기능적 요인, 생화학적 요인, 유전적 요인으로 나누어 볼 수 있다. 자폐성장애의 원인에는 학자들마다 다르게 보고 있으나 일반적으로 첫째, 뇌의 구조적·기능적 이상에 의한 것이다. 즉 자폐성장애의 원인으로 신경생물학적 가설들에 의하면 자폐성장애를 초래하는 것은 비정상적인 뇌발달로 인한 뇌구조 혹은 기능의 왜곡·일탈이라는 점이다. 또한 자폐성 장애의 생화학적 요인은 뇌에서 분비되는 호르몬인 세로토닌, 도파민, 엔도르핀과 같은 물질들의 분비가 불균형을 이루기 때문이라고 한다. 또 유전적 영향이라는 주장도 있다.

4) 자폐성장애 아동의 특성

미국심리학회(APA)에서 2000년에 발표한 자료에 따르면 나이가 어린 자폐성장애 아동은 연령과 발달 수준에 알맞은 친구관계를 형성하지 못하고, 친구관계에 아예 관심이 없는 것 같으며, 성인이 된다고 하더라도 친구관계를 형성하는 방법을 이해하지 못한다고 하였다. 자폐성장애 아동들은 스스로 타인들과 정서적인 감정을 공유하지 못하고 자신이 흥미를 느끼는 사물을 가져와 보여주거나 가리키지 않는다고 하였다(이승희, 2009). 이와 같이 자폐성장애 아동은 타인과의 상호작용에서 결함을 보이고, 이로 인해 또래관계나 학교생활에서 어려움을 겪을 수 있다.

특히, 자폐성 장애인들은 성장에 따라 요구되는 행동, 기술, 선호, 기능 수행, 학습 등에서 매우 다양한 특성을 보인다. 자폐성장애를 가지고 있는 아동들에 일부는 학령기와 청소년기에 사회기능과 언어기능의 일부 영역에서 고기능의 발달이 이루어지는 경우도 있다. 소수만이 성인이 되어 독립으로 일을 하면서 생활할 수 있으며, 3분의 1 정도는 부분으로 독립이 가능하다. 대체적으로 자폐성 장애인들은 제한된 사회적 활동, 사회 상호작용과 의사소통에서 지속인 문제가 나타냈다고 한다. 자폐성장애 아동들의 구체적인 특성을 살펴보면 다음과 같다.

(1) 사회적 특성

자폐성장애 아동의 특성 중 사회적 상호작용에 있어서 질적인 결함은 자폐성장애를 진단하는 데 있어서 핵심적 부분이다. DSM-V-TR(APA, 2023)에서 자폐성장애로 진단을 내리기 위해서는 다음 네 가지 중 두 가지 이상은 충족해야 한다. 첫째, 사회적 상호작용을 조절하기 위한 눈맞춤, 얼굴표정, 몸자세, 몸짓과 같은 다양한 비언어적 행동의 사용에서 현저한 손상, 둘째, 발달수준에 적합한 또래관계 형성에 있어서의 어려움, 셋째, 자발적으로 다른 사람들과 기쁨, 관심, 성취감을 나누지 못함, 넷째, 사회적으로나 감정적으로 서로 반응을 주고받는 상호교류에 어려움이 있다.

자폐성장애를 가진 아동들은 사회적 상호작용과 의사소통에서 여러 가지 어려움을 경험할 수 있다. 이러한 사회적 특성은 개별 아동마다 다르게 나타날 수 있지만, 일반적으로 첫째, 다른 사람과의 눈 맞춤을 회피하거나 눈 맞춤을 지속하는 데 어려움이 있을 수 있다. 둘째, 비언어적 의사소통(예: 미소, 몸짓, 표정)을 이해하고 적절하게 반응하는 데 어려움으로 사회적 신호를 이해하는 데 어려움이 있다. 셋째, 또래나 다른 사람들과의 상호작용에서 주도적으로 대화를 시작하거나 유지하는 데 어려움이 있고, 친구를 사귀거나 놀이를 주도하는 것을 어렵게 느껴 타인과의 상호작용이 잘 안 된다. 넷째, 다른 사람의 감정이나 생각을 이해하고 공감을 적절하게 하지 못한다. 다섯째, 특정 사회적 규칙이나 관습을 이해하는 데 어려움이 있을 수 있으며, 상황에 맞게 행동하는 것이 어렵다. 여섯째, 자신의 감정을 표현하거나 감정의 미묘한 차이를 인식하는 데 어려움을 느낀다. 일곱째, 또래와 다르게 놀이를 하거나 혼자서 하는 일방적인 놀이를 선호하며, 또래와 자연스럽게 어울리기 어렵고, 종종 혼자 있거나 어른과 더 많이 상호작용할 수 있다. 이러한 특징들은 자폐성을 가진 아동마다 매우 다양하게 나타날 수 있으며, 모든 자폐성을 가진 아동이 모든 특성을 갖고 있는 것은 아니다.

(2) 의사소통적 특성

자폐성장애 아동은 언어 및 의사소통에 있어서 비구어 및 구어 모두에 결함을 가지고 있다. 첫째, 반향어를 사용한다. 이미 들었던 단어나 문장을 똑같이 반복한다. 둘째, 의미론적 측면에서도 다양한 어려움이 있다. 관계어 사용에 심한 어려움이 있으며(나, 너의 구분이 어려움), 사물의 기능보단 주로 물리적 유사점에 근거하여 범주한다. 셋째, 언어를 의사소통의 도구로 사용하는 화용론적 결함이 있다.

자폐성장애를 가진 아동의 의사소통 특성은 언어적, 비언어적 의사소통 모두에 영향을 줄 수 있으며, 개별 아동의 발달수준과 개인적인 특성에 따라 차이가 있다. 첫째, 일부 아동은 언어발달이 지연되거나 제한이 있어 말을 시작하는 시기가 늦거나, 낱말이나 문장의 사용이 극히 제한적일 수 있다. 둘째, 타인의 말과 언어를 반복적으로 사용한다. 타인에게 들은 말을 그대로 반복하는 현상이 있다. 셋째, 문법의 구조에 맞지 않은 문장을 사용하는 경우가 많다. 장애아동들이 문법 구조나 문장의 사용이 비정상적으로 사용되는 경우가 많다. 예를 들어, 대명사를 바꾸어 사용하거나 불완전한 문장을 구사하는 경우가 있다. 넷째, 의사소통에 필요한 비언어적 소통이 제한적이다. 타인과 의사소통할 때 몸짓, 표정, 손짓 등의 비언어적인 의사소통이 제한될 수 있으며, 이를 통해 의사소통 의도를 전달하는 데 어려움이 있다. 다섯째, 장애아동이 자신의 필요나 욕구를 명확하게 표현하지 못하고, 의사소통의 목적이 불분명할 수 있다. 예를 들어, '과자'를 달라고 하는 대신 단순히 '이거 줘'라고 말하는 경우가 있다. 여섯째, 일상적인 생활 속에서 특정 상황이나 맥락에 맞지 않는 말을 할 수 있으며, 사회적 적절성을 판단하는 데 어려움을 겪을 수 있다. 일곱째, 다른 사람과의 대화를 이어가는 데 어려움이 있으며, 대화의 흐름을 이해하고 유지하기 어려우며, 일방적인 대화나 자기중심적인 발언이 많을 수 있다. 끝으로 자신이 관심있는 특정한 주제에 과도하게 집착하는 경우가 많다.

또한, 특정 주제에 대해 과도하게 이야기하려고 하며, 대화를 그 주제로 계속해서 돌리려는 경향이 있을 수 있다. 자폐성아동들의 의사소통의 어려움은 자폐성아동이 사회적 삶에서 경험할 수 있는 도전 과제 중 일부이다. 그러므로 상담사는 자폐성아동들의 의사소통능력을 발달시키기 위해 조기 개입, 언어 치료, 사회성 그룹 활동 등을 통해 지속적인 훈련과 지원이 필요하다.

(3) 행동적 특성

자폐성장애를 가진 아동들의 행동적 특성은 매우 다양한 형태로 나타난다. 자폐 아동들의 행동적 특성을 이해하고 그 특성을 고려한 상담사의 역할이 필요하다.

자폐성장애 아동의 행동적인 특성의 대표적인 것이 첫째, 반복적 행동이다. 일상적인 생활 속에서 손 흔들기, 머리 흔들기, 특정 물체를 반복적으로 만지기 등과 같은 상동적인 행동을 보이는 것이 대표적인 특성이다. 둘째, 특정 주제나 활동에 과도한 관심을 보이며, 그 주제에 대해 계속 타인의 관심 여부와 관계없이 지속적으로 이야기하거나 행동을 반복할 수 있다. 셋째, 자폐성장애를 가진 아동들은 변화를 싫어하고, 일관된 일상과 루틴을 고집할 수 있다. 일상생활의 작은 변화에도 강한 불안 또는 스트레스를 나타낼 수 있다. 넷째, 자신에게 주어진 감각 자극에 대한 민감도가 비정상적으로 높거나 낮을 수 있다. 예를 들어, 소리, 빛, 닿는 느낌, 맛, 냄새 등에 과민하게 반응하거나 둔감한 반응을 나타내는 경우가 있다. 다섯째, 자신에게 주어진 긴장이나 스트레스를 해소하기 위한 손 흔들기, 손가락 튀기기, 몸을 앞뒤로 흔들기 등과 같은 자기 자극 행동을 보일 수 있다. 여섯째, 일상적인 생활 속에서 이루어지는 놀이에서 상징적이거나 창의적인 요소가 부족할 수 있으며, 장난감을 비정상적으로 사용하거나 규칙적으로 정확하게 정렬하는 등의 행동을 보일 수 있다. 일곱째, 일상적인 생활 속에서 탐험하는 것을 좋아하거나, 안전한 공간에서 벗어나려고 하는 행동을 보일 수 있다. 마지막으로 일부 자폐아동은 감정 조절의 어려움으로 인해 공격적인 행동이나 자해행동을 보일 수 있다. 이러한 자폐스펙트럼 아동들의 행동적 특성은 사회적, 학업적, 그리고 일상생활에서 직면하는 도전 과제들과 직접적으로 관련이 많으므로 상담사는 부모와의 협력체계를 구축하여 아동에게 알맞은 맞춘 전략을 개발하고, 적절한 지원과 치료를 제공하는 행동 요법, 감각통합 치료, 사회적 기술 훈련 등을 적극적으로 실행하는 데 관심을 두어야 한다.

(4) 감각적 특성

자폐성장애 아동의 42~88%는 감각처리장애를 보인다. 자폐성장애 아동들이 나타내는 주요한 감각적 반응은 과민반응과 과소반응으로 나타난다. 특히, 자폐성장애를 가진 아동들은 감각정보처리에 있어서 일반아동들과 다른 독특한 반응을 보일 수 있다. 첫째, 청각과 시각, 촉각 등에 과민반응을 보이는 경우가 많다. 자폐성장애아들은 진공청소기나 큰 소리에 겁을 먹거나 귀를 막는 등 특정 소리나 큰 소음에 매우 민감하게 반응할 수 있으며, 밝은 빛이나 특정 형태의 빛(예: 형광등 깜빡임)에 민감하게 반응할 수도 있다. 특정 옷의 태그, 특정 재질의 천, 머리카락 손질 등 피부에 닿는 감각에 대해 과민반응을 보일 수 있고 특정 음식의 맛이나 냄새에 대해 과민하게 반응할 수 있으며, 이는 음식의 선택에 영향을 줄 수 있다. 둘째, 감각의 둔감성이 나타나는 경우도 있다. 주위의 큰소리에 대한 반응이 둔감할 수 있으며, 고통스럽거나 중요한 소리에 반응하지 않는 경우가 있고, 눈앞에서 빠르게 움직이는 물체나 밝은 빛에도 무반응할 수 있다. 다른 사람들이 불편해할 정도로 강한 압력이나 자극을 선호하는 경우도 있으며, 강한 맛이나 냄새에 무반응하거나 특정 음식을 지나치게 선호하는 경향이 있을 수 있다. 셋째, 자폐성장애 아동들은 특정 소리를 낼 때 기분이 좋아지는 경향이 있으며, 이를 반복하거나 의도적으로 소리를 만들려고 한다. 빛, 물체의 움직임, 반짝이는 것에 강한 관심을 보이며, 이를 멍하니 바라보는 경향도 있다. 특정 감촉을 느끼기 위해 반복적으로 물건을 만지거나 누르는 행동을 하고, 다양한 물체를 입에 넣어 맛을 보거나 냄새를 맡는 행동을 할 수 있으며, 이는 위험할 수도 있다. 마지막으로 여러 감각적 경험을 통해 손을 앞뒤로 흔들기, 특정 소리를 반복하기, 회전하는 물체를 보는 것 등과 같이 자신을 자극하려는 행동을 보일 수 있다. 이러한 감각적 특성들은 일상생활에 지대한 영향을 미칠 수 있다.

자폐성장애아들의 감각 과민성으로 인해 일상적인 환경에서의 스트레스와 불안을 증가시킬 수 있고, 감각 둔감성은 학습과 상호작용을 방해할 수 있으므로 이를 조기에 파악하여 환경을 조절하고 적절한 감각 통합 치료를 제공할 수 있도록 하는 것이 중요하다.

(5) 인지적 특성

자폐성장애 아동의 지능은 다양하게 분포되어 있다. 자폐성장애 아동의 약

75%는 지능지수가 35~50으로 지적장애를 겸하고 있으며, 25%는 정상지능 혹은 그 이상의 지능을 보이고, 자폐성장애 아동의 주의력의 주요 특성은 과잉선택적 주의집중 경향, 주의력 이동 및 사고의 유연성 결함을 나타낸다. 과잉선택적 주의집중이란 외부로부터 주어지는 여러 가지 자극들 가운데 특정한 부분만 지나치게 집중하거나 과다하게 반응하는 성향 등이 나타나는데, 이를 구체적으로 살펴보면 다음과 같다.

첫째, 자신에게 주어진 자극 중 세부사항에 대한 집중력이다. 자폐아동은 작은 패턴이나 특정 숫자에 대한 관심을 보이고 세부사항에 매우 집중하며, 작은 변화나 특이점을 잘 인식한다. 둘째, 자폐스펙트럼을 가진 장애아동은 그림, 도표, 영상 등과 같은 시각적 정보를 통한 학습에 강점을 보인다. 셋째, 자폐스펙트럼을 가진 장애아동들은 인지발달에서 구체적 조작기에 해당되는 경우가 많아 추상적 개념을 이해하는 데 어려움을 겪을 수 있으며, 구체적이고 명확한 정보를 선호하여 은유나 비유를 이해하는 데 어려움을 겪을 수 있다. 넷째, 특정 주제나 활동에 대해 깊은 집중력을 보일 수 있으나, 다른 활동으로의 전환이 어려울 수 있으며, 또한 주의 산만이나 감각 과부하로 인해 주의력을 유지하는 데 어려움을 겪기도 한다. 다섯째, 자신에게 주어진 자극 중 특정 날짜, 일정, 숫자 등과 같은 시각적 기억과 암기 능력이 뛰어난 경우가 있다. 여섯째, 외부에서 주어진 자극에 대한 정보처리 속도가 느릴 수 있으며, 이는 학습과 문제해결 능력에 영향을 미칠 수 있다. 일곱째, 자신에게 주어진 문제를 해결하는 전략이 독특하며, 비전통적인 방법을 사용할 수 있으며, 창의적이거나 독창적인 방법을 찾는 데 강점을 보일 수 있다. 여덟째, 인지적 유연성에 어려움을 겪을 수 있으며, 이는 새로운 상황에 대해 적응하거나 계획을 변경하는 데 어려움을 초래할 수 있으며, 언어적 이해와 표현능력에서 불균형이 있을 수 있다.

일부 자폐아동은 언어를 잘 이해하지만 표현하는 데 어려움을 겪거나, 반대로 유창하게 말을 하지만 의미를 이해하지 못하는 경우도 있다. 이러한 자폐스펙트럼 아동의 인지적 특성을 이해하고, 이를 기반으로 아동의 학습능력을 증진시키기 위한 맞춤형 교육 프로그램과 지원 전략을 마련하는 것이 중요하다. 자폐스펙트럼 아동의 강점을 강화하고 약점을 보완할 수 있는 방법을 찾아, 최대한의 학습 잠재력을 발휘할 수 있도록 도와주는 것이 상담사의 중요한 역할이라고 할 수 있다.

5) 자폐성장애 아동을 위한 상담사의 역할

자폐성장애 아동은 인지적, 사회적, 정서적으로 매우 복잡한 장애이다. 발병 원인이나 증세의 심각성 정도가 아동 개개인에 따라 모두 다르기 때문에 자폐스펙트럼장애라고 한다. 자폐성장애 아동의 경우 부모상담이 꼭 병행되어야 한다. 모든 상담이 그러하지만 특히 자폐성장애 아동은 눈맞춤이 되지 않기에 눈을 마주치면서 대화하는 것부터 어려움을 겪게 된다. 자폐성장애 아동이 눈맞춤을 피하는 것이 하나의 특성이기 때문에 눈맞춤에 상담 에너지를 너무 소모하는 것도 지양하는 것이 좋다. 또한 큰소리를 싫어하므로 얼굴표정이나 제스처를 섞은 목소리, 보디랭귀지 등을 이용해서 말을 전달해야 한다. 무엇보다 반응이 나올 때까지 인내심을 갖고 기다려야 한다.

자폐성장애 아동에게 효과가 큰 상담이론은 행동수정이론이다. 이는 행동의 원인 규명보다는 눈에 보이는 행동에 초점을 맞추고 바람직한 행동은 강화해주고 바람직하지 않은 행동은 소멸시키고 보다 바람직한 행동을 학습시킴으로써 문제행동을 교정하여 정상적인 생활을 할 수 있도록 하는 상담이론이다.

행동수정에 인간의 사고와 인지를 첨가한 인지행동 수정방법은 자기교시, 자기감시, 자기강화, 자기조절 등의 기법이 있으며, 좀 더 성장한 자폐성 청소년이나 성인의 경우 효과를 볼 수 있다. 자폐성장애 아동의 상담에 있어서 부모와 전문가의 협조가 매우 중요하며, 개별화된 치료의 평가는 공식적인 평가도구나 비공식적인 관찰에 의해 이루어지며, 지역사회에 기반을 둔 평생 상담 서비스가 중요하다. 자폐성장애 아동의 상담에 있어서는 생화학적 치료, 신경감각적 치료, 언어치료, 기타 사회성 훈련프로그램, 일상생활치료 등이 포함된다.

이에 자폐성장애 아동들을 위한 상담사의 역할을 몇 가지 구체적으로 제시하면 다음과 같다.

첫째, 자폐성장애 아동의 전반적인 발달과 삶의 질 향상을 위해서는 조기진단 및 평가가 가장 먼저 우선시될 수 있도록 조치하는 것이 중요하다. 조기진단과 평가를 통해서 장애아동에 알맞은 치료적인 개입이 이루어질 수 있도록 하기 위한 방법이다.

둘째, 자폐성장애 아동의 특성을 고려한 맞춤형 치료 계획을 수립이 이루어져야 한다. 아동의 특성을 고려한 언어, 사회성, 행동, 감정조절 등에 대한 조기 개입 시에 그 예후가 긍정적으로 나타나기 때문이다.

셋째, 상담사는 자폐성장애 아동의 사회적 기술 훈련에 관심을 가져야 한다. 타인의 감정인식, 표현, 상호작용에 어려움이 있으므로 또래 및 성인과의 의사소통과 상호작용을 향상하기 위해 사회적 기술 훈련을 제공하여야 한다.

넷째, 상담사는 자폐성장애 아동의 문제행동을 이해하고 이를 효과적으로 관리하기 위한 행동수정 기법을 장애아동의 특성에 알맞게 긍정적 강화, 구조화된 환경 설정, 일관된 학습 계획 등을 통해 긍정적인 행동지원이 이루어질 수 있도록 해야 한다.

다섯째, 상담사는 자폐성장애 아동의 감정조절 및 자기관리를 향상하는 데 관심을 두어야 한다. 장애아동이 자신의 감정을 인식하고 조절할 수 있도록 하기 위해서 불안, 스트레스, 좌절 등의 감정을 다루는 방법을 구체적으로 다루고 가르쳐야 한다.

여섯째, 상담사는 자폐성장애 아동의 감각정보처리에 관심을 두어야 한다. 자폐성장애 아동은 감각정보처리에 독특한 어려움을 겪을 수 있기 때문에 감각통합치료를 통해 감각자극에 대한 반응을 조절하고 감각적 안정감을 제공하는 방법을 가르쳐야 한다.

일곱째, 상담사는 자폐성장애 아동의 의사소통 기술과 사회통합에 관심을 두고 지원해야 한다. 장애아동이 보다 효과적으로 의사소통할 수 있도록 언어치료사와 협력하여 언어적 및 비언어적 의사소통 기술을 향상하는 개입과 학교 및 지역사회에서 긍정적인 경험을 쌓을 수 있도록 지역사회와 연계하는 지원이 필요하다. 장애아동과 가족이 필요로 하는 외부 자원(예: 특수교육 프로그램, 사회적 지원 서비스, 지역사회 단체 등)을 찾고 연결하는 데 도움을 주어야 한다.

마지막으로 상담사는 부모상담을 주기적으로 진행하여야 한다. 부모와 가족에게 자폐성장애와 관련된 정보를 제공하고, 아동에 대한 이해를 돕기 위해 부모 교육과 지원이 절대적으로 필요하다. 상담사는 자폐성장애 아동에 대한 편견을 넘어 개별 아동의 특성과 필요에 맞춘 다양한 접근법과 지원을 제공하고, 아동이 최대한의 잠재력을 발휘하고 보다 행복하고 독립적인 삶을 살 수 있도록 도와주는 역할을 수행하는 것이 중요하다.

5장 학습장애 및 주의력결핍과잉행동장애(ADHD)

1. 학습장애

1) 학습장애의 정의

학습장애(learning disorder)는 평균적인 지적능력을 가지고 있으면서도 특정기술의 학습에 문제를 보이는 장애라고 정의할 수 있다.

학습장애는 지능, 감각, 신체운동 기능 등 전반적인 발달에 문제가 없지만 특정 학습과제에서 지속적으로 어려움을 겪는 상태를 말한다. 이러한 장애는 학습의 여러 영역에서 나타날 수 있으며, 정서나 환경적 요인보다는 신경발달상의 문제로 인해 발생하는 것으로 이해된다. 학습장애는 주로 학령기에 발견되며, 그 범위와 심각성은 개별 학생마다 다를 수 있다.

학습장애는 특정 학습 영역(예: 읽기, 쓰기, 수학)에서 지속적이고 현저한 어려움을 나타낸다. 특히, 읽기장애(Dyslexia)는 단어의 해독, 읽기 유창성, 독해 등에 어려움을 겪는 경우를 말하며, 쓰기장애(Dysgraphia)는 필기 능력, 맞춤법, 문장구조 등을 포함한 글쓰기 능력에 어려움을 겪는 경우이며, 수학장애(Dyscalculia)는 숫자 인식, 계산 능력, 수리적 사고 등에서의 문제를 포함한다. 또한 학습장애는 정보처리에서 인지적 과정의 결함이 나타날 수 있다. 예를 들어, 시각적-공간적 처리, 청각적 처리, 작업 기억, 집중력 등의 문제를 포함할 수 있다. 해당 아동의 평소 지적능력 수준에 비해 학문적 성취도가 현저히 낮게 나타난다. 이로 인해 학교에서 성공적인 학습을 이루는 데 어려움을 겪는 경우를 말한다. 학습장애는 듣기, 말하기, 읽기, 쓰기, 추리 또는 수학적 능력의 습득이나 사용에 있어 심각한 어려움을 보이는 경우를 말한다.

학습장애는 다양한 형태와 정도로 나타날 수 있지만, 이를 이해하고 지원하기 위한 적절한 대책을 통해 아동들이 잠재력을 최대한 발휘할 수 있도록 도울 수 있다. 학교, 가정, 지역사회에서 통합된 지원이 필요하며, 이를 통해 학습장애를 가진 학생들이 성공적이고 독립적인 삶을 살 수 있도록 도와준다.

2) 학습장애의 판별

학습장애의 판별은 능력과 성취의 불일치, 중재반응모형으로 판별한다. 능력과 성취의 불일치는 아동의 잠재능력과 학업성취 간에 나타난 심각한 차이를 보고 판별하며, 중재반응모형은 학업성취 수준에서 향상을 보이지 않을 때 점점 더 강도를 높이는 다양한 수준의 교수중재를 제공하는 과정을 거치면서 판별한다.

학습장애를 진단 및 판별하기 위해서는 여러 단계의 평가와 진단 과정을 거쳐야 하고, 통합적인 접근을 통해 이루어지며, 정확한 판별을 위해 다양한 도구와 방법이 사용된다. 첫째, 조기 식별 및 선별(screening)이다. 일상적인 생활이나 학교현장에서 교사 및 부모의 관찰: 아동의 학습 과정에서의 어려움을 관찰하고 이를 기록한다. 이 과정에서 주의할 징후는 읽기, 쓰기, 수학 등 특정 학습 영역에서의 지속적인 어려움, 집중력 결여, 좌절감 등을 기록하고, 학교에서 사용되는 표준화된 선별검사를 통해 학습장애의 초기 징후를 파악한다. 둘째, 학업성취도 검사이다. 학업성취도 검사는 표준화된 학업성취도 검사를 통해 아동의 학습능력을 객관적으로 평가한다. 지능검사(WISC, K-ABC 등)를 실시하고, 학습능력과 일반적인 지능 간의 격차를 파악하는 데 한다. 셋째, 심층 평가 및 진단이다. 심리평가를 통해서 특정 학습 영역(읽기, 쓰기, 수학 등)에서의 문제를 구체적으로 평가하기 위해 다양한 학습능력 평가도구를 사용하고, 아동, 부모, 교사를 대상으로 한 면담을 통해 학습 및 행동의 역사, 가정 및 학교 환경, 아동의 강점과 약점을 면밀히 조사한다. 넷째, 의료적 및 신경학적 평가를 수행한다. 아동의 의료적 검사: 청각, 시각 등의 감각 문제나 신경학적 문제를 배제하기 위해 적절한 의료적 검사를 실시하고, 아동의 인지 및 신경심리적 기능을 평가하여 학습장애와 관련된 특정 인지적 어려움이 있는지를 평가한다.

3) 학습장애아의 특성

학습장애는 유아기에서부터 성인기에 이르기까지 중추신경계 기능의 문제라고 보며, 문제 및 초인지 결함, 기억문제, 주의문제, 정보처리문제 등의 특성을 보인다. 학습장애의 인지적, 정서적, 행동적, 학습적 특징은 다음과 같다.

(1) 인지적 특성

초인지에 있어서 결함을 보이는데, 초인지란 두 가지 요인으로 구성되어 있다. 하나는 과제를 효과적으로 수행하기 위해 필요한 기능, 전략 및 자원에 관한 인식이며, 다른 하나는 과제의 성공적 완수에 대한 자기조정 과정을 사용하는 능력을 말한다. 정보처리에 있어 어려움이 따르며 기억과제에 적극성, 계획성, 조직성이 열약하다. 학습장애를 가진 아동의 인지적 특성은 매우 다양하며, 각 개인마다 다르게 나타날 수 있으며, 학습장애는 특정 학습 영역에서의 어려움으로 특징지어지며, 이러한 어려움은 특정 인지 기능의 결함과 관련이 있다. 첫째, 작업 기억의 문제가 나타난다. 작업 기억(working memory)은 정보를 단기적으로 저장하고 이를 조작하는 능력이다. 학습장애 아동은 정보를 일시적으로 유지하고 처리하는 데 어려움을 겪는다고 할 수 있다. 둘째, 처리 속도의 저하이다. 학습장애를 경험하는 아동들은 정보처리 속도(processing speed)가 느릴 수 있다. 이는 학습 속도와 과제 수행 시간에 영향을 미쳐, 읽기, 쓰기, 수학 등 다양한 학습활동에서 문제를 초래한다. 셋째, 시공간 처리(visual-spatial processing)에 어려움이 있다. 이는 그림, 도형, 지도 등을 이해하고 사용하는 능력에 영향을 미치며, 방향감각이 약하거나 수학 문제에서 시각적 배열을 이해하는 데 어려움을 느낄 수 있다. 넷째, 청각 처리의 문제(auditory processing)에 어려움을 겪을 수 있다. 이는 청취한 정보를 이해하고 기억하는 데 영향을 미친다. 즉, 듣기 평가나 구두로 주어진 지시를 이해하는 데 문제가 있을 수 있다. 다섯째, 언어적 처리 능력(language processing)에 결함이 있을 수 있다. 이는 읽기, 쓰기, 말하기에 영향을 받아 단어 해독, 철자법, 문장구조를 이해하는 데 어려움을 겪는다. 여섯째, 주의력결핍이 일어난다. 주어진 과제에 집중하고 주의를 지속하는 데 영향을 미치며, 주의력결핍과잉행동장애(ADHD)와 종종 동반된다. 이외에도 문제해결 및 추론 능력의 문제에 어려움을 겪고, 획일적인 사고 등이 특징적이라고 할 수 있다.

이와 같은 특성으로 학습장애 아동들은 학업 수행과 일상생활에서 다양한 도전과제를 초래할 수 있다. 이를 지원하기 위해, 교사, 부모, 상담사와 같은 전문가들이 개별화된 교육계획(IEP)과 맞춤형 학습전략을 개발하고 적용하는 것이 중요하다. 이러한 전략에는 다중 감각 접근법, 작업 기억을 지원하는 도구, 시각적 보조 자료, 주의력 향상 훈련 등이 포함될 수 있다.

(2) 행동적 특징

학습장애 아동들은 학습 과정에서의 어려움뿐만 아니라 특정 행동적 특성을 보일 수 있다. 학습장애 아동들의 행동적 특성은 학교현장이나 일상적인 생활에서 학습장애로 인한 좌절감, 자기존중감 저하, 의사소통 및 사회적 상호작용의 어려움 등과 관련이 있을 수 있다.

학습장애 아동에게서 흔히 나타날 수 있는 주요 행동적 특성으로는 첫째, 주의력의 문제이다. 주의력결핍과잉행동장애(ADHD)와 함께 나타나는 경우가 많으며, 수업 중 산만하거나 주의가 쉽게 흐트러지는 모습을 보일 수 있다. 둘째, 과잉행동이 나타나는 경우가 있다. 학습장애의 일부 아동은 과잉행동을 보일 수 있으며, 앉아 있기를 힘들어하고 과도하게 활동적인 행동을 보일 수 있다. 셋째, 좌절감 및 회피행동이다. 학습장애 아동들은 학습 과정에서 자주 실패를 경험하기 때문에 좌절감을 느끼고, 이를 회피하려는 행동을 보일 수 있으며, 일부 아동은 도전적인 과제를 피하거나 학습활동에 참여하려 하지 않을 수 있다. 넷째, 과잉반응 및 감정적 폭발이 종종 일어난다. 주어진 자극에 의한 스트레스나 학습의 어려움으로 인해 분노, 울음, 불안 등과 같은 감정적으로 과잉반응을 보이거나 폭발할 수 있다. 다섯째, 자신감 저하이다. 학습장애 아동들은 반복적인 실패 경험으로 인해 자기존중감이 낮아질 수 있으며, 이는 소극적이거나 부정적인 행동으로 이어질 수 있다. 자신에 대한 부정적인 믿음이나 능력에 대한 확신 부재를 보일 수 있다. 여섯째, 반항적 행동이 나타나는 경우가 있다. 학습에 대한 좌절과 실패로 인해 반항적이거나 권위에 도전하는 행동을 보일 수 있다. 이는 부모, 교사 또는 또래와의 갈등으로 이어질 수 있다. 일곱째, 사회적 기술 부족이다. 학습장애 아동들은 의사소통 및 사회적 상호작용에서 어려움을 겪을 수 있으며, 이는 또래와의 관계 형성에 어려움을 초래할 수 있다. 오해를 하거나 사회적 단서를 놓치기도 하며, 갈등 상황에서의 대처능력이 부족할 수 있다. 여덟째, 종종 완벽주의적인 성향을 나타낸다. 학습장애 아동들은 실패를 두려워하며 완벽하게 일을 수행하려는 성향을 보일 수 있다. 이는 학습속도를 늦추거나 과제수행에 지나친 압박을 느낀다. 아홉째, 학습에 대한 조직 및 계획능력 부족이다. 학습장애 아동은 시간을 관리하고, 과제를 조직화하며, 계획을 세우는 데 어려움을 겪는다. 열째, 반복적인 연습 회피이다. 특정 학습과제가 반복적으로 어렵게 느껴질 경우, 이를 반복적으로 연습하는 것을 회피하는 경우가 있다. 열한째, 감각적 민감성과 내재화의 문제이다. 학습장애는 종종 감각처리 문제와 연관될 수 있으며, 특정 감각 자극에 과민하거나 둔감한 반응을 보이고, 일부 아동은 외부로 드러나는 행동문제 대신, 불안, 우울, 사회적 위축 등과 같은 내재화 문제를 겪을 수 있다.

이러한 행동적 특성들은 학습장애 아동이 학교와 일상생활에서 겪는 여러 도전과제를 반영한다. 이를 효과적으로 관리하고 지원하기 위해서는 학습장애 아동들의 특성을 고려한 개별화된 지원, 심리 및 행동치료, 부모교육 및 협력체제 구축, 교사와 협력하는 학습환경 조정, 긍정적 강화계획 등이 이루어져야 한다.

(3) 사회·정서적 특성

학습장애 아동들은 사회·정서문제를 보이며, 부정적 자아개념, 낮은 좌절 극복 의지, 불안, 사회적 거절, 과제의 회피, 열악한 자기관리 능력 및 수행력 지체를 보인다. 좌절과 거부의 경험이 많이 있으며, 낮은 자존감과 빈약한 자아개념을 가지고 있다. 학습된 무기력감이 팽배해 있고 심하면 우울증으로 연결된다. 자신의 행동의 결과를 행운 또는 교사의 행동 등 외부적인 요인에 있다고 생각하는 것이 외적 통제소를 지녔다고 하고, 내적 통제소를 지녔다고 하는 것은 자신의 행동의 결과를 자신의 능력이나 노력 등 내부적인 요소에 있다고 생각하는 것이다. 대부분의 학습장애 아동의 경우는 외적통제소를 지니고 학습된 무력감 등을 갖는데, 이를 구체적으로 살펴보면 다음과 같다.

첫째, 낮은 자아존중감(self-esteem)이다. 지속적인 실패 경험으로 인해 자신에 대한 부정적인 인식을 가질 수 있으며, 새로운 과제에 도전하는 것을 꺼리고 자신의 능력에 대한 신뢰가 부족하여 자신감이 낮다.

둘째, 학업에 대한 불안 및 스트레스(anxiety and stress)가 높다. 학업성취에 대한 압박감과 실패에 대한 두려움으로 인해 불안을 경험하고, 시험 또는 평가 상황에서 특히 강한 불안을 느낄 수 있다.

셋째, 대인관계의 어려움(social interactions)이다. 학습장애 아동들은 의사소통 및 사회적 상호작용 기술이 부족할 수 있으며, 이는 또래와의 관계 형성에 어려움을 초래하고, 또래로부터의 이해 부족으로 인해 소외감을 느끼거나, 사회적 고립으로 이어질 수 있다.

넷째, 학습장애 아동은 정서적 불안정성(emotional instability)을 갖는다. 학습의 어려움으로 인해 기분 변화가 심하고, 감정적으로 불안정하고, 지속적인 실패 경험과 사회적 고립으로 인해 우울감을 느낄 수 있다.

다섯째, 반항 및 복종 행동(defiance and compliance)이 동시에 나타난다. 학습 실패 경험과 좌절감으로 인해 부모, 교사 또는 또래에 대해 반항적인 태도를 보일 수도 있으며, 반대로 인정받고 칭찬받기 위해 과잉 순종적인 행동을 보일 수도 있다.

여섯째, 학습 및 일상적인 과업에 대한 동기 결여(lack of motivation)이다. 주어진 학습과업의 어려움과 실패를 회피하기 위해 동기가 결여될 수 있고 학습 및 과제 수행에 소극적이며, 적극적인 참여를 꺼릴 수 있다.

일곱째, 과잉 보상 행동(overcompensation)이 나타난다. 학습 실패를 두려워하여 완벽을 추구하는 경향이 있을 수 있으며, 이는 스트레스를 증가시키는 요인으로 작용되고 학습에서의 실패를 보상하기 위해 특정 분야나 활동에 과도하게 몰두하는 경우가 나타난다.

여덟째, 주의력 및 집중력의 문제(attention and concentration issues)이다. 학습 과정에서 쉽게 주의가 산만해지며, 학습에 지속적으로 집중하기 어려우며, 주의력결핍과잉행동장애(ADHD)와 동반될 경우, 충동적이거나 과잉활동적인 행동을 보일 수 있다.

아홉째, 사회적 인지의 문제(social cognition)이다. 다른 사람의 감정이나 의도를 이해하는 능력이 부족할 수 있으며, 이는 오해와 갈등을 초래할 수 있고 다른 사람의 관점을 이해하고 공감하는 능력이 제한될 수 있다.

열째, 자아개념의 왜곡(distorted self-concept)이다. 지속적인 실패와 비난으로 인해 자신을 부정적으로 평가하고, 주변 사람들의 기대나 비판을 지나치게 중요하게 여겨 자신보다는 타인의 의견에 따라서 행동하는 성향을 보일 수 있다.

이러한 사회·정서적인 특성 때문에 학습장애 아동들에게 철저한 개별화된 심리상담을 통해서 자존감 증진, 실패에 대한 두려움, 학습에 대한 열망 등을 심도 있게 다루어야 한다.

(4) 학업적 특성

학습문제는 학습장애 중 가장 널리 알려진 특성이다. 이 영역에서는 수학, 읽기, 문어표현이 주요 문제들인데, 그중에서도 읽기장애가 가장 일반적이다. 읽기문제는 여러 형태로 나타날 수 있다. 언어발달장애는 언어의 내용, 형태 및 사용뿐만 아니라 음운론, 형태론, 구문론, 의미론 및 화용론적인 문제를 나타낸다. 읽기영역에서의 어려움은 대부분의 학습장애 아동이 지니고 있으며 성장할수록 심해진다. 음운인식과 읽기 이해력에 문제가 있으며 심하면 난독증이 될 수도 있다. 쓰기영역에서도 어려움을 겪을 뿐 아니라 수학장애를 겪기도 하는데, 읽기영역처럼 많은 비율을 차지하는 것은 아니다. 주로 학습장애는 읽기와 관련이 많다.

학습장애 아동은 특정 학습과제를 수행하는 데 지속적으로 어려움을 겪는다. 이러한 학업적 어려움은 다양한 형태와 정도로 나타날 수 있으며, 각 아동마다 다르게 나타난다.

첫째, 단어의 해독에 어려움을 겪는다. 문자와 소리를 연결하는 능력이 부족하여 단어를 해독하는 데 어려움을 겪고, 철자법과 발음을 정확하게 하기가 어려울 수 있다.

둘째, 읽기 속도와 유창성의 문제이다. 학습장애 아동들은 읽기 속도가 느리고 유창하게 읽지 못하고, 종종 단어를 끊어 읽거나 건너뛰기도 하며, 문장이나 단락을 끝까지 읽어내는 데 시간이 오래 걸린다.

셋째, 독해력의 부족이다. 자신에게 주어진 과제에 대한 읽은 내용을 이해하고 요약하는 데 어려움을 겪으며, 중요한 정보를 파악하거나 읽은 내용을 기억하는 데 어려움을 겪을 수 있다.

넷째, 쓰기장애와 관련된 특성에서 작문의 문제이다. 학습장애 아동들은 글쓰기에서 문법이나 구두점 사용에 어려움을 겪을 수 있고, 글의 구조를 짜는 데 어려움을 느끼며, 생각을 논리적으로 조직화하는 데 어려움을 겪는다.

다섯째, 필기의 문제이다. 글씨체가 비정상적으로 크거나 작으며, 불균일하며, 오랜 시간 동안 필기하는 것을 힘들어할 수 있다.

여섯째, 철자법 오류가 발생한다. 일관성 없이 철자를 틀리거나, 간단한 단어조차 자주 틀리게 쓰며, 철자를 기억하고 적용하는 데 어려움을 겪는다.

일곱째, 수학장애와 관련되어 수개념 이해의 어려움, 연산문제, 수학적 사실에 대한 기억된 내용을 인출하는 데 어려움을 겪는다.

(5) 주의력결핍 및 과잉행동

학습장애 아동은 주의력결핍과 과잉행동의 특성을 보인다. 기억에 문제를 나타내는데, 기억이란 학습 과정에서 중요한 부분이다. 많은 학습장애 학생들은 기억정보를 조직·유지하는 기능의 결함과 전략적으로 계획하는 속도가 늦다. 또한 학습장애 학생들은 지각장애를 보이고 있는데, 지각이란 자극을 재인, 식별 및 해석하기 위해 감각을 사용하는 것을 말한다. 특히 청각적·시각적 자극에 대한 기억문제를 가지고 있다. 시지각, 시각적 변별, 시각적 기억, 청지각, 청지각 변별, 청지각 기억 등에 많은 문제를 가지고 있다. 또한 주의집중에 문제를 보인다. 흔히 언급되는 특징 중의 하나가 주의를 집중하지 못한다는 점이다. 특히, 어떤 과제를 끝까지 완수할 때까지 그 과제에 주의를 집중하지 못한다. 학습장애 아동 중 일부는 주의력결핍 및 과잉행동장애(Attention-Deficit/Hyperactivity Disorder, 이하 ADHD)를 동반할 수 있다. ADHD는 학습장애와 겹쳐 나타나는 경우가 많으며, 이는 학습 및 행동에 많은 영향을 미칠 수 있다.

학습장애 아동들은 지속적인 주의집중의 어려움을 경험한다. 수업시간이나 과제수행 중에 주의를 지속적으로 유지하기 어려우며, 쉽게 산만해지고 외부 자극에 쉽게 반응한다. 또한 자신에게 주어진 과제를 수행할 때 세부사항을 놓치고 부주의한 오류를 범할 수 있으며, 지시사항을 제대로 따르지 않아 과제나 업무가 불완전하게 완료하는 경우가 많다. 주어진 학습과업에서 시작한 과제를 끝까지 마무리하지 않는 경향이 있고 여러 단계로 이루어진 과제에서 방향을 잃거나 순서를 착각할 수 있으며, 학습자료를 정리하고 일정한 계획에 따라서 문제를 해결하는 조직화에 어려움 등을 경험한다. 학습장애 아동의 과업행동의 특성을 살펴보면, 주어진 과제를 가만히 앉아서 수행하기를 어려워하고 수업시간 중에도 자주 자리에서 일어나 돌아다니거나 몸을 움직이며, 놀이나 과제수행 시에도 지나치게 활발하게 움직인다. 또한 가만히 있지 못하고 손이나 발을 끊임없이 움직이고 활동 중에도 지나치게 이동하거나 행동을 계속 변경한다. 다른 사람들과 대화 중 끼어들기, 다른 사람의 말을 중단시키기 등 사회적으로 부적절한 행동을 보이며, 차례를 기다리기 힘들어하며, 게임이나 활동에서 불규칙하게 행동한다.

학습장애 아동의 충동성(impulsivity) 특성에서는 깊이 생각하지 않고 즉각적으로 반응하거나 행동하고 계획 없이 결정을 내리기니 행동에 나서는 경우가 많으며, 타인의 말을 기다리지 않고 끼어들거나 앞뒤 상황을 고려하지 않은 발언을 할 수 있으며, 규칙이나 허락을 기다리지 않고 바로 행동에 옮기기도 하고 어떤 보상을 지연하는 네 어려움을 겪고 즉각적인 만족을 원하고 장기적인 목표보다는 즉각적인 만족을 추구하는 경향이 있다.

4) 학습장애아를 위한 상담사 역할

대부분의 학습장애 아동의 경우는 외적 통제소를 지니고 학습된 무력감을 갖는다. 그러기에 상담사는 무력감을 해소하고 성취감을 맛보게 할 필요가 있다.

상담현장에서라도 작은 성공 경험을 많이 주어야 한다. 늘 실패감을 맛본 아동에게 긍정적인 반응, 적절한 칭찬, 과제완수 경험을 갖도록 해야 한다. 학습장애 아동을 상담할 때 가장 중요한 것은 성공 경험을 주는 것이다. 과제를 내주거나 할 때도 성공 경험을 할 수 있도록 되도록 잘게 쪼개어 작은 단위로 꼭 실현 가능한 것으로 줄 필요가 있다. 또한 이들은 지적능력은 평균이고 이들의 가장 큰 호소문제가 학습무력감이기 때문에 학업성취의 측면을 가장 많이 조력할 필요가 있다.

학습장애를 가진 아동을 위한 상담사는 이들이 학습, 사회적, 정서적 발달에서 맞닥뜨리는 도전과제를 극복할 수 있도록 다양한 지원을 제공해야 한다. 상담사의 역할은 첫째, 학습장애의 평가 및 진단에 관심을 두어야 한다. 표준화된 진단도구와 개인 면담을 통해 학습장애의 유형과 정도를 평가하고 학습능력, 인지적 기능, 정서적 및 행동적 상태 등을 통합적으로 평가하여야 한다. 둘째, 교사, 부모, 의사 등과 협력하여 종합적인 진단을 내리고, 정확한 이해를 바탕으로 치료계획을 수립하여 통합적인 접근이 이루어져야 한다. 셋째, 학습장애 아동들은 반복적인 학습 실패로 인해 자존감이 낮아진 아동에게 긍정적인 자기인식을 심어주고 자아존중감을 높이기 위해 노력과 함께 시험 불안, 학업 스트레스, 사회적 불안 등을 다루기 위한 전략을 교육하고, 정서조절 기술을 다루어야 한다. 넷째, 의사소통 기술 개발에 관심을 두어야 한다. 효과적인 의사소통 및 대인관계 기술을 교육하여 아동이 또래 및 성인과 원활하게 상호작용할 수 있도록 하며, 갈등상황에서의 대처기술과 협력전략을 학습시키고, 이를 실생활에서 적용할 수 있도록 해야 한다. 다섯째, 행동 수정 및 관리에 관심을 두어야 한다. 학습행동에 대해서 강화계획을 세워서 실행하여 긍정적인 행동습관을 형성하도록 하며, 부정적 행동을 식별하고 이를 관리하거나 수정하는 효과적인 기법을 다루어야 한다. 마지막으로 학습장애 아동들에게 학습전략 및 기술지도를 살펴보아야 한다. 학습장애 아동들에게 효과적인 학습기술, 시간관리, 조직화 기법 등을 교육하여 아동이 학습에서 더 나은 성과를 거둘 수 있도록 하고, 각 아동의 학습 스타일과 강점을 기반으로 맞춤형 학습전략을 개발하고 적용해야 한다.

이상과 같이 학습장애아를 위한 상담사 통합적 접근을 수행해야 한다. 학습장애 아동의 요구는 복합적이므로, 상담사는 통합적 접근을 통해 아동이 다양한 차원에서 지원받을 수 있도록 돕고, 학습환경과 행동패턴을 개선하여 아동이 학습에 집중하고 긍정적인 학교 경험을 할 수 있도록 하며, 지속적인 지원을 통해 아동이 장기적으로 긍정적인 학업성취와 전반적인 발달을 이루어질 수 있도록 해야 한다.

2. 주의력결핍과잉행동장애(ADHD)

1) 주의력결핍과잉행동장애의 정의

최근 부주의, 충동적, 과잉행동 등의 특성이 있는 아동들이 눈에 띄게 늘고 있다. 이러한 특성이 있는 아동들은 잠시도 가만히 있지를 못하고 뛰어다니며, 타인을 밀쳐서 해를 입히기도 하고 학교현장에서는 또래 간의 다툼, 수업 방해와 같은 문제를 빈번하게 일으키게 되어 부모들은 물론 교사들 또한 이러한 아동에 대한 지도에 어려움을 호소하고 있다. 이에 정부에서는 2012년 문제행동 아동의 조기개입을 위한 정책 일환으로 '우리 아이 심리지원 서비스'를 시행하는 등 국가적인 차원에서 아동의 정신건강을 위한 지원에 전력을 기울이고 있다(보건복지부, 2012). 2023년 국민건강보험공단의 '2018~2022년 ADHD 진료인원 현황' 자료를 보면 2018년 ADHD 진료를 받은 만 6~18세 어린이와 청소년은 모두 4만4천741명이었다. 성별로 보면 남자가 3만6천469명, 여자가 8천272명으로 남자들이 더 많다. 2022년 6~18세 ADHD 진료인원은 8만1천512명으로 2018년과 비교해 82.19%(3만6천771명) 급증했고, 성별로 보면 남자 6만3천182명, 여자 1만8천330명으로 나타났다. 이는 부모들이 주의산만, 충동성과 관련해서 진료받고 있으나 실제로는 이보다 더 많이 나타나고 있으나 적극적인 치료나 상담을 받지 않은 경우도 많다는 것이다.

주의력결핍과잉행동장애는 부주의, 행동적, 또는 인지적 충동성, 과잉행동의 주요한 특징을 나타내는 아동기의 가장 흔한 발달장애 중 하나이다(American

Psychiatric Association, 1994). ADHD 아동은 정상적인 '주의력결핍과 행동성 학습장애'라고도 한다. 우울증이나 정서장애 등으로 오는 '주의력 산만'과는 다르다. 뇌나 신경계의 이상이 원인으로 추정된다. 학습장애나 학습부진의 원인이 되기도 하지만 학습장애의 2차적 증세로도 나타나므로 구별이 힘들다. 주의력결핍 아동은 대부분 충동적인 성격을 갖고 있다. 또래와의 놀이에서 순서나 규칙을 지키지 않고 다른 사람을 귀찮게 해 '왕따'가 되기 십상이다.

주의력결핍과잉행동장애에 대한 DSM-5의 기준은 다음과 같다. 첫째, 주의력결핍형의 경우에는 주의력 부족 증상이 지속적으로 존재해야 하고, 실수를 유발할 수 있는 주의산만이 지속되어야 하며, 주의를 집중하기 어렵거나 실수를 줄일 수 없는 행동이 계속 일어나는 경우이다. 과잉행동형은 과잉행동이나 신체적 불안정이 뚜렷하게 나타나야 하고 지속적으로 장기간에 걸쳐 활발하거나 과잉활동을 보이며, 조리 없이 안정되지 않는 과잉행동이 나타난다. 충동형의 경우에는 순간적인 제어할 수 없는 행동으로 인한 중대한 위험이 발생할 수 있으며, 일상적 활동이나 학업, 사회적 기능에 지장을 줄 정도로 뚜렷하고, 일상활동의 다양한 영역에 영향을 미친다. 이상과 같이 주의력결핍과잉행동장애는 주의력결핍, 과잉행동, 충동성이 나타난다.

2) 주의력결핍과잉행동장애아의 특성

ADHD 아동 또는 이러한 성향을 보이는 아동은 집중력이 부족하고 지나치게 활동적이므로 사회에 적응하는 데 심각한 문제점을 지니고 있다. 이러한 아동은 어른이나 또래와의 관계에 있어서 주의력을 집중하는 데 어려움이 있기 때문에 대화 내용을 정확하게 기억하거나 실천하지 못한다. 따라서 아동들에게 가장 중요한 것은 가정에서의 부모 역할이며, 이들을 위한 특별한 양육지침이 필요하다. '주의(attention)'라는 단어는 '세상과 관계하면서 경험을 쌓아 나간다'는 뜻의 라틴어 '아텐데레(attendere)'에서 왔다. 세상에 있는 무엇(인식대상)인가를 인식하기 위해서는 인식하는 주체가 있어야 하고 인식능력이 있어야 하는데, 이 능력을 '주의력'이며, 다시 말해 주의는 세상을 인식하기 위한, 그리고 자신의 내면의 생각과 느낌을 알아차리기 위한 인식 기준, 인식주체가 되는 것이다.

외부에는 다양한 환경이 존재하고 내부에는 많은 느낌과 생각과 욕구들이 존재한다. 이것을 선택하고 집중할 수 있는 능력이 부족하면, 우리들의 주의는 분산되는 방향으로 흘러가고, 흘러가는 것에 대해 방향성을 가지고 조절하는 능력을 '선택적 주의력'이라고 말할 수 있다. 이렇듯 선택적 주의력이 내부, 외부에서 오는 자극들에 대해 주의를 할당하는 방식이 우리가 무엇을 보는가를 결정하게 되는 것이다. 주의력결핍은 이러한 기능에 손상이 있는 것으로 내가 인식주체가 될 힘이 없으니 환경에서 오는 자극들이 선택되지 않고, 흘러 들어오게 되며 흘러오는 자극들이 필터링되지 않고 계속 반응하게 되니 산만할 수밖에 없는 것이다. 또한 내 안에서 올라오는 생각과 느낌 욕구들이 걸러지지 않고 그때그때 반응하게 되고 이것이 충동성으로 나타나는 것이다. 인식주체의 주의조절력이 약해져 있는 상태이기 때문에 사고력이 약하고 절제하지 못하고 느낌이 걸러지지 않고 표현되어 사람들을 당혹스럽게 하고, 올라오는 욕구를 절제할 수 없어서 막무가내로 떼를 쓰게 되고, 감정 성숙이 더디게 되어 친구관계도 어려워지게 된다. 또한 선택적 주의력이 부족하면 방향을 정하지 못하고 목적성을 갖기 어렵게 되어 계획성과 실행능력이 약하게 되는 것이다.

주의력결핍과잉행동장애아는 주의산만, 과잉행동, 충동성을 주 증상으로 하며, 학교에 다니는 아동의 3~5%에서 보이는 비교적 흔한 장애이다. ADHD 아동의 부모들이 흔히 말하는 ADHD 아동들의 특징은 '잠시도 가만히 있지를 않는다','마치 모터가 달린 것 같다', '지나치게 기어오른다'고 호소하며, 학교에서는 수업 중에 돌아다니거나, 팔다리를 흔들어 대거나, 수업 내용과 관련 없는 것을 가지고 놀거나, 다른 아이에게 불필요한 말을 걸고 장난을 걸거나, 쓸데없는 소리를 낸다. 또한 부주의한 실수가 잦고 자주 불필요한 위험행동을 하기도 한다. 이외에도 집중력의 문제가 발견되는데 이는 재미없고, 지루하고 반복적인 과제에서 특히 두드러지며, 청소년기에도 지속되는 경우가 많아 학습부진이나 정서 및 품행상의 문제를 유발하기도 한다. 이런 아동들은 아주 어려서부터 까다롭거나 행동이 많았던 경우가 많지만 대개 "철이 없거나 극성맞다, 남자답다"는 등의 말을 들으며 무심코 넘기게 된다. 그러다가 단체생활(유치원이나 초등학교)을 시작하면서 문제를 인식하게 되는데, 여러 명과의 단체생활에서는 훨씬 심해지고 더 잘 눈에 띄기 때문에 선생님들이 먼저 상담을 권유하는 경우도 많다. 아동들의 특징이 지속적인 집중력과 충동억제의 어려움이 과잉행동의 원인이지만 이들의 인지적, 행동적, 학습적인 특성을 구체적으로 살펴보면 다음과 같다.

(1) 인지적 특성

주의력결핍과잉행동장애를 가진 아동들은 다음과 같은 인지적인 특성을 보인다. 첫째, 주의력이 부족하여 일상적인 작업이나 과제에 집중하기 어려울 수 있다. 늘 분주하고 산란하여 자신에게 주어진 과업에 대한 실수를 흔히 한다. 둘째, 주의력결핍과잉행동장애는 작업 기억이 약해 일을 순차적으로 처리하거나 시간에 맞춰 진행하는 데 어려움을 겪는다. 셋째, 새로운 일에 대한 흥미와 추진력이 강하며, 새로운 아이디어나 활동을 시도하는 성향이 있다. 넷째, ADHD 아동들은 실행기능(working memory)이나 자가조절능력이 상대적으로 약할 수 있어, 목표를 설정하고 그에 맞춰 계획을 세우는 데 어려움을 겪는다. 다섯째, 주의력결핍과잉행동장애아동은 시간의 경과를 정확히 인지하지 못하거나 일정한 시간 간격으로 작업을 조절하는 데 어려움을 겪을 수 있다. 이러한 인지적 특성은 일상적인 활동이나 학업에 영향을 미칠 수 있으며, 이를 이해하고 관리하는 역할을 상담사가 수행하는 것이 중요하다.

(2) 사회·정서적 특성

주의력결핍과잉행동장애 아동의 사회·정서적 특성은 주의력 부족으로 인한 상대방의 이야기를 끝까지 듣지 못하거나 적절한 응답을 하지 못해서, 겪는 사회적인 상호작용의 문제이다. 또한 감정을 적절히 다루는 능력이 떨어져 쉽게 화를 내거나 감정을 통제하지 못하고, 사람들 사이에서 적절한 행동이나 대화를 유지하는 능력이 부족할 수 있어 사회적으로 어색해하여 사회적 능력이 부족하고, 자신이 수행해야 하는 일에 대해서 계획을 세우거나 소셜 상황에서 기다리는 과정에서 초조해하고, 다른 사람으로부터 이해받지 못하거나 상처를 받으면 자신감이 낮아지고 부정적으로 자기평가로 인한 자기신뢰감이 낮다. 이러한 사회·정서적 특성은 개인의 삶과 대인관계에 영향을 미칠 수 있으므로 상담사는 이를 이해하고 적절한 지원을 제공함으로써 사회적으로 더 잘 적응하고 발전할 수 있다.

(3) 학업적 특성

주의력결핍과잉행동장애를 가진 아동들은 주의력, 집중력이 떨어져서 학업과제나 시험준비를 하는 데 어려움을 겪고, 쉽게 산만해지고 집중력을 유지하기 어려워 학업성적이 대체적으로 낮으며, 자신이 수행해야 하는 작업 기억이 상대적으로 약해 순차적인 작업이나 정보 숙지가 어려워 수학 문제나 긴 글쓰기 등을 효율적으로 수행하지 못한다. 자신에게 주어진 학업적인 과제를 수행하기 위해 시간을 효율적으로 관리하지 못하거나 계획을 세우는 능력이 부족하여 순서대로 일을 처리하는 데 어려움을 겪고, 시작된 과제를 완수하기 전에 중간에 포기하거나 다른 일로 전환하는 경향이 있다. 이러한 학업적 특성으로 인해 학업성취가 저하되거나 과제 처리와 공부에 어려움을 겪을 수밖에 없으므로 상담사는 학령기 아동일 경우에는 학업성적에 대한 관심을 두어야 한다.

3) 주의력결핍과잉행동장애의 원인

(1) 주의력결핍과잉행동장애의 원인

주의력결핍과잉행동장애 아동에 대한 정확한 원인은 밝혀지지 않았지만, 심리·사회적 요인보다는 중추신경계의 장애와 관련이 있을 가능성이 더 높다. 유병률은 3~5%로 보며 남아에서 2~10배 정도 많이 보고된다. 뇌의 전두엽이 미성숙한 것은 ADHD 아동과 청소년들에게 해당되는 특징이다. 현재의 연구 결과는 두 가지로 그 원인을 밝히고 있는데, 이를 살펴보면 다음과 같다.

① 유전적 요인

이란성 쌍둥이보다 일란성 쌍둥이에서의 일치율이 높다. 과다활동아의 형제자매는 ADHD에 이환될 위험도가 2배 높으며, ADHD 아동의 생부모는 양부모보다 ADHD가 있을 확률이 더 높다. ADHD와 행동장애가 같이 있는 소아의 부모에서 알코올중독과 반사회적 인격장애가 더 빈번히 발생한다. 또한 부모와 자녀와의 유전 관계에 대한 연구들은 일란성 쌍생아인 경우 공동 유병률이 51%, 이란성 쌍생아인 경우 33%인 연구 보고가 있고(Goodman & Stoven, 1989), 대체적으로 유전적인 요소가 30~50% 영향을 준다고 한다(Barkely, 1990).

② 신경학적 요인

ADHD 환자의 20% 이상에서 뇌파 이상이 보고되고 연성신경학적 증후와 미소신체기형이 많기는 하지만, 간질이나 뇌성마비 등 뚜렷한 신경학적 질환이 있는 경우는 5%에 불과하다. 태아기나 신생아기에 저산소증, 기계적 손상, 독성물질에 노출로 중추신경계의 손상이나 발달장애가 원인이 될 수 있다. 출생 후 납, 색소나 방부제, 인공향료, 식품첨가물이 뇌손상을 일으킬 수 있으며, 철 같은 무기물의 결핍을 병인으로 볼 수 있다.

유아기 영양실조, 유문협착증, 갑상선 기능 항진증, 만성변비, 알레르기나 호흡기 질환, 중이염 등의 신체적 질병, 기관지 확장제의 원인도 있다. 생물학이고 유전적이고 신경학적인 요인 주요 원인이라는데, 현재까지의 주된 결론이다. 신경학적인 요인으로 임신 부작용, 임신 중 약물남용, 납중독 등의 영향으로 뇌에 경미한 손상을 일으킬 가능성이 지적되고, 뇌신경 전달물질 도파민(dopamine)의 결핍도 자주 지적되고 있다. 뇌의 전두엽(행동조절 담당)과 기저핵(주의력, 자기제어 담당)에서 신경전달물질인 노르아드레날린(noradrenaline)과 도파민(dopamine)의 불균형 등에서 비롯된다고 자주 보고된다.

4) 주의력결핍과잉행동장애아를 위한 상담사의 역할

ADHD 아동에 대한 상담방법 중 가장 보편적인 방법으로 행동주의 상담, 인지적 행동주의 상담을 들 수 있다. 이들 상담은 ADHD 아동에 대한 특정한 증상을 줄이는 데는 효과적이나, 현재까지의 연구 결과에 의하면 이들을 위한 상담이론 중 단독으로 적용하였을 때 ADHD 아동이 겪고 있는 부적응 행동을 완벽하게 개선할 수 있는 것은 없다. 또한 ADHD를 치료하는 데는 일반적으로 약물을 투여하고 있다. 약물은 모든 아동에게 유익한 것이 아니며, 단기간의 효과만 나타낼 뿐 정기적으로 약물 투여를 하지 않을 경우 증상이 치료 전 수준으로 후퇴하는 것이 일반적이다. 또한 약물치료는 아동이 가벼운 불면증, 식욕부진, 두통과 복통을 느낄 수 있다는 부작용이 있다. 그러므로 부모 교사 상담사의 장기간에 지속되는 꾸준한 노력이 절실히 필요하다.

(1) 행동주의 상담

일상적인 생활 속에서 규칙에 따르지 못하고 자기규제가 어려운 ADHD 아동에게는 행동치료가 필요하다(Barkley, 1981). 성공적인 행동치료를 위해서는 적합한 행동을 강화하고 효과적인 방향을 지시하며 일관성 있는 훈련을 해야 한다. 아울러 부모들이 집에서 함께 하는 훈련 프로그램이 병행되면 더욱 효과적이다. ADHD 아동이 바람직한 행동을 하게 하려면 강화계획에 따른 상표(스티커)를 많이 사용하는 것이 도움이 된다(Pelham, 1992). 이는 ADHD 아동들이 부모, 또래, 교사로부터 불평과 질책을 많이 받아온 결과, 자아개념에 문제가 있고, 우울감에 빠지기 쉽기 때문이다. 강화물은 ADHD 아동이 긍정적인 행동과 성공하려는 노력을 계속하게 하며, 자아존중감을 길러주게 된다고 보는 견해가 많다. 가도(Gadow, 1987)는 행동적 중재와 약물치료의 효과를 비교하여, 행동적 중재가 약물치료보다 과잉행동 아동의 학업성취를 개선하는 데 효율적이라는 결론을 얻었다. 교사가 읽기와 셈하기에 대한 반응에 토큰으로 각 아동을 강화했을 때는 과잉행동이 감소하고 수행력이 향상되었으나, 약물복용의 경우에는 학업성취의 효과가 거의 나타나지 않았다. 한편, 미국국립정신보건연구원(NIMH)의 피터 젠슨 박사는 집중력 결핍과 충동적인 행동이 주 증세인 ADHD 아동은 약물요법이 훨씬 효과적인 반면 불안증세가 있거나 아이들과 잘 사귀지 않고 학교성적이 나쁜 아이들에게는 행동요법과 약물요법을 병행하는 것이 가장 효과적이라고 밝혔다.

(2) 인지적 행동주의 상담

마이켄바움(Meichenbaum, 1997)은 인지의 변화는 적절한 인지전략과 자기관리 및 자기조절 기능을 개발함으로써 적절한 변화가 있다고 하였으며, 이 치료 모델 중에는 내재적 통제, 언어적 치료, 합리적·정서적 치료, 문제해결 훈련, 자기교시 훈련, 자기점검, 자기강화 훈련 등이 포함된다. 그리고 공격적인 아동에게는 자기교시 훈련, 분노조절 훈련, 사회성 기능훈련, 사회성 인지기능 훈련과 같은 다양한 방법으로 접근한다. 대부분의 인지적 행동수정 프로그램은 모델링, 긍정적 강화, 반응대가, 타임아웃, 부모훈련 등 행동적 중재와 유사한 기법들로 구성되어 있다. 그리고 인지적 행동수정 모델에서는 ADHD 아동이 결함을 지닌 것이 아니라 문제해결 전략 사용능력에서 일반아동과 차이가 날 뿐으로 가정하고, ADHD 아동의 핵심적 문제인 자기 통제적 행동과 문제해결 능력 개선에 초점을 두고 있다.

(3) 러셀 바클리(Ressel Barkley)의 학습지도 교수의 6가지 전략

① 학습내용(수행목표)의 key point를 외형화하라

아동의 'mental information'을 'physical information'으로 바꾸기 위해 외형화하는 작업이 필요하다. 그림카드, 사진, 목록표, 차트, 기호 또는 지도 등으로 학습과제나 습득해야 할 행동을 효과적으로 기억하고 수행할 수 있도록 돕는다.

② 활동시간을 시각화하여 제시하라

아동들의 활동이 끝나는 시각과 자신에게 주어진 시간을 입체적으로 타이머 등을 사용하여 제시하므로 아동이 이해하기 쉽도록 한다.

③ 과제를 작은 단위로 나누어 제시하라

자신에게 주어진 과업을 시간 안에 과제를 마치지 못한다는 것은 아동을 매우 불안하고 혼란스럽게 하므로, 정해진 시간 안에 과제를 마칠 수 있는 단위로 작게 세분화하여 제시한다. 이는 아이에게 성공감도 함께 줄 수 있다.

④ 외형적인 학습동기를 제시하라

ADHD 아동들에게 격려 등의 정서적인 동기도 물론 중요하지만, 만약 시간 안에 과제를 마치면 게임을 1시간 허용해 주겠다는 등의 양적이고 외형적인 강화물을 주는 것이 효과적이다. 양적인 강화물을 제공할 때 기준을 일관되게 지키는 것이 중요하다.

⑤ 아동이 직면하는 어려움을 극복하기 위한 문제해결 매뉴얼을 가져라

예를 들면, 아동이 수학을 어려워한다면 계산기, 숫자판, 혹은 수학 관련 어플을 활용할 수 있다. 만약 읽기지도를 할 경우, 줄 간격이나 글자 크기 등에 변화를 준 e-book 또는 한글파일로 본문을 제시하고 전자사전 등으로 즉시 표현을 검색할 수 있도록 하는 방안을 세운다.

⑥ 아동의 의지력이 바닥나지 않도록 10 : 3 원칙을 세워라

ADHD 아동을 지도할 시에 과제 사이사이 휴식하기 10, 휴식 및 명상하기 3 등의 원칙을 세운다. 학생에 따라 감당할 수 있는 수업시간의 길이가 다르지만 현 기준의 수업은 너무 길고 고통스러울 수 있다. 아동이 컨디션을 유지할 수 있도록 아동에 대한 이해와 배려가 필요하다.

(4) 상담전략

ADHD 아동들은 그들의 산만함과 충동성으로 인해 주변으로부터 비난과 질책을 받은 경험이 많이 있다. 또한 주의력결핍으로 인해 과제를 수행하지 못한 경험이 많이 있으므로 이들의 성공감과 자존감을 높여주는 상담사의 개입이 필요하다. 모든 상담사의 기본전략이기도 한 내담자의 강점에 초점을 맞춘 상담 개입이 필요하다.

상담사가 아동에게 진정성을 가지고 대하면 순순히, 쉽게 빨리 받아들인다. 잠시도 가만히 있지 못하는 ADHD 아동을 위하여 에너지 발산을 위한 활동으로 아동에게 적합한 일을 수행할 수 있는 능력을 찾아준다. 또한 아동의 특별한 장점을 찾아서 인정해 주며, 아동이 무언가를 했을 때는 아동의 노력을 인정해 준다. 아동의 감정에 대하여 표현할 수 있는 감정코칭을 해준다.

ADHD 아동에게 도움이 되는 실제적인 방법으로는 체험학습의 기회를 늘려 주며, 몰입의 즐거움을 느끼게 해준다. 자신이 가치 있다고 느낄 수 있게 해주며, 멘토를 만들어 준다. 녹색환경치료를 함께하며, 운동할 기회를 많이 만들어 주고 심호흡하게 한다. 무엇보다 어떤 행동이 허락되는지 명확한 한계를 정해 준다.

ADHD 아동을 위한 사회기술 훈련으로는 정정당당한 선수 정신과 함께 지시와 규칙 따르기, 좌절하거나 부정적인 상황, 즉 경기나 게임에서 졌을 때 결과 받아들이기, 수동적·공격적인 것과 적절히 구별하면서 자기 주장하기, 사소하게 화를 돋우는 것에 대해 언어적·비언어적 상호작용을 억제하고 자극 무시하기, 문제를 인지하는 5단계를 통한 문제해결 능력 등이 있다.

구체적인 사회기술 훈련 프로그램으로는 친구들의 놀이에 어울리기를 실시할 수 있다. 어울리기(social entry)란 다른 아이들이 하고 있는 활동에 성공적으로 끼어들거나 상호작용하는 기술을 말한다. 어울리기 기술 훈련은 놀고 있는 친구들을 가까이에서 지켜보기, 아이들을 칭찬해 주기, 놀이가 잠깐 멈춰질 때까지 기다리기, 같이 놀아도 되는지 물어보기, 끼워주지 않으면 그냥 다른 데로 가기 단계로 진행한다.

이때 부모가 도와줄 부분은 아이의 또래가 많은 곳으로 간다, 아이와 함께 또래 아이들의 놀이를 관찰한다(누가 이기나, 놀이 규칙이 뭔가 등), 아이에게 다섯 가지 기술을 기억하게 한다, 아이가 직접 시도해 보도록 격려한다, 멀찍이 떨어져 앉는다, 아이가 다섯 가지 기술을 잘 쓰고 있는지 관찰한 후 아이의 부족한 면을 기억했다가 적절하게 피드백을 해준다. 무엇보다 거절당하고 돌아올 때 잘 위로해 주고, 다른 또래 친구들을 찾아보거나 다음 기회를 활용하게 한다.

상담사는 정기적으로 ADHD 아동들에게 감정, 행동, 사고 등의 표현을 탐색하도록 하고 부정적인 사고패턴을 통찰시키고 변화시키는 데 초점을 두면서, 자기 자신의 행동을 알아차리게 하여 자신을 조절하는 기술을 습득하도록 한다. ADHD 아동들의 시간관리 및 조직화 문제, 사회기술 훈련, 주의력 집중 기술, 자아존중감 향상 등을 구체적으로 다루며, 주기적으로 부모상담 및 교육도 병행하여야 한다. 특히, 주의력결핍 과잉행동 아동들의 행동수정을 위한 정적 강화계획, 주의력 및 긍정적인 행동 조성하기와 같은 활동 등을 지속적으로 수행하면서 기억력, 주의력 증진을 위한 다양한 인지적 보조 도구와 게임을 활용하여 훈련, 노트 정리법, 기억법 등 실질적인 학습 보조 방법, 약물 치료를 받는 경우 약물의 효과와 부작용을 모니터링하여 학부모와 상의하여야 한다.

(5) ADHD 아동의 학습을 위한 전략

또한 모든 장애아동들은 학습과제에 관련된 자극에 초점을 맞추는 일에 많은 문제를 지닌다. 예를 들면, 읽기 학습에서 아동은 문자의 연속성보다 단어의 길이나 배열에 더 초점을 맞출 것이다. 아동이 관련 서비스를 선택하는 데 도움을 줄 몇 가지 전략들이 있다.

첫째, 여러 가지 많은 자극이 제시될 때, 아동들은 가끔 무관자극으로부터 관련 자극을 선택하는 데 어려움을 겪는다. 만약 교사가 제시물의 자극 수를 줄인다면 전체 자극 수도 줄어들 것이다. 예를 들어, 어떤 정신지체 아동들은 한 페이지에 한 가지 이상의 덧셈 문제는 할 수 있으나 다른 유형의 문제들로 뒤섞여 있는 페이지나 복잡한 과제는 실패하게 된다. 이 같은 경우, 교사는 아동의 어려움을 줄이기 위하여 산수문제 수나 다양성을 줄여야 한다.

둘째, 갑작스러운 소음, 움직임 및 색깔은 아동의 주의집중을 시각적으로 이끌기 위해 사용될 수 있다. 예를 들면 간단한 모음을 인식하고 읽는 데 어려움을 겪고 있는 아동이 있다면 교사는 아동의 주의를 끌기 위하여 간단한 모음을 붉은색으로 하고 시간이 지남에 따라 과제에서 색깔을 관련시키지 않을 수 있다.

셋째, 스콧(Scott, 1966)은 아동들의 주의집중을 지시하기 위한 한 가지 효과적인 방법으로 신기성, 놀라움 및 유머 등을 들었다. 학습 및 상담 상황에 새롭고, 이상한 것을 소개함으로써 가끔 아동의 주의집중을 끌 수 있고 그와 반대로 경우에 따라서는 친밀성 과제도 수업의 다양성에 따라 지도하면 성과를 거둘 수 있다고 말했다.

넷째, 과제를 성취하는 데 필요한 활동 범위의 구조를 조직하고 그 과제들은 다시 하위 과제들로 세분하는 것이 필요하다. 이는 아동들이 자신들한테서 기대하는 바를 정확히 알고 각 활동들이 어떻게 구성되어 있는지를 이해하게 되면 전체 과제를 완수하기 위하여 각 하위과제의 관계를 보다 잘 판단할 수 있기 때문이다. 이 절차는 일정 기간 주의를 집중시키지 못하는 아동들에 특히 유용하다. 또한 주의집중 장애 아동들에게 자신의 활동시간을 스스로 측정하게 한다. 타이머는 각 아동이 약속한 시간 동안 행동을 할 때, 이용될 수 있고 강화를 주게 된다.

과제에 소비하는 시간을 증가시키기 위하여 아동을 격려하고 강화해야 한다. 우선, 처음에는 과제를 수행하는 데 필요한 시간은 아동의 주의집중 기간과 같아야 한다. 시간이 지남에 따라 과제의 길이를 점차 증가시켜 아동에게 주의집중 기간이 긴 과제를 주고 개선된 기록을 그들에게 제시함으로써 성취감과 성공감을 주는 것이 중요하다. 과제에 대한 전제 시간을 매일 도표로 그려 아동들의 주의집중 시간을 증가하도록 자극할 수가 있다.

6장 감각장애, 신체장애

1. 시각장애

1) 시각장애의 정의

시각장애란 시력의 장애가 아동의 학업성취에 영향을 주기 때문에 교육에 있어서 특별한 자료와 교육환경을 필요로 하는 경우로 실명과 저시력이 포함된다. 교육을 위한 목적으로 점자 혹은 청각적 방법을 사용해야 하는 경우는 실명 또는 맹이라고 정의한다. 시력을 교정한 후에도 심한 시각장애가 남아 있기는 하지만 교정렌즈, 확대경, 망원경 등을 사용하여 인쇄물을 읽을 수 있는 경우는 저시력으로 구분한다. 장애인복지법 시행령(2024. 7)에 의거 시각장애인은 나쁜 눈의 시력(공인된 시력표에 따라 측정된 교정시력을 말한다. 이하 같다)이 0.02 이하인 사람, 좋은 눈의 시력이 0.2 이하인 사람, 두 눈의 시야가 각각 주시점에서 10도 이하로 남은 사람, 두 눈의 시야 2분의 1 이상을 잃은 사람, 두 눈의 중심 시야에서 20도 이내에 겹보임[복시(複視)]이 있는 사람을 말한다.

2) 시각장애아의 특성

시각장애를 겪고 있는 아동들의 일반적인 특성으로 자주 거론되는 것은 시각 이외의 감각들로 학교생활이나 일상적인 세상을 경험해야 하는 어려움과 관련된다. 시각에 제한을 받거나 시력을 사용하지 못하는 시각장애인들은 특히 자신에게 남아 있는 촉각이나 청각에 대한 의존성이 매우 높아지게 되면서 촉각이나 청각을 자주 사용하게 되고 발달되는 경우가 많다. 우리가 사용하는 촉각이나 청각을 포함한 감각기관의 발달은 저절로 이루어지기보다는 끊임없이 반복적으로 사용하고, 교육과 훈련을 통해 형성되는 것이기 때문에 정보에 대한 오류가 발생한다. 특히, 중도에 시력을 잃게 된 중도시각장애인의 경우 선천적 시각장애인 혹은 어린 시절 시력에 장애를 갖게 된 사람들보다 시각을 대체할 감각기관의 발달은 훨씬 더디거나 제한될 수 있다(임경옥·박경화·조현정, 2017; Majerova, 2017). 이러한 제한은 시각장애 아동들의 삶에 변화를 주게 되고 자연스럽게 다양한 특성을 갖게 되는데, 이를 구체적으로 살펴보면 다음과 같다.

(1) 신체적 특성

시각장애는 신체발달에 간접적인 영향을 미치며, 시각적 자극의 제한, 모방학습의 제한, 환경적 요인 등이 발달의 중요요인이 되고 있다(Warren, 1994). 근긴장도, 신체공간감각이 낮으며 자세나 보행패턴이 어색하다. 대체로 앉거나 서기와 같은 정적 운동기능은 일반아동과 비슷하게 발달하지만, 기기나 걷기와 같은 동적 운동기능은 정상적인 발달에 비해 느린 편이다. 특히 대근육 협응이 부족하고 부적절한 평형반응을 나타내어 한 발로 서기, 균형잡기, 점프하기, 발끝 걷기 등에 어려움이 있다.

시각장애를 겪는 아동은 시각의 손상으로 인해 생활의 다양한 측면에서 다른 신체적 특성을 보일 수 있다. 시각장애의 정도와 종류에 따라 신체적 특성의 차이가 있을 수 있지만, 일반적으로 시각장애를 겪는 아동은 시각을 대신하여 촉각을 사용하여 정보를 얻는 경향이 있고 점자 읽기, 촉감으로 물체를 인식하는 능력이 발달되어 있다. 청각에 더 많이 의존하게 되어 청각 민감성이 발달할 수 있고, 주변 소리나 대화 내용을 더 잘 식별하고 기억하는 능력이 좋다. 특히 전맹(완전)시각장애의 경우, 균형 감각과 공간 인식의 발달이 다른 방식으로 이루어질 수 있으며, 보행보조장치(예: 지팡이)나 안내견을 이용하여 공간을 탐색하면서 균형과 방향감각을 유지하고, 보행 시 지팡이나 안내견을 사용하여 안전하게 이동하고 자신이 자주 다니는 경로를 기억하고, 거리의 지형적 특성을 잘 인식하여 이동한다.

시각장애를 겪는 아동은 시각장애가 신체적인 근력과 운동능력에 직접적인 영향을 주지는 않으나, 시각장애로 인해 특정 신체 활동을 적응하여 수행하는 방식이 달라질 수 있다. 운동을 통해 신체 활동의 필요성을 충족시키고, 건강을 유지하며, 눈의 외부적 변화(예: 안구의 결손, 윤활액의 부족 등)로 인해 또 다른 증상이 발생할 수 있다. 안면 근육의 특성이 비장애인과 다를 수 있으며, 눈동자가 계속 움직이거나 특정한 방향으로 고정되지 않을 수 있다. 시각장애를 겪는 아동은 특정 근육이나 근육군을 과도하게 사용하게 되면 근막과 근육의 경직이 발생할 수 있고, 촉각을 통해 물체를 탐색하고 인식하는 능력이 발달하면서 손과 팔의 근육 발달이 이루어져 있다. 섬세한 손동작이 발달하며, 다양한 도구를 사용할 때 손쉽게 습득할 수 있다. 이상과 같이 시각장애를 겪는 아동의 신체적 특성은 매우 다양하며, 시각 손상의 정도와 개인의 적응 방법 및 환경에 따라 다를 수 있다. 중요한 점은 시각장애를 겪는 아동이 겪는 특성과 어려움을 이해하고 적절한 지원과 기회를 제공하여, 신체적 독립성과 생활의 질을 향상하는 데 초점을 두어야 한다.

(2) 인지적 특성

지능은 비장애아동과 크게 차이 나지 않지만 경험 부족으로 인해 인지발달에 영향을 미치는 것으로 나타난다. 신체적 또는 환경 등의 요인으로 개념 형성에 어려움을 지닐 수 있다. 시각장애를 겪는 아동의 인지발달 단계는 비장애아동과 같은 단계를 거치나 그 속도가 느릴 뿐이며, 피아제의 발달 단계에 비춰 볼 때 시각장애를 겪는 아동이 4~8년 정도 지체됨이 입증된 바 있다. 신체개념에 있어서 자신의 신체에 대한 좌우 판별 비장애아동과 같이 발달시킬 수 있으나 다른 사람의 입장에서 그들 자신을 투사하는 것은 어렵다고 한다. 공간개념 형성에 있어서는 시각장애를 겪는 아동이 비장애아동보다 공간 영역에서 많이 뒤떨어지나 비공간 영역에서는 별로 차이가 없다. 사물의 영속성, 인과관계, 목적과 수단의 관계의 개념이 낮다. 자아개념의 발달에 있어서는 비장애아동과 차이가 없다는 연구도 있고, 부정적 자아개념을 가지고 있다는 주장도 있다. 우리나라의 연구에서는 시각장애를 겪는 아동이 부정적 자아개념을 지니고 있으며,

실명 시기보다는 장애 정도가 더 영향을 미친다고 하였다.

최근 시각장애를 겪는 아동의 학력이 비장애아동과 비교해서 과거에 비해 격차가 많이 좁혀졌다고 한다. 이유에 대해서는 통합교육의 영향과 컴퓨터 등 학습매체의 발달 때문으로 보고 있다. 시각장애를 겪는 아동의 학력지체의 원인에 대해서는 정보 습득의 지체와 읽기 속도의 지체, 교수 절차의 구체성 부족, 수술 시의 수업결손, 특수교육의 시작 시기 문제 등 여러 가지 이유를 들고 있는데, 이러한 모든 문제를 해결한다면 시각장애를 겪는 아동의 학력지체를 어느 정도 방지할 수 있을 것이다.

그럼에도 불구하고 시각을 이용한 학습에 어려움을 가지고 있는 시각장애를 겪는 아동들의 인지적 특성은 다양하게 나타난다. 개인 특성은 시각장애의 정도, 발생시기, 환경적인 요인 등에 따라서 차이가 있으나 일반적 특성은 다음과 같다.

첫째, 감각 대체 및 통합능력에 따라서 인지적인 특성이 다르다는 것이다. 시각을 대신하는 촉각과 청각이 어느 정도 발달되었는가에 따라서 정보를 수집하는 능력에 차이가 난다. 시각장애를 겪는 아동의 감각통합능력은 점자 읽기, 물체의 형태 및 질감을 통한 인식, 소리의 방향과 거리를 통한 공간 파악 등에서 차이를 나타낸다. 또한 일부 시각장애를 겪는 아동은 후각과 미각을 통해 환경을 인식하고 적응하는 능력이 향상될 수 있다. 그러므로 상담사는 시각장애를 겪는 아동의 감각에 해당되는 촉각, 후각, 미각, 청각 등의 발달정도를 살펴보아야 한다.

둘째, 시각장애를 겪는 아동은 공간인지와 방향감각은 인지지도 및 청각을 활용한다. 시각장애를 겪는 아동은 주위 환경에 대한 인지지도를 만들어, 경로와 공간을 머릿속에 체계적으로 정리하고 기억하는 능력이 발달되어 있다. 또한 청각적인 단서를 이용하기 위해서 소리의 반향, 주변 소음 등을 통해 공간을 파악하고 길을 찾는 경우가 있다.

셋째, 시각장애를 겪는 아동은 청각 및 에피소드 기억력이 좋다. 시각장애를 겪는 아동은 청각을 통해 정보 수집이 많아지면서 청각적 기억력이 발달하였고, 자신이 일상적인 생활 속에서 경험한 사건이나 상황을 기억하는 에피소드 기억력이 강하다.

넷째, 시각장애를 겪는 아동은 언어를 통해서 정보를 해결하기 때문에 다른 영역의 장애인들보다 언어능력이 발달되어 있다. 시각장애를 겪는 아동은 청각적 정보에 의존하는 비율이 높아지면서 언어를 통해 정보를 처리하고 이해하는 능력이 발달되어 있으며, 자신이 경험한 다양한 감각적 경험을 언어로 표현하는 데 익숙하고 어휘력이 풍부하다는 것이 특징이다.

다섯째, 시각장애를 겪는 아동은 추상적 사고능력과 독특한 문제해결능력을 보인다. 시각장애를 겪는 아동은 직접적인 시각정보 없이도 문제를 해결하기 위해 추상적 사고와 논리적 추론 능력이 발달되어 있으며, 시각장애로 인해 정보를 처리하는 방식이 달라지므로, 독특한 방식의 문제해결 전략을 개발하여 종종 창의적인 문제해결능력이 발달되어 있다.

여섯째, 시각장애를 겪는 아동은 선택적 주의집중과 집중력의 지속성이 좋다. 시각장애를 겪는 아동은 시각 입력이 부족한 상황에서 다른 감각 입력에 더욱 주의를 집중하는 능력이 발달되면서 선택적 주의집중력이 좋다. 또한 시각장애를 겪는 아동은 특정 작업이나 행동에 오래 집중할 수 있는 능력이 발달되어 있다.

시각장애를 겪는 아동의 인지적 특성은 그들의 일상생활을 보다 효율적이고 자립적으로 영위할 수 있도록 만들며, 시각장애를 겪는 아동이 가지고 있는 인지적 특성은 교육과 지원을 통해 더욱 발달되므로 적극적인 훈련프로그램, 창의적인 교육프로그램 등을 다양하게 제공하여 시각장애를 겪는 아동의 잠재능력을 최대한으로 끌어올릴 수 있도록 하는 것이 중요하다.

(3) 사회·정서적 특성

부모나 친구의 눈맞춤이나 미소와 같은 시각적 신호를 보지 못하므로 사회적 상호작용이 제한되거나 잘못 해석되는 경우가 생긴다. 즉 시각장애는 비구어적 신호의 부족, 사회적 상호작용의 제한과 잘못된 해석으로 사회, 정서발달에 부정적 태도 형성과 사회적 고립 같은 부정적인 영향을 미치며, 이것은 비장애아동들의 태도와 반응에 따라 긍정적인 사회, 정서발달로 바뀔 수 있다. 시각장애를 겪는 아동은 시각적 정보를 받지 못하는 대신 다른 감각에 의존하고, 그로 인해 특유의 사회적·정서적 특성을 발달시킬 수 있다.

첫째, 시각장애를 겪는 아동은 관계를 형성하는 데 있어서 신뢰와 안정감을 중시한다. 시각정보의 부족으로 인해 아동은 주로 촉각을 통해 주변 사람들과 상호작용하게 된다. 이로 인해 신체 접촉을 통한 신뢰 형성이 중요하다. 시각장애를 겪는 아동들은 한 명 또는 일관된 양육자에게 신뢰감과 안전감을 느끼며, 안정된 환경에서 더 잘 적응한다.

둘째, 시각장애를 겪는 아동은 언어능력의 발달과 청각을 이용한 의사소통 기술이 좋다. 시각장애를 겪는 아동은 시각적 단서 없이 의사소통을 하기 때문에 언어적 표현과 이해 능력이 발달되어 있으며, 다른 사람의 목소리 톤, 억양, 리듬 등을 통해 의도와 감정을 파악하는 능력이 비장애아나 다른 장애에 비해서 뛰어나다.

셋째, 시각장애를 겪는 아동은 사회적 상호작용이 다양하게 이루어지지 않아 바로 사회적인 상호작용을 하는 데 어려움이 있다. 시각장애를 겪는 아동은 시각적 피드백이 없기 때문에, 사회적 행동을 바르게 모델링하는 데 어려움을 겪을 수 있으며, 이로 인해 또래와의 상호작용에서 차이가 나타날 수 있다. 또한 시각장애를 겪는 아동은 직접적인 시각적 정보를 통해 친구를 인식하지 못하기 때문에, 목소리나 이름 등을 통해 친구를 구별하고 관계를 형성하며, 시각장애로 인한 이동성과 접근성의 문제로 혼자서 이동하는 데 어려움을 겪다보면 다양한 또래들과 접촉이나 모델링을 할 기회를 갖지 못할 수 있다. 그러므로 시각장애를 겪는 아동과 상담 시에는 상담사가 먼저 사회적 상호작용을 수행하면서 신뢰와 안정감을 갖도록 하는 것이 중요하다.

넷째, 시각장애를 겪는 아동은 다른 사람의 정서적 표현을 이해하고 알아차리는 데 시간이 걸릴 수 있다. 시각장애를 겪는 아동은 시각적 단서가 부족하여 다른 사람의 감정을 인식하는 데 시간이 걸릴 수 있으며, 이로 인해 대인관계 초기에는 오해가 발생할 수 있다. 시각적으로 자신의 감정을 나타내기 어려울 수 있으므로, 언어를 통해 감정을 표현하는 방법을 연습하는 것이 중요하다.

다섯째, 시각장애를 겪는 아동은 자신감을 갖고 창의적으로 문제를 해결하려는 성향이 강하며, 시각적인 정보가 부족하지만 자신의 상황에 알맞은 효과적인 대처 전략이나 창의적인 문제해결의 방법을 찾는 적극성을 가지고 있다.

여섯째, 시각장애를 겪는 아동은 타인에 대한 배려와 공감 능력이 좋다. 시각장애를 겪는 아동들은 말을 듣기만 해도 상대방의 감정 상태를 잘 파악하는 경우가 많다. 촉각을 통해 상대방과 깊은 감정적 교감을 나눌 수 있으며, 자신의 경험을 바탕으로 다른 사람의 감정을 더 잘 이해하고 공감하는 경향이 있다.

이와 같은 특성을 가지고 있으나 시각장애를 겪는 아동은 주 양육자에 해당되는 사람에게 크게 영향을 받는다. 시각장애를 겪는 아동에게 부모나 교사가 필요 이상으로 도와주거나 과잉보호하게 되면 시각장애라는 이유로 타인을 지시하고, 말로 해결하려는 성향이 나타날 수 있으므로 시각장애를 겪는 아동이 자기 능력을 고려한 이상의 목표를 설정하고 도전하도록 권장하여 성취감을 가질 수 있도록 지도하는 것이 좋다.

(4) 언어적 특성

선천성 시각장애를 겪는 아동은 시각적 자극이 제한되어 언어발달이 지연되어, 뜻을 모르고 사용하는 단어가 많다. 또한 어휘 사용에 있어서 그 수는 다양하지만 명사, 형용사, 부사, 동사 등에 있어서 추상적인 표현이 많아 언어주의에 빠지기 쉽다.

시각장애를 겪는 아동의 언어는 매우 중요한 기능을 한다. 시각장애를 겪는 아동은 언어를 통해서 상호작용하고, 자신의 욕구를 표현하고, 이동에 도움을 받는다. 시각장애를 겪는 아동의 언어는 시각장애의 정도, 발생시기, 교육환경, 부모와의 상호작용 정도에 따라서 다른 양상을 보인다. 이를 구체적으로 살펴보면 다음과 같다.

첫째, 시각장애를 겪는 아동의 언어발달은 초기의 언어 자극에 의존하는 성향이 있다. 시각장애를 겪는 아동은 시각적 단서 없이 주로 청각과 촉각으로 언어를 학습하기 때문에, 초기 언어 발달은 주변의 언어 자극과 상호작용이 크게 영향을 미치고, 이 시기에 음성인식이 발달된다. 부모나 양육자의 말하는 방식, 음성 톤, 억양 등을 통해 초기 언어를 익히게 된다. 그러므로 초기에 부모와 주양육자와 시각장애를 겪는 아동이 어떤 상호작용을 수행했느냐에 따라서 초기 언어발달이 결정된다고 할 수 있다.

둘째, 시각장애를 겪는 아동의 어휘와 문법은 비장애아동들과 같은 수준이거나 그 이상으로 나타난다. 시각장애를 겪는 아동이 시각장애가 있더라도 청각과 촉각을 통해 풍부한 언어적 자극을 받는다면, 어휘 발달은 시각적으로 학습하는 아동과 유사한 수준으로 발달할 수 있다. 시각장애를 겪는 아동의 문법적 이해에서도 청각을 통해 많은 문법적 규칙을 습득하며, 문법적 오류의 빈도도 비장애아동과 유사하게 발달된다.

셋째, 시각장애를 겪는 아동은 상황적 맥락 이해를 잘한다. 시각장애를 겪는 아동은 시각적 정보를 통한 상황 인식이 어려워, 언어적 단서와 주변 소리 등을 통해 상황을 이해하려는 경향이 있으며, 시각정보 대신 말로 모든 것을 설명해야 하므로, 자신의 생각과 요구를 명확하게 표현하는 성향이 있다.

넷째, 시각장애를 겪는 아동은 언어 발달에 중요한 청각의 민감성과 청각적 기억력이 좋다. 시각장애를 겪는 아동은 청각을 통한 학습 능력이 발달하며, 소리의 미세한 차이를 인식하고 기억하는 능력이 좋다. 시각장애를 겪는 아동은 언어적 정보를 듣고 기억하는 능력이 발달하여, 긴 대화나 이야기 내용을 잘 기억해 낸다.

다섯째, 시각장애를 겪는 아동은 비유적 언어, 은유를 사용하는 데 많은 어려움이 있다. 시각장애를 겪는 아동은 직접적인 시각 경험이 부족하므로 비유적 표현이나 은유를 이해하는 데 시간과 노력이 많이 필요하며, 시각장애를 겪는 아동은 물건이나 사물의 실제를 본 적이 없어서 다양한 비유적, 은유적인 표현을 사용하는 데는 한계가 있다.

여섯째, 시각장애를 겪는 아동은 타인과의 상호작용 시에 대화를 주도하려는 성향이 높다. 시각장애를 겪는 아동은 대화 중 상대방의 비언어적 신호를 읽기 어려울 수 있으므로, 의사소통 과정에서 더 많은 구체적인 언어적 피드백을 요구하는 경우가 있으며, 자신의 요구나 의견을 명확하게 전달하기 위해 대화를 주도하는 성향이 내재되어 있다.

일곱째, 시각장애를 겪는 아동은 단어의 의미와 맥락을 이해하는 데 있어 언어적 맥락을 중요시한다. 시각장애를 겪는 아동은 직접적인 체험을 통해 단어의 의미를 학습하며, 추상적인 개념보다는 구체적인 경험을 더 잘 이해하는 경향이 있고, 시각적 맥락 없이도 언어적 맥락을 통해 단어의 의미를 파악하는 능력이 발달되어 있다.

여덟째, 시각장애를 겪는 아동은 글 읽기와 쓰기를 점자를 통해서 수행한다. 시각장애를 겪는 아동은 시각적 읽기 대신 점자를 통해 읽고 쓰는 기술을 습득한다. 점자를 자유롭게 사용하면, 문자 해독과 쓰기 능력이 발달되며, 점자를 사용하기 위해서는 어린 시절부터 꾸준하게 연습해야 촉각을 통해 다양한 표기법을 학습하게 된다.

아홉째, 시각장애를 겪는 아동은 주변의 언어적 자극환경과 체험 기반 언어학습을 통해서 언어를 습득한다. 시각장애를 겪는 아동은 주변의 소리, 대화, 설명 등을 통해 언어를 학습하므로, 언어적 자극이 풍부한 환경에서 더 빠르게 언어를 습득할 수 있으며, 다양한 체험 활동을 통해 실제 환경에서 사용되는 언어를 배울 수 있도록 질적인 체험활동을 제공하는 것이 좋다. 이상과 같이 시각장애를 겪는 아동의 특성을 고려한 환경과 언어적 자극, 다양한 질 좋은 체험활동 등이 언어발달을 촉진하고, 효과적인 언어능력을 향상하기 위해 주 양육자의 언어적 자극과 다양한 질적 지원이 요구된다.

(5) 학업적 특성

시각장애를 겪는 아동이 학령기에 도달하게 되면 교수학습 과정을 수행하는 수업을 받게 되는데, 이 과정에서 의존적인 성향을 보이지 않고 능동적인 활동이 이루어질 수 있도록 하는 것이 중요하다. 시각장애를 겪는 아동의 학업적 특성을 구체적으로 살펴보면 다음과 같다.

첫째, 시각장애를 겪는 아동의 학업 특성을 증진하기 위해서는 약점보다는 강점을 강화하는 전략을 수행하도록 하여야 한다. 시각장애를 겪는 아동은 시각적 정보가 주는 제약을 극복하기 위해 청각 및 촉각을 강화하는 경향이 있으므로 이를 통한 학습물, 학습 과정상의 상호작용 등이 이루어져야 한다.

둘째, 시각장애를 겪는 아동은 주어진 학습과제를 수행하는 데 강력한 기억력을 통해서 해결하려는 성향이 내재되어 있다. 많은 시각장애를 겪는 아동은 청각이나 촉각을 통해 얻은 정보를 강력하게 기억하는 능력을 갖고 있다. 이는 학습한 내용을 오랫동안 기억하고 활용하는 데 도움이 된다. 또한 외부 시각적 자극으로부터 자유로워질 경우, 시각장애를 겪는 아동은 학습에 집중하는 능력이 뛰어날 수 있다. 이는 주의력을 집중시키고 학습에 전념할 수 있는 긍정적인 영향을 줄 수 있다.

셋째, 시각장애를 겪는 아동은 시각장애의 어려움을 해결하기 위해 다양한 기자재를 활용한다. 시각장애를 겪는 아동은 스크린 리더, 확대기, 점자 디스플레이 등의 보조기술을 활용하여 학습을 보다 효율적으로 진행할 수 있어 최근의 IT 관련 기구를 다양하게 활용한다.

이상과 같이 시각장애인의 학업적 특성은 다른 학생들과는 다소 다르지만, 적절한 지원과 환경 조성을 통해 성공적인 학업 경험을 쌓을 수 있다.

3) 시각장애 아동을 위한 상담사의 역할

시각장애를 겪는 아동은 시각장애로 인해 사회적 상호작용을 시작하기와 유지하기가 어렵고, 비장애아동이라면 시각적 관찰과 모방을 통해 자연스럽게 습득하는 사회성 기술을 잘 학습하지 못하기 때문에 구체적인 기술 습득 또한 상담에 포함되어야 한다. 상담사가 시각장애를 겪는 아동을 대할 때 유의해야 할 몇 가지 사항은 다음과 같다. 첫째, 상담실 환경조성에 있어서 저시력 아동이 조명이 반사되는 위치에 앉지 않도록 해야 하고, 상담사와 시각장애 아동과의 원활한 의사소통을 위해 '보는 것'과 관련된 단어, 시각장애, 저시력이라는 단어 사용하는 것이 좋다. 둘째, 보는 것에 장애가 있으므로 말할 때 누구에게 무엇을 말하는 것인지를 알 수 있게 이름을 부르고 말하며, 아동의 얼굴을 쳐다보며 직접 아동에게 말한다. 시각장애를 겪는 아동에게 다가갈 때와 떠날 때는 알려주어 아무도 없는데 혼자 이야기하는 일이 없도록 한다. 필요한 보조기기를 사용하도록 권장한다.

시각장애를 겪는 아동은 자신이 가지고 있는 장애 그 자체와 자신의 장애에 대한 타인의 편견과 차별적 행동으로 인해 다양한 심리적 문제들을 경험한다 (Heinze & Ratatori, 1986; Tuttle & Ferrell, 1995). 시각장애를 겪는 아동은 장애로 인해 주변 사람들로부터 소외되었다고 느끼며, 누적된 소외의 경험은 때로는 자기중심적이나 자기 의식적인 성격을 형성할 수도 있다. 이 같은 심리적인 문제들을 도와주기 위해 상담사는 또래의 일반아동과 접촉할 기회를 만들어 줄 필요가 있다. 또한 시각장애를 겪는 아동은 장애 특성상 수동적이고 의존적인 행동을 많이 나타내기도 한다. 상담사는 시각장애를 겪는 아동이 자신과 관련된 일에 직접 참여할 수 있도록 기회를 주고, 남들로부터 받는 도움에서 벗어나 타인을 위해 해줄 수 있는 일들을 찾을 수 있도록 조력하며, 자신의 장점과 능력을 발견할 수 있도록 조력해 주어야 한다.

시각장애를 겪는 아동을 위한 상담사의 역할로는 시각장애를 겪는 아동이 심리적, 사회적, 학습적인 어려움을 극복하고, 자신의 잠재력을 최대한 발휘할 수 있도록 돕는 역할을 수행하는 것이 중요하다. 또한 시각장애를 겪는 아동의 특성을 고려한 맞춤 지원을 제공하여 아동들이 보다 긍정적인 삶을 영위할 수 있도록 돕는 것이 상담사의 주요 임무이다. 이를 구체적으로 몇 가지를 제시하면 다음과 같다.

첫째, 시각장애를 겪는 아동의 심리적, 정서적 안정을 위한 정서표현을 적절하게 수행하는 것이 좋다. 시각장애로 인한 정서적 어려움을 이해하고, 시각장애를 겪는 아동이 안정된 심리 상태를 유지할 수 있도록 돕고, 시각장애를 겪는 아동이 자신의 감정을 올바르게 인식하고 표현할 수 있도록 상담 과정에서 시연과 연습 등을 수행하는 것이 좋다.

둘째, 시각장애를 겪는 아동의 긍정적인 자아상을 갖도록 성취경험을 제공하는 것이 좋다. 시각장애를 겪는 아동의 강점과 능력을 인식하고, 자신에 대한 긍정적인 인식을 구축하도록 도와야 하며, 시각장애를 겪는 아동이 작은 성취를 경험하고 이를 통해 자신감을 가질 수 있도록 다양한 활동을 제안하고 경험하도록 한다.

셋째, 시각장애를 겪는 아동을 상담하는 상담사는 시각장애인의 관계성에 관심을 가져야 한다. 또래, 교사, 부모 등과 상호작용에 필요한 사회적 기술, 효과적인 의사소통 등을 탐색하고 구체적인 표현방법, 비언어적 신호를 대신하는 언어적 기술 등을 포함한 패턴을 분석하고, 새로운 방법을 연습하도록 하여야 한다.

넷째, 시각장애를 겪는 아동에게 자신의 강점을 활용하여 학습할 수 있는 전략을 개발하고 점자, 음성기술 등 다양한 도구를 활용한 학습방법을 탐색하고, 학교생활에서 성공적인 학습을 수행할 수 있도록 학습계획을 세우고 계획에 따른 실천할 방법을 탐색하고 실천한다.

다섯째, 시각장애를 겪는 아동을 위한 가족상담을 병행하여야 한다. 시각장애에 대한 이해가 높고, 아동의 신체적, 정서적, 학습적 요구를 긍정적으로 지원하는 방법, 가족 내에서 원만한 의사소통을 수행할 수 있는 방법 등을 탐색하고 행동하도록 한다.

여섯째, 시각장애를 겪는 아동에게 자신의 장애에 대한 수용과 권리보호, 자기옹호에 대해서 심도 있게 다루고 실천하는 방법과 일상적인 생활에서의 태도를 탐색하고 새로운 방법을 모색한다.

일곱째, 시각장애를 겪는 아동의 우울, 불안, 자존감 저하 등의 심리적 문제를 조기에 발견하고 심도 있게 다루어 자신의 삶에 대한 의미를 찾고, 삶의 질을 향상하기 위한 전략을 탐색하고 실천하도록 한다.

이상과 같이 시각장애를 겪는 아동에게는 자신의 장애를 수용하고, 탐색하여 실천적인 행동을 설정하여 삶의 의미를 찾고 행복한 삶을 살아갈 수 있도록 해야 한다. 상담사는 시각장애에 대한 감수성을 갖고 아동들의 잠재능력을 개발하고, 자신의 삶에 대한 의미를 찾고 행복한 삶을 설계하도록 하는 것이 중요하다. 특히, 시각장애를 겪는 아동을 위한 상담사는 이러한 역할을 통해 아동의 전반적인 발달을 지원하며, 긍정적인 자아 인식과 건강한 사회적 관계를 형성할 수 있도록 도와준다. 종합적인 접근방식을 통해 시각장애 아동이 교육 환경과 일상생활에서 성공적으로 적응하고 성장할 수 있도록 하는 것이 중요한 목표이다.

2. 청각장애

1) 청각장애의 정의

청각장애는 생리학적인 관점과 교육학적 관점에서 그 정의를 내려볼 수 있다. 첫째, 생리학적인 관점으로 청각장애는 소리의 강도를 기준으로 하여 어느 정도 크기의 소리를 들을 수 있는지를 기준으로 하는 것이다. 둘째, 교육학적 관점으로는 청력 손실이 아동의 언어능력에 얼마나 영향 미치는지 기준으로 정의해 볼 수 있다. 경도에서 최중도에 이르는 청력 손실을 모두 지칭하는 일반용어로 농과 난청이 모두 포함하여 청각장애라고 하며, 청력 손실이 심하여 보청기를 착용하고도 청각을 통해 언어적 정보를 주고받지 못하는 사람을 지칭하여 농아라고 한다. 또한 대개 보청기를 착용했을 때의 잔존 청력의 정도가 청각을 통한 정보 교환이 어렵지만 가능한 수준을 말할 때 난청이라고 정의한다.

청각장애의 정의는 장애인복지법 시행령(2024. 7)에 의하면 두 귀의 청력 손실이 각각 60데시벨(dB) 이상인 사람, 한 귀의 청력 손실이 80데시벨 이상, 다른 귀의 청력 손실이 40데시벨 이상인 사람, 두 귀에 들리는 보통 말소리의 명료도가 50퍼센트 이하인 사람, 평형 기능에 상당한 장애가 있는 사람을 말한다.

2) 청각장애의 특성

청각장애를 겪는 아동들이 경험하는 의사소통의 제한은 단순히 청력 손상으로 발생하는 것이 아니라 비장애아동의 청각장애를 겪는 아동에 대한 오해와 이해의 부족, 상호 간의 상호작용의 불일치, 더 나아가 의사소통이 이루어지는 음성 중심의 물리적 환경과 청인 중심의 사회구조 등과 같은 다양한 요인들의 상호작용에 의해 발생되는 것이라 한다(박정현, 2011).

청각장애를 겪는 아동들은 자신만의 정체성을 갖는다. 청각장애를 겪는 아동의 농정체성은 청각장애인이 자신의 장애를 수용하여 장애정체성 형성을 넘어서 농사회의 언어와 문화를 자신의 삶의 일부로 받아들여 사회정체성을 형성하는 것이다(Glickman, 1993). 이러한 농정체성은 개인 특성, 장애 특성, 가족 특성, 사회·환경적 특성에 영향을 받는다. 이중사회에 속해 있는 청각장애를 겪는 아동들은 청인문화와 농인문화 사이의 이중문화 갈등(Brueggemann, 1999)을 가족, 학교, 직장, 지역사회 등 전 사회적 단위들에서 경험하고, 청각장애로 인한 의사소통 장애를 수반하여 청인과 농인들과 원활한 관계 형성에도 어려움을 경험한다(김경진, 2004; Sue, 1990). 젊은 청각장애인은 청인 이성 관계를 추구하여 아는 관계를 친밀한 관계로 발전시키기 위해 노력하나 성공적인 경험이 많지 않으며, 청인 이성보다 같은 농인 이성 사이에서 좀 더 친밀한 관계로 발전한다(Heirman et al., 2015; Sangowawa et al., 2009). 이상과 같이 수어와 일반인들이 사용하는 언어로 인해서 다양한 특성이 나타나게 되는데, 이를 구체적으로 살펴보면 다음과 같다.

(1) 말과 언어적 특성

청각장애를 겪는 아동이 갖는 가장 큰 어려움은 사회에서 일반적으로 사용하는 언어로 소통하기가 힘들다는 것이다. 언어표현능력이 생기기 이전에 청력 손실이 발생한 경우 청력 손실로 인해 구어기술을 습득하는 데 어려움이 많다. 청각장애를 겪는 아동의 국어, 특히 말하기 능력은 같은 또래의 비장애아동에 비해 많이 뒤떨어진다. 비장애아동은 들음으로써 자연스럽게 말과 언어를 습득하지만, 청각장애를 겪는 아동은 이 모든 것들을 직접 반복과 교정훈련 등을 통해 들어야 하기 때문이다. 그렇기에 일반적으로 경도, 중증도의 청력 손실을 가진 아동의 말이 중도나 최중도의 청각장애를 겪는 아동의 말보다 더 알아듣기 쉽다.

말의 조음적인 문제뿐만 아니라, 청각장애를 겪는 아동은 어휘, 문장구조의 습득에도 어려움을 겪는다. 수화언어는 일반 구어와 다른 또 하나의 언어체계이므로 수화에 익숙한 청각장애를 겪는 아동이 수화 통역사가 있는 일반학교에서 공부를 한다고 하더라도 학습에 어려움이 많다. 이상과 같이 청각장애를 겪는 아동의 언어적 특성은 청각 손실의 정도, 발생 시기, 보청기 사용 여부, 적절한 교육 환경 등의 제공에 따라 다양하게 나타날 수 있다. 청각장애를 겪는 아동의 언어발달은 청각적 정보를 충분히 받지 못하거나 적절한 교육적인 환경을 제공하지 않았을 때 비장애아동과는 다른 특성을 보일 수 있다. 청각장애를 겪는 아동의 일반적인 언어적 특성을 살펴보면 다음과 같다.

첫째, 청각장애를 겪는 아동은 듣지를 못하기 때문에 언어적 자극을 제한적으로 받을 수밖에 없어 언어발달이 지연되는 경우가 있다. 청각장애를 겪는 아동에게 일관된 청각 자극이 충분하지 않기 때문에 말 시작과 시기가 비장애아동보다 늦으며, 풍부한 음성 언어 환경에서 어휘를 배우지 못해 어휘력 발달이 늦을 수밖에 없다.

둘째, 청각장애를 겪는 아동은 어음 구별이 어렵고, 발음 명료도가 떨어진다. 청각장애 아동은 소리의 차이를 알아채기 어려워 유사한 소리의 차이를 구별하는 데 어려움을 겪을 수 있으며, 소리의 피드백을 충분히 받지 못해 발음이 명확하지 않을 수 있다. 특히 자음과 모음의 일부 소리를 정확하게 발음하는 데 어려움을 겪을 수 있다.

셋째, 청각장애를 겪는 아동은 문법과 구문을 비교하고 구분하는 데 어려움이 있다. 청각장애를 겪는 아동은 문법적 오류가 빈번하게 나타난다. 원어에서 사용하는 시제, 인칭 대명사, 전치사 등에서 사용에서 문법적 오류를 많이 보일 수 있다.

넷째, 청각장애를 겪는 아동은 제한된 어휘와 다의어와 동의어를 이해하는 데 어려움을 경험한다. 청각적 경험의 제한으로 인해 비장애아동에 비해 어휘가 제한될 수 있고, 추상적 개념을 이해하는 데 어려움을 겪을 수 있으며, 다의어(한 단어가 여러 의미를 가질 때)와 동의어(다양한 단어가 같은 의미를 가질 때)를 이해하는 데 어려움을 경험한다.

다섯째, 청각장애를 겪는 아동은 음의 고저 및 길이 인지와 강세와 억양 활용 등에 어렵다. 청각장애로 인해 음의 고저(높낮이)와 길이(길고 짧음)를 인지하기 어려울 수 있고, 강조(강세)와 억양을 사용하여 의미를 전달하는 데 어려움을 겪는다.

여섯째, 청각장애를 겪는 아동은 독해능력에 어려움을 경험한다. 읽기능력은 청각장애를 겪는 아동에게 도전적일 수 있으며, 문법적 복잡성과 구문 이해가 어려워 읽기를 도외시하는 경향이 있다. 청각장애를 겪는 아동은 독해전략으로 시각적 단서와 맥락을 통해 뜻을 유추하는 다양한 독해전략을 사용할 수 있으므로 청각장애를 겪는 아동에게 그림으로 된 책 등을 다양하게 제공해 주는 것도 좋다.

일곱째, 청각장애를 겪는 아동과 의사소통 시에 다양한 비언어적 의사소통방법을 사용하여야 한다. 청각장애를 겪는 아동과 상호작용할 시에 수화나 몸짓, 표정 등을 사용하여 의사소통할 수 있으며, 비언어적 의사소통이 중요한 역할을 한다. 청각장애를 겪는 아동은 입술 모양을 보고 말을 이해하는 독순술을 연습하고 사용하는 경우가 있으므로 상담사는 청각장애를 겪는 아동과 대화 시에는 입모양을 크게 하고, 입모양을 똑바로 볼 수 있도록 자리를 배치한다. 이와 같은 특성과 지원 방안을 고려하여 청각장애를 겪는 아동의 언어발달을 촉진하고, 효과적인 의사소통능력을 향상하기 위한 다양한 교육적 접근과 조기 개입이 중요하다.

(2) 인지적 특성

인지발달에 있어서 언어의 중요성을 강조하는 입장에서는 청각장애를 겪는 아동의 인지능력이 비장애아동에 비해 평균 2~5년의 지체를 보이게 되며, 그러한 지체의 주된 원인으로 언어능력의 결핍을 들고 있다.

따라서 청각장애를 겪는 아동의 지적능력은 비장애아동에 비해 양적인 평균이 약간 낮기는 하지만 정상범위 안에 있다고 보아야 할 것이다. 또 청각장애를 겪는 아동이 비장애아동에 비해 낮은 지적 수준을 나타내는 경우, 반드시 지적 구조상의 질적 차이에 의한 것이라고 보기보다는 적용된 검사도구가 어떤 유형인가, 즉 동작성인가 언어성인가, 개인용인가 집단용인가, 시간의 제약성이 있는가 없는가에 크게 의존하며, 아울러 검사자가 청각장애를 이해하고 있는가에도 영향을 받을 수 있다.

청각장애를 겪는 아동의 인지적 특성은 첫째, 언어의 능력의 제한으로 추상적인 능력이 미발달되었다는 것이다. 청각장애를 겪는 아동은 언어능력의 제한으로 인해 언어 기반 학습이 도전적일 수 있다. 이는 언어를 중심으로 한 과목(예: 국어, 문학, 사회 등)에서 더 두드러질 수 있다.

둘째, 청각장애를 겪는 아동은 비언어적 학습전략을 사용하여 시각과 촉각, 동작 등의 강점이므로 학습 시 시각자료를 활용하거나 촉각과 동작을 활용한 학습방식을 제공할 때 인지활성화가 일어난다.

셋째, 청각장애를 겪는 아동은 청각정보의 제약으로 청각적 기억력이 약할 수 있으며, 시각 및 촉각이 강점이므로 이를 활용하여 정보를 저장하고 회상하는 능력을 증진하기 위한 인지처리 과정을 고려하여야 한다.

넷째, 청각장애를 겪는 아동은 공간적, 시각적 사고를 주로 사용하여 공간적 인지능력이 발달되어 있다. 청각장애를 겪는 아동은 청각정보가 아닌 시각정보를 통해 주변 환경을 파악하는 데 익숙해지면서 공간적 인지능력이 발달되었으며, 시각적 정보를 활용한 문제해결능력이 탁월할 수 있으므로 일상적인 문제해결을 위해서는 시각적 정보를 적극적으로 활용할 수 있도록 하는 것이 좋다.

다섯째, 청각장애를 겪는 아동은 추론과 독특한 문제해결능력을 보인다. 언어적 정보에 의존하지 않고 논리적 추론을 사용하는 데 강점을 보일 수 있으나, 공간과 시각에 의존한 논리성에 맹점이 있으며, 비언어적 단서와 시각적 정보를 통합하여 문제를 해결하는 독특한 해결방법을 제시하는 경향이 있다.

여섯째, 청각장애를 겪는 아동의 사회적 인지가 뛰어나다. 청각정보 대신 몸짓 언어, 표정 등 비언어적 단서를 통해 사회적 상황을 해석하는 능력이 발달할 수 있으나 언어적 제약으로 인해 사회적 소통과 관계 형성에서 도전이 있을 수 있다. 이와 같은 특성과 지원 방안을 고려하여 청각장애를 겪는 아동의 인지적 발달을 촉진하고, 학습과 사회적 성공을 도울 수 있는 다각적인 접근방식, 시각과 공간인지를 활용한 접근방법이 요구된다.

(3) 사회·정서적 특성

청각장애를 겪는 아동의 사회, 정서적 발달은 비장애아동과 유사하다. 유아기에는 청각장애를 겪는 아동과 비장애아동 간에 차이가 별로 없이 잘 어울리지만, 연령이 높아갈수록 서로 간의 상호작용과 친밀한 친구관계 유지가 어려워진다. 점차로 언어를 이용한 의사소통이 친구관계의 형성과 사회·정서적 발달에 큰 역할을 하게 되기 때문이다. 청각장애를 겪는 아동에게는 사소한 사회적 관습이나 태도도 구체적으로 가르쳐야 하는 경우가 많다. 이 때문에 청각장애를 겪는 아동은 같은 또래의 일반 학생들보다 순진하거나 덜 사회적인 것처럼 보이기도 한다. 또한 수화언어를 이용한 프로그램이 많지 않을 때 사회적 고립을 흔히 경험한다(Meyen, 1996).

청각장애를 겪는 아동의 사회적 특성은 다양하다. 일반적으로 언어의 미발달로 인해서 제한된 상호작용으로 인해서 의사소통에 어려움을 겪는 경우가 많아 친구나 가족과의 대화, 사회적 상호작용 등에서 어려움을 겪는다. 이로 인해 사회적 고립감을 느끼거나 부정적인 감정을 경험할 수 있어 상담 시에 외로움과 고립감, 의사소통의 방법 등을 적극적으로 다루는 것이 좋다.

(4) 성격적 특성

청각장애를 겪는 아동은 비장애아동에 비해 더 신경질적이고 내성적이며, 외적 통제에 대해 더욱 자기중심적이고 성급함, 충동적인 반응을 보인다고 한다. 또한 정서적인 미성숙, 위축감 등의 문제도 있다고 한다. 그러나 이러한 특성은 그들의 환경을 이루고 있는 다른 사람들이 그들을 받아들이는 정도에 달려 있으며, 의사소통의 상황에서 구어적인 표현에 대한 반응이 만족스럽지 못하거나 의도한 바와 다를 경우에 나타나게 된다. 따라서 이러한 특성은 그들의 정상적인 적응기제라고 할 수 있다.

청각장애를 겪는 아동은 언어적 제한으로 사회적 상호작용에 어려움을 겪을 수 있다. 이로 인해 대인관계 형성이 어렵거나 감정을 표현하는 데 어려움을 겪을 수 있는데, 이를 구체적으로 살펴보면 다음과 같다.

첫째, 청각장애를 겪는 아동은 동기와 자기효능감, 자신감 등이 낮다. 작은 성취 경험보다는 언어적인 제한으로 학습과 관계성에서 실패경험이 많아서 동기 부여와 자기 효능과 지지를 통해 학습에 대한 긍정적 태도를 유지하도록 도와 나도 할 수 있다는 갖도록 하는 것이 좋다.

둘째, 청각장애를 겪는 아동은 주의집중과 작업기억에 어려움을 경험하게 되어 학습장면에서의 주의집중력이 낮다. 교실이나 일상생활에서 주의집중을 방해하는 요소가 있을 경우, 이를 극복하는 데 어려움을 겪을 수 있으며, 작업 기억 능력(기억을 유지하며 조작하는 능력)은 언어정보 처리의 어려움으로 인해 제한된다.

셋째, 청각장애를 겪는 아동은 의사소통의 어려움과 사회적 고립을 경험한다. 청각장애로 인해 의사소통이 제약되며, 이로 인해 감정이나 생각을 표현하는 데 어려움을 겪을 수 있고, 대화나 소통에서 제약을 느끼고 사회적 관계를 형성하는 데 어려움을 겪을 수 있어 사회적 고립감을 느낄 수 있다.

넷째, 청각장애를 겪는 아동은 감정을 표현하고 조절하는 데 어려움이 있다. 일부 청각장애를 겪는 아동은 감정을 표현하거나 조절하는 데 어려움을 겪을 수 있으며, 이는 감정의 폭발이나 억압으로 나타날 수 있으므로 자신의 감정을 적절하게 표현하도록 일상적인 생활 속에서 교육될 수 있도록 지원해야 한다.

(5) 사회·문화적 특성

청각장애를 겪는 아동은 그들 간의 유대가 매우 깊고, 청각장애인 문화, 농문화라는 용어가 생길 정도로 그들만의 독특한 사회문화를 형성하고 있다. 이들은 수화를 공통적으로 사용함으로써 효과적인 의사소통을 하고, 공동체 의식을 형성하며, 농아인(청각장애인)에 대한 자부심과 긍정적인 자아개념을 발달시킨다. 또한 그들만의 행동규범과 가치관을 가지고 있으며, 농아인(청각장애인) 사회를 위한 많은 자발적 단체와 지원망을 가지고 있다(Hallahan & Kauffman, 1994). 즉 일반사회에 포함된 하나의 소수사회로서 기능한다고 할 수 있다(Reiman & Bullis, 1989). 그러나 일반학교에 통합되어 교육받는 청각장애를 겪는 아동이 늘어감에 따라 이 아동이 오히려 농아인(청각장애인) 사회에서 위치와 농아인(청각장애인) 문화를 잃어 간다는 지적이 제기되고 있다. 즉 과거에는 주로 기숙제 농학교를 통해 전수되던 농아인(청각장애인) 문화가 일반학교에서 교육받는 청각장애를 겪는 아동에게는 전달되지 않는다는 것이다. 따라서 일반학교에서도 언어적인 면에서의 소수민족을 인식하고 이중언어적인 교육을 실시해야 한다는 주장도 있다. 무조건 일반인들에게 동화되고 따라야 한다는 사고방식에서 탈피하고자 하는 움직임이다. 청각장애를 겪는 아동이 형성하는 농문화(청각장애인문화)는 그들만의 독특한 문화적 특성을 반영하는 데 몇 가지 특징을 가지고 있다.

첫째, 청각장애를 겪는 아동은 주로 수화언어를 사용하여 의사소통한다. 이는 말소리가 아닌 손짓, 표정, 몸짓 등을 활용하여 의사를 전달하는 방식으로, 농문화의 중심적인 요소이다. 청각장애를 겪는 아동은 주변 환경을 시각적으로 민감하게 경험하며, 시각적 정보에 민감한 특성을 갖고 있다. 이는 그들의 미술, 디자인, 체육 등의 영역에서 창의적인 활동을 이끌어 내기도 한다.

둘째, 청각장애를 겪는 아동은 공동체 의식이 강하며, 서로 간의 연대와 지원이 중요시한다. 청각장애 커뮤니티 내에서의 상호 도움과 지원이 농문화의 중요한 가치로 자리 잡고 있다.

셋째, 청각장애를 겪는 아동은 대체 미디어를 잘 활용한다. 음성 정보에 접근이 어려울 때, 청각장애를 겪는 아동은 대체 미디어를 활용하여 정보를 습득하고 커뮤니케이션을 유지한다. 이는 텍스트 메시지, 비디오 통화, 웹 사이트 접근성 등을 포함할 수 있다. 이러한 특성들은 청각장애를 겪는 아동이 형성하는 독특한 농문화의 요소로, 그들의 삶과 활동에 큰 영향을 미치고 있다.

(6) 학업적 특성

대부분의 교육시스템은 학습의 매개수단으로 구어와 문어를 사용한다. 또한 읽기능력은 언어기능에 가장 많이 의존하고 학업성취의 가장 중요한 부분으로서 청각장애의 영향을 극히 많이 받는다. 젠세마(Jensema)는 청력 손실 시기 및 정도가 학력에 중요한 변인이라 하고, 3세 이전보다는 이후에 청각장애를 입은 아동이 읽기를 더 잘하였으며, 청력 손실이 가벼우면 대체로 학력의 지체정도도 가볍다고 하였다. 결론적으로 청각장애를 겪는 아동의 학력은 지체현상을 보이며, 특히 읽기능력은 그 지체의 정도가 크다. 이러한 현상은 연령이 증가하고 학년이 올라갈수록 그 간격이 커진다. 그리하여 언어능력 개선과 함께 이들의 학력 향상도 해결해야 할 중요한 과제로 지적되고 있다.

청각장애를 겪는 아동은 언어적 제한으로 교수학습 과정에서 의사소통의 어려움을 경험한다. 청각장애를 겪는 아동은 의사소통에 제약을 받을 수 있어 수업 내용을 이해하거나 질문하기 어려울 수 있고, 이로 인해 언어 이해력이나 표현력이 다소 떨어지는 악순환적 순환구조를 가지고 있다. 또한 청각장애를 겪는 아동은 의사소통의 어려움을 극복하기 위해 시각정보나 시각 보조기기를 활용하는 경우가 많다. 시각정보에 의존하다 보니 시각 기반 수업 내용에서 어려움을 겪을 수 있다. 특히 청각장애를 겪는 아동은 소리, 촉각, 냄새 등 다른 감각을 보다 강조하여 학습에 활용할 수 있으므로 이를 통해 시각적 제약을 극복하거나 보완할 수 있다. 그러므로 청각장애를 겪는 아동의 이러한 학업적인 특성을 고려하여 학습환경에서는 청각을 강조한 수업, 시각정보 대체 수단 제공, 수화언어 통역 서비스 등을 제공하여 청각장애를 겪는 아동의 학습을 지원하도록 해야 한다.

3) 청각장애 아동을 위한 상담사의 역할

청각장애를 겪는 아동을 위해서는 일단 언어소통이 되어야 하기에 기본적으로 상담사는 청각장애를 겪는 아동과 의사소통이 가능해야 한다. 청각장애를 겪는 아동과의 직접적인 상담을 위해서는 상담사가 수화언어를 할 줄 아는 것이 필요하다(Levine, 1980). 수화를 통역해 줄 사람을 통해 상담을 진행할 수도 있으나 청각장애를 겪는 아동과 라포 형성에 어려움을 겪게 되기에 청각장애를 겪는 아동을 위한 상담은 의사소통이 가능한 청각장애인이면 더욱 좋을 것이라 여겨진다. 청각장애를 겪는 아동을 위한 훈련된 청각장애인 상담사가 아직 우리나라에는 아주 적은 실정이다. 교사들이 이를 담당하고 있으나 교사라는 이유로 아동들이 어려워하는 경우가 많다. 우리나라에서는 2015년 한국복지대학교 내 장애상담과가 설립되고, 현재 청각장애를 가지고 있으면서 청각장애인의 상담사를 꿈꾸고 배우고 있는 학생들이 있어 앞으로 청각장애인을 위한 상담에 새로운 활력이 될 것으로 보인다. 청각장애를 겪는 아동은 외국어처럼 수화언어를 사용하기에 자기 정체감에 심각한 혼란을 경험한다고 보고된다. 다른 방식의 언어를 사용한다는 것만으로 배척되고 차별되는 사실에 분노를 나타내기도 하고, 때로는 공격적으로 행동하게 된다. 그러기에 점차 청각장애를 겪는 아동은 자기들만의 세계를 구축하고자 하는 심리적 특성을 갖게 되기도 한다. 따라서 상담을 통해 또래 친구나 주변 인물과 의미 있는 사회적 관계를 형성할 수 있도록 도울 필요가 있다. 또한 상담사는 아동이 느끼는 심리적 소외감, 외로움뿐만 아니라 분노에 대한 심리상담을 지원할 필요가 있다. 또한 경우에 따라서는 인공와우와 보청기와 같은 외부기기 사용에 대한 정확한 정보를 제공해야 한다. 보청기와 인공와우는 분명히 다르며 인공와우를 수술 받는다고 하여 누구나 건청인처럼 들을 수 있는 것은 아니다. 따라서 보청기와 인공와우에 대한 정확한 정보를 제공해 주는 것도 청각장애를 겪는 아동의 상담에서는 매우 중요하다.

청각장애를 겪는 아동 상담 시 상담사는 첫째, 상담사는 청각장애를 겪는 아동과의 상담을 통해 적절한 의사소통 방법을 모색하고 이를 통해 상담할 수 있도록 해야 하며, 청각장애를 겪는 아동이 이를 통해 자신의 감정이나 생각을 표현할 수 있도록 해야 한다.

둘째, 상담사는 청각장애를 겪는 아동이 제한된 언어의 사용으로 사회적 어려움을 겪을 수 있으며, 상담사는 이러한 어려움에 대한 심리적인 지원을 제공하여 자아존중감을 높이고 긍정적인 정서발달을 도와야 한다.

셋째, 상담사는 청각장애를 겪는 아동의 가족에게도 지원을 제공한다. 가정 내 의사소통방법이나 청각장애를 겪는 아동의 필요를 이해하고 가족 간 관계를 개선하는 데 도움을 주어야 한다.

넷째, 상담사는 학교나 사회에서의 적응에 도움을 주기 위해 지역사회 자원과 프로그램에 대한 정보를 제공하고, 청각장애를 겪는 아동이 성공적으로 사회적으로 통합될 수 있도록 지원해야 한다.

다섯째, 상담사는 청각장애를 겪는 아동의 학업 및 진로에 관한 고민이나 어려움을 듣고, 적절한 조언이나 지도를 제공하여 학업성취도를 높이고 미래에 대한 계획을 수립하고 도와야 한다.

이상과 같이 청각장애를 겪는 아동이 가지고 있는 제한된 언어, 상호작용 시 사용하는 수화, 구화 등에 따라서 상담사의 역할이 제한될 수 있으므로 청각장애를 겪는 아동의 특성을 최대한 살려 시각적, 공간적 능력의 강점을 활용한 상담을 진행할 때 상담의 효과를 증대시킬 수 있다.

3. 지체장애 및 건강장애

1) 지체장애의 정의

지체장애는 1920년 공포된 독일의 프로이센 크뤼퍼보호법(Preussische Krupper-fursorgegesetz) 제9조에서 "선천성 또는 후천성의 골관절, 근 또는 신경의 질환이나 사지 또는 그 일부의 결손 때문에 체간이나 사지의 사용이 지속적으로 장애가 되어 일반작업장에서는 생업능력이 뚜렷이 침해되리라고 인정되는 자"라고 최초의 정의가 내려졌다. 이후 그 범위와 다양성 때문에 사회복지학, 의학, 심리학, 특수교육학, 장애인복지 등 각 분야에 따라 약간씩 차이를 보이고 있으며, 각 국가나 시대, 정책, 사회환경, 교육목표에 따라 상이하게 규정하고 있다(윤순이, 2010).

현재 우리나라의 지체장애에 대한 정의는 장애인 등에 대한 특수교육법, 장애인 교육법(IDEA) 등에 따라 조금 다르게 정의하고 있다. 장애인 등에 대한 특수교육법에서는 기능·형태상 장애를 가지고 있거나 몸통을 지탱하거나 팔다리의 움직임 등에 어려움을 겪는 신체적 조건이나 상태로 인해 교육적 성취에 어려움이 있는 사람이라고 정의하고 있다.

또한 장특법에서 의미하는 지체장애의 개념에는 뇌성마비와 같이 신경계 이상으로 인해 인시적 장애 등의 기타 상애를 수반하는 경우도 모두 포함되는 반면, 장애인복지법에서는 별도로 뇌병변장애라는 용어를 두어 "뇌성마비, 외상성 뇌손상, 뇌졸중 등 뇌의 기질적 병변으로 인하여 발생한 신체적 장애로 보행이나 일상생활의 동작 등에 상당한 제약을 받는 것"으로 구분하고 있으며, 장애인복지법에서의 지체장애는 단순히 "주요 외부 신체 기능의 장애, 내부기관의 장애 등 신체적 장애를 가진 경우"만을 지칭한다. 장애인복지법에서는 장애 정도에 따라 1급~6급까지 급수를 규정하고 있는 반면 장특법은 장애로 인한 교육적 성취의 제한을 언급하고 급수를 따로 규정하지 않는다.

장애인 교육법(IDEA)은 교육적 성취에 부정적인 영향을 미치는 심각한 정형외과적인 손상, 선천적 기형(예: 내반족, 신체 일부의 결손), 질병에 의한 손상(예: 소아마비, 골결핵), 기타 원인에 의한 손상(예: 뇌성마비, 절단, 근육이나 힘줄을 손상시키는 골절이나 화상)을 포함한다. IDEA에서 정의하는 장애 영역을 살펴보면 정형외과적 손상이 지체장애에 해당된다고 볼 수 있으며, 외상성 뇌손상과 중복장애도 지체장애를 포함하고 있는 집단으로 볼 수 있다. 지체장애 영역은 신체에 이상이 있다는 공통점만으로 다양한 특성의 아동이 함께 묶여 있으며, 크게 신경계 이상(뇌성마비, 간질), 근골격계 이상(진행성 근이영양증, 왜소증, 소아류머티즘관절염 등), 선천성 기형(골반탈구, 이분척추 등)으로 분류된다.

장애인복지법 시행령(2022년)에 의하면, 우리나라에서 지체장애란 신체 일부를 잃은 사람, 장애의 정도가 심하지 않은 사람, 관절장애가 있는 사람, 지체 기능장애가 있는 사람, 척추장애가 있는 사람 등으로 말하고 있다.

첫째, 신체의 일부를 잃은 사람으로 두 손의 엄지손가락과 둘째 손가락을 잃은 사람, 한 손의 모든 손가락을 잃은 사람, 두 다리를 가로발목뼈관절(Chopart's joint) 이상의 부위에서 잃은 사람, 한 다리를 무릎관절 이상의 부위에서 잃은 사람, 장애의 정도가 심하지 않은 장애인으로 한 손의 엄지손가락을 잃은 사람, 한 손의 둘째손가락을 포함하여 두 손가락을 잃은 사람, 한 손의 셋째손가락, 넷째손가락 및 다섯째손가락을 모두 잃은 사람, 한 다리를 발목발허리관절(lisfranc joint) 이상의 부위에서 잃은 사람, 두 발의 발가락을 모두 잃은 사람을 말한다.

지체장애인 중에서 관절장애가 있는 사람은 두 팔의 어깨관절, 팔꿈치관절, 손목관절 중 2개 관절기능에 상당한 장애가 있는 사람, 두 팔의 어깨관절, 팔꿈치관절, 손목관절 모두의 기능에 장애가 있는 사람, 두 손의 엄지손가락과 둘째손가락의 관절기능에 현저한 장애가 있는 사람, 한 손의 모든 손가락의 관절기능에 현저한 장애가 있는 사람, 한 팔의 어깨관절, 팔꿈치관절, 손목관절 중 2개 관절기능에 현저한 장애가 있는 사람, 한 팔의 어깨관절, 팔꿈치관절, 손목관절 모두의 기능에 상당한 장애가 있는 사람, 두 다리의 엉덩관절, 무릎관절, 발목관절 중 2개 관절기능에 현저한 장애가 있는 사람, 두 다리의 엉덩관절, 무릎관절, 발목관절 모두의 기능에 상당한 장애가 있는 사람, 한 다리의 엉덩관절, 무릎관절, 발목관절 모두의 기능에 현저한 장애가 있는 사람을 말한다.

장애의 정도가 심하지 않은 장애인으로는 한 손의 둘째손가락을 포함하여 3

개 손가락의 관절기능에 상당한 장애가 있는 사람, 한 손의 엄지손가락의 관절기능에 상당한 장애가 있는 사람, 한 손의 둘째손가락을 포함하여 2개 손가락의 관절기능에 현저한 장애가 있는 사람, 한 손의 셋째손가락, 넷째손가락, 다섯째손가락 모두의 관절기능에 현저한 장애가 있는 사람, 한 팔의 어깨관절, 팔꿈치관절, 손목관절 모두의 기능에 장애가 있는 사람, 한 팔의 어깨관절, 팔꿈치관절 또는 손목관절 중 하나의 기능에 상당한 장애가 있는 사람, 두 발의 모든 발가락의 관절기능에 현저한 장애가 있는 사람, 한 다리의 엉덩관절, 무릎관절, 발목관절 모두의 기능에 장애가 있는 사람, 한 다리의 엉덩관절 또는 무릎관절의 기능에 상당한 장애가 있는 사람, 한 다리의 발목관절의 기능에 현저한 장애가 있는 사람을 말한다.

지체기능장애가 있는 사람으로는 두 팔의 기능에 상당한 장애가 있는 사람, 두 손의 엄지손가락 및 둘째손가락의 기능을 잃은 사람, 한 손의 모든 손가락의 기능을 잃은 사람, 한 팔의 기능에 현저한 장애가 있는 사람, 한 다리의 기능을 잃은 사람, 두 다리의 기능에 현저한 장애가 있는 사람을 말한다. 장애의 정도가 심하지 않은 장애인으로는 한 팔의 기능에 상당한 장애가 있는 사람, 한 손의 둘째손가락을 포함하여 세 손가락의 기능에 상당한 장애가 있는 사람, 한 손의 엄지손가락의 기능에 상당한 장애가 있는 사람, 한 손의 둘째손가락을 포함하여 두 손가락의 기능을 잃은 사람, 한 손의 셋째손가락, 넷째손가락 및 다섯째손가락 모두의 기능을 잃은 사람, 두 발의 모든 발가락의 기능을 잃은 사람, 한 다리의 기능에 상당한 장애가 있는 사람을 말한다.

척추장애가 있는 사람으로는 목뼈 또는 등·허리뼈의 기능을 잃은 사람, 목뼈 또는 등·허리뼈의 기능이 저하된 사람을 말하고, 신체에 변형 등의 장애가 있는 사람(장애의 정도가 심하지 않은 장애인에 해당함)으로 한 다리가 건강한 다리보다 5센티미터 이상 짧거나 건강한 다리 길이의 15분의 1 이상 짧은 사람, 척추옆굽음증(척추측만증)이 있으며, 굽은각도가 40도 이상인 사람, 척추뒤굽음증(척추후만증)이 있으며, 굽은각도가 60도 이상인 사람, 성장이 멈춘 만 18세 이상의 남성으로서 신장이 145센티미터 이하인 사람, 성장이 멈춘 만 16세 이상의 여성으로서 신장이 140센티미터 이하인 사람, 연골무형성증으로 왜소증에 대한 증상이 뚜렷한 사람을 말한다.

이 기준에 따라 종합적으로 지체장애인을 정의해 보면 신체적 장애 중 주요 신체 일부에 질병이나 외상 등으로 인해 기능에 장애가 발생하여 일상생활에 불편을 겪게 되는 사람이라고 정의할 수 있다.

2) 건강장애의 정의

건강장애는 2005년 특수교육법이 개정되면서 새로 추가된 장애로 IDEA의 기타 건강상의 장애와 유사한 개념이다. 장애인을 위한 특수교육법 시행령(2023)에 의하면 만성질환으로 인하여 3개월 이상의 장기입원 또는 통원치료 등 계속적인 의료적 지원이 필요하여 학교생활 및 학업 수행에 어려움이 있는 사람으로 정의하고 있다.

미국과는 달리 ADHD가 포함되지는 않고, 주로 소아암 등의 만성질환으로 인해 학업에 지장을 받는 경우로 정의된다. 미국의 장애인 교육법(IDEA)에서는 심장 상태, 결핵, 류머티즘성 열병, 신장염, 천식, 겸상적혈구빈혈증, 혈우병, 간질, 납중독, 백혈병, 당뇨병 등과 같은 만성 또는 급성 건강문제로 인해서 약화된 강도, 체력, 민첩성으로 기타 건강장애를 정의하고 있다. 장애인 등에 대한 특수교육법(2022)은 만성질환으로 인하여 3개월 이상의 장기입원 또는 통원치료 등 계속적인 의료적 지원이 필요하여 학교생활 및 학업 수행에 어려움이 있는 사람이라고 정의한다. 그러나 분명한 점은 만성질환에 걸렸다고 모두 건강장애가 되는 것은 아니다. 장기간의 교육 결손으로 인하여 특별한 교육적 지원이 필요한 경우 건강장애로 판별, 지원을 제공하게 되며, 지원이 필요 없게 되면 더 이상 건강장애가 아닐 수 있다는 점이다.

이와 같이 건강장애는 그 정의에서부터 다른 장애와 다른 점이 많고 교육대상과 그 가족의 특수교육에 대한 인식 및 특수교육과 일반교육 간의 역할의 명료화 등으로 더 많은 연구가 필요할 것이다.

3) 지체장애 및 건강장애의 분류

지체장애 및 건강장애를 분류하는 많은 기준과 유형들이 있지만 본서에서는 비교적 많이 나타나는 특정장애를 기준으로 뇌병변장애(뇌성마비, 외상성 뇌손상, 뇌졸중 등), 근이영양증(근육병, 근디스트로피, 진행성 근위축증), 이분척추, 골 형성 부전증, 경련장애, 신장장애로 분류한다. 이외에도 선천성 기형, 소아관절염, 에이즈 등의 문제도 지체장애 범위로 논의되고 있으며, 심장장애, 소아천식, 소아당뇨, 기타 각종 희귀질환 등도 건강장애에 포함될 수 있다.

(1) 뇌병변장애

뇌병변장애란 중추신경의 손상으로 인한 복합적인 장애로, 뇌성마비, 외상성 뇌손상, 뇌졸중 등 뇌의 기질적 병변으로 인한 보행 또는 일상생활동작에 제한을 받는 것을 의미한다. 뇌병변장애는 주된 증상인 마비의 정도 및 범위, 불수, 운동의 유무 등에 따른 팔다리의 기능저하로 인한 앉기, 서기, 걷기 등의 이동능력(보행상의 장애 정도)와 일상생활(동작)의 수행능력을 기초로 하여 전체 기능장애 정도를 판정하며, 뇌의 기질적 병변으로 시각, 청각 또는 언어상의 기능장애나 지적장애가 동반된 경우는 중복장애 합산 인정기준에 따라 판정한다.

뇌병변장애의 판정시기는 뇌졸중, 뇌손상 등 기타 뇌병변이 있는 경우는 발병 또는 외상 후 6개월 동안 지속적으로 치료한 후에 장애의 판정을 할 수 있으며, 6개월이 경과하였다 하더라도 뚜렷하게 기능의 향상이 진행되고 있는 경우에는 판정을 미루어야 한다. 또한 식물인간 또는 장기간의 의식소실 등의 경우에는 발병(외상) 후 6개월이 경과하면 장애판정을 할 수 있으며, 이 경우 최초판정일로부터 2년 후에 재판정을 한다. 뇌병변장애의 검진기관은 재활의학과 전문의가 있는 의료기관에서 실시한다. 뇌병변장애에는 뇌성마비, 외상성 뇌손상, 뇌졸중 등이 있다.

① 뇌성마비(Cerebral Palsy)

뇌성마비는 출생 전, 출생 시, 출생 후에 뇌에 손상을 입음으로 인해서 신체 여러 부위의 마비와 자세 및 운동능력 장애를 가져오는 것으로, 신생아 및 영아시기의 뇌손상까지도 포함하며, 주로 만 2세 이전에 발생하는 경우를 말한다.

국내 지체장애 특수학교 아동에게서 가장 높은 비율로 나타나며, 인지적 능력에 따라 일반학교에 다니는 경우도 많다. 뇌성마비는 지적능력이 평균이거나 그 이상일 수도 있지만, 일부는 지적장애를 함께 보일 수도 있다. 약 75% 정도는 어느 정도의 지적장애를 함께 가지고 있는 것으로 보고되었다. 뇌성마비의 정의에서 말하는 중요한 진단 근거 중 하나는 비진행성이라는 것이다. (예를 들어, 뇌종양은 결과적으로 뇌성마비와 유사한 운동 특성을 보이기는 하지만 뇌성마비로 분류되지는 않는다.)

뇌성마비의 형태는 아동에 따라 매우 다양하게 나타나기 때문에 일반화시키기 어렵다. 그럼에도 불구하고 몇 가지 유형으로 분류할 수 있다. 뇌성마비는 지적장애 외에도 시각장애, 청각장애, 간질발작, 언어장애 등을 수반장애로 함께 보이는 경우가 많기 때문에, 교육을 위해서는 장애로 인하여 감춰지기 쉬운 지적능력이나 기타 수반장애에 대하여 정확히 알아보고 그에 따른 교육을 실시해야 한다.

② 외상성 뇌손상(Traumatic Brain Injury)

외부로부터의 손상, 즉 외상에 의한 뇌의 손상을 의미한다. 가장 많은 원인은 교통사고이며, 그다음으로 총상과 추락사 등 여러 가지 원인으로 발생한다. 특성으로는 중도의 인지 및 언어 능력의 결함을 보이며, 문제해결과 정보처리 능력의 손상을 나타내고, 기억력과 주의집중력뿐만 아니라 판단력에도 문제를 보인다. 행동 특성으로는 충동성, 안절부절못함, 자기인식 부족, 사회적 관계 형성의 어려움 등을 들 수 있다. 사회·정서적 행동 특성으로는 자신의 능력 과대평가, 충동 억제 불가, 피로감, 침체, 동기 부족, 짜증 등을 낸다.

이들은 심한 학업적, 사회적 문제를 보이며, 잔존능력과 뇌손상으로 인한 특성이 매우 다양하게 나타나기 때문에 교사가 미리 아동의 능력과 교육적 필요에 대한 정보를 파악하는 것이 중요하다.

③ 뇌졸중(Cerebral Vascular Accident, CVA)

질병관리청(2024)에 의하면 1년 치명률은 2021년에 19.3%이고, 남성은 17.8%, 여성은 21.1%로 남자보다 여자가 높게 나타나고 65세 이상에서는 뇌졸중 발생

후 1년 이내에 30.6%가 사망하는 것으로 나타났다. 대부분 각계각층에서 활발하게 활동하고 있는 40~60대에 발생하기 때문에 사회경제적 측면에서 손실이 매우 크다. 뇌졸중은 중풍 또는 뇌혈관 장애라고 불리며, 기전은 뇌혈관의 혈전(thrombosis), 색전증(embolism), 출혈(hemorrhage) 등이며 고혈압, 심장질환, 당뇨병, 동정맥 기형 또는 동맥류에 기인한다. 뇌졸중 장애인은 비정상적인 근 긴장과 자세로 인한 변형을 방지하고 근력, 지구력, 운동 협응 능력을 증진시키며, 최대한 손상된 현손의 기능을 보완할 수 있는 대체 방법과 능력을 향상하는 것이다. 또한 가장 중요한 것은 일상생활을 할 수 있는 독립적인 기능이 가능하도록 하며, 장애로 인한 심리적, 사회적 위축을 극복할 수 있도록 도와 장애에 적응하고 사회적 활동이 가능하도록 가족·사회 구성으로서의 자신의 역할을 다시 찾도록 도와주는 것이다.

(2) 근이영양증(근육병, 근디스트로피, 진행성 근위축증)

근이영양증은 진행성의 근위약을 보이며, 근육의 괴사 및 재생 과정을 보이고 근섬유의 크기가 고르지 않고 다양하며, 근섬유가 괴사된 자리에 지방 및 섬유화 조직으로 대치된 소견을 보이는 근 질환을 모두 이르는 말이다. 쉽게 설명해서 점차적으로 근육이 힘을 잃어가는 질병이라고 생각할 수 있다. 근육세포 자체가 지방질로 바뀌어 감에 따라 기능을 하지 못하게 되는 것인데, 이러한 현상이 폐의 근육에까지 미치면 사망하게 된다. 시간이 흐름에 따라 병세가 악화되는 진행성, 아직까지 완치할 수 있는 치료방법 또한 없다.

근이영양증에는 여러 가지 유형이 있으나 가장 대표적이고 흔한 것으로는 듀센타입이 있다. 임상 양식의 경중에 따라 듀센형 및 베커형으로 나눈다. 듀센형의 경우 많은 수에서 초기 운동 발달이 느려 18개월까지 독립 보행을 못했던 경우가 많고, 보통 4~5세경 자주 넘어지거나 까치발로 걷거나 또는 계단을 올라가기 힘들다는 증상이 나타난다. 하지에서부터 근위약이 시작되며 진행 경과가 빨라 평균 10세경에 독립 보행이 불가능하게 되어 휠체어에 의존하는 경과를 보인다. 근육이 발달되지 않아도 지방섬유로 대치되기 때문에 건강한 것처럼 보이는 의사성장을 보이므로 가성비대형이라고도 불린다. 이 외에도 지대형,

안면견갑상완형, 마이토닉형이 있다.

(3) 이분척추

수정 후 첫 28일 이내에 태아의 척추가 적절하게 닫히지 않아 출생 때 척추 뼈의 뒷부분이 완전히 닫히지 않은 채 태어나는 선천적 결함이다. 심하지 않은 경우에는 조기에 외과적 수술로 치료를 할 수 있다. 그러나 신경이 돌출되어 손상된 경우 손상된 신경 밑으로 마비현상이 나타나며, 이러한 경우 주로 허리 밑으로, 혹은 양 다리에서 나타나곤 한다. 이들은 인지능력과 상지 사용능력에 이상이 없거나 약간의 지적장애만을 수반하는 경우가 많아 일반학급에서 교육받기에 무리가 없다. 하지만 마비가 심할 경우에는 화장실 문제나 통증을 잘 느끼지 못하므로 주의가 필요하다.

(4) 골 형성 부전증

뼈가 약하여 다발성 골절이 발생하며 신생아 2만 명 중의 한 명꼴로 유전되는 질환이다. 남성과 여성에게 동일한 비율로 영향을 주며, 정확한 환자 수는 알려지지 않았다. 골절이 쉽고 운동발달이 늦기 때문에 안전에 주의해야 하며, 골절의 빈도는 나이가 많아짐에 따라 감소한다. 대부분 정상적인 지능을 가지고 있으며, 척추만곡으로 인하여 자세교정이나 운동을 통한 체중조절이 필요하다. 학급에서는 글을 쓰기 위한 추가적 시간을 제공하거나 녹음기 사용을 허가하는 등의 교수적 수정이 필요하다.

(5) 경련장애

간질이라고도 하며, 두뇌의 전기에너지가 비정상적으로 방출될 때 일어난다. 원인은 뇌의 손상 가능성이 높지만, 특별히 밝혀지지 않은 경우가 많다. 경련장애가 일어나면 의식을 잃고 통제할 수 없는 사지의 움직임이 나타난다. 일반적으로 대발작, 소발작, 심리운동적 발작으로 분류되며, 두뇌 방전이 일어나는 부위에 따라 부분발작과 전신발작으로 분류하기도 한다. 대발작은 전신 긴장성-

간대성 발작으로, 일반인들이 가장 많이 알고 있는 발작의 형태이다. 갑자기 의식을 잃으며 소리를 지르고 10~15초간 전신이 뻣뻣해지는 강직 현상 후, 몸을 떠는 간대성 발작을 보인다. 소발작은 부재발작으로, 약 1~30초 정도의 짧은 시간 동안 의식을 잃으며 곧 회복되는 양상을 보인다. 멍하니 한 곳을 바라보거나 눈을 깜빡거리는 등 일정한 행동을 반복하기도 한다. 많은 장애아동이 경련장애를 수반하며, 약을 복용함으로써 대부분 통제할 수 있지만, 그에 따른 약물 부작용(주의집중 등)도 발생하기 때문에 교사의 주의를 요한다.

(6) 소아암

가장 일반적인 형태는 백혈병으로 백혈구 수가 증가하고 적혈구 수가 감소하는 혈액 형성 조직의 질병이다. 그 외에도 뇌종양, 악성림프종 등이 백혈병과 함께 소아암의 대부분을 차지한다. 소아는 성인과 생물학적 특성이 달라 암세포가 생긴 후 수개월이면 진단될 정도로 소아암의 진행 속도는 아주 빠르다. 또한 조직이나 장기의 중앙부에서 발생하여 증상이 잘 나타나지 않아 진단 시에 80%가 다른 곳에 전이된 상태로 발견하게 된다. 백혈병 아동은 특히 수량적 기술, 소 근육 운동, 시각과 운동의 협응 등에서 어려움을 겪는 것으로 보고되고 있다. SBS 오디션 프로그램인 K팝스타에서 3위를 차지한 백아연 양은 9살 때 악성림프종으로 투병생활을 했었지만, 지금은 스타가 된 케이스이다. 이처럼 현재 우리나라에서는 재단, 부모모임 등을 통한 지원과 본인의 노력으로 미래를 설계해 가는 경우를 많이 찾아볼 수 있다.

(7) 신장장애

신체 내 노폐물을 제거하여 적절한 수분과 전해질을 보유할 수 있도록 조절하는 기관인 신장(콩팥)의 기능 이상으로 인한 장애로, 일상생활 활동에 어려움을 가져오며, 장기간 신장 기능을 대신하는 치료가 필수적인 상태를 말한다. 즉 영구적인 신장기능 손상으로 인해 투석이나 신장 이식이 필요한 만성신부전증을 신장장애로 통칭하고 있다. 만성신부전증은 신장의 기능이 20~30% 이하로 저하된 경우로, 다양한 이상을 보일 수 있는데, 이 중에서도 아동에게 문제가 되는 것은 주로 성장장애이다. 치료에는 투석과 신장이식이 있다. 이외에도 선천성 기형, 소아관절염, 에이즈 등의 문제로 지체장애 범위로 논의되고 있으며, 심장장애, 소아천식, 소아당뇨, 기타 각종 희귀질환 등도 건강장애에 포함될 수 있다.

4) 지체장애 아동의 특성

지체장애를 겪는 아동의 다수가 뇌성마비 증상을 동반하고 그 증상이 원인이 되어 일어나는 심리적 중적 심화 과정(1차적 장애증상에 2~3차적인 심리적 어려움이 나타나는 과정)에 대한 이해는 이들의 독특한 교육적 욕구를 충족시킬 수 있는 기반이 된다. 이와 같은 특성들은 개인적, 사회적, 정서적 적응의 상태, 지능이나 경험의 구조, 운동기능에 따라 개인차를 나타내게 된다(박화문, 2001).

이소현과 박은혜(1998)는 성장기에 지체장애가 있음으로 인해서 정서적 발달에 미치는 영향은 매우 크며 수술, 입원 등으로 인한 심한 고통, 병원치료 등은 지체장애를 겪는 아동의 성격이나 학교생활에 영향을 미친다고 하였다. 지체장애를 겪는 아동의 신체적으로 남에게 많이 의존하게 됨으로 인해 학습된 무기력이라 불리는 수동적인 양상을 보이게 되기도 하고, 진행성 근위축증과 같이 말기적 질병이 있는 학생은 우울, 공격성, 위축 등과 같은 특성을 보이기 쉬우며, 이들의 감정과 행동을 이해해 주는 교사와 가족, 친구들의 도움이 필요하다. 지체장애를 겪는 아동이 사고로 후천적인 장애를 가지게 된 지체장애를 겪는 아동은 과거에 가졌던 신체능력과 생활 스타일에 대한 상실감이 매우 크기 때문에 슬픔을 극복하고 장애와 이로 인해 바뀐 생활에 적응하는 것에 따른 스트레스를 경험하게 되는데, 이러한 지체장애를 겪는 아동의 특성을 구체적으로 살펴보면 다음과 같다.

(1) 행동적 특성

다른 장애 영역과 구분되는 차이점은 장애의 정도가 심하고 범위가 다양하여 장애 자체로 인한 의료적 문제 외에 교육 및 재활 측면에서 고려해야 할 사항이 많다는 점이며, 가장 두드러진 특성은 운동기능과 자세의 문제이다. 지체장애를 겪는 아동의 행동적인 특징은 장애 정도, 원인 및 개인의 성격, 환경 등에 따라 다양할 수 있으나 일반적으로 나타날 수 있는 몇 가지 행동적 특징은 다음과 같다.

첫째, 신체적인 기능 제한 때문에 스스로에 대한 자신감이 떨어지는 행동을 한다. 둘째, 신체적 손상 및 기능으로 인해서 타인에게 자신의 모습이 어떻게 보이는지에 대한 과도한 의식, 이동의 어려움 등으로 인해 사회적 활동에 참여 제한, 사회적 고립감이나 외로움, 외톨이 등의 행동이 나타난다. 셋째, 일상생활에서 더 많은 장애물에 직면하게 되므로 스트레스 수준이 높아 작은 것에도 민감한 반응을 보이는 행동을 보일 수 있다. 넷째, 자신의 장애를 수용하고 이에 적응하는 사람 중에는 높은 자존감과 긍정적인 태도를 유지하고 활동적으로 일상적인 생활에 적응한다. 다섯째, 다른 사람에게 의존하기보다는 가능한 한 독립적으로 생활하려는 욕구가 강하는 사람과 반대로, 심한 장애를 가진 경우 가족이나 보호자에게 의존하는 경향이 나타내는 양가적인 행동을 보이는 경우도 있다. 여섯째, 우울감, 불안감, 분노 등의 감정의 변화를 자주 경험하는 경우, 자신의 장애가 주는 한계로 인해 정서적으로 불안감을 표출하는 경우도 있다.

이러한 지체장애를 겪는 아동의 행동적인 특성은 그 개인의 환경, 지원 체계, 그리고 개인의 성격, 장애의 수용 정도에 따라서 다르므로 일반화하기는 어렵다. 항상 장애인을 지원할 때는 그 사람의 개별적인 상황, 환경, 적응양식 등을 고려하여 접근하는 것이 중요하다.

(2) 인지적 특성

대부분의 신체 손상에 의한 지체장애를 겪는 아동은 비장애아동과 거의 비슷한 인지능력 분포를 보인다. 뇌성마비 아동 중에는 지적인 결함을 보이는 아동이 있으며, 보통 또는 그 이상의 우수한 지적 잠재력을 보이는 아동도 있다. 그러나 비장애아동의 평균 지능보다는 낮다. 넬슨과 엘렌버그(Nelson & Ellenberg, 1986)는 뇌성마비 아동의 약 41%가 IQ 70 이하라고 하였으며, 뇌성마비 아동의 약 30%는 정상 혹은 그 이상의 지능을 가지고 있다고 추정했다. 그러나 이러한 추정은 신중하게 해석되어야 한다. 뇌성마비 아동은 흔히 표준화된 지능검사의 수행을 제한하는 운동과 언어장애를 가지고 있으므로 IQ 점수는 아동의 실제적이나 잠재력 능력을 해석하는 유일한 자료로 활용될 수 없다. 뇌성마비 아동의 운동장애 정도와 지적장애 정도 간에는 명확한 관계가 있지 않다는 것을 명심해야 한다. 경도 운동장애 아동이 중도 발달지체를 나타낼 수 있는 반면, 중도 운동장애 아동이 지적으로 우수할 수 있다(Heward, 1996).

지체장애를 겪는 아동은 주로 신체적 제한을 경험하지만, 이는 당연히 모든 지체장애를 겪는 아동이 동일한 인지적 특성을 지닌다는 것을 의미하지 않다. 신체적 장애가 인지적 발달에 직접적인 영향을 미치는 경우도 있지만, 많은 경우 인지적 기능은 별도로 발달하기 때문에 비장애아동과 동일한 특성을 나타낸다고 할 수 있다. 단, 신체적인 제한으로 인한 인지적 특성이나 도전과제가 있을 수 있다. 첫째, 자료에 대한 접근성이나 이동성 제한, 건강문제로 인해 학습활동에 필요한 시간과 노력이 증가할 수 있다. 둘째, 신체적 불편함이나 통증이 있는 경우, 주의집중에 어려움을 겪을 수 있다. 셋째, 일부 지체장애를 겪는 아동은 장기 입원이나 치료로 인해 학교 출석이 불규칙해지면서 학습적 일관성이 떨어질 수 있어 기억력이나 학습 유지에 어려움을 경험하게 된다. 넷째, 신체적인 손상으로 인한 일부 신경학적 조건과 연관된 지체장애를 겪는 아동은 의사소통 기술에도 영향을 받을 수 있다. 다섯째, 이동성 제한 때문에 공간 지각 발달에 어려움을 겪을 수 있다. 장애로 인해 특정 환경에서의 경험이 제한될 수 있다. 이러한 특성을 가지고 있으나 지체장애를 겪는 아동의 인지적 능력은 매우 다양하며, 지체장애를 겪는 아동의 장애 정도, 조기 개입 및 지원, 교육 환경 및 지원 등에 따라 크게 달라질 수 있다. 그러므로 지체장애를 겪는 아동에 대한 상담과 교육적 접근, 지원 등의 각 개인의 강점과 필요를 고려한 맞춤형 전략이 이루어져야 한다.

(3) 의사소통적 특성

지체장애를 겪는 아동 중 뇌병변장애 아동은 약 85%~90%가 말과 의사소통에 장애를 가지고 있다. 이러한 의사소통장애는 경도 조음장애부터 발성기관의 장애까지 그 정도가 다양하며, 뇌성마비 유형에 따라 특성이 다르게 나타난다. 뇌성마비 아동 외에도 선천성 운동장애를 가진 지체장애 학생들 대부분이 의사소통에 어려움을 느낄 수 있다. 그 예로, 다발성 관절구축증 아동은 구어 및 언어능력이 대개 정상적이지만, 이들은 선천적으로 팔의 기능적인 사용이 힘들기 때문에 쓰기학습에 곤란을 가진다. 불완전골생성증 아동은 잦은 골절 사고로 쓰기에 의한 의사소통에 어려움을 겪기도 한다. 근이영양증 아동은 팔의 기능이 떨어지므로 기본적으로 쓰기활동에 곤란을 보이며, 구강 근육이 약화되어 말하기가 어려운 아동도 있다(정해동 외, 1999). 따라서 이들에게 읽기, 쓰기 학습을 지원해 줄 수 있는 보완 대체의사소통 접근이 필요하다.

뇌성마비를 겪는 아동은 의사소통에 다양한 특성을 가지고 있을 수 있으며, 이는 근육 조절의 문제로 인한 발음 조음의 어려움, 말의 속도, 리듬, 음조 및 반응 시간 등의 다양한 측면에서 나타날 수 있다. 뇌성마비의 경우 근육의 긴장, 약화, 경련 등이 말하기 혹은 글쓰기에 영향을 미쳐 의사소통의 어려움을 경험하는 경우가 많은데 이를 구체적으로 살펴보면 다음과 같다.

첫째, 조음 및 발음의 어려움을 경험한다. 뇌성마비로 인해 입술, 혀, 턱 등의 근육을 제어하는 데 어려움을 겪기 때문에 정확한 발음을 하기 어려울 수 있으며, 말의 명료성이 떨어뜨릴 수 있다.

둘째, 말의 속도 및 리듬에 문제 발생할 수 있다. 뇌성마비를 겪는 아동은 말하기 속도가 너무 느리거나 빠를 수 있으며, 리듬이 불규칙할 수 있다. 이는 듣는 사람이 내용을 이해하기 어렵게 할 수 있으므로 청자(聽子)가 집중하는 경청의 자세를 갖는 것이 필요하다.

셋째, 뇌성마비를 겪는 아동의 음조와 억양을 명확하게 구분하기 어렵다. 뇌성마비를 겪는 아동은 근육 조절 문제로 인해 말의 높은 음과 낮은 음을 명확히 구분하기 어려울 수 있으며, 감정 표현이 제한될 수 있다.

넷째, 타인과의 대화 시에 즉각적인 반응이 어렵다. 타인의 질문에 대한 반응시간이 길어질 수 있다. 이는 일반인의 입장에서는 의사소통 중에 자연스러운 흐름을 방해한다고 할 수 있으나 뇌성마비를 겪는 아동의 특성으로 이해하고, 기다려 주는 것이 당연한 것이다. 배려가 아닌 뇌성마비를 겪는 아동이 가지는 특성으로 생각하고 기다려 주는 것이 장애에 대한 감수성이라고 할 수 있다.

다섯째, 뇌성마비를 겪는 아동은 비구어적 의사소통을 선호하는 경향이 있다. 일부 뇌성마비를 겪는 아동은 말로 의사소통하는 것이 매우 어려워 비언어적 의사소통 방법에 의존할 수 있다. 예를 들어, 몸짓, 표정, 보조 공학 장비(통신 보드, 음성 생성 장치 등)를 사용하여 의사소통할 수 있다.

이상과 같이 뇌성마비를 겪는 아동은 뇌의 손상이나 기능장애로 인해 다양한 신체적, 인지적, 언어적 문제를 경험할 수 있으며, 뇌 손상의 정도와 위치에 따라서 다양한 의사소통 특성을 보일 수 있으므로 상담사는 뇌성마비를 겪는 아동의 특성을 고려한 상담을 수행하는 것이 중요하다.

(4) 사회·정서적 특성

지체장애를 겪는 아동은 장애에서 유발되는 동작의 제한, 자세의 이상, 부모의 태도 등의 조건에 의해 성격에 이상이 생기는 것이 예상된다. 이러한 예상의 문제로는 이상한 자세에 대해서 주위 사람들과 부모가 지나치게 신경을 쓰면 오히려 지체장애를 겪는 아동은 자신에 대해 열등감을 가지게 되고, 운동 제한으로 욕구 저지에 의한 좌절문제가 생긴다. 그리하여 이의 보상작용으로서 난폭한 행동을 한다든지, 자폐적 태도를 나타낸다든지, 아니면 능동성을 잃은 정서적 불안정이나 부적응을 일으키기 쉽다.

지체장애를 겪는 아동은 신체적 장애로 인한 활동의 제약 때문에 생활에 많은 곤란과 어려움을 갖게 되는데, 이들의 여러 가지 사회적, 정서적 부적응은 신체적 장애 그 자체보다는 자신의 장애를 그대로 받아들이려 하지 않기 때문에 파생되는 것이 많다. 지체 및 건강장애는 성장기 아동의 정서적 발달에 큰 영향을 미치게 되는데, 수술로 인한 심한 고통 및 병원 치료 등은 아동의 성격이나 학교생활에 영향을 미친다. 신체적으로 남에게 많이 의존하게 됨으로써 학습된 무기력이라 불리는 수동적 양상을 보이기도 하며, 교사의 이해 부족으로 지나치게 낮은 기대나 과잉보호 등으로 정서적 어려움을 겪을 수 있다. 후천적 장애를 가지게 된 아동은 상실감이 매우 크기 때문에 변해 버린 생활에 적응하는 것에 따른 스트레스를 경험하게 된다.

지체장애를 겪는 아동은 신체적 제한을 가지고 있을 뿐만 아니라, 이러한 제한이 사회적, 정서적인 측면에서도 다양한 영향을 미칠 수 있으며, 이들이 가지고 있는 사회·정서적 특성을 몇 가지 제시하면 다음과 같다.

첫째, 지체장애를 겪는 아동은 신체적인 제한으로 인해서 낮은 자존감을 나타내는 경우가 많다. 지체장애로 일상적인 생활을 하면서 차별과 불이익, 어려움을 경험하면서 자존감이 낮아진다. 그러므로 상담사는 긍정적 사고로 어려움 속에서도 당당하게 열심히 살아가고 있는 지체장애를 겪는 아동은 적극적으로 삶의 과정을 격려하는 모습을 보이는 것이 좋다.

또한 지체장애를 겪는 아동 중에서는 장애가 있음에도 불구하고 잘 지원받고 긍정적인 사회적 경험을 하는 경우 자신감과 자아존중감을 가지고 있는 경우도 있어 이러한 경우 적극적으로 지지해 주는 것도 좋다.

둘째, 지체장애를 겪는 아동은 이동의 제한, 접근성의 어려움으로 인해서 사회적 고립을 경험하는 경우가 많다. 지체장애를 겪는 아동은 비장애아동에게 피해가 될 것 같아 스스로 이동을 제한하고 또래와의 상호작용도 줄이는 경우가 많으므로 비장애아동들과 적극적으로 사회적인 관계를 갖도록 하는 것이 좋으며, 긍정적인 사회적 지지망을 구축하도록 다양한 기회를 제공하는 것이 좋다.

셋째, 지체장애를 겪는 아동은 신체적인 장애로 인한 다양한 어려움을 경험하고 일상적인 생활 속에서 도전과 차별을 받은 경험 등으로 인해서 우울감과 불안감을 경험하게 된다. 또한 일상생활에서의 장애와 관련된 도전과제를 극복하는 과정에서 스트레스를 많이 경험하게 되어 작은 자극에도 민감한 반응을 나타낼 수 있다.

넷째, 지체장애를 겪는 아동은 독립적인 행동과 의존적 행동을 가지고 있다. 자기 스스로 최대한 독립적으로 생활하려는 강한 욕구를 가질 수 있으면서도, 신체적인 제한이나 어려움으로 가족이나 보호자에게 의존하는 경우도 흔하게 나타나기 때문에 지체장애를 겪는 아동의 특성을 고려한 접근이 필요하다.

다섯째, 지체장애를 겪는 아동은 학습된 무력감과 긍정적 적응력을 보이는 경우가 많다. 많은 지체장애를 겪는 아동은 자신의 신체적 제한에 잘 적응하며 긍정적인 태도를 유지하려고 노력하지만, 지속적인 실패 경험으로 인해 자신의 능력을 과소평가하고 도전을 피하는 경향을 보이는 경우도 많다.

여섯째, 지체장애를 겪는 아동은 신체적인 제한으로 인해서 다양한 사회적인 상호작용을 할 수 있는 기회가 적어 사회적인 경험, 성공적인 상호작용의 경험을 갖도록 하는 것이 중요하다.

이상과 같이 지체장애를 겪는 아동이 신체적인 장애를 가지고 있느냐가 중요한 것이 아니라 장애 이후에 어떤 환경이 제공되고, 상호작용할 수 있는 기회, 성공적인 경험 등에 따라서 정서적, 성격적인 특성이 달라질 수 있다.

5) 지체장애 아동을 위한 상담사의 역할

지체장애를 겪는 아동을 위한 상담사는 신체적 발달, 심리·사회적 발달 및 개인 자율성 증진의 차원에서 접근해야 한다. 상담사는 마음의 평안과 안녕에 대한 접근뿐만 아니라 정기적 스트레칭이나 운동, 수영 등을 통해 남아 있는 힘을 효과적으로 사용하도록 함께 조력해야 한다. 또한 단순하게 보호하기보다는 긍정적인 기대와 실제적으로 할 수 있는 과제를 부여하는 것이 좋다. 무엇보다 아동을 심리적으로 돕는 일이 어렵고 중요한 일이 되는 경우가 많다.

이들에게 상담사의 역할이 매우 중요하다. 신체장애를 겪는 아동은 초기에 정상적인 신체를 갖고 싶은 갈망이 있고 이것은 지극히 정상적이나 이 갈망이 지나친 경우 집착과 심리적 우울 증상으로 심화되는 경우 문제가 될 수 있다. 상담사들은 상담을 통해 아동이 자신이 가지고 있는 신체장애로 인한 한계를 수용하고 장애에도 불구하고 그들이 가진 장점과 능력을 고무하고 찾을 수 있도록 조력해 주어야 한다. 그렇게 함으로써 자신의 삶을 주도적으로 이끌어 갈 수 있도록 자신의 삶에 주인의식을 가질 수 있도록 돕는 과정이 절실하다. 지체장애를 겪는 아동은 비장애아동과 적절한 사회관계를 형성하고 싶어 하는데, 연구 결과들은 지체장애를 겪는 아동이 협동하기, 인사하기, 칭찬하기 등의 사회적 기술이 부족한 것으로 보고하고 있다. 그러므로 상담사는 지체장애를 겪는 아동에게 필요한 사회적 기술이 무엇인지 분석하고 제공해 줄 필요가 있다고 본다. 지체장애에 대한 비장애인들의 편견을 버리고 지체장애를 겪는 아동을 한 인간으로 존중하고 도우려는 무엇보다 일반인들의 노력 또한 필요하다고 본다.

지체장애를 겪는 아동의 필요와 강점에 맞춘 맞춤형 지원이 중요하며, 이를 통해 지체장애를 겪는 아동들이 사회·정서적으로 건강하고 행복한 삶을 영위할 수 있도록 하는 것이 필요하다. 상담사는 다양한 신체적, 정서적, 사회적 도전 과제에 직면한 사람들을 지원하는 중요한 역할을 수행해야 하며, 특히 지체장애를 겪는 아동들이 문제를 극복하고 삶의 질을 향상하기 위해 다양한 방법의 지원과 조력이 필요하다.

첫째, 지체장애를 겪는 아동을 위해서 상담사는 지체장애를 겪는 아동이 자신의 감정을 표현하고 이해할 수 있도록 도와주고, 부정적인 우울, 불안, 스트레스, 긍정적인 감정, 일상적인 생활 속에서 잘 적응할 때의 감정 등을 구체적으로 다루어 주며, 신체적인 장애로 인한 낮은 자존감을 벗어나 자기가치감, 자기존재감을 향상하기 전략 등을 수행해야 한다.

둘째, 상담사는 일상적인 생활 속에서 경험하는 도전과제와 문제를 해결하기 위한 실질적인 전략, 신체적 제한에 더욱 잘 대처할 수 있는 다양한 대처 기법과 전략을 제공하여 문제장면에서 적응하고 대처하는 능력을 증진해야 한다.

셋째, 지체장애를 겪는 아동은 비장애아동들과 상호작용하면서 함께 더불어 살아가기 위해서 의사소통 기술, 사회적 상호작용 기술, 갈등해결 기술 등을 훈련하고 가족, 친구, 커뮤니티와의 긍정적인 관계 형성과 유지 방법을 탐색하고 실천적 행동이 습관화될 수 있도록 조력해야 한다.

넷째, 지체장애를 겪는 아동을 위해서 상담사는 의료 서비스, 재활 서비스, 교육 및 직업 훈련 프로그램 등 다양한 자원에 대한 정보를 제공하고, 지체장애를 겪는 아동이나 부모에게 필요한 경우 지역사회 자원, 전문 서비스 및 지원그룹과 연결해 주는 역할을 수행해야 한다.

다섯째, 지체장애를 겪는 아동이 자신의 삶의 목표를 계획하고 달성하는 방법을 탐색하고, 가능한 성인이 되어 심리적인 독립과 경제적인 독립을 할 수 있는 방법을 탐색하고 달성방법을 계획하고 실천하도록 조력해야 한다.

여섯째, 지체장애를 겪는 아동의 문제는 당사자의 문제이면서도 가족, 부모의 문제로 항상 대두되고 있으므로 장애인 가족이 지체장애를 겪는 아동을 효과적으로 지원할 수 있도록 교육하고 조언하며, 가족 내 관계와 역할 변화를 탐구하고, 가족들의 장애 수용정도 등을 탐색하고 건설적인 방안을 도출하도록 조력한다.

일곱째, 지체장애를 겪는 아동 중 뇌성마비 특성을 보이는 아동에게는 상담사가 특별히 관심을 갖고 아동의 억양, 속도, 호흡 등을 고려하여 내담자의 억양과 속도에 초점을 두고 상담을 진행하도록 하는 장애감수성이 필요하다.

이상과 같이 지체장애를 겪는 아동을 위한 상담사는 그들의 삶의 질을 향상하고, 더 나은 미래를 향해 나아갈 수 있도록 지원하는 중요한 역할을 한다. 이를 통해 개인이 사회적 통합을 이루고 자신의 잠재력을 최대한 발휘할 수 있도록 도와 성인으로 성장하여 심리적, 경제적인 독립을 하여 자신만의 행복한 삶을 추구할 수 있도록 조력하는 것이 필요하다.

6) 건강장애 아동의 특성

(1) 행동적 특성

건강장애를 겪는 아동은 만성질환이나 신체적 건강문제로 인해 일상생활에서 지속적 또는 간헐적인 제한을 겪는 사람들을 의미한다. 이러한 건강문제는 행동적 특성에도 제대한 영향을 미칠 수 있다. 장기간의 병원에서 생활한 건강장애를 겪는 아동의 행동적 특성은 건강상태, 장애의 정도, 개인의 나이, 사회적 지지, 제한된 환경의 최소화 등의 다양한 요인에 따라 달라질 수 있는데, 이를 구체적으로 살펴보면 다음과 같다.

첫째, 건강장애를 겪는 아동은 만성적인 질환으로 인해서 지속적인 피로감과 다양한 활동과 참여도가 낮으며, 장애로 인한 신체 에너지가 충분하지 않아 일상생활에서 활력과 동기, 의욕이 낮은 것이 특성이다.

둘째, 건강장애를 겪는 아동은 질환에 따라서는 특정한 활동 참여가 제한될 수 있으며, 건강상태에 따라 일과와 휴식 시간의 균형을 맞추는 방식이 달라질 수 있다. 즉, 외부 외출 및 야외활동, 운동 등의 제한이 있을 수 있다.

셋째, 건강장애를 겪는 아동은 만성적인 질환과 건강문제로 인해 사회적 활동에 참여하는 빈도가 줄어들어 사회적 고립감을 느끼고 가족, 친구, 병원의 의료진 등 가까운 사람들과의 제한된 사회적 활동이 이루어지고 의존하려는 성향이 나타난다.

넷째, 건강장애를 겪는 아동은 만성적인 건강문제로 인해 불안이나 우울감을 경험하며, 특히 병의 악화나 예기치 않은 건강 위기 때 심리적인 불안 및 공포감을 경험하고, 지속적인 치료나 병원 방문, 건강상태의 불확실성 등으로 인해 높은 스트레스 수준을 경험한다.

다섯째, 건강장애를 겪는 아동은 자신의 건강상태를 관리하기 위한 체계적인 자기관리 기술이 필요하고, 만성적 건강 악화와 신체적 제한으로 인해 일상적인 활동에서 타인의 도움을 필요로 하고, 의존할 수밖에 없는 상황이 많다.

여섯째, 건강장애를 겪는 아동은 자신의 건강상태나 신체적인 특성을 고려하여 현실적인 목표를 설정하려는 경향이 있을 수 있으며, 건강상태의 변동성으로 인해 미래에 대한 불확실성이 높다.

이상과 같이 건강장애를 겪는 아동은 만성적인 질환으로 인해서 동기와 의욕이 낮고 야외활동이나 운동이 제한될 수 있으며, 예기치 않은 건강상의 문제나 현재진행형인 경우가 많아 불안감과 불확실성으로 인한 스트레스 등을 많이 경험한다.

(2) 인지적 특성

건강장애를 겪는 아동은 만성질환이나 신체적 건강문제로 인해 일상생활에서 지속적 또는 간헐적인 제한을 겪는 사람들이다. 이러한 건강문제는 신체적인 기능뿐만 아니라 인지적 기능에도 영향을 크게 미친다. 건강장애를 겪는 아동의 인지적 특성은 만성질환의 정도, 건강상태, 장애의 정도, 나이, 치료 및 관리 방법, 질환에 대한 가족들의 태도와 지지 등의 다양한 요인에 따라 달라질 수 있다. 그러므로 건강장애를 겪는 아동에게 일반적으로 나타날 수 있는 인지적 특성을 구체적으로 살펴보면 다음과 같다.

첫째, 건강장애를 겪는 아동은 신체적 피로 외에도 인지적 피로를 경험할 수 있으며, 건강장애를 겪는 아동은 만성 통증이나 일상생활의 불편함, 쉽게 피로

해지는 상황 등으로 집중력과 기억력이 저하되고 통증, 불편함, 피로 등으로 인해 주의집중 능력이 저하되며, 특히 복잡한 작업이나 오랜 시간 집중이 요구되는 상황에서 집중력을 유지하기 어렵다.

둘째, 건강장애를 겪는 아동은 건강상의 문제로 쉽게 피로해지는 현상, 많은 스트레스 등을 경험하게 되어 단기 기억력이 저하될 수 있고 만성질환이 기억력에 장기적으로 영향을 미칠 수 있으며, 이는 일상생활의 효율성에도 영향을 준다.

셋째, 건강장애를 겪는 아동은 신체적 피로나 신경계 통합의 문제로 인해 정보를 처리하는 속도가 감소가 일어나고, 정보에 대한 반응 시간이 느려질 수 있으며, 이로 인한 의사결정 과정이 늦는 경우가 종종 일어난다.

넷째, 건강장애를 겪는 아동은 복잡한 문제를 분석하고 해결하는 능력이 저하될 수 있고, 자신에게 주어진 과제에 대해 계획을 세우고 이를 조직화하는 능력이 감소할 수 있으며, 이로 인해 일상적인 활동의 효율성에 낮게 나타난다.

다섯째, 건강장애를 겪는 아동은 장기간 병원생활에 노출되는 관계로 피로와 스트레스 등으로 인해 말을 하거나 글을 쓰는 능력이 일시적으로 저하될 수 있으며, 언어를 이해하는 능력이나 새로운 정보를 배우고 이를 기억하여 활용하는 데 어려움을 느낄 수 있고, 상황 변화에 따라 유연하게 대처하는 능력이 감소될 수 있다.

이상과 같이 건강장애를 겪는 아동의 인지적인 특성은 건강상의 문제로 인지적 피로도가 높아 집중력이 낮고, 기억력 저하, 외부에서 주어진 자극에 대한 반응이나 언어를 이해하는 능력이 낮은 것이 특징이다.

(3) 의사소통 특성

건강장애를 겪는 아동은 만성질환이나 신체적 건강문제로 인해서 장시간 병원생활과 치료 과정에서 사회적 상호작용의 제한에 따라서 사회적 상호작용이 일어나는 의사소통능력이 떨어진다고 할 수 있다. 건강장애를 겪는 아동의 의사소통 특성은 개인의 장애 정도, 병원생활의 정도, 건강상태, 치료 및 관리 방법, 나이, 사회적 지지, 제한된 환경의 최소화 등 다양한 요인에 따라 다른 양상을 보인다. 건강장애를 겪는 아동에게 나타날 수 있는 일반적인 의사소통 특성을 구체적으로 살펴보면 다음과 같다.

첫째, 건강장애를 겪는 아동은 의사소통 시 언어의 속도가 늦고 자신감이 없으며, 발음이 부정확하거나 말소리가 약해지는 등 말의 명료도가 떨어질 수 있다.

둘째, 건강장애를 겪는 아동은 지속적인 건강문제나 피로로 인해 다른 사람의 말을 이해하는 능력이 저하되고, 통증이나 불편함으로 인해 다른 사람의 말을 듣고 이해하는 데 필요한 집중력이 저하된다. 긴 대화를 지속하는 데 어려움을 느끼며, 집중력 저하로 인해 말을 반복하거나 설명을 여러 번 들을 필요가 있을 수 있다.

셋째, 건강장애를 겪는 아동은 대화 시 적절한 단어나 구문을 찾는 데 어려움을 겪고, 필요한 단어를 즉시 떠올리고 사용하는 데 시간이 걸릴 수 있다.

넷째, 건강장애를 겪는 아동은 만성적인 질환과 건강문제로 인해 의사소통 상황에서 불안감을 느끼고 대인 불안을 경험하고, 건강문제에 대한 스트레스나 불안이 의사소통에도 영향을 미쳐 감정적으로 민감해질 수 있다.

다섯째, 건강장애를 겪는 아동은 말로 표현하기 어려운 상황에서 비언어적 의사소통(몸짓, 표정, 손짓 등)에 더 많이 의존하는 소통방법을 사용하고, 또한, 자신의 욕구나 건강상태나 감정을 전달하는 경우가 많다.

이상과 같이 건강장애를 겪는 아동의 의사소통은 언어의 속도가 늦고 자신감이 없으며, 발음이 부정확하고 다른 사람의 말을 듣고 이해하는 데 필요한 집중력이 저하된다. 긴 대화를 지속하는 데 어려움을 느끼며, 대화에 필요한 언어구사력이 낮고, 의사소통 상황에서 불안감을 느끼고 대인 불안을 경험하고, 비언어적 의사소통(몸짓, 표정, 손짓 등)에 더 많이 의존하여 자신의 욕구나 건강상태나 감정을 전달하는 경우가 많다.

(4) 사회·정서적 특성

건강장애를 겪는 아동은 장기간의 병원학교나 만성질환, 신체적 건강문제로 인해 일상생활에서 지속적 또는 간헐적인 제한을 겪기 때문에 이로 인해 신체적 측면뿐만 아니라 사회적 및 정서적 측면에서도 다양한 영향을 미칠 수 있다. 건강장애를 겪는 아동에게 나타날 수 있는 일반적인 사회·정서적 특성을 구체적으로 살펴보면 다음과 같다.

첫째, 건강장애를 겪는 아동은 장기간의 병원 입원, 만성적인 건강문제로 인해 지속적인 스트레스를 받으면 우울감과 불안감을 경험한다. 특히 건강상태의 악화 또는 예측 불가한 증상으로 진행형일 경우가 많아 이로 인해 이러한 우울감과 불안감, 두려움 등의 감정이 더욱 심화될 수 있으며, 지속적인 치료, 통증 등의 신체적 문제로 인해 높은 스트레스 수준을 경험한다.

둘째, 건강장애를 겪는 아동은 만성질환으로 인해 사회적 활동 참여가 제한되면 사회적 고립감을 느낄 수 있으며, 친구나 가족과의 관계에도 영향을 미쳐 고립감이 증가할 수 있다. 특히 생각으로는 부모나 가족이 고생한다는 것을 알지만 자신의 고통을 적절하게 표현하지 못해서 부모나 자신이 가장 신뢰할 수 있는 사람에게 투사하는 경우가 종종 있어 치료 과정에서 부모들이 심리적인 상처를 받을 수 있다.

셋째, 건강장애를 겪는 아동은 지속적인 질병으로 인해서 점차 자신감을 잃어가고, 낮은 자존감, 신체적인 변화로 인한 몸에 대한 부정적인 인식을 갖게 되며, 자신에게 주어진 도전과제로 인해 삶의 질과 만족도 낮다.

넷째, 건강장애를 겪는 아동은 쉽게 치거나 피로를 느끼는 상태에서는 현실적인 목표를 설정하는 데 어려움을 겪고, 지속적인 신체적 문제로 인해 동기와 열정이 저하되어 인내성, 지속성이 낮을 수 있으며, 주어진 자극에 대처하는 방식이 회피, 부정 등을 자주 사용하는 경향성이 있다.

다섯째, 건강장애를 겪는 아동은 또래와 관계에서 갈등이 증가될 수 있다. 지속적인 건강문제로 인해 또래 친구들과 다양한 경험을 하지 못해서 타인의 정서를 감지하고 표현하는 방식에 어려움을 느끼며, 특정한 활동에서 타인의 도움을 많이 필요로 하게 되면서 관계에서 의존적인 경향이 나타날 수 있다.

건강장애를 겪는 아동의 사회·정서적 특성은 매우 개인적이므로, 개별 상황에 따라서 다르게 나타날 수 있다. 건강장애를 겪는 아동은 장기간의 병원 입원, 만성적인 건강문제로 인해 지속적인 스트레스를 받으면 우울감과 불안감, 높은 스트레스를 경험하고, 사회적인 고립감을 느낀다. 자신에 대한 부정적인 이미지가 만들어져 있으며, 주어진 자극에 대처하는 방식이 회피적 전략을 자주 사용하는 경향이 있다.

(5) 건강장애 아동을 위한 상담사의 역할

건강장애를 겪는 아동을 위한 상담사는 신체적 건강문제로 인해 일상생활에서 지속적 또는 간헐적인 제한을 겪는 개인들을 지원하는 중요한 역할을 수행한다. 이러한 건강장애를 겪는 아동은 만성질환으로 인해 특별한 요구와 도전에 직면할 수 있으며, 상담사는 건강장애 아동의 특성을 고려하여 심리적, 정서적, 사회적, 실용적 지원을 제공할 수 있다. 건강장애를 겪는 아동을 위한 상담사의 주요 역할에 대해서 살펴보면 다음과 같다.

첫째, 상담사는 건강장애를 겪는 아동이 건강장애로 인해 겪는 정서적 고통, 불안, 우울감, 두려움, 자존감 회복, 자신감 증진 등을 다루는 전략을 수립해야 한다.

둘째, 상담사는 만성질환에 따른 장기 입원을 경험한 건강장애 아동의 스트레스와 갈등해결 및 대처전략을 적극적으로 다루고 감소를 위한 운동, 이완기법, 명상, 호흡, 관점 바꾸기 등을 적용하는 것이 좋다.

셋째, 상담사는 건강장애를 겪는 아동이 장기적인 입원과 치료로 사회적 관계를 회복시키기 위해서 심층적인 전략을 수립하여 사회적인 고립감을 해결하고 또래들과 원만한 관계를 갖도록 한다.

넷째, 상담사는 건강장애를 겪는 아동의 삶의 질을 개선하기 위해서 생애적인 관점에서 진로를 설계하고, 진로 목표를 달성할 수 있는 현실적인 목표를 단기, 장기로 구분하여 설정하도록 한다. 목표 달성을 위한 행동이 일어날 수 있도록 하여 동기를 유발하고, 구체적인 실천 행동 목록을 작성하고 수행할 수 있는 전략 수립이 필요하다.

다섯째, 상담사는 건강장애를 겪는 아동의 건강을 회복하고, 심리적인 안정감을 갖도록 하기 위해서 건강장애를 겪는 아동에게 질병 관리에 필요한 정보를 제공하고, 자기관리 능력을 강화하는 방법을 교육하고 지역사회 자원, 의료 서비스, 재활 프로그램 등 다양한 지원 자원에 대한 정보를 제공한다.

건강장애를 겪는 아동을 위한 상담사는 내담자에게 필요한 다양한 역할을 통해 그들의 삶의 질을 향상하고, 건강장애를 겪는 아동이 최대한 독립적이고 만족스러운 삶을 영위할 수 있도록 돕는다. 이를 위해 상담사는 각 개인의 고유한 필요와 상황을 이해하고 맞춤형 지원을 제공하는 것이 중요하며, 건강장애를 겪는 아동이 건강을 회복하고, 생애주기적 관점에서 자신의 진로를 구체적으로 설계하도록 한다.

7) 중도지체장애 아동을 위한 상담 과정

지체장애 아동이나 건강장애 아동의 경우 중도에 장애를 겪게 된다. 이들이 장애를 어느 정도 수용하느냐에 따라서 상담의 내용과 방향이 달라진다. 먼저 중도지체장애를 겪는 아동들이 삶에서 겪는 어려움을 이해하고 그들의 심리적 경험 과정 속에서 어떻게 상담할 것인지를 살펴보고자 한다.

(1) 중도지체장애를 겪는 아동이 삶에서 겪는 어려움

중도지체장애를 겪는 아동은 기본적으로 위의 여러 가지 문제를 지니고 있다. 그런데 중도에 지체장애나 뇌병변이 발병한 경우에 그들이 받는 충격은 심히 크다. 중도지체장애를 겪는 아동의 반응에 대해서는 신체 일부분의 상실은 사람의 죽음과 그 비중이 같다(Carr, 1995). 잘못된 사회적 인식이나 분위기에 따른 명예와 자존심의 손상, 욕구불만, 무기력, 좌절, 장애에 대한 거부 등 장애의 집착에 따른 여러 가지 정신적·심리적 불안, 부정이나 부적응 상태가 야기되기도 한다. 따라서 중도지체장애를 겪는 아동에게는 지체장애 자체와 그가 속해 있는 사회집단 구성원의 부정적인 태도가 성격의 발달 및 형성 과정에 큰 영향을 미친다. 또한 중도지체장애를 겪는 아동은 사회적인 열등평가와 불안에 접하는 일이 너무 짧기 많기 때문에 성격 형성에 영향을 미치는 부적응 문제가 발생한다(Baker, 1997). 심한 열등감과 좌절감, 무능력감 등을 느끼면서 가정을 부양하지 못하는 경우가 많으므로 가정파탄을 일으킬 뿐만 아니라 장기적 실직 상태는 경제적 불안감을 초래하고 나아가서는 사회적 불안정을 일으킬 수 있다. 이러한 이유에서 중도지체장애를 겪는 아동은 다음과 같은 불안상태에 있다(윤순이, 2010).

첫째, 신체부자유에서 오는 어려움이다. 이 세상의 시설문화가 대부분 비장애인 중심으로 맞추어져 있기 때문이다. 현재 중도지체장애를 겪는 아동에 대한 사회적 배려가 많이 이루어지고 있지만 아직도 계단이나 의자, 심지어 화장실까지도 휠체어를 타고 다니는 중도지체장애를 겪는 아동에게 불편하게 되어 있는 곳이 많다.

둘째, 사회적인 인식에서 오는 어려움이다. 우리 사회에 있어서 중도지체장애를 겪는 아동은 비장애인으로부터 편견을 당하고 있다. 선진국이나 개발도상국이나 장애에 대한 보편적인 견해는 편견이 많다는 것이다. 때로는 수용되기도 하지만 바보 같은 대접을 받기도 하므로 어떤 대우를 받게 될지에 대한 불안이 있다.

셋째, 갑자기 달라진 신체에 대한 수용을 하는 데서 겪는 어려움이다. 중도지체장애를 겪는 아동의 경우 과거의 신체와 계속 비교하게 되고, 이로 인해 생기는 좌절감은 타인을 멀리하게 된다. 또한 대부분의 중도지체장애를 겪는 아동은 사회와 접촉하는 기회가 제한되어 있어 사회나 이웃에 대한 태도가 미숙하고 미분화되어 사회적 부적응을 초래하게 된다.

(2) 중도지체장애인이 겪는 심리적 적응단계

중도지체장애를 겪는 아동을 상담할 때 유의할 점은 먼저 중도지체장애를 겪는 아동이 겪는 심리적 경험을 이해하고 그 단계에 따라 상담 내용과 방향이 달라질 수 있음을 인지해야 한다. 또한 중도에 장애인이 된 것에 책임이 있는 가해자 혹은 사회에 대해 혹은 그 사고를 미연에 막지 못한 자기 자신에 대한 원망과 분노가 내재되어 있다는 것이다. 그러기에 이들에 대한 상담에서 자기를 이해하고 수용하고 타인을 수용함에 있어서 먼저 자기 자신과 타인에 대한 용서작업이 이루어져야 한다. 사고 역시 내 힘으로 막을 수 있는 것이 아니었음을 인식하고, 타인 역시 그럴 수밖에 없었던 이유가 있었음을 알고 용서하는 작업이 있어야 한다. 또한 자신의 장애를 수용하지 못하고 자살하고 싶은 충동이 있을 수 있으므로 상담을 할 때 자살에 대해 내담자가 이야기하면 이를 간과해서는 안 되고 다루어 주어야 한다. 크루거(Krueger, 1981, 1982)는 제시한 중도지체장애를 겪는 아동이 심리적으로 충격단계, 부정단계, 우울반응단계, 독립에 대한 저항단계, 적응단계를 거치게 된다고 보고하였다.

① 충격단계

비장애아동이 한순간에 장애를 겪는 아동이 되는 순간이다. 이 단계는 갑작스러운 장애에 대해 충격 받는 단계인데, 이 경우 오히려 무관심한 상태로 쇼크상태를 지나는 경우도 있다. 이 충격단계는 중도지체장애를 겪는 아동이 자신의 장애 존재를 처음으로 인식하고 이를 받아들이기 어려워하는 시기이다. 이 시기에 중도지체장애를 겪는 아동은 막막함, 혼란스러움, 두려움, 분노, 스트레스와 분노 등 다양한 감정적 반응을 경험한다. 이는 장애가 자신에게 미치는 영향을 처음으로 깨닫기 때문에 생기는 자연스러운 반응이다. 또한 이 단계에서는 동기를 상실한다. 중도지체장애를 겪는 아동이 일상적인 활동에 대한 관심이나 동기를 일시적으로 잃어버릴 수 있다. 이는 새로운 현실에 적응하기 위한 초기 반응 중 하나이다.

② 부정단계

자신의 장애를 받아들이지 못하고 부정하게 되면서 심리적으로 우울하고 불안하게 된다. 심리적 거부와 장애 증상 자체를 부인하려고 하는 과정이다. 자신의 장애가 나아질 것이라는 혼자만의 확신으로 이 병원 저 병원을 찾아다니게 된다. 이러한 부정은 단기적인 문제해결에는 도움이 될 수도 있겠지만 장기간 지속되면 재활 및 자립생활을 방해하고, 적절한 목표를 달성하는 데 실패하는 등 적응에 문제가 생기게 된다.

③ 우울반응단계

이때는 평생을 장애로 살아야 한다는 암담함과 절망감으로 인해 심리적 고통은 매우 대단한 것이다. 그러나 전혀 우울함을 보이지 않는 장애인도 있는데,

이는 정서적인 반응을 부정하는 것으로, 자신의 신체적 상실, 상실과 관련된 사회적 의미를 거부하는 것으로 바람직한 반응은 아니다. 자신의 신체 일부를 상실당한 슬픔에서 회복하는 데는 시간이 필요하고, 이러한 애통작업은 이후에 재활 과정에 큰 영향을 준다(이종길, 2002). 이 시기에는 나아지지 않을 것이라는 우울함으로 자살을 시도하기도 한다.

④ 독립에 대한 저항단계

충격적인 손상 사건이 어느 정도 지난 뒤에는 방어기제가 작동되어 자신의 환경에 적응하는 데 소극성을 보이며 재활 과정에 책임감을 갖고 참여하지 않는 수동성을 보인다. 공포감을 느끼고 의사결정을 못하며, 다른 사람의 승인을 기다리는 행동으로 표출되는 과잉의존성과 부적합한 확신을 가진다. 장애 기간이 어느 정도 지나면 소극적인 공격행동이 표출되며 적개심을 수반하기도 한다. 숨어 있는 분노감으로 인해 우울증, 자책감이 생기고 공포감과 실망을 느끼고, 또한 가족에 대해 무력감과 죄의식을 느낀다. 다른 사람과의 일상적인 대면접촉이 줄어들면서 스스로 택하여 소외된 사람은 의심이 많아지고 의기소침해지고 호전적이고 불안, 초조해하고 당혹스러워한다(손연숙, 2008).

⑤ 장애 적응단계

점차 장애 입은 자신을 인정하고 삶의 욕구를 자각하고 많은 대처전략을 사용해 자기조절을 해나간다. 온갖 어려운 심리 과정을 거쳐서 자신이 장애인이 되었다는 사실을 현실로 받아들이고 장애문제를 이해하고 이때부터 어떻게 살지를 계획해 보는 단계이다. 장애수용이란 손실에 대한 수용이 개념화된 것으로서, 장애를 경험한 개인이 장애와 그에 따른 가치변화의 과정을 어떻게 이해하고 받아들이는지를 의미한다(박수경, 2006). 장애수용은 자신의 장애에 대해 점차적으로 적응해 나가는 것으로서, 심리·사회적 적응을 통한 장애 극복을 반영한 것으로 장애에 대한 수용은 단순히 장애 자체뿐만 아니라 사회적 환경을 비롯한 개인이 처한 상황을 함께 고려한 개념이다. 장애수용은 장애로 인한 상실과 불편도 자신의 여러 특성 중 하나로 인정하고 장애로 인해 자신의 가치를 평가절하하지 않으면서, 잔존능력을 계발하여 사회에 적응해 나가려는 가치체계의 변화 과정이다(홍려교, 2001).

실제로 같은 장애손상정도라 해도 각자 받아들이는 심각도나 장애수용정도는 각자 큰 차이가 있다. 이는 장애를 입기 전의 살아온 삶의 가치관, 태도, 사회적 지지 등에 영향을 받기 때문에 장애에 대한 인식과 수용을 개인적인 특성으로만 이해해서는 안 되고 사회적·환경적인 측면까지 고려해야 한다.

(3) 중도지체장애 아동을 위한 상담 시 고려해야 할 점

① 자아존중감 향상을 위한 상담

중도지체장애를 겪는 아동은 자기 신체에 대한 열등감을 갖고 있으며, 윤리적 기준이 낮고 성격이 불안정하고, 불안한 심리 상태에 있다. 안정성이 없고 유동적이며, 자기방어적인 자아존중감을 지니고 있다(김기장, 2002). 신체적 장애가 있는 사람들에게 있어서 운동장애는 자아개념, 이동, 독립생활에 영향을 미칠 수 있으며, 이러한 문제들은 자신의 장애를 받아들이지 못하고, 자신에 대한 그릇된 가치판단을 하게 한다. 중도지체장애를 겪는 아동의 자아존중감을 부정적으로 만들고, 부정적 자아존중감은 자신의 잠재력을 발휘하지 못하게 할 수 있기에 자아존중감을 높일 수 있도록 상담하여야 할 것이다.

② 자살을 예방하기 위한 상담

평생을 장애를 안고 살아야 한다는 절망감은 자칫 자살을 시도할 수 있다. 특히 중도에 사고에 의한 중증장애를 갖게 되면 자신의 생각하는 이상적인 자아와 현실적인 자아의 차가 너무 커서 극단적인 선택을 시도하는 장애인들이 많다. 그러므로 중도지체장애를 겪는 아동을 상담할 때 내담자가 자살을 하고자 하는지, 자살의 의도가 있는지, 자살시도를 해보았는지 등에 대해서 구체적으로 다루고 상담해 줄 수 있어야 한다. 자살을 통해서 무엇을 해결하고 싶은지에 대해서 구체적으로 탐색하는 과정을 갖는 것도 중요하다.

자살을 시도하는 내담자라면 "평균수명으로 계산했을 때 몇십 년을 장애를 입고도 잘 살아내고 싶은 자아, 행복하게 살고 싶은 자아가 죽고 싶은 자아에게 뭐라고 말하겠는지?" 등의 기법으로 상담해 줄 수 있다. 그 외 위기상황이라면 자살위기상담 매뉴얼에 따라 진행되어야 하므로 상담사는 폭넓은 전문적인 지식과 기술로 접근해야 한다.

③ 용서작업을 위한 상담

중도지체장애를 겪는 아동의 경우 자신이 장애가 된 사고 가해자나 부모, 무엇보다 부주의했던 자신에 대해 용서할 수 없는 분노를 가지고 사는 경우가 많이 있다. 또한 장애로 인해 타인으로부터 받았던 조롱과 부당한 대우로 인한 상처들을 안고 있다. 그로 인해 심리적으로 어려움을 겪으며 자신의 장애를 받아들이지 못하고 힘들어하기 때문에 용서작업 또한 상담 과정에서 다루어지는 것이 필요하다. 일어난 사고나 뇌병변이 그 누구, 특히 자신의 잘못이 아니라는 것을 인식하고 부모나 가해자 역시 그럴 수밖에 없었다는 것을 인정할 수 있도록 도와주어야 한다. 용서는 깊고 부당한 상처를 준 사람에 대해 갖는 부정적 판단, 감정, 행동반응이 사라지고 상대에 대해 긍정적 사고, 감정, 행동반응을 하는 것으로 정의될 수 있다(Gassin, 1995). 모거 등(Mauger et al., 1992)은 자기용서(forgiveness of self) 및 다른 사람을 용서하는 것(forgiveness of other)과 MMPI검사 결과와 치료자 및 동료들의 평가 간의 관계를 분석한 결과, 용서능력의 결핍이 부정적인 자존감 형성과 정신병리의 심화와 관계가 있다고 보고하고 있다. 또한 용서를 하는 것만이 아니라 용서를 받는 것도 개인의 자존감에 영향을 미치고 있는 것으로 주장된다. 펙(Peck, 1990)은 청소년들의 자살행동에 영향을 끼치는 요인으로 불만족, 분노, 자책, 자기연민, 반항심 등과 함께 낮은 자존감을 들면서 자살행동은 용서에 대한 요청을 내포하고 있는 행동이라고 분석하고 있다.

개인상담뿐만 아니라 집단상담을 통하여 진정한 용서가 진행되어 가면 상대방에게 받은 상처에서 회복되고 부정적인 반응이 줄어들며 상대에 대한 중립적 반응이나 더 나아가 긍정적인 반응이 나타난다. 즉 용서를 통해 자기치료가 이루어지면서 상대방과 좋은 관계를 맺고 싶다는 호의가 생길 수 있다(Droll, 1984).

이상과 같이 중도지체장애를 겪는 아동을 상담할 때에는 먼저 내담자가 가지고 있는 신체적인 아픔과 관련한 정서적 고통, 불안, 우울, 두려움 등이 다루어지고, 수용치료(ACT) 등을 통해 감정과 사고를 건강하게 관리할 수 있도록 하는 방법도 생각해 볼 필요가 있다. 장애로 인해 낮아질 수 있는 자존감을 회복시키고, 긍정적인 자기 이미지를 강화하는 전략을 제공하며, 자신에게 주어진 외부자극에 대처하는 모습, 스트레스라고 생각하는 것을 어떻게 다루고 있는지를 탐색하고, 구체적으로 관리하는 기법에 해당되는 이완기법, 명상, 심호흡, 운동 등을 상담 과정에서 실시한다. 이 방법 중 내담자에게 알맞은 방법은 무엇인지를 탐색해서 일상적인 생활 속에서 적용할 수 있도록 한다. 또한 내담자가 선행적인 경험에 의한 비합리적인 신념이 있을 경우에는 인지요법을 적용하여 합리적인 신념을 갖도록 하고, 내담자가 가지고 있는 강점을 찾고, 상담 과정과 일상적인 생활 속에서 긍정적인 경험을 수행하도록 하여 자신의 기억된 자아를 경험적 자아를 통해서 성장과 변화를 촉진하도록 한다.

중도지체장애를 겪는 아동을 위한 상담사는 다양한 방법으로 그들의 삶의 질을 향상하고, 가능한 한 독립적인 생활을 영위할 수 있도록 돕는다. 적절한 지원과 개입을 통해 장애인이 사회적으로 통합되고, 긍정적인 변화를 이루는 데 중요한 역할을 한다.

7장 정서 및 행동장애

1. 정서 및 행동장애의 정의

정서 및 행동장애를 정의하는 데는 많은 어려움이 따른다. 첫째, 학자마다 정의하는 개념에 차이가 있다. 둘째, 정의하고자 하는 목적이 서로 다르기 때문에 하나의 통일된 정의를 내리기는 어렵다. 셋째, 정의하기 위해서는 인간의 감정과 행동을 측정해야 하는 문제에 부딪히게 된다. 넷째, 인간의 행동은 사회적 속성을 지니며, 그 범위 또한 매우 다양해서 분류하기 위한 경계가 불분명하다. 다섯째, 기타 장애와의 관계에서 오는 문제 때문이다. 여섯째, 문제로 지적되는 정서나 행동의 특성이 지속적이지 못하고 일시적인 경우가 종종 있으며, 이러한 행동의 일시성은 정서 및 행동장애를 정의하기 어렵게 만든다. 장애인 등에 대한 특수교육법 시행령(2023)에서는 정서·행동장애를 지닌 특수교육대상자로는 장기간에 걸쳐 특별한 교육적 조치가 필요한 사람, 지적·감각적·건강상의 이유로 설명할 수 없는 학습상의 어려움을 지닌 사람, 또래나 교사와의 대인관계에 어려움이 있어 학습에 어려움을 겪는 사람, 일반적인 상황에서 부적절한 행동이나 감정을 나타내어 학습에 어려움이 있는 사람, 전반적인 불행감이나 우울증을 나타내어 학습에 어려움이 있는 사람, 학교나 개인 문제에 관련된 신체적인 통증이나 공포를 나타내어 학습에 어려움이 있는 사람으로 정의하고 있다.

즉 특수교육법 시행령에서는 정서·행동장애를 장기간에 걸쳐 지적·감각적·건강상에 특별한 이유가 없는데도 관계가 안 되거나 외부의 자극에 부적절한 반응을 보이거나 전반적으로 우울하고, 신체적 통증이나 공포 등으로 인하여 학습에 어려움을 경험한 학습자로 정의하고 있다.

2. 정서 및 행동장애의 분류

정서 및 행동장애를 분류하면 DSM-5(Diagnostic and statistical manual of mental disorders, 정신질환 진단 및 통계편람), 행동적 증상에 따른 분류, 원인에 따른 분류 등이 있는데, 본서에서는 DSM-5의 내용을 살펴보면 다음과 같다. 단, 미국정신의학협회 정신장애 진단평가는 교육현장과의 관련이 적어 비판을 받으면서 교육목적을 위해 개별 아동의 행동 특성이나 유형 등을 통계적으로 분석하도록 권장한다. 정서 및 행동장애 분류는 다음과 같다.

DSM-5에서 정서 및 행동장애(정서행동장애)는 아동과 청소년의 행동 및 감정 문제를 포함하는 범주이다. 이들 장애는 다양한 증상과 행동 특징을 갖고 있으며, 각 장애에 따라 구체적인 진단 기준이 설정되어 있다. 정서 및 행동장애를 겪는 아동을 반항적 행동장애(ODD)와 품행장애(CD), 불안장애(AD), 기분장애(MD) 아동으로 구분하고 있으며, 구체적 진단기준은 다음과 같다.

1) 반항적 행동장애

반항적 행동장애를 겪는 아동은 주로 잦은 화 또는 분노를 발산하는 경향이 있고, 논쟁을 일으키거나 권위에 반항하는 행동을 하고, 타인과의 관계에서 불쾌감을 주는 행동(예: 비방, 공격적인 발언)을 한다. 고의적으로 다른 사람을 귀찮게 하거나 괴롭히는 행동과 책임을 회피하는 경향이 나타나는데, 이러한 행동이 최소한 6개월 이상 위에서 제시한 행동 중 4가지 이상의 증상이 나타나야 한다. 이러한 증상은 가정, 학교, 사회 등 다양한 환경에서 나타나야 하며, 행동이 타인에게 스트레스를 유발하거나 일상적인 기능을 방해하는 경우에 진단한다.

2) 품행장애

품행장애(Conduct Disorder, CD)는 타인의 권리를 명백하게 침해하는 행동을 하고, 공격적이고 파괴적인 행동(예: 폭력, 동물 학대), 도둑질, 사기, 방화 등의 행동, 비행 또는 무단결석과 같은 반사회적 행동을 하는 경우를 말한다. 진단기준은 최소한 12개월(1년) 이상 위의 행동 중 3가지 이상의 증상이 나타나야 한다. 증상은 타인에 대한 폭력행위나 파괴행위와 관련이 있어야 하고, 법적 문제를 일으킬 수 있으며, 이러한 행동이 학교나 일상생활의 여러 환경에서 나타나는 경우를 말한다.

3) 불안장애

불안장애(Anxiety Disorders)는 DSM-5에서 따로 분류되지만, 정서행동장애에서도 흔히 나타나며, 주요 증상에는 과도한 걱정, 불안, 두려움 등이 포함된다. 주요 종류로는 일반화된 불안장애(GAD), 분리불안장애(Separation Anxiety Disorder), 사회불안장애(Social Anxiety Disorder) 등이 있다.

4) 기분장애

기분장애(Mood Disorders)는 지속적인 우울감, 최근의 기분 변화 등이 포함된다. 우울증(major depressive disorder)이나 양극성 장애(bipolar disorder)와 같은 기분 이상이 포함될 수 있다.

정서 및 행동장애는 아동과 청소년의 심리적, 사회적 기능에 큰 영향을 미칠 수 있으며, 조기 발견과 적절한 치료와 개입이 중요하다. 장애유형에 따라 치료 접근법이 다르기 때문에 전문적인 진단을 통한 통합적인 접근과 치료가 필요하다.

3. 정서 및 행동장애 아동의 특성

정서 및 행동의 어려움을 겪는 장애아동은 적절한 사회적 기술이나 의사소통 기술이 발달되지 못해 사회적 갈등, 상호작용의 어려움 등 다양한 유형과 강도의 도전 행동을 통해 자신의 의도나 요구를 표현하고, 부적절한 행동으로 문제를 해결하려 한다거나 행동의 결과를 예측하지 못하며, 위험한 행동, 또래가 인정할 수 없는 경우가 많다고 하였다(이소현·박은혜, 2024; Nelson et al., 2004). 비장애 아동에 비해 친구나 또래 수용도가 낮고 우정관계가 적으며, 또래 상호작용이 적고 갈등 상황에 노출되는 가능성이 높다(서유진, 2010; Mamas et al., 2020; Schwab et al., 2021). 정서 및 행동장애 아동이 겪는 문제들로는 소외, 고립감, 낮은 자아개념, 스트레스, 불안, 우울 등 개인의 심리뿐만 아니라 집단따돌림, 약물, 사회부적응, 자살 등의 심각한 사회적 도전행동으로까지 확대될 수 있어 그 심각성이 매우 크다(서유진, 2010). 정서 및 행동장애를 겪는 아동의 특성을 구체적으로 살펴보면 다음과 같다.

1) 행동적 특성

정서 및 행동장애를 겪는 아동의 행동적 특성을 외현화 행동과 내현화 행동으로 구분해 볼 수 있다. 첫째, 일반적인 행동 특성은 반사회적 또는 외현화 행동이다. 흔히 외현화 행동문제들은 자리이탈, 소리 지르기, 반항하기, 욕하기, 또래들을 불안하게 만들기, 때리기, 싸우기, 불평하기, 논쟁하기, 훔치기, 거짓말, 물건 파괴, 지시 불순종, 울화, 숙제불이행 등이 포함된다. 정서 및 행동장애를 겪는 아동은 큰 소리를 지른다거나 부모나 교사의 요구를 거부하는 행동이 자주 나타내며, 전혀 화를 내지 않은 상태에서 반사회적 행동을 하기도 한다. 이런 정서 및 행동장애를 겪는 아동은 주변의 사람들과 지속적으로 갈등을 겪고 그들의 공격적인 행위로 인해 다른 사람들을 난처하게 만들기도 하며, 다른 사람의 호감을 얻는다든지 또래관계를 형성하거나 유지하기 어렵다.

둘째, 정서 및 행동장애를 겪는 아동은 결코 공격적인 것만은 아니다. 반대로 다른 사람들과의 사회적 상호작용이 거의 없을 수 있는데, 이들은 내면화 행동장애를 지니고 있다고 말한다. 미숙 및 위축 아동들은 반사회적 아동들이 하는 것처럼 다른 사람들을 위협하지는 않는다 하더라도 자신의 발달에 심각한 장애를 초래한다. 이러한 아동들은 또래와 놀이를 하지 못하거나 지속하기가 어렵다. 그들은 친구와 사귀어 노는 사회적 기술이 없고 백일몽과 환상에 자주 빠진다. 일부 아동은 이유 없이 사물을 두려워하고 자주 아프다고 호소하며, 그리고 우울에 빠지기도 한다. 이러한 행동 때문에 학습활동에 참여하거나 비장애아동들과 함께 다른 활동에 참여할 기회를 놓치기도 한다. 내면화 행동을 보이는 아동들은 반사회적 아동들보다 교사들을 덜 방해하므로 정서 및 행동장애를 겪는 아동으로 확인되지 않을 수도 있다. 그러나 경도나 중증도의 미숙 및 위축 아동은 점진적이고 체계적으로 바람직한 행동을 유도할 경우 성공적인 사회적 기술을 습득할 수 있다. 내현화 행동의 특성에서 대표적으로 보이는 특징으로는 혼자 노는 시간이 지나치게 많고, 또래와 긍정적인 상호작용을 보이지 않고 발화율이 낮다.

정서행동장애(Emotional and Behavioral Disorders, EBD)는 일관되게 비정상적인 행동이나 정서적 반응을 보이는 상태를 의미한다. 이러한 장애를 가진 개인은 다양한 행동적 특성을 나타낼 수 있으며, 이는 학교와 가정 등 일상생활, 학습, 사회적 관계 등에 부정적인 영향을 미칠 수 있다. 이들의 주요한 행동적 특성을 구체적으로 살펴보면 다음과 같다.

첫째, 정서 및 행동장애를 겪는 아동은 주의집중에 어려움을 겪고 과도하게 활동하거나 충동적인 행동을 보이며, 특정 작업이나 활동에 집중하기 어려우며 산만한 행동을 지속적으로 행한다.

둘째, 환경과 상황에 알맞은 행동을 하지 못하고, 필요 이상으로 활동적이며 가만히 있지 못하고 과잉행동과 충동성을 보인다. 즉 학교에서 수업시간에 앉아 있지 못하고 교실을 돌아다니는 경우나 지속적으로 집중하지 못하는 행동 등이 종종 나타난다.

셋째, 타인과 원만한 상호작용에서 어려움을 느끼고 불안감이 내재되어 있으며, 친구들과 원만한 관계를 유지하지 못한다. 일상적인 생활 속에서 친구가 없어 외톨이로 생활하는 경우가 많다.

넷째, 정서 및 행동장애를 겪는 아동은 공격적이고 반사회적인 행동을 자주 한다. 타인에게 신체적, 언어적 공격을 가하는 성향이 자주 나타나고, 규칙이나 명령에 반항과 권위에 도전하는 행동이 나타난다.

셋째, 정서 및 행동장애를 겪는 아동은 자기파괴적인 행동을 종종 보인다. 자신의 몸을 상하게 하거나 위험에 빠뜨리는 행동, 위험한 상황에 자주 노출되거나 목적 없이 위험한 행위를 한다.

넷째, 정서 및 행동장애를 겪는 아동은 규칙이나 규정을 위반하고, 진실을 왜곡하는 거짓말을 하는 경향이 높고, 타인의 물건을 자신의 뜻대로 사용하고 훔치는 성향이 종종 나타난다.

다섯째, 정서 및 행동장애를 겪는 아동은 학업성적이 저조하고, 불규칙한 학습태도와 행동을 보이는 성향이 있다.

이러한 행동적 특성들은 각기 다른 정도와 방식으로 나타날 수 있으며, 전문가의 정확한 조기진단을 통해 개입이 필요하다. 정서 및 행동장애를 겪는 아동은 종종 이러한 특성들을 통제하기 어려워하며, 따라서 정서적 지지와 행동 수정, 상담 등의 통합적인 개입이 필요하다.

2) 인지적 특성

정서 및 행동장애를 겪는 아동은 인지적인 특성은 각 개인에 따라서 다양하게 나타날 수 있다. 이들은 학교나 일상생활에 적응력이 낮아 이로 인한 학업성적, 인지적인 영역에 다양한 문제를 나타낸다. 이들은 종종 학업, 사회적 상호작용 및 문제해결에 어려움을 겪을 수 있는데, 이들의 인지적인 특성을 구체적으로 살펴보면 다음과 같다.

첫째, 정서 및 행동장애를 겪는 아동의 인지적인 문제 중에서 가장 큰 특징이 학습 및 학업적인 문제이다. 이들은 지적인 능력에는 큰 문제가 없으나 학업성취도가 예상보다 낮을 수 있으나 읽기, 쓰기, 수학 등 특정 분야의 영역에서도 어려움을 경험한다.

둘째, 정서 및 행동장애를 겪는 아동의 문제해결능력의 저하가 특징이다. 이들은 어떤 문제상황에서 창의적이거나 유연한 전략을 사용하는 데 어려움을 겪고, 계획적이고 체계적인 문제해결보다는 즉각적이고 충동적인 결정을 내리는 경향이 있어 실수를 많이 하는 성향이 있다.

셋째, 정서 및 행동장애를 겪는 아동의 기억력의 문제이다. 기억력 중 단기기억 및 작업기억(working memory)에 어려움을 겪어 새로운 정보를 다루는 데 어려움을 겪을 수 있다. 단기기억에서 장기기억으로 저장될 수 있는 반복적인 행동이 낮아 장기기억에서도 문제를 보일 수 있으며, 이는 학습 및 일상생활에도 부정적인 영향을 미칠 수 있다.

넷째, 정서 및 행동장애를 겪는 아동은 자기 자신을 통찰하고, 관찰하는 메타인지적 능력이 부족하다. 자신의 행동이나 학습 과정을 효과적으로 모니터링하고 평가하는 능력이 낮으며, 자신의 감정과 행동을 스스로 조절하는 데 어려움을 겪는다.

다섯째, 정서 및 행동장애를 겪는 아동 중 하나는 사회적 인지가 부족하다는 점이다. 타인의 감정을 이해하고 이에 적절히 반응하는 데 어려움을 겪고, 사회적 규범이나 기대를 이해하고 적절히 행동하는 데 어려움을 보인다.

여섯째, 정서 및 행동장애를 겪는 아동은 사고적인 측면에서 극단적인 사고와 이성적 사고와 감정적 사고의 분리에 어려움을 겪는다. 정서 및 행동장애를 겪는 아동은 문제를 중간 지점 없이 극단적으로 해석하는 경향이 있어 "모든 것이 아주 잘 되거나 모두가 나를 싫어한다"와 같은 사고패턴을 보이고, 정서적으로 불안정하면 이성적인 사고와 판단이 어려워지고, 상황을 극단적으로 인식하거나 잘못 판단할 수 있다.

이상과 같이 이러한 인지적 특성들은 정서 및 행동장애를 겪는 아동을 가진 개인들의 학습 및 사회적 상호작용에 지대한 영향을 미쳐 학교 및 가정생활 등의 부적응 행동의 원천이 되고 있으므로 이들의 인지적 능력을 긍정적으로 변화시키는 전문가적인 개입이 필요하다.

3) 사회·정서적 특징

정서 및 행동장애가 진단되는 특성이기도 하며, 아동기와 청소년기에 대인관계를 발달시키고 유지하는 능력은 현재와 미래의 적응에 영향을 주어 삶의 질이 달라질 수 있다. 정서 및 행동장애를 겪는 아동은 친구를 사귀는 데 상당한 어려움을 경험한다. 행동장애 아동과 행동장애가 없는 또래들과의 사회적 관계를 비교한 연구에 따르면, 행동장애 아동의 경우 타인에 대한 공감 수준이 더 낮고 교육활동에 덜 참여하며, 친구들과 접촉하는 빈도가 더 적은 것으로 나타나고 있다. 이들의 사회·정서적 특성을 구체적으로 살펴보면 다음과 같다.

첫째, 정서 및 행동장애를 겪는 아동은 사회적인 관계에서 어려움을 경험한다. 친구를 사귀거나 유지하는 데 어려움을 겪으며, 또래나 어른들과의 상호작용에서 갈등이 잦고 혼자 있기를 선택하거나 다른 사람들과 어울리는 것을 피하고, 타인을 쉽게 믿지 못하거나 부정적인 시각을 가지는 경우가 있다.

둘째, 정서 및 행동장애를 겪는 아동은 정서적으로 불안정성이 높다. 일상적인 생활 속에서 자주 불안감을 느끼고, 이는 특정 상황이나 전반적인 생활에 대한 불안감이 높고 슬픔, 절망, 흥미 상실 등의 증상을 보인다. 심한 경우 우울증이 동반될 수 있으며, 작은 일에도 쉽게 화를 내거나 과도한 분노를 표현하는 경우가 많다.

셋째, 정서 및 행동장애를 겪는 아동은 자기존중감 및 자기효능감이 낮다. 자기 자신에 대해 부정적인 시각을 가지며, 자기비하적 언어를 사용하고, 자신의 능력에 대한 신뢰가 낮아 과제나 도전을 회피하는 경향이 있다. 또한 자신을 과소평가하거나 과대평가하는 경향이 있을 수 있고, 자신의 감정, 행동, 반응 등에 대한 인식이 부족하거나 부정확하다.

넷째, 정서 및 행동장애를 겪는 아동은 충동적인 행동과 분노조절의 문제로 어려움을 경험한다. 주어진 자극에 생각하지 않고 즉각적으로 행동하는 경향이 있으며, 화가 나면 이를 감정적으로 통제하기 어려워 폭발적인 반응을 보이는 것이 특징이다.

다섯째, 정서 및 행동장애를 겪는 아동은 공감능력이 낮다. 다른 사람의 감정을 인식하고 이해하며 적절히 반응하는 능력이 부족하다. 특히 타인의 감정을 공감하거나 이를 고려한 행동을 하는 데 어려움을 겪는 경우가 많다.

여섯째, 정서 및 행동장애를 겪는 아동은 스트레스에 대처하는 능력과 사회적인 기술이 부족하다. 스트레스 상황에서 효과적으로 다루는 전략과 기술이 부족하고, 스트레스 상황이 있으면 적극적으로 대처하기보다는 피하거나 억제하려는 성향이 강하고, 타인과 적절한 대화 시작과 유지, 적절한 시점의 응답 등 기본적인 대화 기술이 부족할 수 있다. 비언어적 의사소통에 해당되는 눈 맞춤, 제스처, 표정 등을 사용하는 기술이 부족하거나 부적절하게 사용하는 경우가 있다.

이상과 같이 정서 및 행동장애를 겪는 아동은 타인과의 상호작용, 스트레스 대처능력, 공감능력의 부족, 자존감 및 자기효능감이 낮고, 충동적인 성향 등 다양한 어려움을 경험한다. 이들을 지원하기 위해서는 개별화된 심리적 지원, 사회적 기술 훈련, 그리고 감정조절 훈련 등이 필요하다.

4. 정서 및 행동장애 아동을 위한 상담사의 역할

정서 및 행동장애를 겪는 아동을 상담하기 위해서는 우선 학령기의 모든 비장애아동이 시기적으로는 서로 달라도 어느 정도의 부적절한 행동을 보인다는 사실을 먼저 인식하고, 문제행동이 비장애아동의 학업성취나 교우관계, 교사와의 관계에 심각하게 방해하는지를 고려해야 한다. 둘째, 상담사는 비장애아동의 문제행동이 얼마나 오랫동안 지속적으로 발생하는지를 관찰해야 하며, 한두 차례의 부적절한 행동으로 보고 정서 및 행동장애를 겪는 아동이라고 선입견을 가지고 상담해서는 안 된다. 셋째, 정서 및 행동장애를 겪는 아동의 현행수준을 이해하는 데 강조점을 두고 관찰이 가능한 행동에 대한 자료를 수집하여 적절한 상담전략을 적용해야 한다. 넷째, 상담사는 먼저 목표행동을 확인하고 목표행동과 관련된 아동의 현행수준에 관한 자료를 수집한 뒤에 상담의 효과를 평가하기 위한 추가자료를 수집하여 지속적으로 상담을 실시한다. 이때 목표행동은 적절한 행동 증가, 부적절한 행동 감소, 그리고 새로운 행동에 대한 학습으로 본다.

상담사는 정서 및 행동장애를 겪는 아동뿐만 아니라 부모상담도 함께 진행하여 행동지도의 일반화에 대한 기대를 높일 필요가 있어 상담사는 내담자의 정서적·행동적 문제, 인지적 문제를 극복하고, 더 나은 삶의 질을 찾을 수 있도록 도와주어야 한다.

첫째, 정서 및 행동장애를 겪는 아동에 대한 전문적인 평가와 진단이 이루어져야 한다. 둘째, 종합적이고 통합적인 평가와 진단을 통해서 내담자에게 도움이 될 수 있도록 치료계획을 수립하여야 한다. 셋째, 정서 및 행동장애를 겪는 아동의 주호소문제에 따른 상담 계획을 수립하고 인지행동치료, 감정조절훈련, 마음챙김, 사회적 기술 훈련, 가족상담 등을 제공하여야 한다. 넷째, 정서 및 행동장애를 겪는 아동의 특성을 고려한 위기개입과 자기관리 및 독립성 증진을 위한 지원, 집단상담, 교육연계 등을 제공하여야 한다. 특히 정서 및 행동장애를 겪는 아동을 상담 시에는 가장 작은 행동을 변화 가능하고, 통제 가능한 것에 초점을 두고 접근하는 것이 매우 중요하다.

8장 의사소통장애

1. 의사소통장애의 정의

자신과 동일한 언어, 지역, 문화를 공유하는 다른 사람과 비교해 볼 때 상대방에게 정보를 전달하거나 상대방으로부터 정보를 수용하고 이해하는 의사소통의 과정에 심각한 어려움을 보이는 장애를 말한다. 의사소통장애는 장애의 한 종류로, 일반적으로 언어장애로 부르는 장애 중 말하는 과정에서 신체적, 정신적으로 문제가 생긴 장애(speech disorder, 말장애)와 언어의 이해, 표현 과정에서 문제가 생긴 언어기능장애(language impairment), 청각장애로 나뉜다.

박지연 등(2006)은 의사소통장애란 의사소통 상황을 전제로 하여 소리 산출, 음성의 질, 말의 유창성 등의 말장애와 생각과 정보를 수용 및 이해하고 표현하는 데 있어서의 언어장애를 모두 포함하는 포괄적 개념으로 정의하고 있다. 장애인 등에 대한 특수교육법 시행령(2023)에서는 다음과 같은 사람 중 어느 하나에 해당되어 특별한 교육적 조치가 필요한 사람을 의사소통장애로 정의하고 있다. 첫째, 언어의 수용 및 표현능력이 인지능력에 비해 현저하게 부족한 사람, 둘째, 조음능력이 현저히 부족하여 의사소통이 어려운 사람, 셋째, 말 유창성이 현저히 부족하여 의사소통이 어려운 사람, 넷째, 기능적 음성장애가 있어 의사소통이 어려운 사람으로 정의하고 있다.

2. 의사소통장애의 분류

의사소통장애는 다양한 원인에 의해 여러 가지 유형으로 나타날 수 있으나 특수교육법 시행령에 의하면 가장 드러나는 증상은 수용언어와 표현언어 장애이다. 이미숙(2016)은 구어장애와 언어장애로 구분하고, 권미선 등(2010)은 구어장애에는 조음장애, 음운장애, 음성장애, 유창성장애, 실어증, 운동구어장애 등이 포함된다고 하였으나, 질병관리청 국가건강정보포털(2025)에서는 일반적으로 언어장애라는 용어는 좁은 의미의 언어장애와 말장애를 포함하고, 세분해 보면, 언어장애란 상대방의 말이 잘 이해되지 않거나, 하고 싶은 말의 단어가 잘 생각이 나지 않거나, 단어의 의미를 어떻게 조합해야 할지 모르는 등 문법의 문제가 있거나, 맥락과 상황에 맞지 않는 말을 하는 경우를 뜻하고, 말장애는 의사소통하는 데 필요한 언어 소리를 만들거나 형성하는 데 문제가 있는 상태를 말한다고 정의하고 있다. 이를 구체적으로 살펴보면 다음과 같다.

1) 실어증

질병관리청 국가건강정보포털(2025)에서는 실어증(aphasia)이란 언어를 통한 의사소통 장애 중 하나로 언어중추에 손상을 입었을 때 나타나며, 말하기, 듣고 이해하기, 읽기, 쓰기 등을 통한 의사소통능력이 떨어지는 장애로 정의하고 있다. 주로 뇌경색, 뇌손상 등 후천적 원인에 기인한다. 그 외에도 뇌종양, 뇌의 감염 질환도 원인이 될 수 있으며, 증상은 뇌의 손상 부위에 따라 다양한데, 크게 유창성 실어증과 비유창성 실어증으로 나눌 수 있다. 실어증에서 말하기, 쓰기 등의 기능은 비교적 보존되는 경우는 유창성 실어증, 스스로 말하기, 쓰기 등의 기능에 장애가 있으면 비유창성 실어증이라고 한다.

언어장애를 의심할 수 있는 증상으로는 상황에 맞지 않는 부적절한 말을 하는 경우, 이해는 하는 것 같은데 말을 하지 못하는 경우, 단어가 생각이 잘 나지 않는 경우, 따라 말하기를 하지 못하는 경우, 말이 어눌해지는 경우 등이다. 실어증을 진단할 때는 언어평가를 시행해 언어장애가 있는지 알아내고, 언어장애가 있다면 그 정도와 유형을 정확하게 평가하여 추후 언어재활치료에 의해 호전된 정도를 평가하고 예후를 예측할 수 있다. 평가방법으로는 한국판 웨스턴 실어증 검사, 한국판 보스턴 이름대기검사 등 종합검사를 시행하는 것이 보통이지만, 우선 실어증 여부를 평가해 종합검사 대상인지를 알기 위한 실어증 신경언어장애 선별검사, 한국판 프렌차이 실어증 선별검사 등의 간편검사 등이 있다.

2) 조음장애

조음장애는 단어를 정상적으로 또렷하게 발음하는 능력을 상실한 상태를 말한다. 자음이나 모음의 발음이 부정확하거나 과장되어 상대방이 알아듣기 어려울 수 있지만 언어 이해와 따라 말하기, 스스로 말하기 등이 가능하다는 것이 실어증과의 차이이다. 조음장애는 근육운동을 제어하는 뇌 영역인 소뇌, 기저핵, 뇌간 등이나 조음기관을 지배하는 신경 또는 근육에 병변이 있는 경우에 발생하며, 원인 질환으로는 퇴행성 질환(근위축성 측삭 경화증, 파킨슨병, 헌팅턴병 등), 다발 경화증, 두부 손상, 뇌종양, 뇌졸중 및 라임병 같은 감염성 질환이 있다. 이런 병변이 있을 때 조음기관의 근육 약화 혹은 마비로 인해 호흡, 발성, 공명 등에 영향을 주어 정상적인 말의 속도, 강도, 시간, 정확성에 문제가 나타난다. 뇌손상 후의 조음장애는 실어증과 함께 나타나거나 단독으로 나타날 수 있다.

조음장애의 증상은 호흡, 발음, 운율, 콧소리, 목소리의 이상 등 다양하다. 짧고 얕은 호흡, 들이마시거나 내쉴 때의 억압, 자음 또는 모음의 부정확성, 어눌한 발음, 짧고 빠른 말, 리듬이나 강세가 없는 말, 지나친 콧소리 또는 줄어든 콧소리, 쉰 목소리, 쥐어짜는 듯한 소리, 작은 소리 등이 있다. 조음장애의 유형으로 이완형의 경우에는 하부운동원성 질환이나 중증 근무력증에 의해서 나타나는 경우로, 거친 소리, 이중음, 과다비성 등의 증상이 나타나고 경직형의 경우에는 양측 상부운동신경원 질환에 의한 것으로, 단조로운 음량, 음높이, 쥐어짜는 소리 등이 나타난다. 실조형의 경우에는 소뇌병변에 의한 경우로, 속도 조절, 강도의 불규칙 등이 나타나고, 운동저하형으로는 파킨슨병에 의한 것으로, 작은 목소리, 묵언, 음성진전이 나타난다. 마지막으로 운동과다형으로 무정위형 뇌성마비에 의한 것으로, 갑작스러운 음도, 강도의 변화 등이 나타난다.

조음장애의 평가는 조음능력 평가를 통해 수행한다. 모음연장 평가('아', '이', '우'와 같은 모음을 가능한 길게 발성하게 한 후 최대 발성지속시간을 측정), 교대운동속도(Alternate Motion Rate, AMR) 및 일련운동속도(Sequential Motion Rate, SMR) 측정, '퍼', '터', '커'를 될 수 있는 대로 빠르고 규칙적으로 반복하게 한 후 '퍼, 터, 커, 퍼, 터, 커'를 빠르고 규칙적으로 반복하게 하는 등의 방법이 있다. 우리말 조음-음운평가(U-TAP) 등 표준화된 도구를 이용해 낱말이나 문장을 말할 때 자음 정확도와 명료도를 평가할 수 있다.

3) 말실행증

실행증이란 의도하는 바를 행동으로 옮기고자 할 때 계획된 대로 프로그래밍되지 않아 생기는 행동장애를 말한다. 말실행증(speech apraxia)은 후천적인 뇌손상으로 인해 근육 약화 없이 조음기관의 위치를 프로그램하는 데 어려움이 있거나 일련의 연속적인 조음운동을 체계적으로 수행하는 데 장애를 보이는 상태를 말한다. 말실행증은 주로 뇌졸중 후에 뇌의 보조운동영역(Supplementary Motor Area, SMA)이나 뇌섬(insula)의 병변에 의해 나타날 수 있다. 말실행증은 오류가 일관성이 없고 변동적인 것이 특징이다. 일, 이, 삼, 사, 오 등의 숫자를 세거나 애국가처럼 여러 번 반복해 머리에 잘 저장되어 있는 정보는 큰 어려움 없이 말할 수 있으나 "어제 무슨 일을 하셨나요?" 등 갑작스러운 질문에 생각해 대답하는 발화에는 어려움을 겪는다. 입술을 끊임없이 움직이면서 어디에 혀를 두어야 할지, 입술 모양을 어떻게 해야 할지 등 정확한 조음 위치를 계속 탐색해야 한다.

말실행증만을 평가하기는 어려운데, 교대운동속도(Alternate Motion Rate, AMR) 및 일련운동속도(Sequential Motion Rate, SMR)를 측정하고, 자동말과 명제말의 어려움 정도를 비교 평가하고, 단어 따라 말하기 중 단어 길이를 늘려가며 오류 정도를 평가한다. 말실행증 환자는 실어증이 동반될 수 있으므로 그 영향을 충분히 고려하면서 치료해야 한다. 말실행증은 조음과 운율(prosody)의 장애이므로 조음 오류의 양상과 조음 정확도를 파악한 후 집중적인 반복학습으로 말 산출

운동을 실행하면서, 스스로 자신의 말소리를 듣고 오류를 수정하는 한편 조음 정확도를 지적해 수정하도록 한다.

3. 의사소통장애의 원인

1) 구어장애의 원인

조음음운장애의 원인은 조음기관의 문제뿐만 아니라 지적장애, 청각장애, 구순구개열, 뇌성마비, 적절한 발음 습관을 배울 수 있는 모델이 없는 경우 등 매우 다양하다. 말더듬을 일으키는 원인으로는 생리학적 요인, 심리·언어적 요인, 심리·사회적 요인 등이 있다. 또한 음성장애의 원인으로는 성대에는 특별한 병변이 없으나 성대의 오용이나 남용으로 인한 음성의 과기능으로 발생하는 기능적 음성장애, 발성기관의 구조적 손상이나 기질적 병변에 의한 기질적 음성장애, 발성이나 호흡에 관련된 근육이 신경학적 손상으로 인해 정상적으로 움직이지 않는 신경학적 음성장애로 원인에 따라 분류된다.

2) 언어발달장애의 원인

언어발달장애(speech and language delays)는 아동이 언어능력을 충분히 발달시키지 못하는 문제를 의미한다. 이 장애의 원인은 다양하며, 여러 요인이 복합적으로 작용할 수 있는데, 생물학적인 요인, 환경적 요인, 인지적, 정서적, 임신 및 출산 관련 요인 등에 의해서 나타날 수 있다.

언어발달장애의 원인 중 생물학적인 요인으로는 유전적인 요인으로 가족력에 언어발달장애가 있는 경우 아동도 이를 경험할 가능성이 높아지고, 신경학적인 요인으로는 뇌의 구조적 또는 기능적 이상이나 뇌졸중이나 뇌종양, 두부 손상 등이 언어처리에 영향을 줄 수 있다.

환경적인 요인에 의해서 나타날 수도 있다. 아동이 성장하는 환경에서 언어에 대한 자극이 부족할 경우, 언어발달이 영향을 받을 수 있다. 예를 들어, 대화가 적고 책 읽기 등 언어적 상호작용이 부족한 경우이다. 또한 가정의 사회경제적 상태가 낮아서 아동들에게 다양한 언어적 자극이나 교육 기회의 부족으로 인해 언어발달이 늦어질 수 있다.

인지적, 심리적인 요인에 의해서 언어발달장애가 나타날 수도 있다. 자폐스펙트럼장애(ASD), 지적장애 등과 같은 발달장애는 언어능력에 영향을 줄 수 있고, 주의집중이 부족한 경우 의사소통능력에 부정적인 영향을 미칠 수 있다. 아동이 불안, 우울 또는 스트레스를 경험할 경우 언어발달에 영향을 줄 수 있을 뿐만 아니라 아동의 자존감, 사회적 상호작용 능력 등이 언어발달과 관련이 있을 수 있다.

언어발달장애의 요인 중에는 임신 및 출산의 요인이 작용할 수도 있다. 임신 중에 영양 부족, 감염, 약물 복용 등의 요인이 아동의 발달에 영향을 줄 수 있고, 저체중 출생, 조산 등의 조건도 언어발달에 영향을 미칠 수 있다. 이와 같이 언어발달장애의 원인은 개인별로 다를 수 있으며, 종종 여러 요인이 복합적으로 작용한다.

4. 의사소통장애 아동의 특성

학교현장이나 일상적인 생활 속에서 의사소통장애는 생활연령에 비해 자신의 요구를 표현하는 표현언어, 타인의 언어를 알아듣는 수용언어 발달이 지연되거나 정확하지 않은 조음으로 인해 말의 명료도가 낮은 경우, 맥락에 알맞은 말을 유창하게 하지 못하는 경우, 음성에 어려움이 있는 경우를 의미한다(고상은, 2019). 질병관리청(2020)에 근거하면 영·유아의 10% 정도가 의사소통장애가 있으며, 영·유아 발달장애 중 가장 흔한 문제라고 한다. 어린 시기 의사소통의 장애는 청소년기에 그대로 이어지는 경우가 많다.

의사소통은 사회적 관계를 형성하기 위한 가장 필수적인 요소인데(오영주, 2008), 의사소통능력이 부족한 아동은 또래와의 상호작용에서 어려움을 겪으며,

원만한 관계를 형성하고 유지하는 것이 어렵게 되어(김점숙, 2011), 의사소통의 자극을 지속적으로 받을 수 없다. 이는 일상적인 생활 속에서 다른 아동이나 청소년들과 상호작용과 사회성의 결여로 이어지게 되어 공격적 행동이나 심리적 위축, 자기 통제력 부족에 영향을 미치며, 다양한 활동에서 낮은 성취를 갖게 한다(Fantuzzo et al., 1995). 의사소통장애를 겪는 아동은 시간이 지남에 따라 비장애아동과의 언어발달 격차가 더욱 커진다. 학령기에 접어들면서 학습에도 어려움을 나타낼 가능성이 높으며, 이는 청소년기 혹은 성인기까지 이어질 수도 있다(박화란 외, 2019). 이러한 의사소통 장애를 가진 아동들의 특성을 구체적으로 살펴보면 다음과 같다.

1) 행동적 특성: 언어적 특성

일반적으로 구어를 이해하는 능력이 제한되고, 듣고 이해하는 능력이 부족하며, 언어의 표현능력에 어려움을 보인다. 단어의 뜻을 이해하거나 사용하는 데 어려움이 있으며, 언어의 형태론적 요소를 이해하는 데 어려움을 가진다. 구나 문장구조를 사용하는 능력에 어려움이 있고, 언어 사용이 부적절하고 대화기술이나 능력이 부족하고, 경험에 대해 설명하거나 경험과 연관 지어 이야기하는 능력이 부족하다.

의사소통장애(communication disorders)는 언어, 음성, 말, 비언어적 의사소통 등에 문제가 있어 사회적 상호작용과 일상생활에 영향을 미치는 장애를 의미한다. 의사소통장애를 가진 아동은 다양한 행동적 특성을 보일 수 있는데, 주요한 특성을 살펴보면 다음과 같다.

첫째, 의사소통장애를 겪는 아동은 가장 큰 행동적 특성은 적절한 단어를 찾고 사용하는 데 어려움을 겪고, 문장을 구성할 때 문법적인 오류를 자주 보인다. 복잡한 문장이나 지시를 이해하는 데 어려움을 겪으며, 상황에 맞게 말의 톤이나 억양을 조절하지 못하고, 단어를 분명히 발음하지 못해, 다른 사람들이 이해하기 어려워한다. 목소리가 너무 크거나 작고 이상한 음색을 가질 수 있으며, 말이 중단되거나 반복되며, 발음이 불명확한 경우 말더듬 현상이 나타난다.

둘째, 의사소통장애를 겪는 아동은 다른 사람과 눈을 맞추지 않으려는 경향이 나타나고, 말과 함께 사용하는 제스처가 부족하거나 부적절하다. 자신의 감정을 표현할 때 적절한 표정을 사용하지 못하는 비언어적 의사소통에 어려움을 겪는다.

셋째, 의사소통장애를 겪는 아동은 타인과 사회적인 상호작용을 하는 데 어려움을 겪는다. 대화를 시작하거나 유지하려는 시도가 부족하고, 대화에서 차례를 지키지 못하며, 중간에 말을 끊는 경우가 많다. 상대방이 불편해하는 주제에 대해 반복해서 이야기하는 경향이 나타난다.

넷째, 의사소통장애를 겪는 아동은 다른 사람들과 적극적으로 의사소통을 시도하지 않거나, 소극적으로 말하고, 의사소통 상황에서 불안과 스트레스를 느껴 반항적이거나 공격적으로 반응하는 적대적 행동이 나타난다.

이상과 같이 의사소통장애를 겪는 아동은 일상 및 사회적 상호작용에서 언어적인 문제로 인해서 어려움을 경험하기 때문에 조기 평가 및 진단, 적절한 치료와 교육적, 심리적인 지원이 중요하다. 이는 언어치료사, 상담사, 교육전문가 등이 상호협력체계를 구축하여 통합적인 개입이 이루어질 수 있도록 접근하는 것이 좋다.

2) 인지적 특성: 지능 및 학업성취적인 특성

의사소통장애를 겪는 아동은 학습이 모두 언어에 의해서 이루어지기 때문에 가장 먼저 학업성취에 부정적인 영향을 받는다고 할 수 있다. 의사소통장애는 종종 언어 이해 및 표현에 관련된 영역에서 인지적 결함을 일으켜 학습과 사회적 상호작용에 영향을 미칠 수 있다. 그러므로 의사소통장애를 가진 아동들의 특성을 살펴보면 다음과 같다.

첫째, 의사소통장애를 겪는 아동은 복잡한 문장, 긴 문장이나 구문을 이해하는 데 어려움을 겪으며, 은유, 비유, 상징 등 추상적 개념을 이해하지 못하는 경향이 있고, 지시사항을 정확하게 이해하는 데 어려움을 겪는다.

둘째, 의사소통장애를 겪는 아동은 자신의 사고와 감정을 언어로 표현하는 데 어려움을 경험한다. 상황에 알맞은 적절한 단어나 표현을 찾는 데 어려움을 겪고, 제한된 어휘를 사용하며, 문법적인 오류, 말의 조직화 등에 문제가 나타난다.

셋째, 의사소통장애를 겪는 아동은 정보를 분석하고 이해하는 데 시간이 오래 걸리며, 이에 따라 반응이 느리고, 빠르게 주어지는 언어적 정보를 처리하는 데 어려움을 겪는다.

넷째, 의사소통장애를 겪는 아동은 문제를 해결하는 데 논리적 사고와 추론을 사용하는 데 어려움을 겪고, 상황이나 문제에 대해 창의적이거나 유연한 사고를 적용하는 데 어려움이 있다.

다섯째, 의사소통장애를 겪는 아동은 청각처리장애(auditory processing disorder)에서 언어처리문제가 대두되고 있다. 정상적인 청력에도 불구하고 소리를 이해하고 해석하는 능력에 문제가 나타난다.

여섯째, 의사소통장애를 겪는 아동의 주의력에 문제가 나타난다. 중요한 언어적 정보를 선택하고 집중하는 능력이 떨어질 수 있으며(선택적 주의), 오랜 시간 동안 일관되게 주의를 유지하는 데 어려움을 겪고, 외부 자극에 의해 쉽게 주의가 분산되는 경향이 있다.

3) 사회·정서적 특성

의사소통장애를 겪는 아동은 사회적인 상호작용으로 많은 어려움을 경험한다. 말더듬 아동은 사회적인 어려움을 경험하고 낮은 사회적 지위를 보인다. 주로 의사소통의 문제로 친구를 사귀는 데 어려움을 겪고, 타인과의 교류 시에 바로 표시가 되므로 친구를 사귀지 못하고 사회적인 고립 등의 현상이 나타난다. 이와 같은 특성을 구체적으로 살펴보면 다음과 같다.

첫째, 의사소통장애를 겪는 아동은 또래 친구들과의 상호작용에서 어려움을 겪어 친구를 사귀거나 유지하는 데 어려움이 있고, 사회적 상황을 피하려 하거나 혼자 있는 것을 선호한다. 이는 고립감을 갖게 되고, 타인과의 대화 시에 대화의 순서를 지키지 않거나, 상대방의 말에 적절히 반응하지 못하는 경우가 많다.

둘째, 의사소통장애를 겪는 아동은 의사소통 상황에서 불안감을 느끼며, 특히 낯선 사람들과의 상호작용이나 공개적으로 말하는 상황에서 불안감을 심하게 나타낸다. 만성적인 의사소통문제로 인해 자신감이 떨어지고, 이는 우울한 감정으로 이어질 수 있으며, 자신의 의도를 전달하지 못하거나, 다른 사람들의 말을 이해하지 못해 좌절감과 분노를 경험한다.

셋째, 의사소통장애를 겪는 아동은 자신의 의사소통능력에 대한 지속적인 실패 경험으로 인해 자존감이 낮고, 의사소통 상황에서 성공 경험이 적어, 자신의 능력에 대한 신뢰가 떨어져 자기효능감이 낮다.

넷째, 의사소통장애를 겪는 아동은 대화를 시작하는 데 어려움을 겪으며, 처음 만나는 사람들과의 상호작용이 특히 어렵고, 적절한 눈맞춤, 몸짓, 표정 등을 사용하는 데 어려움이 있어 의사소통의 비언어적 요소가 부적절하게 나타날 수 있으며, 상대방의 말을 적극적으로 듣고 이해하는 능력이 부족하다.

다섯째, 의사소통장애를 겪는 아동은 스트레스 상황이나 좌절감을 억제하지 못하고 즉각적인 감정적 반응을 보일 수 있으며, 감정을 적절히 표현하지 못해 과하거나 부족하게 반응할 수 있다.

여섯째, 의사소통장애를 겪는 아동은 특정 사회적 규범이나 암묵적인 기대를 이해하고 따르는 데 어려움을 겪고, 사회적 상황에 부적절한 행동을 보일 수 있다. 이는 오해나 갈등을 초래할 수 있으며, 다른 사람의 감정을 인식하고 이에 공감하는 능력이 부족하고, 사회적 신호(예: 표정, 몸짓, 억양)를 이해하고 적절히 반응하는 데 어려움을 겪는다.

이와 같이 의사소통장애를 겪는 아동의 사회·정서적 특성으로 인해서 학습환경, 사회적 관계, 일상생활에서 많은 도전과 문제장면에 직면하게 되는데, 그중에서도 인간관계를 형성하는 데 가장 많은 문제점을 도출하게 된다. 이러한 특성을 효과적으로 관리하고 개선하기 위해서는 언어치료, 심리상담, 사회적 기술 훈련 등의 통합적이고 다각적인 접근이 필요하다.

5. 의사소통장애 아동을 위한 상담사의 역할

의사소통장애를 겪는 아동을 위한 상담사는 먼저 의사소통이 적절한 모델을 제공해 줄 수 있어야 한다. 적절한 억양, 발음, 유창성, 말 속도, 문장의 길이나 복잡한 정도 조절, 한 번에 제시하는 지시의 수도 조절한다. 또한 무엇보다 수용적인 환경을 조성해 주어 상대방의 말을 존중해 주고 인내심을 가지고 들어주는 수용적인 청취자의 역할을 해준다. 상담사는 내담자의 말에 관심을 보여 주고 내담자가 하는 실수를 허용해 준다. 어떤 장애일지라도 무조건적 존중, 공감적 이해, 진솔성은 상담사가 갖추어야 할 기본 자질이고 그 외에 의사소통장애 아동에게는 직접적으로 말을 통한 의사소통 기술을 연습할 수 있는 기회를 제공해 준다.

상담사가 의사소통장애를 겪는 아동에게 다양한 의사소통 기술을 연습할 수 있는 기회를 제공할 때 유의할 점은 다음과 같다.

첫째, 의사소통장애를 겪는 아동의 필요를 예측해서 먼저 도와주는 것보다는 아동 스스로 예측하여 도전하고 연습하도록 한다.

둘째, 일상적인 생활 속에서 일어날 수 있는 새롭거나 평범하지 않은 사건을 경험하도록 한다.

셋째, 다른 사람에게 정보를 전달해야 하는 기회를 제공한다. 자신의 생각이나 정보를 적절하게 표현하도록 하는 연습을 상담 과정에서 경험하도록 한다.

넷째, 선택의 기회를 제공하기이다. 상담사는 의사소통장애를 겪는 아동의 특성을 고려하여 지시사항을 요점만 간단하게 전달하고, 전달 내용은 정확하게 표현한다. 또한 의사소통에 장애가 있으므로 질문도 되도록 '예/아니요'의 간단한 대답을 요구하는 질문을 제시한다. 표현적 의사소통의 결함을 보상하기 위해 사용되는 다양한 중재를 의미하는 용어나 보조도구를 사용하거나 사용하지 않는 특정 방법을 통하여 의사소통장애를 겪는 아동의 의사소통 성과를 향상하고자 한다.

다섯째, 의사소통장애를 겪는 아동의 또래와의 상호작용 기술, 의사소통 기술, 갈등 해결 방법, 역할놀이 등을 통해서 다양한 사회적 상황과 장면에서 연습하고 적절한 반응을 할 수 있도록 역할 놀이, 모델링 기법 등을 제공해야 한다.

여섯째, 의사소통장애를 겪는 아동은 자기효능감과 자존감이 낮은 상태이므로 의사소통장애를 겪는 아동의 강점을 식별하고 이를 활용하여 자신감을 향상하고 긍정적인 자아개념을 개발하도록 한다. 의사소통장애를 겪는 아동이 자신의 목표를 설정하고 이를 달성하는 과정에서 내재적 동기를 키울 수 있도록 지원하는 과정을 갖도록 하는 것이 좋다. 의사소통장애를 겪는 아동에게 상담사는 다양한 역할들을 통해 의사소통장애를 겪는 아동이 자신감을 가지고 의사소통능력을 향상하고, 더 나은 사회적, 정서적 적응을 이루도록 하여 전인적 발달이 이루어지도록 하는 데 관심을 가져야 한다.

3부

상담의 이론

9장 정신분석상담

1. 프로이트의 생애

이론을 이해하기 위해서는 먼저 그 학자의 삶을 이해하는 것이 도움이 되리라 본다. 프로이트(Sigmund Freud, 1856-1939)는 비엔나의 한 가정에서 3남 5녀 중 첫 아이로 태어났다. 그 시대 그 지역의 많은 아버지들처럼, 프로이트의 아버지도 매우 권위적이었다. 프로이트는 가정이 경제적으로 풍족하지 못해 혼잡한 아파트에서 살 수밖에 없었지만, 부모들은 그의 명석한 지적능력을 키워주기 위해서 모든 노력을 다 기울였다. 다방면에 관심이 많았지만, 유대계 혈통이라는 사실 때문에 그는 마음대로 직업을 선택할 수가 없었다. 결국 그는 의사가 되기로 결정했다. 26세 때 비엔나 대학에서 의학 박사학위를 취득하고 단 5년 만에 그는 강사라는 명예스러운 위치를 획득했다.

프로이트는 정신분석 이론을 형성하고 확장하는 데 나머지 생애의 대부분을 투여했다. 흥미롭게도 그는 생애의 가장 창조적인 시기에 심각한 정서적 문제를 겪었다. 40대 초반이었을 때, 그는 많은 정신신체장애를 앓았을 뿐만 아니라 죽음에 대한 심한 공포와 여타의 공포증도 있었다. 이 시기 동안 그는 자기분석이라는 힘든 일을 하고 있었다. 그는 자신의 꿈의 의미를 탐색함으로써 성격 발달의 역동에 대한 통찰을 얻었다. 그는 먼저 자신의 아동기에 대한 기억과 경험을 탐색했으며, 어렸을 때 자신이 아버지에게 강한 적대감을 느꼈다는 사실을 알게 되었다. 또 아동기에 어머니에게 성적 감정을 느꼈다는 사실도 회상했으며, 어머니는 매력적이고 사랑스럽고 정이 많았다. 후에 환자 치료에서 발견한 사실들과 자기 문제 분석에서 발견한 사실이 같음을 보고 임상적으로 자신의 이론을 형성했다.

프로이트는 정신분석적 원리로부터 이탈하는 동료들에 대해서는 참지 못했다. 그와 의견을 달리하는 사람들을 추방함으로써 그러한 움직임을 막으려고 했다. 예를 들어, 융(Carl Jung)과 아들러(Alfred Adler)는 프로이트와 긴밀하게 연구를 했으나 이론적 문제에서, 그리고 임상적인 문제에서 여러 번 프로이트와 의견 불일치를 보인 후 각자의 치료 학파를 세웠다.

프로이트는 매우 창조적이고 생산적이었으며, 하루에 18시간이나 연구를 하는 경우도 있었다. 그의 전집은 총 24권이나 된다. 프로이트의 생산성은 턱에 암이 걸렸던 생애 후반까지 그 수준을 유지했다. 생애의 마지막 20년 동안 그는 33번씩이나 수술을 받았으며, 끊임없는 고통 속에 살았다. 그는 1939년 런던에서 숨을 거두었다.

정신분석의 창시자인 프로이트는 자신을 지적인 거인으로 생각했다. 그는 인간 행동을 이해하는 새로운 기법을 개척했으며, 그의 노력은 지금까지 발전되어 온 성격과 심리 치료의 가장 포괄적인 이론을 낳게 했다.

프로이트의 견해는 지금도 영향력을 발휘하고 있다. 그의 기본적 개념들은 지금도 다른 이론들을 형성하거나 발달시키는 데 기초가 된다. 어떤 치료 접근은 정신분석 모형을 확장했고 어떤 것들은 정신분석 모형의 개념이나 절차를 수정하였으며, 또 다른 것들은 정신분석 모형에 대한 반발로 나타났다. 많은 이론들이 정신분석의 원리나 기법을 차용하거나 통합하였다.

프로이트의 정신분석적 체계는 성격 발달 모형인 동시에, 인간에 대한 철학이며, 심리치료의 방법이다. 프로이트는 심리치료에 새로운 시작과 지평을 제공했다. 그는 행동을 도식화하는 정신역동적 요소에 주의를 기울였고 무의식의 역할에 초점을 두었으며, 기본적인 성격의 구조를 이해하고 수정하는 치료 절차를 가장 먼저 만들었다.

2. 정신분석상담의 인간관

프로이트의 인간관은 한마디로 정신적 결정론이라 할 수 있다. 정신적 결정론이란 인간의 외적인 행동이나 감정 혹은 생각은 정신 내적인 원인에 의해 결정된다는 정신분석 이론의 기본원리이다. 인간 본성에 관한 프로이트의 관점은 결정론이다. 프로이트는 "원인이 멈추면, 결과도 멈춘다"라는 명제를 발전시켜 나갔다. 이에 따르면, 사람들의 감정과 행동은 아무런 이유 없이 나타나는 것이 아니라 어떤 원인이 작용했기 때문에 나타난 결과라는 것이다. 원인이 존재하는 한 결과 또한 계속 유지되며, 그 원인이 사라지게 될 때에야 비로소 결과 역시 사라지게 되는 것이다.

이런 의미에서 볼 때 인간의 겉으로 드러난 감정과 행동, 그리고 생각들은 어떤 원인에 의해 미리 결정된 것이다. 프로이트에 따르면, 아무런 원인도 가지지 않는, 즉 저절로 발생하는 현상이란 없다. 그 어떤 힘(즉, 원인)이 작용했기 때문에 사람들은 기쁘고, 슬프고, 괴롭고, 분노하게 되는 것이다. 사람들의 일거수일투족을 결정하는 것은 외적인 환경적 조건이 아니라 내적인 그 무엇이라는 것이다. 이를 정신결정론(psychic determinism)이라고 하였다.

정신결정론의 관점에서 보면, 사람들이 겪는 심리적 문제는 내부에 존재하는 어떤 정신적 원인이 작용한 결과이다. 그 원인이 멈추지 않는 한 결과(즉 심리적 문제)는 멈추지 않으며, 그 원인이 멈출 때 비로소 사람들은 심리적 건강을 되찾을 수 있다. 인간에 대한 이러한 관점은 우리들로 하여금 주어진 어떤 현상을 있는 그대로 이해하는 것에서 한 걸음 더 나아가 이면의 그 무엇을 발견하려는 분석적 태도를 유지할 것을 요구한다. 즉 적절하고 타당한 이해를 얻게 될 때까지 "원인이 무엇인가?"라는 질문을 끊임없이 던지는 자세가 필요하다는 것이다. 원인을 추구하는 것, 그것이 바로 정신분석이다.

프로이트의 이론에서 결정론은 인간의 행동과 심리 상태가 무의식적인 힘과 어린 시절의 경험에 의해 상당 부분 결정된다는 개념을 뜻한다. 프로이트는 인간의 마음이 의식, 전의식, 무의식으로 구성되어 있으며, 무의식이 인간의 사고와 행동에 큰 영향을 미친다고 보았다. 무의식에는 억압된 생각, 기억, 감정이 저장되어 있으며, 이들이 의식적인 삶에 영향을 미친다는 것이다. 예를 들어, 어떤 행동이나 감정이 자신도 모르게 나타날 수 있으며, 이는 무의식 속에 억눌린 갈등이나 욕망의 표현일 수 있다.

프로이트는 인간의 발달은 어린 시절의 초기 경험과 리비도(libido)가 영향을 준다고 보았다. 프로이트는 어린 시절의 경험이 성격 형성과 삶 전반에 큰 영향을 미친다고 하였다. 그는 어린 시절의 경험이 무의식에 영향을 주며, 특히 부모와의 관계, 양육 방식, 초기의 삶의 사건들이 개인의 심리적 발달에 중요한 역할을 한다고 설명하였다. 그는 이를 통해 성인기의 행동과 정신적 문제를 이해하고 치료하는 데 중점을 두었다. 특히, 프로이트는 인간의 성격 발달을 구강기, 항문기, 남근기, 잠복기, 성기기 등의 심리성적 발달 단계로 설명하였다. 각 단계에서 경험하는 갈등이나 불만족이 무의식에 억압될 수 있으며, 이는 이후의 성격 및 심리적 문제로 이어진다고 하였다. 프로이트의 결정론적 시각은 인간의 자유 의지를 다소 제한적으로 보았으며, 행동의 많은 부분이 무의식적 과정과 초기 경험에 의해 이미 결정되어 있다는 관점이다. 이 때문에 치료 과정에서는 무의식적 동기와 어린 시절의 경험을 탐구하고 통찰하는 것이 매우 중요하다고 보았다.

3. 정신분석상담의 주요 개념

1) 의식구조

프로이트는 인간의 자각 수준을 의식(consciousness), 전의식(pre-consciousness), 무의식(nonconsciousness)의 세 영역으로 나누어 보았다. 마음을 빙산에 비유하여 빙산의 꼭대기는 의식, 물에 잠긴 부분은 전의식, 그리고 볼 수 없지만 마음의 대부분을 차지하는 알 수 없는 영역을 무의식으로 나누었다. 세 영역 중 정신역동 이론은 특히 무의식의 중요성을 강조하였다.

(1) 의식

의식은 개인이 각성하고 있고 의식하고 있는 감정, 행동, 기억, 연상, 공상 등의 영역이며, 현재 느끼거나 알 수 있는 모든 경험과 감각이다. 이에 관한 관심에서 벗어나면 이 영역의 자료들은 전의식의 영역이 되어 더 이상 의식되지 않는다. 프로이트는 정신생활의 극히 일부분만이 의식의 범위 안에 있다고 하였다.

(2) 전의식

전의식은 의식 속의 자료들이 저장되는 영역으로 현재는 의식되지 않지만 주의를 집중하면 쉽게 의식될 수 있다. 예를 들어, 지난주에 맛있게 먹었던 음식, 친구가 입었던 옷 따위의 내용들은 관심이 사라지면서 전의식의 자료가 된다.

(3) 무의식

무의식은 프로이트가 가장 크게 공헌한 영역으로, 마음을 구성하는 사고, 감정, 본능, 욕구, 동기, 갈등 따위의 자료들이 저장되어 있다. 프로이트는 무의식 속 대부분의 자료들이 의식되지 못한 채 인간의 행동을 결정한다고 보았다. 무의식은 의식되지 못하는 영역으로 대부분의 자료들은 억압(repression)이라는 기제를 통해 무의식 속에 들어가게 된다. 이렇게 억압된 자료늘은 인간으로 하여금 원하지 않는 감정이나 행동을 일으키도록 자극하는 요인이 된다. 프로이트는 무의식의 증거로 말실수, 망각, 꿈의 존재를 들었는데, 특히 '꿈'은 무의식에 이르는 왕도이며 꿈의 해석(dream analysis)을 통해 무의식의 자료들을 알 수 있다고 하였다. 이러한 꿈의 해석과 최면, 자유연상을 비롯한 무의식의 자료들은 정신분석의 기법과 노력을 통해서만이 무의식이 의식될 수 있으며, 이러한 노력 없이는 현재의 행동을 무의식의 자료와 연결하여 인식할 수 없다고 하였다.

2) 성격의 구성 요소

(1) 원초아

원초아(id)는 성격의 원래의 체계이다. 사람은 태어날 때 온통 원초아뿐이다. 원초아는 심리적 에너지의 최초의 원천이며 본능이 있는 곳이다. 인간의 모든 본능적 욕구들이 자리 잡고 있는 곳으로서, 사람이 태어나는 순간부터 존재한다. 먹고, 마시고, 자고 하는 본능들은 모두 원초아에 의한 것이다. 이러한 본능적 욕구들은 삶의 본능이라 불린다. 삶의 본능들 중 프로이트가 특히 중요하게 생각한 것은 성적 본능이다. 즉 프로이트는 성적인 쾌감을 얻고자 하는 것이 인간을 움직이는 가장 중요한 원동력으로 보았던 것이다.

원초아에 자리 잡은 본능적 욕구들은 한 가지 독특한 원리에 따라 작동한다. 그것은 바로 '쾌락의 원리'이다. 본능적 욕구들이 지체 없이, 그리고 직접적으로 만족될 수 있을 때 쾌감이 온다. 그리고 무조건적으로 충족시키려 하는 것이 바로 쾌락의 원리인 것이다. 쾌락의 원칙은 욕구들이 현실 속에서 즉각적, 직접적으로 충족되어야 한다는 작동원리이다. 따라서 원초아는 본능적 욕구들이 자리 잡고 있는 곳이고 인간을 움직이는 가장 중요한 원동력이라 할 수 있으며, 무의식화된 욕구들은 숨겨진 채로 사람들의 삶에 영향을 미친다.

(2) 자아

자아(ego)는 원초아로 하여금 충동을 지연시키고 현실을 고려하도록 하는 역할을 한다. 즉 목이 마를 때 단순히 물을 마시는 환상을 하는 것이 아니라 현실적으로 물을 먹을 수 있는 방법을 찾기 위해 객관적인 실제 세계와 타협하는 것이다. 자아는 외적 현실을 고려하고, 원초아를 지배·통제하는 집행부의 역할을 수행한다.

(3) 초자아

초자아(super-ego)는 성격의 판사 같은 부분이다. 초자아는 그 사람의 도덕이며,

주 관심사는 행위가 착한지 나쁜지의 선악을 구분하는 것이다. 초자아는 현실이 아니라 이상을 나타내며, 쾌락보다는 완벽을 추구한다. 초자아는 부모에게서 계승되는 그 사회와 전통적 가치나 이상을 나타낸다. 초자아는 원초아의 충동을 억제하도록 하며, 자아가 현실적 목표 대신 도덕적 목표와 완전을 추구하도록 한다. 그러므로 초자아는 부모나 사회의 표준이 내면화된 것으로서, 심리적 보상이나 처벌과 관련이 있다. 보상은 자부심이나 자기애이고, 처벌은 죄책감이나 열등감이다.

3) 정신분석의 주요 방어기제

방어기제는 자아가 합리적 방법으로 자신이 느끼는 불안감을 해결하지 못할 때 자신이 의식하지 못하는 가운데 비현실적인 방법으로 불안감을 제거하려고 하는 무의식적인 심리적 기제를 말한다. 다음의 종류들로 나누어질 수 있다.

- 억압(抑壓): 억압이란 수치스럽다고 느끼는 생각, 죄의식, 괴로운 경험 그리고 싫증나는 일들을 의식에서 무의식으로 밀어내는 것을 말한다.
- 합리화(合理化): 정당하지 못한 자기 행동에 그럴듯한 이유를 붙여 그 행동을 정당화하여 불안 의식을 제거하려는 것이다.
- 반동형성(反動形成): 자신이 갖고 있는 죄의식을 본래의 행동과 완전히 반대되는 방향으로 바꾸는 것을 말한다. 예를 들면, 미혼모가 애를 가졌을 때 그 애에 내해서 익애하는 경우가 여기에 해당된다.
- 투사(投射): 사회적으로 인정받을 수 없는 자신의 행동과 생각을 마치 다른 사람의 것인 양 생각하고 남을 탓하는 것이다.
- 퇴행(退行): 생의 초기에 성공적으로 사용했던 생각이나 감정과 행동에 의지하여 자기 자신의 불안이나 위협을 해소하려는 과정이다. 불쾌감을 일시적으로 해소하지만 사람에 대해 의존적이고 우유부단하게 되고 새로운 변화에 두려워한다.
- 감정전이(感情轉移): 자신이 느낀 감정을 다른 대상에게 표출하는 것이다. 예를 들면, 어머니에게 꾸중 들은 것을 개에게 푼다던가, 옛날 애인에 대한 감정을 비슷한 여인에게 표출하는 형태가 여기에 해당된다.

- 억제(抑制): 해롭고 바람직하지 못한 생각과 충동에 대해서 의식적으로 통제하는 것을 말한다. 이 기제는 억압과 같은 목적을 갖고 있지만 개인의 의식적 의도가 있는 것이다.
- 보상(補償): 어떤 분야에서 탁월하게 능력을 발휘하여 인정을 받음으로써 다른 분야의 실패나 약점을 보충하여 자존심을 고양시키는 기제이다.
- 치환(置換): 사람의 에너지를 원래의 목표에서 대용 목표로 전환시킴으로써 긴장을 해소하는 방식인데, 대용 목표와 원래 목표가 아주 유사할 때에만 유용하다.
- 승화(昇華): 정서적 긴장이나 원시적 에너지의 투입을 사회적으로 인정될 수 있는 행동 방식으로 표출하는 것을 말한다. 예를 들면, 상지장애를 겪고 있는 아동이 발가락으로 그림을 그려 작품을 만드는 경우가 여기에 해당된다.
- 히스테리: 사람이 어렵고 힘든 사태에서 잘 벗어날 수 있는 신체적 증상을 발달시키는 기제이다. 기질적 장애가 없는데도 실제로 신체적 고통을 느낀다.
- 동일시(同一視): 자기가 좋아하거나 존경하는 대상과 자기 자신 또는 그 외의 대상을 같은 것으로 인식하는 것을 말한다.

4) 심리성적 발달 단계

프로이트는 성격이 심리성적 발달 단계에 따라 형성된다고 보았다. 심리성적 단계의 주요한 특징은 정신에너지인 리비도(libido)가 신체 부위의 어디에 집중되었느냐에 따라 다섯 단계로 구분된다. 심리성적 단계 동안 아동에게 일어나는 일들이 성인기의 성격 형성을 돕고, 심리성적 갈등이 성공적으로 해결하지 못하거나, 심하게 박탈되거나, 과도하게 몰두하게 되면 어떤 한 단계에 '고착(fixation)'된다. 고착이란 어떤 한 단계에서 미해결된 문제를 경험함으로써 야기되는 성격 발달의 정지를 말한다. 더욱이 자신의 갈등이 성공적으로 해결되었더라도 이후의 생활에서 심한 어려움을 겪게 되면 '퇴행(regression)'을 보이게 된다. 퇴행이란 발달 초기의 보다 만족스러웠던 단계의 감정이나 행동을 보이는 것을 말한다.

정신분석적 모형의 공헌 중의 하나는 출생부터 성인기까지의 심리·사회적 발달 단계와 심리성적 발달 단계의 기술이다. 이것은 각 단계의 중요한 발달적 과제, 정상적이거나 비정상적인, 개인적이거나 사회적인 기능, 중요한 욕구와 그들의 만족이나 좌절, 후의 적응문제를 야기하는 잘못된 성격 발달의 근원, 자아 방어기제의 건전하거나 건전하지 못한 사용에 대한 개념적 도구를 제공한다.

(1) 구강기(oral stage): 출생~1세

아동들의 발달에 지대한 영향을 미치는 리비도가 입에 집중되어 입을 통한 쾌감으로 만족감을 느끼는 단계이다. 이 시기의 만족의 원천은 입술과 구강이며, 구강 부위의 자극을 통해 사회적·물리적 환경에 접촉하고, 구강 부위는 그러한 부위를 매개하는 일차적 수단이 된다. 유아는 리비도의 일차적인 대상인 어머니의 젖을 빨면서 어머니에게 전적으로 의존한 상태에서 이 세상에 대한 지각하는 방법을 배우게 된다.

삶의 에너지는 먼저 입에 집중되고, 만족의 중심점이 된다. 지나치게 구강 요구(지나친 먹기, 씹기, 말하기, 담배 피우기, 마시기)를 추구하는 성인은 구강기 고착일 가능성이 많다. 유아에게 치아가 돋아남에 따라 시작되며 깨물기 시작하는 단계를 구강 공격기라고 한다. 빈정거리기, 적대, 공격, 험담, 타인에 대한 신랄한 비판 등의 성인 행동이 이 발달 시기의 사상과 관련이 있다. 또한 생의 초기동안 충분한 음식과 사랑을 얻지 못하게 되면 탐욕, 욕심이 생길 수 있다.

그밖에 불신에 기초한 세상에 대한 견해, 타인에게 손을 내미는 데 대한 두려움, 애정의 거부, 사랑과 믿음에 대한 두려움, 낮은 자존감, 고립과 위축, 긴밀한 관계의 유지나 형성에서의 무능함 등이 이 시기와 관련이 있다.

(2) 항문기(anal stage): 1~3세

리비도가 항문 근처에 집중되어 배변이나 배뇨와 같은 본능적인 욕구가 쾌락의 근원이 되는 시기이다. 이 시기에 아동은 배변훈련을 통해 원칙에 대한 최초의 중요한 경험을 한다.

이 시기에 해결해야 할 과제로는 독립성, 개인적 힘, 자율감 획득, 부정적 감정들을 수용하고 처리하는 방법 배우기 등이다. 이 시기의 성격 형성은 본능적 충동인 배설과 외부적 현실인 배변훈련과 관련되어 결정된다.

배변에 관여하는 척수신경은 보통 생후 1년 반에 발달이 완료된다. 간혹 이러한 신경조직의 발달이 완성되지 않은 상태에서 아동에게 부모가 무리하게 대소변을 가리라고 요구한다든지, 아동이 바지를 벗고 입을 능력이 생기기 전에 또는 화장실, 변기 등이 어디에 있는지 알지 못하는 경우에 부모가 무리하게 대소변 가리기를 요구할 때, 대소변을 싼다고 부모가 무리하게 벌을 주거나 야단칠 때, 혼자서 화장실 가는 것을 겁내거나 양변기 속이나 재래식 화장실 안에 자기가 통째로 빠져버리지 않을까 하고 겁내는 것은 이 시기 아동들에게 일반적으로 나타나는 현상인데도 이를 이해하지 못하는 부모가 계속 배변 가리기를 요구할 때에 부모와 아동의 갈등 상황이 일어나게 된다. 이러한 갈등 상황으로 후기 성격에 문제가 되는 경우가 발생할 수 있다.

배설행동을 두고 부모와 갈등을 겪으면서 부모에 대한 애증, 즉 양가감정을 갖기도 한다. 첫째, 항문기-공격형 성격이 형성될 수도 있는데, 이는 배변훈련이 너무 엄격하면 아동은 부적절한 때나 부적절한 장소에서 배변을 함으로써 분노를 표현할 수 있다. 이는 후에 잔인함, 부적절한 분노의 표현, 극단적 무질서성과 같은 성인기 성격의 기초가 될 수 있다. 둘째, 항문기-보유형 성격으로 지나친 칭찬으로 아동에게 배변을 지나치게 중요하게 생각하도록 할 수도 있다. 이 단계에서 질서 정연, 인색함, 고집 등과 같은 고착행동이 형성된다.

(3) 남근기(phallic stage): 3~6세

리비도가 생식기에 집중되는 시기로, 자신의 성기를 만지거나 환상을 통해 쾌감을 느끼는 시기이다. 남근기의 갈등은 아동이 반대 성인 부모에 대해 지니고 있는 무의식적인 근친상간의 욕구와 관련이 있다.

일반적으로 아동기에는 실험을 하며, 성에 대한 많은 태도가 남근기에 생기므로 성욕의 수용이나 성적 충동의 조정은 이 시기에 해결해야 할 과제로 매우 중요한 일이다. 이 시기는 양심 발달의 시기이며, 아동이 도덕적 기준을 학습하는 시기이므로 부모의 경직된 도덕기준은 초자아에 의한 과잉통제가 생길 수 있다. 부모가 충동들이 나쁜 것이라고 가르친다면 죄책감을 느끼게 되어 타인과의 관계를 즐기지 못하며 경직, 심한 갈등, 죄책감, 낮은 자존감, 자기비난 등이 나타날 수도 있다.

① 거세불안과 오이디푸스 콤플렉스(Oedipus complex)

남아가 환상과 행동을 통해 반대 성의 부모에게 갖게 되는 성적 소망에서 비롯된다. 남아는 아버지를 경쟁적이며 위협적 존재로 여긴다. 아이는 아버지와 어머니가 특별한 관계에 있음을 지각하고, 아버지에 대해 질투심과 적개심을 갖게 된다. 이때 연약한 남아는 힘 있는 적대자인 아버지가 자신의 남근을 잘라내지 않을까 두려워하게 되는데, 이를 거세불안이라고 한다. 그 결과로 나타나는 것이 오이디푸스 콤플렉스이다.

② 남근선망과 엘렉트라 콤플렉스(Electra complex)

여아는 남근이 자신에게는 없다는 것을 발견하고 자신의 성기를 잃어버렸다고 믿으며 남근을 부러워한다. 여아는 이 시기에 사랑의 대상을 점차 어머니로부터 아버지로 옮겨가기 시작하며, 어머니에게 남근이 없다는 것을 발견하고 그에 대해 부정적인 감정을 느껴 남근선망을 갖게 된다. 이때 여아는 남근이 있는 아버지의 관심과 애정을 끌기 위해 어머니와 경쟁하게 되는데, 만약 어머니와 더 이상 경쟁할 수 없음을 깨닫게 되면 어머니와의 동일시를 통해 어머니의 행동 특징을 모방하고 초자아를 발달시키게 된다.

프로이드(Freud)는 이 시기를 전 성기기(출생~만 6세)라고 한다. 심리성적 발달의 성기기 이전단계(구강기, 항문기, 남근기)를 말한다. 이 단계는 사춘기 이전, 즉 생식과 직접적으로 관련되지 않는 시기로, 육체적 쾌락과 관련된 1차적 자기도취가 나타난다는 공통점이 있다. 1차적 자기도취란 손가락 빨기, 배설물 보유 및 방출, 성기 만지기 등과 같이 자신의 신체 부위의 자극을 통해 쾌감을 느끼는 것을 말한다. 2차적 자기도취는 성기기에 나타나는 현상으로, 육체적 쾌락을 느낀다는 점에서 동일하지만 리비도(libido)가 다른 대상을 향한다는 점이 다르다.

(4) 잠복기(latency stage): 6~12세

리비도가 휴지 기간에 접어들기 때문에 성적이고 공격적인 욕구나 충동적 욕구가 외부적으로 표현되지 않고 통제된다. 아동의 관심은 외부세계와 인간관계로 옮겨가게 되고, 본능적 욕구가 감소되기 때문에 오히려 동성의 친구와 어울리게 되는 사회화가 이루어진다.

정신에너지는 자아를 발달시키는 데 사용되어 학업에 관심을 쏟고 장차 삶을 영위하는 데 필요한 기술과 훈련에 집중된다. 또한 학교활동, 취미, 스포츠, 우정관계 등을 통해 성적 충동을 승화시킨다. 이 시기를 무난히 잘 넘기면 학업이나 활동에 있어서 성취감을 느끼고 대인관계도 원만해져 자신감과 적응능력이 높아진다. 이전 발달 단계의 과제들이 미해결 상태로 남아 성적, 공격적 충동이 잘 제어되지 못한다면 학업에 지장을 받게 되고 누적된 학업실패는 열등감을 유발한다. 또한 두려운 나머지 내면의 충동을 과도하게 제어하다 보면 성격발달을 정체시키게 되고, 외현상 조숙한 듯 보이지만 실제로는 심각한 강박적 성격으로 발전할 가능성이 높다.

(5) 성기기(genital stage): 12세 이상

사춘기에 시작되어 성인기 내내 지속되는데, 이 단계에서 나타나는 청소년의 발달 특징은 급격한 신체적 성장에 따른 호르몬의 변화이다. 이전 단계에서 잠재되어 있던 리비도가 다시 활성화되어 성적 욕구가 강해지고 이성에 대한 관심과 인식이 증가한다. 부모로부터 심리적으로 독립하여 독자적인 주체성을 확립하고 급격한 신체발달을 원활하게 통합해야 하는 발달과제를 갖고 있다.

5) 프로이트의 심리성적 발달 단계와 에릭슨의 심리·사회적 발달 단계

프로이트(Freud)의 이론에 기초하였으나 초기 아동기 이후의 발달에서 심리·사회적 측면을 강조함으로써 이론을 확장했다. 에릭슨(Erikson)은 한 개인과 다른 사람 및 외부세계 간의 관계에서 유발되는 갈등과 그것을 성공적으로 해결하는 경험이 인간의 성격형성에 중요한 역할을 하는 것으로 보고 있다.

에릭슨은 해결해야 할 특정 위기로써 구분할 수 있는 전 생애에 걸친 과정을 발달이라고 보았고, 위기란 생의 전환점을 말하는 것으로 진보나 퇴행의 가능성이 있는 시기를 지칭하였다. 각 단계에는 각각 처리해야 할 독특한 위기가 있으며, 개인의 과거는 미래에 영향을 미치므로 발달에는 연속성이 있다. 또한 각 단계는 다른 단계와 연관이 있다. 그러므로 심리성적 요인과 심리·사회적 요인을 모두 포함하는 통합된 관점으로 개인의 발달을 보는 것이 좋다고 여겨진다.

표 9-1 프로이트의 심리성적 발달과 에릭슨의 심리·사회적 발달의 비교

기간	프로이트	에릭슨
출생~1세	구강기 어머니의 젖을 빠는 행위는 음식과 쾌락에 대한 욕구를 만족시킨다. 구강기가 만족되지 않으면 구강기 고착으로 타인에 대한 불신, 타인에 대한 사랑 거절, 소원한 관계를 형성한다.	유아기: 신뢰감 대 불신감 중요한 타인이 기본적, 물리적, 정신적 욕구를 만족시켜 주면 신뢰감이 생기고, 그렇지 않으면 세상에 대한 불신, 특히 대인관계 불신이 생긴다.
1~3세	항문기 항문기는 인격형성에 가장 중요한 시기이다. 주된 발달과제는 독립의 학습, 개인적 능력의 수용, 분노와 공격 등 부정적 감정을 표현하는 것의 학습 등이 있다.	아동초기: 자율성 대 수치와 의심 자율감을 발달시키는 기간이다. 기본적 투쟁은 자기 신임의 느낌과 의심의 느낌 간의 투쟁이다. 부모가 의존심을 고무하면 어린이의 자율감이 형성되기 어려우며, 세상을 다루는 능력이 발달하는 데 방해가 된다.
3~6세	남근기 기본적 갈등은 어린이가 부모에게 느끼는 무의식적 근친상간의 욕망에 집중되어 있다. 이러한 감정은 위협적으로 느껴지므로 억압된다. 어린이의 점차 증가하는 성적 관심에 대한 부모의 반응은 성에 대한 태도와 감정에 영향을 미친다	학령전기: 주도성 대 죄책감 어린이에게 개인적으로 의미 있는 활동을 선택할 자유가 주어지면 그들은 자신에 대한 긍정적 시각을 발달시키며 자신의 계획에 따라 행동하는 경향이 생긴다. 그렇지 못하면 솔선하여 행동하는 것에 죄책감을 느낀다.
6~12세	잠복기 앞의 시기에는 성적 충동이 강렬했으나 이 기간에는 비교적 조용하다. 성적 관심은 학교, 놀이친구, 운동 등 새로운 활동에 대한 관심으로 바뀐다.	학령기: 근면성 대 열등감 아동은 세상을 더 잘 이해하고, 계속 적절한 성역할 정체감을 형성하며, 학교생활을 잘하는 데 필요한 기본적 기술을 배워야 한다. 그러기 위해서는 근면성이 필요하다. 근면성은 개인적 목표를 세우고 성취하면서 형성된다. 그렇지 못하면 열등감이 생긴다.
12~18세	성기기 오래전의 남근기 주제가 되살아난다. 이 단계는 사춘기에 시작해서 노쇠할 때까지 계속된다.	청소년기: 자아정체감 대 역할 혼미 유아기에서 성인기로 이행하는 시기다. 한계를 검토하고 의존적 관계를 끊고, 새로운 정체감을 확립하는 시기이다. 정체감을 획득하지 못하면 역할 혼미가 생긴다.

18~35세	성기기의 계속	성인초기: 친밀성 대 고립 이 시기의 발달과제는 친밀한 관계를 형성하는 것이다. 친밀감을 획득하는 데 실패하면 소외감과 고립감이 생긴다.
35~60세	성기기의 계속	성인기: 생산성 대 침체 자기와 현재의 가족뿐만 아니라 다음 세대를 위한 일에 관심을 가진다. 생산감을 이루지 못하면 심리적 침체감이 생긴다.
60세 이상	성기기의 계속	성인 후기: 발달의 완성 및 절망 별 후회 없이 생을 되돌아보고 개인적으로 보람을 느끼며, 자아통합이 생긴다. 그렇지 못하면 좌절감, 절망감, 자기 부정 등이 생긴다.

출처: Corey(2003). 심리상담과 치료의 이론과 실제(조현춘, 조현재 역).

4. 정신분석상담 과정과 기법

1) 상담 목표

정신분석상담의 궁극적 목표는 '증상의 완화와 갈등의 해결 등을 포함하여 적응기능 향상'이다(Wolitzky, 2011a). 또한 무의식을 의식화하고 자아를 강하게 하여 행동이 본능의 요구나 비합리적인 죄책감보다는 현실에 바탕을 두도록 하는 것이다. 무의식적 갈등의 배경을 언어표현을 통해 자각시켜 긴장 때문에 억압되어 있던 에너지가 자아기능에 활용되어 개인의 의식 및 행동 과정이 원활하게 된다.

2) 상담사의 기능과 역할

장애를 가지고 있는 특수아동들을 대상으로 정신분석상담을 진행할 시에 다음과 같은 기법을 적용할 수 있다.

첫째, 익명성을 취하고 전이를 촉진하기이다. 전문가로서 상담사는 내담자에게 어린 시절의 경험을 말하도록 격려하는 역할을 하며, 익명성의 입장을 취하는데 빈 장막 접근(텅 빈 상자 접근) 'blank-screen approach'라고도 불린다. 상담사는 자기개방을 거의 하지 않고 중립성을 유지하며, 자기노출을 거의 하지 않는다. 이는 전이관계를 촉진하기 위함이며, 정신분석의 핵심 개념인 전이관계란 '원래는 초기관계에서 느꼈던 감정을 현재의 중요 타인에게 전이하는 것, 투사하는 것을 말한다'(Luborsky, O'Reilly-Landry, & Arlow, 2011: 18). 이는 내담자가 치료자에게서 느끼는 것이 과거의 다른 중요 인물들과 연관된 감정일 가능성이 높다고 믿고 그 투사를 분석하는 것이 치료의 핵심이다.

상담사는 무의식적 자료에 초점을 두고, 과거 미해결된 경험을 떠올려 초점을 맞추어 훈습을 통해 통찰을 얻도록 한다. 또한 전이를 촉진해 내담자가 초기 6년 동안의 생활에서 기원한 정서적 갈등을 치료관계에서 재현하게 한다.

둘째, 정신분석상담사가 해석을 하는 것이다. 상담사는 먼저 환자와 상담 관계를 형성해야 하며, 내담자의 어린 시절의 경험 등을 경청과 해석을 한다. 해석의 주된 기능은 무의식적 자료를 파헤쳐 나가는 과정을 촉진하는 것이며, 말의 불일치를 감지하고 자유연상의 의미를 추론하며 자신에 대한 내담자의 느낌을 잘 감지해야 한다. 특히 장애를 가진 아동들이 성장하면서 경험하는 모든 자료를 기반으로 무의식적인 자료를 중심으로 해석을 한다.

셋째, 내담자의 저항에 주목해야 한다. 저항은 내담자가 무의식적으로 불편한 진실을 피하려고 하거나 변화에 대한 두려움 때문에 상담 과정에서 방어적으로 나오는 행동이나 태도를 말한다.

저항은 상담 과정에서 다양하고 여러 가지 형태로 나타난다. 내담자가 중요한 주제를 피하고 일상적인 이야기나 표면적인 문제들만 이야기하는 피상적인 대화의 경우, 상담 약속에 자주 늦거나 아예 나오지 않는 경우, 무의식적으로 상담을 회피하려는 경우, 중요한 주제를 피하기 위해 대화를 다른 주제로 돌리거나 자주 주제를 바꾸는 방식의 대상 전환의 경우, 특정 주제에 대해 지나치게 방어적인 반응을 보이며 논쟁하거나 반발하는 경우, 감정을 드러내지 않거나 중요한 순간에 감정을 표현하는 것을 꺼리는 경우로 자신의 고통스러운 감정을 피하기 위한 저항일 수 있으며, 장애를 가진 내담자들이 종종 나타날 수 있다. 감정적 주제를 다룰 때 감정은 억제한 채 지식적으로만 접근하려는 경향을 통해 자신의 감정적 고통을 피하거나 억제하려는 시도로 볼 수 있으며, 상담사에 대해 과도하게 이상화하거나 비난하는 행동으로 상담사와의 신뢰를 피하거나 관계의 본질을 회피하려는 시도로 해석될 수 있다. 중요한 정보나 지난 세션(session)에서 논의된 내용을 '잊어버리는' 경우, 무의식적으로 불편한 진실을 피하려는 형태일 수 있다. 이와 같이 저항은 다양하게 나타난다.

이러한 저항은 상담사가 해석의 주재료로 사용해야 한다. 저항 행동은 내담자의 무의식적인 갈등이나 억압된 감정, 또는 트라우마와 관련이 있을 수 있다. 이를 통해 내담자의 심리적 문제의 근본 원인, 내담자의 갈등을 파악할 수 있다. 저항의 근본 원인을 탐색함으로써 내담자가 직면하기 어려운 문제들을 해결하고, 더 나은 심리적 건강상태를 향해 나아갈 수 있도록 도와 변화와 치유의 기회를 삼아야 한다. 내담자가 저항을 인식하고 다루는 과정에서 자기 이해와 통찰이 높아질 수 있으며, 특히 저항을 살펴보면 상담사와 내담자 사이의 관계 역동성을 이해하는 데 도움이 될 수 있다. 이러한 역동성을 통해 상담 과정에서 신뢰와 안전한 환경이 구축될 수 있다. 그러므로 상담사는 저항을 무시하거나 피하기보다는 그것을 탐구하고 이해하는 자세를 갖는 것이 중요하다. 특히 장애를 가진 내담자가 더 깊은 통찰을 얻고 긍정적인 변화를 이루는 데 도움을 줄 수 있다.

넷째, 상담사는 성격 구조와 정신역동에 대한 이해 및 방어기제를 이해하고 해석할 수 있어야 한다. 치료 과정을 구조화함으로써 내담자 문제의 실재적인 본질을 파악하고, 과정의 의미를 가르쳐 문제 통찰, 변화 방법 인식, 자신의 삶을 합리적으로 통제할 수 있도록 돕고, 자유로운 삶의 원천을 가로막는 방어기제를 극복하도록 도와주어야 한다.

3) 상담 기법

정신분석상담의 기법은 인식을 증가시키고, 행동에 대한 지적 통찰을 얻게 하며, 증상의 의미를 이해하도록 하는 것이다. 치료 진전은 내담자가 말을 하고 정화를 하고 통찰을 하고 무의식적 자료를 훈습하는 것으로 이루어진다. 이러한 작업은 지적으로나 정서적으로 이해를 하고 재교육시켜서 성격 변화가 일어난다. 정신분석상담의 기본적 기법은 분석적 틀의 유지, 자유연상, 해석, 꿈의 분석, 저항의 분석, 전이의 분석 등이 있다.

(1) 분석적 틀의 유지

분석가의 상대적 익명성, 만남의 규칙성과 장기간의 만남, 정한 시간에 시작하고 마치는 것과 같은 절차적이고, 형식적인 요인들을 의미한다. 정신분석상담에서 '분석적 틀의 유지'는 상담 과정의 일관성과 효과성을 보장하기 위해 상담사가 설정하고 유지해야 하는 구조와 규칙을 의미한다. 이러한 틀은 내담자가 안전하고 예측 가능한 환경에서 자신의 생각과 감정을 탐색할 수 있도록 도움을 준다. 그러므로 정신분석상담에서 분석적 틀을 유지하는 데 필요한 요소를 구체적으로 살펴보면 다음과 같다.

첫째, 정신분석상담 시에 분석적 틀의 주요 요소는 상담의 시간과 장소의 일관성이 있어야 한다. 상담 세션은 정해진 시간에 정해진 장소에서 정기적으로 이루어져야 한다. 이는 내담자가 안정감을 느끼고, 상담 세션을 특별한 공간으로 인식하게 하여 심리적 준비와 자기 자신에 통찰할 수 있도록 한다.

둘째, 상담사와 내담자의 역할과 책임을 명확히 하는 것이 중요하다. 상담사는 경청하고 해석을 제공하는 역할을 하며, 내담자는 자신의 생각과 감정을 자유롭게 표현하는 역할을 하도록 한다.

셋째, 정신분석상담뿐만 아니라 모든 상담 과정에서 다뤄지는 내용은 비밀로 유지되어야 한다. 이는 내담자가 자신의 개인적이고 민감한 주제를 안전하게 논의할 수 있도록 하는 핵심 요소이다.

넷째, 상담사는 자신의 가치관이나 판단을 내담자에게 강요하지 않고 중립적인 자세를 유지하는 것이 중요하다. 특히, 장애를 가지는 내담자가 스스로 자기 이해를 발전시키고 문제를 해결하도록 상담사는 도와주는 역할을 수행하는 것이다.

다섯째, 내담자는 세션 동안 자신의 마음에 떠오르는 생각이나 감정을 자유롭게 이야기하도록 권장한다. 이는 무의식적인 생각과 감정을 탐색하는 데 중요한 도구이기에 자유연상을 편안하게 하도록 한다.

여섯째, 상담사는 내담자가 보여주는 저항과 전이를 주의 깊게 관찰하고, 이를 통해 내담자의 무의식적 갈등을 이해하려고 노력해야 한다.

이와 같은 분석적 틀을 유지하는 것은 내담자가 신뢰하고 자신의 심리적 문제를 깊이 있게 탐구할 수 있는 안전한 환경을 제공하는 데 필수적이다. 이러한 틀 안에서 내담자는 자기 성찰과 변화를 경험할 수 있으며, 상담사는 내담자의 내면세계를 효과적으로 이해하고 지원할 수 있다.

(2) 자유연상

정신분석상담의 핵심기법으로 아무리 고통스럽고 어리석고 사소하고 비논리적이고 부적절하더라도 마음에 떠오르는 것은 무엇이든지 가능한 한 많이 말하라고 지시한다. 분석가는 대체로 안락의자의 옆이나 뒤편에 앉아서 무비판적으로 판단함이 없이 온화하고 관심 있는 태도로 내담자의 이야기를 경청한다.

정신분석상담에서 자유연상 기법은 핵심적인 기법이다. 내담자가 자신의 생각과 감정을 깊이 탐색할 수 있도록 돕는 방법이다. 그러므로 장애를 가지고 있는 내담자가 머릿속에 떠오르는 어떤 생각이든 검열하거나 억제하지 않고 자유롭게 말하도록 촉진적 분위기를 조성하는 것이 좋다. 이를 통해 내담자가 무의식적으로 억압된 갈등이나 감정을 표현하게 하여 자기 이해와 통찰을 얻도록 하는 것이 목표이다. 자유연상 기법의 주요 특징과 과정은 다음과 같다.

첫째, 내담자는 모든 생각, 느낌, 기억 등을 평가하거나 억제하지 않고 즉시 표현하도록 온화한 분위기를 조성해야 한다. 이는 내담자의 무의식적 과정에 접근하는 데 도움을 주기 때문에 상담사가 관심을 갖고 집중해야 한다.

둘째, 내담자가 한 가지 생각에서 다음 생각으로 이동함에 따라, 상담사는 이 연상 과정에서 드러나는 패턴이나 반복을 주의 깊게 관찰하고, 이러한 연상은 무의식에 억압된 내용과 연결될 수 있다는 것을 기억해야 한다.

셋째, 상담사는 내담자가 자유롭게 연상할 수 있도록 편안하고 수용적인 환경을 제공하면서 내담자의 연상에서 나타나는 중요한 주제를 발견하고 해석하는 데 사용할 수 있도록 한다.

넷째, 자유연상 기법은 내담자의 무의식적 갈등, 억압된 감정 그리고 원천적인 문제를 드러내어 이를 해결할 수 있는 기회를 제공한다.

다섯째, 내담자가 자기비판이나 논리적 판단 없이 자유롭게 자신의 생각을 나누도록 장려함으로써 더 깊은 심리적 문제에 접근할 수 있도록 해야 한다.

이와 같은 과정을 통해 내담자는 자신의 심리적 상처나 억압된 감정을 이해하게 되고, 이를 통해서 장애를 가진 내담자의 마음 치유와 자아 성찰을 촉진한다. 자유연상 기법은 정신분석상담이 무의식과 의식 사이의 다리를 놓는 데 핵심적인 역할을 하게 한다.

(3) 해석

상담사가 꿈, 자유연상, 저항, 치료 관계 자체에서 나타나는 행동의 의미를 내담자에게 지적하고, 설명하고 가르치는 것이다. 상담사의 기능은 자아가 새로운 자료를 동화하고 더 많은 무의식적 자료를 드러내도록 가속화하는 것이다.

정신분석상담에서 해석은 내담자의 무의식적 갈등, 감정 그리고 행동의 의미를 이해하고 설명하는 중요한 기법이다. 해석은 내담자가 자신의 심리적 상태를 더 깊이 이해하고, 이를 통해 긍정적인 변화와 성장을 이루도록 돕는 데 목적이 있다. 정신분석상담에서의 해석의 방법에는 여러 가지가 있으나 중요한 해석은 다음과 같다.

첫째, 저항의 해석이다. 상담사는 내담자가 특정 주제를 피하거나 방어적인 태도를 보일 때, 그 이유를 탐색하고 해석한다. 저항 뒤에 숨겨진 무의식적 갈등을 드러내는 것은 내담자의 자기 이해를 높이는 데 매우 중요하기 때문에 저항 형태를 잘 관찰하고 파악하여 해석한다.

둘째, 전이의 해석이다. 내담자에게 과거 중요한 인물에 대한 감정이나 기대를 상담사에게 투사하는 경우, 이를 해석하여 내담자로 하여금 현재 상담 관계에서 발생하는 감정이 실제로 과거의 관계에서 비롯된 것임을 인식하게 한다.

셋째, 꿈의 해석이다. 꿈은 무의식의 언어로 간주되며, 상담사는 내담자가 제공하는 꿈의 내용을 토대로 무의식적 욕망이나 두려움을 해석한다. 꿈은 종종 억압된 감정이나 갈등을 반영한다.

넷째, 자유연상의 해석이다. 내담자가 자유연상을 통해 드러낸 연상들을 분석하여, 그 안에서 무의식적으로 억압된 주제나 갈등을 밝혀내어 해석한다.

다섯째, 행동과 언어 및 상징의 해석이다. 내담자의 구체적인 행동이나 반복되는 행동패턴을 통해 심리적 동기나 무의식적 갈등을 이해하고 설명한다. 내담자가 사용하는 특정 언어나 상징을 분석하여 그 안에 숨겨진 의미를 발견하고, 내담자가 직면하기 어려운 감정이나 생각을 드러내는 데 유용하게 사용하여야 한다.

이상과 같이 해석은 내담자에게 무의식과 의식 사이의 연결을 제공하여 더 나은 자기 이해를 촉진하게 한다. 그러므로 해석은 상담사가 여러 가지 상황을 연결하고 통합하여 신중하게 이루어져야 하며, 내담자가 준비되었을 때 명료하게 전달하도록 하는 것이 좋다. 특히 이 과정을 통해서 상담사는 내담자가 스스로 통찰을 얻을 수 있도록 돕는 역할을 해야 한다.

(4) 꿈의 분석과 해석

정신분석상담에서 꿈의 해석은 무의식의 내용을 이해하는 중요한 도구로 사용된다. 무의식적 자료를 드러내고 환자가 해결하지 못한 문제들을 통찰하도록 하는 절차로 수면 동안에는 방어가 낮아지고 억압된 감정들이 표면화된다. 꿈에는 두 수준의 내용이 있다. '잠재 내용'은 숨겨진, 상징적인, 무의식적인 동기, 소망, 두려움으로 구성되어 있다. 잠재 내용을 이루는 무의식적인 성적, 공격적 충동은 너무 고통스럽고 위협적이기 때문에 보다 용납될 수 있는 내용으로 변형되어 꿈으로 나타나는 것이다. 꿈의 '현시적 내용'이란 바로 꿈속에 나타나는 꿈의 내용을 말한다. 분석가의 과제는 현시된 꿈의 내용이 갖는 상징들을 탐구하여 가장되어 있는 의미를 파악하는 것이다.

정신분석상담에서 꿈은 무의식적인 욕구, 갈등, 감정이 드러나는 형태로 간주되며, 프로이트로부터 시작된 정신분석에서는 꿈을 '무의식으로 가는 왕도'라고 불렀다. 꿈의 해석을 통해 상담사는 내담자가 인식하지 못하는 내면의 심리 상태를 탐색할 수 있다. 이러한 과정은 다음과 같은 방법으로 이루어진다.

첫째, 자유연상 기법 사용하기이다. 내담자가 꿈의 각 요소에 대해 자유롭게 연상하도록 한다. 이 과정을 통해 꿈의 다양한 이미지와 상징이 내재된 무의식적 의미를 드러낼 수 있도록 한다.

둘째, 상징 해석이다. 꿈의 요소들은 종종 상징적인 의미를 가지고 있다. 상담사는 내담자가 가진 개인적인 상징의 의미를 이해하려고 노력하며, 이를 통해 내담자의 무의식적 갈등이나 욕망을 해석할 수 있다.

셋째, 꿈의 구조 분석과 감정탐색이다. 꿈을 구성하고 있는 다양한 요소와 스토리를 분석하여 내담자의 현재 심리적 상태나 감정과 연결한다. 꿈의 각 부분이 어떤 정서나 상황과 관련이 있는지 탐색하고 자신의 감정을 표현하도록 하고, 그 감정 속의 욕구가 무엇인지를 살펴보도록 한다. 꿈속에서 경험한 감정들을 주목하고, 이 감정들이 내담자의 현실의 특정 상황이나 관계와 어떻게 연결되는지에 대해 살펴보도록 한다.

넷째, 꿈에서 반복되는 주제를 살펴본다. 지속적으로 나타나는 꿈의 주제를 찾고, 이를 통해 내담자의 억압된 욕구나 반복되는 심리적 패턴을 이해하고 통찰하도록 한다.

다섯째, 무의식과 의식의 간격을 살펴보도록 한다. 꿈을 통해 드러난 무의식의 내용을 의식화함으로써, 내담자가 자신의 행동과 감정을 더 잘 이해하고 이를 관리할 수 있게 도와준다. 이를 통해서 무의식과 의식 사이의 간격이 무엇인지를 탐색하고 살피는 과정을 통해서 자신의 욕구를 통찰한다.

이상과 같이 꿈의 해석은 복잡하고 개인적이며, 이를 통해 내담자는 자신의 내면세계에 대한 깊은 통찰을 얻을 수 있다. 정신분석상담에서 중요한 것은 꿈이 개인에게 어떤 의미가 있는지 이해하는 것이며, 이를 통해 내담자의 성장과 변화, 자신의 욕구를 탐색하는 것이다.

(5) 저항의 분석과 해석

정신분석상담에서 저항은 내담자가 무의식적으로 상담 과정에서 억압된 감정이나 갈등에 직면하는 것을 피하려는 방어 메커니즘에서 나타난다. 저항은 치료 진행을 방해하고 내담자가 무의식적 자료를 생각해 내는 것을 저지한다. 저항은 현 상태를 유지하고 변화를 막는 모든 생각, 태도, 감정, 행동(의식적, 무의식적)을 말한다. 저항 분석의 목적은 내담자가 그 저항을 처리할 수 있도록 하기 위해서 저항의 이유들을 각성할 수 있도록 도우려는 것이다.

저항 분석은 내담자가 가지고 있는 방어를 이해하고 해소함으로써 내담자가 더 깊은 자기 이해와 변화를 이룰 수 있도록 돕는 작업이다. 저항을 분석하는 방법은 다음과 같다.

첫째, 저항 인식하기이다. 상담사는 세션 중에 내담자가 피하거나 불편해하는 주제를 주목한다. 예를 들어, 중요한 주제를 회피하거나, 대화 주제를 자주 바꾸거나, 세션에 늦거나 결석하는 행동 등이 포함된다.

둘째, 안전한 환경 조성하기이다. 저항이 발생할 때 상담사는 내담자가 안전하게 자신의 감정을 표현할 수 있는 환경을 조성해야 한다. 이는 개방성과 신뢰를 구축하는 데 필수적이다. 안전한 환경이라는 것은 물리적인 환경과 심리적인 환경이 구축되어야 하며, 특히 온화하고 평온한 심리적인 환경이 만들어져야 한다.

셋째, 저항의 원인 탐색하기이다. 내담자가 특정 주제나 감정에 대해 저항을 보일 때, 과거 경험이나 무의식적 갈등이 어떻게 연결되어 있는지를 함께 탐색하도록 한다. 저항은 지금의 원인보다는 과거의 무의적인 갈등과 연결하기 위해서는 상담 과정에서 잘 관찰된 내용을 중심으로 탐색하여야 한다.

넷째, 내담자의 통찰을 통한 변화와 성장에 초점을 두어야 한다. 저항의 근원을 명확히 하고, 내담자가 스스로 통찰을 얻을 수 있도록 질문을 던지거나 피드백을 제공한다. 이는 내담자의 자기 인식을 높이는 데 도움을 준다. 특히, 저항이 해소되면 내담자는 통찰을 바탕으로 새로운 방법을 탐색하고, 변화를 위한 새로운 행동이 일어날 수 있도록 하는 데 초점을 두어야 한다.

다섯째, 저항 행동의 패턴 찾고, 해석을 한다. 반복적으로 나타나는 저항의 패턴을 분석하여, 이러한 패턴이 내담자의 삶과 다른 관계에서 어떻게 나타나는지를 이해하고 내담자가 직면할 준비가 되었을 때, 상담사는 저항의 의미와 그것이 내담자의 심리적 상태와 어떻게 연관되는지를 명확하게 설명하여야 한다.

이상과 같이 저항 분석은 상담 과정에서 내담자가 직면하기 어려운 무의식적 갈등과 직접 맞닥뜨릴 수 있는 기회를 제공함으로써, 더 깊은 치유와 변화를 가능하게 한다. 상담사는 이러한 과정을 통해 내담자가 안전하게 자기 자신을 탐색하고 이해할 수 있도록 지속적으로 지원하여 성장과 새로운 대안을 찾아 변화할 수 있는 기회를 제공해야 한다.

(6) 전이의 분석과 해석

정신분석상담에서 전이(transference)는 내담자가 과거의 중요한 관계에서 경험했던 감정, 태도, 기대 등을 현재 상담사에게 무의식적으로 투사하는 과정을 의미한다. 전이는 내담자가 어릴 때 어떤 중요한 인물(가끔 부모)에 대하여 가졌던 사랑이나 증오의 감정을 분석가에게 전이시킬 때 나타나는 현상이다. 전이 관계의 해석은 지금 그들을 고착시키고 정서적 발달을 지연시키는 옛 갈등을 훈습할 수 있도록 해준다. 전이의 분석은 정신분석의 중심 기법이다. 그 이유는 내담자가 현재 기능에 대한 과거의 영향을 통찰할 수 있기 때문이다. 전이 분석을 통해서 내담자 자신의 감정과 욕구를 탐색하고 이해함으로써 내담자가 과거의 심리적 패턴을 현재 상황에서 인식하도록 하고 변화를 촉진한다. 전이의 해석과 분석 방법은 다음과 같다.

첫째, 전이 현상의 확인하기이다. 상담사는 내담자가 자신에게 불합리하게 이상적이거나 부정적인 감정을 표출하는 순간들을 주의 깊게 관찰한다. 이는 전이의 신호일 수 있으며, 내담자가 상담사에게 보이는 정서적 반응의 출처를 이해하는 첫 단계이다. 그러므로 상담사의 내담자의 다양한 감정표출을 해석이나 편견 없이 관찰하는 것이 우선이다.

둘째, 전이의 맥락 이해하기이다. 상담사는 내담자와의 대화에서 전이의 근본이 될 수 있는 과거의 중요한 인물이나 관계를 파악한다. 이를 통해서 내담자가 무엇 때문에 특정한 반응을 보이는지 이해할 수 있으며, 이를 통해서 전이를 파악할 수 있다.

셋째, 전이 탐색 과정에서 안전한 환경을 조성한다. 전이를 탐색하는 과정에서 내담자가 감정적으로 안전하다고 느낄 수 있도록 상담사는 지지적이고 무비판적이며, 유연하고 허용적인 태도를 유지한다. 이러한 과정을 통해서 내담자가 전이 감정을 솔직하게 표현하도록 한다.

넷째, 전이 패턴 탐색하기이다. 상담사는 내담자가 반복적으로 경험하는 특정한 전이 패턴을 식별하고, 이러한 패턴이 현재의 관계나 행동에 어떻게 영향을 미치는지 분석한다.

다섯째, 전이 해석 제공하기이다. 상담사는 내담자가 전이의 존재와 그것의 근원을 인식할 때까지, 상담사는 전이를 명확하게 해석할 수 있다. 이는 과거의 감정이나 경험이 현재 상담사와의 관계에 어떻게 영향을 미치고 있는지를 설명할 수 있다.

여섯째, 전이 해석을 통해서 내담자의 자기 통찰과 치유를 통한 성장과 발달을 촉진한다. 전이 해석을 통해 내담자가 자신의 반응과 감정을 더 잘 이해할 수 있도록 하고, 이를 통해 지속적인 자기 성찰과 성장을 촉진한다. 상담 과정에서 전이를 성공적으로 다루면, 내담자는 과거의 억압된 감정을 해소하고, 더 건강한 새로운 관계 패턴을 형성할 수 있도록 변화가 일어난다. 전이 분석과 해석은 내담자가 과거의 영향에서 벗어나 자신의 감정과 행동을 더 잘 이해하게 하여, 이후의 관계에서 반복적인 심리적 패턴이 긍정적으로 변화할 수 있도록 돕는 강력한 도구가 된다.

4) 정신분석상담 적용하기

내담자인 30대 중반의 종국 씨는 만성적인 불안과 우울 증상을 호소하며 상담소를 방문했다. 이 내담자는 어린 시절에 교통사고로 인해서 장애를 갖게 되었다. 그는 일상생활에서 자주 긴장하고 불면증을 겪고 있으며, 대인관계에도 어려움을 경험하고, 흥미가 상실되는 상태였다. 이러한 내담자에게 상담 기법을 적용한 사례를 살펴보면 다음과 같다.

(1) 정신분석상담 기법의 적용 방법

내담자에게 정신분석상담 기법을 구체적으로 사용하는 방법을 예시 중심으로 살펴보고자 한다. 정신분석상담 기법의 자유연상, 꿈 분석, 전이 분석, 저항 분석 등을 살펴보면 다음과 같다.

① 자유연상(free association) 기법을 사용할 때 상담사는 목소리 톤을 편안하게 유지하면서, 상담사: "A씨, 지금 떠오르는 대로 자유롭게 말씀해 보세요." 내담자: "최근에 일하던 중 갑자기 어린 시절 기억이 떠올랐어요. 항상 부모님이 저를 엄하게 대하시고, 제 의견을 무시하시던 기억이요." 상담사: "아하, 그렇군요!" 내담자의 이러한 연상이 현재의 현재 불안과 관련이 있을 수 있다고 생각하고, 어린 시절 가족 관계에 대해 더 깊이 탐구하고자 한다. 가족과 관련해서 몇 가지 질문을 한다.

② 꿈 분석(dream analysis) 기법을 사용한다. 상담사는 내담자인 종국 씨에게 한 달 동안 꾸었던 꿈을 일기장에 기록하도록 했다. 꿈에서 그는 반복적으로 높은 곳에서 떨어지는 장면을 경험했다. 상담사: "종국 씨, 이 꿈이 어떤 느낌을 주었나요?" 내담자: "떨어질 때마다 공포를 느꼈어요. 마치 현실에서도 그런 불안감을 느끼는 것 같아요." 상담사: "꿈은 종국 씨의 무의식적 불안감을 반영합니다." 상담사는 내담자가 느끼는 심리적 압박과 관련된 무의식적 갈등을 탐구하도록 한다.

③ 전이 분석(transference analysis) 방법이다. 종국 씨는 상담사에게 의존적인 태도를 보였다. 종국 씨는 상담사를 자신의 부모님과 같은 권위 있는 인물로 인식했고, 동일한 감정적 반응을 보이고 있다. 상담사: "종국 씨는 제가 부모님과 같은 느낌인가요?" 내담자: "네, 상담사님이 저를 판단할까 봐 걱정됩니다." 상담사는 내담자가 반복되는 부모의 권위와 감정적 억압이 종국 씨의 불안의 근원임을 설명하고, 이를 이해하는 데 도움을 준다.

④ 역전이 분석(countertransference analysis)하는 방법이다. 상담사는 내담자와의 상담 중 자신이 보호자의 역할을 수행하는 것처럼 느꼈다. 이 감정은 상담사가 내담자의 심리적 필요를 반영하는 것으로 판단되었다. 상담사: "제가 지금 종국 씨의 보호자처럼 느껴지는 것 같아요. 종국 씨는 이런 관계를 많이 겪으시나요?" 위와 같은 방법으로 질문을 한다. 상담사는 이를 통해 내담자의 대인관계 패턴을 이해하고, 불안 회피 성향을 다루기 위한 도움을 줄 수 있다.

⑤ 저항 탐구(exploration of resistance) 방법이다. 상담사가 어느 날, 종국 씨는 중요한 가족 문제를 다루기 시작할 때 갑자기 침묵하고 대화 주제를 회피하

> 는 장면이 있었다. 상담사: "종국 씨, 무엇이 이렇게 대화에서 침묵을 하게 만드나요?" 내담자: "잘 모르겠어요. 그냥 불편한 것 같아요." 상담사: "아하, 그렇군요" 상담사는 종국 씨의 저항이 무의식적 방어기제라고 인식하고, 이 저항을 탐구하면서 압박 없이 다룰 수 있는 환경을 조성한다.

이상과 같은 방법으로 내담자에게 상담사가 정신분석상담 기법을 적용할 수 있다. 내담자와 상담사가 상담하는 과정 속에서 자연스럽게 질문을 통해서 탐색하고, 해석을 통해서 내담자의 반응을 분석해 주는 것이 좋다. 상담사가 역전이 분석을 하기 위해서는 상담사 자신이 회기별 상담을 끝나고 나서 자신을 살펴보는 자기통찰적인 과정을 갖도록 하는 것이 좋다.

(2) 정신분석상담을 통해서 상담의 목표와 전략을 수립하는 방법 적용하기

정신분석상담을 수행하기 위해서는 내담자의 주호소문제에 따른 원인이 무엇인지를 이해하기 위해서는 내담자의 무의식적 갈등과 감정을 이해한다. 또한 내담자의 이드(ID)에 해당되는 욕구와 에고(EGO)에 해당되는 현실적인 자아가 어떤 관계인지에 따라서 불안이 나타날 수 있다는 것을 인식하면서 분석한다. 35세의 종국 씨는 만성적인 불안과 대인관계 문제로 심리상담소를 찾았다. 그는 직장에서 자주 긴장하고 집에서도 편안하지 않으며, 연인과의 관계에서도 반복적으로 갈등을 겪고 있다는 문제로 상담실을 방문한 내담자이다. 이 내담자는 대인관계를 잘 하고 싶은데 뜻대로 잘 되지 않는다는 것이다.

정신분석상담의 목표는 종국 씨가 자신의 무의식적 갈등과 억압된 감정을 인식하고 이해함으로써, 불안이 어떻게 일어나는지를 이해하고 건강한 대인관계를 형성할 수 있도록 조력하기 위해서 구체적인 상담 목표는 다음과 같다.

첫째, 종국 씨가 자신의 깊은 내면에 있는 감정과 생각을 인식하고 이해하도록 한다.

둘째, 어린 시절부터 이어진 무의식적 갈등을 의식화하여 이를 해결할 수 있도록 한다.

셋째, 자신에게 억눌려 있는 감정을 표현하고 감정 속에 있는 자신의 욕구를 표현하도록 한다.

넷째, 자신이 사용하고 있는 방어기제를 알고 건강한 방어기제를 개발하여 일상생활에서 스트레스와 갈등을 잘 처리할 수 있도록 한다.

이와 같은 상담의 목표를 해결하기 위해서는 상담의 전략으로는 자유연상, 꿈 분석, 저항 분석, 전이 분석 등을 사용한다.

상담 초기단계에서는 내담자와 상담사 간의 신뢰관계를 구축하고, 내담자를 제대로 이해하기 위해서 가족관계, 과거경험, 내담자의 배경적인 요소 등을 구체적으로 탐색한다. 예를 들어, 상담사: “종국 씨, 현재 어떤 문제가 가장 많이 힘들게 하는지 이야기해 주시겠어요?” 내담자: “인간관계 불안 때문에 일상생활이 어려워요. 직장에서 항상 긴장하고, 연인과도 자주 싸워요.”

이러한 인간관계의 문제를 파악하기 위해서 내담자에 해당되는 종국 씨의 현재 상태와 주요 문제를 이해하기 위해서 내담자에 해당되는 종국 씨의 배경, 가족관계, 과거경험 등을 첫 회기 면접 과정을 통해서 평가한다.

상담사와 내담자가 상담 초기단계에 신뢰관계가 구축되었다면 정신분석상담의 자유연상, 꿈 분석, 전이 분석, 저항 탐구 등을 수행한다. 상담사: “종국 씨, 저와 인간관계에 대해서 살펴보기로 했는데, 지금 이 순간에 떠오르는 생각이나 느낌이 있다면 자유롭게 말해 주세요.” 내담자: “학생 때 부모님이 항상 제 성적을 압박하셨던 기억이 떠올라요. 그때마다 너무 무서웠고, 아직도 그 느낌이 남아 있는 것 같아요. 제가 시험에서 조금만 실수를 해도 아버지는 무척이나 화를 내고, 어머니는 저를 너무나 무시했습니다.” 내담자는 부모의 압박으로 인한 어린 시절의 기억을 떠올리며 무의식적으로 억압된 감정을 표출한다. 상담사는 이러한 기억이 현재의 불안과 어떻게 연결되어 있는지 탐구하는 자유연상 기법을 활용한다. 또한 상담 과정에서 내담자 “상담사님도 저를 실망시키지 않을까 걱정돼요. 마치 부모님처럼요.” 상담사: “아하, 제가 부모님처럼 느껴지신다는 말씀이네요. 이런 느낌과 감정이 어디에서 오는지 한번 살펴볼까요.”처럼 내담자가 상담사에게 부모에게 느꼈던 감정을 투사한다. 상담사는 이를 통해 내담자가 부모와 맺었던 관계가 현재 대인관계에 어떻게 영향을 미치고 있는지를 탐색한다.

또한 내담자는 상담 과정에서 종종 저항을 표출한다. 내담자: "상담사님께서 계속 저의 어릴 적의 경험을 탐색하고 계시는데, 저는 어릴 적 기억에 대해 더 말하고 싶지 않아요. 그냥 제가 문제겠죠." 상담사: "아하, 종국 씨가 어린 시절의 경험에 대해서 더 이상 이야기하기 어려운 이유는 무엇일까요?" 이때 내담자가 저항을 보일 때, 상담사는 그 저항의 원인을 탐색한다. 이는 내담자가 무의식적으로 자신의 갈등을 직면하는 것을 회피하려는 방어기제로 이해할 수 있다. 이를 차분하게 다루며 내담자가 안전하게 감정을 탐구하고 해소할 수 있도록 도와주어야 한다.

상담의 종결단계에서는 자신의 내적 갈등과 무의식적인 갈등을 의식화시키는 과정에서 자신의 대인관계 문제의 원인을 이해하고, 자신이 더 좋은 인간관계를 위해서 일상적인 생활 속에서 어떻게 대처해야 할 것인지에 대해서 탐색하고, 새로운 행동을 실천하도록 한다. 상담사: "종국 씨, 이제 우리가 함께한 시간 동안 많은 내면의 갈등을 탐구하고 이해할 수 있었습니다. 앞으로 일상생활에서 어떻게 적용할지 논의해 봅시다." 내담자: "이제 불안의 원인을 조금 더 이해한 것 같아요. 대인관계에서도 조금 더 자신감을 가지도록 노력하겠습니다." 이와 같이 상담의 마지막 단계에서는 내담자가 자신에 대한 새로운 통찰과 감정을 일상생활에 어떻게 적용할지 계획을 세우고 실천하도록 한다. 이를 통해 내담자는 상담의 결과를 지속적으로 활용할 수 있으며, 더 나은 정신적 안정을 찾을 수 있다.

이상과 같은 사례를 통해 정신분석상담의 목표와 전략 및 과정이 어떻게 구체적으로 적용되는지를 간략하게 살펴보았다. 이를 통해 내담자는 자신의 무의식적 갈등을 인식하고 해결하며, 더 건강한 삶을 살아갈 수 있는 능력을 개발하게 된다.

5. 정신분석상담의 공헌점과 비판점

1) 공헌점

상담 및 심리치료 측면에서 공헌한 점들은 다음과 같다. 인간은 자주 그 개인이 인지하지 못하고 수용할 수 없는 충동들에 의하여 사고나 행동이 동기화된다는 사실을 밝혀주었다는 점, 담대하고 통찰력 있는 탐구를 통하여 최초로 체계적인 성격이론과 최초의 효과적인 심리치료의 기술을 개발해 낸 점, 성격의 발달에 있어서 유아기의 중요성을 강조한 이론은 자녀양육에 대한 각성과 연구를 자극하였다는 점, 심리치료에 있어서 면접활용의 한 모형을 개발하였다는 점, 신경증이나 치료 과정에 있어서 불안의 기능을 처음으로 확인하였고 해석, 저항, 전이현상의 중요성을 강조하였다는 점, 치료자의 무도덕적인 태도의 중요성을 처음으로 강조하였다는 점에서 많은 공헌이 있었다.

2) 비판점

프로이트(Freud)의 비판점은 유아기에서부터 성적인 동기와 파괴적인 소원에 의해 행동이 동기화된다고 본 점, 오이디푸스 콤플렉스나 엘렉트라 콤플렉스 이론 등에서 모든 인간에게 근친상간과 쾌락적인 충동이 있다고 한 점, 현재의 인간 행동 이해의 근거로서 유아기의 경험들과 억압된 무의식의 내용을 중요시함으로써 인간을 결정론적이고 비합리적인 존재로 보고 인간의 자율성과 책임성 합리성을 무시하고 있다는 점 등이다. 프로이트의 이론을 뒷받침해 줄 수 있는 자료들이 주로 통제되지 않는 상태에서 관찰한 불완전한 기록들과 그와 같은 자료에 근거한 추론의 결과라는 점 등, 그리고 정신분석의 결과에 대한 연구들이 그 효과성을 충분히 지지해 주지 못하고 있다는 점, 장기간의 치료 과정과 그에 따른 경비 등도 약점들이라고 할 수 있다.

6. 정신분석상담을 적용한 특수아 상담

정신분석상담 접근의 기본원리는 무의식 혹은 심층에 숨어 있는 문제의 원인을 분석하여 그것을 의식의 세계로 노출시킴으로써 자아의 기능을 변화시키는 데 있다. 특수아는 장애로 인해 부모나 주변 사람들에 대한 부정적인 경험을 갖게 되고 이를 정서적 행동적 문제로 표출할 수 있는데, 이때 장애로 인한 무의식적인 것을 의식화시키고, 무의식에 내재된 장애와 관련된 부정적 감정들을 재생시키고 억압된 감정을 해결하는 것이 상담의 목적이다. 정신분석적 상담에서 이러한 치유 과정은 내담자 자신의 문제에 대한 통찰과 이전의 상처로 인한 부정적 정서를 긍정적 정서로 다시 경험하게 되는 교정적 정서의 재경험을 통해 이루어진다고 본다.

개인상담과 집단상담 모두에 정신분석적 접근이 가능한데, 집단상담의 경우 정신분석 집단지도자는 자신에게 향한 집단원들의 전이행동을 지각하고 잘 처리할 수 있어야 한다(Wolf, 1969). 즉 집단원들이 지도자를 아버지로 혹은 권위자로 보고 지도자에게 나타내는 적개심이나 칭찬 등을 잘 감당하고 이를 잘 활용하는 것을 배워야 한다. 정신분석적으로 특수아를 상담하는 상담사는 전이(과거의 대상관계에 맺었던 갈등에 대해 현재 상담사나 현재 관계에서 재현하는 것)와 저항(무의식적인 미해결 과제에 직면하기를 회피하려는 행동이나 언어)에 대하여 항상 주의를 기울여야 하고, 적절한 때가 되면(내담자가 받아들일 준비가 되었을 때) 이들에 대하여 해석해 주고, 무엇보다 통찰한 것으로 언어로 말할 수 있도록 도와주며, 어린 시절의 경험을 말로 재생할 수 있도록 도와주어야 한다. 정신분석적 접근은 무의식적 갈등을 의식화하는 것이 목표이므로 주로 사용하는 기술은 일반상담에서와 마찬가지로 자유연상과 해석이다.

자유연상 기법을 적용하여 장애로 인해 받았던 어려움 혹은 장애인 하면 떠오르는 것은 무엇이나 서슴없이 말하고, 아무런 구애 받지 않고 표현해 보도록 한다. 상담사의 해석방법을 통해서 저항과 전이를 다루어 특수아들의 내적 갈등과 무의식적인 갈등을 의식화시킬 수 있으며, 이 과정을 통해서 자신의 욕구를 긍정적으로 표현하도록 하여 일상적인 생활이 긍정적으로 변화될 수 있도록 한다. 해석은 주로 저항에 대한 해석과 전이에 대한 해석으로 나누어 볼 수 있다. 저항은 무의식적인 접근에 거부하는 모든 언행이며 계속적인 질문을 한다거나, 상담에 지각하거나 결석하는 것, 침묵 등 여러 가지를 들 수 있다. 이러한 행동들이 상담사와 함께 분석되고 해석되어야 한다. 또한 전이에 대한 행동에 대한 통찰과 해석이다. 전이행동은 개인상담보다는 집단상담에서 더 유용하게 취급될 수 있다. 개인상담에서는 전이가 상담사 한 사람에게만 한정되나, 집단상담에서는 모든 가족에 대한 전이가 가능하기 때문에 해석에 있어서도 여러 사람의 견해가 나올 수 있으므로 보다 정확성을 기할 수 있고 통찰을 얻는 데도 도움이 된다.

특히, 중도지체장애를 겪는 아동이나 건강장애를 겪는 아동, 진행성 시각장애를 겪는 아동들이 일상적 생활 속에서 자신도 모르게 투사, 장애에 대한 저항, 전이 등을 분석하여 통찰하도록 하여, 자신의 장애에 대한 관점을 이해하고 변화와 성장을 위해서 어떤 선택을 해야 하는지를 알도록 하는 것이다.

10장 인지행동상담

인지행동이론은 인간의 사고가 정서 및 행동을 중재하거나 선도한다는 가정하에 심리적 문제를 발생하는 원인이 인지과정에 있다고 전제하는 상담이론이다. 인지행동이론에 의하면 인간의 심리적 문제가 발생하는 원인은 어떤 상황이나 외부에서 주어진 자극을 어떻게 받아들이는가에 따라 일어난다는 것이다. 즉 사건이나 자극이 주어졌을 때 그 자체의 문제가 아니라 그 사건을 자신이 가지고 있는 비합리적 사고방법으로 지각하고 해석하기 때문에 심리적인 문제가 발생하므로 인지행동이론에서는 비합리적·비적응적 사고 과정을 수정하거나 변화시켜 인지 재구성함으로써 정서적·행동적 장애를 치료하거나 증상을 완화할 수 있다고 본다. 제3의 물결로 최근에는 수용, 마음챙김, 인지적 탈융합 등을 강조하는 변증법적 행동치료, 마음챙김(Mindfullness)에 기초한 인지치료, 수용전념치료(ACT) 등이 등장하였다. 인지행동 상담가들은 인간의 심리적인 문제를 일으키는 비합리적인 사고를 바꾸기 위해 다양한 방법을 사용하였는데, 대표적으로 엘리스(Albert Ellis)의 합리적 정서행동치료(Rational Emotive Behavior Therapy, REBT), 벡(Aaron Beck)의 인지행동치료(Cognitive Behavioral Therapy, CBT), 마이켄바움(Donald Meichenbaum의 인지행동수정(Cognitive Behavior Modification, CBM) 등이 있다.

인지행동상담에서 인간은 합리적이고 올바른 사고를 할 수 있는 존재일 뿐만 아니라 비합리적이고 왜곡된 사고도 할 수 있는 존재이다. 인간이 왜곡된 사고를 하는 것은 어린 시절 부모 양육 태도에 의해 획득된 비논리적 학습 때문이라고 본다. 이렇게 형성된 왜곡된 사고나 비합리적 신념, 행동을 합리적인 것으로 변화시켜 성숙한 사람으로 바뀔 수 있다는 것이다. 대표적 학자인 엘리스(Albert Ellis)의 합리적 정서행동치료(Rational Emotive Behavior Therapy, REBT), 벡

(Aaron Beck)의 인지행동치료(Cognitive Behavioral Therapy, CBT), 마이켄바움(Donald Meichenbaum의 인지행동수정(Cognitive Behavior Modification, CBM) 이론을 살펴보고자 한다.

1. 엘리스의 합리적 정서행동치료

엘리스(Albert Ellis)의 합리적 정서행동치료(Rational Emotive Behavior Therapy, REBT)는 최초의 인지행동상담 이론 중 하나이다. 이론 초기 과정에서는 합리적 치료라고 명명하였으나, 최근에는 정서와 행동 모두를 중시하는 철학을 바탕으로 합리적 정서행동치료로 불리게 되었다.

1) 엘리스의 생애

엘리스(Albert Ellis, 1913-2007)는 인지정서행동치료(RET, 후에 REBT로 개명: Rational Emotive Behavior Therapy, 합리적 정서행동치료)의 창시자이다. 엘리스는 1913년 9월 27일 미국 펜실베이니아주 피츠버그에서 태어났다. 그는 세 형제 중 장남이었으며, 어린 시절 엘리스는 병약하고 불행한 유년기를 보냈다. 그의 부모는 감정적으로 미성숙하고 자녀에게 무관심했으며, 그의 어머니는 감정적으로 불안정하고 변덕스러운 사람으로 묘사되었다.

엘리스는 고등학교를 졸업한 후 1934년에 시티칼리지 오브 뉴욕(City College of New York)에서 상업학부를 전공했다. 이후 비즈니스 분야에서 일했으나, 심리학에 대한 관심으로 인해 1942년에 컬럼비아 대학교에서 임상심리학 석사 학위를 취득하고, 1947년에 같은 대학에서 임상심리학 박사 학위를 받았다. 엘리스는 초기 경력에서 정신분석학에 깊이 영향을 받았다. 그는 정신분석학을 연구하고 실습했으며, 이 과정에서 프로이트의 이론을 배경으로 한 전통적인 정신분석치료를 수행했다. 엘리스는 정신분석치료를 하면서 환자에게 너무 오랜 시간이 걸리고 비효율적이라는 생각을 하게 되었다. 엘리스는 자신이 경험한 심한 사회 공포증을 치료하는 과정에서 행동적 접근법을 탐구하기 시작했다.

그는 자신에게 적극적인 연습을 적용하여 공포증을 극복하려 했고, 이를 통해 적극적 행동이 효과적임을 깨달았다.

엘리스는 자신의 경험과 다른 심리이론들을 결합하여 1950년대 중반에 합리적 정서행동치료(REBT)를 개발했다. 합리적 정서행동치료는 인지적 요소와 행동적 요소를 결합한 혁신적인 접근법으로, 인간의 감정과 행동이 비합리적 사고패턴에 의해 형성된다는 사실에 중점을 두고 접근했다. 합리적 정서행동치료는 사람들이 자신에게 문제를 일으키는 비합리적인 신념과 사고패턴을 자각하고 수정하는 것을 목표로 하였다.

엘리스는 REBT의 핵심 개념으로 ABC 모델을 제안했다. A(Activating Event)는 상황이나 사건이며, 이로 인해서 B(Beliefs)가 만들어지는데, 이 사건에 대한 사람의 신념이나 해석이 이루어지고, 그에 따른 C(Consequences)가 나타난다. 이러한 신념이나 해석으로 인한 감정적, 행동적 결과이다. 이 모델은 사건 자체가 사람이 느끼는 감정의 직접적인 원인이 아니라, 그 사건에 대한 사람의 신념과 해석이 감정적 결과를 결정한다는 것을 강조하였다.

엘리스는 평생 동안 75권 이상의 책을 저술하고, 수백 편의 논문을 발표했다. 그의 연구와 저술은 수많은 심리학자와 치료사들에게 영향을 주었으며, REBT는 현재도 널리 사용되는 심리치료 방식 중 하나이다. 엘리스는 1959년에 뉴욕에 앨버트 엘리스 연구소(Albert Ellis Institute)를 설립하여 REBT의 연구와 교육을 지속적으로 발전시키고, 많은 치료사에게 훈련을 제공하였다. 엘리스는 평생 동안 자신의 이론을 발전시키고, 이를 바탕으로 많은 사람에게 도움을 주고자 노력했다. 그는 2007년 7월 24일에 93세의 나이로 사망했으나 그의 연구와 공헌은 현대 심리학의 중요한 부분으로 남아 있으며, 그의 유산은 계속해서 심리치료와 인간의 정신건강에 기여하고 있다.

2) 합리적 정서행동치료 인간관

REBT에서는 인간을 합리적이고 올바른 사고를 할 수 있는 존재일 뿐만 아니라 비합리적이고 왜곡된 사고도 할 수 있는 존재라고 본다. 또한 인간은 외부의 어떤 상황보다는 자기 스스로 정서적 장애를 일으키는 여건을 만들고, 인간은 자신의 인지적·정서적·행동적 과정을 변화시킬 수 있는 능력이 있으며, 인간은 성장과 자아실현 경향성이 있다고 본다. REBT는 인간 본성에 대한 긍정적 시각을 가지고 있으며 인간은 스스로 선택할 수 있고, 긍정적 변화와 성취를 향해 적극적이고 끊임없이 나아갈 수 있다고 본다(Ellis & Dryden, 1997).

엘리스의 합리적 정서행동치료(Rational Emotive Behavior Therapy, REBT)에서 인간관은 그의 치료 접근법과 철학의 중요한 기초를 이룬다. 엘리스는 인간이 갖는 본질적 성향과 능력을 이해하는 데 중점을 두고 있으며, 이는 REBT의 이론적 틀과 치료 방법에 깊이 반영되어 있다.

엘리스는 인간이 합리적 사고와 비합리적 사고를 동시에 할 수 있는 존재라고 보았다. 인간은 상황을 정확하고 논리적으로 평가하여 현실적이고 건설적인 결론을 도출할 능력을 가지고 있다. 이러한 사고는 긍정적 감정과 건강한 행동을 촉진한다. 반면, 인간은 왜곡된 믿음과 비논리적 사고에도 취약하다. 이러한 비합리적 신념은 부정적 감정과 부적응적 행동을 초래할 수 있으며, 인간의 많은 심리적 문제들이 이 비합리적 사고에서 기인한다고 엘리스는 보았다. 엘리스의 인간은 ABC모델에 잘 나타나 있다. 이 모델에서 엘리스는 사건 자체가 감정적 결과를 직접적으로 야기하는 것이 아니라, 그 사건에 대한 우리의 신념과 해석(B)이 감정적 결과(C)를 야기한다고 보았다. 이는 인간이 자신의 사고방식을 통해 감정을 조절하고, 이로 인해 행동을 변화시킬 수 있는 능력이 있음을 시사한다.

엘리스는 인간이 선천적으로 자기지향적(self-directed)이고 성장 가능성을 가진 존재로 보았다. 인간은 자기 자신을 이해하고, 자신의 신념과 행동을 반성하며, 이를 바탕으로 변화하고 성장할 수 있는 능력을 가지고 있다. 이는 REBT에서 중요한 요소로, 개인이 자신의 비합리적 신념을 인식하고 수정하려는 적극적인 노력을 강조한다. 또한 인간은 끊임없이 학습하고 발전할 수 있는 잠재력을 가지고 있다. REBT는 개인이 자신의 신념과 행동을 변화시키는 과정을 통해 더 건강하고 만족스러운 삶을 살 수 있도록 돕는 것을 목표로 한다. 엘리스는 인간이 자신의 감정과 행동에 대한 책임을 지고, 선택을 통해 이를 변화시킬 수 있는 존재라고 보았다.

이와 같이 엘리스의 REBT에서 인간관은 인간이 합리성과 비합리성을 동시에 지닌 존재로서, 자기 이해와 성장, 책임과 선택을 통해 자신의 감정과 행동을 변화시킬 수 있는 능력을 가졌다고 보았다. 이러한 관점은 REBT의 치료 목표와 방법에 깊이 반영되어 있으며, 인간의 잠재력을 최대한 발휘하도록 돕는 데 중점을 두고 있다. REBT는 개인이 자신의 비합리적 신념을 인식하고 수정함으로써 더 건강하고 만족스러운 삶을 살아갈 수 있도록 도와주는 심리치료 접근법으로, 엘리스의 인간관이 이를 뒷받침하고 있다.

3) 합리적 정서행동치료의 주요 개념

(1) 비합리적 신념

비합리적 신념에서 정서적 문제는 일상생활에서의 사건을 합리적이지 못한 방식으로 지각하고 받아들이기 때문이다(Ellis, 1989). 자기패배감을 일으키는 내면화된 비합리적 신념(기본 당위)이 있다(Ellis & Dryden, 2007).

"나는 반드시 잘해야 하고 내가 한 것에 대해 다른 사람들의 인정을 받아야만 한다. 그렇지 않으면 나는 잘못된 것이다.", "사람들이 나를 사려 깊고, 공정하게 친절하게 대접해 주기를 원하기 때문에 사람들은 반드시 나를 이렇게 대접해 줘야 한다. 이렇게 대접해 주지 않으면 그들은 나쁜 사람이며 벌을 받고 비난도 받아야 한다.", "내가 원하는 것은 반드시 가져야 한다.", "내가 원하지 않으면 가져서는 안 된다. 원하는 것을 갖지 못하는 것은 끔찍하고 견딜 수 없는 일이다. 내가 필요로 하는 것이 없는 삶은 나쁜 삶이다."

사건-신념-결과(A-B-C) 모형은 REBT의 핵심 이론이다. 이 모형은 내담자의 감정과 사고, 사상, 행동 등을 이해할 수 있는 유용한 틀을 제공한다(Wolfe, 2007). A는 사실, 발생한 사건, 개인의 행동이나 태도 등이며, C는 그 사람의 정서적이고 행동적인 결과 혹은 반응이다. 반응은 적절할 수도 있고 부적절할 수도 있다. A가 C의 직접적인 원인이 아니고, A에 대한 그 사람의 신념인 B가 주로 정서 반응인 C의 원인이라고 본다. 엘리스는 "당신이 생각한 대로 감정을 느낀다"고 하였다. 우울이나 불안 같은 혼란스러운 감정은 내담자의 자기패배적 신념체계에 의해 생기고 유지되며, 이 신념은 자신이 통합하고 창조한 비합리적 사고에 근거한다고 본다.

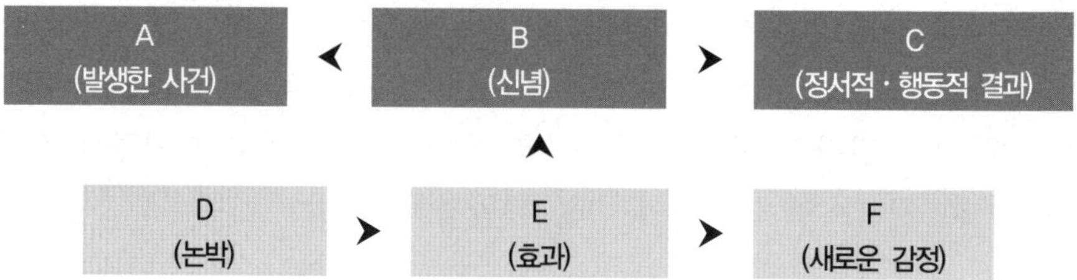

그림 10-1 심리적 문제가 발생하는 원인(엘리스의 ABCD모형)

엘리스는 비합리적 신념은 논리적이지 않고 현실적인 증거와 일치하지 않는 신념이며, 감정적 고통을 유발한다. 합리적 신념은 논리적이고 현실적 증거와 일치한다. 예를 들면, "모두가 나를 좋아해야 해!" 이 신념은 현실적으로 불가능하며, 타인의 반응에 대한 지나친 의존을 초래한다. 이와 반대로 합리적 신념에서는 "모두가 나를 좋아할 필요는 없어. 내가 최선을 다하고, 나를 존중하는 사람들을 소중히 여기면 돼."라고 생각한다. 이는 현실적이고, 개인의 자아존중감을 높여준다.

엘리스는 비합리적인 신념을 크게 세 가지의 당위성에 의해서 나타난다.

첫째, 자신에 대한 당위성(I must)으로, 자신에 대한 비합리적 기대를 갖는 것이다. "나는 항상 성공해야 하고, 실패하면 무가치한 사람이다"라는 비합리적인 신념으로 인해서 실패에 대한 극심한 두려움과 자존감 저하를 경험한다.

둘째, 타인에 대한 당위성(Others must)으로, 타인에 대한 비합리적 기대를 갖는 것이다. "내 친구는 항상 나를 이해하고, 나를 지원해야만 해. 그렇지 않으면 그는 나쁜 친구야." 이러한 비합리적인 신념으로 인해서 타인과 갈등, 실망, 관계에서의 불만이 나타난다.

셋째, 세계에 대한 당위성으로 상황이나 조건에 대한 당위성(Condition must)으로, 세상에 대한 비합리적 기대이다. "세상은 항상 공정해야 하고, 나에게 부당한 일이 일어나면 안 된다."라는 비합리적인 사고로 인해서 세상에 대한 불공정성에 대해 분노와 스트레스를 경험하게 된다.

(2) 논박

논박(Disputation)은 비합리적 신념을 도전하고, 이를 합리적 신념으로 대체하는 과정이다. 논박은 크게 세 단계로 이루어진다. 먼저 탐구하기, 도전하기, 대체하기로 이루어졌다.

첫째 단계는 탐구하기(inquiring)이다. 내담자가 가지고 있는 비합리적인 신념을 인식하고 그것을 탐구해야 한다. 예를 들어, 어떤 내담자가 "나는 실수를 절대 하면 안 돼"라는 신념을 가지고 있다고 가정해 보자. 탐구하기 단계에서는 이 신념이 언제, 어떻게 형성되었는지, 이 신념을 가지고 있으면 어떤 감정과 행동을 하게 되는지를 상담사와 함께 탐색한다. 이 과정에서 내담자의 생각 패턴과 그 영향을 깊게 들여다볼 수 있도록 한다.

둘째 단계는 도전하기(challenging)이다. 탐구한 비합리적 신념에 대해 도전해 본다. 예를 들어, "나는 실수를 절대 하면 안 돼"라는 생각에 대해서 다음과 같은 질문을 할 수 있다. "정말 나는 실수를 하면 안 될까? 내가 존경하는 나의 모델도 실수를 했을까? 내가 실수를 하면 실제 결과는 무엇인가?" 등의 질문을 통해 그 신념의 타당성과 실제성을 비판적으로 평가한다.

셋째 단계는 대체하기(substituting)이다. 마지막으로 비합리적인 신념을 보다 합리적이고 유용한 신념으로 대체한다. 도전하기의 예시의 경우처럼 "나는 실수를 절대 하면 안 돼"가 아닌 경우 "실수를 하는 것은 인간적인 일이야. 실수를 통해 배우고 성장할 수 있어."와 같은 대체 신념을 형성해 본다. 이 새로운 신념은 보다 현실적이고 유연하며, 감정적 평온을 유지하는 데 도움을 준다는 사실을 느껴 보도록 한다.

(3) 무조건적 자기 수용

무조건적 자기 수용(unconditional self-acceptance)은 자신의 가치와 자아를 외부 조건이나 성과에 따라 평가하지 않고, 있는 그대로의 자신을 받아들이는 것을 의미한다. 이는 개인이 자신의 인간적인 불완전성을 수용하고, 성공과 실패, 장점과 단점이 인간 존재의 일부임을 인정하는 것을 포함한다. 무조건적 자기 수용이 이루어지기 위해서는 자신의 가치를 외부의 성취나 타인의 인정에 의존하지 않고, 스스로 인정하며, 사람은 오류를 범할 수 있으며 완벽하지 않다는 사실을 받아들이고, 실수나 실패를 자신의 가치 전체를 부정하는 것으로 여기는 것을 피하고, 그저 성장과 변화의 기회로 삼는다. 또한 자신의 어려움이나 고통에 대해 연민을 가지며, 그것들을 비난하지 않고 이해한다. 이 과정은 스스로에 대한 친절함과 애정을 증진시킨다. 특히 자신을 특정 행동이나 상태로 고정된 틀에 넣어 평가하지 않고, 상황을 다양한 관점에서 볼 수 있는 유연한 사고를 갖는다. 예를 들어, "나는 실패자다" 대신 "나는 이번에 실수를 했다"라고 자신의 경험을 바라보는 것이다.

이상과 같이 무조건적 자기 수용은 자기비판적 사고를 줄이고, 정서적 웰빙을 높이며, 대인관계에서도 더 긍정적이고 건강한 상호작용을 가능케 한다. 이런 태도는 개인이 더 나은 삶을 살아가고, 다양한 도전에 유연하게 적응할 수 있도록 도와준다. REBT는 이러한 자기 수용을 통해 개인이 자신에게 부과하는 비현실적인 기준을 내려놓고, 보다 균형 잡힌 삶을 살도록 지원한다. 즉 REBT는 개인이 자신의 가치를 조건 없이 받아들이고 사랑할 것을 강조한다. 예를 들면, "나는 항상 모든 것에서 완벽해야 내 가치를 인정받을 수 있다"라는 비합리적인 신념을 가지고 있다면 "나는 완벽하지 않아도 괜찮아. 나의 가치와 존귀함은 내 존재 자체에서 오는 것이야. 실수와 결점이 있지만 나는 여전히 소중한 사람이다."라고 말할 수 있어야 한다.

(4) 합리적 정서행동교육

합리적 정서행동교육(Rational-Emotive Education, REE)은 합리적 정서행동치료(REBT)의 철학을 기초로 하여, 주로 교육 환경에서 어린이와 청소년들에게 감정적 및 행동적 문제해결 기술을 가르치는 프로그램이라고 할 수 있다. 이 교육의 목표는 첫째, 학생들이 자신의 감정과 행동을 이해하고 관리하는 능력을 키우도록 도와주는 것으로, 자신의 감정을 인식하고 이름 붙이기이다. 내담자들이 다양한 감정을 인식하고 그 감정에 이름을 붙이는 법을 익히도록 해서 감정 상태를 명확히 이해할 수 있게 되고, 이를 적절한 방법으로 표현하도록 한다.

둘째, 내담자들이 특정 상황에서 어떤 식으로 생각하고 있는지를 탐구하게 하고, 이 과정에서 학생들은 비합리적인 신념과 자기 패배적인 사고를 식별하고, 그것이 감정이나 행동에 미치는 영향을 이해하게 한다.

셋째, 내담자들은 자신의 비합리적인 신념에 대해 도전하는 법을 익힌다. "모든 사람이 나를 좋아해야 해"와 같은 절대적인 사고를 "모든 사람이 나를 좋아할 필요는 없어, 괜찮아"와 같이 보다 합리적인 사고로 대체하도록 도와준다.

넷째, 다양한 상황에서 스트레스와 감정적 반응을 관리하는 방법을 배우고, 내담자들이 감정적인 반응을 보다 건설적이고 긍정적인 방식으로 다룰 수 있게 한다.

엘리스의 REBT 주요 개념들은 사건에 대한 비합리적 신념이 감정적 고통을 일으킨다는 전제에서 출발한다. 이를 이해하고 논박하면서 합리적 신념으로 대체하는 과정에서 개인은 더 건강한 감정과 행동을 형성할 수 있다. 이러한 과정은 실생활에서 우리가 겪는 다양한 문제들을 보다 적극적으로 해결할 수 있도록 도와준다.

4) 상담 과정 및 기법

(1) 상담 목표

REBT에서는 내담자가 가지고 있는 삶의 철학 자체를 변화시키는 데 상담의 목표가 있다. 상담사는 내담자의 증상을 없애는 데에만 관심을 갖는 것이 아니라 문제를 일으키는 내담자의 신념 및 가치체계를 새로 학습시키는 것을 목표로 한다. 기본 목표는 내남자에게 역기능적 정서와 행동을 건강한 정서와 행동으로 변화시키는 방법을 가르치는 것이며, 엘리스(2001b)는 REBT의 중요한 목표는 내담자가 무조건적 자기 수용과 무조건적 타인 수용을 하도록 돕는 것과 타인 수용이 어떻게 관련되어 있는지를 알게 하는 것이라고 하였다.

(2) 상담사의 역할

REBT 상담사는 구체적 과제를 가지며, 내담자 자신의 비합리적 신념이 어떻게 형성되었는지를 보여주는 것이다. 내담자의 이러한 비합리적 신념을 논박하고, 내담자가 자기패배적 신념에 맞설 수 있는 활동에 참여하여 내담자 자신의 '해야만 한다'는 당위성을 '할 수 있다'로 대체할 수 있도록 조력한다. 다음으로 내담자가 사고를 수정하고 비합리적인 생각을 변화시킬 수 있도록 합리적인 인생철학을 개발하도록 조력한다.

(3) 상담 과정

REBT에서는 비합리적인 신념을 확인하고 평가한 후 그 신념에 대한 논박, 수정하는 구조화된 과정을 따른다. REBT의 상담 과정은 상담사는 내담자에게 문제점을 질문한다. 그리고 무엇이 문제인지 문제점을 규명하고, 부적절한 부정적 감정을 알아본다. 부정적 감정을 일으킨 선행사건(A)을 찾아내고 평가한다. 이차적 정서문제를 규명하고, 신념체계(B)와 결과(C)의 연관성을 내담자에게 알려주고 내담자가 가지고 있는 비합리적 신념(iB)을 평가 확인하게 된다. 비합리적인 신념체계와 결과를 연관시켜 비합리적 신념을 확인시킨 후 비합리적 신념을 논박하게 된다. 그 후 합리적 신념체계를 내담자가 학습하고 심화하도록 한다. 상담 과정을 정리해 보면 첫째, 비합리적 신념이 있음을 구체적으로 보여주고 둘째, 비합리적 신념으로 자신의 정서장애를 지속시킴을 보여주며 셋째, 비합리적 신념을 수정하고 포기하도록 돕고 넷째, 비합리적 신념의 희생자가 되지 않고 합리적 신념 발전시키는 과정이다.

엘리스의 합리적 정서행동치료(Rational Emotive Behavior Therapy, REBT)에서는 상담의 목표와 과정이 명확하게 정립되어 있다. 이 치료법은 비합리적인 신념을 인식하고 수정함으로써 감정적 고통을 감소시키고, 개인이 더 합리적이고 건강한 삶을 살아가도록 돕는 것을 목표로 한다. 합리적 정서행동치료의 상담 목표는 주로 비합리적 신념 인식하기, 합리적 신념 형성하기, 감정적 정서 조절하기, 부정적인 행동패턴을 수정하고 긍정적 행동을 촉진시키기, 내담자 자기 수용과 성장하기 등이라고 할 수 있다.

이러한 상담 목표를 달성하기 위한 상담 과정으로는 ABCD모델을 적용한다. 첫째, A(Activating Event)는 내담자의 문제가 발생한 상황이나 사건을 탐색한다.

둘째, B(Beliefs)는 그 사건에 대한 내담자의 신념, 특히 비합리적 신념을 파악한다. 셋째, C(Consequences)는 그 신념이 어떻게 감정적, 행동적 결과를 초래하는지 이해한다. 넷째, D(Disputation)는 비합리적 신념을 논박하여 더 합리적인 신념으로 교체한다. 다섯째, E(Effect)는 대체된 합리적 신념이 어떻게 더 긍정적인 감정적, 행동적 효과를 가져오는지 평가한다. 이러한 절차에 의해서 상담을 진행한다.

ABCDE 상담 과정을 적용한 구체적 예시를 살펴보면 다음과 같다.

30대 중반의 김씨는 직장 내에서 안 좋은 피드백을 받을 때마다 극심한 불안을 느끼고 있다. 이로 인해 업무 수행에 어려움을 겪고 있는 내담자에게 이 모델을 적용하면 다음과 같다.

첫째, 문제 상황을 탐색(A - Activating Event)한다.

상담사: "최근 직장에서 불안을 느끼게 된 사건이 무엇인가요?"

내담자: "지난주에 상사로부터 업무를 잘못 처리했다는 지적을 받았어요. 그 이후로 계속 불안해요."

둘째, 비합리적 신념을 탐색(B - Beliefs)한다.

상담사: "그 상황에서 어떤 생각이 떠올랐나요?"

내담자: "상사가 이렇게 말하다니, 난 아무 쓸모 없는 사람인가 봐. 난 항상 완벽해야 해."라고 반응한다.

셋째, 내담자의 감정적, 행동적 결과를 탐색(C - Consequences)한다.

상담사: "그런 생각을 하면서 어떤 감정과 행동이 나왔나요?"

내담자: "불안하고, 자존감이 떨어졌어요. 그래서 일을 더 잘하려고 했지만 더 실수를 하게 됐어요."라고 반응한다.

넷째, 비합리적 신념 논박(D - Disputation)이다.

상담사: "내담자님께서는 '난 항상 완벽해야 해'라는 생각이 현실적인가요? 그리고 그렇게 완벽해야만 한다는 신념이 당신에게 어떤 영향을 주고 있나요?"

내담자: "생각해 보니, 누구도 완벽할 수 없다는 걸 알고 있지만...그런 생각이 저를 더 압박하는 것 같아요."

상담사: "그렇다면 어떤 신념이 더 합리적일까요?"

내담자: "나는 실수를 할 수 있고, 실수는 학습의 기회로 볼 수 있어. 완벽하지 않아도 괜찮아."로 말한다.

다섯째, 합리적 신념 형성과 긍정적 효과(E - Effect)이다.

상담사: "이제 '실수는 학습의 기회'라는 신념이 당신에게 어떤 변화를 가져올 수 있을까요?"

내담자: "이 신념을 가지면 좀 더 편안해지고, 실수를 두려워하지 않게 될 것 같아요. 업무에 더 집중할 수 있을 것 같고, 불안도 줄어들 것 같아요."라고 반응한다.

이와 같이 상담 과정을 구체적으로 적용해 보는 것이 중요하다.

엘리스의 REBT 상담의 목표는 내담자가 비합리적인 신념을 인식하고 이를 합리적인 신념으로 대체하여 건강한 감정적 반응과 행동을 촉진하는 것이다. 상담 과정은 명확한 단계로 나누어져 있으며, 내담자가 자신의 문제를 구체적으로 탐색하고 해결할 수 있도록 도우며, 이를 통해 내담자는 더 건강하고 긍정적인 삶을 살아갈 수 있도록 한다.

(4) 상담 기법

인지행동 상담에서의 상담 기법은 사고 재구성 방법과 행동변화 기법을 결합해서 내담자들의 사고와 감정의 변화를 이끌어 내는 것으로, 인지적 재구성, 인지행동 수정, 스트레스 접종 등이 있다. 상담 기법으로는 인지적 기법, 정서적 기법, 행동적 기법으로 나누어 볼 수 있다.

① 인지적 기법

첫째, 비합리적 신념 논박하기이다. 이 기법은 상담사가 내담자로 하여금 사건이나 상황이 아닌 자신이 가지고 있는 비합리적 신념 때문에 장애를 느낀다는 것을 깨닫게 한다. ABCDE 모델에서 논박하는 기법이다. 예를 들어, 논박(Disputation)에서, 상담사는 "모든 의견이 항상 옳을 수 있을까요? 그리고 당신이 틀린다고 모두가 당신을 바보로 생각할까요?", 내담자는 "생각해 보니 꼭 그렇지는 않네요. 여러 가지 관점이 있을 수 있죠."라고 말하도록 한다. 논박이 마무리되면 대체 신념(Effective new belief)을 갖도록 한다.

둘째, 인지적 과제 주기이다. 내담자에게 자신의 문제 목표를 만들고, 당위론적 신념을 밝히며 논박하게 하고 비합리적 신념을 줄이기 위한 과제를 부여한다. 예를 들면, 상담사가 "다음 주까지 다음 과제를 해보시겠어요?" 신념 기록지 작성으로 하루에 한 번씩 작성하면 된다. 특정 상황에서 떠오르는 비합리적 신념과 그에 따른 감정을 기록하면 된다. 일상적인 생활 속에서 "상황 팀 회의에서 의견을 말해야 할 때", 비합리적 신념(B)은 "다른 사람들이 내 의견을 무시할 거야." 감정(C)은 불안, 두려움이다와 같은 방법으로 기록하면 된다. 또한 논박 연습하기와 같은 과제를 제시할 수도 있다. 각각의 비합리적 신념에 대해 논박하기를 해보기 바란다. 예를 들면, 논박(D)으로 "내 의견을 무시하지 않을 가능성도 있어. 또 의견을 무시한다고 해서 내가 무가치한 것은 아니야." 이러한 논박 이후에 새로운 신념(E)을 갖도록 한다. "다른 사람들이 내 의견을 다르게 생각해도 괜찮아. 중요한 것은 내 의견을 말하는 것이야."라고 하면 된다.

셋째, 내담자의 언어를 변화시키기이다. 내담자의 언어 패턴이 왜곡된 사고를 일으키는 하나의 원인이라고 보고 상담사는 내담자에게 새로운 자기진술 방식을 학습하게 한다. 엘리스의 합리적 정서행동치료(REBT)에서 내담자의 언어를 변화시키기 기법은 매우 중요한 역할을 한다. 이 기법은 내담자가 사용하는 부정적이고 비합리적인 언어를 긍정적이고 합리적인 언어로 바꿔 감정적 상태와 행동을 개선하도록 도와준다. 언어는 사고를 반영할 뿐만 아니라 사고를 형성하기도 하기 때문에, 언어의 변화를 통해 사고패턴을 변화시키는 접근법이다. 예를 들어 보면 직장에서 자신감이 부족한 내담자가 찾아왔다. 30대의 내담자는 직장에서 자주 실수하고 자신감을 잃어가는 상황이다. 그는 상사와 동료들에게 인정받지 못한다고 느끼며, "나는 항상 실패자야"라는 생각을 자주 한다. 이로 인해 정씨는 불안과 우울을 겪고 있다. 이럴 때 먼저 비합리적 언어 인식하기를 한다. 상담사는 "내담자님이 최근에 어떤 생각을 자주 하나요?" 내담자는 "나는 항상 실패자야. 무슨 일을 해도 제대로 할 수 없어."라고 한다. 여기에서 "항상"과 "무슨 일도 제대로 할 수 없어"는 과도하게 일반화된 비합리적인 언어이다. 이러한 언어는 내담자의 불안과 우울을 증폭시킨다.

이렇게 비합리적인 언어를 인식하도록 하고, 그 이후에 언어의 변화를 촉진한다. 상담사는 "내담자의 말 속에 '항상'과 '무슨 일도' 같은 절대적인 표현이 많이 들리네요. 이러한 표현을 조금 더 정확하게 바꿔 볼까요?"라고 말하고, 비합리적 언어는 "나는 항상 실패자야."이며, 합리적인 언어로 표현한다면 "나는 때때로 실수를 하지만, 모두가 항상 완벽할 수는 없어요."라고 할 수 있다. 내담자가 "저는 가끔 실수하지만, 전체적으로 일을 잘하고 있어요."라고 표현하도록 한다. 그리고 마지막 단계로 새로운 언어 습관을 갖도록 하고 있다.

상담사는 내담자가 비합리적인 언어를 사용하는 상황을 기록하고, 이를 더 합리적인 언어로 바꿔 보는 연습을 과제로 제시한다. 상담사는 "이번 주 동안 비합리적인 언어를 사용하는 상황을 하루에 한 번씩 기록해 보세요. 그리고 그 문장을 더 현실적이고 긍정적으로 바꿔 보세요." 예를 들면, "나는 무슨 일을 해도 제대로 못해."를 "나는 이 일에서 몇 번 실수했지만, 다른 일에서는 잘 해내고 있어."라고 표현하도록 한다. 그러면서 내담자가 자신에 대한 보다 긍정적이고 현실적인 언어를 사용하면, 상담사는 이를 긍정적으로 강화한다. 상담사는 "그렇죠, 내담자는 다른 일에서는 많은 성과를 내고 있잖아요. 계속해서 그렇게 긍정적인 언어를 사용하면 좋겠네요."라고 긍정적 지지를 제공한다.

내담자의 언어를 변화시키기 기법은 내담자가 사용하는 부정적이고 비합리적인 언어를 인식하고, 이를 긍정적이고 합리적인 언어로 바꾸는 것을 목적으로 한다. 이를 통해 내담자는 자신의 생각과 감정을 더 건강하게 조절하고, 행동에 긍정적인 변화를 가져올 수 있다. 이 기법은 내담자의 일상생활에서 지속적으로 적용될 수 있도록 기록하고, 새로운 언어 습관을 형성하도록 연습하는 과정이 포함된다.

② 정서적 기법

합리적 정서 상상은 내담자 자신에게 일어날 수 있는 최악의 상황을 상상하게 하여 그 상황에 맞지 않는 부적절한 감정을 적절한 감정으로 변화시키는 방법이다. 정서적 기법은 내담자가 감정적 고통을 탐색하고, 이를 적절히 표현하며 조절하는 데 초점을 맞추어서 진행한다.

첫째, 정서적 상상 기법이다. 정서적 상상 기법은 감정을 상상하는 상황에 노출하여 비합리적 신념이 유발하는 감정을 탐험하고 수용하는 과정이다. 예를 들면, "내담자는 사람들 앞에서 발표해야 할 때 극심한 불안을 느낀다." 상담사는 "내담자가 발표하는 상황을 머릿속으로 상상해 보세요. 그때 어떤 감정을 느끼나요?" 내담자는 "무척 불안해요. 손이 떨리고 심장이 뛰네요." 이때 상담사는 "지금 느껴지는 그 불안을 그대로 받아들여 보세요. 그리고 그 상황에서 나는 실수를 해도 괜찮다고 마음속으로 되뇌어 보세요."라고 표현하여 내담자가 자신의 감정을 느끼도록 한다.

둘째, 유머의 사용이다. 내담자가 필요 이상으로 심각하게 받아들이는 것에 대하여 반박하고, 틀에 박힌 생활 철학을 논박하도록 조언하는 데 유머를 사용한다. 상담 과정에서 유머를 사용하는 것은 비합리적 신념과 관련된 부정적 감정을 완화하고, 상황을 보다 긍정적이고 객관적으로 바라볼 수 있도록 도와준다. 유머는 내담자가 자신의 문제를 과장되게 보지 않고, 더 가벼운 마음으로 다룰 수 있도록 만들어 준다. 이를 통해 내담자는 비합리적 신념을 보다 쉽게 인식하고 변화를 꾀할 수 있도록 한다. 예를 들면, 시험불안을 겪고 있는 내담자가 있다. 이 내담자는 20대 대학생 영희는 시험을 앞두고 극심한 불안을 느낀다. 그녀는 자신이 시험에서 실수하면 모든 것이 망가질 것이고, 자신은 실패자가 될 것이라고 믿고 있다. 이럴 때 먼저 상황과 감정을 탐색하도록 한다. 상담사는 "내담자님, 시험이 다가오면서 어떤 생각과 감정을 느끼나요?" 내담자는 "시험에서 실수하면 모든 것이 끝날 거예요. 저는 실패자가 될 거예요." 다음 단계로 비합리적인 신념 인식하기이다. 상담사는 "시험이 인생에서 중요한 것이지만, 시험에서 실수한다고 해서 모든 것이 끝나는 것은 아닐 거예요. 이 생각이 과장되었다고 생각하지 않나요?"라고 표현을 통해서 비합리적인 신념을 인식하도록 한다. 이후에 유머 사용하기를 적용한다. 상담사는 "한번 이렇게 생각해 볼까요? 만약 시험에서 실수한다고 해서 정말로 모든 것이 끝난다면, 아마 그 순간 세상이 지진이라도 일어나면서 무너져 내리겠죠." 내담자는 "(웃으며)

그렇게까지 심각하지는 않겠죠. 저 혼자만의 생각 같아요." 상담사 "그렇죠. 마치 우리는 시험에서 실수하면 마법처럼 모든 게 망가지는 반지의 제왕 같은 설정을 떠올리곤 하나 봐요. 사실 현실은 그렇게 극적이지 않잖아요." 내담자 "(더 크게 웃으며) 맞아요, 제가 너무 과장했네요. 시험에서 실수한다고 해서 그렇게 큰일이 일어나진 않겠죠."와 같이 표현하는 과정을 갖는다. 유머를 사용한 후, 상담사는 내담자와 함께 비합리적 신념을 더 현실적이고 긍정적인 신념으로 바꾸는 작업을 한다. 상담사는 "시험은 중요하지만, 실수 하나로 세상이 무너지지는 않아요. 몇몇 실수는 배움의 과정이고, 다음에는 더 잘할 수 있는 기회로 볼 수 있어요." 내담자는 "맞아요, 몇 번의 실수는 큰 문제가 아니에요. 저는 배울 수 있고, 다음에 더 잘할 수 있어요."와 같이 다루면 된다.

정서적 기법의 유머 사용하기는 내담자가 비합리적 신념과 과도한 걱정을 객관적으로 바라보고, 그 상황을 경쾌하고 긍정적으로 받아들이도록 돕는 강력한 정서적 기법이다. 유머는 내담자의 감정적 부담을 줄이고, 상황을 가볍게 받아들여 비합리적인 신념을 수정하는 데 유용하게 사용될 수 있다. 이를 통해 내담자는 문제를 더 쉽게 다루고, 긍정적인 변화를 경험할 수 있다.

③ 행동적 기법

합리적 정서행동치료에서 행동적 기법은 내담자에게 어떤 행동을 하게 함으로써 그의 신념체계를 변화시키고, 증상에서 벗어나 보다 생산적인 행동을 할 수 있도록 돕는 기법이다. 행동적 숙제 제시, 새로운 행동 제시, 불안을 장시간 경험 등이 있다. 행동적 기법은 내담자가 비합리적 신념을 수정한 후, 이를 행동으로 실천하여 긍정적인 결과를 직접 경험하도록 촉진하도록 한다. 여기에서 가장 많이 사용되는 기법이 점진적 노출 기법이다.

행동적 기법의 점진적 노출은 내담자가 두려운 상황을 단계적으로 경험하도록 하여, 불안을 감소시키고 편안함을 느끼도록 도와주는 방법이다. 예를 들면, 내담자는 사회적 상황에서 사람들과 대화하는 것을 두려워한다. 이때 상담사가 내담자에게 "먼저 소규모 모임에서 한두 명과 대화를 나누는 연습부터 시작해 볼까요? 그런 다음 점차 인원을 늘리는 방향으로 가봅시다." 하면, 내담자는 "네, 소규모 모임은 좀 더 편안하게 다가갈 수 있을 것 같아요." 한다. 그러면 행동계획으로 친구 한 명과 10분 동안 대화 나누기, 두세 명과 함께 15분 동안 모임 참여하기, 다섯 명 이상의 그룹에서 30분 동안 활동하기와 같이 단계별로 점진적으로 대화를 한다.

엘리스의 합리적 정서행동치료(REBT)의 주요 기법은 내담자의 비합리적 신념을 수정하고, 감정적 고통을 탐색하며, 긍정적인 행동 변화를 촉진하는 것을 목표로 한다. 각각의 기법은 내담자가 직면한 다양한 문제에 맞춰 적용될 수 있으며, 이로써 개인이 더 건강하고 긍정적인 삶을 살아가도록 도와준다.

2. 벡의 인지치료

벡(Aaron Beck)은 우울에 대해 연구하다가 인지치료(Cognitive Therapy)를 개발하였다(Beck, 1967). 벡은 우울한 사람들이 이분법적 사고, 과잉일반화, 기분에 근거한 추론과 같은 인지적 오류를 범하는 기저에는 역기능적인 가정이나 도식이 있으며, 특히 역기능적인 가정이나 도식은 어린 시절의 경험에 의해 형성된다고 보았다. 인지치료와 REBT에서는 현실검증이 매우 체계적이나 몇 가지 차이점이 있다. REBT는 매우 지시적이고 설득적이고 직면적이다. 또한 교육하는 상담사의 역할을 중요시한다. 반면에 인지치료는 소크라테스식 대화를 이용해 개인적 주제를 돌아보고 자신만의 결론에 도달하게 하는 목표를 이루기 위해 개방형 질문을 한다. 인지치료는 REBT보다 내담자가 스스로 가진 비합리적 신념을 찾아내고 상담사는 내담자와 협력하여 내담자의 인지 타당성을 검토하게 한다.

1) 벡의 생애

벡(Aaron Beck, 1921-2021)은 인지치료의 창시자로, 그의 연구와 업적은 심리치료와 정신건강 분야에 큰 영향을 미쳤다. 벡은 1921년 7월 18일 미국 로드아일랜드주 프로비던스에서 태어났다. 그는 러시아에서 이주한 유대인 가정에서 자랐다. 어린 시절, 사고로 여러 차례 부상을 입어 병원에서 오랜 시간을 보내야 했고, 이러한 경험은 그가 의학에 관심을 가지는 계기가 되었다. 벡은 브라운대학교에서 학사 학위를 받았고, 1946년에 예일대학교 의과대학에서 의학 학위를 취득했으며, 이후 신경정신과 레지던트를 마치고, 페인스테이트 대학교(현재의 펜실베이니아 대학교)에서 정신의학과 심리분석을 연구하며 전문적인 경력을 쌓기 시작했다. 벡은 초기 경력에서 정신분석에 깊이 매료되었다. 그러나 우울증 환자들을 정신분석적으로 치료하며 연구를 진행했지만, 환자들이 겪는 우울증이 프로이트의 이론으로는 충분히 설명되지 않는다는 것을 깨달았다. 그 후 우울증 환자들이 나타내는 부정적인 사고패턴에 주목하였고, 우울증이 어떻게 발생하고 유지되는지를 이해하는 데 중요한 단서가 되었다.

1960년대에 벡은 우울증 환자들의 부정적인 자동사고(negative automatic thoughts)에 주목하였고, 그들이 자신, 세계, 미래에 대해 부정적인 견해를 가지고 있다는 것을 발견했다. 이를 '인지 삼제(cognitive triad)'라고 불렀고 이러한 부정적인 사고패턴이 우울증을 지속시키며, 이를 수정하는 것이 치료의 핵심이라고 보았고, 이를 바탕으로 인지치료(Cognitive Therapy, CT)를 발전시켰다.

인지치료의 핵심 원리는 인간의 감정과 행동이 그들이 인식하고 해석하는 방식에 의해 크게 영향을 받는다는 것이다. 부정적이고 왜곡된 인지 패턴이 우울증, 불안장애 등 다양한 정신건강문제를 야기하거나 악화시킨다고 보았고, 치료 목표는 이러한 왜곡된 인지를 인식하고, 보다 현실적이고 긍정적인 방식으로 재구성하는 것에 초점을 두었다. 벡은 다양한 인지적 재구성 기법을 개발하였다. 예를 들어, 인지적 재구성(cognitive restructuring) 기법은 내담자가 부정적인 자동사고를 인식하고, 논리적이고 현실적인 대안적 사고로 교체하는 방법이나 행동 실험(behavioral experiments)을 통해 내담자가 새로운 사고방식을 실제 상황에서 시험하고 그 효과를 경험하도록 도와주는 기법을 사용하였다.

벡은 다수의 연구 논문과 저서를 발간하였고, 그의 대표적인 저서로는 『Depression: Causes and Treatment』(1967)와 『Cognitive Therapy of Depression』(1979)가 있다. 그는 인지치료의 효과성을 다룬 많은 임상 연구를 통해 과학적으로 이를 입증하였고, 인지치료가 다양한 심리적 문제에 매우 효과적이라는 것을 밝혀냈다. 벡과 그의 딸(Judith S. Beck 박사)은 1994년에 펜실베이니아주 필라

델피아에 벡 인스티튜트(Beck Institute for Cognitive Behavior Therapy)를 설립했으며, 이는 인지행동치료(Cognitive Behavioral Therapy, CBT) 교육, 연구, 임상 서비스를 제공하는 주요 기관으로 자리 잡았다. 벡은 2021년 11월 1일, 100세의 나이로 별세하였다. 그의 연구와 혁신적인 치료법은 오늘날에도 많은 정신건강 전문가들에게 커다란 영향을 미치고 있다.

2) 인간관

벡은 인간의 감정과 행동은 객관적인 현실보다는 주관적 해석에 의해 결정되며 인간의 심리적 고통과 정신병리는 인지 내용이 현실을 부정적으로 왜곡하는 데 기인하므로 부정적으로 왜곡된 인지 내용은 심리치료를 통해 내담자가 인식할 수 있고 왜곡된 역기능적인 인지의 교정을 통해서 호전될 수 있다고 하였다.

벡의 인지치료(Cognitive Therapy, CT)에서 인간관은 그의 치료 접근법과 철학의 기초를 이루고 있다. 벡의 인지치료는 인간이 자신의 심리적 문제를 해결하고 보다 건강한 삶을 영위할 수 있는 능력이 있다고 보는 긍정적인 관점을 가지고 있다. 벡은 인간이 자신의 생각과 신념을 인식하고 변경할 수 있는 능력을 가지고 있다고 보았고, 이는 개개인이 자기 자신, 세계, 미래에 대한 부정적이고 왜곡된 생각을 바꾸어 보다 긍정적이고 현실적인 시각을 가질 수 있다는 것을 의미한다.

또한 벡은 인간의 감정과 행동이 외부 사건 자체보다는 사건에 대한 해석에 의해 크게 영향을 받는다고 보았다. 따라서 우리의 해석이 적절하고 현실에 부합하면 긍정적인 감정과 행동이 따르게 되지만, 왜곡된 해석은 부정적인 감정과 행동을 초래할 수 있다고 하였다. 특히, 벡은 많은 심리적 문제가 사람들이 자동적으로 떠오르는 부정적인 생각(자동적 사고)들로 인해 발생한다고 하였다. 이 자동적 사고는 인지적 왜곡을 포함할 수 있는데, 이는 비합리적이고 부정적인 생각의 패턴들이다.

벡은 사람들이 자기 분석과 통찰을 통해 자기 자신의 생각 패턴을 인식하고 교정할 수 있는 능력을 가지고 있다고 믿었다. 이는 자아 성찰을 통해 부정적 신념과 생각을 탐구하고, 이를 보다 현실적이고 긍정적인 신념으로 대체함으로써 자신의 감정과 행동을 변화시키는 능력을 포함한다고 하였다.

벡은 인간이 자신의 생각과 신념을 현실 검증을 통해 확인하고 수정할 수 있는 능력을 가지고 있다고 보았으며, 이는 행동 실험을 통해 자신의 신념을 현실에서 시험해 보고, 그 결과에 따라 신념을 수정하는 과정을 포함한다. 벡은 인간이 기본적으로 내적인 가치와 존엄성을 지닌 존재로 보았으며, 인간의 자기가치감은 오류나 실패와 같은 특정 사건에 의해 결정되는 것이 아니라, 그 자체로 존엄한 존재임을 강조하였고, 이를 통해 자기존중감을 증진시키고, 실패나 실수를 배움의 기회로 받아들이도록 돕고자 했다.

결론적으로 벡의 인지치료에서 인간관은 인간이 자신의 인지적, 정서적, 행동적 문제를 해결할 수 있는 능력을 가지고 있다는 긍정적인 관점을 바탕으로 한다. 벡은 인간이 자신의 생각을 인식하고 변화시킴으로써 감정을 조절하고 행동패턴을 개선할 수 있다고 믿었으며, 이는 인지치료의 핵심 원리를 구성하며, 내담자에게 더 건강하고 만족스러운 삶을 살아갈 수 있는 능력을 부여하는 데 중점을 두었다.

3) 주요 개념

벡의 인지치료(CT)의 주요 개념으로는 인지 도식, 자동적 사고, 인지적 오류 등이 있다. 이를 구체적으로 살펴보면 다음과 같다.

(1) 인지 도식

스트레스 상황에서 활성화되어 인지적 오류를 유발하는 인지 도식을 말한다. 도식이란 마음속에 있는 인지구조로 정보처리와 행동의 수행을 안내하는 비교적 안정적인 인지적 사고 틀을 말한다.

벡의 인지 도식은 그의 인지치료의 중심 개념으로, 내담자가 가지고 있는 생각의 패턴과 체계가 어떻게 감정과 행동에 영향을 미치는지를 설명한다. 인지 도식은 우리가 세상을 어떻게 인식하고 해석하는 지침으로 작용하며, 이로 인해 발생하는 자동적 사고(automatic thoughts)가 우리의 정서와 행동에 미치는 영향을 분석한다.

인지 도식을 구성하는 요소는 크게 인지적 왜곡, 자동적 사고, 감정과 행동 등이 있다. 인지적 왜곡에서 일어나는 것은 우리의 자동적 사고가 종종 왜곡되어 있으며, 이는 기분이나 정서의 문제를 악화시킨다. 자동적 사고는 특정 사건에 대해 즉각적으로 떠오르는 생각이며, 종종 무의식적으로 나타난다. 자동적 사고가 우리의 감정과 행동에 영향을 미친다.

이러한 인지 도식을 예를 들어 살펴보면 다음과 같다. 대학생인 내담자는 중요한 시험을 앞두고 있다. 그는 시험 준비가 부족하다고 느껴 불안에 휩싸인다. 내담자는 비합리적인 자동적 사고를 한다. "나는 절대 이 시험을 통과할 수 없어!", "모두가 나보다 똑똑할 거야. 나만 실패할 거야."라고 한다. 이런 생각들은 이분법적 사고(흑백논리)와 과도한 일반화 등의 인지적 왜곡을 포함한다. 이 내담자는 시험이 가까워질수록 자동적 사고를 자주 하게 된다. "나는 준비가 부족해. 이 시험은 내 인생의 끝이야.", "시험에 대한 내 실수는 내가 전체적으로 실패한 것과 같아." 이러한 생각으로 인해서 불안감은 더욱더 심화된다. 이러한 자동적인 사고는 감정과 행동에 직접적인 영향을 미친다. 이 내담자는 "나는 불안하고 두렵고, 심지어 우울하기도 해." 이러한 불안으로 이 내담자는 공부를 하지 못하고, 시험을 피하려 하거나, 지나치게 과도한 준비에만 매달리게 된다. 이러한 과정으로 인해서 이 내담자는 생각이 쌓이면서 그의 감정적 고통이 증가하고, 결국 그는 시험에서 좋은 성적을 거두지 못할 것이다. 내담자는 자신의 인지 도식이 인생의 중요한 순간에서 그를 가로막고 있다는 것을 인식하지 못하고 있다.

이와 같은 내담자를 위한 해결방법으로 인지 도식을 재구성하도록 탐색하는 것이 좋다. 먼저 이 내담자에게 자동적 사고를 인식하는 과정을 갖도록 하는 것이 선행되어야 할 것이다. 상담사는 내담자에게 "당신이 시험을 앞두고 느끼는 불안과 '나는 절대 이 시험을 통과할 수 없어'라는 생각을 살펴보세요."라고 말한다. 이후에 사고의 검토 과정을 탐색한다. 상담사는 내담자에게 그의 비합리적인 사유를 검토하고, "과연 이 생각이 사실인가?"라고 질문을 한다. 생각과 사실의 차이를 알도록 하면 좋다. 이후에는 대체적인 사고를 갖도록 도와주는 과정을 갖도록 하는 것이 좋다. 내담자가 이제 "나는 완벽하게 준비할 필요는 없어" 또는 "이 시험에서 아직 성적이 좋지 않더라도 내 전체 인생에 지장을 줄 수 없어"라는 대체적인 사고로 전환되도록 도와주는 과정을 갖는 것이 좋다.

벡의 인지 도식과 관련된 개념은 우리가 무의식적으로 떠올리는 자동적 사고가 우리의 감정과 행동에 큰 영향을 미친다는 것을 강조한다. 이 인지적 왜곡을 이해하고 수정함으로써, 개인은 자신의 정서적 고통을 줄이고 보다 건강하고 긍정적인 사고패턴을 개발할 수 있다. 이러한 과정은 벡의 인지치료의 핵심으로, 상담사는 내담자가 자신의 사고패턴을 이해하고 재구성하도록 도와주는 역할을 수행하는 것이다.

(2) 자동적 사고

벡의 자동적 사고란 어떤 환경에 대해 자기도 모르는 사이 떠오르는 생각과 심상을 말한다. 자동적 사고는 주로 인지 삼제(cognitive triad), 즉 자신에 대한 비관적 생각(나는 무가치한 사람이다), 앞날에 대한 염세주의적 생각(나의 앞날은 희망이 없다), 세상에 대한 부정적인 생각(세상은 매우 살기 힘든 곳이다)과 벡의 자동적 사고와 인지 삼제는 그의 인지치료(cognitive therapy)의 핵심 개념으로, 우울증과 같은 정신적 문제의 이해와 치료에 중요한 역할을 한다. 인지 삼제는 사람들이 자신, 세계, 미래에 대해 가지고 있는 기본적인 신념 구조를 나타내며, 이는 자동적 사고와 밀접하게 연관되어 있다. 인지 삼제의 구성요소는 자기와 세계, 미래와 관련되어 있다. 여기에서 자기(self)란 개인이 자신에 대해 어떻게 느끼고 생각하는지를 나타낸다. 세계(world)는 개인이 주변 세계와 사람들, 그리고 사건들에 대해 어떻게 해석하는지를 포함한다. 미래(future)는 개인이 미래의 사건이나 상황에 대해 어떻게 예측하고 기대하는지를 포함한다. 벡은 이러한 세 가지 요소가 상호작용하며, 사람들이 느끼는 감정과 행동에 큰 영향을 미친다고 주장했다. 자주 사용되는 비합리적 신념이나 왜곡된 사고는 이 세 가지 관점에서 발생한다.

벡의 인지 삼제를 사례를 가지고 설명하면 다음과 같다. 27세의 여성 내담자는 최근 직장에서 해고된 후 심각한 우울증을 겪고 있다. 그녀는 자신의 가치에 대한 신념과 주변 세계에 대한 시각이 부정적이며, 이에 따라 언행과 감정이 변화하고 있다. 이 과정에서 인지 삼제를 살펴보면 다음과 같다. 자기(self)에 대한 자동적 사고는 "나는 아무 쓸모없는 사람이다." 또한 부정적 신념은 "나는 실패자야. 더 이상 아무도 나를 원하지 않아."와 같이 이 내담자는 해고를 자신의 가치와 신뢰에 직접적으로 연결 짓고, 자신을 무가치한 존재로 생각하고 있다. 이러한 부정적인 자아 이미지가 그녀의 우울한 감정을 심화시키고 있다고 할 수 있다.

인지 삼제의 구성요소에 해당되는 세상(world)과 관련한 자동적 사고는 "세상은 끔찍하고, 사람들은 나를 싫어한다." 부정적 신념은 "이 세계는 경쟁이 심하고, 나 같은 사람은 환영받지 못해"와 같이 이 내담자는 주변 세계가 자신에게 부정적이라고 인식하고 있으며, 이를 통해 사회와의 단절감을 느끼고 있다. 그녀는 다른 사람들이 자신에 대해 어떻게 생각할지에 대한 불안과 두려움을 느끼며, 이 때문에 더욱 고립된 기분을 느낀다.

인지 삼제의 구성요소에 해당되는 미래(future)와 관련한 자동적 사고는 "앞으로도 나는 더 나은 일이 없다." 부정적 신념은 "앞으로 좋은 기회는 생기지 않을 거야. 나는 계속 실패할 거야."와 같이 이 내담자는 미래에 대한 부정적인 예측을 하고 있으며, 이는 그녀의 동기 부여에 큰 영향을 미친다. 그녀는 자아에 대한 부정적인 생각과 세계에 대한 부정적인 인식 때문에 자신의 미래를 밝지 않게 바라보게 된다.

그러므로 이러한 내담자들에게 자신의 감정과 사고를 좀 더 심도 있게 탐구해 보도록 하면서 자신의 사고에 도전하도록 하고 새로운 신념과 사고를 형성하도록 하는 것이 좋다. 이러한 과정을 통해서 자아 이미지, 세계, 미래에 대한 보다 긍정적이고 현실적인 시각을 기를 수 있으며, 이를 통해 감정적 고통을 줄이고 행동을 변화시킬 수 있다. 벡의 인지 삼제와 자동적 사고 개념은 이러한 인지적 과정을 이해하고 변화시켜 나가는 데 상담사가 내담자에게 제공해야 하는 과정이라고 생각한다.

(3) 인지적 오류

인지적 오류(cognitive distortions)는 어떤 사건이나 상황 체계적으로 왜곡해서 그

의미를 해석하는 정보처리 과정에서 일으키는 체계적인 잘못을 말한다. 흑백논리, 평가절하, 과장/축소, 넘겨짚기/과잉일반화 등이 이에 포함된다. 인지적 오류는 사람들이 자신 또는 주변 세상을 왜곡하여 부정적인 감정과 행동을 유발하는 잘못된 사고패턴을 의미한다. 이러한 오류는 특히 우울증, 불안장애와 같은 정신건강문제를 겪는 내담자들에게 자주 관찰되며, 이런 여러 가지 인지적 오류의 종류를 식별하고 이를 치료 과정에서 다루는 데 중점을 두었다.

인지오류의 대표적인 것이 이분법적 사고(black-and-white thinking)이다. 이분법적 사고는 사물을 극단적으로 보고, 중간 지점을 허용하지 않는 사고하는 방식이다. 예를 들면, "나는 이 프로젝트를 완벽하게 했거나, 전혀 쓸모가 없어." 이 생각은 성과를 극단적으로 바라보는 것이며, 작은 실수조차 자신의 전체적인 가치를 저하시킨다고 믿게 만든다.

과잉일반화(overgeneralization)는 한두 가지 사건을 바탕으로 전체를 일반화하는 사고방식을 말한다. 예를 들면, "나는 지난 시험에서 떨어졌으니까 항상 실패할 거야." 과거의 단 하나의 경험을 통해 자신이 앞으로도 반복적으로 실패할 것이라는 잘못된 결론에 이르게 된다. 인지오류의 부정적 필터링(negative filtering)은 긍정적인 상황은 무시하고 부정적인 부분만 강조하는 사고방식이다. 예를 들면, "어제 친구들이 나와 함께 저녁을 먹으러 왔지만, 단 한 친구가 늦었다. 그래서 그들은 나를 좋게 생각하지 않는 것 같아." 긍정적인 경험의 대부분을 무시하고 단 하나의 부정적인 요소에만 집중하며, 파국화(catastrophizing)는 작은 문제나 사건이 생기는 것을 과장하여 최악의 상황을 상상하는 사고방식이다. 예를 들면, "시험에서 한 문제가 틀렸어. 이제 내 인생은 끝이야." 이는 실수 하나가 자신의 삶에 극적으로 부정적인 영향을 미친다고 믿는 것이다.

인지오류에서 개인화(personalization)는 다른 사람의 행동이나 사건이 자신에게 책임이 있다고 잘못 생각하는 방식이다. 예를 들면, "내가 동료에게 조언을 주지 않았기 때문에 그가 실수를 했어." 상황의 원인을 자신에게만 돌리고 불필요한 죄책감을 느끼는 경우이다. 과도한 기준 설정(should statements)은 스스로나 타인에게 비현실적인 기대를 하는 사고방식을 말한다. 예를 들면, "나는 항상 완벽해야 하고, 실패해서는 안 돼." 이러한 '해야 한다'는 생각은 스트레스를 유발하고 자아존중감을 해친다. 감정적 추론(emotional reasoning)은 자신의 감정에 따라 사실을 판단하는 방식이다. 예를 들면, "나는 불안을 느끼니까, 내가 이 일을 잘할 수 없다는 증거야." 이 사고 오류는 감정이 사실임을 반영한다고 가정하게 만들고, 현실을 왜곡한다.

이와 같은 사람들이 일상에서 겪는 여러 종류의 인지적 오류를 이해하고, 이를 통해 상담사는 내담자의 감정과 행동을 인식할 수 있도록 도우며, 상담 과정에서 이러한 인지적 오류를 인식하고 도전함으로써, 내담자는 보다 현실적이고 긍정적인 사고방식을 갖도록 한다.

4) 상담 기법

벡의 인지치료는 왜곡된 사고나 신념을 파악하고 변화시켜 심리적 문제를 해결하는 데 초점을 두었으며, 생각, 감정, 행동이 모두 연결되어 있으며 내담자에게 도움이 되지 않는 부정확한 사고, 문제행동, 고통스러운 감정을 식별하고 변화시켜 어려움을 극복하는 목표달성을 위해서 주로 인지적 기법, 행동적 기법을 사용한다.

(1) 인지적 기법

벡의 인지치료에서 사용되는 인지적 기법은 내담자의 비합리적 생각과 신념을 인식하고 수정하는 데 중점을 둔다. 이러한 기법은 문제해결을 위한 구조적 접근을 제공하며, 상대적인 생각과 감정을 변화시켜 보다 긍정적인 행동패턴을 형성하는 데 도움을 준다. 벡의 인지적 기법에서는 자동적 사고 인식하기, 사고의 검증, 인지적 재구성, 새로운 행동하기, 긍정적 자기와의 대화 등이 있다.

자동적 사고 인식하기에서는 내담자가 특정 상황에서 느끼는 즉각적인 생각(자동적 사고)을 인식하고 적어보도록 돕는 기법이며, 사고의 검증은 내담자가 가진 자동적 사고의 진위를 검증하여 부정적 신념의 오류를 드러내도록 돕는 기법이고, 인지적 재구성은 부정적 사고를 긍정적이고 합리적인 사고로 변화시키는 과정이며, 새로운 행동하기는 새로운 신념을 검증하기 위해 실제 상황에서 행동하도록 유도하는 기법이고, 긍정적 자기와의 대화는 내담자가 부정적인 자동적 사고 대신 긍정적이고 지지적인 자기대화를 연습하도록 돕는 기법이다.

또한 벡의 인지적 기법 중 재귀인, 재정의, 탈중심화는 내담자가 자신의 생각과 경험을 보다 긍정적이고 현실적으로 바라보도록 돕는 중요한 도구이다. 재귀인은 어떤 사건이나 결과에 대한 자신의 신념이나 해석을 수정하여, 더 현실적이고 긍정적인 관점을 갖도록 돕는 기법이고, 재정의는 특정 사건이나 경험을 새로운 시각에서 바라보도록 도와 긍정적인 의미를 찾게끔 하는 기법이며, 탈중심화는 자신의 경험이나 감정을 넘어서 객관적인 시각으로 상황을 바라보게 하여 다른 관점을 느낄 수 있도록 돕는 기법이다. 이 기법은 주로 다른 사람들의 관심이 자기에게 쏠려 있다고 잘못 믿는 불안한 내담자를 상담하는 데 사용된다.

이와 같은 인지적 기법들은 비합리적 사고를 인식하고 수정하게 하는 과정을 통해 감정을 조절하고 긍정적인 새로운 행동 변화를 유도한다. 이를 통해 내담자는 자신과 세상을 바라보는 새로운 시각, 인지적 재구성하게 되고, 정서적 고통을 줄이며 더 건강한 삶을 살아갈 수 있는 기회를 얻게 된다.

(2) 행동적 기법

인지치료(CT)의 행동적 기법에는 기술훈련, 점진적 이완, 활동계획, 노출치료 등이 있다. 행동적 기술이란 특정한 부적응적 신념에 도전하거나 새로운 학습을 증진시키도록 고안된 행동적 실험들을 사용하는 것을 의미한다. 행동적 기술에서는 내담자의 반응 범주를 확장시키는 기술 훈련과 점진적 이완, 활동 계획하기 등이 있다. 인지치료에서 행동적 기술은 내담자의 부적응적인 행동을 수정하고, 긍정적인 행동을 고양하기 위한 여러 방법을 포함한다. 이 기법에는 내담자의 반응 범주를 확장시키는 기술훈련, 점진적 이완, 활동 계획하기, 노출 기법 그리고 행동시연 기법의 설명과 예시이다.

내담자의 반응 범주를 확장시키는 기술 훈련은 내담자가 다양한 상황에서 적절히 반응할 수 있도록 하기 위해 새로운 기술이나 행동을 훈련하는 과정을 말한다. 예를 들면 25세의 내담자가 직장에서 동료들과의 대화에서 자주 자신의 의견을 표현하는 데 어려움을 겪고 있다고 한다. 이때 상담사는 내담자에게 소통 기술 훈련을 제안한다. 예를 들어, 질문을 던지는 연습을 하도록 한다. "내담자님, 모임 중에 질문을 하거나 의견을 제시하는 연습을 해보면 좋겠어요. 각자 의견을 나누고, 친구에게 질문을 해보십시오." 이 과정을 통해 내담자는 자신의 의견을 표현하고 동료들의 피드백을 들으며, 자신감도 얻는다.

점진적 이완(progressive relaxation)은 신체의 긴장을 점진적으로 완화시키는 방법이다. 이를 통해 불안을 감소시키고 신체적 안정을 유도한다. 예를 들어 20세의 내담자가 시험이나 발표 등 불안한 상황에서 종종 긴장을 느낀다고 하였다. 상담사는 점진적 이완 기술을 가르친다. 내담자는 상담사의 지시에 따라서 실제로 상담 장면에서 실행하도록 한다. 상담사는 내담자에게 "먼저 앉아서 깊게 숨을 쉬세요. 그런 다음 발끝을 쥐어짜고, 몇 초 후에 힘을 풀어보세요. 그런 다음 발목, 무릎 등 각 부위별로 이렇게 진행하도록 한다."라고 말한다. 이와 같은 방법을 통해서 내담자는 이완훈련 후 몸의 긴장이 줄어드는 것을 느끼면서 더 평온한 마음 상태를 유지할 수 있게 된다.

활동 계획하기(activity scheduling)는 내담자가 일상적 생활 속에서 치료에 긍정적인 영향을 미칠 수 있는 활동을 계획하고 실행하도록 돕는 방법이다. 예를 들면 34세의 내담자는 우울증으로 인해 활동이 감소하여 사회적 고립을 느끼고 있다. 이때 상담사는 내담자에게 활동 계획을 작성하도록 한다. 상담사가 "이제 한 주에 할 수 있는 작은 활동들을 정리해 볼까요? 예를 들어, 친구에게 전화 걸기, 운동하기, 자기 책 읽기 등을 적어보세요."라고 말하면 내담자는 매일 15분씩 산책하기와 친구와 커피 마시기를 구체적으로 계획하고 실천하도록 하여 사회적 교류를 늘리고 기분이 좋아지는 경험을 하게 하는 실천적 기법이다.

노출 기법(exposure therapy)은 내담자가 두려움이나 불안을 느끼는 상황에 점진적으로 노출시켜 감정적 문제를 감소시키는 방법이다. 예를 들면 19세의 내담자가 공개 발언 두려움을 겪고 있다는 문제로 상담을 받고 있을 때 상담사는 내담자에게 단계적으로 노출하도록 권장한다. 처음에는 거울 앞에서 혼자 발표 연습, 다음에는 가족 앞에서, 그다음에는 소규모 친구 모임에서 발표하도록 하는 단계별 접근을 권장한다. 상담사가 "첫 번째로, 거울 앞에서 2분간 자유롭게 자신이 발표할 내용을 이야기해 보세요."라고 말하면 내담자는 점진적으로 실제 사람들을 앞에 두고 발표할 수 있게 되고, 두려움이 줄어드는 것을 경험하게 된다.

이와 같은 벡의 인지치료에서 사용하는 행동적 기술들은 내담자가 불안, 우울증, 사회적 두려움 등을 극복할 수 있도록 돕기 위한 다양한 기법이다. 이러한 기법들은 내담자들의 긍정적인 행동 변화를 촉진하며, 내담자가 자신의 삶에서 더욱 자신감 있고 효과적으로 대처할 수 있도록 한다.

5) 상담 과정

벡의 인지상담 과정을 상담 목표에서부터 상담 과정을 간략하게 제시하면 다음과 같다.

(1) 상담 목표

인지상담의 목표는 왜곡된 신념(혹은 도식)의 재구조화를 포함하며, 자동적 사고를 변화시켜 인지오류를 제거하고 인지 도식을 합리적인 도식으로 재구성화하는 것이다. 벡의 인지치료(cognitive therapy)에서 상담 목표는 주로 내담자가 부정적인 자동적 사고를 인식하고, 이를 수정하여 더 건강하고 긍정적인 사고패턴을 형성하는 데 중점을 둔다. 예를 들면 내담자의 부정적인 자동적 사고를 인식하도록 하기 위해서는 "내담자가 자신의 사고패턴을 인식하고, 특히 부정적인 자동적 사고(즉각적으로 떠오르는 비합리적인 생각)를 파악할 수 있도록 한다."와 같은 방법이나 인지적 왜곡을 수정하기 위해서는 "내담자가 자동적 사고에 대해 보다 현실적인 대안을 찾아내도록 한다"와 같이 제시할 수 있다. 대체적인 사고 개발의 경우에는 "비합리적이고 왜곡된 사고를 현실적이고 긍정적인 사고로 대체하도록 한다"와 같은 방법으로 제시한다. 정서조절 향상을 위한 상담의 목표인 경우에는 "내담자가 자신의 감정을 더 잘 이해하고, 효과적으로 조절하는 법을 배우도록 한다"와 같이 제시한다.

이와 같이 벡의 인지치료에서 상담 목표는 내담자가 자동적으로 떠오르는 부정적인 사고를 인식하고, 이 사고를 보다 현실적이고 긍정적인 사고로 교체하여 정서적 고통을 줄이고 긍정적인 행동 변화를 이루는 데 초점을 둔다. 이러한 목표는 내담자의 삶의 질 향상에 기여하며, 그들이 더 건강한 사고 및 행동패턴을 형성하는 데 기여한다. 각 목표는 상담 세션에서 구체적인 예시와 방법을 통해 내담자가 실제로 자신의 문제를 해결할 수 있도록 한다.

(2) 상담 과정

벡의 인지치료(cognitive therapy)에서 상담 과정은 내담자가 부정적인 생각, 감정, 행동패턴을 인식하고 이를 수정하게 하려고 체계적으로 진행한다. 여기서 벡의 상담 과정을 구체적인 예시를 통해서 살펴보고자 한다.

> "29세의 여성으로 우울증을 겪고 있는 내담자이다. 최근 몇 개월 동안 직장에서의 스트레스, 가족 문제로 인해 우울증 증상을 겪고 있으며, 일상적인 책임을 수행하는 데 어려움을 겪고 있다."

이러한 내담자에게 상담을 진행하기 위한 과정은 다음과 같다.

첫 번째 단계가 초기 상담(assessment)이다. 이 단계에서는 내담자의 문제를 이해하고 평가한다. 상담사가 내담자에게 "이 상담을 통해 어떤 변화를 원하시나요?"라고 질문을 한다. 내담자가 "직장에서의 압박감을 줄이고, 다시 즐거운 일을 하고 싶어요."라고 반응하면, 상담사는 "그렇다면 우리의 목표는 일상생활에서의 기분 개선과 직장 내 개인적인 스트레스 감소로 하겠습니다."라고 말한다.

두 번째 단계는 인지적 재구성(cognitive restructuring)에 초점을 두고 상담한다. 상담사는 "직장에서 '나는 절대 이러한 스트레스를 극복할 수 없어'라는 생각이 자연스럽게 떠오르나요?" 내담자는 "네, 그런 생각이 들어요." 상담사는 "그런 생각이 조작된 것인지 확인해 보셨어요? 근거가 있는가요?" 내담자는 "실제로 저는 과거에 여러 번 힘든 시기를 보냈지만 이를 극복하고 성공한 경험이 있어요." 이와 같은 방법을 통해서 내담자의 부정적인 사고를 인식하고, 이를 검증하도록 도와준다.

세 번째 단계는 행동 계획(behavioral activation)이다. 부정적인 행동패턴을 긍정적인 행동으로 대체하기 위한 계획을 세운다. 상담사는 "우리의 목표를 위해 일주일 동안 할 수 있는 긍정적인 활동을 함께 계획해 볼까요?"라고 말하고, 내담자는 "요즘 너무 지쳐서 어려울 것 같아요." 그러면 상담사는 "작은 것부터 시작하면 어떨까요? 예를 들어, 매일 10분간 산책하기나 좋아하는 음악을 듣는 것 같은 작은 것부터 해보는 것은 어떤지요." 이와 같은 구체적인 행동 계획을 수립하여 내담자가 일상적인 생활 속에서 긍정적인 활동이 일어나도록 한다.

네 번째 단계에서는 진행 확인 및 재조정(progress review)의 단계이다. 이 단계에서는 설정한 목표에 대한 진전을 확인하고 필요한 조정을 한다. 상담사는 "내담자에게 지난주 동안 계획한 활동을 어떻게 실행하셨나요?" 내담자는 "10분간 산책하긴 했지만, 저 멀리 나가기가 힘들었어요. 기분은 조금 나아진 것 같아요." 상담사는 "대단해요! 그럼 다음 주에는 활동을 조금 더 확장해 보는 것은 어떨까요?" 이와 같은 진행 상황을 검토하며 지속적인 긍정적 변화가 이루어지도록 도와준다.

다섯 번째는 종결 및 유지 전략(termination and maintenance) 단계이다. 이 단계는 상담이 끝났을 때 내담자가 스스로 건강한 생각과 행동을 유지할 수 있도록 전략을 세운다. 상담사는 "오늘로 상담을 마치고, 앞으로의 계획을 세워보면 좋겠어요. 계속해서 긍정적 활동을 하면서 필요한 경우 저에게 연락해도 좋습니다." 내담자는 "이제는 제가 스스로 관리할 수 있을 것 같아요. 하지만 당신의 도움을 계속 받고 싶을 것 같네요." 이와 같은 방법을 통해서 내담자는 상담 종료 후에도 스스로 개선해 나갈 수 있는 방법들을 익히고, 향후 필요할 경우 다시 상담을 받을 수 있을 것이라고 인지한다. 아론 벡의 인지치료 상담의 과정은 내담자가 비합리적인 생각을 이해하고 이를 수정하는 방식으로 진행되며, 궁극적으로 내담자의 정서적 웰빙을 증진하는 것을 목표로 한다. 위의 과정에서 볼 수 있듯이, 상담사는 내담자가 자신의 기분을 관리하고, 긍정적인 행동을 실천하며, 자아존중감을 높일 수 있도록 돕는 구조적인 접근을 제공한다.

3. 마이켄바움의 인지행동수정

1) 인간관

마이켄바움(Donald Meichenbaum)의 인지행동수정은 내담자의 자기 언어화를 변화시키는 것을 중점적으로 다룬다. 마이켄바움의 인지행동수정의 기본 전제는 행동 변화가 일어나기 위해서는 내담자의 생각, 느낌, 행동 그리고 내담자 자신이 다른 사람들에게 미치는 영향을 내담자가 먼저 확인하고 행동 변화가 일어나려면 도식화된 행동 특성을 중단시켜서 다양한 상황에서 자신의 행동을 평가해야 한다는 것이다(Meichenbaum, 2007). REBT는 비합리적인 사고를 드러내고 논박하는 데 있어 더 지시적이고 직접적인 반면 마이켄바움의 자기지시 치료(self-instructional training)는 내담자가 자기 자신에게 말하는 이야기와 자기대화를 인식하도록 돕는 데 더 초점을 둔다. 마이켄바움은 새로운 행동방식으로 생각하는 것보다 새로운 생각방식으로 행동하는 것이 더 쉽고 효과적이라고 주장한다.

마이켄바움의 인지행동수정이론에서 인간은 자기대화나 자기진술(self-statements)을 통해 자신의 행동과 감정을 조절할 수 있는 능동적 존재로 생각한다. 이 이론은 인간이 자신의 사고패턴을 인식하고 수정함으로써 행동을 변화시킬 수 있다고 본다. 따라서 인간은 자신의 심리적 문제를 극복할 수 있는 잠재력을 지닌 존재로 여겨지며, 치료 과정에서는 스스로 인지적 변화를 통해 행동을 수정해 나가는 것이 중요하다고 강조한다.

2) 주요 개념

(1) 인지행동수정

인지행동수정(Cognitive Behavior Modification, CBM)은 내담자의 자기 언어화를 변화시키는 것이다. REBT와 벡의 인지행동과 같이 고통스러운 정서가 부정적 사고의 결과임을 가정하는 것은 공통점이나 마이켄바움은 내담자가 자기대화를 인식하도록 돕고, 문제 상황에 효과적으로 대처하기 위해 자기지시를 수정·훈련하는 것이다.

(2) 행동변화법

마이켄바움은 행동 변화는 내적 언어, 인지구조, 행동과 그 행동 결과의 상호작용을 포함하는 연속적 중재 과정을 통해 일어난다고 했고, 1단계 자기관찰, 2단계 새로운 내적 대화의 시작, 3단계 새로운 기술의 학습 단계를 거쳐 행동의 변화가 일어난다고 보았다.

(3) 대처기술 프로그램

내담자에게 스트레스 예방훈련이라고 알려진 스트레스 조절기법을 가르치는 것이다. 대처기술 프로그램을 적용하기 위해서 먼저 내담자에게 역할놀이나 상상을 하게 하여 불안을 유발하고, 그 불안수준을 평가한다. 스트레스 상황에서 경험하는 불안 유발 인지를 인식하도록 교육하고 자기진술에 대한 재평가를 통해 이런 사고를 검증하도록 돕고 재평가 후 불안 수준을 점검하게 한다.

(4) 스트레스 예방훈련 모형

마이켄바움은 스트레스 예방훈련에 대한 3단계 모형을 제시하였는데, 1단계 개념적 단계, 2단계 기술획득과 시연단계, 3단계 적용과 수행단계로 나누었다. 개념적 단계는 내담자와의 관계와 치료동맹을 수립하는 데 초점을 둔다. 기술획득과 시연단계에서는 스트레스 상황에 적용하기 위한 여러 가지 행동적·인지적 대처기술을 내담자에게 가르쳐 주는 것이다. 적용과 수행단계에서는 치료적 상황에서 생긴 변화를 일상생활로 전달하여 잘 유지하는 데 있다.

3) 상담 과정 및 기법

상담 과정은 첫째, 내담자의 자동적 사고에 주의를 기울이고 둘째, 자동적 사고가 행동과 정서에 미치는 영향력을 살펴봄으로써 자동적 사고로 인한 현실적 고통을 객관적으로 검토해 본다. 셋째, 자동적 사고를 합리적 사고로 변화시키도록 격려하고 넷째, 인지적 오류 확인하고 역기능적 가정들을 재구성하고 다섯째, 행동 과제 부여도 병행한다.

4. 인지행동상담이론의 공헌점과 비판점

1) 공헌점

심리문제 발생과 해결점에 대해 간단명료하게 설명해 주었다는 점이다. 상담사 직접 개입 없이 내담자 스스로 변화하고 새로 획득한 통찰은 행동으로 옮기는 것을 강조했다는 점이다. 또한 인지행동 접근은 잘못된 가정과 신념을 줄이고 내담자에게 자신의 문제를 다루는 데 필요한 대처기술을 교육하는 것을 중요하게 생각한다. 또한 비용 효율적이고 증거에 근거한 치료라는 정신이 담긴 단기적이고 구조화된 치료법이다. 인지행동치료의 심리교육적 측면은 많은 임상적 문제에 적용할 수 있는 분명한 장점이 있고, 문화적 배경이 다른 다양한 내담자에게도 효과적으로 사용할 수 있다.

2) 비판점

비합리적 신념에 대한 명확한 규명이 어렵고 상담사의 합리적 사고를 내담자에게 강요할 수 있다는 점이다. 또한 인지행동 접근은 정서의 역할에 덜 관심을 기울인다는 점이다. 인지행동치료의 중재 효과를 보기 위해서는 광범위한 학습과 훈련, 실습이 필요하고 상담사가 치료할 각 문제에 맞는 구체적인 인지적 공식과 각 장애에 맞는 인지와 행동적 핵심 방략을 설명하는 방법을 알아야 한다는 것이다. 인지치료는 긍정적 사고의 힘을 강조하고 너무 피상적이고 극단적으로 단순하며, 과거의 중요성을 부정하고, 지나치게 기법에 의존하며 문제의 근원을 탐색하지 않고 무의식적인 요인을 무시하고 감정의 역할을 부정했다고 비판받았다.

5. 인지행동상담을 적용한 특수아 상담

인지행동상담이론을 특수아를 대상으로 할 시에는 장애유형을 살펴보고 적용하여야 한다. 발달장애 아동인 경우에는 인지행동상담기법을 적용하는 데 한계가 있다. 시각장애나 지체장애 아동들에서 적용하기 위해서는 인지발달이 형식적인 조작기에 도달되었을 때 적용이 가능해진다고 생각된다.

우리나라의 학령기에 해당되는 장애를 겪고 있는 아동 중 대부분은 지적장애와 발달장애이다. 그러므로 인지행동상담을 적용하는 데 있어서는 장애유형을 먼저 고려하여야 한다. 인지행동상담을 적용하여 상담의 효과성, 효율성을 갖도록 하기 위해서는 장애유형, 장애정도, 장애발생시기 등을 고려하여 적용해야 한다.

장애아동들에게 인지적인 기법을 적용할 시에 변화 가능한 것과 통제 가능한 것에 초점을 두고 접근하는 것을 권장하고 싶다. 장애아동 상담에서 장애수용을 다루고자 할 때, 장애라는 것을 변화시키고, 통제 불가능하지만 자신이 겪고 있는 장애에 대해서 어떤 관점으로 바라보고 있는지는 변화 가능하고 통제가 가능하다. 이러한 것에 초점을 둔다면 인지행동상담 기법은 장애아, 특수아 상담에 매우 유용한 기법이라고 할 수 있다.

특히 사고에 의한 중도 장애를 가진 특수아들에게는 자신이 경험하고 있는 사고패턴을 알아차리도록 하기 위해서 사고패턴을 탐색하고, 부정적이고 왜곡된 사고를 긍정적인 사고로 인지 재구조화 작업을 할 시에는 아주 작은 것에 목표를 두고 접근하는 것이 필요하다. 내담자의 사고가 얼마나 현실적인지를 검증하도록 하는 작업 시에는 상담사가 진정으로 자신을 위한 작업을 한다는 신뢰관계를 구축한 후에 접근하는 것이 필요하다. 특수아들만이 경험할 수 있는 장면이나 문제, 스트레스에 대해서 구체적인 대처전략을 탐색하고, 자기 스스로 문제해결 기법을 찾고 안정화할 수 있도록 하는 데 사용하고, 상담 과정에서 경험한 것을 일상적인 생활 속에서 행동이 활성화될 수 있도록 안내하고, 상담과제를 통해서 경험하도록 하고 성공경험을 통해서 자기효능감을 갖도록 하는 것이 필요하다.

장애를 겪는 내담자의 경우는 장애를 가지고 살아오면서 역기능적 자동적 사고를 지니게 된다. 이 역기능적 자동적 사고로 인해 현실적 고통을 겪게 되는데, 예를 들어 학습된 무력감, 자신감 결여, 자기존중감 상실, 좌절감 등이 빈번히 일어나고, 자신의 잠재능력에도 불구하고 쉽게 포기하거나 좌절하게 되므로 고통을 겪게 된다. 그러므로 부정적이고 왜곡된 인지오류를 확인하고 인지구조를 긍정적으로 재구조화해 줌으로써 보다 행복한 삶을 영위할 수 있도록 도와주어야 한다.

삶에 있어서 바람직하지 못한 결과가 나왔을 경우에 자기 자신이나 비난으로 가는 자동적 사고를 알아차리고 현실을 바로 볼 수 있도록 도와야 한다. 내담자의 겉으로 드러난 어떤 행동과 관련된 그의 파괴적 생각을 줄이고 행동을 바람직하게 변화시키거나 부적절한 정서나 행동에 큰 영향을 미치는 신념 또는 가치체계를 재검토하도록 도움으로써 근본적인 신념을 변화시키는 것이다.

11장 수용전념치료

1. 헤이즈의 생애

헤이즈(Steven C. Hayes)는 수용전념치료(Acceptance and Commitment Therapy, ACT)의 창시자로, 심리학 및 정신건강 분야에서 중요한 기여를 한 인물이다. 헤이즈는 1948년 미국 노스다코타주에서 태어났으며, 어린 시절부터 다른 사람들과의 상호작용에 대한 관심이 많았다. 헤이즈는 미네소타 대학교에서 심리학 학사 학위를 받고, 1975년 유타 대학교에서 심리학 박사 학위를 취득했다.

헤이즈는 초기 연구에서 행동수정 및 인지적 접근에 대한 통합적 개발을 중요하게 여겼다. 이러한 견해는 행동수정은 특정행동을 변화시키는 데 강점이 있고, 인지적 접근은 개인의 생각과 감정을 다루는 데 효과적이기 때문에 두 방법을 통합하여 내담자의 행동변화, 내적경험의 수용, 심리적 유연성 증진을 촉진시킬 수 있다고 생각했다.

1980년대 초, 헤이즈는 수용전념치료(ACT)를 개발하기 시작했다. ACT는 수용(자신의 두려운 감정이나 생각을 경험하고 받아들이기)과 전념(완전한 삶에 대한 목표를 설정하고 이를 위해 행동하기)이라는 두 가지 중요한 원칙을 기반으로 한다. ACT는 인지행동치료(CBT)의 통합적 접근을 활용하여 사람들의 심리적 고통을 줄이는 동시에 의미 있는 삶을 살 수 있도록 돕는 방법이다. 헤이즈의 가장 유명한 저서 중 하나는 『Acceptance and Commitment Therapy: An Experiential Approach to Behavior Change』이다. 이 책은 ACT의 기초 원리를 깊이 있게 설명하고 있으며, 치료사 및 연구자들에게 영향을 미쳤다. 헤이즈는 ACT의 기초 이론과 적용에 대한 수많은 연구 논문을 발표했으며, 그의 연구 결과는 ACT가 우울증, 불안장애, PTSD(외상 후 스트레스 장애), 만성 통증과 같은 다양한 심리적 문제를 치료하는 데 효과적이라는 것을 입증했다. 그는 수용 및 마음챙김과 관련된 심리적 접근에 대한 연구를 통해 이러한 치료의 기초를 확립했다.

현재 ACT는 전 세계적으로 사용되고 있으며, 정신건강 분야에서 점차 인기를 얻고 있다. 헤이즈는 ACT의 이론적 발전을 지속적으로 이끌고 있으며, 치료사와 연구자들에게 영감을 주고 있다.

2. 수용전념치료의 인간관

수용전념치료(ACT)는 인지행동치료(CBT)의 최신 형태로, 심리적 유연성을 증진시키고 가치지향적 삶을 사는 것을 목표로 한다. ACT의 인간관은 인간의 고유한 경험, 행동, 그리고 감정에 대한 매우 포괄적이고 수용적인 시각을 가지고 있다. 인간을 복잡하고 변화하며 맥락에 따라 다르게 행동하는 존재로 본다. ACT에서는 인간의 심리적 고통이 삶의 자연스러운 일부라고 인식하며, 이러한 고통을 피하려고 하기보다는 받아들이고 자신의 가치에 부합하게 행동하는 데 초점을 맞춘다. 인간은 언어와 인지가 발달한 존재로, 이러한 능력이 잠재적인 심리적 고통의 근원이 될 수 있지만, 동시에 자신의 삶을 의미 있고 목적 있게 만들 수 있는 도구가 된다고 보았다.

인간에게 일어나는 경험을 수용하라는 것은 고통의 불가피성에서부터 출발한다. 인간은 고통스러운 감정, 생각, 감각 및 기억을 자연스럽게 경험한다. ACT는 이러한 경험을 피하려 하지 않고 수용하는 방법을 강조한다. 이러한 고통스러운 경험을 피하거나 억제하는 것이 아니라, 있는 그대로 받아들이는 자세를 가르친다.

또한 마음챙김을 중요시한다. 현재 순간을 온전히 경험하고 주의를 기울이는 능력을 중요시하며, 자신의 경험을 판단하지 않고 관찰하는 자세를 배우는 것이다. 자신의 삶 속에서 고통스러운 경험에도 불구하고 중요한 가치를 향한 행동에 전념하도록 격려하고, 개인이 자신의 깊은 가치에 따라 행동할 수 있도록 돕는 것이다. 수용전념치료에서 인지적 탈융합은 생각을 사실로 받아들이기보다는 그저 생각일 뿐이라는 인식을 통해 생각과 감정에서 자유로워지도록 하는 것이다. 자기 자신과의 관계에서 자신을 고정된 정체성이 아닌, 흘러가는 경험의 관찰자로 인식하게 하며, 다양한 상황에서 자신을 유연하게 바라보고, 고정된 자아 개념에서 벗어날 수 있도록 도우며, 현재 순간의 경험에 개방적이고 유연하게 반응하는 심리적 유연성을 강조한다.

이와 같이 ACT에서 인간은 단순히 문제를 해결하는 대상으로 보지 않는다. 인간을 신체적, 심리적, 사회적 요소가 통합된 전체적인 존재로 보며, 각 개인의 경험과 세계관을 존중하며, 개성 있는 존재로 인식하도록 한다. 오히려, 인간의 고통과 기쁨, 다양한 경험을 수용하고 이를 바탕으로 더 의미 있는 삶을 살도록 돕는 것이 목표이다. 상담사는 내담자가 이러한 과정을 통해 심리적 유연성을 키우고, 자신의 가치에 부합하는 삶을 살 수 있도록 도움을 주는 역할을 수행한다.

3. 수용전념치료의 주요 개념

수용전념치료(ACT)는 심리적 문제를 다루는 데 있어 특별한 접근방식을 취하는 치료법이다. 이 치료법에서 중요한 개념 중 하나는 심리적 수용이다.

1) 심리적 수용

심리적 수용(psychological acceptance)은 불쾌하고 고통스러운 생각, 감정, 기억, 신체 감각 등을 피하지 않고 그대로 받아들이는 것을 의미한다. 이는 불편한 감정을 억제하거나 회피하려고 노력하는 대신, 그 감정이 존재하는 것을 인정하고 받아들이는 것을 말한다. 다시 말하면 불편한 감정을 그대로 느끼는 것을 의미한다. 슬픔, 불안, 분노와 같은 감정이 일어날 때, 이를 억제하거나 없애려 하지 않고 그냥 있는 그대로 느끼는 것이다. 또한 자신에게 일어나는 생각과 감정을 판단하지 않기이다. 판단하지 않기는 자신에게 일어나는 감정이나 생각이

들 때, 그것이 '나쁘다'거나 '부정적이다'라고 판단하지 않고, 그냥 그런 감정이 있다는 사실을 인정하는 것이다. 특히 어떤 감정이나 생각이 들 때, 그것에 대해 싸우거나 반응하기보다 그냥 그것이 일어나는 것을 관찰하고 인식하는 것을 말한다. 예를 들어, 중요한 발표를 앞두고 불안감을 느낄 때, 그 불안감을 없애려 애쓰지 않고, "지금 내가 불안하구나, 불안감을 느끼는구나"라고 인식하고 살펴보는 것을 말한다. "나는 지금 불안해하고 있어. 이 불안감이 여기 있음을 느끼고 받아들이자."라고 말한다.

이렇게 심리적 수용을 하게 되면, 감정을 억제하거나 회피하면 더 큰 긴장과 스트레스를 초래하게 되는데, 이를 피하지 않고 수용하면 긴장이 줄어들고 자신에게 일어나는 감정을 이해하게 되고 감정을 수용하는 능력이 생기면, 감정에 휘둘려 비생산적인 행동을 하지 않게 되고 중요한 일에 더 집중할 수 있게 된다. 결국 심리적 수용은 불편하고 고통스러운 감정, 생각 등을 피하지 않고 그대로 받아들이는 것을 의미한다. 이를 통해 감정의 압박에서 벗어나고, 더 건강하고 목적 있는 삶을 살 수 있게 된다. 수용전념치료는 이러한 심리적 수용을 통해 개인이 자신의 가치와 목표에 따라 삶을 살아갈 수 있도록 돕는 치료법이다.

2) 전념적 행동

수용전념치료(ACT)에서 전념적 행동(committed action)은 자신의 가치와 목표에 기반한 의미 있는 활동과 행동을 지속적으로 실천하는 것을 말한다. 전념적 행동은 단순히 목표를 설정하는 것을 넘어, 실제로 그 목표를 달성하기 위해 일관성 있게 행동하는 것을 의미한다. 전념적 행동의 주요 요소로는 가치 기반의 행동, 목표설정, 일관된 행동실천 등을 말한다. 가치(value)란 개인에게 매우 중요한 것들이다. 즉 삶에서 가장 의미 있고 소중한 것을 의미한다. 예를 들어, 가족, 건강, 성취, 사랑 등이 있으며, 이러한 가치에 근거하여 실제로 구체적인 행동을 수행하는 것이다. 이는 목표를 설정하고, 그 목표를 기반으로 행동계획을 세우고 실천하는 것을 포함한다. 목표설정은 자신의 가치를 기준으로 단기 및 장기 목표를 설정한다. 예를 들어, 건강을 가치로 여기면 '매주 3회 운동하기'

와 같은 단기목표와 '1년 안에 마라톤 완주하기'와 같은 장기목표를 세울 수 있다. 이러한 목표를 위해서 일관된 행동을 실천하도록 한다. 인간의 행동 변화는 작고 꾸준함에서 나타난다. 큰 변화를 한 번에 이루기보다 작은 행동을 꾸준히 실천하도록 한다. 이는 목표를 향해 나아가는 작은 발걸음을 의미한다. 이 과정에서 유연하게 접근하며, 장애물이 있더라도 적절히 대처하면서 지속한다. 이러한 목표를 수행하는 데 장애물을 인식하고 수용하도록 한다. 포기하지 않고 지속적으로 자신의 가치와 목표에 맞는 행동을 유지한다.

예를 들어 보면 건강을 중시하는 가치로 여기는 내담자는 자신의 건강을 유지하고 증진시키는 것을 목표로 할 수 있다. 이때 전념적 행동의 단기목표와 장기목표는 다음과 같다. 단기목표로 매일 30분 걷기, 주말마다 건강한 식사 준비하기 등을 설정하고, 장기목표로는 6개월 안에 5kg 감량하기, 1년 안에 마라톤에 참가하기로 세워서 이 장기운동을 지속적으로 실천하도록 하는 것이다.

이러한 전념적 행동은 자신의 가치에 맞게 행동하고 목표를 달성함으로써 삶의 만족도와 의미를 높이는 데 기여하기 때문에 중요하다. 이는 단순히 생각이나 계획에 머무르지 않고, 구체적인 행동을 통해 실천함으로써 더 나은 삶을 살아갈 수 있도록 도와준다. 수용전념치료에서 전념적 행동은 개인이 자신의 가치에 맞춘 삶을 살아갈 수 있도록 도와주는 중요한 요소이다. 이는 불확실성과 장애를 수용하며, 꾸준히 자신의 목표를 향해 나아가는 지속적인 실천을 강조한다.

3) 심리적 유연성과 경직성

심리적 유연성과 경직성은 개인이 스트레스 상황이나 어려운 감정을 어떻게 다루는지에 대한 중요한 개념이다. 이러한 개념은 특히 수용전념치료(ACT)에서 중요한 역할을 한다.

심리적 유연성(psychological flexibility)은 현재 순간에 집중하기이다. 주어진 순간의 경험에 대해 열린 마음으로 완전히 참여하고 주의를 기울이고, 불쾌하거나 고통스러운 감정, 생각, 기억 등을 회피하지 않고 받아들이는 수용성이 있어야 한다. 개인의 깊은 가치에 따라 행동하고, 이러한 가치를 추구하는 방향으로 행동하고, 자신의 생각과 감정을 객관적으로 바라보고, 그들에 지나치게 얽매이지 않으며, 유연하게 대처하는 인지적 탈융합화가 이루어져야 한다. 목표를 설정하고 지속적으로 노력하면서, 필요할 때는 접근방식을 변경할 수 있는 유연한 목표설정과 실천이 있을 때 심리적 유연성이 있다.

심리적 경직성(psychological rigidity)은 현재 순간의 경험을 무시하거나 회피하는 경향이 있고 불쾌하거나 고통스러운 감정, 생각, 기억 등을 억제하거나 회피하며, 개인의 깊은 가치에 부합하지 않는 함정에 빠져 일관성 없는 비일관적인 행동을 한다. 자신의 생각과 감정에 지나치게 얽매여 그들에 의해 지배되는 인지적 융합이 일어나고 목표를 설정하더라도 유연하게 접근하지 못하며, 실질적인 필요나 변화하는 상황을 반영하지 못하고 고집스러운 목표를 추진한다.

예를 들어, 심리적 유연성이 있는 사람은 중요한 발표를 앞둘 때 불안을 느낄 수 있다. 이때 "지금 나는 불안을 느끼고 있다. 이 불안은 발표를 잘하기 위해 준비하는 일환일 수 있다." 불안감을 수용하고 그 순간에 집중하면서 발표 준비를 지속한다. 그러나 심리적인 경직성이 있는 사람은 "나는 발표가 두려워. 아마 나는 실패할 거야. 이 발표를 피해야겠어." 불안감을 회피하려 하고 발표를 준비하는 데 어려움을 겪는다.

심리적 유연성은 전반적인 정신건강과 삶의 질을 향상하는 중요한 요소이다. 유연한 사람들은 스트레스와 어려운 상황을 더 효과적으로 다루며, 자신의 목표와 가치에 따라 행동할 수 있는 능력을 갖추게 된다. 반면, 심리적 경직성은 정신적 고통을 증가시키고 문제를 더 복잡하게 만들며, 건강한 대처 방식을 방해할 수 있다.

그러므로 수용전념치료(ACT)는 심리적 유연성을 증진하기 위해 고안된 치료법이다. 수용전념치료는 사람들이 자신의 감정과 생각에 얽매이지 않고, 자신의 가치에 따라 행동할 수 있도록 돕는 다양한 기술을 사용한다. 이를 통해 개인들이 보다 풍요로운 삶을 살아갈 수 있는 능력을 갖추게 된다.

4) 인지적 융합

수용전념치료(ACT)에서 인지적 융합(cognitive fusion)은 중요한 개념 중 하나로,

이는 우리의 생각과 감정이 우리가 인식하는 현실과 직접적으로 융합되어 서로 구분이 되지 않는 상태를 의미한다. 다시 말해, 사람들은 자신의 생각과 감정을 사실이나 진리로 받아들이고 그것들에 휘둘리게 되는 경우를 말한다. 인지적 융합이 일어나며 생각을 사실로 여긴다. 예를 들면 "나는 실패자야"라는 생각이 들 때, 이 생각을 사실로 받아들여 실제로 자신이 실패자라고 느끼게 되는 경우이다. 또한 이러한 생각들이 우리의 행동과 결정에 직접적으로 영향을 미쳐 부정적인 생각이 우리의 선택과 행동을 제한하고, 강한 감정이나 생각에 완전히 집착하여 그것이 우리의 전체적인 경험을 지배하게 되고, 생각과 감정을 마치 절대적인 진리처럼 여기게 되면, 상황을 객관적으로 바라보고 판단하는 능력이 떨어지게 된다. 예를 들면 "나는 쓸모없는 사람이야."라는 생각으로 인해서 이 생각에 휘둘리면, 스스로를 낮추게 되고 자존감이 하락하며, 삶의 다양한 기회와 도전을 피하고자 한다.

수용전념치료(ACT)에서는 이러한 인지적 융합에서 벗어나는 것을 인지적 탈융합(cognitive defusion)이라는 기술을 사용하여 사람들이 이러한 융합 상태에서 벗어나도록 돕는다. 인지적 탈융합화를 하기 위해서는 생각을 관찰하기, 생각에 이름 붙이기, 이상하고 재미있게 하기, 생각과 거리 두기, 마음챙김 등을 수행한다. 즉, 자신의 생각을 하나의 관찰자로서 바라보는 연습을 한다. "나는 생각이 아니라 생각을 관찰하는 사람이다"라는 인식을 갖고, 생각과 감정에 대해서 "이것은 단지 생각이다", "이 감정은 일시적인 것이다"라고 연습하고, 자신의 생각과 감정에 '여우 같은 생각', '감정의 빙수'라고 재미있게 이름을 붙이고 생각이 단지 마음에서 떠오르는 하나의 현상임을 인식하는 초점을 두는 생가 거리두기를 실행한다.

이러한 인지적 융합은 우리의 생각과 감정이 우리의 현실 지각과 행동에 과도한 영향을 미친다. 수용전념치료(ACT)에서 이러한 융합 상태를 벗어나기 위해 인지적 탈융합을 통한 다양한 방법을 사용한다. 자신의 생각과 감정에 지나치게 휘둘리지 않고, 자신의 가치와 목표에 따라 더 유연하고 효과적으로 행동할 수 있게 된다.

5) 현재에 머무르기

수용전념치료(ACT)에서 현재에 머무르기(being present)는 중요한 원칙 중 하나이다. 이는 현재 순간에 온전히 집중하여 경험하고, 판단하지 않고 그 순간을 받아들이는 것을 의미한다. 이는 마음챙김(mindfulness)과 깊은 연관이 있으며, 개인이 자신의 삶을 더 직면하고 의식적으로 살아갈 수 있도록 돕는다.

현재에 머무르기의 주요 요소로는 주의집중하기, 비판단적 인식하기, 수용하기이다. 주의집중하기는 현재 순간에 대한 주의집중을 높이고, 과거의 후회나 미래의 불안에서 벗어나 현재의 경험에 몰두하는 것을 의미하며, 비판단적 인식하기는 현재 순간에서 일어나는 모든 경험을 판단하거나 평가하지 않고, 있는 그대로 받아들이는 것을 장려한다. 예를 들어, 불쾌한 감정이나 생각이 들 때 이를 '좋다' 또는 '나쁘다'고 평가하기보다는 그냥 그런 감정이 있다는 사실을 인식한다. 수용하기는 현재 순간에 일어날 수 있는 모든 감정, 생각, 감각을 피하거나 억제하려 하지 않고, 있는 그대로 받아들이는 것을 포함한다.

예를 들어 보면 자연 속에서 걷기를 한다고 하자. 이때 산책을 하는 동안 주변의 자연환경에 집중한다. 나무의 색깔, 새소리, 바람의 느낌 등을 세세히 인식한다. "지금 나는 나무의 잎사귀가 흔들리는 모습을 보고 있어", "바람이 내 얼굴에 부딪히는 느낌을 느낄 수 있어"처럼 말을 한다. 이렇게 현재에 머무르기는 개인이 자신의 삶에서 더 큰 차분함과 명확함을 찾을 수 있게 하며, 스트레스나 불안감에서 벗어나도록 돕는 데 중요한 역할을 한다. 특히 스트레스를 감소시키며, 정서적 안정감을 갖도록 하고, 문제해결 능력을 향상한다. 현재에 머무르기 기술로는 마음챙김 명상, 보디스캔, 현 순간에 집중하는 연습으로 시각, 청각, 촉각을 활용한다. 주변에서 보이는 다섯 가지 물체를 보고, 들리는 네 가지 소리를 듣고, 세 가지 촉감을 느끼며, 두 가지 냄새를 맡고, 한 가지 맛을 느끼는 방식을 시도하는 것도 좋은 방법이다.

이러한 수용전념치료(ACT)에서 현재에 머무르기는 개인이 현재 순간에 대한 완전한 주의집중과 수용을 통해 삶을 보다 풍요롭고 충만하게 살아갈 수 있도록 도와준다. 이 원칙은 개인이 더 큰 정서적 안정감을 얻고, 스트레스를 줄이며, 삶의 중요한 순간들을 더 완전히 경험할 수 있도록 하는 중요한 방법이다.

6) 기꺼이 경험하기

수용전념치료(ACT)에서 기꺼이 경험하기(willingness to experience)는 불쾌하거나 고통스러운 생각, 감정, 기억, 신체 감각 등을 피하거나 억제하려고 하지 않고, 그것들을 있는 그대로 받아들이고 경험하려는 태도를 말한다. 이는 심리적 수용의 중요한 측면으로, 삶에서 불가피한 고통을 피하지 않고 기꺼이 받아들이는 것을 목표로 한다. 기꺼이 경험하기의 요소로는 수용하기, 탈융합, 비판단적 태도, 현재에 머무르기 등이 있다. 자신의 내적 경험(생각, 감정, 신체 감각 등)을 피하거나 억제하지 않고, 그 존재를 인정하고 수용하고, 자신의 생각과 감정을 절대적인 진리나 사실로 받아들이기보다는 그것을 하나의 경험으로 인식하고 관찰하고, 내적 경험을 '좋다' 또는 '나쁘다'로 평가하지 않고, 있는 그대로 받아들이며, 자신의 내적 경험을 있는 그대로 느끼며, 현재 순간을 완전히 경험하도록 한다.

기꺼이 경험하기는 삶에서 불가피하게 발생하는 고통스러운 경험들을 관찰하고 수용함으로써 심리적 유연성을 높이고 삶의 질을 향상하는 데 중요한 역할을 하기 때문에 중요하다. 이 기꺼이 경험하기를 통해서 내적 경험을 억제하거나 회피하지 않고 있는 그대로 수용함으로써 감정을 더 잘 처리할 수 있게 된다. 이는 정서적 안정감과 심리적 건강을 증진시키며, 불편한 경험을 회피하려고 긴장하거나 스트레스를 받는 대신 그 경험을 수용함으로써 스트레스 수준을 줄일 수 있다. 내적 경험을 있는 그대로 수용하는 능력은 심리적 유연성을 높여주며, 이는 삶에서 발생하는 다양한 도전과 변화에 더 잘 대처할 수 있게 한다.

이와 같이 기꺼이 경험하기는 자신이 경험하는 불쾌하고 고통스러운 내적 경험을 억제하거나 회피하지 않고 있는 그대로 받아들이고 수용하는 것을 의미한다. 수용전념치료에서 이는 심리적 유연성을 높이고 개인이 자신의 가치와 목표에 따라 더 풍요롭고 충만한 삶을 살아갈 수 있게 한다. 이 원칙을 통해 개인은 내적 경험에 덜 휘둘리며, 중요한 것에 더 집중하며 살아갈 수 있게 한다.

7) 개념화된 자기

수용전념치료(ACT)에서 개념화된 자기(conceptualized self)란 우리가 생각이나 이야기, 신념 등을 통해 형성하는 자신의 이미지나 정체성을 의미한다. 이는 특정한 '이야기'나 '라벨'을 통해 자신을 정의하고, 이에 따라 세상과 상호작용하는 방식을 포함한다. 개념화된 자기에는 고정된 이미지, 자기 및 타인에 대한 평가, 과거경험에 기반한 이야기 등이 있다.

개념화된 자기는 우리가 스스로에게 부여한 고정된 이미지를 반영한다. 예를 들어, "나는 실패자야", "나는 내성적이야", "나는 누구에게도 사랑받지 못해" 등의 생각이 이에 해당한다. 또한 자신에 대해 내리는 평가나 판단을 자신을 있는 그대로 받아들이지 않고 타인과의 비교 등을 통해 형성하고, 내적으로 끊임없이 자신을 평가하고, 자신이 특정한 방식으로 행동하고 반응해야 한다는 생각을 갖게 한다. 자신의 과거경험, 기억, 성공과 실패를 기반으로 한 이야기나 신념체계를 만든다. 이는 현재의 행동과 감정에 영향을 미친다. 개념화된 자기는 개인의 행동과 선택의 폭을 좁힐 수 있다. 예를 들어, "나는 항상 실패한다"는 고정된 자기 이미지는 새롭거나 도전적인 일을 시도할 때마다 주저하게 만들 수 있다.

수용전념치료에서는 개념화된 자기에서 벗어나기 위해 관찰하는 자기(observing self)를 탐구하도록 한다. 이는 고정된 자기 이미지나 생각에서 벗어나 지금 이 순간의 경험을 관찰자 입장에서 바라보는 능력을 갖도록 한다. 시간과 경험을 초월하여 변하지 않는, 단순히 현재의 경험을 관찰하고 있는 '자기'이다. 이는 자신의 감정, 생각, 느낌 등을 넘어서 존재하는 자아이다. 자신이 경험하는 생각이나 감정을 판단하지 않고 있는 그대로 인식하도록 하여 고정된 자기 이미지에서 벗어나게 한다. 또한 모든 경험(긍정적이든 부정적이든)을 있는 그대로 받아들이고, 그것에 휘둘리지 않는 능력을 갖도록 한다.

개념화된 자기는 우리가 스스로에 대해 만든 이미지나 이야기, 정체성을 반영하며, 이는 우리의 행동과 감정에 큰 영향을 미칠 수 있다. 수용전념치료(ACT)에서는 개념화된 자아에서 벗어나 관찰하는 자기를 통해 현재 순간에 집중하고, 자아를 더 유연하고 덜 제한적인 방식으로 경험할 수 있도록 돕는다.

이는 개인이 자신의 삶을 더 풍요롭고 충만하게 살아갈 수 있는 중요한 방법이다.

8) 창조적 절망감

수용전념치료(ACT)에서 창조적 절망감(creative hopelessness)은 중요한 개념 중 하나로, 개인이 기존에 효과적이지 않았던 대처 전략이나 방식을 포기하고, 새로운 접근방식을 모색할 준비가 되었음을 의미한다. 이는 새로운 시작을 가능하게 만드는 중요한 전환점을 상징한다. 창조적 절망감은 개인이 지금까지 사용해 온 대처 전략이 근본적인 문제해결에 실패했음을 깨닫는 과정에서 비롯된다. 이는 기존 방법이 효과적이지 않다는 것을 인식하고, 그 방법을 더 이상 고수하지 않기로 결심하는 데서 출발한다. 기존의 비효과적인 대처 방식을 버림으로써, 새로운 접근 방법과 전략에 마음을 열 수 있는 상태를 의미한다. 이는 새로운 길을 모색하고 받아들일 준비가 되었음을 나타낸다. 창조적 절망감은 개인이 새로운 사고방식을 받아들이고, 더 나은 방법으로 자신의 문제를 해결할 수 있는 기회를 제공한다. 이는 심리적 유연성을 높이는 중요한 단계이다.

창조적 절망감의 예시를 들어 보면 만성적인 불안을 가지고 있는 내담자이다. 이 내담자는 약물에 의존하거나, 불안을 피하기 위해 사회적 상황을 회피하는 경우의 기존 전략을 사용하고 있었다. 그러다 보니 불안은 줄어들지 않고 오히려 강화되며, 사회생활이 점점 더 제한되었다. 이 내담자의 창조적 절망감은 "약물에 의존하거나 사회적 상황을 회피하는 것이 내 불안을 해결해 주지 않았어. 이제는 다른 방법을 시도해 봐야겠어."라는 새로운 접근방법을 말하는 것이다. 이제부터는 불안감 자체를 받아들이고, 불안한 상황에서도 가치 있는 행동을 선택하는 것이다.

이러한 창조적 절망감을 수의 단계에서는 현실 직면하기, 효과 없음을 인정하기, 새로운 접근 시도하기 단계로 진행할 수 있다. 현실 직면에서는 현재의 고통과 문제를 인식하고, 그것을 회피하지 않고 직면한다. 지금까지 사용했던 대처 전략이 효과적이지 않다는 사실을 깨닫는다. 이후에 기존 대처 전략이 효과적이지 않음을 인정하고, 그것을 유지하는 것이 더 이상 도움이 되지 않는다는 사실을 수용한다. 이때 강한 자기인식과 용기가 요구된다. 이 단계를 걸쳐서 새로운 방법과 접근방식을 찾고, 이를 실천한다. 이는 마음챙김 연습, 가치에 기반한 행동, 불편한 감정의 수용 등의 새로운 전략을 포함할 수 있다.

이러한 창조적 절망감은 개인이 기존의 비효과적인 대처 전략을 포기하고, 더 나은 방법을 시도할 준비가 되었음을 의미한다. 이는 개인의 심리적 유연성을 높이고, 삶을 더 풍요롭고 충만하게 만들 수 있는 중요한 단계이다. 수용전념치료에서는 이 과정을 통해 개인이 자신의 가치에 따라 행동하고, 현재 순간을 더 잘 수용하며 살아갈 수 있도록 도와준다. 창조적 절망감을 강화하는 방법으로는 현실적 평가, 마음열기, 작은 실천과 경험하기 등을 사용한다.

이와 같이 창조적 절망감은 기존의 비효과적인 대처 전략을 포기하고, 새로운 접근방식을 찾을 준비가 되었음을 의미한다. 이는 고통스러운 감정과 실패를 인정함으로써 새로운 가능성에 마음을 열 수 있는 중요한 전환점이다. 수용전념치료에서는 창조적 절망감을 통해 개인이 더 나은 방법으로 자신의 문제를 해결하고, 심리적 유연성을 키워 삶을 더 풍요롭게 만드는 것을 목표로 한다.

9) 경험회피

수용전념치료(ACT)에서 경험회피(experiential avoidance)는 불쾌하거나 고통스러운 생각, 감정, 기억, 신체 감각 등을 피하거나 억제하려는 시도를 의미한다. 이러한 회피행동은 단기적으로는 불편함을 줄여줄 수 있지만, 장기적으로는 심리적 고통을 증대시키고 삶의 질을 저하시킬 수 있다. 경험회피가 일어나면 불안, 슬픔, 분노와 같은 부정적 감정을 피하거나 억제하려는 행동을 한다. 예를 들어, 불안한 상황을 피하거나, 슬픔을 잊기 위해 과도한 음주나 약물에 의존하는 경우이다. 또한 자신에게 불편한 생각을 억누르거나 떠오르지 않게 하려는 시도를 한다. 이는 반복적인 생각 멈추기, 과도한 일중독 등을 수행하여 자신에게 떠오르는 부정적인 생각을 멈추려고 한다. 일상적인 생활 속에서 불편한 상황이나 장소, 사람을 피하는 행동도 여기에 포함된다. 예를 들어, 대인 기피증이 있는 사람이 사람 많은 곳을 피하거나, 실패에 대한 두려움 때문에 새로운 도전을 하지 않는 경우가 이에 해당된다.

이러한 경험회피는 단기적으로는 불쾌한 감정이나 생각을 줄여줄 수 있지만, 장기적으로는 여러 가지 문제를 야기할 수 있다. 특히, 억제된 감정이나 생각은 시간이 지나면서 더 강렬하게 돌아올 수 있으며, 이는 갑작스러운 정서적 폭발이나 심리적 고통을 초래할 수 있다. 회피행동은 문제의 근본적인 해결을 방해하여 문제가 지속되거나 더욱 악화되는 결과를 초래하며, 회피행동은 삶의 영역을 제한하고, 중요한 기회나 경험을 놓치게 하여 삶의 질을 저하시킬 수 있다. 수용전념치료에서는 경험회피 대신 불편한 경험을 수용하고 현재 순간에 집중하는 심리적 유연성을 강조한다.

이상과 같이 수용전념치료에서 경험회피는 불쾌한 감정이나 생각을 피하거나 억제하려는 행동을 의미한다. 이러한 회피행동은 단기적으로는 불편함을 줄일 수 있지만, 장기적으로는 더 큰 심리적 고통과 제약을 초래할 수 있다. 수용전념치료는 경험회피 대신 불쾌한 감정과 생각을 수용하고 현재 순간에 집중하며, 자신의 가치에 맞는 행동을 실천함으로써 더 풍요롭고 의미 있는 삶을 살아가도록 도와준다.

4. 수용전념치료의 상담 목표

1) 상담 목표

수용전념치료(ACT)는 개인이 자신의 생각과 감정을 수용하고, 개인의 가치에 따라 행동을 전념하도록 돕는 심리치료 접근법이다. 수용전념치료의 상담 목표는 내담자가 심리적 고통을 줄이는 것뿐만 아니라 의미 있는 삶, 행복한 삶을 살 수 있도록 하는 데 중점을 둔다. 여기서는 수용전념치료의 주요 상담 목표를 구체적인 예시를 통해 살펴보면 다음과 같다.

첫째, 내담자의 수용 향상에 상담의 목표를 가지고 있다면, 내담자가 불편한 감정과 생각을 회피하지 않고 수용하도록 돕는다. 이 과정을 통해서 감정적 고통을 줄이는 데 초점을 둔다.

둘째, 내담자 자기인식 및 자기관찰 제고에 두는 경우이다. 내담자가 자신의 생각, 감정, 신념을 객관적으로 관찰하도록 돕고 이를 통해 자신에 대한 인식을 개선하도록 한다.

셋째, 가치 명확화일 때이다. 내담자가 삶에서 진정으로 소중히 여기는 가치를 명확히 하고, 이 가치에 따라 행동하도록 한다.

넷째, 행동 전념을 하도록 한다. 내담자가 자신의 가치에 따라 실질적인 행동을 취하도록 돕는다. 이는 목표 지향적이고 의식적인 행동으로 이어지도록 한다.

이와 같이 수용전념치료의 상담 목표는 내담자가 자신의 감정과 생각을 수용하고, 자신의 진정한 가치를 파악한 후 이에 따라 행동할 수 있도록 돕는 것이다. 이 과정에서는 내담자가 보다 의미 있는 삶을 살아갈 수 있도록 다양한 기법과 전략을 사용하며, 긍정적인 변화를 이끌어 낸다. 각 단계는 내담자가 더 나은 자기 인식과 행동 변화를 이루도록 지원하는 데 중점을 두고 있다.

2) 상담 과정 및 접근 단계

수용전념치료(ACT)는 개인이 심리적 고통을 수용하고, 자신의 가치에 따라 행동을 전념하도록 돕는 치료 접근법이다. 상담 과정은 내담자가 자신의 감정과 생각을 인식하고 수용하게 만들며, 이후에는 자신의 삶의 방향성을 설정하고 행동하도록 유도하는 방식으로 진행된다.

수용전념치료의 상담 과정을 구체적인 예시를 통해 설명하면 다음과 같다.

이 내담자는 30세의 남자이며, 직장생활에 스트레스와 불만이 많은 사람이다. 일상생활에서도 지속적인 불안감과 우울증을 경험하고 있으며, 이러한 감정 때문에 개인적인 관계도 악화되고 있다.

이러한 내담자에게 초기상담을 통해서 내담자를 이해하고 평가하는 과정을 가진다. 초기상담에서 상담 목표는 내담자의 문제를 이해하고 평가한다. 두 번째는 내담자의 심리적 고통 수용하기이다. 내담자가 느끼는 불안과 스트레스를 수용하도록 도와준다. 상담사는 "스트레스와 불안이 느껴지는 것은 매우 자연스러운 일입니다. 이를 피하려고 하지 말고, 그냥 있는 그대로 느껴보면 어떤 기분이 드나요?" 내담자는 "불안한 감정을 받아들이는 것이 너무 힘드네요."라고 반응하면, 상담사는 "그것이 당연합니다. 하지만 그 감정을 받아들이는 것이 통제할 수 있는 첫 번째 단계입니다."라고 대응하면서 내담자의 심리적 고통을 수용하도록 한다.

세 번째는 가치명료화 단계이다. 이 단계에서는 내담자가 소중히 여기는 가치와 목표를 명확히 한다. 상담사는 "○○씨에게는 어떤 것이 중요하나요? 무엇이 진정으로 소중하다고 느끼나요?" 내담자는 "가족과의 시간을 소중하게 생각하지만, 요즘은 직장 일로 그것도 잘 챙기지 못해요."라고 반응할 수 있다. 그러면 상담사는 "그렇다면 가족과의 관계를 강화하는 것이 ○○씨에게 얼마나 중요한지 자각하는 것이 좋겠네요."라고 질문한다.

네 번째는 행동 계획하기이다. 내담자의 가치에 따라 구체적인 행동계획을 수립한다. 상담사는 내담자에게 "그럼 가족과 더 많은 시간을 보내기 위해 어떤 행동을 할 수 있을까요?"라고 질문한다. 내담자가 "주말에 가족과 함께 시간을 보내기 위해 피크닉을 계획할 수 있을 것 같아요."라고 하면 상담사는 "좋아요! 이번 주말에 가족과 함께 피크닉을 가는 계획을 세워봅시다."를 통해서 내담자와 행동계획을 구체적으로 수립한다.

다섯 번째는 노출 기법 및 행동 실험하기이다. 이 단계에서는 내담자가 무의식적으로 피하고 있던 감정과 상황에 직면하도록 도와주는 것이다. 네 번째 단계의 행동 계획하기를 실천하는데 나타나는 감정과 상황에 구체적으로 직면하도록 한다. 상담사는 내담자에게 "○○씨가 가끔 감정적으로 힘든 상황을 피하려 하지만, 그 대신 직면해 보는 것이 좋습니다. 가족들과 함께 즐거운 순간을 집중한다면 당신은 어떤 감정을 느낄 수 있는지를 참여하여 관찰해 보죠." 내담자는 "네, 이번에는 일에 대한 두려움을 느끼지 말고, 가족과 함께하는 즐거운 순간에 집중하도록 해보겠습니다."와 같이 반응하도록 한다. 즉 행동 계획하기에 따라서 구체적으로 노출하고 행동을 실현해 보도록 한다.

여섯 번째는 진행 확인 및 유지 전략의 단계이다. 이 단계에서는 상담의 진행 상황을 확인하고, 앞으로도 긍정적인 행동을 유지하는 전략을 세운다. 상담사는 내담자에게 "피크닉 후 어떤 기분이었나요? 가족과의 시간이 어떠했나요?" 내담자는 "정말 좋았어요. 그간의 스트레스가 줄어드는 걸 느꼈습니다. 가족과의 시간이 이렇게 중요한지 새삼 깨달았어요." 상담사는 "아하, 그렇군요. 절대적인 변화는 아니지만 작은 변화가 긍정적인 영향을 미치고 있습니다. 앞으로도 이러한 활동에 집중하며 긍정적인 행동을 지속해 보신다면 당신에게 어떤 일이 일어날까요." 이와 같은 단계로 상담을 진행한다.

이번 상담 과정에서 내담자는 자신의 감정을 수용하고, 소중히 여기는 가치와 목표를 확인하였으며, 이를 바탕으로 행동계획을 세우고 실행하는 경험을 하였다. 수용전념치료는 내담자가 심리적 힘을 극복하고, 가치 기반의 행동을 통해 보다 의미 있는 삶을 살아가도록 돕는 강력한 치료 접근법이다. 각 단계는 내담자의 개인적 강점을 활용하고 지원하며, 궁극적으로는 삶의 질 향상을 목표로 삼고 있다.

수용전념치료에서는 여섯 가지 핵심 과정을 통해 내담자가 심리적 유연성을 키우고, 더 나은 삶을 살 수 있도록 한다. 여섯 가지 핵심 과정은 수용하기, 인지적 탈융합, 현재 순간에 집중하기, 관찰자로서의 자아, 가치명료화, 가치지향적 행동 등이 있다.

여기에서 수용(acceptance)하기는 먼저 고통 수용하기가 일어나야 한다. 내담자가 피하고 있는 고통스러운 감정, 생각, 감각을 있는 그대로 받아들이도록 돕고, 고통을 피하지 않고, 이를 경험하고 수용하는 연습을 하도록 한다. 인지적 탈융합(cognitive defusion)에서는 내담자가 자신을 괴롭히는 생각에서 벗어나도록 도와주기 위해서 생각과 거리 두기를 행하도록 한다. 이 기법을 통해서 내담자가 생각과 감정에서 자유로워지도록 한다.

또한, 현재 순간에 집중하는(mindfulness)을 통해서 현재 순간에 주의를 집중하고 이를 있는 그대로 경험하도록 도우며, 경험을 판단하지 않고, 있는 그대로 받아들이는 연습, 즉 비판단주의를 실행하도록 하며, 관찰자로서의 자아(self as context)에서는 내담자가 자신의 경험을 관찰하고 인식할 수 있는 '관찰자 자아'를 개발하도록 한다. 다양한 상황에서도 유연하게 자신을 바라볼 수 있도록 한다. 이와 같은 수용하기, 현재에 집중하기 등의 핵심 과정을 다루면 내담자의 가치에 집중해야 한다.

내담자가 자신의 삶에서 중요하게 생각하는 가치를 탐색하고 명료화하도록 한다. 내담자의 삶을 가치를 중심으로 목표를 설정하고, 행동계획을 세우도록 한다. 이러한 가치 탐색을 통해서 내담자의 가치지향적 행동(committed action)을 실천 가능하도록 작은 단계의 행동계획을 수립한다. 설정한 목표를 향해 지속적으로 행동을 실행하고, 행동의 성과를 강화한다.

이상과 같이 핵심 과정을 통한 ACT 상담은 내담자가 고통을 피하지 않고 수용하면서 자신의 가치에 맞는 행동을 실천함으로써 보다 의미 있는 삶을 살아갈 수 있도록 돕는 것을 목표로 한다. 상담사는 이러한 과정을 통해 내담자가 심리적 유연성을 키우고 더 나은 삶을 살아갈 수 있도록 지속적으로 지원한다.

5. 수용전념치료의 공헌점과 비판점

수용전념치료(ACT)는 현대 심리치료 접근법 중 하나로, 개인이 자신의 생각과 감정을 수용하면서 의미 있는 삶을 추구할 수 있도록 한다. 수용전념치료는 주로 내담자의 심리적 유연성 증진에 기여하였다. 수용전념치료는 개인이 고통스러운 생각과 감정을 피하기보다는 이를 수용하고 자신의 가치에 기반한 행동을 취하도록 함으로써 심리적 유연성을 증진하도록 하였다. 또한 다양한 정신건강문제에 대한 수용전념치료의 효과가 많은 연구를 통해 입증되었다. 특히 수용전념치료가 우울증, 불안, 스트레스 등 다양한 문제에 도움이 될 수 있음을 보여주었다. 상담을 받기 위해 찾아오는 많은 내담자들에 대해서 단순히 문제의 원인이 무엇인가, 증상을 관리하는 차원을 넘어 내담자의 전반적인 삶의 질을 향상하는 가치적인 측면을 다루었고 내담자의 감정과 사고를 수용하고 자신의 가치에 따른 행동을 실천할 수 있도록 하는 전념행동 등의 구체적인 기법을 치료적 도구로 제시하였다는 점에서 공헌점이 있다.

이러한 공헌점에도 불구하고 일부 학자들은 수용전념치료에 대한 비판을 한다. 먼저 수용전념치료는 비교적 새로운 치료법으로 다른 전통적인 치료법에 비해 장기적인 효과성에 대한 충분한 연구가 부족하다는 비판이 있으며, 이 이론에서 이야기하는 수용, 전념 행동, 인지적 탈융합 등의 개념이 일부 사람들에게는 추상적으로 느껴지거나 모호하게 전달될 수 있다는 비판을 한다. 특히, 수용하도록 하고 있는데, 모든 상황에서 고통이나 부정적인 경험을 수용하는 것이 적절하지 않을 수 있다는 비판도 있다. 일부 비평가들은 수용전념치료의 이론적 배경이 너무 복잡하고 추상적이라 이해하기 어렵다고 지적하고 수용전념치료는 개인의 가치를 강조하지만, 일부 사람들에게는 자신의 가치를 명확히 하는 과정이 어렵게 느껴질 수 있으며, 다른 인지행동치료(CBT) 또는 마음챙김 기반 치료와 유사한 부분이 많아 그 차별점이 뚜렷하지 않다고 보는 시각도 있다.

이러한 공헌점과 비판점이 있으나 여전히 많은 사람들에게는 유용한 치료적 도구가 되어 사용되고 있다. 이 세상에 완벽한 이론이 없기 때문에 비판하고 있으며, 수용전념치료가 여전히 발전하고 있는 분야임을 시사한다. 수용전념치료는 인간 경험의 복잡성을 수용하고 긍정적인 행동 변화를 촉진하는 데 중점을 둔 치료로, 많은 사람들에게 효과적인 도구가 될 수 있다. 특히, 장애를 겪고 있는 장애아들이 자신의 장애로 인해서 일어나는 생각과 감정을 있는 그대로 수용하고, 자신 삶의 가치가 무엇인지를 탐색하여 행복한 삶을 살도록 하는 데 도움을 주는 효과적인 도구라고 생각한다.

6. 특수아 상담에 적용하기

수용전념치료를 특수아 상담에 적용할 수 있도록 한다. 수용전념치료는 장애를 겪고 있는 내담자들에게 몇 가지 장점을 가지고 있다. 일차적으로 장애아동들이 자신이 비장애아동들과 다름을 인식하는 것이 학교라는 장면에서 생활하면서라고 한다. 그러므로 학교현장에서 장애아동들은 장애로 인한 스트레스나 불편감을 경험하게 되는데, 이러한 어려운 심리적인 불편감을 넘어 적절하게 대응하는 능력을 향상하는 심리적 유연성을 향상할 수 있다.

아동들이 장애를 겪고 있는 자신을 수용하지 못하고 판단하거나 비교하게 되는데, 현재의 자신의 경험을 판단 없이 받아들이는 연습을 통해 장애로 인해 발생하는 부정적인 감정을 있는 그대로 수용하고 감정을 표현하고, 감정 속의 목적이 무엇인지를 탐색하는 과정을 갖도록 한다. 이러한 과정을 통해서 자신의 우울이나 불안으로부터 벗어나 자신의 장애를 수용하는 방법을 익히게 된다. 특히, 장애라는 고통, 신체적인 통증, 사회적인 차별, 장애라는 불편한 감정 등과 싸우기보다는 이를 인정하고 수용하면서 이 에너지를 긍정적인 방향으로 사용할 수 있도록 하는 데 도움을 준다.

장애라는 고통에 자신은 현재 어떤 의미를 부여하고 있는지, 자신에게 주어진 고통의 의미를 부여한 사람은 고통으로 느끼지 않지만, 고통에 의미를 부여하지 못한 사람은 원망과 부정적인 사고에 사로잡혀 힘든 생활을 하게 된다고 한다. 장애아동에게 어린 시절부터 개인의 삶의 의미와 가치를 찾고 이에 따라 행동하도록 적극적으로 격려를 하게 된다면 성장하면서 장애에도 불구하고 의미 있는 삶의 목표를 설정하고 이를 추구하는 것이 자신의 삶의 만족도에 증가시킬 수 있음을 경험하도록 한다. 수용전념치료는 특수아동들이 학교나 가정, 일상생활 속에서 경험하게 되는 다양한 감정과 상황을 보다 유연하게 대처할 수 있는 능력을 갖도록 한다.

장애를 겪고 있는 내담자에게 수용전념치료를 적용하는 데 있어서 가장 먼저 선행되어야 하는 것은 자신의 장애에서 어떻게 바라보고 있는지, 장애의 수용의 정도는 어느 정도인지를 탐색하는 것이 중요하다.

첫째, 자신이 겪고 있는 장애에 대한 생각과 감정 살리기

둘째, 자신이 겪고 있는 장애에 대한 고통스럽고 불편한 감정이나 생각을 피하거나 억제하려는 행동 탐색하기

셋째, 장애로 인한 부정적 감정이나 사고에 이름 붙이기

넷째, 장애로 인한 부정적 사고와 감정을 피하기보다는 일어나는 경험 그대로 수용하기

다섯째, 장애로 인한 힘든 감정이나 생각을 그림이나 말로 표현하기

여섯째, 장애아가 가지고 있지만 자신의 가치 및 지금 느끼는 감정과 사고의 목적 알아차리기 즉, 전념행동 탐색하기

일곱째, 자신의 가치에 따른 구체적인 행동 계획수립하기

여덟째, 지금까지 해왔던 기존방식을 넘어 새로운 방식으로 사고하고 행동하기

이상의 단계를 걸쳐 장애아동이 자신의 장애로 따른 고통과 절망을 있는 그대로 수용하기, 자신의 삶의 가치를 탐색하기, 자신의 삶의 목표를 실현하기 위한 행동계획을 수립하고, 새로운 방식으로 사고하고 행동하도록 한다.

12장 인간중심 상담이론

1940년대에 등장한 인본주의 관점의 대표 격인 로저스(Carl R. Rogers)의 인간중심이론은 기존의 전통적 권위를 가진 프로이트(Sigmund Freud)의 정신분석에 대한 반동적 성격을 가진다. 프로이트가 인간을 무의식적 지배를 받는 수동적 존재로 보고 인간의 책임감과 자율성, 자기 결정과 선택 능력을 인정하지 않은 반면 로저스는 인간을 능동성, 자율성, 합리성을 가진 과정의 존재로 보았다. 따라서 상담 장면에서도 프로이트가 치료자 중심의 지시적, 분석적, 과거 중시의 태도를 보였다면, 로저스는 내담자 중심의 비지시적, 정서경험, 현재를 중시하였다. 이러한 인간중심이론이 탄생하게 된 배경은 그의 인생 경험과 밀접한 관계가 있다, 로저스가 개척한 독특한 접근방법을 제대로 이해하려면 그의 성장 과정을 통해서 형성된 남다른 인간관과 철학을 먼저 이해하는 것이 필요하다. 왜냐하면 한 인간의 성장 과정은 그의 정체감, 생애 발달 및 전문가로서의 행보에까지 지대한 영향을 미치기 때문이다.

1. 로저스의 생애

1) 아동기

로저스(Carl R. Rogers, 1902~1987)는 1902년 1월 8일 시카고 외곽 오크파크의 청교도 가정에서 육남매 중 넷째로 출생하였다. 대학 교육을 받은 로저스의 부모는 자녀에 대한 관심이 매우 높아서 근면의 미덕을 강조하고 매우 엄격하고 완고한 종교적, 윤리적 분위기로 양육 환경을 조성하였다. 예를 들면 카드놀이나 춤, 노래가 있는 사교 모임에 참석하지 못하도록 하는 등 매우 교묘하면서도 애정 어린 방식으로 자녀들의 행동을 통제하였다. 또한 가족 결속력이 매우 강하였다. 강압적이고 통제적 양육 환경은 훗날 조건 가치화라는 그의 이론 형성에 지대한 영향을 미쳤을 것으로 추정해 볼 수 있다.

2) 청소년기

초등학교 입학 전부터 글을 읽기 시작, 아동기와 청소년기에는 손에 잡히는 대로 수많은 책을 읽었다. 로저스는 부모의 가치관의 대부분을 내면화하고 그에 따라 행동하였으며, 가족과는 비교적 잘 지냈으나 가족 이외의 다른 사람들과는 거의 어울리지 않았다. 소년 시절 건강이 좋지 않아서 가족들은 그를 지나치게 예민한 아이로 여겼다. 스스로를 타인들로부터 소외시키고 책을 읽으면서 혼자만의 공상 세계로 도피하려는 경향을 심화시켰다. 모든 것을 표현하지 못한 채 마음속에 품고 지냈다.

1914년 시카고에서 서쪽으로 30마일 떨어진 큰 농장으로 이사하였다. 그의 부모님은 정직한 노동의 가치와 기독교의 원리를 좀 더 많이 키워줄 수 있다고 생각하였다. 사회적으로 고립된, 외롭고 내향적인 청소년 로저스는 농장 주위에 서식하는 큰 밤나방에 매혹되어 색다른 생명체에 대한 학식을 쌓기 시작하였다. 그 분야에 관련된 독서와 지식을 바탕으로 나방을 잡아 번식하는 방법이나 어떻게 자라나는 지를 참을성 있게 관찰하였다. 이 경험은 과학적 방법에 대한 지식과 존경심을 갖게 하였다.

청소년기의 경험이 체계적 탐구방법에 대한 관심으로 발전하여 상담이론 정립 과정에서 임상에 근거한 과학적 접근을 시도하는 것에 영향을 끼친 것으로 보인다.

3) 대학 시절

1920년 위스콘신 대학교 과학영농 분야를 전공하며 근대적이고 과학적인 방식으로 농장을 운영하려는 꿈을 가졌다. 1학년 농과 대학생의 일요 조찬 모임에서 조지 험프리 교수(자유로운 사고와 감정으로 지닌 촉진자)를 만났다. 2학년 때 기독교 사역자로 소명 받았다고 확신하고 역사학으로 전공을 바꾸었다. 이후 지배적이며 교조적이고 윤리적이던 기독교 신앙에서 인간적 자유의 가능성을 넓혀주는 예수로 인식변화를 경험하였다.

대학 시절 조지 험프리 교수의 교수법을 통해 상담사가 지녀야 할 내담자에 대한 무한한 긍정을 바탕으로 한 촉진자적 자세에 영향을 받았다.

4) 중국 여행과 결혼

1922년 중국 베이징 세계 기독학생연합회에 참석하여 6개월간 동아시아 여행을 하였다. 이는 부모님과 가족의 좁은 굴레에서 벗어나는 최초의 경험이며, 다양한 구성원들과의 집단생활을 깊게 경험하면서 공감, 수용, 진정성 등 그의 이론의 핵심 부분의 토대가 된 개념 형성에 중요한 의미가 있었다. 귀국 후 건강에 문제가 생겼고, 회복 과정에서 예술을 전공하던 헬렌과 관계가 깊어져 1924년 졸업 후 결혼하였다. 이후 목회 활동을 위해 유니언 신학대학원(당시에 가장 급진적인 성향으로 유명)에 입학하였다.

중국 여행은 집단원에 대한 신뢰와 공감, 수용, 진정성의 중요성을 경험하며 인간중심이론의 토대를 마련하는 데 영향을 주었다.

5) 신학에서 심리학으로 전환

자신이 생각했던 신학과 실제로 접한 신학 사이에 차이가 있음을 발견하였다. 특정 종교의 교리에 얽매이지 않고 생각과 사상의 자유를 매우 중요한 가치로 여기게 되는 경험을 했다. 그 결과 삶의 의미를 추구하며 개인의 성장을 도와주는 일을 매우 중요하게 여기게 되면서 평생 그런 일을 할 것이라고 직감하였다. 이후 컬럼비아 대학교 사범대학의 임상심리학을 청강하다가 매료되어 신학대학원을 떠나 1926년 컬럼비아 대학교 교육대학원에서 임상심리학 학위과정의 공부를 시작하였다. 제한 없이 생각의 자유가 확보되는 것이 중요함을 깨닫고, 이는 내담자의 자율성과 능동성을 신뢰하는 기반이 되었다.

6) 로체스터 시기

12년간의 로체스터 시절을 귀한 시간과 경험으로 회고한다. 1928년 뉴욕주 로체스터의 아동학대 예방을 위한 아동 연구 분과에서 심리학자로 일하게 된다. 1927~1928년 정신분석 이론과 치료 절차를 접하면서 그는 자신의 직관을 따랐고 자신의 행동이 옳다는 자기 내적인 확신감을 신뢰한다. 점차로 프로이트와 다른 견해를 가진 학자 오토 랭크(Otto Rank) 사상에 물들면서 개인적인 자기 방향감의 가능성을 깨닫기 시작했다. 이후 내담자의 행동을 해석하는 것이 치료하는 데 별 의미가 없다는 것을 인정하고. 1939년 첫 전공서적인 『문제아의 임상치료』에서 모든 치료자의 네 가지 기본적인 속성인 '객관성', '개인에 대한 존중', '자기 이해', '심리학적인 지식'을 규명하고 열거하였다.

많은 임상 경험을 통해 일회적 효과에 그치고 강제적이며 치료자 중심의 상담이 한계가 있음을 인식한다. 그 결과 상담 장면에서 스스로 무엇이 상처를 주는지, 어떤 방향으로 가야 할지, 어떤 문제가 중요한지, 어떤 경험이 깊이 뿌리박혀 있는지를 아는 유일한 사람은 내담자임을 경험한다. 이는 인간중심의 상담이론의 전제 조건이다.

7) 오하이오 주립대학교 시절

1940년에 전임교수로 초빙되어 재직하면서 그동안의 경험을 통해 확신한 아이디어를 명료화하기 위해 논문을 발표하였다. 전통적인 심리치료접근을 비판, 내담자에게 조언하는 치료법을 냉정하게 비판하고 문제해결에 초점을 두기보다는 오히려 한 개인이 자신의 생애에 더 통합적으로 반응할 수 있도록 도와주는 점을 중시하였다. 또한 상황의 인지적인 면보다는 정서와 느낌에, 과거보다는 현재에 중점을 두었고 내담자의 성장을 위해 치료적 관계 자체가 중요한 경험임을 강조하였다. 1942년 출판한 『상담과 심리치료: 치료실제에서의 새로운 개념』은 내담자 클라이언트(client)라는 용어가 처음 등장했고, 치료 과정에 대한 기록이 완전하게 실린 최초 책이었다. 이후 학계의 반응은 냉담했지만 학생에 대한 지극한 사랑과 존중의 태도는 그를 혁신 지향적 갈망과 끝없는 열정을 가진 사람으로 알려지게 하여 지지층을 확보했다.

이후 본격적으로 독자적인 인간중심이론을 세상에 밝히고 발전시킨다.

8) 시카고 대학교 시절

12년간 재직하면서 자신의 경력 중 가장 창의적인 시기로 여겼다. 대학의 상담센터에서 집단 스스로의 긍정적 추진력을 신뢰하며 민주주의 풍토를 조성했다. 1951년 세 번째 책 『내담자 중심치료(Client-Centered Therapy)』도 심리학계의 냉담한 반응에도 불구하고 열광적인 독자층을 확보하였다. 개인 심리치료뿐만 아니라 놀이치료, 집단치료, 지도자 수련, 관리자 역할 교육과 수련에 적용하는 것을 탐구하였다. 마침내 1954년 『심리치료와 인성 변화(Psychotherapy and Personality Change)』를 로잘린드 다이먼드(Rosalind Dymond)와 함께 출간한 이후, 심리학 학회지로부터 호의적 반응을 얻고 1956년 학술공로상을 받았다.

9) 위스콘신 시절

안정적인 시카고 대학을 떠나 심리학과 정신의학의 제휴를 꿈꾸며 모교로 돌아왔으나 많은 갈등을 겪다가 심리학부를 사직하고 정신과에서만 일하게 되었다. 1961년 『진정한 사람 되기(On Becoming a Person)』가 세상의 주목을 받으면서 명성과 영향력을 가지게 되었다. 이후 전통적인 학문적 환경이 자신에게 더 이상 필요하지 않다고 확신하였고, 오히려 제약을 주고 소원하게 만든다는 것을 깨닫고 대학 조직을 떠나 1963년 캘리포니아의 라 호야(La Jolla)에 있는 서부행동과학연구소로 향했다. 그곳은 대인관계에서 인간지향적인 연구에 관심을 둔 곳이었다.

10) 라 호야(La Jolla)에서의 삶과 노년기

학문적, 제도적 생활의 압박에서 벗어나 개인적으로 전문적인 부분에서 자유롭게 발전해 나갔다. 참만남집단 운동에 깊이 관여하면서 소집단의 지혜를 신뢰하고, 내담자 중심원리를 치료실 밖의 상황에 적용하는 것에 점점 더 매력을 느꼈다. 1970년 『칼 로저스 참만남집단(Carl Rogers on Encounter Groups)』을 출간하고 더 큰 명성을 얻었다. 1968년 인간연구센터를 설립하기 위한 조직에 합류하여 선임 연구원으로 남았다. 사람과 주관적 경험의 본질적 가치에 대한 깊은 관심을 가진 사람들의 지지적인 환경을 토대로 자신의 흥미를 자유롭게 개발할 수 있었다.

노년기에 일상생활에 집중하였고 세계 공동체가 직면한 문제들에 관심을 쏟았다. 대규모 집단 경험을 묘사하는 과정에서 처음으로 인간중심이란 용어를 사용하게 되었다. 인생의 종료기에 세계평화와 문화와 인종 간의 교류에 많은 관심을 보였고, 실제로 1970~1980년대에 긴장과 갈등이 특히 빈번하였던 여러 나라를 여행하며 자신의 사상을 전달하였다. 1980년대 자신의 변화된 견해를 보여주는 논문 중에서 미래 세계에 대한 강한 비전을 포함한 『존재의 방식(A way of being)』 출간하여 영적이고 정치적인 쟁점들에 대한 탐구에 뛰어들도록 용기를 불어넣어 주었다. 1985년 말 오스트리아에서 열린 '중앙아메리카의 도전'이라는 회의에서 17개 국가들의 지도자들을 한자리에 모이게 함으로써 자신의 포부와 야망을 나타낸 국제적 집회를 개최하게 만들었다. 세계평화 유지와 핵 갈등의 방지에 대한 로저스의 전적인 헌신을 보여주는 가장 뚜렷한 사례이다. 1987년 2월 4일 85세를 일기로 세상을 떠났다.

2. 인간중심 상담이론의 인간관

> 내가 간섭하지 않으면 그들이 스스로 자신을 돌본다.
> 내가 지배하지 않으면 그들이 스스로 바르게 행동한다.
> 내가 설교하지 않으면 그들이 스스로 개선한다.
> 내가 강요하지 않으면 그들은 진정한 자기 자신이 된다(Friedman, 1972).
>
> -노자-

로저스는 인간은 본질적으로 선하며 성장을 위한 잠재력을 지녔다고 이해한다. 선천적으로 타고난 성장을 위한 가능성 가지고 이것을 실현하고자 한다는 것이다. 즉 인간은 성장하고자 하는 실현 경향성을 가지고 있다는 것이다. 인간은 누구나 자신의 어려움을 극복하고 성장하려 하는, 즉 스스로 자신을 성장시키려는 자연적인 경향성을 가지고 자기 자신 속 나름대로 고유한 가능성을 건설적으로 발현하려 한다는 것이다. 이러한 자기실현 경향성이 인간의 가장 주된 동기이며 다른 동기의 원천이 된다고 본다. 자기실현이란 최종의 완전한 상태가 아닌 더 유능한 인간으로 성장해 가는 끊임없는 과정으로 보며 인간은 자신의 가능성을 능동적으로 펼쳐가는 긍정적이며 성장 지향적이고 신뢰할 만한 존재로 보는 것이다. 인간은 자기를 이해하고 자기를 스스로 변화시킬 수 있는 다양한 자원을 가지고 있으며, 가지고 있는 자원을 긍정적으로 촉진시킴으로써 인간은 스스로 개선해 가며 자유로운 존재로 스스로 선택하여 자신의 능력을 최대한 발달시킬 수 있는 가능성을 지니고 있다고 본다.

3. 인간중심 상담이론의 주요 개념

1) 통합된 유기체로서의 인간

인간은 하나의 통합된 유기체로 이해되어야 한다. 유기체는 육체와 정신을 모두 포함하는 전체로서 개별적 생명체를 의미한다. 어린 유아는 유기체적 감각을 통해서 세상을 인식하며 통합된 전체로서 이에 반응한다. 로저스는 인간 유기체는 신체적 기능과 감각, 감정, 동기, 사고 등의 심리적 기능이 통합적으로 조직된 체계로서 환경과 상호작용하며 매 순간 유기체적 경험을 하게 된다. 이러한 유기체적 경험은 개인이 경험하는 모든 것으로 현상적 장(Phenomenal field), 즉, 사람이 경험하는 내부와 외부의 경험들이 통합된 의식적 세계를 의미하는 것을 말한다.

2) 현상적 장

현상적 장은 끊임없이 변화하는 경험의 세계를 말한다. 특정 순간에 개인이 지각하고 경험하는 것으로 개인에 따라 다르게 지각한다. 즉 개인은 개인이 가진 객관적인 현실과 개인의 특성에 맞게 반응하므로 동일한 사건에 개인마다 다르게 행동한다. 개인의 경험, 개인이 지금 현재 보고, 듣고, 생각하고, 느끼는 것이 따라 현실을 있는 그대로 수용하고 존중되며 부정적인 감정들 또한 개인의 감정으로 인정되어야 한다고 한다. 이와 같이 로저스는 현상적 장은 개인에 실제적인 세계로 여겨지는 내적 참조체계로서 모든 판단과 행동의 근거가 되므로 개인의 행동은 어떤 것이든 그의 주관적 현실에서는 적합하므로 개인의 경험 세계를 이해하는 것이 매우 중요하다고 본다. 즉 현상적 장으로 인간을 바라본다.

3) 실현 경향성

인간을 포함하는 모든 유기체는 그것 자체가 갖고 있는 고유한 가능성들은 건설적인 방향으로 성취하고자 하는 실현 경향성을 갖고 있다. 마치 튤립이 본능적으로 자신을 완전하고 완벽하게 꽃피우려는 방향으로 나아가듯이 인간도 성장과 완성을 향하여 그리고 최상의 '인간 존재성' 성취를 향해 나아간다. 이처럼 실현 경향성은 생득적인 것으로 유아기는 신체적인 요소가 우세하다. 즉 음식이나 공기에 대한 수요, 신체기관의 발달에 집중되나 성장함에 따라 자아가 발달하기 시작하면서 신체적인 것에서 심리적인 것으로 옮겨 간다.

이것은 자율성을 향한 발달 과정이며 타율성이나 외부의 통제에서 벗어나려는 성향으로 자아가 출현하면 자아실현 경향성이 나타난다. 평생을 지속하는 자아실현의 경향성은 인간 생활에 있어서 가장 중요한 목표인 것이다.

4) 자아, 자기개념, 자기

자기는 어린 유아가 자신의 내부에서 지각되는 자기 경험과 외부의 타인에 대한 경험을 구별하기 시작하면서 자기 존재에 대한 인식이 발달한다고 본다. 자기 또는 자기개념은 개인이 자신에 대하여 조직적이고 지속적인 인식하는 것을 말한다. 즉 자아개념은 현재 자신이 어떤 존재인가에 대한 개인의 개념으로 자기 자신에 대한 자아상이다. 이것은 로저스의 인본주의 이론과 가장 중요한 구성 개념이다.

자신에 대한 인식이 발달하면서 아동은 타인으로부터 긍정적인 존중을 받고 싶은 욕구도 함께 발달하게 된다. 긍정적 존중의 욕구는 중요한 타인으로부터 사랑과 인정을 받을 뿐만 아니라 신체적 정서적 보살핌을 통해서 자신이 소중하게 여겨지고 있다는 것을 확인하려는 소망을 포함한다. 자기개념은 현재 자신의 모습에 대한 인식인 현실자아와 자기가 되어야 한다고 생각하는 자기 혹은 되고자 생각하는 자기인 이상적 자아가 있다.

5) 가치의 조건화

유아기나 아동기 초기에는 타인이 개인을 평가하는 방법에 따라 자아개념이 긍정적 또는 부정적 발달을 촉진한다는 점을 강조하고 있다. 아동이 발달함에 따라 자신과 외부세계를 구분하면서 외부세계의 평가를 받아들이게 된다. 그럼으로써 유기체적 가치화 과정이 점진적인 변형을 이루어 간다. 부모, 교사 그리고 마지막으로 권위적 인물이 자신을 어떻게 생각하는가에 따라 스스로 평가하는 방법을 배우게 된다.

이와 같이 아동의 자아 발달은 환경과의 상호작용을 통해 형성되며 점차 분화되어 가고 복잡해진다. 이러한 자아개념의 발달에 결정적인 역할을 하는 것이 바로 긍정적 관심에 대한 욕구이다. 자아에 대한 의식이 생기면 모든 사람들은 타인으로부터 온화함, 존경, 숭배, 수용 그리고 사랑을 받고 싶어 하는 욕구가 강해진다.

아동은 긍정적 관심에 대한 강한 욕구를 가지고 있지만 점차로 타인들의 평가에 민감해진다. 현재의 자기 모습이나 앞으로의 자기가 되고자 하는 것을 성취하기 위하여 노력하기보다는 타인이 설정한 기분에 맞추려고 노력하기 때문이다. 즉 아동은 타인이 설정한 기준에 맞도록 행동하고 생각하고 느낌으로서 타인으로부터 긍정적인 관심을 받으려고 한다.

따라서 타인의 조건적인 긍정적인 관심이 아동에 내면화되어 행동의 기준과 규범이 되는 가치의 조건화가 되는 것이다. 즉 자신이 유기체적 경험보다 긍정적 존중을 받기 위한 가치의 조건을 중요하게 여기며 추구하게 된다. 가치의 조건은 어떤 경험이 유기체로서의 자신을 고양시키는지와 무관하게 단지 타인에 의해서 부여된 가치 때문에 그 경험을 긍정적 또는 부정적으로 평가하는 것을 의미한다. 예를 들면, 성인들이 아동에게 "네가 내가 바라는 사람이 되면 나는 너를 사랑하고 인정한다."라고 말할 때 조건적인 긍정적 관심을 조건적 가치화라고 한다.

6) 자기와 경험의 불일치

개인이 자신의 유기체적 경험을 자기개념과 일치하는 것으로 받아들여 통합할 때 건강한 심리적 적응이 이루어진다. 그러나 개인은 실현 경향성에 따르는 유기체적 욕구와 가치의 조건을 획득하려는 자기존중 욕구 사이에서 갈등을 겪게 된다. 개인이 유기체로서 소망하여 경험하는 것들과 자기존중감을 느끼기 위해 추구하는 것들 간에 불일치가 생겨나게 된다. 이를 자기 경험의 불일치라고 한다. 즉, 자기가 생각하는 이상적 자아와 현실에서 경험하는 현실적 자아가 불일치할수록 불안이 일어난다고 본다.

7) 충분히 기능하는 사람

삶의 과정에서 조건적 긍정적인 관심을 빼놓을 수 없는 것이지만 무조건적인 긍정적인 관심을 주고받는 것이 가능하다고 본다. 한 개인에게 '만약~무엇이라면' 등 여러 가지 조건을 가지지 않고 한 개인을 있는 그대로 수용하고 인정해주고 받아들여 줌으로써 유기체 스스로 자신의 기능을 충분히 기능하고자 한다는 것이다. 따라서 개인이 경험하는 가치의 조건을 줄이기 위해서는 타인으로부터 무조건적인 긍정적 존중이 필요하며, 이를 통해서 자기존중감이 증진될 수 있다고 하였다. 개인은 모든 경험이 무조건적으로 긍정적인 존중을 받게 되면 자신의 경험을 충분히 수용하여 자기구조로 통합시킬 뿐만 아니라 내면적 자원을 발휘하는 충분히 기능하는 사람으로 성장하게 된다.

충분히 기능하는 사람의 가장 중요한 특성으로 경험에 대한 개방성이다. 이런 사람들은 어떤 일이 일어나고 있는지를 충분히 그리고 사실적으로 경험하기 위하여 두려움이나 방어적 태도 없이 자신의 경험을 있는 그대로 받아들인다. 충분히 기능하는 사람은 자신의 유기체에 대한 신뢰를 바탕으로 외부의 가치나 권위적인 타인의 영향을 덜 받는다. 개인은 선택의 자유로 자신의 삶을 창의적이고 생산적인 방향으로 이끌며 자신의 행동과 결과에 대한 책임을 진다. 즉, 충분히 기능하는 사람은 실존적이고 자유 개방적인 삶으로 신뢰성이 있고 창조성이 풍부한 사람이다.

4. 상담 과정

1) 상담 목표

인간중심상담의 목표는 전통적 접근방법의 상담 목표들과 다르다. 전통적 상담모형들이 내담자가 호소하는 심리적 문제를 해결하는 데 초점을 맞추는 것과는 달리 인간중심상담은 내담자 자체에 초점을 맞춘다. 단순히 내담자의 문제를 해결하는 데 그치지 않고 내담자가 현재 직면하고 있는 문제들과 앞으로의 문제들을 극복하고 대처할 수 있도록 궁극적으로 자아의 성장 과정을 도와주는 것이다.

상담사는 내담자가 자신의 깊은 내면세계를 정확하게 이해하고 자신의 문제를 파악하게 하여 자신을 존중하고 자신의 가치를 발견하는 과정이 원활히 이루어질 수 있도록 따뜻하고 안정적인 분위기를 조성하는 데 노력을 기울여야 하며, 상담의 목표는 궁극적으로 내담자 스스로 세우도록 해야 한다.

2) 상담사의 역할

로저스의 인간중심상담에서 상담사는 비지시적이고 수평적 태도로 임하며, 내담자를 있는 그대로 존중하고 수용한다. 상담사는 내담자와의 관계에서 진실해지도록 노력해야 하며, 진정한 존중, 수용, 이해의 태도를 어떠한 흔들림도 없이 일관되게 유지할 때 내담자는 자신의 감정을 더욱 깊이 탐색하고 이해하게 된다. 또한 지속적으로 내담자가 자신의 내면에서 일어나는 경험과 접촉할 수 있도록 도와야 하는데, 이것은 인간중심상담에서는 내담자의 경험이 문제해결을 위한 답이 된다고 믿기 때문이다.

내담자가 자신의 경험과 정확한 자신의 감정을 이해할 때 내담자의 문제가 해결되며, 나아가 내담자는 자신이 원하는 방향으로 성장할 수 있게 된다. 내담자의 이러한 자발적이고 능동적인 발전 및 궁극적 자아의 성숙을 위해서 로저스는 다음의 세 가지 상담사의 태도를 강조했다.

(1) 공감적 이해(empathic understanding)

내담자의 감정에 빠져들지 않으면서 내담자의 감정을 자신의 감정인 것처럼 느끼고 이해하고 그것을 내담자에게 전달하는 것이다. 이를 통해 내담자는 자기표현을 성숙시킬 수 있고 안정감을 느낄 수 있다. 이는 상담 과정에서 나타나는 상호작용으로 내담자의 경험과 감정들을 민감하고 정확하게 이해하도록 하는 것이며, 상담사는 내담자의 주관적인 경험, 특히 지금의 경험을 감지하려고 노력해야 한다. 정확한 공감적 이해는 내담자가 있는 그대로의 자신에게 더 가깝게 접근해 갈 수 있도록 격려하고 보다 깊이 있게 그리고 강한 경험을 할 수 있도록 돕는 것이다. 이것으로 내담자는 자기표현을 성숙시킬 수 있으며 자신을 원하는 방향으로 변화시키는 힘을 기를 수 있게 된다.

(2) 무조건적인 긍정적 존중/관심/배려(unconditional positive regard)

상담사는 내담자에게 결론을 강요하지 않고 내담자에게 완전한 감정표현의 기회를 제공하는 것이다. 상담사는 내담자를 평가·판단하지 않고 내담자가 나타내는 어떤 감정이나 그 외의 행동 특성들도 수용하며, 내담자를 하나의 인격체로 대해야 한다는 것을 의미한다. 이러한 태도는 내담자가 자신을 더욱 개방하고 자신의 감정이나 경험들을 보다 자유롭게 표현할 수 있어 내담자가 스스로 몰랐던 문제점이나 원인과 목적을 파악할 수 있게 된다.

(3) 진실성/솔직성(congruence/genuiness)

로저스가 제시한 세 가지 상담사의 태도 중에서 가장 중요하게 여겼던 것으로 상담사가 내담자와의 신뢰관계 형성을 위해 상담사의 일관된 진솔성을 요구한다. 상담사는 내담자와의 관계에서 일어나는 감정, 생각을 알아차리고 자신이 느끼는 느낌과 감정에 대해 개방적인 태도를 보이는 것을 말한다. 거짓 없이 솔직하게 자신을 드러내는 일, 상대방이 믿고 의지할 수 있는 신뢰감을 심어주는 일 등이 진실성의 요인이 될 수 있다. 그러나 이것은 상담사가 모든 감정을 충동적으로 표현하거나 내담자와 모든 감정을 공유해야 한다는 의미는 아니며 진실성을 바탕으로 적정수준의 자기표현을 하는 것을 뜻한다.

3) 상담 절차

인간중심상담에서 상담 과정을 구체적이고 명확하게 나누기는 쉽지 않다. 상담 과정에서 내담자의 책임과 주체성이 강조되고 내담자가 주체적으로 자신의 문제해결에 대한 충분한 통찰을 얻도록 하는 과정이다. 상담기술에 초점을 맞추기보다는 앞서 언급한 공감적 이해, 무조건적 존중, 진실성과 같은 내담자와의 관계를 중요시 여기며, 상담을 진행해 나가야 할 것이다. 상담의 과정은 다음과 같다.

첫째, 내담자가 도움을 받으러 온다. 내담자가 스스로 일을 시작하여 처음으로 중요한 일에 책임을 지는 행동을 한다는 점에서 가장 중요한 단계이다. 이 단계는 상담 과정의 기본 성격의 이해를 돕는 단계이며, 내담자는 상담사가 내담자 자신의 문제에 대한 답을 정확하게 제공해 주는 사람이 아니며, 상담 과정은 내담자 스스로가 상담의 도움을 통해 자신의 문제를 극복하도록 노력하는 과정임을 인식하게 된다. 이 단계에서는 피상적인 의사소통이 이루어지기 때문에 감정 및 개인의 깊은 내면은 드러나지 않는다. 이 단계는 신뢰로운 관계를 만들어 가는 단계이다.

둘째, 상담 상황에 들어간다. 내담자의 문제에 대한 해결책은 상담사가 가지고 있지 않지만, 내담자 자신의 문제를 해결할 수 있는 장소를 제공하는 것을 알려준다거나 상담시간을 정하는 책임, 구체적인 주제 제시 등을 하는 단계이다. 이 단계는 상담을 구조화하는 단계이다.

셋째, 상담사는 내담자가 문제에 대한 감정을 자유롭게 표현하도록 격려한다. 상담사가 어느 정도 내담자에 대하여 친밀하고 관심을 기울이는 수용적 태도를 보일 때 가능하다. 이 단계는 내담자의 감정표현의 단계이다.

넷째, 상담사는 내담자가 표출하는 부정적 감정을 받아들이고 알아주고, 명확히 한다. 상담사는 내담자의 지적인 내용이 아닌 그 밑에 놓여 있는 감정에 대해 주의를 기울여야 한다. 이 단계는 내담자 스스로 자신의 핵심감정을 알아차리는 단계이다.

다섯째, 부정적인 감정이 완전히 표현되면 뒤이어 성장에 도움이 되는 긍정적인 충동이 약하나마 표현된다. 부정적인 표현이 깊고 격렬할수록 만일 그것이 수용되고 인정되기만 하면 자기존중, 성숙해지려는 욕구 등 긍정적 표현이 더욱 확실해진다. 이 단계는 내담자 수용의 단계이다.

여섯째, 상담사는 부정적인 감정을 수용하고 이해한 것처럼 긍정적으로 표현되는 감정도 수용하고 인정한다. 성숙한 충동과 미성숙한 충동, 공격적 태도와 사회적 태도, 죄책감과 긍정적 표현 등 양쪽을 다 수용해 주면, 내담자는 자신의 참모습을 이해하게 되는 기회를 갖게 된다. 이 과정에서 통찰(insight)과 자기이해가 자연스럽게 이루어지기 시작한다. 이 단계는 내담자 자기이해의 단계이다.

일곱째, 통찰의 단계이다. 자신에 대한 이해와 수용이 나타나는 중요한 단계이며 새로운 수준의 통합을 향해 나갈 수 있는 기반을 마련해 준다. 이 단계는 새로운 변화의 단계이다.

일곱째, 통찰과 더불어 앞으로 나가기 두려운 감정이 혼재하는 과정으로 내담자는 종종 절망적인 태도를 보이거나 자신이 용기가 부족하다고 여기기도 한다. 이 단계에서 상담사는 내담자가 그런 감정을 가지는 것이 이상한 것이 아님을 알려주어야 한다. 그러나 특정한 행동을 하도록 유도하거나 조언하는 것은 피해야 한다. 이 단계는 내담자 스스로 자기결정의 단계이다.

아홉째, 약하기는 하지만 내담자는 점차적으로 긍정적, 적극적인 행동을 취하게 된다. 이 단계는 내담자 책임의 단계이다.

열째, 자신의 성장을 느끼며 자신에 대해 더욱 완전하고 정확한 이해를 하게 된다. 내담자가 자신의 행동을 더 깊이 볼 수 있는 용기를 얻어가며 더 많은 통찰의 기회도 얻게 된다. 이 단계는 새로운 행동을 실행하는 단계이다.

열한째, 내담자는 더욱 통합되고 적극적인 행동을 하며, 더욱 성장하게 된다. 선택에 대한 두려움이 적어지고 자신의 결정에 자신감을 갖는다. 이 단계는 내담자 자기확신의 단계이다.

열두째, 마지막 단계에서 내담자는 도움을 받을 필요가 없다고 느끼게 되며 상담 관계를 끝내야겠다는 인식을 하게 된다. 상담사는 내담자가 더 이상 상담하기를 원하지 않는다는 것을 수용하고 이 감정도 명료화시켜 준다. 이 단계는 내담자 자아성장의 단계이다.

4) 상담 기법

인간중심상담의 기법은 내담자에 대한 수용, 존중, 이해를 표현하고 전달하며, 내담자와 함께 생각하고 내담자의 내면세계를 탐색할 수 있게 해주었다. 내담자 중심 상담에서 강조하는 것은 '지금-여기'이다. 즉, 어떤 개인의 과거 일이 현재 어려움의 원인이라는 것은 중요하지 않다. 현재 내담자가 어떻게 행동하고 기능하느냐가 중요하다. 그러므로 내담자에게 초점을 맞추고 내담자가 그런 감정을 언어적으로 표현하도록 돕는다. 인간중심 상담에서는 지적인 요소보다는 정서적인 면에 초점을 두고 내담자가 자신의 감정을 분명하게 경험하고 통찰하도록 도와 그런 단계에 이르면 내담자는 새로운 행동 목표와 방식을 발달시키게 된다.

5. 공헌점과 비판점

1) 공헌점

첫째, 인간중심상담은 상담 초점을 기법 중심에서 상담 관계 중심으로 돌려놓았다. 상담을 모든 사람이 이해하고 활용할 수 있는 방향으로 발전시켰고 오늘날 임상 및 정부 기관 등 다양한 상황과 장면에서 폭넓게 적용되고 있으며, 다른 개인 상담이나 집단상담, 가족상담의 발전에도 많은 영향을 미쳤다.

둘째, 상담과 상담사, 심리학자, 사회사업가, 그 외 전문가들을 훈련하는 데 경청, 배려, 이해의 중요성을 강조하였으며, 경청, 반영, 관계기술 등이 상담사의 양성 과정의 훈련프로그램에 포함되었다.

셋째, 상담 및 치료 회기를 비판적으로 검토하고 상담사와 내담자 간의 대화를 연구하려고 시도하게 되었다. 체계적 연구를 처음으로 수행하였고 연구 목적으로 치료 회기를 녹음하는 방법을 도입하게 된 점이 공헌점이라고 할 수 있다.

2) 비판점

첫째, 지나치게 현상학에 근거하였다는 것인데, 그 개인의 실제 세계로 보고 내담자가 표현하는 주관적인 경험, 세계를 전적으로 신뢰하고 있다는 점이다. 인간 행동이 의식할 수 없는 요인에 많은 영향을 받으며, 어떤 사람은 자신에 관해서 말하는 것이 방어 또는 여러 종류의 속임수에 의해 왜곡될 수 있기 때문이다.

둘째, 내담자의 내면세계, 즉 감정의 표현을 강조하는 대신 지적 및 인지적 요인을 무시하는 경향이 있다.

셋째, 내담자와 상담 과정에서 가치중립적이어야 한다고 하지만 대인관계에서 전적으로 가치를 배제하는 것이 가능한지에 대한 의문이 남는다. 인간중심상담의 개념들 중 어떤 것은 상당히 범위가 넓고 모호하다는 점이다. 유기체적 경험', '완전한 기능' 등 지나치게 포괄적이어서 이해하는 것이 사실상 어렵다는 비판이 있다.

6. 특수아 상담에 적용하기

인간중심상담이론은 모든 장애유형에 적용할 수 있는 상담이다. 상담사가 장애 내담자를 만나게 될 때, 자신이 가지고 있는 장애에 대한 선입견이 없이 오직 한 내담자로 진정으로 참만남을 가질 때 장애아동들은 자신의 경험하는 탐색할 수 있는 기회를 갖게 된다. 장애아동들의 장애 특성을 고려하여 내담자가 준비된 만큼을 접근하게 된다면, 발달장애 아동뿐만 아니라 학습장애, 의사소통장애, 청각장애 아동들에게 다양한 자기표현을 경험하도록 하고, 장애아동을 있는 그대로 수용하고 존중하는 일관된 태도로 인해서 자신의 장애를 긍정적으로 인식하고 자기 수용을 촉진할 수 있다.

장애아동에게 자기 스스로 해결책을 찾고 자신의 문제를 이해하도록 돕는 과정을 통해서 장애아동의 자율성과 문제해결 능력 증진뿐만 아니라 자신도 할 수 있다는 자신감을 통해서 자기효능감의 토대를 만들어 갈 수 있다.

인간중심상담에서는 드러나는 증상(언어, 행동)을 촉발시키는 상황이나 요인 사이에 내담자에게 형성된 조건화된 가치관이 있다는 것이다. 그러기에 먼저 내담자의 드러난 증상과 그 증상을 일으키는 상황이나 요인을 먼저 파악한다. 즉, 장애를 겪고 있는 내담자가 어떤 상황이 되면 화가 나고 공격하게 되는지, 어떤 상황에서 타인을 의존하게 되는지, 또한 어떤 스트레스 상황이나 문제가 발생하면 회피하게 되는지 일단 파악한다. 그리고 왜 장애를 겪고 있는 내담자는 그런 상황이 오면 그런 행동 및 언어 패턴을 보이는지 가족력, 성장배경, 장애유형, 장애로 인해 겪는 어려움 등을 전반적으로 파악하면서 장애를 겪고 있는 내담자를 이해하고자 한다. 인간중심상담에서는 장애를 겪고 있는 내담자가 성장하면서 반드시 형성하게 된 조건화된 가치관이 있다는 것이다. 이 조건화된 가치관을 파악하고 장애를 겪고 있는 내담자를 무조건적 긍정적 존중, 공감적 이해, 진실성을 통해 내담자 마음과 만나지면 내담자의 조건화된 가치관이

해체되고 참 자신을 만날 수 있게 된다. 조건화된 가치관이 해체되면 자기 수용적 태도와 그에 따른 행동의 변화가 자연스럽게 일어나며, 보다 개방적이 되고, 정직해지기 위해 자기감정뿐만 아니라 타인과도 개방적으로 만날 위험을 감수하게 된다. 그리하여 기본적 만남이 이루어지고 긍정적인 감정과 친밀감을 표현하고 마침내는 행동의 변화를 일으킨다(Rogers, 1970).

장애를 겪고 있는 내담자에게 인간중심상담을 적용하기 위해서는 먼저 상담사가 장애에 대한 어떤 인식을 가지고 있는지, 장애에 대한 감수성이 어느 정도인지를 살펴보는 것이 가장 우선시되어야 한다. 장애에 대한 상담사가 가지고 있는 선지식이 편견이나 선입견을 만들고 있는지를 살피고 장애를 겪고 있는 내담자를 있는 그대로 수용하고, 존중과 바탕으로 일관된 진솔성을 발휘하는 것이 중요하다.

13장 행동주의 상담

행동주의 상담은 실험적 연구에서 밝혀진 학습 원리를 심리치료에 응용한 것으로, 정신분석을 비과학적인 치료적 접근으로 간주하고 비판한다. 행동주의 상담에서는 객관적이고 측정 가능한 요소인 행동만을 연구 대상으로 삼아야 한다고 주장하며, 실험심리학과 인간과 동물의 학습 과정에 관한 연구 결과에 뿌리를 두었다. 행동수정은 겉으로 드러난 행동을 구체적으로 바꾸려 한다. 그러나 나타나는 결과도 객관적으로 평가한다. 이처럼 행동수정은 목표, 방법, 평가의 모든 면에서 객관성과 합리성을 가진다. 이러한 행동주의 상담은 특수아상담 중 지적장애, 발달장애의 영역에서 다양하게 사용되고 있다.

1. 행동치료의 발전 과정

파블로프(Ivan P. Pavlov)가 고전적 조건화를 주장한 이래, 왓슨(John B. Watson)은 파블로프의 이론을 13개월 된 아이에게 적용하여 정서가 조건화에 의해 분석될 수 있음을 입증하였다. 왓슨은 인간 연구에 대한 과학적인 접근의 발판을 마련하였고, 스키너(Burrhus F. Skinner)는 환경이 개인의 행동에 어떻게 영향을 미치고 조성하는가를 검증하여 조작적 조건화를 완성하였다. 그 후 반두라(Albert Bandura)는 사회학습이론을 통해서 관찰이나 환경에 대한 지각을 통해 어떻게 학습이 일어나는가를 설명하기 위해 내적 혹은 인지과정을 다룸으로써 사회인지이론의 체계를 구축하는 계기를 마련하였다. 파블로프는 러시아의 생리학자로 소화선의 분비를 객관적으로 관찰 측정하는 방법을 고안하여 실험하던 도중

우연히 개가 실험자의 발자국 소리만 듣고도 조건반사 행동이 일어남을 발견하였다. 파블로프에 의해서 최초로 알려진 기능으로 중립적 상황이 반사적 행동을 하게 하는 능력을 획득하도록 만든다고 주장했다. 즉, 처음에는 반응을 유발하지 못한 중성자극(neutral stimulus)이 조건형성이 된 후에는 반응을 유발하는 힘을 가질 수 있음을 밝혔다. 예를 들면 입에 음식이 있으면 침이 분비된다. 불빛을 비추게 되면 처음에는 침이 분비되지 않는다. 그러나 음식을 주기 전에 불빛을 계속적으로 비추게 되면 결국에는 불빛만 비춰주어도 침을 흘리게 할 수 있다.

조건화 이전	음식(무조건자극)	➡	타액 분비(무조건반응)
	종소리(중립자극)	➡	정위반사
조건화 과정	종소리(조건자극) + 음식(무조건자극)	➡	타액 분비(무조건반응)
조건화 이후	종소리(조건자극)	➡	타액분비(조건반응)

➡ 종소리에 대한 반응으로 타액 분비는 조건반응이라 하며, 조건자극에 대한 조건반응의 결합으로 나타낸다. 즉 원래 반응을 일으킬 수 없던 자극이 반응을 일으킬 수 있는 자극과 계속적으로 짝지어지면 반응을 일으킬 수 있는 힘을 얻게 된다(조건형성 과정).

그림 13-1 파블로프(Pavlov)의 실험: 개에게 먹이 주는 실험

2. 행동주의 상담의 인간관

행동주의자들 사이에서도 다양한 입장과 견해의 차이가 있지만 공통적으로 취하는 행동주의에서의 인간관은 첫째, 인간은 학습결과에 따라 행동하는 존재라는 것이다. 인간은 긍정적이지도 부정적이지도 않고, 학습결과에 따라 행동하는 존재라고 본다. 관찰 가능하고 측정 가능하며, 계량화할 수 있는 행동에 초점을 맞추고 있다. 행동주의에서는 현재 개인의 행동에 영향을 주는 행동에 초점을 맞추고 치료 과정에서의 평가준거는 겉으로 나타나는 행동에 둔다. 따라서 상담 목표는 구체적이고 객관적인 용어로 목표행동을 기술하며, 처치와 기법의 가설을 기초적인 실험연구를 토대로 설정하고 핵심문제를 구체적으로 정의해야 처치와 평가가 가능하게 된다.

둘째, 인간의 성격이 특성이나 특질로 구성된다고 볼 수 없는 존재이며, 관찰할 수 없는 성격구조, 발달, 역동, 특성보다는 관찰 가능한 구체적인 행동과 변화에 관심을 가진다.

셋째, 인간을 학습원리에 의해 행동습득이 가능한 존재로 보고 문제행동이나 증상은 특정 환경 조건하에서 일어난 학습결과로 보고 학습원리에 의해 소거될 수 있다고 믿는다.

따라서 행동치료는 구체적인 행동목표, 치료방법, 일정 설정을 위한 재교육, 재학습 과정으로 간주하고 적응적이고 생산적 행동은 강화되고 부정적이고 역기능적 행동은 소거된다. 즉 행동주의의 인간관은 사람의 행동도 자연현상처럼 어떤 정해진 법칙에 따라 생기고 바뀌고 없어진다고 본다. 사람은 마치 아무것도 쓰여 있지 않은 백지와 같은 상태로 시작해서 경험을 통해 밑그림이 그려지는 것으로 본다. 인간의 모든 행동은 학습에 의해서 이루어진다는 측면이다.

3. 행동주의 상담의 주요 개념

1) 수동행동

행동은 수동행동과 조작행동으로 나눌 수 있는데, 수동행동(respondent behavior)이란 반사적 행동 또는 불수의 행동이라고도 불린다. 이러한 수동행동은 알려진 자극에 의해 일어나는 것들, 즉 자극이 제시되면 반응이 자동적으로 따르게 되는 행동을 말한다. 즉 자극 후에 반응하는 행동인 데 비해 어떤 자극이 주어질 수 있도록 자극의 제공을 유발하는 것을 말한다. 수동행동은 방출(emit)되지 않는다. 그것은 반응을 따르게 하는 자극에 의해 유발(eiicit)된다.

예를 들면 우리는 무릎반사, 동공반사, 경악반사 등의 많은 반사를 알고 있다.

무릎반사에서는 슬개골의 건에다 충격을 가하면 다리가 갑자기 튀어 오르고, 동공반사에서는 빛의 강도가 높아지면 동공에 수축이 일어나며, 경악반사란 갑자기 큰소리를 들었을 때 깜짝 놀라는 것을 말한다. 어두운 방 안에 들어설 때 눈동자가 커지는 것, 추운 날씨에 떠는 것과 더운 날씨에 땀을 흘리는 것, 먼지가 눈에 들어가면 눈을 깜박이는 것 등이 해당된다.

조작행동(operant behavior)은 행동의 결과에 따라 그 행동이 강화되거나 약화되는 것을 바탕으로 학습되는 행동을 말한다. 예를 들면, 강아지에게 앉아를 가르치고 싶어 한다. 강아지가 앉아라는 행동을 하게 되면 간식이나 강화물을 제공한다.

2) 수동행동과 조작행동의 차이점

수동행동은 자극이 먼저 있고 거기에 따라 반응하는 것인 데 비해 조작행동은 반응이 있고 거기에 따라 자극이 주어지는 것이다. 그러므로 수동행동은 자극→반응(S→R)형 행동이며, 조작행동은 반응→자극(R→S)형 행동이라 할 수 있다. 조작행동은 스키너(Skinner)의 조작적 행동화에서 나온 말로서, 그는 인간의 고차적 행동은 모두 조작적 조건화에 의해 학습된 행동인 조작행동이라고 주장하고 있다.

(1) 수동적 조건형성

수동적 조건형성이란 처음에는 아무런 반응도 일으키지 못하던 외부의 자극이 유기체의 의지와는 관계없이 유기체가 타고난 선천적인 반응을 일으키게 하는 것을 의미한다. 즉 외부의 자극이 유기체의 의지와 관계없이 유기체의 반응을 일으키게 된다는 의미에서 수동적 조건형성이라는 명칭이 사용된 것이다. 중성자극이 반응을 유발할 수 있을 때까지 무조건자극과 짝지어짐으로써 이루어진다.

① 수동적 조건형성의 원리

조건반응이 형성되기 위해서는 반드시 무조건자극과 조건자극이 연합되어야 한다. 조건자극 다음에 무조건자극을 연결하여야 조건반응을 일으킬 수 있다. 조건화의 초기에는 특정한 조건자극에 의한 조건반응이 이 조건자극과 유사한 다른 자극에 의해서도 유발된다(자극의 일반화). 조건형성의 초기에는 조건자극과 유사한 모든 자극에 대해 반응하지만, 점차 그 차이를 인식하여 조건자극에 대해서만 반응하게 된다(자극의 변별). 조건화가 형성된 후에 무조건자극은 주지 않고 조건자극만 계속 주게 되면 조건반응은 점차 약해지고 마침내 반응 자체가 일어나지 않게 된다(소거). 조건반응이 소거된 후 아무런 자극도 주어지지 않다가 조건자극만 다시 제시되어도 소거된 것으로 보였던 조건반응이 재생한다(자발적 회복). 수동적 조건형성은 정서적이고 감정적인 행동의 학습에 관련된 것이다.

② 조건형성의 원리

어떤 행동에 행동이 일어나고 학습의 결과를 도출하기 위해서는 다음과 같은 원리에 관심을 두어야 한다.

- 근접성 원리: 두 자극이 시간적으로 근접하여 제시되어야 조건이 형성된다.
- 수반성의 원리: 조건자극이 무조건자극이 출현할 것이라는 정보, 즉 무조건자극이 뒤이어 나타날 것이라는 정보를 수반하고 있을 때 조건형성이 일어난다.
- 준비성 원리: 무조건자극과 관련이 있는 자극일 때 조건형성이 잘 일어난다.

(2) 수동적 소멸

파블로프는 음식을 주지 않고 계속 종소리만 울려 주면 그 소리는 결국 행동을 유발하는 힘을 잃게 될 것이라고 밝혔다. 이것을 수동적 소멸(respondent extinction)이라 부른다. 정서적 행동들은 수동적 행동이다. 그것이 학급이나 가정에서 일어날 때는 학습에 방해가 된다. 벌과 연합된 자극은 강한 정서적 반응을 유발할 수 있다. 만일 교사나 부모가 비난, 조소, 체벌 등을 사용한다면 정서적 반응을 유발하기 쉽다. 뿐만 아니라 수동적 조건형성으로 인해 피험자, 학급,

교사 및 이들 자극과 자주 짝지어져 온 모든 것이 정서적 반응을 유발하게 될지도 모른다. 그리하여 이들 아동은 교사가 주의를 주는데도 불구하고 정서적 반응을 일으켜 학습을 방해할 것이다. 이를 예방하거나 이미 일어난 상황을 극복하기 위해서는 수동적 소멸이 일어나도록 학교나 가정을 비난이나 그 밖의 벌과 상당 기간 동안 짝짓지 않아야 한다.

*** 소멸**

조작행동의 강화는 반응의 횟수를 증가시키는 것인데, 반면 소멸은 조작행동을 약화하거나 반응 횟수를 감소시키는 것이다. 어떤 반응이 일어난 뒤에 어떠한 보상이나 사건이 계속해서 발생되지 않는 것을 소멸이라 하고 이러한 결과로 반응이 줄어드는 것이다.

강화를 통하여 행동이 강화되었다고 가정하면, 계속해서 강화를 제공할 수는 없다. 실험상자에 있는 쥐가 음식을 얻기 위해 페달을 누르는 행동이 강화되었으나 음식의 공급을 차단했을 때 쥐는 페달을 누르는 행동이 점차 줄어든다. 행동의 소멸이 완전히 발생하기 위해서는 많은 시간이 필요하고 때로는 매우 느리게 일어나는 경우도 있다. 또는 한동안 소멸이 발생하는 경우도 있다. 그러나 소멸이 일어나기 전에 행동의 발생 비율 즉, 반응의 횟수가 더욱 증가하는 경우도 있다. 실험실의 쥐가 음식 제공이 더 이상 되지 않는 페달을 밟는 횟수가 일시적으로 증가하는 것으로 해석된다. 또한 교실에서 아동이 교사의 관심을 끌기 위해 친구를 괴롭힐 때 교사는 그러한 행동을 무시하여 소멸시키려고 할 때 그 아동은 일시적으로 다른 친구를 괴롭히는 행동의 빈도가 더욱 증가되는 경우가 있다. 이러한 현상을 소멸 전의 일시적 반응 증가라 한다.

3) 자극 일반화

자극 일반화(generalization)는 하나의 조건반응이 하나의 조건자극에 잘 연합된 경우, 원래의 조건자극과 어느 정도 유사한 다른 자극들에 대해서도 동일한 반응이 나타나는 현상을 말한다. 즉 어떤 특정한 조건자극에 대해 조건반응이 형성되고 난 뒤에 그 조건자극과 유사한 자극에 대해서도 본래 조건이 형성되었을 때 사용하던 조건자극에 대한 반응과 같은 반응이 일어나는 현상이다.

4) 자극 변별

일반화가 훈련할 때 상이했던 자극뿐만 아니라 그와 유사한 자극에 대해서도 같은 반응을 하는 현상이라면, 변별(discrimination)은 훈련할 때 사용했던 바로 그

자극에 대해서만 반응하는 현상을 말한다. 조건화가 완전히 이루어졌을 때 최초의 조건자극에 대해서만 조건반응이 나타나고, 이와 유사한 자극에 대해서는 조건반응이 나타나지 않는 것을 말한다.

5) 소거

소거(extinction)는 일단 획득된 조건반응도 무조건자극에 의해 강화되지 않은 채 단독으로 계속 제시된다면 그 조건반응은 약화되어 결국은 사라져 버리는 현상이며, 획득된 조건반응에 강화가 주어지지 않을 때 반응이 사라지게 되는 것이다. 일반적으로 조건자극과 조건반응이 연합된 정도가 강할수록 소거에 저항하는 힘이 크다.

6) 자발적 회복

얼마간의 휴식 기간을 가진 후에 소거된 조건반응에 조건자극이 다시 제시되면 소거된 것으로 보이던 조건반응이 되살아나게 되는 현상을 말한다. 회복의 정도에 있어서는 완전하지 못하여 반응의 양에 있어 소거가 이루어지기 전의 수준으로 다시 돌아가지는 않는다. 조건자극에 대한 반응이 다시 이루어지는 회복 현상으로 보여 조건형성이 완전히 사라지는 것은 아니라는 것을 알 수 있다.

7) 강화

강화(reinforcement)란 특정 자극을 주어 어떤 행동을 습득하게 하고 그 빈도를 증가시키는 것이다. 강화에는 정적강화와 부적강화가 있다. 정적강화는 내담자가 좋아하는 자극을 제공함으로써 기대되는 행동의 발생 빈도수를 증가시키는 것이면 부적강화는 내담자가 싫어하는 자극을 제거해 줌으로써 기대되는 행동의 발생 빈도를 증가시키는 것이다. 정적강화든 부적강화든 강화는 기대되는 행동의 빈도수를 증가시키는 것이다.

8) 고전적 조건형성의 기본적인 학습원리

내담자의 행동을 형성시키기 위한 조건형성의 원리를 구체적으로 살펴보면 다음과 같다.

① 시간의 원리: 조건자극은 무조건자극과 시간적으로 동시에 혹은 그에 조금(0.5초 정도) 앞서서 주어져야 한다.

② 강도의 원리: 무조건자극은 처음에 제시되는 강도보다 나중에 제공되는 자극물이 그 강도가 강하거나 동일해야 한다. 즉 나중의 자극이 먼저의 자극보다 강하거나 동일해야 조건반사가 성립한다.

③ 계속성의 원리: 자극과 반응의 결합 관계에 반복되는 횟수가 많을수록 조건화가 잘 성립한다.

④ 일관성의 원리: 조건반응이 잘 나타나기 위해서는 동일한 조건자극이 동일한 방법으로 제시되어야 한다. 즉 조건자극은 일관된 자극물이어야 한다. 일관성의 원리에서 벗어났을 때는 제지현상이 일어난다.

4. 상담 과정 및 기법

1) 상담 목표

행동주의의 상담 목표는 잘못된 행동을 소거하고 보다 효과적이고 바람직한 행동을 재학습하는 것이다. 잘 정의된 목표는 내담자의 특수한 관심의 영역을 반영해 주며 그렇게 함으로써 상담에 의미 있는 방향을 제시해 준다. 목표는 특수한 상담전략이나 중재전략을 선택하고 사용하는 데 기초를 제공하며, 상담결과를 평가하는 구조를 제공해 준다.

2) 상담사의 역할

행동주의에서 상담사는 능동적이고 지시적인 역할을 하며, 부적응적 행동을 진단하고 개선된 방향으로 인도하는 치료적인 절차를 처방하는 교사, 무대감독, 전문가의 역할을 한다. 상담사의 기능으로서 상담사는 내담자가 준 단서에 주의를 기울이며 요약, 명료화, 개방된 질문 등을 사용한다. 또한 상담사는 상담사 자신이 내담자의 행동을 수정하고 통제하고 있으며 의도적이건 비의도적이건 간에 자신의 행동이 내담자의 행동에 커다란 영향을 미친다.

3) 상담 과정

행동주의 상담을 상담현장에서 수행하기 위해서는 다음과 같은 절차에 의해서 이루어진다.

첫째, 상담 관계를 형성하는 단계이며 내담자에 대한 가치 판단 없이 온정적, 공감적 태도로 수용·이해하고 있음을 내담자에게 적극적으로 알린다. 둘째, 문제행동을 규명하는 단계로 상담사는 내담자의 모호하고 추상적 형태로 알고 있는 자신의 문제를 구체적인 행동적 용어로 정의할 수 있게 돕는다. 셋째, 현재 상태 파악하는 과정이며, 내담자의 상태를 파악하기 위한 자료와 정보는 일반적으로 면접, 질문지, 내담자 기록, 관찰 등에 의해 수집된다. 내담자의 현재 상태를 파악하는 목적은 자료와 정보를 통해 내담자의 반응수준 혹은 문제행동과 관련된 장면의 특징을 정의하기 위함이다. 현재 상태를 파악하는 절차로는 다음과 같다. 먼저, 현재 문제행동을 분석하는 데 내담자의 과잉/결핍 행동에 초점을 둔다. 다음으로, 문제행동의 발생장면을 분석하고 문세행동과 관련된 선행·결과 사태를 규명한다. 내담자를 이해하기 위해 동기분석을 한다. 새로운 학습유발을 통해 강화인 효과의 약화 가능성을 탐색하고, 행동변화에 유용한 생물학적·사회적·행동적 정보를 수집하여 발달 과정을 분석한다. 또한, 자기통제력 분석 단계로 문제행동의 통제력, 통제방식, 자기통제의 장애요인 파악하고, 의미 있는 타인과의 관계 및 관계유지 방법 등 사회적 관계를 분석하며, 사회적·문화적·물리적 환경을 분석하고 사회·문화규범 및 환경적 한계를 분석을 통해서 내담자의 현재 나타나는 행동이 어떤 연합이 이루어졌는지를 파악하기 위한 것이다.

그리고 넷째, 상담 목표를 설정하게 된다. 상담 목표는 수집된 정보와 이에 대한 분석을 토대로 이루어진다. 상담 목표는 목표달성 여부를 객관적으로 확인할 수 있는 행동, 즉 관찰 가능한 구체적 행동을 나타내는 동사로 진술된다. 상담 목표를 설정할 때는 먼저 상담 목표의 설정과 목표설정 취지를 내담자에게 설명한다. 내담자가 원하고 달성 가능한 목표의 탐색을 돕고, 내담자는 자신이 바라는 구체적인 목표를 결정한다. 내담자가 선정한 목표의 달성 가능성 및 측정 가능성 여부를 확인한다. 수집된 정보를 기초로 상담의 지속 혹은 목표수정 여부를 결정한다. 상담을 계속하는 경우, 목표를 세분화하여 순서대로 나열한다. 다섯째, 상담 기법을 선정하게 된다. 기법 선정은 내담자의 현재 상태 파악과 목표설정 단계에서 수집된 정보를 토대로 이루어진다. 상담 기법의 적절성은 내담자의 행동에의 영향과 유지에 기여하는 내·외적인 환경조건 분석을 통해 판단된다. 이 단계에서는 내담자의 문제행동을 변화시키기 위한 새로운 대체행동을 강화시켜 새로운 긍정적 행동을 증가시킨다. 마지막으로 상담결과 평가단계를 거친다. 평가는 형식적인 단회성 과정이 아니라 지속적 과정으로, 상담 목표에 명시된 내담자의 구체적 행동에 의거하여 이루어진다. 행동평가는 상담사의 수행 정도와 적용된 상담 기법의 효과에 초점을 맞춘다. 객관적 평가를 위해 상담사는 선택된 기법과 절차를 인위적으로 조작·변형하지 않고, 지침에 따라 적용한다. 상담의 단계마다 평가를 실시한다. 이는 다음 단계를 위한 중요한 정보와 치료적 단서를 제공할 수 있기 때문이다. 목표성취 여부에 대한 평가 다음에 이루어지며, 추가적인 상담의 필요성을 탐색하기도 한다.

4) 상담 기법

(1) 체계적 둔감법

울프(Joseph Wolpe)의 상호제지이론에서 발달한 상담 기법으로 불안이나 공포를 이를 제지할 수 있는 즐거운 행동과 조건화하고, 강도가 낮은 수준부터 높은 수준까지를 점진적으로 접하게 하여 벗어나게 하는 방법이다. 이완된 상태에서 불안을 발생시키는 상황들을 위계적으로 상상하게 하여 불안과 양립할 수 없는 이완을 연합시켜 불안을 감소 혹은 소거시키는 방법이다. 이 방법은 주로 특정 사건, 사람, 대상에 대해 극심한 불안이나 공포가 있는 사람들의 치료를 위해 고안된 것으로, 공포 관련 부적응 행동이나 회피반응 또는 일반화된 공포의 치료에 효과적이다.

체계적 둔감법의 절차로는 먼저 불안에 대한 구체적인 정보를 수집하고 이완훈련을 통해 내담자에게 편안하고 안정된 심리상태에 도달하는 법을 가르친다. 초기면접 후 이완훈련을 하는 동안 내담자와 함께 불안위계표, 즉 구체적인 영역에서 불안을 일으키는 자극을 분석하고, 불안이나 회피의 정도에 따라 가장 큰 불안상황에서 가장 작은 불안을 일으키는 상황까지 순서대로 서열을 작성한다. 눈을 감고 완전히 이완된 상태에서 처음에는 불안이 없는 중립적인 장면을 상상으로 제시하고 나서 가장 적은 불안유발 장면을 상상하도록 한다. 내담자가 불안감을 경험하고 있다고 신호할 때까지 단계적으로 위계를 높이다가 불안을 경험한다는 신호를 보내면 즉시 중지한다. 다시 이완하고 계속해서 상위단계로 높인다. 가장 높은 수준의 불안을 일으켰던 장면에서도 내담자가 이완상태를 유지하면 치료를 종결하게 된다.

(2) 혐오치료

혐오치료는 어떤 행동을 제거하기 위해 그 행동을 할 때마다 혐오스러운 자극을 주는 것이다. 알코올중독을 치료하기 위해서 술잔에 썩은 거미를 넣어두고, 담배를 피울 때마다 구역질 나는 주사를 맞도록 하거나, 전기충격을 주어 금연을 하도록 하는 방법 등이다. 증상이 나타날 때마다 혐오자극을 가하여 문제행동을 소거시키는 치료법이다. 혐오자극으로 문제행동을 '처벌'하면서, 문제행동을 대처할 수 있는 바람직한 다른 행동을 강화해 줄 때 효과가 크다. 자폐, 중독, 흡연, 강박증 등에 효과적이다. 혐오자극을 주어 행동을 변화시킨다는 것은 의도적으로 불쾌한 자극(내담자에게 고통을 수반하는)을 준다는 점에서 윤리적인 문제가 발생할 수 있으므로 혐오자극을 제시할 때는 내담자 특성을 고려해야 한다.

(3) 역조건화

이미 어떤 반응을 일으키고 있는 (무)조건자극에 새로운 무조건자극을 더 강하게 연합시킴으로써 이전 반응을 제거하고 새로운 반응을 조건형성시키는 것이다.

즐거운 활동을 하는 동안(먹기, 놀이 등) 공포반응을 야기하는 조건자극을 제시하면 이 조건자극은 공포반응이 아닌 즐거운 활동과 조건화되어 공포반응을 억제하게 되는데, 이를 역조건화라고 한다.

(4) 이완훈련

환자가 지극히 이완된 상태를 유지하게 되면, 불안 유발자극에 노출되더라도 환자는 흥분하지 않거나 더 이상 불안해하지 않는다. 근육이완 절차는 환자가 가장 낮은 공포반응을 유발하는 자극에서 가장 심한 공포반응을 유발하는 자극 상황까지의 위계를 정하고, 깊이 이완된 상태를 유지하면서 가장 낮은 공포자극 상황부터 경험케 한다. 이완훈련에는 점진적 근육이완, 심호흡훈련, 명상 및 마음챙김 등이 있으며, 이러한 이완훈련을 통해서 체계적 둔감법, 주장훈련 등에 활용된다.

(5) 자기주장 훈련

내담자에게 과도한 불안 없이 적절하고 자유롭게 자신의 생각과 감정들을 표현할 수 있는 능력을 증진시키는 일련의 활동이다. 사람들이 대인관계에서 흔히 겪을 수 있는 불안을 대부분 자신의 권리나 느낌 등을 적절하게 표현하지 못해서 나타나는 현상으로 가정한다. 불안의 역조건화와 주장성 강화로 구성된다.

자기주장 훈련의 절차는 먼저 소극적 행동, 비주장적 행동, 공격적 행동으로 구분하고 비주장 행동(소극적, 공격적 행동)의 이유를 확인하고 주장적으로 사고하고, 불안극복 작전을 짜고 주장적으로 행동하기이다.

(6) 실전치료(In Vivo Therapy)

실전치료란 내담자의 실제 환경에서 진행되는 절차를 말한다. 체계적 둔감법과 유사하게 내담자가 공포를 야기하는 자극에 점진적으로 접근하는 방법과 홍

수법과 유사하게 내담자가 공포를 유발하는 상황에서 직접 작업을 하는 방법이 있다. 상담사가 내담자의 실제 환경에서 문제행동을 직접 다루는 치료방법으로 노출치료, 행동연습, 즉각적 피드백을 통해 행동변화를 유도한다.

(7) 행동조성(조형)

바람직한 행동을 여러 단계로 나누어 강화함으로써 점진적으로 바람직한 행동에 근접하도록 유도하는 방법이다. 내담자가 새로운 기술을 배우고자 할 때, 상담사는 목표행동을 다루기 쉬운 단어로 세분화하여 학습촉진을 돕는다. 조형과정에는 강화, 소거, 일반화, 차별화가 포함된다. 행동조형에는 두 가지 요소, 즉 어떤 것은 강화를 받고 어떤 것은 강화를 받지 않는 변별강화와 원하는 반응만이 강화를 받는 연속적 접근이 있다.

(8) 토큰경제체계

내담자에게 강화물로 토큰 또는 환권을 주어 원하는 물건이나 권리를 바꿀 수 있도록 하는 조작적 조건형성의 원리를 이용한 행동수정기법이다. 유관계약(contingency)을 내포하는 것으로, 목표반응을 설정하고 합당한 목표를 설정했을 때 명확하게 대가를 지불하는 방법이다.

(9) 반응대가

반응대가는 내담자의 긍정적 행동을 증가시키기 위해서 내담자에게 제공되었던 긍정적 강회물올 제거하는 처벌적 형태를 말한다. 행동과 유관되어 있는 일정한 양의 강화자극이나 활동이 제거되는 부적처벌의 절차를 말한다. 바람직하지 못한 행동을 했을 때 그 대가로 소유하고 있던 정적 강화인을 박탈하는 것이다.

(10) 심적 포화

정적 강화라고 해도 계속적으로 주어지면 더 이상 강화기능을 상실하고 포화

상태에 이른다. 이러한 상태에서는 강화가 반대의 효과를 나타낸다. 알코올중독의 경우, 알코올을 포화상태가 될 때까지 많이 마시게 하면, 나중에는 술을 보기도 싫어지게 된다.

(11) 행동시연

내담자가 원하는 행동이 이루어질 때까지 특정행동을 연습하는 기법이다. 행동주의 심리극이라고도 불리며, 주로 목표행동의 이해, 시범, 교수, 역할연기, 피드백 제공의 반복을 통해 습득한 행동을 현장에서의 시연으로 문제해결에 필요한 행동의 습득을 돕기 위한 기법이다.

(12) 모델링 기법

모델링은 내담자가 다른 사람의 행동을 관찰하고 관찰한 것을 활용하는 것으로 이루어진다. 행동치료에서 모델링은 교수(teaching), 촉구(prompting), 동기화(motivation), 불안감소(reducing anxiety), 저지(discouraging) 기능이 있다.

(13) 자가 지시

여러 가지 부적응 행동을 줄이거나 적응행동을 할 수 있도록 자기 자신에게 지시하거나 스스로 말하는 것이다. 먼저 근육 이완을 하고 비합리적 생각을 바꾸도록 자기 자신에게 구체적 행동을 지시한다.

5. 공헌점과 비판점

1) 공헌점

첫째, 다양한 행동기법 및 전략을 적용했다는 것이다. 상담사는 내담자와 문제에 대한 의논을 통해 통찰을 유도하기보다는 실행에 초점을 두고 다양하고 구체적인 기법들을 선택·적용하여 내담자의 행동 변화를 꾀할 수 있다는 점이다.

둘째, 특정장애에 효과가 있다는 것이다. ADHD, 약물, 성기능장애, 충동조절장애, 공포장애 등에 효과가 높으며 불안, 스트레스, 주장성, 사회적 상호작용과 관련된 문제를 다루는 데 유용하다.

셋째, 구체적·직접적·개별적 접근이 가능하여 문제행동 혹은 증상 해결을 위해 구체적이고 직접적인 접근을 한다.

넷째, 안정된 연구 기반이 있고 행동치료의 기법과 절차를 비롯한 이론적 접근이 상담 과정에서 어떤 영향을 주는지에 관한 경험적 연구들이 이를 뒷받침하고 있다.

2) 비판점

첫째, 내담자의 총체적 인간성 무시하고 겉으로 드러난 행동만을 중시한다고 비판받는다. 인간 고유의 사고와 감정을 무시한 나머지 내담자를 총체적으로 이해하기 어렵고 내담자의 문제에 대한 통찰과 이해에 한계가 있다.

둘째, 부적응행동의 행동 과정을 무시하고 현재의 증상에 초점을 맞출 뿐, 인간의 발달 과정, 과거사, 무의식적인 힘, 증상 발생의 과정에는 관심이 없다.

셋째, 실험실에서 동물을 대상으로 실시한 연구 결과를 인간에 적용했다는 점이다. 행동주의 이론들은 동물을 대상으로 조작된 상황하에서 실시된 실험을 토대로 성립하였기 때문에 인간에게 적용하는 것에 대한 윤리적 문제와 효과성에 의문이 제기된다. 행동주의 상남은 고도로 훈련된 상담사가 필요한데 그 상담사 수에 한계가 있다는 점이다.

6. 특수아 상담에서 행동주의 상담 적용하기

행동주의 상담이론은 장애유형 중에서 발달장애, 자폐스펙트럼장애 아동들의 사회적 기술 향상이나 부적절한 행동을 감소시키고 긍정적인 행동을 증가시키기 위한 것이나 지적장애 아동들의 일상생활에서의 기본습관 훈련이나 자기관리 기술을 가르치고 강화시키는 데 효과적이고, 주의력결핍과잉행동장애 아동들의 집중력 향상, 과잉행동 관리, 충동성을 감소시키는 데 사용할 수 있으며, 학습장애 아동들의 학습전략이나 학습습관, 학습기술 등을 강화시키는 데 사용할 수 있다.

장애아동들을 대상으로 행동주의 상담이론을 적용할 시에는 구체적이고 측정 가능한 목표를 설정하는 것이 중요하다. 행동주의 상담이론을 적용시킬 시에 문제행동을 감소시키는 것이 아니라 목표설정은 문제행동의 상반행동을 증가시키는 데 초점을 두어야 한다. 즉 장애아동들이 과잉행동을 한다면 3분 동안 앉아서 집중하는 행동을 강화계획을 세워서 강화하도록 한다. 행동주의 상담 시 장애아동들에 대해서 즉각적인 피드백을 제공하고 긍정적인 행동 시 어떤 강화물을 사용할 것인지를 설정하고 장애아동의 행동분석을 통해서 단계적, 체계적인 접근을 하도록 하는 것과 일관성 있는 적용이 중요하다.

행동주의 상담은 내담자가 가진 문제란 학습 과정을 통하여 습득된 부적응행동이고, 그 부적응행동을 변화시키기 위해서는 부적절한 행동을 제거하고 보다 적절한 행동을 학습하도록 도움을 주는 과정이 상담이라고 본다. 상담사는 장애 내담자의 구체적인 문제를 제거하는 동시에 보다 생산적인 행동 및 바람직한 인간관계의 증진을 돕는다. 그러기에 상담사는 내담자를 온전히 수용하고 이해해 줌으로써 내담자와 먼저 좋은 관계(라포 형성)를 형성해야 한다. 이러한 라포가 형성되어야 문제행동을 변화시킬 작업이 시작될 수 있다.

장애를 겪는 내담자의 경우 개개인은 장애 정도와 종류에 따라 정도의 차이는 있을 수 있으나 장애로 인한 자신감 상실, 양육자의 부재 시 오는 불안감이나 공포감이 비장애인들에 비해 자주 일어날 수 있으므로 행동주의 기법 중 체계적 둔감법 등을 사용하여 내담자의 불안감이나 공포심을 감소시킬 수 있다.

개인상담뿐만 아니라 특수아 대상 집단상담에도 행동주의 상담을 진행할 수 있다. 개인상담이든 집단상담이든 상담사는 내담자로 하여금 스스로 선택한 상담 목표를 향하여 나가도록 도와주고 진보가 나타날 때는 즉시 강화를 한다. 행동주의 접근에서는 다른 상담적 접근보다 상담사가 활동적이고 능동적인 역할을 하게 된다.

행동주의 상담이론을 장애를 겪고 있는 아동에게 적용하기 위해서는 먼저 장애를 겪고 있는 아동의 특성을 관찰하는 일부터 시작하는 것이 중요하다.

첫째, 장애를 겪고 있는 아동의 문제행동이 무엇인지, 어떤 장면에서 나타나는지를 관찰하고, 문제행동의 기능이 무엇인지를 탐색한다.

둘째, 장애를 겪고 있는 아동의 어떤 행동을 감소시킬 것인지, 증가시킬 것인지를 고려해서 대체행동을 명료하게 설정하는 것이 좋다.

셋째, 장애를 겪고 있는 아동의 기대행동을 명료화하고, 기대행동을 증가시킬 강화계획을 상담사는 수립해야 한다.

넷째, 장애를 겪고 있는 아동이 목표행동이 일어날 때 어떻게 할 것인지 강화전략을 구체적으로 수립하여 실행한다.

다섯째, 목표행동이 일어날 때 학교 및 가정에서 일관된 강화계획이 적용될 수 있도록 학부모와의 협력체계를 구축하는 것이 필요하다.

14장 현실치료이론

현실치료(reality therapy)는 내담자의 현재 행동에 초점을 두고, 클라이언트(client)가 자신을 정확히 발견하고 현실에 직면하여 성공정체감을 갖도록 도와주는 치료 방법이다.

현실치료의 중심 사상은 개인은 자신의 행동에 책임을 가진다는 것이다. 이 치료체계의 일반 목표는 내담자가 자신의 현재 행동을 평가하는 심리적 힘을 기르도록 돕는 것이며, 비록 자신의 욕구가 충족되지 못하더라도 보다 책임 있는 행동을 하도록 돕는 것이다.

1. 글래서의 생애

윌리엄 글래서(William Glasser)는 19세에 화학기사였으며, 28세에는 의사가 되었다. 로스앤젤레스에 있는 캘리포니아 대학의 'Veterans Administration Center'에서 정신의학에 관한 수련을 마친 후 자신이 배운 것들이 불만족스럽다는 것을 알았다. 그가 배운 것은 정신분석적 심리치료의 기본 경향을 포함하고 있었는데 여기에 의문을 제기하는 전문가들은 거의 없었다. 글래서는 자신에게 동조하는 교육지도 담당의사인 해링톤을 만나게 되었을 때 이 전통적인 정신분석치료에 대해 불만족스러운 마음을 토론하였다. 이들 두 사람은 전통적인 심리치료의 가치에 대해 의심을 가지고 함께 연구하였다. 그들은 수년간 공동연구를 했으며 '현실치료'라고 불리는 기본 개념들을 개발하였다. 1956년 그는 캘리포니아주의 'Ventura School for Girls'의 정신과 자문의가 되어 태만한 청소년들을 대하게 되었다. 이 경험을 통해 그는 고전적인 정신분석의 개념과 기법들이 더 이상 유용하지 않음을 확신하고, 그래서 프로이트학파의 정신분석과는 반대되는 방법의 다른 치료적 접근법을 개발하고 검증하기 시작하였다.

1961년 글래서는 처녀작인 『정신건강과 정신병』을 출간했는데, 이 책은 현실치료의 근간이 되고 있다. 1970년대까지 현실치료는 기관, 학교, 정신위생협회 등의 프로그램에 적용되어 왔다. 미국과 캐나다에서 수천 명의 사람들이 이 접근법을 연구하고 현실치료자로서의 자격을 갖게 되었다. 글래서는 캘리포니아의 카뇨그 공원에 있는 '현실치료협회'를 설립하였고, 1,400명의 치료자들이 현실치료훈련을 받아 현실치료자로 일하고 있다. 글래서는 1965년에 발간된 영향력 있는 책에서 이 원리들을 발전시키기 시작하였다. 1960년대에 그는 전문의로서 공공교육기관에서 일했는데, 이때 교수-학습 과정 현실치료의 기본 개념들을 적용하였다. 그는 자신의 직업적 관심을 "어떻게 교사와 학생은 상호작용을 하는가, 학교학습은 학습자의 실생활에 어떻게 연결되는가", 학교는 "자아정체감의 실패에 어떻게 기여하는가, 생생한 학습을 통해 학생들은 어떻게 변화되어 가는가" 등에 돌렸다.

학교 개선에 대한 그의 생각은 저서 『실패하지 않는 학교(1969)』에 기술되어 있다. 1976년 그는 『긍정적 탐닉』을 출간했는데, 이 책은 사람은 긍정적인 행동에 탐닉할 수 있다는 주제를 발전시킨 것이다. 약물이나 알코올과 같은 부정적인 탐닉을 하는 사람이 점점 약해지는 것과 마찬가지로 긍정적인 탐닉을 하는 사람은 점점 강해지며 자신을 얻게 된다.

최근의 책 『마음의 정류장』에서 그는 내담자를 위한 신경학적, 심리학적 기초를 기술하고 있다. 현실치료의 새로운 방향은 우리는 내적 세계를 창조할 수 있다는 가정에 기초한다. 중요한 것은 현실세계가 존재하는 방법이 아니고 오히려 우리가 그것 늘 지각하는 것으로 이것은 현상학의 주요 개념이다. 현실치료에 대한 최근 연구에서 그는 행동은 외부세계를 우리의 내적이고 개인적인 세계에 맞추려는 우리의 지각을 통제하려는 경향을 갖고 있다는 주제를 탐색하고 있다. 현실치료의 이런 수정을 그는 1981년부터 시도하고 있는데 이것은 '통제치료(control therapy)'라고 알려져 있다. 그는 이 이론을 배운 사람은 보다 효율적으로 자신의 삶을 통제할 수 있다고 확신한다.

2. 현실치료의 인간관

통제이론의 기본개념은 인간 행동은 외부 힘에서 나오는 것이 아니라 개인 내부에서 나오며, 합목적적이라는 것이다. 외부 힘이 우리의 결정에 영향을 주기는 하지만, 우리의 행동이 환경 요인에 따라 '정해지는 것'은 아니다. 우리는 전적으로 우리의 내부 힘에 따라 동기화되고 우리의 모든 행동은 우리의 생활을 효과적으로 통제하기 위해 우리가 원하는 것을 얻으려는 최선의 시도이다. 우리의 행동은 인간의 기본적 욕구를 충족시키기 위해 행해진다. 글래서(1985)는 소속, 권력, 자유, 재미와 같은 네 가지의 심리적 욕구와 생존이라는 생리적 욕구를 기본적 욕구라고 했다. 통제이론에 따르면 우리의 뇌는 우리가 원하는 것을 얻도록 하는 통제체계로 볼 수 있다. 현실치료의 중요한 목표는 생활에서 얻고자 하는 것을 획득할 수 있는 더 좋은, 더 효과적인 방법을 가르치는 것이다.

현실치료는 인간성의 결정론에 근거하는 것이 아니라 인간은 자신의 행동을 선택하고 통제할 수 있으며, 현재 충족되지 않은 필요를 충족시키기 위해 행동한다는 관점이다. 이 원리는 각자가 각자의 행동결과를 수용해야 한다는 책임성을 의미한다. 분명히 사람은 장래에 무엇이 되겠다고 스스로 결정한 그 사람이 된다. 사람들이 타인의 자유를 침해하는 선택을 하게 되면 그것은 무책임한 행동이 된다. 내담자들이 자유를 성취하는 과정에서 타인이 고통받지 않도록 하면서 자유를 성취하는 방법을 배우는 것이 중요하다.

3. 현실치료의 주요 개념

1) 실존적-현상학적 성향

현실치료는 인간은 내적인 힘에 의해 움직인다는 가정에 기초한다. 비록 외적인 힘이 개인이 어떻게 결정하는가에 영향을 주지만 개인의 행동은 환경적 요인이 원인이 되지는 않는다. 우리는 우리의 욕구를 배경으로 해서 세상을 지각하며 우리의 내적 세계를 창조한다. 인간은 자신이 창조한 세계에 대해 책임이 있으며, 무력한 희생자가 아니고, 보다 나은 삶을 만들 수 있다. 불행이나 재난은 우연히 우리에게 일어난 어떤 것이 아니다. 따라서 그는 "우울하게 된(brin depressed)"이나 "화가 나게 된(being angry)" 대신에 "우울한(depressing)"이나 "화난(angrying)" 사람이라는 표현을 쓴다. 우리가 우울증이나 희생자라는 신념에 고착하는 한 변화할 수 없다는 것이다. 우리의 행동은 우리가 선택한 결과라는 현실을 인식하고 그것에 입각해 행동할 때 변화가 일어난다.

2) 통제이론

통제이론은 우리는 주변의 세계를 통제할 수 있지만 세계는 우리를 통제할 수 없다는 것이다. 현실치료자들은 행동을 다루지만 내담자가 "무엇을 할 수 있는가" 하는 내적 세계에 초점을 둔다. 따라서 현실치료에서는 치료를 위한 이론적 기초로 통제이론을 사용한다. 통제이론이란 모든 살아 있는 유기체는 끊임없이 자신의 목적에 따라 외부세계를 통제하기 위해 행동한다는 것이다. 우리들의 밖에 있는 현실세계에서 일어나는 것들은 우리의 내부세계에 자리한 것에 관련되지 않는다면 의미가 없다고 강조한다. 그리고 행동은 우리의 지각을 통제한다고 한다. "지각은 현실세계를 우리가 원하는 머릿속의 세계로 보다 가까이 접근시키려는 행동을 선택하거나 세계를 선택하는 어려운 주제를 가르친다"고 기술하고 있다. 우리는 어떤 방식으로든 행동해야 하지만 어떤 하나의 행동양식에 묶이는 것은 아니다. 이 행동양식은 행동과 생각과 감정의 세 가지 구성요소를 가지고 있다. 왜냐하면 우리가 무엇을 어떻게 생각하고 느낄 것인가를 조정하는 것은 때로 어렵기 때문에 현실치료에서는 우리가 어떤 행동을 하는가에 초점을 둔다. 어떤 것을 다르게 느끼고 생각하는 것보다는 다르게 행동하도록 자신을 통제하는 편이 훨씬 쉽다.

3) 의학적 모델의 거부

현실치료는 신경증과 정신장애를 포함한 정신적인 병의 개념에 대한 전통적 견해를 부정한다. '정신착란증'이나 '우울증'이라는 개념은 이들 병이 외적 사건에 대한 반응이라는 생각에 기초한 것이다. '정신병적' 행동은 단지 우리에게 우연히 일어난 어떤 것이 아니라 오히려 우리가 외부세계를 조정하려는 방식으로서 선택한 행동이라는 것이다. 비록 어떤 행동들(심신증적 장애나 약물중독이나 알코올중독 등)은 고통스럽고 비능률적이지만 그것들이 어느 정도 어떤 작용을 하지 않는다면 우리는 그것들을 사용하지 않는다. 글래서는 우리가 의식적으로 이런 불만족스러운 행동들을 선택한다고 주장한다. 우리가 이런 선택을 봉쇄하지 못했기 때문에 무의식적으로 선택한 나머지 것들은 너무 고통스러워 우리는 스스로 불행을 자초했다는 생각을 받아들이려 하지 않는 것이다. 따라서 소위 '스트레스를 주는' 외부요인들은 우리가 선택한 행동에 만족스럽게 그것들을 통제할 수 없기 때문에 그렇게 동일시된 것이다. 그는 스트레스는 주관적 현상이고 그것에 대한 우리의 반응은 독특하며, 우리는 거의 모든 스트레스 상황을 통제할 수 있다고 주장한다.

4) 성공적 정체감과 긍정적 탐닉

성공적 정체감이라는 개념은 현실치료를 이해하는 데 있어 핵심적이다. 성공적 정체감을 가진 사람은 자신에게 사랑을 주고받을 수 있는 존재로 보고 다른 사람에게 중요한 존재라고 느끼며, 다른 사람의 비싼 대가를 요구하지 않고 자신의 욕구를 충족시킨다. 성공적 정체감을 가진 사람은 만족스러운 삶을 창조하는 힘을 갖고 있다. 글래서는 삶의 심리적인 힘의 자원으로서 긍정적 탐닉의 개념을 발전시키고 있다.

5) 책임에 대한 강조

현실치료는 끊임없이 책임을 강조하는데, 이것을 다른 사람의 목표 달성을 방해하지 않는 방식으로 자신의 욕구를 만족시키는 행동이라고 정의한다. 책임감이 있는 사람은 자신이 인생에서 무엇을 원하는지, 자신의 욕구와 목표를 달성하기 위해서 책임 있는 계획을 어떻게 짜야 할지를 안다는 의미에서 자율적이다. 간단히 말하면 책임성은 개인이 그의 삶을 효과적으로 통제하는 것을 배운다는 의미이다. 자신을 수동적으로 보기보다는 만약 현재 행동이 자신이 원하는 것이 아니라면 자신을 변화시킬 수 있다고 본다. 그리고 치료자나 우리 자신이 비판하지 않을 것을 강조한다. 우리는 자기비판이 없이도 책임성 있게 살고 행동하는 것을 배울 수 있다. 글래서는 "당신이 선택한 행동이 좋건 나쁘건 간에 그것이 그때 그 특수한 상황에서 가장 좋은 선택이었다고 생각해야 한다. 만약 잘못을 찾기 시작한다면 필연적으로 자신을 비난하게 되고 잘못은 확대되며, 따라서 당신은 점점 더 병들고 장애를 겪게 될 것이다."라고 한다.

6) 과거 탐색의 가치에 대한 과소평가

과거의 외상이나 실패 또는 내담자의 현재 문제에 영향을 주는 외부 조건을 확인하고 탐색하는 이론들과는 달리 현실치료는 지금-여기에 초점을 둔다. 내담자의 과거의 실패를 고려하는 대신에 현실치료자는 과거를 세상을 성공적으로 통제할 수 있는 내담자의 능력의 표시라고 본다. 글래서는 "우리가 살아가는 단면에서 현실치료자는 우리가 자신의 행동을 평가하고 보다 나은 선택을 함으로써 현재의 세계를 어떻게 보다 효율적으로 조정할 수 있게 하는가에 초점을 두어야 한다"라고 기술하고 있다.

7) 전이의 가치에 대한 과소평가

전이의 개념을 그릇되고 왜곡된 개념으로 거부하면서 인습적인 치료자들은 내담자의 머릿속에 전이의 개념을 주입시킨다고 주장한다. 현실치료에서는 전이를 치료자가 한 인간으로서 숨어 있는 것으로 간주한다. 이 접근법에서는 치료자는 그 사람 자신이지 결코 내담자의 어머니나 아버지의 역할을 대신하는 사람이 아니라고 본다. 현실치료의 초기에서부터 글래서는 내담자는 자신이 실패한 사건을 되풀이하는 것이 아니라 오히려 현 실존에서의 인간적인 만족을 추구한다고 가르쳤다. 현실치료에서는 내담자가 현재 갖고 있는 지각을 다루며, 내담자에게 그의 반응과 관점이 과거에는 어떠했는가를 탐색하려 하지 않는다. 즉, 과거의 중요한 관계(부모)와 유사한 태도, 감정, 행동이 현재의 치료상황이나 일상생활에서 반복되거나 투사되는 전이현상에 크게 관심을 두지 않는다. 오직 현재 행동의 원인에 초점을 두고, 과거의 심리적 뿌리 등은 무시한다.

4. 상담 과정 및 기법

1) 상담 목표

내담자가 성취하려는 노력하는 바를 성취할 수 있도록 상담사가 돕는 것이다. 현실치료는 사람이 생의 목표를 규정하고 명확히 하도록 돕는다. 아울러 그들 자신이 규정한 목표들을 좌절시키는 이유들을 분명히 한다. 상담사는 내담자 목표에 도달하는 여러 다른 방법들을 발견하도록 돕는다. 그러나 내담자 자신의 치유목표를 결정하는 자는 바로 내담자 자신이다. 개인적 자율성(individual autonomy)을 갖도록 하고, 자기결정(self determining)을 할 수 있도록 한다. 또한 단기간에 걸쳐 내담자가 자신의 인생목표를 설정할 수 있도록 한다. 내담자가 성공적 정체감을 가지도록 하며, 내담자가 책임감을 갖고 자신의 행동과 욕구 충족을 포함하여 자신의 모든 것에 대해 책임질 수 있도록 한다. 내담자가 자신의 주위 환경을 통제할 수 있도록 하며, 자신의 각성수준을 높여 순간마다 각성토록 특히 자신의 욕구(need)나 원함(want)과 관련하여 각성하도록 한다. 내담자가 긍정적으로 행동하고(doing), 느끼고(feeling), 생각하고(thinking), 신체적 활동을 할 수 있도록 한다.

2) 상담사의 역할

현실치료에서 강조하는 상담사 역할은 책임감 있는 행동이나 성공 정체감에 기초한 생활의 모델을 제공하는 것이다. 보호와 존경에 기초한 좋은 관계를 형성하고 성공으로 이끌 수 있는 개인의 힘과 잠재력에 초점을 두는 것이다. 또한 내담자의 현 행동의 토의를 활발하게 격려하고 촉진하는 것과 책임감 없거나 비효율적인 행동에 대한 변명을 금지시키고 실제로 달성할 수 있는 바람을 평가하는 과정을 도입하고 촉진하는 것이다. 현실치료 상담사는 내담자가 자신의 행동을 변화시키기 위한 계획을 세우고 수행하도록 가르치며, 상담시간에 대한 한계나 구조를 세우고 내담자가 용기를 잃더라도 쉽게 포기하지 않으며, 자신의 요구를 만족시킬 수 있는 방법을 찾도록 내담자를 돕는 역할을 한다.

그러므로 상담사는 내담자가 안전하고 신뢰할 수 있는 상담환경을 제공하고, 내담자의 현재 행동에 초점을 맞추어 과거나 무의식적 원인보다는 현재의 행동과 선택에 집중하게 하여 내담자가 자신의 삶을 통제할 수 있도록 도우며, 내담자와 함께 구체적이고 실현 가능한 행동 목표를 설정하고, 구체적인 행동 계획을 세우고, 내담자가 자신의 행동에 책임지도록 격려하며, 내담자가 현재 문제를 해결할 수 있는 행동 변화와 실행을 지원한다.

3) 치료 과정에서의 내담자의 경험

현실치료에서 내담자는 책임성 있는 삶을 살지 못하고 무책임한 사람들로 묘사되어 있다.

그들의 행동이 부적당하고 비현실적이고 무책임하다 할지라도 그것은 그들의 근본적인 욕구들인 사랑 받으려는 욕구, 사랑하려는 욕구, 자아 가치감을 느끼려는 욕구들을 성취하려는 시도인 것이다. 그들의 행동이 응당 'failure identity'라 할지라도 그것은 'identity'를 얻으려는 시도이다. 내담자는 자신의 감정이나 사고보다도 자신의 행동을 더 쉽게 조절할 수 있기 때문에 내담자의 행동이 치료의 초점이 된다. 일단 내담자가 그의 행동을 평가하고 어떻게 변화되기를 원한다는 것이 결정되면 내담자는 실패의 행동을 성공의 행동으로 변화시키기 위한 특별한 계획을 세우도록 추진한다. 이런 계획을 성취하기 위하여 내담자는 결단을 내려야 한다. 내담자는 비난하는 것, 해명하는 것, 변명하는 것으로 그의 결단을 피할 수 없다.

4) 상담 절차

(1) 상담 관계 형성하기

상담사와 내담자가 친구가 되는 것(be or make friend)이라고 답할 수 있을 정도로 상담사와 내담자가 개인적으로 친하게 되는 것이다. 우정적 관계가 상담의 시작에서 종결까지 계속 이어지지 않는다면 상담의 효과를 기대하기 어렵다.

(2) 현재 행동에 초점 두기

현재 어떤 행동을 하고 있는지를 알아보기 위한 것이다. 예를 들어, "너(내담자)는 지금 무엇을 하고 있느냐?"라는 물음에 답하도록 한다. '지금'이라는 현재에 초점을 둔다는 것이다. 현실상담에서는 과거를 중요하게 다루지 않는다. 그 이유는 내담자의 과거는 고정되어 있고, 변화가 가능한 것은 현재와 미래뿐이기 때문이다. 그래서 글래서는 상담 과정에서 과거를 다루는 것을 피해야 한다고 주장한다. '너'라는 것은 초점을 누구 또는 어디에 두느냐에 있다. 즉 초점을 제삼자에게나 외부 환경, 변명, 이유에 두지 않고 너(내담자)에게 초점을 둔다는 것이다. 이는 현재 행동의 책임이 너(내담자)에게 있음을 각성시키기 위한 것이기도 하다. '하고 있는 것'이라는 것은 전체행동 중에서 '하고 있는', 즉 행동에 강조를 둔다는 것이다.

(3) 행동 평가하기

현재의 내담자 행동이 그의 욕구 충족에 도움이 되는지(긍정적인지), 방해가 되는지(부정적인지)를 포함하여 내담자가 자신의 행동을 스스로 평가하도록 상담사가 내담자를 도와주는 과정을 말한다.

(4) 활동 계획 짜기

욕구 충족과 관련된 내담자의 현재 행동 중에서 비효과적이고 부정적인 것들을 찾아 이를 효과적이고 긍정적인 것으로 고치기 위해 계획을 짜는 것이 활동 계획 짜기이다. 여기서 말하는 긍정적이라는 것은 자신의 욕구(need)나 원함(want)을 충족시키기 위해, 현실적으로 받아들여질 수 있고 타인에게 피해를 끼치지 않는 전체행동을 말한다. 부정적이라는 것은 자신의 욕구나 원함을 충족시키기 위해 현실적으로 받아들여질 수 없거나 타인에게 피해를 끼치는 전체행동을 말한다.

(5) 다짐 받아내기

내담자에게 그가 계획한 활동을 일상생활에서 그대로 실천하겠다는 다짐을 받아내도록 한다. 내담자가 자기 자신, 상담사, 내담자를 돌보아 주는 부모 등 의미 있는 타인에게 책임감을 각성하도록 하는 것이다. 내담자가 혼자가 아님을 각성토록 하는 것이기도 하다.

내담자 자신의 변화에 대한 책임이 내담자에게 직접 있음을 각성시키려는 것이다. 다짐을 받아내면 상담 과정은 끝난다. 이는 계획한 것을 그대로 실천한 경우를 전제로 한다. 만약 계획한 것을 그대로 실천하지 못했다면 다음 단계는 독특한 단계라고 보기보다는 기술, 원리 또는 상담사의 태도라고 볼 수 있다.

(6) 변명을 받아들이지 않기

내담자가 실행하지 못했을 경우 상담사는 내담자의 어떠한 변명도 받아들여서는 안 된다. 상담사가 내담자의 변명을 받아들인다는 것은 내담자가 바라는 변화가 그에게 적절하지 않고 불가능하다는 점을 상담사가 받아들이는 것을 의미한다. 그 내용이 분명하고 실행이 가능한 계획이었는데 내담자가 실시하지 않았을 경우, 상담사는 이에 대한 내담자의 변명을 받아들이지 않고, 계획을 실행하지 않은 데 따른 내담자의 잘못을 받아들이도록 함과 아울러 상담 과정의 네 번째 단계(계획 짜기)나 다섯 번째 단계(다짐을 받아내기)로 다시 돌아가도록 하여 함께 새로운 활동 계획을 수립하거나 이전에 수립한 활동 계획을 다시 추진하도록 새로운 다짐을 받아내고 계속 노력하도록 한다.

(7) 처벌을 사용하지 않기

현실치료에서는 처벌을 배제한다. 처벌을 사용하게 되면 내담자가 더욱더 패배적 정체감을 가지게 되고 상담사와 내담자의 관계가 악화된다고 본다. 신체적인 처벌뿐만 아니라 그를 낙심시키거나 비난하지도 않아야 한다. 벌을 사용하는 대신에 상담사는 내담자의 행동 결과에 대한 책임을 알고 이를 받아들이도록 한다.

(8) 절대 포기하지 않기

현실요법의 특징으로 집요하다는 점이다. 상담사가 내담자의 변화 가능성에 대해 포기하지 않는다는 것은 상담사가 진정으로 내담자와 친밀한 관계(involvement)를 맺고 있다는 표시이다. 상담사가 내담자를 포기하지 않을 것이라는 점을 내담자가 일단 믿기만 하며, 소속감이 확고해지고 이것이 계획을 실행하고 상담을 더욱 촉진한다고 본다.

5. 공헌점과 비판점

1) 공헌점

현실치료는 학교나 소년원과 같은 교육기관에 크게 효과가 기대되고 현실감이 적어서 책임을 면제받으려는 부적응청소년, 위기청소년을 포함한 학생의 교육에 도움을 줄 수 있다. 특히 상담과 심리치료의 '의학적 모델'을 변화시키는 데 중요한 영향을 미쳤다. 또한 현실요법은 긍정적이면서 활동적인 상담치료법이다. '긍정적인 몰두'를 할 수 있도록 조력함으로써 내담자의 미래의 삶을 돕는다. 책임을 강조함으로써 문제행동의 원인이 내담자 자신에 있음을 깨닫게 하고, 내담자의 변화 정도에 대해 스스로 평가토록 한다. 이는 막연히 '효과가 있다', '효과가 없다'고 말하는 것보다는 상담의 결과에 대한 내담자의 인식을 바꿀 수 있게 한다는 점이다. 현실상담치료는 비교적 단기치료법이고 의식적인 현재 행동의 문제를 다루고 있어 내담자로 하여금 자유와 책임을 감당하도록 하는 용기를 주었다.

2) 제한점

현실치료는 상담사의 가치나 도덕률이 지나치게 내담자에게 강요될 수 있다는 점과 상담사의 가치가 개입될 위험이 크며, 어떤 문제행동의 원인을 알면 아주 쉽게 행동이 고쳐지는 경우도 많음에도 불구하고 무의식적 동기나 과거를 지나치게 무시한다는 비판을 받는다. 또한 정신병은 무책임 때문이라고 하지만, 현실적으로는 자신에 대해 책임질 수 없는 사람이 많고 또 완전히 책임질 수 있는 사람도 없다. 현실요법은 어느 정도 현실적으로 책임질 수 있는 사람에게만 가능하기 때문이다. 내담자가 자신의 해답을 찾는 대신에 상담사의 해결책을 받아들이도록 강력하게 영향을 미칠 위험성이 크다. 현실요법은 쌍방적 의사소통에 기초한 언어적인 치료체계이다. 쌍방적인 의사소통을 적절히 구사할 수 없는 내담자를 돕는 데에는 한계가 있다. 즉 자폐증환자 혹은 지적 수준이 낮은 내담자에겐 적합하지 않다. 현실치료의 방법들은 단순하고 직접적이고 직설적이다. 치료자들이 현실치료를 내담자의 표면적 관심만 다루는 방법으로 사용하여, 내담자의 보다 더 근본적인 문제를 무시할 위험이 있다. 내담자의 일상생활에서 그들에게 반대 방향으로 작용하는 실제적인 환경의 힘을 고려하지 않는다고 내담자들이 느낄 수도 있다. 예를 들면 차별대우, 인종차별 등과 같은 소수민족 내담자들이 생활에서 원하는 것을 얻지 못하도록 하는 제약이 되는 경우가 많다. 또한 그들이 원하는 것을 말하기를 꺼린다.

6. 특수아 상담에서의 현실치료의 적용

현실치료는 장애를 겪고 있는 아동이나 청소년, 성인 중에서 발달장애, 지적장애, 정신장애보다는 시각장애, 지체장애, 청각장애, 중도장애를 겪고 있는 내담자에게 적용하는 것이 상담의 효과를 얻을 수 있다.

현실치료 접근은 인간에게는 한 가지 심리적 요구가 있는데, 그것은 "자기 자신의 정체를 확립하려는 요구"라는 것이다. 인간은 자기는 다른 사람들과 생각, 행동, 가치판단 등에 있어서 다르다는 사실을 주로 인식하려는 요구가 있다는 것이다. 이 '자아정체'는 성공적인 것과 실패적인 것으로 분류해 볼 수 있다. 사람이 성공적인 자아정체를 확립하느냐, 실패적인 자아정체를 확립하느냐는 사랑을 주고받으려는 요구와 자신에게나 타인에게 하나의 가치 있는 존재로 나타나려는 요구가 충족되느냐에 달려 있다. 즉 장애인 역시 장애가 있음에도 불구하고 장애와 상관없이 타인과 사랑을 주고받으며, 타인에게 가치 있는 존재로 수용됨을 경험하게 될 때 성공적인 자아정체를 확립하게 된다는 것이다. 그렇지 못할 때 실패적 자아정체를 형성하게 되어 현실세계에서 불안과 좌절을 경험하게 된다. 불안과 좌절의 경험이 많아질수록 현실을 무시하거나 부정하는 행동방식으로 불안과 좌절을 해소하려 하기 때문에 자신의 행동에 책임을 지지 못하고 타인이나 주위 환경에 책임을 전가하게 된다.

현실치료적 접근은 장애를 겪는 내담자로 하여금 스스로의 행동에 책임을 지고, 현실에 직면하여 현실 속에서 자신의 요구를 충족할 수 있는 바람직한 행동방식을 찾고 행하도록 도움을 주는 것이 목적이라고 할 수 있다. 장애라는 원인을 찾기보다 지금 이 순간과 미래에 자신이 어떻게 살고 싶은가에 초점을 두고 현재의 행동을 평가하여, 자신의 욕구에 알맞은 행동계획을 구체적으로 수립하여, 장애를 겪는 내담자가 자신의 행동을 책임지도록 격려하고 지지하여 자신의 욕구와 목표를 실현하도록 한다.

특수아 상담에서 현실치료 접근은 매우 유용할 수 있다. 현실치료 접근에서는 주로 행동수정의 기술들을 많이 사용한다. 첫째, 기본적인 기술은 내담자를 변화를 일으킬 수 있는 가능성을 가진 존재로 신뢰하고 도우려는 태도를 갖는 것이다.

둘째, 감정보다는 현재 행동에 치중한다. 행동변화가 주목적이므로 감정을 행동으로 연결 지어 주는 것이 중요하다. 예를 들면 불안하다고 하는 내담자에게 "불안하도록 당신 스스로 어떤 행동을 하고 있나요?"라고 질문하면서 그 불안감과 행동을 연관시켜 스스로 행동에 책임을 갖게 하고, 현재의 행동을 인식하게 한다.

셋째, 현재에 치중하는 것으로 내담자가 가진 장애나 장애를 갖게 된 이유 등은 고정되어 버려서 변화시킬 수 없기 때문에 변화시킬 수 있는 것은 오직 현재와 미래뿐임을 인식하고 내담자가 장애인으로 장애를 어떻게 바라보고 현재 무엇을 하고 있는가에 초점을 맞추는 것은 중요한 일이다. 자신의 문제뿐만 아니라 장애로 인해 형성된 실패적이고 부정적인 자아정체감은 현재 문제행동에도 영향을 미치고 있을 수 있기에 현재의 행동에 대하여 가치판단을 하도록 돕는다. 현재 행동이 자신과 타인에게 바람직한 것인지 스스로 판단할 수 있도록 돕는다.

넷째, 상담을 계획하고 실천하는 과정에서 장애로 인해 발생하는 어떤 변명이나 핑계를 허용하지 않으며, 실패한 경우 그 책임을 받아들이고 새로운 계획을 수립하거나 수정하는 데 있어서 현재 해야 할 일이 무엇인지에 초점을 맞춘다.

다섯째, 실패했을 때 핑계를 허용하지 않는 것처럼 벌을 주지도 않고 있는 그대로 실패를 인정하고 그 실패에 대한 책임을 지고 다음 할 일에 초점을 두는 것이다. 장애를 겪는 내담자가 지금 이 순간에 책임 있는 행동을 수행하여 미래보다 나은 삶을 살아가도록 도움을 주는 것이다.

4부

상담의 실제

15장 특수아 및 학부모 상담 과정

1. 특수아 상담 과정

특수아 상담 과정을 구체적으로 알아보기 위해서 일반적인 상담 과정을 간략하게 살펴보고, 일반상담에 기초하여 특수아 상담에 대한 과정을 구체적으로 살펴보면 다음과 같다.

1) 일반상담 과정

개인상담 시 일반상담에 대해서 힐(Hill, 2014)은 상담을 위한 3단계 모델은 내담자가 탐색을 통해 크게 문제를 이해하고, 그들의 삶에 변화를 주는 것과 같은 상담기술을 사용하기 위한 뼈대가 된다고 하였다. 상담 과정의 뼈대가 되는 3단계 상담모델로는 탐색단계, 통찰단계, 실행단계로 진행한다고 하였다.

탐색단계에서는 상담사는 라포(rapport)를 형성하고 치료관계를 맺으며, 내담자가 자신의 이야기를 할 수 있도록 격려하고 그들의 생각과 감정을 탐색하도록 돕고, 내담사가 쉽게 감정을 불러일으키게 하고, 내담자에 관해 알 수 있도록 한다(주은선 역, 2014). 즉 탐색은 그들의 감정을 표현하고 복잡한 문제를 통한 그들의 생각을 표현하는 기회를 제공한다. 이 단계에서는 내담자들은 자신의 문제를 잘 이해하지 못하고 있다. 자신의 환경과 감정, 사고, 행동 등을 충분하게 접촉하도록 한다. 이 단계에서는 관찰, 주의집중, 경청, 반영, 재진술, 개방적 질문 등의 기술을 사용하여 내담자가 자신의 감정, 사고, 행동, 관계성의 패턴을 탐색할 수 있도록 한다.

통찰단계에서는 상담사는 내담자가 자신의 내재된 행동에 관한 새로운 통찰이나 이해, 그리고 자신의 문제를 지속시키는 어떤 규칙을 새롭게 지각할 수 있도록 도와주는 단계이다. 상담사는 내담자와의 인간적인 관계 속에서 내담자의 다양한 상황과 문제에 대해 새로운 관점과 자각을 갖도록 돕는다. 이 단계에서는 내담자가 자신의 문제를 바라보고 자신에게 문제가 있음을 대오각성하는 단계이다. 내담자가 자기 스스로 자신을 정확하게 통찰하였을 때만이 새로운 변화가 일어나기 시작한다. 이러한 통찰은 내담자로 하여금 새로운 긍정적인 면을 볼 수 있도록 하며, 자신에 적합한 책임감, 문제에 대한 통제할 수 있는 가능성 등을 볼 수 있도록 돕는 과정이라고 할 수 있다. 이 단계에서 통찰을 위한 개방형 질문, 해석, 통찰의 즉시성, 직면, 일관성 등의 기술을 사용한다. 이 단계에서는 내담자의 자각을 키우고 통찰을 촉진시켜 대오각성하도록 한다.

실행단계에서는 상담사는 내담자가 통찰을 통해서 내담자가 의사결정을 할 수 있도록 방향을 안내하고, 자신의 문제와 상황을 해결하기 위한 새로운 것을 시도하여 바람직한 삶, 행복한 삶을 반영하도록 변화시킨다. 특히 인간의 행동 변화는 한번 새로운 행동을 했다고 해서 변화된 것이 아니다. 인간의 행동 변화는 습관화, 무의식적 사고화, 자동적 행동화가 이루어졌을 때 새로운 행동이 형성되었다고 할 수 있다. 그러므로 실행단계에서는 내담자의 새로운 행동을 반복, 연습을 통해서 습관화시키도록 하는 것이 중요하다. 이 단계에서는 실행을 촉진하기 위해서 지지, 보상, 실행의 개방적 질문, 정보제공, 직접적인 안내 등을 제공한다.

이와 같이 일반적인 상담 과정을 크게 탐색 과정, 통찰 과정, 실행 과정으로 구분한 반면에 해크니와 코미에르(Hackney & Cormier, 2004)는 상담 과정을 라포와 관계 형성, 문제의 평가와 정의, 목표설정, 개입하기, 종결과 추수 단계로 구분하였다. 박태수와 고기홍(2007)은 크게 초기상담, 중기상담, 종결상담으로 구분하였고, 초기상담단계에서는 상담준비, 상담신청, 접수면접, 상담 관계형성, 문제명료화, 상담사례 개념화, 상담계획을 실행하고, 중기상담단계에서는 정화경험 촉진, 이해경험 촉진, 대안설정 촉진, 행동형성 촉진 등을 실행하고, 종결상담단계에서는 종결의 합의, 상담평가, 상담 마무리 조치 등을 수행하는 단계로 구분하였다.

각 학자의 특성에 따라서 구분하고 있으나 공통점은 관계형성을 통해서 문제를 명료화하는 사례 개념화 과정을 걸쳐 적절한 개입 과정을 걸쳐 실행하고, 실행한 결과 등을 정의 및 평가하는 단계를 걸치고 있다.

2) 특수아 상담 과정

특수아 상담 과정도 일반상담 과정의 범위를 크게 벗어나지 못하고 있으나 장애를 가지고 있는 내담자들이라는 특수한 상황을 고려하여 상담이 진행되도록 하여야 한다. 본 특수아 상담 과정은 일반상담 과정을 통해서 장애인들을 상담하면서 진행한 단계를 구체적으로 제시한 것이다.

(1) 초기상담단계

① 탐색의 단계

특수아 상담에서도 일반상담 과정과 동일하게 초기단계에서 첫 만남을 갖는 과정이 매우 중요하다. 첫 만남에서 장애인에 대해서 존중과 배려가 어떻게 이루어지느냐에 따라서 달라진다. 그러므로 상담사는 장애인들의 특성을 고려한 인사 방법 및 비언어적인 표현에 신경을 써야 한다. 이 단계에서는 내담자와의 상담 관계를 형성하고 내담자에 대한 이해와 평가, 내담자의 감정, 사고, 행동, 관계성의 패턴 파익하기, 상남의 구조화, 목표를 설정하는 일들을 수행한다. 탐색단계에서 일반상담 과정과 같은 단계에서 진행되지만 내담자의 장애의 특성을 고려한 접근과 탐색에 관심을 두어야 한다. 특수아 상담에서 제일 중요한 것은 상담사 자신이 내담자의 장애에 대해서 어떤 생각과 감정이 있는지, 상담사의 장애 감수성이 매우 중요하다. 상담사가 장애에 대한 편견이나 선입견을 한 번 정도 살펴보고 상담을 진행하는 것이 중요하다.

② 장애 수용단계

특수아 상담에서 가장 중요한 부분이 내담자의 모든 삶의 과정이 장애로 관련되어 있는 경우가 많다. 특수아 상담에서는 장애인들이 자신의 장애에 대해서 어떻게 인식하고 어떻게 수용하고 있는가를 집중적으로 탐색하고 다루어서 장애를 수용할 수 있도록 하는 것이 중요하다. 장애는 재활되는 것이 아니라 장애인들이 가지고 있는 장애를 어떻게 수용하고 그에 따른 긍정적인 관점을 갖도록 하느냐가 매우 중요하다.

특히 선천적인 장애인들의 경우에는 장애와 자신과의 분리가 제대로 이루어지지 않은 경우에 관심을 두어야 하며, 사고나 질병에 의한 중도장애인 경우에는 사고유발자에 대한 원한과 질병을 예방하지 못한 것에 대한 자책감 등을 다루어야 한다.

장애인들이 자신과 가족들이 장애에 대해 어떤 관점을 가지고 있느냐에 따라서 일상적인 자극에 대처하는 방식이 달라진다. 그러므로 일반상담과 다르게 장애와 관련한 부분을 집중적으로 탐색하고 장애에 대한 수용과 관점을 정확하게 정립할 수 있도록 도와주어야 한다.

특수아 상담에서 장애당사자와 장애아동을 돌보는 가족이나 주양육자가 장애에 대해서 어떤 관점으로 지각하고, 의식하고 있는지를 살펴보는 것이 중요하다. 이때 상담사는 내담자가 변화가능하고, 통제가능한 것에 초점을 두고 있는지 아니면 변화 불가능하고, 통제 불가능한 것에 관점을 두고 있는지를 탐색하는 것이 필요하다.

(2) 중기단계

① 통찰의 단계

특수아 상담에서 각성의 단계란 내담자 스스로 자신의 문제와 상황을 통찰하여 스스로 깨달음을 갖는 것을 의미한다. 내담자 스스로 자신의 문제가 무엇 때문에 생겨났는지에 대해 탐색하고, 이해하여 통찰하면서 자신에 대한 자각을 넓히게 되는 것을 의미한다. 이와 같은 과정을 통해서 "아하, 내가 이랬구나, 이럴 수밖에 없었구나"를 깨닫도록 하는 과정이다. 이 단계에서는 단순히 머리로 느끼는 것을 넘어 가슴으로 이해하고 행동으로 행할 수 있도록 하는 토대를 만들어야 한다.

이 단계에서는 무엇이 자신의 문제를 만들었는지, 그 문제를 해결하는 데 어떤 장애가 있는지, 이 문제가 자기 자신에게 어떤 의미를 주고 있는지, 이 문제를 통해서 무엇을 얻고 싶은지 등을 다각적이고 종합적으로 통찰하도록 한다. 특히 장애를 수용했다고 하여도 자신에게 장애가 어떤 의미이고, 자신에게 어떤 영향을 미치었는지, 자신의 장애와 사고, 감정, 행동, 관계 패턴에는 어떤 영향을 미치고 있는지에 대한 통찰이 이루어져야 한다.

내담자가 스스로 통찰하고 자각, 대오각성하기가 너무나 어렵다. 상담사의 적극적이고 전문적인 도움을 통해서 대오각성의 단계로 들어설 때부터 내담자는 변화가 일어나기 시작한다. 발달장애와 지적장애를 겪고 있는 내담자일 때는 상담사가 내담자의 문제를 통찰시키기 위해서 주도적 역할을 한다면, 시각이나 청각, 지체장애일 경우에는 내담자 스스로 통찰할 수 있도록 상담사의 역할이 달라져야 한다. 즉 장애를 겪고 있는 내담자의 장애유형에 따라서 상담사의 역할이 달라야 한다.

② 실행의 단계

내담자가 상담사의 전문적인 도움을 받아서 탐색하고 통찰단계를 지나 자신의 문제를 스스로 자각했다고 해서 그 문제가 해결되는 것은 아니다. 인간의 대부분의 행동은 무의식적인 습관이나 사고, 행동에 의해서 이루어지고 있으므로 이 단계에서는 내담자가 자각하는 새로운 행동을 실행하여 반복 연습하도록 하여 습관화시키는 것이 매우 중요하다.

특히 장애를 겪는 내담자들은 일반인들에 비해서 새로운 행동을 반복연습 과정을 걸쳐 습관화 및 무의식적 행동의 단계로 진입하기가 무척이나 힘들다. 장애를 겪는 내담자들이 상담 과정에서 실행하기 전에 실행하는 데 따른 어려움은 무엇이고, 그 어려움에 어떻게 대처할 것인가에 대해서 탐색하도록 하며, 새로운 행동을 많이 실천하게 하기보다는 내담자가 실천 가능한 작고 쉬운 것부터 행하도록 하는 것이 중요하며, 실행한 행동을 강화계획에 따라 적극적인 보상, 지지, 격려 등의 강화를 제공해야 한다.

인간의 진정한 변화의 경험은 새로운 행동을 한 번 하는 것이 아니라 내담자가 원하는 새로운 행동이 무의식적인 습관화가 되어서 자동적으로 일어날 때 변화되었다고 할 수 있다.

(3) 종결단계

특수아 상담의 종결단계에서는 상담 진행 과정을 평가하고, 새로운 행동에 대한 평가를 하며, 미해결과제에 대해서 탐색하고, 상담종결 시기를 결정하며, 추후상담에 관해 논의를 시작하는 단계라고 할 수 있다. 장애 내담자들에게는 주기적인 추수상담에 대해서 심도 있는 과정이 있어야 한다. 내담자들이 상담이 필요할 시에 어떤 절차에 따라서 행동하는 것이 좋은지에 대해서 구체적인 정보를 갖도록 하는 것도 중요하며, 상담사와 지속적인 만남에 대한 한계성도 정확하게 공유하는 것이 좋다.

2. 특수아 상담 초기에 필요한 요소

1) 상담 구조화

상담 구조화는 넓은 의미로는 상담사가 상담의 구조적 형태와 상담 전체적인 과정을 주도적으로 만들어 가는 작업이라고 할 수 있다. 상담 방향, 목표, 상담 절차 및 수단, 역할 및 규범, 시간, 상담비 등에 관한 오리엔테이션이라고 할 수 있다. 좁은 의미로는 상담의 의미, 다룰 수 있는 문제, 얻을 수 있는 성과, 상담 과정, 역할 및 규범, 시간, 상담비 등에 관해 상담초기에 상담사가 내담자에게 실시하는 상담에 대한 교육이며 상담 오리엔테이션이다. 이때 상담사는 내담자의 억양, 어투 등을 세심하게 관찰해야 한다. 내담자의 장애유형이 청각인지, 시각인지, 뇌병변인지를 살피면서 대처해야 한다.

2) 라포 형성하기

라포란 상담사(인간)와 내담자(인간) 간의 상호신뢰 관계를 말한다. 즉 상담사의 전문적 능력과 인간적 자질에 대한 신뢰감이 형성되고 상담 관계에서 친밀감과 안전감 그리고 신뢰감을 형성하는 과정이다. 말하는 것이 충분히 감정적, 이성적으로 이해하고 통하는 상호관계의 과정이며, 라포를 형성하는 방법에는 상담사의 태도와 기술이 요구된다.

- 장애유형에 따라서 상담사의 표정과 태도, 음성, 억양이 달라야 한다.

예 뇌병변장애일 때는 말속도, 청각장애일 때는 입모양, 시선처리, 표정, 시각장애일 때는 소리, 억양 등

- 내담자에게 계속 이야기하도록 격려하는 비음성적 경청 신호를 보낸다.

예 몸을 앞으로 기울이기, 머리 끄덕이기, 눈썹 올리기 등

- 내담자가 계속 이야기하도록 내담자가 표현한 단어나 표현을 단순히 반복한다.

예 내담자: 저 어제 친구 만났는데요.
상담사: 어... 친구를 만났는데.

- 비언어적 격려와 함께 종종 준언어적 격려를 준다.

예 "음", "오", "아하", "그래."

- 추가적인 정보를 요구하는 간단한 표현을 한다.

예 내담자: 엄마가 그렇게 공부할 거면 나가래요.
상담사: 그래(서)... 좀 더 말해 볼래... 이를 테면 뭐라고..., 예를 들어서 말한다면 등

3) 초기상담기술

특수아 상담에서 상담의 기술은 일반상담과 동일하다. 그러나 특수아 상담에서는 내남자의 장애유형을 고려하여 적용하는 것이 좋다.

(1) 반응하기 기술

① 재진술(restatement)

내담자가 말한 내용을 다시 한 번 반복해 주는 것으로 상담사가 내담자의 말을 잘 이해하고 있다고 전달해 준다. 상담사가 내담자에게 집중하고 있음을 인

식할 수 있도록 재진술 시에 내담자의 억양과 속도까지 고려해서 사용하는 것이 좋다.

예 "영철이 스스로 특별히 잘하는 것이 없으니 친구들이 자꾸 널 놀리는 것 같고, 무슨 말을 하면 이상하게 보는 것 같아서 말하기 어렵구나. 그래서 수업 시간에도 계속 신경이 쓰여 공부하기도 어렵고, 이런 것을 누구한테 말이라도 하면 이상한 놈 취급받을 것 같단 말이지."

② 바꾸어 말하기(pharaphrasing)

내담자가 한 말의 내용을 다르게 표현해 주면서 내담자가 전달하고 하는 요점을 상담사 입장에서 전달한다. 이 기법을 통해 장애를 겪고 있는 내담자는 자신의 감정이나 생각을 더 명확하게 인식하게 되고, 상담사는 내담자의 내용을 정확히 이해하고 있음을 보여줌으로써 신뢰감, 안정감, 공감의 분위기를 조성할 수 있다.

예 "학교 가서 친구들과 만나고 공부를 하는 것이 영철이에게는 참으로 버거운 일로 보인다."

예 내담자: 최근에 직장에서 계속 할 일이 많아서 스트레스를 많이 받고 있어요.
상담사: 직장에서 주어진 업무가 많아 스트레스를 느끼고 계시군요.

③ 반영하기(reflection)

내담자의 메시지 가운데 감정과 관련된 부분을 언급하는 것으로 자신을 지배하고 있는 감정을 보게 한다. 상담사는 장애에 따른 어려움이나 특성을 무시하거나 경시하지 않도록 내담자의 감정과 경험을 존중하는 태도를 유지하고, 내담자의 언어를 과장하거나 확대해석하지 않으며, 장애로 인해 표현이나 전달방식에 차이가 있을 수 있음을 인식해야 하고, 오해를 방지하기 위해 '즉 지금 그렇게 느끼시는 거군요'와 같이 명확하게 확인하는 것도 좋다.

예 "아이들이 널 우습게 보고 놀리는 것 같아서 한 마음에서는 화도 나고, 속상하면서 이런 이야기를 못 하는 자신을 보면서 비참한 마음이 났을 것 같아. 게다가 공부도 집중이 안 되니 참 답답하고 속상할 것 같구…"

④ 공감하기(emphathying)

내담자의 감정적인 부분에 대한 것뿐만 아니라 내담자의 두려움이나 바람에 대한 욕구도 알아주는 것이다. 특수아 상담에서 공감은 내담자가 안전한 공간에서 자기 자신을 표현하려, 긍정적 변화와 회복을 위한 기반을 마련하는 데 필수적인 역할을 한다.

예 "특별히 잘하는 것이 없는 데다 아이들에게 늘 놀림당하는 것 같아서 참 속상하고 억울할 것 같다. 게다가 공부에도 집중이 되지 않으니 얼마나 답답하겠니. 속에서는 뭐 하나라도 잘하는 것이 생겨 친구들한테 더 이상 놀림 받지 않고 괜찮은 영철이가 되고 싶은데 말이야."

⑤ 요약하기(summarizing)

내담자의 말을 압축하여 두서너 개 정도의 문장으로 정리해서 이야기해 줌으로써 늘어놓은 이야기를 유목화한다. 특수아 상담에서 요약하기를 수행할 시에 핵심 내용과 감정을 놓치지 않도록 주의하고, 너무 축약하거나 생략하지 않도록 하며, 적절한 타이밍에 내담자의 스트레스를 들어주고, 이해를 확인하는 목적으로 활용한다. 단순하게 내용을 정리하는 것을 넘어 내담자의 감정을 반영하고, 공감하는 태도를 갖는 것이 필요하다.

예 "특별히 잘하는 것이 없어서 친구들이 놀린다고 느끼는구나. 그 생각 때문에 공부도 잘 안되고 게다가 이런 걸 누구한테 말도 못하고 있고."

(2) 질문하기 기술

① 폐쇄형 질문 vs(사실/감정에 대한) 개방형 질문

당신은 이 내용을 알고 계세요? vs 당신은 이 내용을 어떻게 생각하세요?(사실에 대한 개방형 질문)

상담받는 것이 불편하세요? vs 상담 받을 때 어떤 감정이 들어요?(감정에 대한

개방형 질문)

장애를 겪고 있는 내담자에게 질문을 할 경우에는 반개방적, 반폐쇄적 질문이 유용하다. 예를 들면 "상담을 받을 때 어떤 감정이 들어요"와 같이 완전개방형의 질문보다는 "상담과정에서 당신의 장애수용에 대해서 이야기를 나눌 때 어떤 감정이 들었나요?"와 같이 반개방형으로 질문하는 것이 좋다.

② 초기상담에서 이해와 공감적 맥락의 질문

예 질문하기 어려운 주제의 경우: 아마 이 질문은 종국씨에게 불편감을 줄 수도 있는 질문입니다. 그러나 이렇게 묻는 것은 종국씨를 도와서 좀 더 이 문제에 대해서 자유로워지게 해드리기 위해서 묻는 것입니다. 하지만 만일 답변하시기 고통스러우시면 지금 대답하지 않으셔도 좋습니다.

③ 상담 중기에 사용하는 통찰적 질문

특수아 상담 시 내담자가 가지고 있는 생각, 감정, 행동을 알아차리고, 자신의 패턴을 깊이 이해하고, 스스로 답을 발견하고, 목적과 의도를 인식하도록 하여 새로운 관점, 자기이해를 하도록 한다.

예시 이 경험이 지금의 당신에게 어떤 영향을 미쳤다고 생각하세요?
이 상황에서 어떤 생각들이 떠오르나요?

④ 초기(종결기)상담에서 도움이 되는 척도질문

예 현재의 증상상태를 구체화할 경우: 현재 불안한 것을 점수로 나타낸다면 10점 만점 중에 몇 점 정도 되십니까?
(내담자 대답) 그럼 상담을 통해서 몇 점 정도가 된다면 만족스럽겠습니까?

(3) 호소문제 명료화

내담자가 호소하는 문제의 내용과 의미를 분명히 밝히고, 상담문제를 명료화하는 과정을 말한다. 호소문제는 내용과 문제 상황을 명료화하는 것, 증상 명료화, 문제사 명료화, 문제태도 명료화를 포함한다.

① 호소내용 명료화: 상담 받고 싶은 내용(contents)이다.

예 대인관계, 진로, 성격, 학업, 가족문제, 이성관계 등

② 문제 상황 명료화: 문제를 경험하는 구체적인 상황(conditions)을 명료화하는 것이다.

예 영철이와 일주일 전 싸움, S사 최종 면접에서 불합격, 1년 전 사별 등

③ 증상 명료화: 문제와 관련된 역기능적인 증상(symptoms)을 명료화한다.

예 우울 및 불안 증가, 대인기피, 환청(각), 시험불안 등

④ 문제사 명료화: 문제의 발생 및 유지와 관련된 과거의 일화(history)를 명료화한다.

예 초등 시절 따돌림 경험, 부모님의 잦은 불화, 전 이성친구의 바람 등

⑤ 문제태도 명료화: 자기문제에 대한 인식 및 반응태도(attitudes)를 명료화한다.

예 화, 무기력감, 우울감, 못마땅함, 속상함 등

⑥ 그 외 주의해서 탐색해야 할 문제들을 명료화한다.

예 원 가족, 현재 가족 관련 질문, 사회적(대인관계) 관계, 직업 관련 질문, 학력(학업) 관련 질문, 건강, 영양 관련 질문, 성생활 관련 질문, 물질(알코올, 담배, 약물 등) 사용 관련 질문, 내담자의 강점과 자원

4) 상담 목표 설정하기

상담 목표는 상담을 통해 내담자가 성취하고자 하는 상담 결과이다. 바람, 기대, 내담자가 도달해야 하는 도달점, 목표점을 말한다. 상담초기에 호소문제를 명료화하는 과정 속에서 상담사와 내담자가 협의해서 도출해 내는 것이 용이하다.

상담 목표는 첫째, 내담자 중심으로 기술하며 상담 목표로 기술된 문장의 주어는 상담사가 아니라 내담자이다. 둘째, 상담 목표는 긍정적인 결과로 기술한다. 부정적인 요인을 제거하고 줄이는 것보다 긍정적 요인을 증가하는 것으로 상담 목표를 설정하는 것이 바람직하다. 셋째, 구체적(수치화)으로 기술하고, 성

취 가능한 것으로 기술한다. 구체적일 때 성취 가능성이 높아진다. 넷째, 상담목표는 결과(궁극적)목표, 과정(중간)목표로 나눌 수 있다. 예를 들면 결과목표가 '대인관계에서 자신감 가지기'라면, 과정목표는 '친해지고 싶은 친구 목록표 작성하기, 친구와 함께 하고 싶은 것들(리스트) 작성하기, 친구 ○○에게 다가가서 게임 관련한 이야기 나누기' 등으로 설정할 수 있다.

상담의 목표는 내담자와 상담사가 합의한 합의목표가 있을 수 있으며, 상담사는 내담자와 합의한 목표를 달성시키기 위한 임상목표가 있다. 임상목표는 상담사가 설정하고, 이를 달성하기 위한 구체적인 목표를 나누어 설정하는 것이 좋다.

3. 상담 중기에 필요한 요소

1) 질문하기 기술 심화1

(1) 통찰을 위한 개방형 질문

상담에서 상담사의 질문은 내담자가 자기를 탐색하고, 통찰하고, 치유하기 위한 중요한 기법이다. 그러므로 상담사는 내담자에게 알맞은 질문을 해야 하고, 질문 시에는 재진술, 반영, 공감과 함께 질문을 해야 한다.

내담자의 사고, 감정, 행동의 깊은 의미에 대해 생각하도록 하는 질문을 한다.

예 친구에게 불편하다고 말하면 어떤 일이 일어날 것 같아요? 현재 어머니를 밖에 모시는 것이 다른 형제들과의 관계에 어떤 영향이 있을까요? 당신의 삶에서 자신과 타인에게 완벽해야 한다는 것이 어떤 의미가 있나요? 등의 질문을 할 수 있다.

(2) 행동을 위한 개방형 질문

행동을 위한 개방형 질문은 감정, 사고를 넘어 일상적인 생활 속에서 행동이 나타나도록 하기 위한 목적이다.

내담자를 실행단계로 안내하는 질문을 한다.

예 자녀와의 관계 개선을 위해서 ○○씨는 어떤 시도들을 할 수 있을까요? ○○씨가 오늘 저와 함께 한 자기수용 연습을 밖에서도 해보신다면 어떨까요? 진로를 찾기 위해서 지금까지 어떤 시도들을 해보셨나요? 혹시 하지 못하고 있는 것이 있다면 어떤 것들이 있죠?

2) 질문기술 심화2

(1) 대처질문

부정적 호소문제에 대해 긍정적인 면들은 없었는지에 대해 관심을 가지는 질문법이다. 현재 자신이 가지고 있는 관점을 벗어나 새로운 관점으로 보도록 하는 질문이다.

예 이렇게 앞, 뒤가 꽉 막힌 힘든 상황임에도 불구하고 여기까지 올 수 있도록 한 종국씨의 원동력(저력)은 무엇입니까?

(2) 예외질문

예외질문은 장애를 겪고 있는 내담자가 문제를 과도하게 일반화하거나 비관적일 때, 내담자가 긍정적 변화의 해결점을 찾고 싶어 할 때, 내담자의 자기효능감과 희망을 높이고 싶을 때에 사용할 수 있는 질문기법이다. 문제에 몰입이 되어서 잘하고 있는 것을 보지 못할 경우 성공했던 경험, 잘하고 있는 것을 발견하도록 하는 질문법이다. 내담자가 자신의 강점, 자원, 긍정적 순간을 인식하는 데 효과적이다.

예 열등감이 모든 상황에서 드는지 혹시 그렇지 않은 상황은 없는지? 그 차이점이 있다면 어떤 부분인지?

(3) 가설적/기적질문

기적질문은 장애를 겪고 있는 내담자가 현재 자신의 상황이나 문제에 대해 절망하거나 미래에 대한 희망이 없다고 느낄 때, 내담자의 진로 및 삶에 대한 비전이나 목표를 설정할 때에 사용하면 좋다.

긍정적인 대안을 끊임없이 생각하도록 하여 새로운 시간을 얻도록 하는 질문법이다. 이 질문은 미래지향적 사고촉진, 문제해결의 단서제공, 희망과 기대감을 강화시킨다.

예 만일 그 상황에서 힘들었던 나에게 이야기를 해준다면 어떤 말을 해주고 싶으세요?, 만일 오늘 밤에 당신의 기도가 이루어지고, 장애와 어려움이 모두 사라져서 평화롭고 행복한 상태가 된다면 그때의 당신 모습은 어떤 모습일까요?

3) 정화(정서) 경험 촉진하기

(1) 심상화 기법(visualization technique)

과거 미해결된 과제나 미래에 이루고 싶은 것들, 또는 현재 문제(바람)에서 잘 떠오르지 않는 것을 심상화 기법을 통해 선명하게 구체화하는 기법이다. 이 기법은 내담자에게 스스로 평안과 희망, 기대, 힘을 회복시키는 데 도움을 주는 유용한 도구이다.

예 조용하고 평화로운 자연풍경을 떠올려보세요. 이 자연풍경에 당신이 행복한 모습으로 미소를 짓고 있네요. 그곳의 풍경, 온도, 소리 등을 상상해 보세요. 이 상태에서 느끼는 감정이나 기분을 한번 느껴보세요.

(2) 빈의자 기법(empty chair technique)

내담자 앞에 놓인 빈 의자에 내담자가 감정적 관계를 가지고 있는 대상이 앉아 있다고 상상하게 하고 내담자로 하여금 빈 의자에 앉아 있는 대상과 대화하도록 하여 그 상황에서 체험되는 감정을 자각하게 한다.

(3) 경험(정서)에 머물기

부정적이고 불쾌한 감정을 회피(외면)하지 않고 머무는 것이다. 경험(감정)을 직면하고 대면하는 과정 속에서 실제로 그 경험(정서)에서 빠져나오게 되고, 감정 정화와 이후 정서적 탈 동일시가 일어난다. 이때 내담자가 불편한 감정을 느낄 때 상담사는 이를 판단하거나 피하지 않고 있는 그대로 받아들이는 태도를 유지한다. "그 감정을 느끼는 것이 자연스러운 것이에요"라고 말하면서 내담자가 자신을 비판하지 않도록 격려한다. 그 이후에 감정에 이름 붙이기, 자신의 감각에 집중하기, 자신의 감정을 관찰하는 관찰자가 되어보기 등을 수행하도록 한다.

4) 이해(통찰)경험 촉진하기

(1) 직면하기

내담자가 이전에 행동이나 말한 내용과 지금의 행동(내용)이 불일치하거나 내담자가 장래에 해로운 행동, 바람직하지 못한 행동을 한다고 생각될 때 직면하기 기법을 사용한다. 내담자가 가지고 있는 문제를 회피하거나 왜곡되게 지각하는 등 내담자의 비효과적인 특성(감정, 사고, 행동)을 상담사가 지적하여 자신의 문제를 자각하게 하는 것이다. 직면을 할 때는 먼저 내담자 반응에 반영(공감)을 하고, 내담자에게 직면(도전)에 대한 동의를 구하고, 내담자의 구체적 행동패턴과 일어날 수 있는 결과들을 말하고, 상담사의 느낌을 말하고, 상담사의 직면(도전)에 어떤 생각이 드는지 질문한다.

예 내담자: 별로 도움이 안 될 것 같은 수업은 안 들어가도 상관없을 것 같아요. 저는 성적에 전혀 연연하고 싶지 않거든요. 성적이 잘 나온다고 실력이 있는 것은 아니잖아요. 성적에 연연하는 공부 따위는 하고 싶은 생각이 없거든요.

상담사: ○○씨 정말 그 수업은 듣기 싫은 것 같아요. 정말 말 속에서 관심 없음이 묻어나네요. 그런데 제가 한 말씀 드려도 될까요? (네... 말씀하세요) 그렇게 마음에 들지 않는 과목을 등한시했다가 혹시 성적이 낮게 나와서 나중에 원하는 진로를 선택하지 못할까 염려가 되고. 게다가 교수님이나 주변 친구들에게도 자칫 무성의한 태도로 비칠까도 걱정이 되네요. 이런 제 얘기가 어떻게 들리세요?

장애를 겪고 있는 내담자에게 직면기법을 적용할 때에는 안전하게 경험할 수 있도록 배려하고, 감정을 인정하며, 무리한 강요 없이 단계적으로 접근하는 것이 핵심이다. 특히 내담자가 경험하는 충격이나 불안을 최소화하면서 자기이해와 성장을 촉진하도록 한다.

(2) 해석하기

내담자의 특성과 경험들(감정, 사고, 행동, 과거사건)을 서로 연결하여 해석해 줌으로써 내담자의 문제에 대한 자각이 일어난다. 해석은 내담자가 자신의 문제를 새롭게 보게 하기 위한 것이다. 내담자의 해동이나 생각, 감정 등에 새로운 의미와 원인을 설명하는 것이다. 외관상 분리되어 있는 현재와 과거사건 사이의 연결 시 해석하기를 할 수 있다.

예 지금 직장 상사에 대한 강한 분노는 과거 아버지에 대한 분노 경험과 연결이 될 수 있나요?

내담자의 행동, 사고, 감정에서 패턴이나 주제를 설명할 때도 해석하기 기법을 사용할 수 있다.

예 상담사의 눈치를 보면서 긍정적인 이야기만 하려는 것도 상대에게 인정을 받고 싶어 하는 것과 관련이 있을 것 같네요.

방어, 저항, 전이 분석 시 사용할 수 있다.

예 저에게 이렇게 화를 내시고 질책하는 모습들이 마치 ○○씨 아버지가 ○○씨한테 하는 행동과 같이 느껴지네요.

장애를 겪고 있는 내담자에게 해석을 제공할 때에는 내담자의 감정과 준비상태에 맞춰 신중하게 접근하고, 존중과 공감적 태도를 유지하면서 내담자의 장애특성을 고려해서 제공하는 것이 중요하다.

(3) 즉시성

상담사가 내담자와의 관계에서 자신, 내담자, 혹은 상담 관계에서 느끼는 즉각적인(직관적인) 감정을 표현함으로써 내담자의 모습을 자각하게끔 하는 것이다. 상담사가 개인적인 감정, 반응을 개방하고 내담자 혹은 상담 관계에 대하여 내담자의 통찰을 얻도록 하기 위해 사용한다. 상담에서 드러나는 문제에 대해서 내담자가 직면하도록 하는 것이다.

예 갈수록 상담에 늦게 오시는 것을 봐서 이러다가 아예 안 오실까 걱정되네요.

즉시성은 또한 상담에서의 긍정적 변화 경험에 대한 통찰로 이끌 수 있다.

예 ○○씨와 함께하는 이 시간이 참으로 감동의 도가니네요. 제 마음도 뜨거워집니다.

상담 장면에서의 상담사에 대한 좌절 경험에 대한 자각도 즉시성이다.

예 지난 시간 제가 ○○씨에게 드린 피드백이 현재 상담에도 영향이 있는 것은 아닌지 염려가 됩니다.

5) 심층적 공감하기

내담자의 표현된 언어뿐만 아니라 비언어적인 표현 등을 종합하여 내담자의 감정, 사고, 행동, 관계성의 패턴 욕구와 목적성, 의도성까지 정확하게 표현해 주어야 한다. 내담자의 마음속에 있는 심층적인 감정까지 알아주고 그에 따른 의도 및 목적, 욕구 등을 구체적으로 표현해 주는 것을 말한다. 심층적 공감은 내담자가 자신의 감정을 자유롭게 표현하고, 자기이해와 치유를 이룰 수 있도록 돕는 강력한 치유기법이다. 이를 위해서는 적극적 경청, 감정 알아차림, 감정인정하기, 적절한 거리유지와 주의 깊은 태도가 필요하다.

6) 대안(행동)경험 촉진하기

(1) 대안 설정하기

문제해결 또는 목표성취를 위해 기존의 비효율적인 행동 대신에 효율적인 대처방안을 수립하도록 촉진하는 것이며, 대안을 선택할 때는 타당성, 안정성, 실천 용이성, 경제성, 사회적 영향력, 가치관과 조화를 고려한다.

① 해결과제 명료화: 해결하고자 하는 문제나 성취하고자 하는 목표를 명확히 하는 작업(예: 공부를 잘할 수 있는 방법, 친구관계를 잘할 수 있는 방법을 구체화)

② 브레인스토밍: 문제해결을 위한 확산적, 창의적 사고를 통해 다양한 대안 탐색

③ 성공 경험 탐색: 이전에 잘했거나 성공 경험을 탐색(예외질문, 가설(성공)질문 사용)

④ 상담사의 대안 제시: 상황에 따라 상담사가 바람직한 대안을 직접 제시해 줄 수 있음(단기(회)상담, 대안 탐색 능력이 떨어지는 아동/청소년 등)

(2) 역할 연기하기(role playing)

내담자가 하기 힘들어하는 주제를 상담 장면에서 가상으로 재현해 보는 것으로, 문제를 이해시키고 해결 능력을 키우는 기법이다. 예 자기 욕구 표현을 못하는 내담자에게 자기 욕구를 표현시키기

(3) 과제 제공하기

내담자의 변화에 실제로 필요한 과제를 부여해서 하도록 하게 하는 것이며, 상담 장면 안에서만 상담이 이루어지는 것이 아니라 생활 속에서도 과제를 부여하여 변화를 촉진하도록 하는 것이다. 예 자가 상담 기록지 작성하기, 운동하기(하루에 1시간씩 운동하기), 생활 계획표(목록) 작성하기

4. 상담 종결 시기에 필요한 요소

1) 종결 시점에 대한 평가

(1) 목표성취

상담사와 내담자가 합의해서 설정한 상담 목표의 수락기준의 성취되었거나 이에 준하는 만족스러운 성취수준에 도달하였다면 상담을 종결해야 할 시점이다.

(2) 전반적인 긍정적 변화

적응, 문제해결, 성장과 관련된 전반적이고 긍정적인 변화가 일어나면 종결 시기이다.

(3) 기간 종료

계약한 상담 기간이 지나면 상담 종결을 적극적으로 고려해야 한다. 일반적으로 종결 개입의 시점은 약속된 전체 상담 기간 또는 예상되는 전체 상담 기간의 70~80% 소요된 지점이고 20회기 상담의 경우 15~17회기부터 종결 개입이 이루어져야 한다.

(4) 예상 기간의 지나친 초과

상담 기간이 예상보다 지나치게 길어지면 상담 종결을 고려해야 한다. 상담 기간이 길어지면 불가피하게 내담자의 의존성을 형성하게 되고 유료상담인 경우에는 내담자의 경제적 부담이 가중될 수 있다.

(5) 상담 비효과

상담을 지속해도 더 이상 상담 효과가 없다고 판단되면 상담 종결을 고려해야 한다.

(6) 종결의사

내담자가 종결의사를 표현할 때는 상담 종결을 고려해야 한다.

(7) 무의식적 갈등

문제해결이나 목표성취가 뚜렷함에도 불구하고 상담을 지속하려는 경우에는 분리불안과 같은 무의식적 갈등을 의심해 보아야 하고, 분리불안과 같은 무의식적 갈등이 밝혀질 경우에는 이에 대한 상담 여부를 검토해 보아야 한다.

(8) 기타

내담자가 종결할 수밖에 없는 사정이 생겼거나 상담사가 사정이 생긴 경우이다.

2) 종결 합의

(1) 종결 의사 탐색과 결정

내담자에게 종결 의사를 물어보고 내담자에게 종결 의사를 탐색하고 명료화시킨 이후 내담자와 협의하여 종결 여부를 결정한다.

(2) 종결 방법 결정

추후 상담 회기와 빈도, 면접방식 등에 대해서 논의해야 한다.

(3) 종결 감정 처리

상담사와 내담자 모두 종결을 경험할 때 일어나는 감정들을 억압하거나 회피하는 경향이 있어 직접적으로 다루기 어려운 경우가 많다. 종결 감정들을 제대로 처리하지 않으면 종결 과정에서 얻을 수 있는 효과들을 제한하게 되므로 종결 감정을 합리적으로 처리해야 한다.

3) 상담평가

(1) 상담 과정 회상

상담 전체 과정을 회상시킴으로써 상담평가를 시작하고 주된 방법으로 회상지시 유도, 요약, 질문, 질문지, 소감문, 상담 기록자료 등을 검토해 볼 수 있다.

(2) 상담 결과 측정 및 성취 판단

상담성과 탐색, 부정적 피해 탐색, 미해결 문제 탐색 등을 한다.

(3) 관련 요인분석

척도질문, 상담성과 질문지, 심리검사 등을 통해 결과를 일으킨 원인이 무엇인지 분석한다.

4) 상담 마무리

(1) 종결 불안

상담을 종결한다는 것은 상담사에게나 내담자에게 불안을 유발한다. 종결 불안에 대한 조치는 불안에 대한 표현 및 개방을 촉진하는 것이다. 종결 이후를 예견해 보도록 하는 것들이 있다. 이때 상담사는 불안에 대한 공감적이고 수용적인 자세를 가지고 종결에 대한 긍정적 해석과 긍정적 심상을 부여하도록 한다.

(2) 의존행동

종결 시기가 되면 단순한 종결 불안 이상의 의존행동을 보이는 내담자를 발견할 수 있다. 의존행동이란 내적인 불안이나 부족감을 채우기 위해 상담이나 상담사에게 의존하면서 종결을 회피하는 행동을 보이는 것이고 이런 내담자의 경우 점진적인 종결이나 추후 상담에 대한 안내를 통해 의존행동을 점차적으로 줄여가도록 한다.

(3) 종결인사

상담 관계가 종료되어 두 사람이 이별해야 할 시점에서 서로의 심정을 나누고 마무리 인사를 하는 과정을 갖는다. 종결인사는 전체 과정을 회상하면서 개인적으로 좋았던 점에 대해 언급하고 감사를 표현하며, 아쉬움이나 섭섭함을 언급하면서 이와 관련된 바람이나 소망을 표현하고, 내담자의 긍정적인 면들을 피드백하면서 마무리한다.

(4) 상담 의뢰

다른 상담사나 상담기관의 내담자를 상담 요청하거나 내담자가 적절한 상담을 받을 수 있도록 조치를 취하는 과정으로, 이러한 상담 의뢰는 내담자의 미해결 문제가 남아 있고 상담사가 더 이상 적절한 도움을 줄 수 없는 상황에 이르렀을 때 하게 된다.

(5) 상담 후 조치

상담을 종료한 이후에 취하는 조치로서 종결 기록 및 관리, 상담 결과에 대한 구두 및 서면으로 보고하고 상담 실적 처리, 일정 기간이 지난 이후 추수상담을 통해 상담성과의 지속 여부를 점검하고 성장을 촉진하는 것이다.

5. 특수아의 부모상담

마에스(Maes, 1978)는 "특수아동들과 부모, 교사들은 정상아들의 부모, 교사들보다 더 많은 스트레스를 경험하고 있다."라고 말하고, 이는 '특수'라는 말에 사회적인 오점이 찍혀져 있기 때문이며, 자기의 아동이 문제가 있다는 현실 자체에 보통 부모들은 마음의 준비가 안 되어 있기 때문이라고 한다. 상담사는 이러한 부모들의 감정이나 반응에 주의를 기울여야 한다. 이는 가정 환경의 요소들이 성공적 카운슬링을 하는 데에 크나큰 영향을 미치기 때문이다. 부모들은 아동과 마찬가지로 특수 조건에 대하여 적응하지 않으면 안 되며, 이러한 적응을 위해서 카운슬러의 역할이 중요해진다.

셀리그먼(Seligman, 1985)은 부모들이 겪게 될 문제점들에 대하여 정신건강 전문가들의 도움을 받을 필요가 있음을 다음과 같이 주장하였다. 첫째, 육체적, 심리적, 재정적 부담을 가져다주는 장애 어린이가 가족 내에 존재함으로써 오는 스트레스가 심하고, 둘째, 장애를 가진 형제가 가족 내에 있다는 것으로부터 오게 되는 형제, 자매들의 심리적 문제가 발생한다는 것이다. 셋째, 아동의 문제에 대한 아버지 어머니의 차별화된 역할과 반응이 문제가 될 수 있으며, 가족 내에 깊은 상처를 가져다주는 부모-전문가의 무성의한 상담뿐만 아니라 아동 주위의 모든 가족, 친지들의 반응으로부터 오는 심리적 스트레스가 많다는 것이다. 셀리그먼은 장애아동과 가족이 겪는 문제들에 관해 상담사들의 관심과 연구조사가 부족함을 지적하고 상담사들은 민감성과 기술, 지식으로 이들에 대해 많은 도움을 줄 수 있는 위치에 있다고 강조했다. 많은 부모들이 장애 어린 아이들의 상황에 잘 적응하는 것도 사실이기는 하지만 아직도 그 외의 부모들은 비록 자식을 사랑하기는 하지만 감정이나 상황을 잘 처리하는 데에 많은 어려움을 겪고 있다. 부모들은 슬픔, 충격 그리고 실망과 같은 감정들을 경험하게 된다. 그들이 처한 상황을 어찌할 수 없으므로 무력감을 느끼는가 하면, 아동들이 불안전함으로 실망감을 느끼게 되고, 또한 가족에 부여하는 부담 때문에 아동에 대해 반감을 품기도 한다. 어떠한 감정이라 할지라도 카운슬러는 이러한 어려움을 극복하게끔 부모들을 도와주어야 한다.

부모들은 아동들에게는 튼튼한 기둥과 같으므로 아동들의 올바른 성장과 발전을 도와주도록 힘이 되지 않으면 안 된다. 영재아의 부모들은 수치심이나 죄책감 또는 무력감과 같은 감정은 경험하지 않으나 아동의 지나치게 진전된 창의력, 지성의 발전, 호기심 등을 감당하기 어려워하게 되며 평범한 아동이기를 바라게 된다. 적절하고 발전적인 교육설비 등을 마련하기 위해 재정적인 부담도 갖게 된다. 가드너(Gardner, 1973)는 아동의 학습지진성을 발견할 때 부모들이 겪게 되는 반응의 형태를 여러 가지로 구분했다. 지적장애아, 정서장애아, 또는 신체장애자의 부모들은 비슷한 반응을 하는 것으로 알려져 있다. 보통 부모들은 문제의 현존 자체를 부정하기도 하며 다른 진단을 바라는 마음에서 여러 의사들을 찾아다니며 사실을 인정하지 않으려고도 한다. 어떤 경우 부모는 차갑고 매정한 사회로부터 아동을 지키려는 마음에서 과보호의 경향을 나타내기도 한다. 어떤 부모는 마치 순교자와 같이 자신의 모든 것을 희생하는 데까지 아동들에게 최대한의 도움을 주려고 하는 경우도 있다. 과보호 부모들을 가진 아동들은 그들에게 그 어떤 기회를 주지 않았기 때문에 스스로 할 수 있는 일은 하나도 없다고 생각하기도 한다. 부모들은 아동의 특수성으로 인하여 자기들의 저지른 과오의 죄책감 때문에 괴로워하기도 한다. 어머니들은 임신기에 어떤 잘못, 예를 들어 승마나 테니스, 추락 등과 같은 일들로 인해 아동의 핸드캡이 생긴 것은 아닌지 고민한다. 아동의 장애로 인해 부모가 가장 흔히 겪게 되는 감정은 수치심이다. 부모들은 다른 사람들이 비꼬거나 놀릴까 봐 몹시 두려워하며 '더러운 유전자'나 불량한 건강관리, 무지 등의 수치스러운 이야기들로 떠들지 않나 주위 이웃들을 의심하기도 한다.

1) 장애아동 부모가 겪게 되는 비탄의 과정

장애아 부모는 자녀의 장애를 발견하면 극심한 심리적 상태의 변화를 경험하게 된다. 우선, 장애아 부모는 자녀가 장애를 지니고 있다는 상황에 대해서 충격을 받게 되며, 장애 자녀에 대한 사랑과 분노의 이중적 감정의 노출을 경험한다. 또한 슬픔과 심한 무력감을 느끼면서 많은 경우에 주변 사람들과의 활발한 교류보다는 자기 고립적인 성향을 지니면서 자기 통제력을 상실하게 된다(안정선·오승진, 2012). 이는 장애아 부모가 당면하게 되는 현실적 상황에서 유발된 절망감과 장애 자녀의 미래에 대한 부정적인 전망에 따른 암담함에서 기인된다고 볼 수 있다(강선경, 2002; 김인옥, 2011).

장애아 부모는 장애아를 양육하면서 일반아동의 부모보다 더 많은 양육의 어려움과 스트레스를 경험하게 된다. 특히 장애아의 어머니가 장애 자녀를 위해서 전적으로 모든 역할을 수행해야 하는 한국의 가족문화에서 장애아 어머니는 높은 양육 스트레스를 경험하게 된다. 즉 장애아를 양육, 교육, 재활치료 과정에 참여시키면서 장애아 어머니가 느끼게 되는 여러 가지 종류의 스트레스는 장애아와의 상호작용과 대처행동에 부정적인 영향을 미칠 수가 있다. 또한 일반아동의 부모와 비교하였을 때 높은 양육 스트레스를 경험하는 장애아 어머니는 통제성 차원의 점수는 더 높고, 애정적인 차원의 점수는 더 낮은 것으로 나타났다(김진경·박소연·최종덕, 2008).

실질적으로 장애아 어머니가 장애아 양육으로 인하여 경험하게 되는 스트레스를 측정하였을 때 전문적 상담 개입이 필요한 수준이라고 보고된 바 있다(안재범, 1999). 이러한 장애아 어머니의 높은 양육 스트레스는 장애아와의 관계 및 대처 행동에 부정적인 영향을 미칠 수가 있다. 일반적으로 장애아 부모는 장애 자녀를 위하여 자신의 욕구와 생활을 포기하면서 장애 자녀의 치료 및 교육에 대부분의 에너지와 시간을 할애한다. 물론 장애아 부모는 장애 자녀의 성장과 발달을 위해서 이러한 선택을 하게 되지만, 자녀를 위해 부모의 모든 에너지와 자원을 투여하는 것은 다른 문제점들을 가져올 수도 있다.

우선 장애아 부모는 부모이기도 하지만 한 인간으로서 자신이 누릴 수 있는 권리가 있음에도 불구하고 자신의 욕구와 생활을 포기하고 장애 자녀를 가장 우선시함으로써 개인의 자유와 권리의 측면에서는 심리적 불균형을 초래할 수 있다. 이는 자녀 양육에 있어서는 효과적이지 못한 대처행동으로 발현되기도 한다. 예를 들어, 개인 욕구에 대한 미충족은 장애 자녀에 대해서 과보호라는 양육태도로 나타날 수 있으며, 이는 장애 자녀가 성장할 수 있는 기회를 박탈하는 악순환으로 이어질 수도 있다. 또한 부모 자신의 불안정적인 심리적 상태가 지속되면 장애아의 욕구를 정확히 파악하는 것이 어려울 수도 있으며, 장애아 치료 및 교육의 욕구를 충족시키는 데 필요한 지식과 정보를 수집하고 실천하는 데에도 제한적일 수 있다.

장애아동들의 부모가 처음 '장애'의 진단을 알게 된 후부터 겪게 되는 '비탄의 과정'에 대해 많은 학자가 논쟁을 벌여 왔다. 포르티에와 완라스(Fortier & Wanlass, 1984)는 위기적 상황의 가족에 대한 단계를 서술하고 있다.

- 1단계(충격단계): 처음에는 가족들이 걱정과 혼란의 반응을 나타낸다.
- 2단계(거부의 단계): 가족 구성원들이 진단의 결과를 믿으려 하지 않고, 치료책들을 찾으러 다니며, 거짓 희망을 갖으려 노력한다.
- 3단계(슬픔의 단계): 가족들을 화, 비난, 의문, 슬픔, 무력감, 죄책감, 고집 등의 감정을 표현하게 된다.
- 4단계(문제대처단계): 외부 지향적이 되며 문제에 대처하려고 한다. 이때 가족들은 주어진 상황의 현실에 대해 수용하려는 태도를 보이며 정보를 수집하고 여러 대안들을 평가하고 미래의 계획을 세우려 하게 된다.

포르티에와 완라스는 이와 같은 가족들이 바라는 상담은 우선 그들의 감정을 속 시원히 터놓고 이야기할 수 있는 청취자가 있어야 하며, 다음에 아동의 장애와 앞으로의 미래 계획 수립을 위해 정보를 얻고자 하는 것을 말한다. 그러므로 장애아 부모상담 시에는 상담사가 내담자의 아픔을 공유하고 충분하게 경청하는 적극적인 경청자의 역할을 우선시해야 한다.

2) 장애아 가족이 겪는 어려움

장애인 가족들은 자녀의 장애와 관련하여 일상적인 돌봄 부담에서부터 교육과 재활치료에 관한 부담, 과도한 양육비로 인한 경제적 부담, 아동의 장래에 대한 불안, 본인의 심리적인 불안정, 사회활동의 제약, 가족 간의 갈등 등 가족 구성원들 각자의 위치에 따라 각기 다른 부담을 경험하게 되며 때로는 가족 구성원 모두가 심각할 정도의 영향을 받는 경우도 있다. 구체적으로는 신체적·경제적 부담, 심리적·사회적 부담, 사회적 고립, 사회서비스의 부족, 시간적 부담, 수면 및 여가 시간의 부족, 아동의 문제행동, 가사시간, 미래의 불안감 등이 있을 수 있다. 이러한 양육부담은 장애아동 가족이 과도한 스트레스에 노출되도록 하는 데 매일의 일상생활에서 일반아동과는 다른 음식 먹이기, 배변 관리하기, 놀아주기, 지켜보기 등과 같은 돌봄 행위를 수행해야 하는 신체적 경제적 부담과 스트레스를 느끼고 있다(Baker et al., 2003; Woolfson & Grant, 2006). 또한 무기력, 죄책감, 수치심, 신체적 고통, 신경성 질환, 소화불량 등 가족기능의 정상화 어려움도 보고되었다.

최근에는 사회서비스가 중요하게 대두되면서 장애아동의 양육부담을 줄이고 가족의 역량을 증진시키기 위한 목적으로 장애아동 및 가족에게 경제적 지원, 양육·돌봄 관련 지원, 교육적 지원, 의료 및 재활치료 지원, 사회·정서적 지원 등의 여러 가지 서비스를 실시하고 있다. 하지만 이러한 다양한 지원에도 불구하고 장애아동 부모의 양육부담은 여전히 지속되고 있는 것이 현실이다. 장애를 겪고 있는 아동을 양육하는 부모들은 크게 신체적·경제적인 부담과 함께 심리적·사회적 부담을 많이 느낀다.

(1) 신체적·경제적 부담

장애아 부모의 신체적 부담은 일반아 부모보다 훨씬 더 많다. 장애 정도에 따라 장애아 부모는 장애 자녀를 대신하여 기본적인 신변자립을 도와주어야 하며 장시간 동안 장애 자녀를 양육하고, 교육과 재활치료에 참여시키기 위하여 물리적으로 신체적 에너지를 많이 소진하므로 육체적 피로가 누적된다. 특히, 중증장애아의 경우에는 장시간 보호로 인하여 장애아 부모의 피로가 누적되어 육체적 소진을 가져오게 되기도 한다(권요한, 1998).

발달장애아동이나 중증장애의 경우 부모가 모든 것을 책임지고 양육하는 환경 속에서 부모들은 신체적 피로감 속에 노출되어 있으나 장애아를 사회와 기타 기관에 의뢰할 수 있는 사회적 시스템이 만들어져 있지 않다는 것이다.

장애아 가족이 직면하는 여러 문제 중 가장 직접적이며 현실적인 문제는 경제적 부담이다. 장애아 가족은 장애로 인한 지속적인 비용 지출이 발생하기 때문에 일반 가족보다 추가적인 경제적 비용을 지출해야 한다. 장애아의 치료비, 재활훈련비, 기기 구입비 등의 경제적 부담으로 인하여 장애아 부모는 일반아동 부모들보다 재정적으로 많은 스트레스를 경험하게 된다. 또한 장애아를 돌보기 위하여 가족 구성원 중 특히 어머니는 직업의 기회를 포기하는 경우가 많이 발생한다. 이는 경제적인 측면에서 볼 때 가족의 경제적 손실을 의미하는 것이다. 이러한 교육 및 재활치료 기간에 있어서 지속적인 추가비용과 더불어 장애아 어머니의 직업 기회 포기에 따른 경제적 손실은 장애아 가족에게 성장기 장애아 가족의 가장 현실적인 문제점이 되고 있다.

성장기 이후에도 장애아 가족은 지속적인 경제적 문제에 봉착하게 된다. 장애아가 직업을 구하는 데 있어서 신체적·심리적·정신적·사회적 능력의 제한성 때문에 구직이 매우 어려우며, 취업을 해도 낮은 임금수준의 일에 종사하게 된다. 또한 사회적 편견과 차별은 장애아동이 성장하여 경제적인 독립을 이루는 것을 더욱 어렵게 하는 요인이 되기도 한다. 이러한 장애아동의 성장기 및 성장기 이후의 지속적인 경제적 비용은 장애아동 가족에게 큰 부담의 요인이 되기도 한다.

(2) 심리적·사회적 부담

장애아동을 양육하면서 장애아 가족은 다양한 심리·사회적인 문제에 당면하게 된다. 우선, 부부관계에 미치는 측면이다. 일부의 경우에는 부부가 장애아로 인하여 부부간의 결속을 견고하게 다지기도 한다(Scorgie & Sobsey, 2000). 그러나 많은 경우에 있어서 장애아 부모는 장애아 아버지, 어머니로서의 역할수행에 있어서 전혀 준비되지 않은 상태에서 예상하지 못한 특성의 욕구를 지닌 장애아를 양육하고 그들과 상호작용하는 과정에서 극심한 스트레스를 경험하게 된다. 특히 가부장적 가족문화가 있는 우리나라에서 장애아 아버지는 장애아 교육 및 재활치료에 있어서 비적극적이고 부정적이거나 거부적인 양육태도를 보이는 경향성이 있다(구본권 외, 1998). 이러한 장애아 아버지의 부모로서 태도는 보다 적극적인 장애아 어머니와의 자녀양육 태도와는 많은 차이가 있으며, 이는 부부간에 갈등원으로 작용한다.

특히 장애아 어머니는 장애 자녀를 돌보기 위해서 직업을 포기하는 경우가 많이 있는데, 이를 통해서 장애아 어머니는 자아실현의 기회 상실, 사회적 고립감 등을 경험하게 된다(정대영·최정아, 2010). 이러한 부정적인 감정은 장애아 아버지와 어머니 사이의 부부관계에 영향을 미쳐 결혼만족도를 낮추고 이혼율을 높이는 요인이 된다.

두 번째로 장애아의 형제·자매의 심리적·사회적 부담이다. 장애아의 형제는 가족 내에서 장애아의 존재에 의해 가족 간의 관계에서 많은 영향을 경험하게 된다. 장애아가 존재하는 가정에 있어서 비장애 형제·자매는 부모의 장애아 형제에 대한 우선적인 관심으로 인해서 부모-자녀 관계에서 충족되어야 할 욕구 지연, 상대적인 무관심, 거부를 경험하게 되며, 장애 형제·자매를 대신하여 성공하려는 심리적 부담감을 느끼기도 한다. 이로 인하여 비장애 형제·자매들도 가족관계에서 욕구불만을 경험하며, 기타 대인관계에서의 어려움을 느끼게 되고, 이는 장애아 형제·자매의 심리·사회적 스트레스로 작용하게 된다.

마지막으로 장애아 부모는 장애 자녀를 양육하면서 지속적인 좌절을 경험하게 된다. 그리고 내재된 슬픔이 커지게 되는데, 이는 부모로서의 능력에 대한 자존감을 낮게 느끼는 결과를 가져오기도 한다. 이러한 장애아 부모의 심리적 부담은 장애아가 가정에 있다는 것을 외부에 알리는 것을 꺼리는 은폐의 문제로 나타날 수도 있으며 친지, 이웃과의 교류에 방해요인이 된다.

3) 장애아 부모상담과 부모교육

장애아 지원 정책과 실천에 대한 방향은 1980년대 중반 이후부터 아동 중심에서 가족 중심으로 이동하였다. 그리고 가족의 능력을 강화하고 자원과 지원을 통합화하는 방향으로 설정되고 있다. 이러한 지원 정책의 방향이 보편적으로 적용되기 위해서는 장애아 부모교육과 부모상담의 실제에서도 연결성을 가지면서 구현화되어야 한다. 부모는 장애아가 성장·발달하는 데 있어서 가장 강력한 지원체계이다. 부모가 활동하는 범주는 다양한 용어로 표기된다. 예를 들어, '부모교육(parent education)', '부모개입(parent involvement)', '부모훈련(parent training)', '부모참여(parent participation)', '부모역할(parent role)', '부모상담(parent counselling)' 등의 여러 용어가 있다. 이 중에서 가장 일반적이며 보편적으로 사용되고 있는 용어는 '부모교육'이다. '부모교육'은 자녀의 발달 단계와 특성을 이해하고 관련된 지식을 습득하며 자녀를 양육하는 데 있어서 바람직한 방법으로 부모역할을 수행할 수 있도록 교육하는 것을 의미한다. '부모교육'과 개념적으로 혼재가 있는 용어는 '부모상담'이다. '부모상담'은 부모교육의 일부분의 영역으로 이해되어 왔다. '부모상담'은 바람직한 부모-자녀 관계를 위한 부모역할 및 문제해결 촉진을 위한 접근으로서, 부모 자신의 심리적인 어려움과 자녀를 양육하는 데에서 발생하는 스트레스를 주로 다루게 된다.

부모상담에 대한 이해를 도모하기 위하여 상담의 고유한 특성을 먼저 정의적 차원에서 살펴보도록 하겠다. 상담활동에 있어서 상담가와 내담자는 공동의 주체이며, 상담사는 내담자의 자각확장을 조력하여 문제예방과 문제해결을 꾀함으로써 내담자의 삶의 질을 향상하는 과정이다(노안영, 2005).

따라서 상담은 상담사와 내담자의 신뢰로운 관계를 토대로 촉진적인 의사소통을 통하여 내담자가 가지고 있는 현재의 문제를 해결하고 미래에 발생할 수 있는 문제에 대해 새롭게 조망하고 문제해결 능력을 향상함으로써 자기효능감과 자존감을 느끼게 하는 과정이라고 정의할 수 있다(홍경자, 2000). 상담에서 다루는 정보, 의사결정, 행동이나 태도의 변화, 심리적 갈등, 성격장애 등에 관한 내용은 생활지도, 자아실현, 인식교육, 인간관계, 심리치료 등의 여러 영역과 중첩되는 성질을 가지고 있다. 부모상담에는 이러한 영역의 특성이 모두 포함되어 있다. 즉 부모 자신에 대한 이해를 도모하기 위해서 교육적 차원의 내용이 포함될 수 있으며, 부모가 형성하고 있는 인간관계에 대해서 통찰할 수 있도록 조력하며, 부모가 가지고 있는 문제의 정도에 따라서 심리치료를 실시하기도 한다. 이러한 부모상담 과정을 통해 부모는 자아실현을 궁극적으로 도모할 수 있다. 예를 들어, 이음부모교육에서는 가정의 교육적 기능을 회복시키기 위해 자신을 이해하는 부모, 소신 있는 부모, 자녀를 이해하는 부모의 3대 요소를 제시하였다.

부모교육에는 부모 자신과 원가족의 관계탐색, 부모와 자녀와의 관계탐색, 부모의 역할탐색, 자녀감정 헤아리기, 공감하기 등의 교육적 기능과 상담적 기능을 모두 포함하고 있다. 이처럼 부모에게 실시되는 부모교육 프로그램에는 부모상담의 요소가 프로그램의 진행 단계에 따라 모두 적용 및 활용되고 있다.

따라서 부모교육과 부모상담은 범주적 중첩성을 가진다. 장애아동 부모에게도 부모교육과 부모 상담적 접근이 모두 필요하다. 장애아 부모는 장애 자녀의 특성을 이해하고, 장애아 양육방법과 장애 자녀에 대한 적절한 교육방법을 학습하고 장애아의 행동을 수정하는 기법을 익혀야 한다.

장애아 부모는 가정 내에서 비장애 형제·자매들과의 관계유지와 가족 내외에서 발생하는 갈등과 효과적인 의사소통을 증진하는 것뿐만 아니라 부모 자신을 위한 상담의 필요성에 대해서도 강한 욕구를 가지고 있다(송준만·유호순, 1997). 장애 자녀의 양육과 교육문제뿐만 아니라 장애아 부모는 장애 가족 내에서 발생하는 장애에 대한 부담감과 가족 구성원 간의 심리적 불안정감을 해결하기 위해서도 전문적인 상담이 필요하다(송정순, 2000).

장애아 부모는 부모상담을 통해 장애아 부모 자신을 이해하여 주고 고민을 들어주는 적극적인 경청자를 원했으며, 자녀의 장애 진단과 예후에 대한 정보에 대한 도움을 원하였다. 또한 장애시설이나 치료서비스에 대한 상담에 대한 요청과 더불어 일상생활에서의 문제해결과 개인적·정서적인 지원에 대한 도움을 받기 원했다(McGrown, 1982).

(1) 장애아 부모상담의 이해

자녀에게 특수한 장애가 발생하면 가족에게는 커다란 위기가 온다. 즉 자녀가 특정한 장애 진단을 받게 되면 부모는 충격과 당혹감에 휩싸이게 된다. 그래서 대부분의 부모들은 자녀양육과 관련된 주변정보를 무계획적으로 받아들이기 쉽고 이에 따른 혼란도 가중된다. 따라서 이와 같은 경우에 부모는 상담기관이나 상담사를 찾아 상담 요청을 하게 된다(이상복, 2000). 이러한 부모상담은 바르게 제공된 정보를 통하여 장애아동의 발달을 향상함과 동시에 부모 자신의 심리적 불안 감소와 안정에 기여하는 목적이 있다(이상복, 2000).

그러므로 위기 상황에서 가족은 여러 단계의 위에서 열거한 감정의 변화를 겪을 수 있는데, 이때 상담사는 부모상담에서 부모의 감정이 어느 단계인지를 파악하고 조심스럽게 접근해야 한다. 1단계는 충격의 단계 부모는 아동의 장애 진단의 결과를 믿지 않고, 부정하려 하기 때문에 이 시기의 상담은 주로 수용과 이해로 이루어진다. 2단계는 거부의 단계로 부모는 상당한 혼란에 빠지게 되므로 이 시기의 상담이 가장 힘들다. 상담에서는 분노의 감정을 표현하도록 해주면서 주변 사람이 분노의 대상이 아니기 때문에 각자 개인적으로 상대방에게 상처 주지 않도록 조심해야 한다는 것을 깨닫게 된다. 상담사는 장애아동이나 그 부모 모두가 가치 있는 인간이며 많은 사람들이 장애아동과 그 부모를 보살피고 도와줄 수 있다는 점을 인식시켜 준다.

3단계는 죄의식의 단계로 더 이상 아동의 일을 부정할 수 없는 상태가 되면 충격과 격한 감정이 가라앉으면서 자녀가 가진 장애를 받아들이는 타협을 하게 되며, 이 시기에 부모는 우울증에 시달리기도 한다. 이 시기의 상담은 주로 슬픈 감정을 허용해 주며, 용기를 주어야 하고 조용히 시간을 함께 나누면서 격려와 힘을 불어넣어 주며, 빨리 우울감과 죄책감에서 벗어나도록 해야 한다.

4단계는 수용의 단계로 부모는 속에서 부정과 분노, 죄의식의 감정의 변화를 거쳐 이제는 자신이 떠안아야 할 문제를 수용하게 된다. 마지막 단계에 도달하면 부모는 외부 지향적으로 문제에 대처하고 노력하며 주어진 현실 상황을 수용하려는 태도를 보이며, 정보를 수집하고 여러 대안을 생각하고 아동을 치료하거나 도와줄 계획을 세우게 된다.

이 시기의 상담은 구체적이고 실제적인 정보제공과 문제해결을 위해 계속 의논하는 상담으로 이루어진다. 한편 이동열(1986)은 정서장애아 부모상담의 일반적인 원리를 다음과 같이 제시하고 있다.

첫째, 부모가 장애아동을 위해서 무엇을 하느냐 하는 실제 행동이 그들의 생각이나 감정보다도 더 중요하다는 점이다. 즉 우리가 마음속으로 느끼고 생각하는 것도 중요하지만 감정이나 생각을 실제 행동으로 나타내는 것이 장애아동 부모상담에서는 더할 수 없이 중요하다.

둘째, 될 수 있는 한 장애아동의 부모가 아이들을 위해 무엇을 어떻게 할 것인가 하는 구체적인 치료 방안을 가르쳐 주어야 한다. 흔히 전문가들은 문제를 진단해서 장애 행동을 설명하고 그 원인을 밝히는 것으로 일이 끝난 것으로 보는 경향이 있다.

셋째, 장애아동의 부모상담에서는 진단보다는 치료를 우선으로 내세워야 한다. 장애의 원인을 찾고 정확한 진단 이름을 찾는 것도 중요하지만 어떤 장애 행동이 어떤 환경에서 일어나는가 하는 환경 및 자극에 대한 분석을 하는 것을 강조해야 한다.

넷째, 장애아동의 부모가 합당하다고 생각되어 내심으로 찬성할 수 있는 치료 방안을 얘기해 주어야 한다. 즉 전문가는 자기 방안을 제시하기 전에 우선 그 부모가 그 장애 행동을 개선하기 위해 어떤 방법을 써 왔으며, 그 효과가 어떠했는지 앞으로 또 어떤 다른 방법을 써 볼 생각인지의 의사 여부를 자세히 알아보고 난 후에 전문가의 방법을 권해야 한다.

다섯째, 전문가가 장애아동 부모에게 무슨 말을 하느냐 하는 그 내용도 중요하지만 어떻게 장애아동 부모가 알아들을 수 있는 쉬운 말로 설명할 수 있을까 하는 그 방법도 중요하다. 전문가라고 해서 어려운 전문용어를 마구 늘어놓는 것은 상담의 효과를 줄이는 행위이다.

여섯째, 전문가는 장애아동 부모가 장애아동에 대해 갖고 있는 기대감이 어떤 것인지 알아보아야 한다. 예를 들면, "선생님께서 해보라니까 해보기는 하겠습니다마는" 하는 장애아동 부의 말 속에는 "그 결과야 뻔할 뻔 자 아닙니까" 하는 정도의 기대감이 함축되어 있는 경우가 많다.

일곱째, 부모상담에 있어서는 장애아동의 진보 혹은 행동변화는 실망할 정도로 그 변화가 늦으니 너무 성급히 단념하지 말라는 것을 강조해야 한다. 목표를 현실적으로 세우고 너무 성급히 포기하지 말고 미련할 정도로 끈기 있게 노력해 보라는 것을 강조해야 한다.

여덟째, 장애아동 부모와 상담할 때 다른 어느 상담에서와 마찬가지로 부모와 전문가 사이에 좋은 인간관계를 맺는 것은 필요 불가결의 요소이다. 많은 연구 결과에 의하면 전문가들이 장애아동의 부모가 갖고 있는 정서적인 문제까지 인식하고 그 부모의 문제까지도 인정해 주고 개선해 주려고 노력하면 시간이 오래 걸리는 폐단은 있지만 그 부모가 전문가가 일러주는 치료 방안이나 처방을 실천에 옮기는 데 말할 수 없이 큰 효과가 있다고 한다. 부모상담 과정에서 상담사와 내담자 간의 신뢰로운 관계 형성은 후속 상담 과정의 진행과 궁극적인 상담 목표 달성을 위해 필수적이다.

(2) 장애아 부모상담의 효과

상담사나 교사는 장애아동 부모상담과 교육을 통하여 다음과 같은 효과를 얻을 수 있다.

첫째, 상담에 필요한 정보, 즉 자녀의 성장배경 발달 과정, 병력, 생활 습관, 행동 특성, 장애의 심각성, 지도 방법 관련된 제반 문제에 대한 정보를 얻으며, 자녀의 장점과 약점을 보다 더 잘 인식하게 된다. 이러한 정보는 내담자를 더 잘 이해하여 연계성을 가지고 일관성 있게 지도할 수 있게 한다.

둘째, 장애아동의 긴장과 갈등, 부적응 행동의 원인을 파악하여 효과적인 지도 방법을 모색할 수 있다. 특히 장애아동의 문제행동 및 부적응행동의 원인을 넘어 목적과 의도를 파악할 수 있다.

셋째, 부모는 가정에서 부모가 안고 있는 장애아동 자녀 지도에 어려운 점을 발견하여 공감하고 심리적으로 지지해 주며, 때로는 조언과 정보 제공으로 도움을 줄 수 있다.

넷째, 장애아동 자녀의 발달을 도와주는 부모의 사회적 또는 윤리적 역할을 충족시켜 줄 수 있다.

다섯째, 상담사나 교사와 함께 자녀를 위해 일함으로써 부모 자신의 행동에 변화를 가져오고 가정환경의 교육적 가치도 증진시킨다.

여섯째, 가정에서의 부모의 역할 특히 교육자로서의 역할을 도와준다. 구체적으로 부모는 효과적인 자녀 지도 방법, 행동 지도법, 대화기법 등을 배워 이를 활용할 수 있게 한다. 때로는 새로운 아이디어나 활동에 대한 생각을 모색하고 자녀에게 활용하게 된다. 이러한 부모의 역할은 부모에게 자신감과 가치감 및 만족감을 불어넣어 준다.

일곱째, 장애아동을 가진 부모들과 집단상담을 통해 자신의 자녀와 유사한 문제를 갖고 있는 자녀를 키우는 다른 부모들로부터 사회적 정서적 지지를 받는다. 즉 다른 부모들과의 만남을 통해 자신만이 문제를 갖고 있는 것이 아님을 알게 되고 더 나아가 다른 부모들을 지지해 주는 것도 배우게 된다.

여덟째, 부모가 상담의 목표 및 상담사나 교사를 이해하도록 하여 부모는 상담사를 신뢰하게 된다.

아홉째, 자녀와 관련하여 일하는 많은 전문가와 비전문가의 책임에 대해 이해하게 된다. 즉 장애아동 부모와의 상담은 장애아동 부모가 학교나 교사 사회에 대해 가질 수 있는 부정적 생각이나 저항감을 감소시킬 수 있게 한다.

열째, 특수교육기관과 심리학자, 상담사, 교사, 및 학부와 연계를 갖게 하여 전문가들끼리의 협조체제를 형성하고 장애아동에게 필요 적절한 교육을 받을 수 있도록 한다. 장애아동 부모를 대상으로 하는 상담은 집단상담이나 개인상담으로 이루어질 수 있다.

상담사는 부모상담을 하기 전에 먼저 상담사 자신이 장애아동을 통해 얻는 정보가 필요하며 상담에 임하는 부모는 상담에 필요한 내용, 즉 장애아동의 장단점, 상담에 필요한 도움이 되는 정보들과 상담사와 함께 상담하고 싶은 내용을 기록해 오도록 한다. 장애아동을 가진 부모들끼리의 집단상담은 서로의 경험담과 지도 방법을 공유하여 도움을 받을 수 있는 이점이 있다. 개인상담과 함께 병행하면 매우 효과적이다. 특히 ADHD 아동의 경우 부모교육의 효과가 많이 입증되고 있다.

4) 장애아동 부모의 역할 및 장애아동 가족지원체계

(1) 장애아동 부모 역할

장애아 부모는 장애아가 성장하고 발달하는 데 있어서 가장 지속적이고 강력한 지원자이며, 다양한 부모 역할 수행을 통해서 장애아의 생애 발달 단계에서 지속적이며 중요한 영향력을 미치게 된다.

장애이 부모의 구세적인 부보 역할은 첫째, 장애 자녀의 특성을 이해하고 그들의 욕구에 적합한 양육방식에 대한 정보를 구하는 청중자 역할, 둘째, 장애 자녀가 참여하는 치료교육과 상담 등과 같은 유용한 프로그램에 참여시키는 지지자 역할, 셋째, 장애 자녀의 발달과 양육에 대한 지식을 학습하여 장애 자녀와 상호작용하여 영향을 미치는 중재자 역할, 넷째, 장애 자녀의 문제를 분석하고 치료적인 환경을 마련하는 치료사 역할, 마지막으로 교사와 치료 전문가에게 장애 자녀에 대한 정보를 제시하고, 장애 자녀와 가족에게 심리적 안정을 도

모시킬 수 있는 상담사 역할 등을 수행하게 된다(박원희, 2001). 이러한 역할은 장애 자녀가 출생함과 동시에 부여받은 '부모'라는 '지위'에 의해서 장애아 부모가 수행하게 되는 다양한 역할들이다.

장애아 부모의 역할들을 수행하기 위해서는 사회적으로 인식되고 있는 장애아 부모의 권리에 대한 고찰이 필요하다. 미국의 경우에는 공법 94-412를 통해 장애아 부모교육을 위한 법적 근거를 마련하였다. 또한 가족 교육권과 비밀에 관한 법(Family Education Right and Privacy Act; PL. 93-380)에서는 부모가 아동의 평가, 배치, 교육계획에 관한 모든 정보를 열람해 볼 수 있으며, 부정확하거나 사생활 침해가 생길 수 있는 기록이 있을 경우에는 이에 대한 변경을 요청할 수 있도록 하였다.

이러한 법적 근거들을 고려하는 데 있어서 절대 간과되어서는 안 되는 내용이 장애아 부모의 권리이다. 그것은 바로 부모는 "장애 자녀가 있지만 가능한 자신의 삶을 정열적으로 즐길 자유, 죄의식이 없이 가끔 적대감을 가질 자유, 아동의 진전과 성취에 대해 실제적으로 자부심을 가지고 다른 사람에게 말할 자유, 비록 그들 아동이 장애를 가졌을지라도 만약 아동이 불쾌하게 하면 아동에게 말할 자유" 등을 가지고 있다(조용태, 1995, 2004). 장애아 부모는 이러한 자유를 가지고 있으나 현실에서는 장애 자녀의 욕구를 우선시함으로써 장애아 부모 자신의 욕구를 인정하지도 않고, 실현을 위한 계획조차 하지 않으려고 하는 순교자적 장애아 부모들이 많이 있다. 이들은 장애 자녀를 위해 주어진 부모 역할에만 집중하면서 자기 자신을 돌보지 않기 때문에 자신의 미해결된 욕구가 수시로 발생하게 되고, 이것이 부부갈등과 가족문제, 주변인들과의 관계문제로 발전될 수 있는 위험성에 대하서 간과하고 있는 것이다. 따라서 장애아 부모가 장애아 부모로서 지닐 수 있는 권리를 향유하면서 장애아 부모로서의 바람직한 부모 역할을 수행하기 위해서 부모상담은 매우 중요하다.

(2) 장애아동 가족지원체계

장애아 부모와 가족이 장애아 어머니만을 의미하는 것은 아니며, 어머니 혼자서 장애아에 대한 모든 의무와 책임을 다한다는 것은 사실상 불가능한 일이다. 이것은 장애아 어머니가 개인적으로 감당할 수 있는 일이 아니기 때문이다.

가족 안에 장애아가 있을 경우 장애아 자신, 장애아동 부모, 장애아 가족 구성원 각자의 잠재력과 능력을 발휘하며 건강한 가족 공동체로 생활하기 위해서는 장애아 가족지원 프로그램이 다양화되어야 하며, 장애아 가족이 지원 서비스 및 프로그램에 참여하는 것이 확대되어야 한다.

특수교육진흥법에 의해서 규정된 장애아 개별화 교육계획 개발과 시행 과정에 있어서도 장애아 가족지원 프로그램에 장애아 가족의 적극적인 참여를 의무화하는 것으로 명시하고 있다. 장애아 가족은 장애 자녀의 장애유형과 정도에 따라서 가족기능과 대처능력에 차이를 가져온다. 장애아 가족이 프로그램에 참여할 때에는 가족 역량 강화에 강조점을 두는 가족지원 모델을 고려해야 한다. 이러한 가족 역량 강화를 위해서는 다양한 가족 구성원이 각자의 잠재력을 발휘하면서 긍정적인 성장을 지향할 수 있도록 하며, 가족 구성원이 높은 자기존중감을 지닐 수 있도록 돕고 자신이 당면한 생활의 여러 상황에 대해서 문제해결적 의지를 높이고, 통제력을 보일 수 있도록 조력해야 한다는 점을 염두에 두어야 한다.

가족의 역량 강화를 위해서는 먼저 장애아 가족이 지니고 있는 자원에 대한 종합적인 파악이 중요하다. 장애아 가족이 지닌 자원은 사회적 지원망에 속하는 구성원과 교제집단을 기반으로 하지만, 이를 넓혀보면 지역사회 프로그램 및 전문적 서비스도 중요한 장애아 가족의 자원이 될 수 있다. 가족 중심 가족지원 프로그램에서는 가족이 중심적인 역할에서 가족이 기존에 가지고 있는 능력을 향상할 수 있도록 조력하며, 가족의 욕구를 충족시키기 위하여 지역사회, 집단, 조직과 자원을 통합하여 지원한다. 따라서 가족 중심 가족지원 프로그램은 가족의 능력 촉진과 가족의 기능 강화에 초점을 두고 있다. 이를 위해 가족 전체가 적극적인 참여를 할 수 있도록 내용을 구성하여 프로그램을 개발하였으며, 전문가들도 프로그램 실시에 있어서 일방적인 전달이 아닌 부모 및 가족과 상호 협력하는 방법을 배워 나아가야 함을 강조하고 있다.

5) 장애아 부모상담 절차 및 과정

장애를 겪고 있는 아동을 둔 부모를 상담하기 위해서는 먼저 부모의 특성을 파악하고, 상담관계형성, 상담진행하기 순으로 이루어진다.

(1) 부모의 진단평가

초기상담을 통해서 사전 정보를 파악해야 한다. 초기상담에서 이루어지는 부모의 진단평가에서는 주요 문제와 문제 양상, 과거 문제 여부 및 치료 내용, 부모의 결혼 과정, 부모의 양육방식, 임신과 관련된 사항, 출산 과정, 자녀의 발달단계에 따라 자녀의 신체, 언어, 정서, 사회성, 인지 및 자녀의 발달 단계에서 나타났던 자녀의 부적응행동이나 문제 등이 포함된다. 이러한 자녀의 발달과 관련된 보고 외에도 부모의 개인적 성향을 파악하기 위해 부모자녀 관계 검사, MMPI-2 등의 검사들을 병행하여 실시해 볼 수도 있다.

(2) 결과 면담

부모의 진단평가와 장애아동에게 실시된 모든 평가자료를 가지고 상담가는 부모를 면담하게 된다. 평가들을 종합하여 아동의 문제 또는 장애 정도를 판명하여 알린다. 이후 장애아동의 문제를 돕기 위한 상담계획을 알리고 상담에 대한 수용여부를 묻는다. 이때 아동과 별도로 부모상담이 필요하다고 판단될 때 부모상담을 진행하게 된다. 만약 부모가 상담요구를 수용하면 부모상담이 시작된다.

(3) 상담 관계 형성

초기에 부모와 좋은 신뢰관계(rapport)를 형성하려면 무조건적 긍정적 존중과 공감적 이해, 경청하는 자세가 필요하다. 부모가 자신의 어떤 이야기를 해도 안전하게 보호받는다는 확신이 생겨야 부모가 자신의 문제를 털어놓게 된다. 장애아를 지도하고 교육하는 데 부모들의 역할이 매우 중요하고, 부모들이 자신들의 잘못으로 인해서 아이가 장애를 갖게 되었다는 죄책감, 자녀에 대한 불안감 등이 내재되어 있으므로 이를 충분하게 공감하고 함께 가는 신뢰관계, 상담사 스스로 장애에 대한 감수성 등을 살펴보아야 한다.

(4) 상담 진행하기

부모상담 역시 일반상담과 마찬가지로 초기, 중기, 종결의 과정을 거친다. 상담 과정에 대하여는 위에서 이미 설명하였고, 여기서는 부모와 상담하는 과정에서 유념해야 할 점들에 대해 함께 나누고자 한다.

첫째, 공감하기, 반영하기 기법을 통해 부모가 느끼는 감정을 잘 읽고 그 감정을 잘 공감해 준다. 둘째, 부모들이 자주 사용하는 어휘를 살펴보고 그 말이 무슨 의미로 사용되었는지 부모 언어를 명확하게 이해하여야 한다. 셋째, 부모에게 질문하고 부모가 반응하면 반영해 주는 순환을 거치며 적절한 질문을 함으로써 정보를 얻어내야 한다. 넷째, 진단평가를 통해 부모상담을 시작한 목적을 다시 점검해야 부모상담의 목표의 바로 세울 수 있다. 다섯째, 부모가 상담을 통해 나타내는 변화를 조금이라도 감지하려는 상담가의 민감성이 중요하며, 작은 변화와 노력에도 크게 부모를 칭찬해 주는 상담가의 자세가 있어야 한다. 여섯째, 상담 과정에서 부모가 저항하는 경우 부모가 느끼는 그 감정 그대로 공감해 주고 반영해 줌으로써 부모 스스로 방어를 풀 수 있도록 기다려 준다. 부모와의 힘겨루기는 상담사가 유념하여 피할 수 있어야 한다. 일곱째, 일정 시기를 통해 엄마를 중심으로 이루어진 관계 회복이 되면 아빠도 점차 개입시키는 단계에 생길 수 있다. 남편을 지지해 주면서 아빠의 역할을 되찾게 도와준다. 여덟째, 아동에게 약물치료를 병행하는 것이 더 효과적일 경우, 약물복용에 거부감이 없도록 약물에 대한 정보도 함께 주어야 한다. 마지막으로 부모의 강점이나 자원을 발견해서 상담에 적극 활용하도록 도와준다.

6) 장애아동 부모를 위한 상담사의 역할

상담사는 장애아동을 둔 가정의 요구 사항을 상담을 시작하기 전에 알아둔다면 유익할 것이다. 비록 이전까지의 연구들은 장애 어린이와 함께 생활하는 것이 말할 수 없이 힘들고 어렵다고 밝히고 있지만 보다 최근의 연구에 의하면 꼭 그런 것만은 아니라고 주장한다. 문제에 대처하고 적응하는 것은 많은 요소에 달려 있는데, 그중에서도 장애의 강도, 협조적 서비스, 가족들의 적응력이나 수용력이 가장 중요하다. 비록 과거의 연구들은 장애 어린이 가족에서의 높은 이혼율을 들고 있지만 어떤 부부는 부정적 영향을 받는 것이 사실이나 대부분의 경우나 다 그렇다는 것은 잘못이다. 특수아동의 부모들과의 상담에 있어서 중요한 상담사의 역할은 다음과 같다.

상담사는 부모들이 자녀의 장애와 예후 그리고 아동의 장점과 한계에 대한 지식을 얻을 수 있도록 도움을 주고 용기를 주는 역할을 해야 한다. 또한 아동의 성장을 저해하는 부모의 감정이나 태도를 극복하는 데에 도움을 주어야 한다. 교육적, 의료적, 정서적 또는 재정적 지원을 얻기 위해 지역사회의 장애인가족지원센터, 장애인부모회, 장애인부모연대, 주민자치센터 등에서 자원에 대해 정보와 조언을 얻을 수 있다. 아동에 대해 현실적인 기대를 설정하기 위해 도움을 준다. 스스로 인생에 대한 선택을 할 수 있는 권리와 잠재력 그리고 능력을 갖춘 개인으로써 아동을 바라볼 수 있도록 부모들에게 용기를 북돋아 준다. 부모집단은 특수아동들을 가진 부모들에게 많은 도움이 될 수 있다. 서로 기쁨과 슬픔을 함께 나눔으로써 부모들은 자기들의 고통이 혼자만의 것이 아니라는 사실을 알게 된다. 부모들은 감정의 공감대만을 갖게 되는 것뿐만 아니라 해결의 방안도 공유하게 된다. 한 가정이 겪게 되는 어려움은 이미 다른 가정에서 경험한 것일 수 있으므로 서로 토론하여 도움을 줄 수 있다. 부모집단은 이해와 수용 협조의 공감대를 쌓아나가며 고통받는 부모들은 고독한 존재가 아니라 많은 다른 사람들이 항상 곁에 있다는 확신을 주게 된다.

장애아 부모상담 시에는 장애아 부모와 가족의 욕구에 따라 개인상담과 집단상담을 선택할 수 있다. 특히, 부모집단상담은 장애아를 둔 동질적 집단으로 구성하여 정서적 지지, 유용한 정보의 교환을 활성화하고 지지집단으로서 가족자원의 적극적인 교류를 증대시킬 수 있다. 상담의 통로는 장애아 가족들의 참여를 극대화시킬 수 있는 방법을 선택해야 한다. 정보과학기술의 발달로 온라인상에서의 만남이 충분히 가능하게 되었으므로 전문가와의 만남은 대면상담 외에도 사이버상의 상담을 이용할 수도 있으며, 이를 통해서 장애아 부모와 가족 구성원의 참여를 극대화시킬 수 있다. 이러한 다양한 상담 통로의 선택을 통하여 그들의 심리적 안정성과 상담의 효율성을 증진시킬 수 있다.

또한 상담 기법에 있어서도 놀이, 독서, 음악, 미술, 연극, 댄스 등의 다양한 방법을 통하여 장애아 부모와 가족 구성원 간의 원활한 대화를 촉진하여 분출

되지 못한 욕구를 효과적으로 표현할 수 있도록 하며, 이러한 주어진 상황에 대한 최선/최적의 문제해결을 할 수 있도록 조력한다. 장애아 상담, 장애아 부모 상담, 비장애 형제/자매 상담, 장애아 가족 상담 등으로 분류하여 상담의 대상과 초점을 먼저 명확히 하여 상담의 전문성과 가족 갈등에 대한 실질적인 문제해결이 가능하도록 조력해야 한다.

이러한 과정에서 상담사는 생태학적 접근에서 다른 분야 전문가들과의 긴밀한 협조하에 장애아 부모와 장애아 가족 모두가 도움을 받을 수 있는 자원을 적극적으로 연결하고 실질적인 도움을 받을 수 있도록 조력해야 한다. 특히 상담사가 가지고 있는 개인 심리치료적인 틀에서 탈피하여 포괄적이고 구체적인 자원을 연결할 수 있는 노력을 해야 한다. 장애아 부모상담에서 상담사의 역할은 '변화 촉진자'로서 거시적 상담 활동이라는 관점에서 내담자의 심리·정서적 측면과 환경적 영향을 총체적으로 고려하여 내담자의 문제를 효과적으로 조력할 수 있는 역할을 수행해야 한다.

16장 특수아 상담의 실제 및 사례

본 장에서는 장애아의 개인상담 시의 단계와 실제 사례를 제시하고자 한다. 이때 장애의 발생 시기, 장애의 유형에 따른 접근 등에 따른 주의점을 제시하고자 하며, 집단상담, 진로상담의 단계와 절차를 구체적으로 다루고자 한다.

1. 개인상담의 실제

장애인들과 상담을 진행할 시에 가장 중요한 것은 장애인들의 장애 특성을 고려하여 접근하는 것이 중요하다. 또한 장애인들이 자신이 가지고 있는 장애에 대해서 어떻게 수용하고 있는가에 따라서 심리적인 문제가 다르기 때문에 장애에 대해서 심층적인 접근이 요구된다. 개인상담의 진행 과정을 구체적으로 제시하면 다음과 같다.

1) 첫 만남

초기의 첫 장면에서 내담자는 상담이 나에게 도움이 될까, 나의 비밀을 보장해 줄까, 상담사가 나를 어떻게 생각할까 등과 같은 불안과 두려움을 갖고 상담사를 찾는다. 상담사는 내담자의 불안과 두려움을 알아차리고 편안한 분위기를 조성하는 것이 중요하다. 상담사는 내담자에게 따뜻하고, 온화한 미소를 갖고, 배려와 존중의 태도로 내담자를 영접하는 것이 중요하다. 내담자들의 특성을 고려해서 상담사 자신을 구체적으로 소개할 때에 내담자의 장애유형을 고려해서 자신을 소개하는 것이 중요하다. 시각장애인에게는 먼저 자신의 이름을 정확하게 말하면서 손을 잡아주는 것이 중요하며, 청각장애인에게는 자신의 입모양을 정확하게 볼 수 있도록 하면서 천천히 말하는 것이 중요하다.

2) 지금-여기

상담사의 의식을 상담 장면으로 가져오고, 내담자의 불안과 두려움, 걱정과 신뢰로운 관계를 개선하기 위해서 다음과 같은 탐색적인 질문을 하도록 하는 것이 도움이 된다. 지금 당신(선생님, 너)이 앉아 있는 의자의 등받이는 어떤가요? 의자의 쿠션은 어떻게 느껴지는가요? 의자에 앉아 있는 것이 어떻게 느껴지는가요? 지금 느끼고 계시는 이런 느낌이 익숙한가요? 예전에도 이러한 느낌을 느낀 적이 있나요? 등을 나눈다.

3) 첫 면접하기

장애인들과 면접할 때 장애에 대해서 구체적으로 탐색하여야 하며, 특히 가족과의 관계에서 장애에 대한 인식을 탐색하며, 선천적 장애, 사고 및 질병에 의한 중도장애, 장애 수용여부, 삶의 만족도, 약물복용여부, 상담을 신청하게 된 경위, 가족과의 기억들, 종교, 주요 가족사, 가족과의 관계들과 그 감정, 상담받고 싶은 문제 혹은 상담 의뢰된 이유, 상담의 경험 유무, 상담 경험에 따른 느낌, 내담자의 주호소문제, 주호소문제의 시작 시기, 더 심하게 나타나는 상황, 주호소문제로 가장 힘든 점, 주호소문제가 전혀 안 생기는 상황은 어떤 경우인지, 이 문제를 어떻게 다루어 왔는지, 가족들의 반응은 어떤지 등을 탐색한다.

내담자의 전반적으로 겪고 있는 스트레스들은 무엇이 있는지, 일상적인 생활 속에서 화가 나고 속상할 때에는 어떤 방법으로 해결하는지, 내담자의 강점은 무엇인지, 자신이 겪고 있는 문제를 누구로부터 도움을 받을 수 있는지, 자신의 문제에 대해서 친구나 동료들로부터 어떤 도움을 받을 수 있는지 등을 탐색한다.

자신의 주호소문제와 관련해서 심리검사를 받아본 경험이 있는지, 심리검사에 대한 경험이 있다면 어떻게 생각하는지, 심리검사에 대해서 어떻게 생각하고 있는지 등을 탐색한다.

4) 사례 개념화하기

내담자에 대한 상담사의 이해를 종합적으로 이해하기 위해서는 내담자의 실존적인 측면, 대상관계론적 측면, 목적 및 욕구론적 측면, 인지행동론적 측면, 학습이론적 측면으로 구분해서 기술하는 것이 좋다.

내담자의 주요 호소문제를 구분해서 제시하면서 장애와의 관련성, 주호소문제와 상담의 목표(단기목표, 장기목표)의 관련성, 주호소문제와 상담 목표와 상담 전략 간의 관련성, 일관성, 체계성을 고려하여 계획을 세우는 것이 중요하다.

특히 내담자의 주호소문제와 상담의 목표, 상담의 전략이 관계없이 제시되는 경우가 있는데, 이러한 부분은 상담의 효율성, 효과성에 어려움을 겪게 된다. 장애인들을 상담하다 보면 외부 자극에 장애와 관련해서 다양한 현실적인 적응 문제가 도출되기 때문에 상담 과정에서도 상담의 목표와 다르게 진행되는 경우가 종종 있어 본질적인 문제를 해결하는 데 어려움을 겪게 된다. 그러므로 상담사는 장애인을 상담할 시에 사례 개념화를 수행하기 위해서는 이론적 배경을 바탕으로 근거기반 상담이 이루어질 수 있도록 상담이론을 기반으로 내담자를 다면적으로 이해하여 내담자의 주호소문제에 초점을 둔 상담목표와 전략이 수립되어야 한다.

5) 상담의 구조화하기

내담자가 장애를 가지고 있는 것에 대해서 상담사가 어떤 자세를 취할 것인지에 대해서 명확하게 정립하여야 한다. 장애인을 상담하면서 동정적, 복지적 접근에서 벗어나 내담자 스스로 그 문제를 해결할 수 있도록 도와주는 역할이 중요하다. 상담의 구조화에서는 상담사와 장애를 겪는 내담자 간의 역할을 명확히 하는 것이 중요하다. 상담사의 역할과 내담자의 역할을 문서화하여 각각 작성하도록 하는 과정을 갖는 것이 필요하다. 또한 상담사의 한계성을 명확하게 하는 것이 바람직하다. 장애를 겪는 내담자가 자신의 문제를 스스로 해결할 수 있는 힘을 가지고 있으며, 그 문제를 해결할 수 있도록 하고, 장애에 대해서 재활적인 개념, 수용적인 개념 상담사가 어디에 방점을 둘 것인지를 명확하게 하는 것이 중요하다. 장애 내담자에 대한 특수아 상담에서는 재활적인 개념보다는 수용적인 개념이 중요하다.

6) 장애 수용여부 탐색하기

일반상담과 다르게 장애아동 및 학부모들이 장애에 대해서 어떻게 생각하고 있는지를 집중적으로 탐색해야 한다. 장애를 변화시키고 통제 가능하다고 인식하고 있는지, 장애는 자신에게 어쩔 수 없으므로 장애를 바라보는 관점은 어떤 것인지를 탐색하는 것이다. 상담사는 장애를 수용하지 못하고 있다고 해서 그 것을 집중적으로 변화시키기보다는 수용하지 못하는 마음이 무엇인지를 살펴보고 어떻게 하는 것이 장애를 겪고 있는 아동에게 도움이 될 것 같은지를 탐색하고, 상담 과정에서 집중적으로 다루어야 하는 부분이다. 장애 수용이 이루어진다고 해서 일관되게 가는 것이 아니라, 어느 순간에는 장애를 수용하고, 어느 순간은 장애가 수용되지 않는지도 살피는 것이 좋다. 상담은 내담자가 변화되고, 통제 가능한 것에 초점을 두어야 한다.

7) 상담 진행하기

내담자의 감정, 정서, 행동, 관계성의 패턴에 따른 주호소문제와 상담의 목표에 따라서 상담을 진행한다. 현재 내담자가 가지고 있는 주호소문제에 집중하여 이 문제가 언제부터 시작되었는지, 이 문제를 해결하기 위해서는 어떤 노력을 했는지, 내담자가 노력한 것 중에서 어떤 부분이 효과가 있었는지, 또한 무엇 때문에 지속적으로 꾸준하게 노력이 이루어지지 못했는지, 자신의 관점과 행동을 바꾼다면 자신에게 어떤 일들이 일어날 것인지, 자신의 문제를 해결하기 위해서 새로운 행동이나 효과적인 방법을 실행하는데 어떤 장애 요소나 어려움이 예상되는지, 장애 요소와 어려움을 해결할 수 있는 방법은 무엇인지를 탐색하고 통찰하여 새로운 행동을 상담 장면에서 충분히 시연 및 연습해 본다.

장애를 겪는 내담자에게 효과가 있는 것을 지속적으로 습관화, 무의식적 행동화가 일어날 수 있도록 하기 위해서는 반복적인 연습 과정을 상담 장면과 실생활 속에서 일어날 수 있도록 하여야 하며, 단순히 자신의 문제와 관련한 탐색과 통찰로 마무리되기보다는 새로운 행동을 습관화시키는 것이 중요하다. 새로운 행동을 습관화시키기 위해서는 장애를 겪는 내담자들에게 지속적인 강화, 관심, 지지, 격려, 자신의 행동 점검과 같은 기법이 적용되어야 한다. 장애를 겪는 내담자들은 새로운 행동을 습관화시키기 위한 과정이 일반인에 비해서 너무나 어렵다는 현실을 상담사들은 인식하여야 한다.

8) 상담 마무리하기

내담자가 새로운 행동을 습관화하여 주호소문제를 해결하였다면 상담사와 내담자가 합의하여 상담의 종결을 결정하는 것이 중요하다. 장애를 겪는 내담자들은 상담사의 도움을 받다가 상담을 종결하는 것에 대해서 일반인 내담자들보다 더 불안과 두려움을 갖는다. 장애인들은 장애로 인해서 어려움을 경험하기 때문에 새로운 행동에 대한 두려움과 자신에 대한 자존감이 떨어지는 경우가 많다.

상담 마무리 단계에서도 이 부분을 집중적으로 다루어야 하며, 추수지도와 관련해서는 명확하게 하는 것이 중요하다. 장애를 겪는 내담자와 상담사 간에 상담 마무리 단계에서도 역할을 명확하게 하고 강조하여야 한다. 종종 장애를 겪는 내담자들 중에서도 자신의 문제를 도와주지 않는 상담사로 오해하여 나쁜 사람으로 낙인하는 경우도 있다. 상담사는 장애를 겪고 있는 내담자가 자기 스스로 일상적인 생활장면에서 적응할 수 있다고 판단될 때 상담을 마무리하면서 내담자의 불안, 두려움, 의존성 등을 살펴야 한다.

2. 집단상담의 실제

장애를 겪고 있는 내담자를 중심으로 집단상담을 진행하기 위해서는 특수아 집단상담사의 역할, 주의사항, 장애를 겪는 내담자에게 일어나는 부적절한 행동 등을 구체적으로 다루고자 한다.

1) 특수아 집단상담 시 기본자세

특수아 집단상담 시 상담사는 다음과 같은 기본적인 태도를 가지고 있어야 한다.

첫째, 장애인에 대한 선의와 관심이다. 장애를 겪는 내담자를 존경하고 신뢰하고 그 나름의 가치를 인정하고 감사한 마음과 존중, 배려가 있어야 한다.

둘째, 상담사 자신에 대한 각성과 통찰이 있어야 한다. 상담사 스스로의 목표, 정체, 동기, 요구, 제한, 장점, 가치관, 느낌 등 자아를 인식하는 것은 집단참여자를 돕기 위한 필수 사항이다.

셋째, 상담사는 자신감 있게 용기 내기를 하여야 한다. 구성원들의 다양한 새로운 시도나 자신의 실수를 인정하기, 오해나 원망을 감당할 수 있는 용기가 있어야 한다.

넷째, 상담사는 구성원들에게 다양한 모범을 보이기를 하여야 한다. 바람직한 행동을 가르치는 최선의 방법은 상담사가 먼저 행동으로 보여주는 것이다. 집단상담 과정에서 역할연기와 같은 기법을 적용하기 위해서는 상담사가 능동적으로 시범을 보이는 것이 좋다.

다섯째, 구성원들의 다양한 심리상태에 동참하기이다. 집단원의 감정 상태를 함께 나누며 집단 내에서 충분히 다루어질 수 있도록 해야 한다. 상담사는 구성원들의 감정, 사고, 행동을 느끼고 공감해서 적절하게 반영하고 표현할 수 있어야 한다.

여섯째, 구성원들에게 진솔하게 선의의 관심 갖기이다. 구성원들이 능동적으로 집단 과정에 참여할 수 있도록 하기 위해서는 상담사는 구성원들을 격려하고 허용하는 태도를 보여주어야 한다.

일곱째, 상담사는 집단상담의 효과에 대한 신념 갖기를 갖고 있어야 한다. 상담 성과에 대한 긍정적인 확신을 상담사의 언어, 비언어에 나타날 수 있도록 하는 것이 좋다.

여덟째, 구성원들의 어떤 행동도 수용할 수 있는 개방적인 자세 취하기이다. 참여자들이 소감을 자유로이 표현할 수 있도록 온화한 분위기를 조성하고 수용하는 태도를 보여야 한다.

아홉째, 집단 구성원들의 공격에 적절하게 대응하는 능력 함양하기이다. 집단원들에게 인정받겠다는 욕심을 버리고 구성원들의 공격에 인내심을 가지고 대응하는 능력이 있어야 한다.

열째, 상담사는 끈기와 인내심이 있어야 한다. 특히 장애인들의 느낌, 감정, 사고 등을 표현하고 구성원 간의 상호작용을 통해서 성장해 갈 수 있도록 기다릴 수 있는 인내력이 요구된다. 또한 어떠한 압력에도 버티어 나갈 수 있는 끈기를 가져야 한다.

열한째, 장애의 특성을 고려한 의사소통방법과 장애에 대한 감수성 갖기이다. 장애아들의 다양한 필요와 감정에 민감하게 반응해야 하며, 그들의 고유한 특성과 상황을 이해하려는 태도가 필요하다.

이 밖에 창의적 태도, 정직, 인내심, 신뢰감, 온화함, 자발성, 수용적인 자세와 태도 및 유머 감각이 뛰어난 사람이 바람직한 집단상담사로 인정받고 있다.

2) 특수아 집단상담사의 역할

특수아 집단상담을 진행하기 위해서는 상담사의 역할이 매우 중요하다. 정성란(2013)은 일반 집단상담에서의 상담사는 관찰자, 모범자, 촉진자, 강화자, 보호자의 역할을 말하고 있다. 특수아 집단상담에서도 일반집단상담과 같은 역할을 하면서 장애인들의 특성을 고려하여 장애아를 따뜻하게 수용하고 보호할 수 있는 수용자의 역할이 중요하다. 특수아 집단상담에서 집단상담사의 역할을 구체적으로 살펴보면 다음과 같다.

(1) 장애 수용자의 역할

장애를 겪고 있는 내담자들이 어떤 장애를 가지고 있어도 그 장애를 수용하고, 장애에 대해서 동정적인 입장을 벗어나 장애와 관계없이 존중과 배려의 마음을 내담자에게 보이는 것이 중요하다. 또한 장애의 특성을 고려해서 집단 구성원들의 상호작용 시에 기다림의 미학을 갖는 것이 중요하다. 특히 뇌병변장애 내담자들은 표현언어의 발음이 부정확하고 말의 속도가 늦기 때문에 충분한 시간을 주어야 한다. 이와 같이 집단 구성원들의 장애 특성을 고려한 수용자적인 역할이 수행되어야 한다.

집단상담사는 집단상담 과정에서 구성원들을 위험으로부터 보호하고 수용하고 중재하는 역할을 적절하게 수행하여야 한다. 장애 내담자들은 집단참여의 두려움, 집단 구성원 압력 등으로 인해서 집단에 참여하는 데 어려움을 겪는다. 집단원들의 압력에 의해서 준비되지 않은 감정이나 생각을 이야기하지 않도록 관심을 가져주어야 한다. 상담사는 내담자의 특성을 고려해서 지금-여기에서 느낌을 편안하게 표현할 수 있는 기회를 제공하거나 자신의 의지에 맞게 표현의 선택을 갖도록 도와주어야 한다.

또한 장애의 특성에 따라서 시각장애인들과 뇌병변장애인이 상호작용할 시에는 시각장애인이 답답해할 수 있으며, 장애를 겪는 내담자 간의 갈등 및 긴장 고조, 욕구충돌 등이 일어날 시에 상담사는 중립적인 태도와 온화한 집단 분위기를 조성하도록 노력하여야 한다.

(2) 상담 시 강화자의 역할

집단상담은 집단 구성원 간의 다양한 상호작용이 일어나는 과정 속에서도 구성원들의 관심, 지지, 격려, 보상 등의 강화에 의해서 새로운 행동이 일어나는 경우가 많다. 그러므로 특수아 집단상담 시 상담사는 장애 내담자들에게 다양한 강화자의 역할을 충실히 해야 하며, 구성원 간에도 다양한 강화자의 역할이 일어날 수 있도록 하여야 한다. 집단상담 과정에서 뿐만 아니라 일상적인 생활 속에서 긍정적 피드백, 격려, 지지 등이 일어날 수 있도록 학습적인 접근이 요구된다.

(3) 상담 시 모델자의 역할

특수아 집단상담 시에서 상담사는 장애를 겪는 내담자들에게 모범이 되는 모델적인 역할을 수행하여야 한다. 일관성과 지속성, 진솔성을 유지하면서 자신의 감정, 사고, 느낌 등을 상황에 맞게 표현하는 시범을 잘 보여야 한다. 집단상담사가 공감, 경청, 정서적인 지지, 피드백에 대해서 지시하기보다는 상담사가 집단상담 과정 속에서 일관되게 모델적인 역할을 수행하여 집단 구성원들이 학습할 수 있도록 기회를 제공하여야 한다. 장애 내담자들이 자신의 느낌, 생각, 감정 등을 적절하게 표현하는 것에 어색함이 많으므로 상담사는 일관된 시범적인 역할을 수행하여야 한다.

(4) 상담 시 촉진자의 역할

특수아 집단상담에서는 구성원들이 적극적으로 상호작용하고 참여할 수 있도록 동기유발자, 촉진자적인 역할을 수행하여야 한다. 구성원들이 다른 사람의 말을 적극적으로 경청하고, 궁금한 것을 질문하고, 자신의 생각과 감정을 개방하고, 표현하도록 상담사는 내담자들을 격려하고 적극적으로 지지, 관심을 표현하여 구성원들의 참여를 촉진해야 한다. 소외된 구성원들이 없도록 골고루 참여할 수 있도록 내담자를 초대하고 격려, 관심을 보이는 역할을 수행하여야 한다.

(5) 상담 시 관찰자의 역할

특수아 집단상담에서 집단의 진행을 이끌어 가는 상담사는 리더인 동시에 집단에 참여자이다. 자연적인 참여를 하면서 각 구성원들의 표정, 습관, 언어 등을 다각적으로 관찰하여 기록과 정리가 필요하다. 집단에 참여한 구성원들을 관찰하여 집단상담 과정에서의 상호작용, 저항, 구성원들 간의 패턴, 개인적인 문제의 심각성 등을 상담사가 인식하여야 한다. 관찰자의 역할을 통해서 구성원들 간의 상호작용 여부, 집단상담 시의 어려운 점, 특별히 관심을 두어야 할 구성원, 집중적으로 다루어야 할 내담자 등을 파악하여 개인상담 여부, 차기 프로그램에서 다루어야 할 것 등을 결정하여야 한다.

(6) 상담 시 연결자의 역할

특수아 집단상담에서는 상담사가 구성원들 간의 연결자 역할을 적절하게 잘 수행하여야 한다. 연결자의 역할 수행 시 구성원들 간의 상호작용이 원만하게 일어나서 집단 역동성이 증가된다. 집단 구성원이 하는 말과 행동에 대해서 다른 구성원의 관심사나 공통점, 차이점 등을 관련지어서 참여할 수 있도록 질문하거나 초대한다. 집단원들 간의 원만한 연결 짓기는 상호작용을 자연스럽게 장려할 수 있다. 그러므로 집단 구성원들 간의 역동이 잘 일어나기 위해서는 연결자 역할을 적절하게 수행하는 것이 중요하다.

3) 특수아 집단상담 시 주의사항

특수아 집단상담을 진행할 시에는 다음과 같은 주의사항을 고려하여야 한다.

① 집단 구성 시 12명 이내로 구성하는 것이 적절하며, 집단상담의 보조자가 있는 것이 매우 중요하다. 장애의 특성을 고려해서 뇌병변장애 및 청각장애를 겪고 있는 내담자가 구성원일 경우 8명 이하로 하는 것을 추천드린다.

② 특수아 집단상담 시에 장애의 영역을 철저하게 고려하여야 한다. 청각장애, 시각장애, 뇌병변장애, 지체장애 등을 고려하여야 한다.

③ 뇌변병변장애, 뇌성마비 등의 집단상담 시에는 집단 구성원 간의 상호작용에 많은 시간과 인내심이 필요하다.

④ 청각장애인인 경우에는 구화로 상호작용이 가능한 구성원인지, 수화지원서비스가 되어야 하는지, 속기지원서비스가 되어야 상호작용이 원만하게 이루어질 수 있는지 등을 고려하여 집단을 구성하여야 한다.

⑤ 장애아들 중에서는 자신의 장애의 수용여부에 따라서 집단의 참여정도가 달라지므로 이 부분을 미리 파악하는 것이 중요하다.

⑥ 장애아들의 장애 시기, 즉 중도장애, 선천적 장애에 따라서 집단에 참여하

는 정도와 상호작용 방법 등이 달라지므로 이런 특성을 고려해야 한다.

⑦ 장애아들의 장애정도, 장애유형 등을 고려하여 워밍업을 준비하여야 한다.

⑧ 청각장애아들은 자신의 현재의 감정과 느낌을 표현하는 데 어려움이 있으므로 이 부분에 관심을 두어야 한다.

⑨ 장애를 겪고 있는 내담자들은 집단상담을 통해서 장애를 수용하고, 자신의 잠재능력을 성장시키는 데 초점을 둔 집단상담이 효과적이다.

⑩ 특수아 집단상담 시 미래나 과거보다는 현재에 중점을 두고 특히 지금-여기에 직면시키는 것이 중요하다.

⑪ 집단상담 시 매체를 활용할 경우에는 집단 구성원들의 장애여부, 정도 등을 파악하여 적용하는 것이 바람직하다.

⑫ 상담사는 적절한 연습과 기술을 사용해서 원활한 진행이 될 수 있도록 준비해야 한다.

⑬ 상담사는 자신의 한계를 명확히 해야 한다.

⑭ 상담사는 미리 종결 준비를 이야기해야 한다.

4) 특수아 집단상담에서 내담자들의 부적절한 행동

특수아 집단상담을 진행하다 보면 일반 집단상담보다는 특수아 집단상담에서 부적절한 행동들이 다양하게 나타난다. 내담자들의 부적절한 행동을 스스로 파악하고 통찰하여 변화가 일어날 수 있도록 도와야 한다. 장애인들 간의 집단을 구성하여 집단상담을 진행할 시에 부적절하게 나타나는 부적절한 행동의 대표적인 것을 살펴보면 다음과 같다.

(1) 독점하기

참여-비참여를 연속선상에 둘 때 한쪽 끝에는 집단의 활동을 독점함으로 지나친 자기중심성을 나타내는 행동이 있다. 즉 지나치게 말이 많고 지나치게 능동적으로 참여하는 집단원의 행동이다. 장애아들 중에서는 장애로 인해서 학습된 비합리적인 사고나 행동, 자신의 장애가 가장 힘이 들고 어렵다는 자기중심적 사고, 장애를 겪고 있는 자신이 가장 먼저 대우 받아야 한다는 의식 등이 나타나는 경우도 있으므로 이에 대한 상담사의 역할이 요구된다.

(2) 참여하지 않기

장애인들 중에서는 시종 집단활동에 참여하지 않고 침묵을 지키거나 움츠러드는 행동을 하는 경우가 많다. 자신이 가지고 있는 자신감의 결여나 두려움 등으로 참여하지 못하는 경우가 있다. 이와 같은 행동은 집단의 역동에 부정적인 영향을 미치고, 다른 집단원들과 좋은 관계를 발전시킬 수 없기 때문에 집단상담이 진행되기 어렵게 된다.

침묵을 지키거나 참여하지 못하는 집단원은 일반적으로 말할 가치 있는 내용을 갖고 있지 못한다는 느낌, 자신에 대하여 이야기하는 것은 좋지 못하다는 생각, 자칫 남들에게 어리석게 보일 것이 두려워서, 다른 집단원이나 지도자의 권위에 눌려서, 저항의 일종으로, 집단 과정에 대한 불확실성 때문에, 거부당할 것 같은 두려움, 집단을 신뢰하지 못하기 때문에, 또는 비밀이 누설의 두려움 등의 여러 가지 이유로 인하여 그와 같은 행동을 하게 된다. 특히 장애아들은 장애로 인한 다양한 실패 경험으로 실패에 대한 두려움 때문에 참여하지 않는 경우도 있다.

(3) 충고하기

장애인들 중에서는 자신이 경험한 장애에 대해서 서슴없이 충고하는 경우가 종종 있다. 다른 집단원에게 자신의 주관적인 지각이나 의견을 제시해 주는 것과는 달리 그에게 어떻게 느껴야 하고 또 해야 할 것과 하지 말아야 할 것을 지시하는 행동이다. 충고는 해주는 사람의 주관적인 느낌이나 가치관이 개입되기 때문에 받는 사람에게는 별로 도움이 되지 못한다. 충고란 그것을 통하여 자신의 충족되지 못한 욕구를 무의식중에 충족시키려는 노력으로 볼 수 있다. 충고를 함으로써 자신의 문제에서 초점을 타 집단원에게로 돌릴 수가 있고, 집단이 자기를 취급하는 위험에서 풀려날 수 있다. 뿐만 아니라 충고를 함으로써 자신이 지도자보다 우월함을 나타내려 하거나 도움의 대상이 되는 집단원에 대한 경멸과 적개심은 은폐하려 한다. 따라서 충고자에게는 그 행동에 대한 단순한 피드백만으로는 별 도움을 주지 못한다. 오히려 충고를 하게 된 동기에 대하여 스스로 탐색하게 하고 그가 경험하고 있는 느낌을 반영해 줌으로써 자신의 느낌을 상담과정에서 다루어 보도록 도와야 한다.

(4) 공격하기

장애아들 중에서는 사회와 자신의 장애에 대해서 직접적인 공격이나 적대적 행동을 표현해서 집단 분위기에 부정적 영향을 미친다. 그러나 적대감정을 직접적으로 표현하기보다는 간접적인 형태로 표현될 때 취급하기가 쉽지 않다. 이러한 행동은 일반적으로 신랄한 비판, 빈정댐, 농담 등과 같은 직접적인 방법의 형태로 표현되기도 하고 집단에 결석하고 지각, 저항하기 공공연히 지루하다고 불평하기, 집단을 떠나거나 지나치게 정중을 가장하는 등 여러 가지 간접적인 방법을 취하기도 한다.

(5) 문제없는 사람으로 자처하기

장애아 중에는 자신은 아무런 문제가 없다고 과장적으로 표현하는 경우가 있다. 어떤 참여자는 자신을 다른 집단원들보다 우월한 자리에 놓거나 완전한 사람으로 자처하는 행동을 한다. 예를 들면, "나는 장애에서 나타나는 모든 문제를 이미 해결했다. 내가 이 집단에 참여하는 것은 어떤 문제가 있어서가 아니라, 구성원들의 문제를 관찰하고 도와주려고 왔다", "나는 너희들이 가지고 있는 장애를 너무나 잘 이해하고 공감할 수 있다. 왜냐하면 나도 전에 너와 같은 때가 있었으니까"로 표현한다. 이와 같은 행동은 다른 집단원들로 하여금 집단에 참여할 수 없게 한다.

(6) 도움을 구걸하기

장애아들 중에서는 지나치게 의존적인 행동을 보이는 경우가 많다. 이러한 행동도 상담 과정을 방해하는 부적절한 행동이다. 이와 같은 행동을 하는 집단원은 계속적으로 지도자나 다른 참여자로 하여금 자신을 돌봐주고 할 일을 지시해 주도록 구걸한다. 스스로 바보처럼 가장하며, 무기력한 존재인 양 행동함으로써 지도자나 다른 집단원들로 하여금 충고나 도움이 필요하다는 사실을 확신하게 하려 하며, 다른 이로 하여금 그를 위하여 대신 책임을 지어 주도록 유혹한다.

이와 같이 집단상담 시에 장애아 내담자들은 자신의 장애로 인한 잘못된 학습으로 부적절한 행동을 통해 집단의 역동에 부정적인 영향을 미치는 경우가 종종 나타날 수 있으므로 상담사는 이러한 행동을 잘 관찰하여 적극적으로 다루어야 한다.

3. 장애아 진로상담의 실제

1) 장애아 진로상담의 중요성

장애는 개인의 삶에 심각한 영향을 미치는 위험 요인이다. 장애를 가지고 있다고 해서 삶의 만족도가 떨어진다고 할 수는 없다. 장애아도 인간으로서 가장 기본적인 욕구인 행복한 삶, 만족한 삶을 살아가고자 한다. 장애인들 삶의 만족도에 대한 관심은 1980년대 이후에 학문적, 정치적, 의학적, 심리적으로 관심이 증가하였으며, 최근에는 재활 분야에서 삶의 만족도에 관심을 갖는 것은 여러 가지 복지적인 서비스 중에서 상위개념이며, 궁극적인 목표이기 때문이다 (Miller, 2005).

장애인들의 삶의 만족도 영향 요인을 취업장애인과 미취업장애인으로 구분해서 경제적 요인(취업, 경제수준), 심리적 요인(자아존중, 장애수용), 사회적 요인(사회참여), 장애 관련 요인(신체기능)으로 나누어 분석한 결과 일자리가 장애인의 삶의 만족도를 높일 수 있는 가장 효과적인 방법의 하나임을 확인시켜 주는 것으로 나타났다(박자경, 2009). 장애인들 중에서는 복지적인 측면으로 지원되는 장애인

수당으로 인해서 일을 해도 경제적으로 큰 도움이 되지 않는다면서 취업을 하지 않거나 중도에 포기하는 장애인들이 종종 있는데, 이들의 삶의 만족도는 낮다는 것이다. 장애인들의 삶의 만족도는 직업의 유무에 따라서 달라짐을 시사하고 있다.

장애인들의 삶의 만족도의 기초가 되는 직업은 장애인들에게 어린 시절부터 체계적인 진로상담이나 교육에 의해서 이루어진다고 할 수 있다. 그러므로 장애인들의 삶의 질을 좌우하는 데 결정적인 영향을 미치는 장애아 진로상담의 중요성을 구체적으로 다루어 보면 다음과 같다(양종국, 2015).

① 장애아 진로상담은 자신의 전 생애 발달 과정에서 자신의 삶의 만족도를 향상시키는 데 중요한 역할을 한다. 장애인들에게 직업이 주는 기능적인 측면에서 경제적인 이득보다도 더 중요한 것은 직업 세계를 통해서 비장애인들과 다양한 방법의 상호작용과 사회적 지지를 받을 수 있으며, 에릭슨(Erikson)이 말하는 성격의 발달에서 생산성을 발휘하는 등 직업은 곧 삶의 만족도를 향상하는 데 중요한 역할을 하고 있다. 이러한 직업은 진로상담을 통해서 체계적으로 관리되고 계획될 때 자신에게 알맞은 직업을 갖게 될 가능성이 높아져 삶의 질이 변화된다.

② 장애아 진로상담은 자신의 장애를 수용할 수 있는 계기를 마련해 준다. 장애는 재활되는 것이 아니라 현재 바로 이 순간의 상태를 인정하고 수용할 수 있어야 한다. 우리나라 장애인들은 중도에 장애를 갖게 되는 경우가 대부분이다. 장애인들의 장애 수용 단계(조성재, 2007)를 구체적으로 살펴보면 첫째, 충격의 단계이다. 이 단계에서 장애인들은 예기치 않은 장애로 충격과 혼란, 통제 불가능한 감정폭발 등의 초기 충격에 휩싸이게 된다. 둘째, 부정의 단계로 접어들게 된다. 자신이 장애를 가졌다는 사실 자체를 부정하고, 자신의 장애는 일시적인 상태라고 믿고, 자신의 장애를 인정하지 않는다. 셋째, 우울의 단계에 접어든다. 자신의 불확실한 미래, 불분명한 자아정체성에 대한 고민, 죄책감, 자기비난, 타인에 도움을 받아야 한다는 것 때문에 자기 스스로 자멸감에 휩싸이게 된다. 넷째, 분노와 회의의 단계이다. 장애인이 되었다는 사실이 불공평하다고 느끼고, 무엇 때문에 나에게 이런 고통을 주는지, 원망하는 단계이다. 이 단계에서는 무력감, 좌

절, 미래에 대한 공포, 이유 없는 불쾌감이 섞인 분노를 자신과 주위 사람들에게 표출하기도 한다. 다섯째, 장애를 수용하는 단계이다. 자신의 장애를 현실로 받아들이고 가치와 자기정체성을 재확립하며, 자신의 장점과 능력을 탐구하고 이를 활용하려고 시도하게 된다.

바로 이와 같은 단계를 걸쳐서 장애를 수용하게 되는데, 어떤 장애인은 첫 번째 단계에서 바로 수용의 단계로 바로 넘어가는 장애인도 있고 어떤 장애인은 모든 단계를 걸치면서 장애를 수용하는 장애인도 있다. 그러므로 진로상담 시에 장애아들이 자신의 장애에 대해서 수용할 수 있는 계기 및 구체적인 탐색을 통해서 자신을 확실하게 수용할 수 있는 기회를 제공해 준다.

③ 장애아 진로상담은 내담자들이 자신이 가지고 있는 잠재능력을 보지 못하는 경우 자신을 정확하게 이해할 수 있는 다양한 기회를 제공한다. 장애아들이 자신을 보다 정확하고 올바른 이해를 한다는 것은 주관적인 이해가 아닌 객관적인 이해를 의미한다. 여기에서 장애아들이 자신의 능력, 흥미, 성격, 가치관, 신체적인 특성, 가정적 환경 등을 객관적으로 이해하는 것도 중요하지만 자신의 특성에 알맞은 가장 적합한 직업을 선택하고, 성공적인 직업생활을 영위할 수 있는 직업을 선택하는 것이 중요하다.

실제 장애인들의 직업세계 적응이나 선택의 문제는 장애인과 비장애인들 간의 능력이나 특성을 고려한 구분된 경쟁이나 적응이라기보다는 장애 유무와 관계없이 경쟁하는 구도 속에서 살아가고 있다. 이러한 문제점을 해결하기 위해서 장애인 고용과 관련해서 법률적으로 장애인 의무고용률은 2010년 2.3%, 2012년 이후 2.5%, 2014년 이후 2.7%, 2023년에는 국가 및 지방자치단체, 공공기관은 3.6%, 기업은 3.1%, 2024년에는 국가 및 지방자치단체, 공공기관은 3.8%, 기업은 3.1%로 하고 있으나 제대로 지켜지지 않고 있는 실정이다. 진로상담에서는 장애아들의 삶의 만족도와 행복권을 달성시키기 위해서 자기를 정확하게 이해하고 자신의 특성에 알맞은 직업 세계를 선택할 수 있도록 상담 과정에서 다양한 방법을 통해 도와준다.

④ 장애아 진로상담은 자신의 특성에 알맞은 직업 세계에 대한 이해를 증진

시켜 준다. 미국이나 선진국에서는 중복장애인(청각, 시각) 신부, 변호사, 의사 등 다양한 직업 세계에서 일을 하고 있으나 우리나라는 극히 제한된 직업 세계에서도 대부분 단순 반복적인 일에 종사하는 경우가 많다. 이러한 이유는 초·중고등학교 시절부터 적절한 진로상담을 통한 다양한 직업세계를 이해하고 경험하기보다는 전통적인 방법에 의한 시각장애인은 안마사, 청각장애인들은 목공예, 가구, 제과제빵, 디자인 등의 제한된 직업세계를 경험시키고 있기 때문으로 사료된다. 직업세계는 다양하게 변화되고 있는데도 불구하고 장애라는 울타리 속에 그 한계를 정해놓고 직업세계를 탐색하도록 하는 방법만 사용하기 때문이다. 미래학자들은 현존하는 직업세계는 2000년 중반 이후가 되면 50% 정도는 없어지고, 새로운 직업세계가 나타나거나 현존하는 직업들도 일하는 방식이 급격하게 변화된다고 한다. 이러한 변화를 진로상담 과정을 통해서 이해하고 경험할 수 있도록 기회를 제공해 주어야 한다.

⑤ 장애아 진로상담은 비합리적인 의사결정을 벗어나 합리적인 의사결정에 중요한 역할을 한다. 장애인들은 진로를 계획하고 결정할 때 자신을 이해하고 직업세계를 다양한 정보를 가지고 합리적으로 의사결정하는 경우보다는 장애유형이 같은 장애아의 의견이나 부모의 권유, 자신이 가지고 있는 장애 특성만 고려한 의사결정이 이루어지는 경우가 많다. 바로 진로상담을 통해서 올바른 진로결정을 할 수 있는 의사결정기술을 도움 받을 수 있다.

⑥ 장애아 진로상담은 일과 직업에 대한 올바른 가치관을 형성하도록 한다. 진로상담의 중요한 목표 중의 하나는 장애아로 하여금 일과 직업에 대한 바람직한 가치관 및 태도를 갖도록 하는 것이 중요하다. 진로상담을 통해서 자신의 직업을 선택하는 데 있어서 직업에 대한 올바른 가치관이나 태도는 단순히 직업을 생계수단이나 경제적인 수단적인 측면의 외재적 가치관뿐만 아니라 자신의 능력을 실현하고, 사회에 헌신하는 등의 직업의 내재적 가치관을 갖도록 하여 자아실현의 길을 갈 수 있도록 도와주는 것이다.

⑦ 장애아 진로상담은 대인관계, 인간관계를 긍정적으로 변화시키도록 도와

주는 것이다. 장애아들은 장애로 인한 행동능력의 제한성을 갖고 있으며, 대인관계, 인간관계에서 어려움을 갖게 된다. 특히 청각장애인들의 경우에는 원만한 의사소통 부재로 인해서 업무이해 부족 및 비장애인과의 원만한 대인관계 부재로 인한 직업적응력이 떨어진다. 진로상담은 바로 직업적응력에 지대한 영향을 미치고 있는 인간관계 및 대인관계를 긍정적으로 변화시키거나 바람직한 방향으로 변화될 수 있도록 도와주는 것이다.

2) 장애아 진로상담의 통합 모형

본 모형은 솔로몬(Salomone, 1996)의 모형, 진로상담의 특성요인이론, 한국장애인고용촉진공단의 모형, 일반상담이론의 인간중심상담, 현실치료 등에 근거하여 통합적 진로상담 단계이다. 장애인을 대상으로 하는 진로상담에서는 내담자가 가지고 있는 특수한 상황이나 특성을 먼저 고려하여야 하며, 일반진로상담의 모형을 바탕으로 통합적 진로상담의 단계를 제시하면 다음과 같다.

단계	내용
1단계 : 신뢰관계 형성	•인간적인 관계 형성 •내담자의 주호소문제 파악 •진로상담의 구조화
2단계 : 장애아의 심리적, 신체적, 맥락적 환경 탐색	•장애아의 맥락적인 환경 탐색 •장애아의 특성을 객관적이고 정확하게 파악 •자신의 특성을 객관적으로 이해 •자신의 강점 파악하기 •직업가계도 파악
3단계 : 장애 수용	•자신의 장애를 있는 그대로 수용하도록 함 •장애에 대한 적응 •장애에 대한 수치심, 긴장 다루기
4단계 : 자신의 특성과 관련한 직업세계 탐색	•자신의 강점에 알맞은 직업세계 탐색 •직업에 대한 구체적인 직무분석 탐색 •직업세계의 변화 등 탐색 •자신이 가장 원하는 것이 무엇인지 탐색
5단계 : 합리적인 의사결정 과정	•내담자의 의사결정 유형 탐색 •내담자의 의사결정 과정 탐색 •내담자의 합리적인 의사결정 •자신은 원하는 것을 얻기 위해서 어떤 행동을 했는지
6단계 : 문제해결 및 대인관계 괴정	•장애아와 비장애아와의 인간관계 •직업세계에서의 대인관계
7단계 : 유지 및 지지단계	•자신의 문제를 해결하기 위한 실행 •진로계획 및 유지에 따른 지지

그림 16-1 통합적인 진로상담 모형

(1) 1단계: 신뢰관계의 형성단계

이 단계에서는 장애아들을 내담자로 하는 경우는 시각장애, 청각장애, 지체장애 등 장애유형에 따라 신뢰관계를 구축하기 위해서 접근하는 방법을 달리하여야 한다. 일반상담과 같이 내담자와 상담사 간의 신뢰관계를 구축하기 위해서는 상담사가 시각장애아들과 처음 만남의 기회가 있을 때 인사하는 방법, 청각장애아와 인사하는 방법 정도는 익히는 것이 중요하다. 특히 비장애아의 상담사인 경우는 더욱더 신뢰관계 구축에 세심한 관심을 가져야 한다. 이 단계에서 관계가 어느 정도 형성되면 내담자의 주호소문제를 파악하기 위한 활동이 이루어져야 하며, 상담사의 역할과 내담자의 역할에 대해서도 정확하게 나누어야 한다. 특히 장애아들과 상담할 시에는 상담사의 역할에 대해서 정확하게 이야기하고 나누는 것이 매우 중요하다.

(2) 2단계: 장애아의 심리적, 신체적, 맥락적 환경을 탐색하는 단계

이 단계에서는 장애로 인한 심리적인 문제, 장애로 인한 가정의 경제적인 문제, 관계성의 문제 등을 다루어야 하며, 특히 장애아들이 비장애아들과의 상대적인 비교를 통해서 자신의 특성을 객관적으로 이해하기보다는 주관적으로 이해하는 경우가 종종 있다. 직업이나 진로와 관련해서는 비장애인과 함께 생활하고 적응하기 때문에 장애아 내담자의 특성을 객관적으로 정확하게 파악하는 것이 매우 중요하다. 이 단계에서는 자신의 특수능력, 일반능력, 흥미, 성격, 가치관 등을 종합적이고 객관적으로 파악한 후에 자신의 강점이 무엇인지를 인식하도록 하며, 장애인들의 진로계획은 가족이나 사회적인 지지망 속에서 진로가 계획되고 실현되는 경우가 많으므로 직업가계도나 지지망 관계도를 탐색하는 것도 중요하다.

(3) 3단계: 장애 수용의 단계

장애 수용은 장애인의 심리·사회적 적응이나 진로계획에 가장 필수적인 부분이며 가장 중요하게 다루어야 할 부분이다. 장애 수용이란 장애로 인한 자신의 가치를 절하하거나 극소화시키는 것이 아니라 자신의 장애가 단지 불편함이나 제한점, 다른 사람에 비해서 조금 다르다는 것을 인정하고 받아들이는 것을 말한다. 장애는 재활되는 것보다는 있는 그대로 수용하면서 장애를 다른 사람에게 감추거나 창피하게 인식하기보다는 자신을 있는 그대로 소개하고 드러내는 것을 말한다. 장애아 내담자의 장애 수용여부 및 장애에 대해 어떻게 적응하고 있는지는 탐색하는 단계를 말한다.

(4) 4단계: 자신의 특성과 관련한 직업세계 탐색단계

자신을 객관적으로 이해하고 자신의 강점에 알맞은 직업세계를 구체적으로 탐색하고, 자신의 특성과 직업과 매칭을 하고 그에 따른 구체적인 직무분석을 탐색하고, 직업세계에 대한 변화, 자신의 특성과 직업세계 간의 관계, 자신이 원하는 것과의 관계성 등을 구체적으로 다루어 준다. 장애아들은 정보 접근성의 제한을 늘 경험한다. 장애를 겪고 있는 내담자들은 동료 장애아들과의 관계, 다른 장애아의 학부모 등을 통해서 막연한 정보를 수집하고 가지고 있는 경우가 많으며, 특히 미래 사회의 직업세계 변화에 대한 조망능력이나 구체적인 정보는 낮은 상태이므로 상담 과정에서 적절한 대처가 요구된다.

(5) 5단계: 합리적인 의사결정 과정

이 단계에서 장애아 내담자나 장애아 부모에 대한 상담이 적절하게 이루어져야 한다. 장애아 내담자의 의사결정 유형 탐색, 내담자의 의사결정 과정 탐색, 내담자의 합리적인 의사결정 과정, 자신이 원하는 것을 얻기 위한 의사결정 과정을 구체적으로 탐색하여야 하며, 특히 장애들은 자신이 의사결정을 한 후에도 동료 장애아나 보호자, 부모들에 의해서 의사결정을 번복하는 경우가 많으므로 상담 과정에서 철저하게 다루어져야 한다.

(6) 6단계: 문제해결 및 대인관계 과정

이 단계는 진로상담 과정에서 장애아들이 문제장면에서 어떻게 문제를 접근하고 해결하는가를 구체적으로 탐색하고, 장애아와 비장애인아의 인간관계, 직장 내에서의 인간관계를 다루어야 한다. 특히 청각장애아의 경우에는 의사소통의 문제로 비장애아들과의 인간관계를 형성하는 데 어려움을 겪게 되므로 진로상담 과정에서 다루어 주어야 한다. 인간관계는 사회적응, 직업적응에 지대한 영향을 준다.

(7) 7단계: 유지 및 지지단계

이 단계에서는 자신의 진로계획의 실행여부, 자신의 문제를 해결하기 위한 실행 등에 따른 적극적인 지지 및 유지를 위한 상담이 이루어져야 한다. 장애아들은 여러 가지 이유로 인해서 일상적인 생활 속 문제장면에 봉착하게 되었을 때 자신의 진로계획을 수정해야 하는 경우나 어려움을 해결하기 위한 노력의 지속적 수행에 필요한 외부의 지지, 관심과 함께 주기적인 유지 상담이 이루어져야 한다.

3) 장애아 진로상담 시 주안점

장애아도 비장애아들과 동일하게 진로상담을 하는 이유는 이들도 공히 직업을 통해서 자아실현을 하고자 하는 욕구가 동일하기 때문이다. 2019년 기준 OECD 국가들의 장애인 출현율은 24.5%인데 우리나라의 장애인 출현율은 5.4%로 OECD 국가와 비교할 때 매우 낮은 수준인데, 이는 우리나라의 장애기준이 의학적 기준에 근거하기 때문이다. 2024년 우리나라 등록장애인은 264만으로 전체 인구의 5.1%에 이르고 있어 이들의 진로상담은 삶의 질과 바로 연결된다. 장애아 진로상담은 장애아들이 자신의 장애를 어떻게 인식하고 수용하느냐에 따라서 달라지며, 성인에 해당되는 중도(中途)장애아들은 진로상담에 어떻게 적응하느냐에 따라서 달라진다고 할 수 있으며, 특히 장애아를 대상으로 하는 진로상담은 먼저 의학적 장애에 대한 심리적 영향, 장애로 인한 직업에 대한 제한성과 능력에 대해 충분히 검토되어야 한다. 그러므로 이러한 특성을 고려한 장애아 진로상담의 주안점을 구체적으로 살펴보면 다음과 같다.

(1) 장애 상태에 대한 심리적 영향을 고려하여야 한다.

진로상담 시에 장애아들의 심리적인 상태를 고려하여야 한다. 시각장애인의 심리적 상태에 대해서 이태훈(2005)은 일반적으로 타인에 대한 배려와 욕구를 이해하지 못하는 데서 오는 자기중심적 태도와 행동, 타인과의 의사소통을 통제하지 못하는 데서 오는 고립과 위축, 시각과제에 대한 타인 의존에서 오는 수동성과 의존성, 적절한 사회적 행동을 관찰하고 모방하고 피드백 받지 못하는 데서 오는 부적절한 사회적 역할모델과 맹인벽, 타인의 실명에 대한 부정적 태도에서 오는 잘못된 관념과 낮은 자기존중감 등의 부정적인 영향이 나타날 수 있다고 지적하였다.

청각장애인들은 장애가 외모적으로 드러나지 않으나 비장애인들과의 의사소통에 어려움으로 상호작용이 잘 안되며, 청각장애인들의 의사소통 방법으로는 수화를 가장 많이 사용하며, 대화, 구화, 필담, 몸짓 등으로 사용하고 있으나 일반인들과의 의사소통에 문제를 가지고 있어서 교육적 환경이나 사회적인 여건에서도 불리하며, 비장애인들과의 인간적인 대인관계의 단절 등으로 인해서 자기중심적이고 폐쇄적인 문화와 같은 독특한 문화를 갖고 있어 이로 인한 직장 내 적응의 문제, 정보교류의 문제 등에 어려움을 겪고 있다.

지체장애인들은 일반적으로 사고나 질병에 의한 중도에 장애가 되는 경우가 대부분이다. 지체장애인의 심리적인 특성에 대해서 김현식(1991)은 신체적 장애에 대한 과도한 집착을 하고 고립감, 열등감, 자기불만감에 빠져 있으며, 대인관계에 예민하며, 장애가 심할수록 신경증적, 정신병적, 반사회적 이상 성격의 경향이 높다고 하였다.

발달장애는 발달상에 있어서 그 수준이나 정도가 지체되거나 장애가 있다는 것을 의미하며, 지적장애, 학습장애, 운동기술장애, 의사소통장애, 주의력결핍 및 파괴적 행동장애 등을 포함하고 있는데, 대표적인 것이 지적장애, 자폐성장애 등을 말한다. 지직장애는 독립된 생활이나 생활 활동영역-신변처리, 적절한 언어적 표현 미흡 등의 기능적인 제한이 있으며, 원만한 대인관계를 하지 못하고 의존성이 강하며, 주의집중이 되지 않으며, 일상적인 문제장면에 적절하게 대처하지 못하는 등의 특성을 나타내고 있다.

장애인들의 심리적인 특성을 이해한 사회적인 지지와 관심은 진로 발달에 중요한 영향을 미친다. 창(Chang, 1998)은 시각장애가 있는 여덟 명의 여학생과 네 명의 남학생을 대상으로 한 질적연구에서 시각장애 학생들의 지각된 사회적 지지가 자아수용, 가치로움, 통제감, 자기효능감, 자존감, 자아정체감과 사회적 기술을 촉진하거나 향상하는 데에 도움을 준다고 하였으며, 사회적 지지 이외에 자기주장적인 것, 구체적인 진로목표, 자원봉사 및 직업경험 등이 시각장애 학생의 진로발달에 영향을 준다고 하였다. 즉 시각장애들에 대한 사회적인 지지나 관심은 시각장애인 자신을 정확하게 이해할 수 있는 기회를 제공하고, 다양한 직업세계의 경험과 탐색하는 데 도움을 주며, 자신의 구체적 목표를 설정하도록 하는 등 일련의 진로발달에 중요한 영향을 미친다는 것이다.

진로상담 시 장애유형에 따른 심리적인 특성을 이해하는 것은 장애아들을 접하게 되는 첫 출발점이라고 할 수 있다. 장애유형별 심리적인 특성이 꼭 이렇다고 하기보다는 이러한 성향이 나타내고 있다는 것을 의미하므로 상담사들은 장애아들의 심리적인 상태를 고려한 접근이 이루어져야 할 것이다.

(2) 장애로 인한 직업에 대한 제한성 및 능력을 탐색하여야 한다.

장애유형에 따라서 직업에 대한 제한성을 정확하게 가지고 있다. 여기에서 상담사는 장애로 인한 직업세계의 제한성, 사회생활의 제한성이 어느 정도인가를 파악하여야 한다. 또한 장애를 겪고 있는 내담자가 가지고 있는 활용 가능한 자존능력을 종합적, 다면적(지적, 능력, 신체, 정서)으로 탐색되어야 한다. 장애아의 잔존능력에 대한 파악은 곧 직업세계 및 사회생활의 제한성과 연관이 깊으므로 상담사가 파악하기 힘든 경우 한국장애인고용공단에 의뢰하는 것도 좋은 방법이다. 또한 진로상담사는 장애아들이 새로운 학습과 성장, 발전 가능성에 대한 잠재력을 탐색하는 데 관심을 두어야 하며, 특히, 장애아들이 자신의 장애를 수용하고 새로운 일에 도전하고자 하는 열의나 열망, 의욕 등이 어느 정도인가를 파악하는 것도 매우 중요하다.

(3) 장애아들이 자신의 장애를 수용하는 것으로부터 진로상담이 시작된다고 할 수 있다.

장애아들을 상담하다 보면 자신의 장애를 어떻게 인식하느냐에 따라서 변화가 일어나기 시작한다. 우리나라 장애인 출현율에서 후천적인 원인에 의한 출현율이 90.5%로 대부분의 장애인들은 후천적인 요인에 의해서 나타났다(김성희 외, 2011). 장애인의 90% 이상이 후천적인 원인에 의해서 나타나고 있다는 것은 일상적인 생활을 하다가 교통사고나 질병에 의해서 나타난다는 것이다. 장애인들이 일반적인 경제활동이나 사회활동을 수행하다가 갑자기 닥쳐온 장애로 인해서 심리적인 불안감, 두려움, 좌절을 경험하게 되고 이를 이겨내고 자신의 현재 상태를 인정하고 수용하느냐에 따라서 변화가 시작된다고 할 수 있다. 그러므로 진로상담의 첫 출발점은 장애의 수용이며, 이를 수용하는 데 많은 어려움을 겪고 있기 때문에 장애를 겪는 내담자가 자신의 장애를 어떻게 인식하고, 어떤 태도를 가지고 있는지가 자신의 진로를 계획하고 실행하는 데 중요한 요인으로 작용한다. 그러므로 진로상담사는 장애인과 상담 시 자신의 장애에 대한 인식 정도를 심도 있게 탐색하여 장애에 대한 자아감, 정체감을 정확하게 갖도록 하여야 한다.

(4) 장애를 겪는 내담자의 강점을 찾아 수용할 수 있도록 하여야 한다.

인간은 누구나 자신만의 강점을 가지고 있다. 자신의 강점을 보지 못하고 자꾸 자신의 단점을 보게 된다면 늘 힘들어하게 된다. 진로상담사들은 장애아들과 상담 시 활용 가능한 강점을 어떻게 찾아주고 성장, 발전, 학습시킬 수 있도록 할 것인가에 관심을 두어야 한다. 장애아들이 일상적인 생활 속에서 자신의 단점을 크게 인식하여 자신도 모르게 부정적인 행동, 관계성을 보인다. 장애를 겪는 내담자들이 평소에 자신이 가지고 있는 활용 가능한 강점을 볼 수 있도록 하는 것이 진로상담의 중요한 역할이다. 오늘날 긍정심리학에서 활용 가능한 잠재능력은 개인의 경험과 인간관계에 중요한 요소로 작용한다고 하였다. 장애를 겪는 내담자들이 활용한 가능한 잠재능력으로는 단순히 특수능력이나 일반능력뿐만 아니라 사랑, 영성, 인내, 근면 등 다양한 능력이 있으므로 이를 정확하게 인식할 수 있는 기회의 제공은 자신의 진로를 계획하고 수립하여 실행하는 데 하나의 전환점이 될 수 있다.

(5) 장애를 겪는 내담자와 부모 및 보호자 간의 관계성을 탐색하고 관심 있게 다루어야 한다.

장애는 당사자뿐만 아니라 장애아와 함께하는 가족에게도 커다란 영향을 미친다. 장애로 인한 스트레스와 경제적인 압박은 가족들의 역할과 생활패턴, 가족 간의 관계성, 역동성 등에 큰 변화를 일으킨다. 이러한 과정 속에서 장애아들은 가족에 의존하는 경향이 강하게 일어나며, 부모님은 장애를 겪는 내담자를 대신해서 모든 문제를 해결해 주려는 행동을 쉽게 한다.

장애 학생들이 자신의 진로를 결정하는 데 필요한 자기이해와 다양한 정보의 부족으로 인해서 합리적이고 독립적인 의사결정보다는 주변인이나 부모, 기성세대의 의견을 따르고 있는 실정이다. 장애아들의 진로선택 시 영향을 미친 사람으로는 부모 27.9%, 교사 24.3%, 본인 스스로가 13.2%, 선배가 10.3%, 친구는 7.7%, 영향을 미친 사람이 없다가 4.8%, 형이나 누나 등의 가족이 3.3%, 지인이 2.6% 순으로 나타나고 있다(이미정, 2009).

장애를 겪는 내담자들의 일상적인 생활 속에서 나타나는 의사결정이나 적응의 문제, 학업문제 등에서 부모가 결정하면 장애를 겪는 내담자는 이를 수용하고 무비판적으로 따르는 경우가 많다. 그러므로 장애를 겪는 내담자의 진로계획이나 실행에 있어서 장애아와 부모와의 관계성, 주도성 등을 구체적으로 다루어야 하며, 특히 발달장애에 해당되는 경우에는 장애아 내담자뿐만 아니라 보호자나 부모와의 구체적인 진로상담이 병행되어야 한다.

(6) 장애아들의 의사결정 유형을 잘 파악하여야 한다.

상담이라는 과정을 통해서 장애인과의 신뢰관계를 형성하여 진로상담 과정에서 올바른 의사결정을 하였다고 하여도, 장애아들은 동일 유형 장애인이나 부모 및 보호자 등에 의해서 의사결정이 번복되는 경우가 너무나 많다. 자신을 잘 이해하고 직업세계에 대한 탐색을 통해서 합리적인 의사결정을 한다고 하여도 의사결정한 부분에 대해서 확고성, 정체성, 신념성을 나타내지 못하는 경우가 많으므로 진로상담 과정에서 장애를 겪고 있는 내담자들이 합리적으로 의사결정한 부분에 대해서는 신념화, 행동화가 이루어지도록 하며, 이를 열정적이고 의욕적으로 자신의 진로계획을 추진할 수 있도록 하는 것이 중요하다. 장애를 겪고 있는 내담자가 합리적으로 의사결정한 부분을 한두 번 수행하고 행동화했다고 해서 그 행동이 신념화, 가치관화 되었다고 보기는 어렵다. 그러므로 상담사는 내담자에게 지속적인 관심과 지지를 주어 생활화, 습관화될 수 있도록 하여야 한다.

(7) 장애아들의 직업 적응 문제를 다루어야 한다.

진로상담사들은 장애아 내담자들의 직업적응에 대한 관심을 두어야 한다. 내담자의 욕구에 대한 보상이 직업에서 주어지는지, 직업에서 요구하는 업무를 잘 수행할 수 있는 능력이나 태도를 가지고 있는지 조직문화에 대한 적응력, 조직 구성원들 간의 인간적인 관계 등을 진로상담 과정에서 다루어야 한다. 장애인들이 비장애인들에 비해서 중도에 직업을 전환하거나 그만두는 경우가 많다고 한다. 이는 직업에 대한 장애를 겪는 내담자들의 적응력이 떨어지기 때문이다. 그러므로 진로상담 과정에서 장애를 겪는 내담자들의 직업업무에서 요구하는 능력이나 적응력, 인간관계성 등을 구체적으로 증진시키고 다루어야 한다.

(8) 장애아들의 제한된 진로정보를 가지고 있음을 인식하여야 한다.

장애아들은 진로 및 직업정보에 대한 접근성이 낮으며, 다양한 방법을 통한 구체적인 진로정보를 획득하고 활용할 수 있는 기회가 부족한 상태이다. 특히 자신의 장애유형과 특성에 알맞은 다양한 직업세계와 관련한 경험이나 체험학습을 적절하게 수행하지 못하고, 전통적인 방법에 의한 정보수집이나 같은 동일 장애유형자의 경험, 보호자에 의존하는 경우가 많으므로 적극적으로 자신의 진로정보를 탐색할 수 있는 기회를 제공하여야 한다.

4. 장애를 겪는 내담자 상담사례

특수아 상담사례에서는 지적장애 학생, 시각장애 학생, 지체장애 학생 중 뇌성마비장애 학생, 심한 지적장애 학생의 상담사례를 살펴보고자 한다. 이 사례들은 미래에 상담전문가, 전문상담교사가 되기 위해서 노력하는 장애인 당사자들이 장애 학생을 직접 상담한 내용을 중심으로 살펴보고자 한다. 이 사례를 통해서 장애아들을 상담 시에 다루어지는 주호소문제, 장애아의 성장과 변화를 위한 상담 전략 등을 살펴보기 바란다. 국내에서 유일하게 장애학생들에게 상담을 전문적으로 가르치는 한경국립대학교 사회통합학부의 심리상담교육전공 장애 학생들의 상담사례를 통해서 특수아 상담에 작은 도움이 되길 바라는 의미에서 상담사례를 공유하게 되었다.

1) 지적장애 학생의 "따돌림을 당할까 봐 불안해요"[1)]

가) 내담자의 인적 사항

지적장애 대학생으로 21세의 여학생이며, 종교는 무교이고 특별한 약물을 복용하지 않음.

나) 상담 신청 경위

초등학교 때 따돌림을 당했는데 새로운 환경에 가면 따돌림을 당할 것 같고 불안해서 이러한 불안을 없애고 싶어 찾아오게 되었음.

다) 이전 상담의 경험

취업문제와 관련하여 대학교 2학년 때 진로상담센터에서 개인상담 3회기 정도 받아본 경험이 있으며, 좋았던 점은 나의 진로를 미리 계획할 수 있었으나 따돌림을 당한 경험을 깊이 있게 나누지 못함.

라) 내담자의 주호소문제

새로운 환경에서 따돌림을 당할까 봐 불안해요.

마) 첫인상 및 행동 특성

밝은 인상을 가지고 있으며 키가 크며 평상시에 기분이 좀 상기되어 있음. 눈을 잘 맞추고 이야기하면서 간간이 몸짓을 동반하여 설명하였으며 상담사가 이야기할 때 고개를 끄덕이며 반응을 보임. 의사소통은 원활하나 발음이 약간 어눌함.

1) 이 상담사례는 김미현의 장애 학생 상담사례임

바) 내담자의 가족사항

- 아버지(52): 회사원 / 대졸. 가족 간 친밀도를 10점 척도 기준으로 나타내었을 때 아버지는 8점이며 아버지는 이기적이고 자기 할 말만 하는 사람이라고 이야기하였음.
- 어머니(48): 주부 / 대졸. 친밀도는 10점으로 다정하시고 배려심이 많다고 이야기하며 어머니와는 친구 사이로 엄마한테 고민을 이야기하고 엄마도 많이 지지해 주신다고 이야기하였음.
- 여동생(21): 대학생 / 고졸. 친밀도는 9점이며 내담자를 잘 챙겨주고 경청을 잘한다고 이야기함.

사) 심리검사

지적장애인의 특성을 고려해서 문장완성형검사와 강점검사, 일반성격검사를 실시하였다.

(1) SCT검사

구분	번호	제시문구	작성내용
① 어머니에 대한 태도	13	나의 어머니는	배려심이고, 자상하시다.
	26	어머니와 나는	화목하고, 관계가 좋다.
	39	대개 어머니들이란	대단한 사람
	49	나는 어머니를 좋아했지만	나도 어머니를 좋아한다.
해석 요약	내담자와 어머니의 관계가 화목하며 어머니를 대단하다고 생각한다.		
② 아버지에 대한 태도	2	내 생각에 가끔 아버지는	자상하시다.
	19	대개 아버지들이란	대단한 사람들
	29	내가 바라기에 아버지는	일을 열심히 하는 사람
	50	아버지와 나는	사이가 좋다.
해석 요약	내담자는 아버지를 일을 열심히 하는 대단한 사람으로 보며 관계 또한 좋은 것으로 보인다.		
③ 가족에 대한 태도	12	다른 가정과 비교해서 우리 집안은	화목하다.
	24	우리 가족이 나에 대해서	침착하고, 자랑스러운 큰딸, 언니
	35	내가 아는 대부분의 집안은	화목한 집
	48	내가 어렸을 때 우리 가족은	화목한 가족
해석 요약	내담자는 가족 내에서 자랑스러운 큰 딸이자 언니로 가족관계가 좋은 것으로 보인다.		
④ 여성에 대한 태도	9	내가 바라는 여성상은	얼굴이 작고 여성스러운 여자
	25	내 생각에 여자들이란	평생의 글 숙제를 안고 가야 하는 사람들
해석 요약	내담자가 보는 여성들이란 얼굴이 작고 여성스러워야 한다는 틀이 있는 것 같다.		

영역	번호	문항	반응
⑤ 남성에 대한 태도	8	남자에 대해서 무엇보다 좋지 않게 생각하는 것은	자기중심적으로 하는 것
	20	내 생각에 남자들이란	멋진 사람들
	36	완전한 남성상은	곱상하게 생긴 사람
해석 요약	내담자는 남자들은 자기중심적이지만 멋진 사람이라고 생각하는 것 같다.		
⑥ 이성, 결혼에 대한 태도	10	남녀가 같이 있는 것을 볼 때	질투가 난다.
	23	결혼 생활에 대한 나의 생각은	인생의 큰 숙제다.
	37	내가 성교를 했다면	못 견딜 것이다.
	47	나의 성생활은	올바르다.
해석 요약	이성 결혼에 대해서는 보수적이며 어렵게 생각하는 것 같다.		
⑦ 친구나 친지에 대한 태도	6	내 생각에 참다운 친구는	나의 여동생이다.
	22	내가 싫어하는 사람은	자기생각을 하는 사람
	32	내가 제일 좋아하는 사람은	나의 이야기를 잘 들어주는 사람
	44	내가 없을 때 친구들은	행복하다.
해석 요약	친구는 많지 않으며 자신의 이야기를 들어주는 사람을 원하는 것 같다.		
⑧ 권위자에 대한 태도	3	우리 윗사람들은	꼰대스럽다.
	31	윗사람이 오는 것을 보면 나는	두렵다.
해석 요약	권위적인 사람에 대한 생각은 두렵고 부정적인 면이 있은 편이다.		
⑨ 두려움에 대한 태도	5	어리석게도 내가 두려워하는 것은	새로운 환경의 장소에 있을 때
	21	다른 친구들이 모르는 나만의 두려움은	새로운 환경에 대한 두려움
	40	내가 잊고 싶은 두려움은	부모님께 혼났던 기억
	43	때때로 두려운 생각에 휩싸일 때	왜 두려움이 찾아왔지
해석 요약	새로운 장소에 대한 두려움이 커서 호소 문제와 연관이 많이 있는 듯 보인다.		
⑩ 죄책감에 대한 태도	14	무슨 일을 해서라도 잊고 싶은 것은	초등학교 왕따를 당하는 것
	17	어렸을 때 잘못했다고 느끼는 것은	부모님의 말을 안 듣는 것
	27	내가 저지른 가장 큰 잘못은	부모님께 거짓말을 하는 것
	46	무엇보다도 좋지 않게 여기는 것은	꼰대
해석 요약	거짓말한 것에 대한 죄책감이 있는 것으로 보아 죄책감이 큰 것으로 보인다.		
⑪ 자신의 능력에 대한 태도	1	나에게 이상한 일이 생겼을 때	'내가 왜 이상한 일이 일어났지?'라고 생각한다.
	15	내가 믿고 있는 내 능력은	침착함이다.
	34	나의 가장 큰 결점은	거짓말을 하는 것
	38	행운이 나를 외면했을 때	실망함이 가득하다.
해석 요약	자신의 대한 능력보다는 거짓말을 결점이라고 하는 것으로 보아 죄책감이 큰 것으로 보인다.		

⑫ 과거에 대한 태도	7	내가 어렸을 때는	귀여운 아이였다.
	33	내가 다시 젊어진다면	내가 하고 싶은 일을 할 것이다.
	45	생생한 어린 시절의 기억은	없다.
해석 요약	과거에 대한 태도는 부정적이지는 않은 것 같다.		
⑬ 미래에 대한 태도	4	나의 장래는	상담사다.
	11	내가 늘 원하기는	항상 새로운 도전을 하는 것에 두려워하지 않는 것
	16	내가 정말 행복할 수 있으려면	내가 하고 싶은 일을 하는 것
	18	내가 보는 나의 앞날은	상담사가 되어서 열심히 일을 하는 것
	28	언젠가 나는	상담사가 되는 것
해석 요약	미래에 대한 태도는 긍정적이고 낙관적으로 보인다.		
⑭ 목표에 대한 태도	30	나의 야망은	심리상담센터의 원장이 되는 것
	41	내가 평생하고 싶은 일은	도전하라!
	42	내가 늙으면	슬플 것이다.
해석 요약	목표가 있으며 이루고자 하는 힘도 있는 것으로 보인다.		
일반적 요약	자신에 대한 능력에 대해 낙관적이지는 않은 듯 보이나 미래와 목표에 대해 부정적이지 않고 비교적 긍정적인 생각을 가지고 있다.		

(2) SPPI 강점검사

• SPPI 강점검사 하위 요소 프로파일

유형	지적욕구 - 59			공감력 - 68				도전성 - 59		
	호기심	개방성	학구열	사랑	배려	감정 인식 능력	끈기	용감	진실성	적극성
T점수	56	54	68	74	66	64	60	57	56	63

유형	낙관적 사고 - 52				절제력 - 53					공동체 의식 - 57			
	감사	낙관성	유머	희망	겸손	신중성	친절	용서	절약	경쟁	협력	리더십	시민 의식
T점수	45	65	47	50	58	46	34	59	68	23	78	55	73

• SPPI 종합 의견

수지님의 가장 큰 강점은 공동체 의식의 협력입니다. 가정이나 학교생활에서 주어진 과제나 임무를 수행하는 데 있어 타인과 협동, 공동으로 노력하여 목표를 달성하려는 성향이 강하게 내재되어 있으므로 현재와 같이 다양한 집단적 활동, 공동과제, 팀티칭, 협동학습의 기회를 다양하게 제공하는 것이 중요합니다.

(3) 성격검사

• **성격 하위 요소 프로파일**

하위 요소	개방성(T66)				성실성(T66)				외향성(T66)			
	경험 추구	미적 개방성	상상력	지적 호기심	목표 지향성	신중성	신뢰성	자기 규율성	관계 지향성	주장성	활동성	긍정 정서
T 점수	70	64	70	76	73	78	80	71	67	44	73	77

하위 요소	우호성			신경증				적응 및 자아강도							
	겸손	타인존중	휴머니즘	우울	불안	충동성	공격성/적대감	적응	학교 만족	학업 수행	전공 만족	대인 관계	자아 강도	무기력	정서 충격
T 점수	57	57	64	36	30	52	58	75	77	66	67	61	80	35	47

• **성격검사 종합의견**

높은 적응력을 보이며, 안정된 정서, 현실감, 자기통제능력을 가지고 있습니다. 스트레스 상황에 대한 대처 능력 또한 탁월하며, 다양한 상황에서 문제해결 능력도 높은 경향을 가지고 있습니다. 위기 대처 능력이 뛰어나고 고통을 이겨내는 능력도 좋은 편으로, 자신이 세운 목표를 수행하면서 경험할 수 있는 다양한 어려움도 잘 극복하여 좋은 수행을 보입니다.

(4) 심리검사 종합 해석

내담자는 학구열, 사랑, 시민의식, 협력, 절약 등의 점수가 높은 것으로 보아 타인에 대한 민감성이 매우 높은 것으로 보이며 이는 타인의 평가와 시선에 민감할 것으로 보임. 이로 인해 새로운 환경에 처했을 때 소신껏 자신의 의견이나 감정을 나타내기보다 타인을 배려하려는 생각 때문에 걱정을 할 확률이 높아 따돌림에 대한 걱정을 할 것으로 보임. 경쟁점수가 유난히 낮음으로 인해 소극적으로 대처할 확률도 있음. 그러므로 다양한 집단적 활동, 공동과제, 팀티칭, 협동학습의 기회를 다양하게 제공하는 것이 중요하다고 사려 됨. 반면 높은 적응력을 보이며, 안정된 정서, 현실감, 자기 통제 능력을 가지고 있어 스트레스 상황에 대한 대처 능력이 있고, 다양한 상황에서 문제해결과 위기 대처 능력, 고통을 이겨내는 능력도 있고, 자신이 세운 목표를 수행하면서 경험할 수 있는 다양한 어려움도 극복하여 좋은 수행을 보일 수 있다고 사료 되어 장점을 잘 살린다면 새로운 환경에 적응할 수 있을 것으로 보인다.

아) 내담자의 발달사 및 성장 배경

내담자는 자매 중 첫째이며 6~7살에 새벽에 고열로 인하여 병원에 입원하였음. 입원하던 도중 지적장애 진단을 받음. 같은 시기 뇌전증으로 인하여 발작이 일어나 약물로 진정하였음. 이후 매일 같이 병원 진료를 받으며 5~6개월 동안 지내고 이후 퇴원하여 병원을 방문하여 진료를 보며 1년 후 초등학교를 입학. 여동생이 공부를 잘한다는 이유로 내담자를 괴롭힘으로 대인관계가 어려웠다고 함. 어머니의 조언을 듣고 농구 동아리를 들어갔으며 그곳에서도 다른 여자아이에게 똑바로 하라고 협박도 들었음. 농구 동아리 선생님은 그걸 보면서 조치를 취하지 않아 믿을만한 사람이 없다고 생각하였다고 함. 그 이후 어른의 말을 듣지 않으며 보내다가 고등학교 때 통합학교에 다녔고 일반학급에서 혼자 외롭게 보냈으나 특수반 친구들이 있어 원만하게 보낼 수 있었다고 함. 고등학교 2학년 때 집으로 심리상담 선생님을 보고 멋있어서 상담사로 진로로 정하게 되어 상담사의 추천으로 현재 대학교에 가게 되었음. 대학교에 와서 다른 사람들이 먼저 말을 걸어주면서 사이가 좋아져 현재 대학교에서의 대인관계에는 문제가 없다고 하였음.

자) 내담자의 자원

- 목표를 위한 꾸준한 노력하는 성실함
- 타인에 대한 깊은 배려심
- 가족들의 심리적·경제적 지지와 자원
- 내담자를 지지해 주는 친구들

차) 상담사가 본 내담자의 문제 이해

(1) 원인론적 이해

내담자는 자매 중 첫째이며 6~7살부터 병원에 입원하고 지적장애 진단을 받고 같은 시기 뇌전증으로 인하여 발작이 일어나 약물로 진정하였음, 이후 매일 같이 병원 진료를 받으며 5~6개월 동안 지내고 이후 퇴원하여 병원을 방문하여 진료를 보며 1년 후 초등학교를 입학하게 됨. 여동생이 공부를 잘한다는 이유로 내담자를 괴롭힘으로 그때부터 대인관계가 어려웠다고 함. 어머니의 조언을 듣고 농구 동아리를 들어갔으며 그곳에서도 다른 여자아이에게 똑바로 하라고 협박도 들었음. 농구 동아리 선생님은 그걸 보면서 조치를 취하지 않아 믿을만한 사람이 없다고 생각하였다고 함. 그 이후 어른의 말을 듣지 않으며 보내다가 고등학교 때 통합학교에 다녔고 일반학급에서 혼자 외롭게 보내게 되면서 늘 따돌리게 될까 봐 걱정하고 두려움을 갖게 된 것으로 보임.

(2) 목적론적 이해

내담자는 그동안 대학 생활에서는 친구들이 도와주기도 해서 원만하게 지내왔으나

3학년이 되면서 졸업을 앞두고 취업하게 된 상황에 놓이게 됨. 취업하게 되면 비장애인과도 어울려야 하고 새로운 업무도 해야 한다는 생각에 이전에 비장애인들과 어울렸던 고등학교 시절 등이 생각나면서 다시 따돌림을 당하게 되면 어떻게 하나 하는 걱정이 앞서게 되면서 불안하게 된 것으로 보임. 또한 일을 잘 못하면 어떻게 되나 하는 걱정도 함께 들었음.

카) 상담가의 이론으로 본 내담자 이해

수지는 어려서부터 장애로 인해 병원 치료를 받게 되고, 지적장애로 인해 공부하는데 어려움을 겪게 되었고, 반면에 동생은 공부를 잘하고 공부를 잘하는 동생은 공부를 못한다는 이유로 언니를 무시하면서 수지는 동생과 갈등이 생기면 '내가 공부를 못해서 동생이 나를 무시하는 거야.', '사람들도 내가 공부를 못해서 나를 싫어해.', '나는 언니로서 자격이 없어.'라는 자동적 사고가 생기는 것으로 보임. 그 밑에는 '공부를 못하는 나는 사랑받을 자격이 없어. 나중에 대학을 졸업하고 나서 취업을 하게 될 때도 업무를 잘 못하게 된다면 나는 분명히 사람들에게 따돌림을 받게 될 거야.', '지금처럼 공부를 못해서 동생에게 무시당하듯이 나중에는 일을 못하면 사람들에게 무시를 당할 거야.', '일을 못하는 나는 사랑 받을 만한 가치가 없어.', '실수를 하거나 못하는 나는 능력이 없어.', '능력이 없는 나는 쓸모가 없고 사람들에게 따돌림을 당하면 어떻게 하지?'하는 비합리적 신념이 생겨난 것으로 보임. '내가 일을 잘 못하면 사람들이 나를 싫어할 거야.', '사람들이 내 장애를 이해하지 못할 거야.'하는 두려움이 생긴 것으로 보임. 대학 생활 동안에 적응했으나 이제 졸업을 앞두고 그동안 묻어두었던 불안과 두려움이 다시 올라오게 된 것으로 보임. 새로운 장소에 가게 되면 더욱 그러한 신념이 발생하는 것으로 보임.

타) 상담 목표

(1) 내담자와 합의된 목표

새로운 환경에 가면 따돌림을 당할지도 모른다는 불안을 줄이기
현재 10점에 7점 정도

(2) 상담사의 임상 목표

잘하지 않으면 쓸모없고 사랑받지 못해라는 비합리적 신념에서 최선을 다하는 나는 괜찮은 존재라는 합리적 신념을 갖도록 하기

파) 상담전략 및 접근방법

- 인지행동 이론으로 접근하여 내담자가 가지고 있는 자동적 사고에 대해 기록지를 작성하기

- 스스로 자신의 자동적 사고를 점검해 볼 수 있도록 하기
- 경청과 공감을 해줌으로 누군가 지지하는 사람이 있음을 알도록 한다.
- 인지도표를 작성하여 상황 속에서 일어나는 감정, 생각, 신념, 유지 요인 등을 살펴보도록 하기

하) 상담 진행 과정과 축어록

(1) 상담 진행 과정

회기	일자	주요내용 및 개입
1회기	2023. 6. 23.	- 상담의 날짜와 총 회기 수, 비밀보장에 대해 안내하였음. - 양해를 구해 녹음을 하면서 이름, 나이, 학력 등 개인정보를 얻었음.
2회기	2023. 6. 28.	- 진로와 관련한 주호소문제를 적응 문제와 관련하여 바꾸기를 요청하여 주호소문제를 바꾸었음. - 새로운 주호소문제와 관련하여 이야기를 나누며 불안감의 척도를 낮추어 보는 목표를 정하였음.
3회기	2023. 7. 3.	- 이전에 다 다루지 못한 가족의 상태나, 발달에 대하여 더 깊이 있게 대화를 나누며 적응 문제가 과에서 비롯되었다는 것을 알게 되었음.
4회기	2023. 7. 10.	- 인지 개념도표를 통하여 현재까지 적응 문제와 관련한 상황에서 나타나는 자동적 사고와 그에 일어나는 기분 및 행동에 대하여 알아보았음.
5회기	2023. 7. 11.	- 첫 회기에 이루어졌던 개인정보부터 4회기까지 이루어졌던 내용을 요약하여 들려주며 소감을 이야기하는 시간을 가지며 마무리하였음.

1회기 상담구조화하기 (금요일) 16:00 ~ 16:50

인학관 101호에서 만났음. 인상은 밝았으며 키가 커 보였음. 수지와 첫 회기 시간이므로 녹음에 앞서 총 5회기로 진행되며 1시간 동안 진행이 될 것이라는 부분과 이 시간에 이루어지는 이야기는 모두 비밀로 외부에 알려질까 걱정하지 않아도 된다라고 비밀보장에 대해 안내를 하며 상담 구조화를 진행하며 대학교 전공심화를 마치고 대학원을 가야 할지 고민이라고 이야기를 하여 진로 문제를 주호소문제로 잡고 앞으로의 상담을 진행하기로 하며 접수 면접을 하였음. 이를 통해 가족사항과 수지가 생각하는 친밀도를 알아볼 수 있었음.

2회기 상담 목표 탐색 (수요일) 16:00 ~ 15:50

수지와 가고자 생각하는 대학원에 대한 정보와 현재까지 대학원을 가기 위해 무엇을 해 보았는지에 대하여 이야기를 나누며 상담 목표와 전략을 짜려고 했으나, 다른 문제가 있다며 어떻게 해야 할지 고민이 든다고 이야기함. 새로운 환경에 가면 따돌림을 당할까 불안함이 들어 상담을 하고 싶다는 내담자의 요청으로 주호소문제를 변경하여 현재의 불안함을 척도로 나타내도록 해보았음. 내담자는 현재 불안감을 1~10정도 중 10

점이라 이야기하여 앞으로의 상담 목표를 불안감을 7정도 낮추어 보는 것으로 정하였으며 인지 행동이론으로 접근해 스스로 자신의 자동적 사고를 점검해 볼 수 있도록 하고 경청과 공감을 해줌으로써 누군가 지지하는 사람이 있음을 알도록 하는 것으로 상담전략도 정함.

3회기 주호소문제 다루기 (금요일) 15:00 ~ 15:55

이전 회기에 미처 다루지 못한 수지의 가족사항에 대한 이야기를 다루었으며 아버지는 이기적이고 자기 할 말만 하는 사람이라고 이야기하였음. 아버지와 친밀도와는 달리 부정적인 이야기에 지난 회기에 했던 척도 이야기를 하며 척도와의 차이에 대해 질문하였음. 그에 친밀도는 8점으로 좋으나 아버지를 생각하면 단점이 생각난다고 하였음. 그에 반해 어머니는 다정하시고 배려심이 많은 분으로 엄마를 생각하면 장점이 막 떠오른다. 라고 이야기하였음. 이후 발달사를 들어보며 6~7살부터 병원을 다니면서 지적장애를 진단받으며 다른 아이들보다 1년 늦게 초등학교를 입학했었다고 이야기함. 초등학교 5학년 때 동생과 학교를 같이 다니면서 동생이 공부를 잘하는 것에 질투를 느껴 친구들이 자신을 왕따를 시키고 협박까지도 들었고 대인관계가 힘들었다고 이야기하며 주호소문제와 관련하여 더욱 자세한 내용을 들을 수 있었음.

4회기 대안적 행동 및 사고 탐색 (수요일) 16:00 ~ 16:50

인지 개념화를 이용해 내담자가 가지고 있는 자동적 사고와 현재까지 어떻게 문제를 대처해 왔는지 알고자 새로운 장소에서 새로운 사람을 만났을 때 어떠한 생각을 하는지 질문하였음. 수지는 어색함이 들면서 새로운 사람이 어떤 사람일지 궁금하다고 했으며 다음 질문으로 기분에 대해 물었을 때 호기심이 든다고 하였음. 그 이후에는 대처행동에 대해 질문했고 그 사람에게 말을 걸어 본다고 하였음. 과거의 자신이라면 낯가림을 가렸을 것이라고 이야기하며 이와 관련하여 변화에 대해 탐색할 수 있도록 유도하였음. 이후 대학교 면접을 위해 인터넷으로 정보를 찾으며 극복하게 되었다고 상담을 하면서 이보다 전에서부터 자신의 낯가림과 의사소통 기술을 위해 극복하려 인터넷 정보와 가족의 조언으로 노력하여 현재의 수지가 되었다고 이야기하였음. 마지막으로 수지가 생각할 때 현재 새로운 환경이나 새로운 사람을 만났을 때의 불안감은 얼마일 것 같은지 질문하였고 5정도인 것 같다고 답하였음.

5회기 상담 마무리하기 (금요일) 16:20 ~ 17:15

그동안 첫 회기를 시작하여 4회기를 통해 마무리의 단계인 5회기까지 오게 되었고 1회기 때 접수 면접을 하면서 수지의 개인정보와 진로문제를 주호소문제로 잡았다. 2회기에는 진로 문제가 아닌 적응 문제에 있어 불안감을 없애고 싶다고 하며 주호소문제를 바꾸어 상담 목표를 불안감 척도로 나타내 10점에서 7점 정도로 낮추는 것으로

정하는 것으로 하였다. 3회기는 미처 다 다루지 못했던 가족사항과 발달사와 관련하여 이야기를 나누었으며 4회기에는 수지의 대처 방법에 대해 알아보며 불안감 정도가 5정도 낮아졌다고 이야기했었다고 전체 회기 내용을 요약하여 말하고 현재까지 상담을 진행하고 난 소감에 대해 질문하였다. 수지는 상담을 통해 평소 개인사에 대해 잘 이야기하지 않았지만 이 시간에 오픈하면서 상담사가 있는 그대로 받아주고 수용해 줘서 마음이 많이 열린 것 같다고 답해 주었으며 상담을 마무리하였음.

(2) 상담 축어록(5회기 중 4회기)

상담사1: 우리가 3회기에는 가족이나 수지의 발달, 어떻게 성장했는지에 대해서 알아봤잖아.

내담자1: 네.

상담사2: 이번에는 수지의 문제에 대해서 좀 더 알아보기 위해서 수지의 생각이라던가 그동안 어떻게 해왔는지를 좀 알고 싶거든.

내담자2: 아~ 어떻게 해왔는지?

상담사3: 그래서 수지는 저번에 얘기하기로는 새로운 상황에, 새로운 장소에 가는 게 되게 무섭고 싫다. 그랬잖아.

내담자3: 네.

상담사4: 근데 우리가 알다시피 모든 사람이 새로운 장소에 안 갈 수도 없고 새로운 사람을 안 만날 수도 없는 거잖아.

내담자4: 네. 네.

상담사5: 그래서 그 상황에 처한 적이 수지도 있었을 거 아니야?

내담자5: 네.

상담사6: 그치? 그래서 그때 수지가 어떻게 했는지 그때 그 마음이 어땠는지를 좀 듣고 싶어.

내담자6: 네

상담사7: 음... 수지가 새로운 장소에서 새로운 사람을 만났을 때 어떤 생각이 들었어? 불현듯 어떤 생각이 들었어?

내담자7: 어떤 생각이 들었냐면은...

상담사8: 응.

내담자8: 어색함.

상담사9: 어색함... 어... 어색함?

내담자9: 네. 약간 쉽게 얘기하자면 약간 이 사람이 어떤 사람일까?

상담사10: 이 사람이 어떤 사람일까?

내담자10: 이 사람이 어떤 사람일까? 그게 제일 궁금한 것 같아요.

상담사11: 왜? 이 사람이 어떤 사람일까라는 생각이 떠올랐어?

내담자11: 어.~ 왠지 소개팅도 그렇고 어... 저희가 대학 가서 새로운 사람들 만날 거잖아요.

상담사12: 그렇지.

내담자12: 그러면 이제 저는 처음부터는 말을 쉽게 걸지는 못 해요. 그러니까 인사만 하는데 그래서 만약에 예전에 소개팅을 했어요. 제가 남자를 만났어요. 인사를 하겠죠. 근데 그 뒤로 오는 새로움 약간 이 사람이 어떤 사람인지 궁금하긴 하고...

상담사13: 응.

내담자13: 이 사람이 어떤 삶을 살았고 어떤 직업을 가졌고 그것도 궁금할 것 같아. 약간 그런 궁금증 이 사람에 대한 궁금한 거 그런 것 같아요.

상담사14: 사람이 궁금한 거네?

내담자14: 네. 그죠.

상담사15: 이 사람의 생활을 알고 싶다는 이야기일까?

내담자15: 그죠. 그죠.

상담사16: 그 상황에서 이 사람이 어떤 사람일까라는 생각이 떠올랐고 했는데 오늘 약간 그런 상황에서 어떤 기분이 들었어? 생각 말고.

내담자16: 어떤 기분?

상담사17: 딱 그 상황이 됐을 때 어떤 기분이 들었어?

내담자17: 음... 뭐라 하지... 약간 호기심?

상담사18: 호기심 그러니까 사람을 만났는데 호기심이 났다는 거야?

내담자18: 네, 호기심이요.

상담사19: 새로운 장소에서?

내담자19: 네네.

상담사20: 그러면 수지는 이 새로운 장소에서 새로운 사람을 마주쳤을 때 생각으로는 이 사람이 어떤 사람일까라는 생각이 들었고 기분은 좀 궁금한데?라는 그런 기분이 들었다는 거잖아.

내담자20: 그렇죠.

상담사21: 그러면 이 상황, 상황이 왔을 때 수지는 어떻게 행동을 해? 뭘 해?

내담자21: 아... 음... 말을 걸 것 같아요.

상담사22: 말을 건다. 새로운 장소이지만 호기심을 못 이기고... (웃음)

내담자22: 그렇죠.. 그렇죠. 그런 느낌. 맞아요. 그런데 예전의 수지였으면 낯가림을 많이 가렸을 거예요.

상담사23: 수지가 방금 예전에 수지라면 낯가림을 많이 가렸을 거다. 그래서 사람이 싫었다라고 얘기했었잖아.

내담자23: 네.

상담사24: 근데 지금의 수지는 지금 어색함이 들지만 이 사람이 어떤 사람인가 궁금해 하고 그래서 사람의 생활을 알고 싶다.라는 얘기를 했어.

내담자24: 네.

상담사25: 그래서 뭐 호기심이 들었고 실제로 말을 걸어본다. 라고 얘기를 했는데 어... 지금의 수지로 변화가 될 수 있었던 그런 뭔가 기회가 있었을까? 어떠한 사건 아니면 상황 아니면 어떠한 일 아니면 어떠한 생각 뭐든지.

내담자25: 저는... 음... 어떤 사건이 있었냐면 그 초등학교 5학년 때 이제 저 혼자서 이제 그냥 홀로 있는데 이제 교실에서 혼자서 막 애들만 막 떠들고 있고 저서 그냥 조용히 있었는데 이제 한 친구가 질문을 던지는 거예요.

상담사26: 한 친구가 질문을 던졌어?

내담자26: 네. 어떤 질문을 하냐면 너는 낯가림이 왜 이렇게 심해? 이 질문이 저는 상처를 받았어요. 왜냐하면 아니 사람이 낯가림이 있을 수도 있지. 뭐 이렇게 문제 발언 같이 얘기를 해가지고 나만 상처가 되고 걔는 아무것도 모르잖아요. 그 친구는. 그래서 이제 그때 이제 낯가림을 약간 고등학생까지 했던 것 같아요.

상담사27: 그러면 이 낯가림이 고등학생 때까지 계속 갔던 거야?

내담자27: 네, 그러니까 그게 한정돼 있어요. 저 대인관계가 어떻게 되냐면 학교 선생님 학교 도움반 선생님 학교 담임선생님 그다음에 학교 도움반 친구들 엄마 아빠 이렇게이렇게 한정돼 있어요. 그러니까 제가 이 한정된 대인관계 안에 벽을 쳐놨어요. 하나씩 하나씩 벽을 채워놓는 거예요. 이 사람들이에요. 그래서 이 사람들한테 벽을 하나하나씩 채움으로서의 저의 이 낯가림이 더 심해지고.

상담사28: 응.

내담자28: 이게 극복할 방법이 없는 거예요. 그래서 제가 고3 때 이제 대학교 면접 봤잖아요. 대학교 면접 봤는데 낯선 사람 만나니까 너무 두렵잖아요. 사실 그래서 이제 극복할 방법은 없을까 해서 인터넷을 찾아봤어요. 근데 새로운 사람 자꾸 만나라 새로운 사람이랑 대화를 잘해라. 이런 것들이 나왔어요. 그래서 엄마 아빠한테 또 저희가 조언 많이 해서 이제 어느 정도 극복을 했고 이제 면접 잘 봤어요. 대학교 면접 저는 아까는 조금 더 극복한 게 대학교 면접이 제일 저의 사건인 것 같아요. 왠지. 왜냐하면 낯선 사람을 처음으로 마주하고 이 사람들이 나를 어떻게 볼까 이 사람들이 나를 어떻게 평가할까라는 그게 있었잖아요.

상담사29: 그렇지.

내담자29: 그래서 그때 이제 낯가림을 극복한 것 같아요. 면접을 통해서 낯가림이 통찰되잖아요. 알게 되잖아요. 그러니까 면접 때문에 저는 낯가림이 더 없어진 것 같아요.

상담사30: 수지의 말을 들으니까 나한테는 고등학생까지 낯가림이 있었는데 여기 대학교에서 공부를 하기 위해 원하는 상담 심리가 되기 위해서 대학교의 면접을 봐야 해서 그걸 위해서 이제 낯가림을 극복하는 방법을 찾아보기도 하고 부모님의 조언을 들어서... 어... 대학교 면접을 통해서 이제 극복이 됐다고 하는 것 같은데 그 말이 맞을까?

내담자30: 네, 맞아요.

상담사31: 그러면 정확히 고등학생 몇 학년 때까지 그렇게 낯가림을 했었던 것 같아?

내담자31: 고등학교 2학년 때.

상담사32: 2학년 때까지? 그러면 이 면접 때까지 시간이 있었을 거 아니야?

내담자32: 그죠?

상담사33: 그치~ 그러면 그 면접을 보기 전에 뭔가 따로 시도를 해본다거나 아니면 다른 걸 뭔가 찾아본다거나 막 그런 거 있었어? 먼저 면접 말고 그전에 낯가림을 없애기 위해서 해왔던 게 있을까?

내담자33: 어... 그 가게에 있는 직원분들이랑 말을 많이 했어요.

상담사34: 가게에 있는.

내담자34: 네. 예를 들어서 과일 가게 아저씨(웃음) 과일 가게 아저씨한테 말을 걸어보기도 하고 예를 들어서 안녕하세요. 아저씨 뭐 사과 얼마예요? (하이톤으로) 이런 식으로 그리고 아이스크림 가게에서는 직원분이 어떤 맛으로 드릴까요? 하면 이제 어 이 맛이요. (하이톤) 할 때 그게 그걸로 이제 좀 극복하는 것 같아요.

상담사35: 그러니까 다른 이웃분들하고 그러니까 수지가 있는 집 근처에 있는 가계분 직원들이랑 다른 사람들이랑 이야기를 하면서 그걸 극복해 보려고 했다는 거지.

내담자35; 그죠. 약간 좀 말 걸기도 하고 그분들이 저한테도 말 걸기도 하고 그래서 사람에 대한 두려움이 음~수치로 얘기하자면 원래 10이었는데 이제는 막 6~7로 내려갈 정도로.

상담사36: 그러면 수지야. 면접을 보기 전부터 이렇게 이웃 사람들하고 가까이 있는 사람하고 이야기를 해보면서 극복해 보려고 했다고 했는데 그거를 시도하기 전과 시도를 했을 때 뭔가의 차이점이 있었을까?

내담자36: 음~

상담사37: 시도 전에는 어땠어?

내담자37: 시도 전에는 음... 두려움이 있었었어요. 뭔가 이걸 했을 때의 나에게 오는 이런 따가운 시선 타인들의 시선.

상담사38: 사람에게 말을 걸었을 때... 어... 수지를 약간 따돌릴 것 같거나...

내담자38: 그런 느낌 맞아요. 맞아요. 맞아요.

상담사39: 차가운 시선을 보낼 것 같아서 두려웠다.라는 거지?

내담자39: 네. 두려웠어요. 네.

상담사40: 그러면 이러한 걸 시도 전에는 이러한 생각이라든가 뭐 느낌이 들었는데 시도 후에는 그럼 어떻게 변했어?

내담자40: 뭔가 시도 후에는 음... 초반에는 두려움이 약간 있었지만 그 두려움을 약간 받아들이고 시도를 했었어요. 그러니까 약간의 약간 조금의 약간 두려움이 있었어요. 약간 잘할 수 있을까?라는 막연한 나의 믿음. 그래서 두려움도 있었지만 그래도 시도는 해봤어요.

상담사41: 이렇게 약간 잘할 수 있을까 하는 두려움을 시도를 했는데 그러고 나서 어떤 생각이 나는 느낌이 들었어? 이렇게 막상 시도를 했어. 근데 사람들이 어떤 반응을 보였어?

내담자41: 긍정적인 반응이 보였어요.

상담사42: 그런 긍정적인 반응을 보였는데 그때 그런 상황을 이제 경험하면서 수지의 생각이나 마음에 뭔가 변화가 있었을까?

내담자42: 생각은... 어... 사람들은 나쁜 사람이 아니다. 아니구나.

상담사43: 음~ 그전에는 되게 나쁜 사람들일 것이다. 라고 생각을 했는데 막상 시도해 보고 사람들이 긍정적으로 대해 주니까 사람들이 나쁜 사람은 아니구나. 라고 생각이 든 거야?

내담자43: 그죠. 그죠.

상담사44: 그러면 그 상황에서 이제 뭐 드는 마음 같은 건 있었어? 감정이라든가.

내담자44: 마음? 음... 용기가 약간 생긴 것 같아. 용기, 일단 해보고 싶은 마음.

상담사45: 일단 해보고 싶은 마음. 약간 도전심이 생긴 거네?

내담자45: 네. 도전심.

상담사46: 그러면 수지는 그 용기도 갖기 힘들었을 텐데 어떻게 그 두려움을 이겨내고 낯가림을 없애 보고자 해서 방법도 찾아보고 이게 내가 할 수 있을까? 잘할 수 있을까? 다른 사람이 나한테 못되게 하면 어떡하지. 라는 두려움도 많았었는데 그걸 어떻게든 해보고자 용기를 내서 이렇게 시도했다는 게 되게 멋있다. 그 용기 갖기도 힘들었을 텐데 그 용기를 조금 낼 수 있는 무언가가 있었을까?

내담자46: 여동생의 지지.

상담사47: 여동생의 지지? 그러면 그때 여동생이 언니 이런 거 해도 돼. 해봐도 돼. 언니 잘할 거야.라고 얘기를 해준 거야 아니면 뭔가 다른 방식의 지지가 있었던 거야?

내담자47: 어... 그때 여동생이 하는 방법이 드라마를 많이 봤어요.

상담사48: 드라마?

내담자48: 드라마 왜 봤냐면 드라마는 상대 배우랑 연기를 하고 얘기를 하잖아요.

상담사49: 그렇지.

내담자49: 그런 거 보라고. 언니 이거 보고 어떤 느낌이 들었고 어떤 마음이 들었는지 나한테 얘기해 달라고 하는 거예요. 먼저 TV 속으로 해서 그때 이제 어느 정도 이제 초반에 대한 보다가 이제 밖에 나가서 제가 스스로 떡볶이에서 떡볶이집에서 떡볶이도 사고 주문하고 말도 걸고 이러는 거예요. 그러니까 우선 밖에 나가는 게 아니라 저는 드라마부터 봤어요.

상담사50: 그러면 아까 드라마를 통해서 상대방과의 의사소통 방법을 먼저 배우고 그 이후에 용기를 내서 밖으로 나가가지고 의사소통을 시도해 봤다는 소리네.

내담자50: 그죠. 저는 여동생이 그때 당시에 공부하기 바빠서 여동생이 그걸로 대처했거든. 드라마를 어떻게 의사소통하고 배우들끼리 막 얘기하는 거 있잖아요. 토크쇼라든지 아니면 뭐 어떤 프로그램이라든지 그런 것들 통해서 저는 의사소통이라는 것을 알게 됐어요.

상담사51: 그렇게 알게 된 거구나.

내담자51: 저는 드라마가 약간 좋은 친구 같은 존재? 그래서 그 당시 동생한테 되게 고마워서 그때부터 이제 의사소통 방법을 드라마를 통해서 배웠다면 이제는 나를 통해서 배우는 것 제가 어떤 방법으로 해야 상대방이 불평하지 않고 편안하게 나에게 감정표현을 할 수 있고 그걸 배운 것 같아요.

상담사52: 약간 수지가 그런 식으로 시도를 해봤다고 했는데 혹시나 실패한 경험도 있을까? 이렇게 했는데 수지가 역시 사람들은 나쁜 것 같아.라고 생각한 경험도 있었을까?

내담자52: 음. 하나 있었는데.

상담사53: 하나 있었어?

내담자53: 제가 언제 엄마 심부름하러 야채가게에 갔었는데 야채가게 사장님이 나오시는 거예요. 그래서 뭐 드릴까요? 했더니 제가 큰소리로 애호박 2개요. 이렇게 얘기했는데 그분은 당근 두 개요.라고 들은 거예요. 그래서 순간 열 받는 거예요.

상담사54: 의사소통 전달이 잘 안 됐구나.

내담자54: 그죠. 저는 분명히 애호박 두 개 필요해요.라고 이렇게 얘기했는데 그분은 못 들은 아예 딴말로 들은 거예요. 오해를 한 거죠. 근데 그 상황에서 어떻게 해야 될지 몰라서 진짜 한 10초 동안 멍을 때렸어요. 진짜 그래서 어떻게 해야 되지 상황이? 그래서 제가 그 당시에 언어 치료를 받고 있었어요. 그래서 언어치료 선생님한테 선생님 좀 이런 일이 있었는데 어떻게 해 어떻게 의사소통을 해야 되는지 모르겠어요. 상대방이 뭔가를 오해를 했을 때 어떻게 그 오해를 푸는 방법이 있냐고 그랬더니 아~ 그래? 그럼 이 방법 써봐. 잘못 들었거나 어떤 말로 잘못 오해를 하면 그 사람한테 잘못 들으신 것 같아요. 저는 당근 2개라고 한 게 아니라 애호박 2개라고 했는데 잘못 들으신 것 같아요. 라고 얘기하면 된다고 하시더라고요. 그래서 이런 거구나~라고 했어요. 그때 이제 존경했죠. 언어치료 선생님과 의사소통을 구체적으로 다루면서, 저 많이 하려고 노력했어요. 이게 다른 사람은 어 저 사람 왜 이렇게 말이 많아. 이렇게 할 수 있는데 저는 일부러 발음 좋아지려고 그때부터 이제.

상담사55: 아~ 그러면 약간 이 의사소통을 하기 시작한 이유는 대학교 때문이 아니라 수지가 의사소통을 잘 전달하고 잘 이야기하고 싶은 마음이 들어서 의사소통을 먼저 시작했구나. 나는 여태까지 수지가 의사소통을 연습한 이유가 대학교 이제 상담하고 싶어서 대학교에 합격하기 위해 열심히 해야겠다 싶어 가지고 열심히 한 줄 알았지.

내담자55: 그것도 있긴 있는데 약간 저는 음... 이제 목표가 뭐냐 석사까지 있거든요. 교수로 되는 것이 저의 목표이기 때문에 제가 만약에 교수 돼서 학생들을 가르칠 때 어떤 방식으로 의사소통을 할까 이런 것도 먼 미래지만 그것도 약간 문제이긴 해요. 저도 약간 먼 미래를 위해서 제가 의사소통을 어떻게 해야 되는지 알게 된 게 너무 좋은 것 같고.

상담사56: 그럼 수지는 의사소통을 연습하면서 그 도중에 상담사를 동경하게 돼서 나도 상담사가 돼야겠어.라고 얘기 나온 거야? 생각이 나온 거야?

내담자56: 그렇죠. 맞아요. 맞아요. 맞아요. 맞아요. 고1 때 했었다. 고1 때 이제 개인 심리검사로 해서 DSM-5가 그 당시에는 이제 뭐냐 고민 얘기하고 그래서 연극치료도 했었어요. 연극치료를 통해서 내 감정을 받아들이고 그 감정을 이해하는데 효과가 되게 좋아요. 그때부터 이제 연극치료사부터 점점 관심도가 많아졌어요. 그래서 막 연극치료사였다가, 바뀌면서 정착을 한 게 상담사 정착되고 그리고 그러면서 모델이 교수님도 만나게 되면서 더 확고한 목표에서 세워졌고 그래서 좋은 것 같아요. 뭔가 음... 저는 학과 목표가 딱히 없었어요. 1학년 때 막 말도 없고 그냥 하는 거 되지 뭐~ 그냥 그게 되지 뭐~ 막 그랬는데 이제 2학년 때는 이렇게 다른 거예요. 내가 왜 여기까지 왔지? 나는 상담하기 위해서 온 건지 놀기 위해서 이 학과에 온 건지 이게 든 거예요. 그래서 곰곰이 생각했어요. 과연 이게 무엇일까 했더니 상담하기 위해서 이 과에 온 거예요. 그래서 뭐 해야지 뭐 해야 될 거 아니에요. 취업도 알아보고 이제 상담도 받아보니까 이제 저의 약간 그 정보들을 알 수가 없는 거예요. 인터넷을 알아보고 했고 이제 인터넷을 알아보다 이제 어떤 분이 고3

인데 상담심리 쪽으로 가고 싶은데 어떻게 하냐 그거를 딱 하는 거예요. 그래서 답변자가 대학원 가라. 4년 나오든 3년 나오든 석사학위 따고 나와라. 그래서 그때부터 눈이 띠용 제가 원하는 해답이었어요. 해답이어가지고 진짜 이거 이렇게 하면 되겠구나. 라고 뭔가 점점 확장되면서 석사까지 저희 목표로 올해 목표했는데 이제 석사 마치고 인턴 하고 그다음에 센터 취업해서 경험 쌓고 경영 쌓고 하다가 이제 센터 차리는 게 목표인데 그마저도 저는 목표가 완벽하게 생각했는데 박사를 하고 싶은 거예요. 그 어렵다는 험하고 어렵고 힘들던 그 박사. 박사까지 하는 게 저의 목표고 박사는 곧바로 하는 게 아니라 쉬고 하기 위해서 그때부터 이제 목표가 엄청 확장됐어요. 저는 목표가 없었더라면 선배님들처럼 실습을 버티기가 힘들었을 것 같아요. 목표가 없는데 출근하고 퇴근하고 주말 지나고 또 출근하고 이래야 하자나요. 그러면 이제 뭐가 없잖아요. 삶에 즐거움이 없잖아요. 그래서 남들이 저런 시간에 나는 목표를 정하자 그래서 목표 정해서 그래서 어쩌다 어른 이런 거 많이 보고 어쩌다 어른 그다음에 어... 아주대학교에 있는, 계시는 김경희 교수님 영상 다 보고 그분 책도 많이 보고하면서 더욱더 성장한 것 같아요.

상담사57: 되게 많은 노력을 했네. 수지가 그러면 지금 의사소통 다른 사람과 의사소통을 하기 위해서 이렇게 고민을 하게 됐고, 그 낯가림을 없애고자 해서 근처에 있는 처음 보는 사람들 그러니까 가게 직원분들로부터 시작을 해서 인사도 해보고 대화를 하면서 극복도 해보고 근데 그거랑 동시에 이제 여동생이 언니 드라마를 보면서 어떠한지 그런 걸 보면서 공부를 해봐라라고 해서 그것도 같이 하다 보니까 지금의 수지가 될 수 있었다.라는 이야기지.

내담자57: 그렇죠.

상담사58: 솔직히 이 정도면 나는 수지가 살짝 걱정이 안 돼. 수지가 지금 낯선 장소에서 자는 사람이 저를 따돌릴까 봐 조금 걱정이 되고 불안해요.라고 얘기를 했는데 지금의 수지는 아까 얘기했듯이 새로운 장소에서 다른 사람한테 말을 걸어서 어떤 사람인지 알아본다. 라고 얘기를 했고 실제로 그렇게 얘기를 했을 때 사람이 긍정적으로 이야기해 주고 그래서 사람이 뭐... 나쁜 것만 같지 않아요. 라고 얘기를 했잖아. 그렇다는 건 수지 안에서는 이미 사람이 그렇게 나쁘지 않은 사람들도 있다. 라고 생각을 하고 있는 것 같거든. 그래서 수지가 여태껏처럼 이렇게 긍정적으로 생각을 해보고 그걸 도전해 봄으로써 이렇게 시도를 해보고 나아가는 거 자체가 나는 수지가 앞으로도 새로운 장소에 가도 그 사람들이랑 대화를 해보면서 사람들이랑 맞추어 갈 것 같거든.

내담자58: 네.

상담사59: 그래서 사실 나는 지금으로서의 수지는 그렇게까지 불안하지가 않아. 수지가 생각하기엔 어때? 지금도 새로운 장소에 가면 불안할 것 같아? 저번에 점수 10에서 7이었나? 아니다. 10 정도 된다고 그랬었잖아. 네 최대 점수로 10이었는데 지금 생각해도 수지가 새로운 장소에 가면 10이 될 정도로 두려울 것 같아?

내담자59: 아니요.

상담사60: 그러면 지금 며칠 것 같아?

내담자60: 뭐... 음... 5정도?

상담사61: 5정도? 많이 낮아졌네. 그렇구나. 수지야 그럼 여태까지 얘기해 줘서 고맙고 우리는 내일 5회기로 마무리를 지어 볼게. 고마워, 수지야.

2) 나의 시각장애가 수용되지 않아요[2)]

가) 내담자의 인적 사항

김준수(가명) 27세의 중증 시각장애로 종교는 무교이고, 대학에서 상담을 배우기 위해서 상담공부를 하고 있음. 장애로 인한 특별한 약물을 복용하지 않으며, 수면상태는 양호하다고 느낌.

나) 상담 신청 경위

시각장애에 대한 수용이 잘되지 않아서 상담을 신청하게 되었음. 일상적인 생활 속에서 어떤 경우에는 장애를 수용하지만 대부분의 시간에는 시각장애가 수용되지 않아서 힘이 든다.

다) 이전 상담의 경험

상담의 경험은 없음.

라) 내담자의 주호소문제

시각장애로 인해 일상이나 대학 생활에서 컴퓨터를 활용하거나 다양한 정보를 검색할 때 접근이 어렵고 학업수행능력의 한계를 느껴요.

마) 첫인상 및 행동 특성

내담자는 반팔에 긴바지를 입고 깔끔한 차림으로 내방하였으며, 시각장애로 인해 접

2) 이 상담사례는 남경록의 장애 학생 상담사례임

수면접에서 상담사와의 눈맞춤은 원활하지 않았음. 말수는 많지 않고 보통인 편이었으며, 말의 속도가 빠른 편으로 작은 목소리로 이야기하였음. 상담사의 질문에 대체로 망설이지 않고 응답을 잘 해주었음. 상담 중 왼손 손등을 반대편의 손의 손가락으로 치는 행위를 보였는데 이는 내담자가 긴장되는 이야기를 할 때 이러한 행동이 반복되는 것으로 관찰되었음.

바) 내담자의 가족사항

관계	연령	직업	동거 여부	가족에 대한 느낌
부	56세	사업가	O	어린 시절 아버지가 자유롭게 사는 방식과 문제 상황에 대한 해결능력과 책임감 있는 모습을 보며, 존경하고 멋있는 사람이라고 생각했으나 시간이 지나면서 아버지의 고지식한 면과 가부장적인 성격 그리고 다른 사람의 의견을 무시하고 독단적으로 행동하는 모습으로 인해 두려움의 대상으로 여겨졌음. 지금은 아버지와 말하는 게 점차 줄어들어 아버지와의 대화가 어색하고 피하고 싶다고 하였음. 아버지는 19세에 혼자 자립하여 생활하시다 어머니를 만나 결혼하여 가정을 이루셨고 지금도 가정을 위해 최선을 다하신다고 하였음
모	57세	주부	O	어머니는 내담자와 가장 많은 시간을 보낸 사람이며 다정하고 상냥하지만 신중하지 않고 성급하게 내담자를 다그치는 경향이 있으며, 사소한 실수도 혼낸 기억이 많았다고 하였음. 지금은 내담자에게 함부로 판단하고 다투는 일은 거의 없어졌지만 대화의 빈도는 적은 편이며 현재 어머니와 마음을 닫고 지내는 중이라 하였음. 어머니 역시 20세 무렵 내담자의 외할머니로부터 독립하여 직장 생활을 하다 아버지를 만나 가정을 이루면서 주부의 역할과 자녀 양육에 최선을 다하셨다고 하였음.
형	31세	회사원	O	가족 구성원 중 가장 편하게 생각하는 사람으로 순하고 친절하며 의리가 강하지만, 게으른 성격에 책임감이 약한 모습을 가끔 보일 때가 있다고 하였음. 어렸을 때 많이 다투고 지낸 사이였지만 내담자가 중학교에 들어가면서 싸우는 빈도는 줄고 우애가 깊어졌다고 함. 자신의 이야기를 들어주는 형에게 고마움을 느끼고 있으며 관계가 좋다고 하였음.

사) 심리검사

시각장애의 특성상 검사 시에 비장애인에 비해서 많은 시간이 소요된다. 문장완성형 검사와 강점검사, 성격검사를 실시하였으며 구체적인 내용은 다음과 같다.

(1) SCT검사

구분	번호	제시문구	작성내용
① 어머니에 대한 태도	13	나의 어머니는	자상하시다.
	26	어머니와 나는	관계가 좋다.
	39	대개 어머니들이란	무섭다.
	49	나는 어머니를 좋아했지만	지금도 좋아한다.
해석 요약	어머니에 대하여는 자상하지만 무섭다고 하는 양가적인 감정을 지니고 있는 것으로 보임		
② 아버지에 대한 태도	2	내 생각에 가끔 아버지는	친구 같다.
	19	대개 아버지들이란	무섭다.
	29	내가 바라기에 아버지는	다정하다.
	50	아버지와 나는	그저 그렇다.
해석 요약	아버지에 역시 긍정적인 반응을 보이기도 하나 두려움도 같이 보이면서 감정을 정확히 모르는 듯 보임		
③ 가족에 대한 태도	12	다른 가정과 비교해서 우리 집안은	평범하다.
	24	우리 가족이 나에 대해서	걱정스럽게 생각한다.
	35	내가 아는 대부분의 집안은	화목하지 않다.
	48	내가 어렸을 때 우리 가족은	나를 잘 돌보아주었다.
해석 요약	가족들에게 자신은 걱정스러운 존재로 인식하고 있음		
④ 여성에 대한 태도	9	내가 바라는 여성상은	부드러운 여자다.
	25	내 생각에 여자들이란	따뜻하다.
해석 요약	여성에 대해 매우 긍정적적으로 생각하고 있음		
⑤ 남성에 대한 태도	8	남자에 대해서 무엇보다 좋지 않게 생각하는 것은	내가 남자로 태어났기 때문이다.
	20	내 생각에 남자들이란	우정이 좋다.
	36	완전한 남성상은	건강한 사람이다.
해석 요약	일반적인 남성에 대해서는 좋게 생각하나 자신이 남자인 것에 대해서는 부정적으로 생각하는 것 같음		
⑥ 이성, 결혼에 대한 태도	10	남녀가 같이 있는 것을 볼 때	부럽다.
	23	결혼 생활에 대한 나의 생각은	별로 결혼 생각이 없다.
	37	내가 성교를 했다면	나를 저주할 것이다.
	47	나의 성생활은	부끄럽다.
해석 요약	장애가 있기 때문인지 결혼과 성에 관하여서는 부정적인 생각을 가지고 있는 것으로 보임		

<table>
<tr><td rowspan="4">⑦
친구나
친지에
대한 태도</td><td>6</td><td>내 생각에 참다운 친구는</td><td>의리를 잘 지키는 사람이다.</td></tr>
<tr><td>22</td><td>내가 싫어하는 사람은</td><td>거짓말을 하는 사람이다.</td></tr>
<tr><td>32</td><td>내가 제일 좋아하는 사람은</td><td>엄마다.</td></tr>
<tr><td>44</td><td>내가 없을 때 친구들은</td><td>모르겠다.</td></tr>
<tr><td>해석 요약</td><td colspan="3">친구나 친지에 대한 태도는 신뢰를 중요하게 생각하는 것 같음</td></tr>
<tr><td rowspan="2">⑧
권위자에
대한 태도</td><td>3</td><td>우리 윗사람들은</td><td>나에게 잘해준다.</td></tr>
<tr><td>31</td><td>윗사람이 오는 것을 보면 나는</td><td>두렵다.</td></tr>
<tr><td>해석 요약</td><td colspan="3">윗사람들에 대한 태도 역시 잘해준다고 생각하면서도 두려워하는 것으로 보아 양가적인 감정을 지님</td></tr>
<tr><td rowspan="4">⑨
두려움에
대한 태도</td><td>5</td><td>어리석게도 내가 두려워하는 것은</td><td>고양이다.</td></tr>
<tr><td>21</td><td>다른 친구들이 모르는 나만의 두려움은</td><td>오른 다리가 짧아지는 것이다.</td></tr>
<tr><td>40</td><td>내가 잊고 싶은 두려움은</td><td>발표에 대한 두려움이다.</td></tr>
<tr><td>43</td><td>때때로 두려운 생각에 휩싸일 때</td><td>심하게 크게 운다.</td></tr>
<tr><td>해석 요약</td><td colspan="3">오른쪽 다리가 짧아지는 것에 대한 두려움과 발표, 고양이에 대한 두려움이 있음</td></tr>
<tr><td rowspan="4">⑩
죄책감에
대한 태도</td><td>14</td><td>무슨 일을 해서라도 잊고 싶은 것은</td><td>왼손잡이가 된 것이다.</td></tr>
<tr><td>17</td><td>어렸을 때 잘못했다고 느끼는 것은</td><td>운동을 열심히 하지 않은 것이다.</td></tr>
<tr><td>27</td><td>내가 저지른 가장 큰 잘못은</td><td>엄마에게 화를 낸 것이다.</td></tr>
<tr><td>46</td><td>무엇보다도 좋지 않게 여기는 것은</td><td>왼손잡이인 것이다.</td></tr>
<tr><td>해석 요약</td><td colspan="3">엄마하고의 관계에서 죄책감이 있는 것으로 보임</td></tr>
<tr><td rowspan="4">⑪
자신의
능력에
대한 태도</td><td>1</td><td>나에게 이상한 일이 생겼을 때</td><td>경찰에 신고한다.</td></tr>
<tr><td>15</td><td>내가 믿고 있는 내 능력은</td><td>모르겠다.</td></tr>
<tr><td>34</td><td>나의 가장 큰 결점은</td><td>부정적으로 생각하는 것이다.</td></tr>
<tr><td>38</td><td>행운이 나를 외면했을 때</td><td>좌절한다.</td></tr>
<tr><td>해석 요약</td><td colspan="3">자신의 능력에 대해서는 부정적임</td></tr>
<tr><td rowspan="3">⑫
과거에
대한 태도</td><td>7</td><td>내가 어렸을 때는</td><td>엄마의 말을 잘 들었다.</td></tr>
<tr><td>33</td><td>내가 다시 젊어진다면</td><td>두 발로 걷고 싶다.</td></tr>
<tr><td>45</td><td>생생한 어린 시절의 기억은</td><td>사람들이 귀여워했다.</td></tr>
<tr><td>해석 요약</td><td colspan="3">과거에 대한 태도는 긍정적인 면이 있음</td></tr>
<tr><td rowspan="5">⑬
미래에
대한 태도</td><td>4</td><td>나의 장래는</td><td>희망이 없다.</td></tr>
<tr><td>11</td><td>내가 늘 원하기는</td><td>오른손잡이가 되는 것이다.</td></tr>
<tr><td>16</td><td>내가 정말 행복할 수 있으려면</td><td>모르겠다.</td></tr>
<tr><td>18</td><td>내가 보는 나의 앞날은</td><td>캄캄하고 불안하다.</td></tr>
<tr><td>28</td><td>언젠가 나는</td><td>자유롭고 싶다.</td></tr>
<tr><td>해석 요약</td><td colspan="3">미래에 대한 태도는 암울하고 부정이고 불안하게 생각함</td></tr>
</table>

⑭ 목표에 대한 태도	30	나의 야망은	딱히 없는 것 같다.
	41	내가 평생하고 싶은 일은	자유롭게 살고 싶은 것이다.
	42	내가 늙으면	아픈 곳이 많을 것이다.
해석 요약	목표에 대해서는 희망적이지 않음		
일반적 요약	자신의 능력에 대해 부정적이며, 미래와 목표에 대해 암울하게 생각하고 무엇보다 몸의 오른쪽 기능이 저하되는 것에 대한 두려움이 큼		

(2) SPPI 강점검사

유형	지적욕구 – 66			공감력 – 62				도전성 – 70		
	호기심	개방성	학구열	사랑	배려	감정 인식 능력	끈기	용감	진실성	적극성
T점수	70	58	71	43	66	77	73	63	80	63

유형	낙관적 사고 – 60				절제력 – 58					공동체 의식			
	감사	낙관성	유머	희망	겸손	신중성	친절	용서	절약	경쟁	협력	리더십	시민 의식
T점수	48	74	37	80	65	43	80	31	71	62	64	65	70

(3) 성격검사

• 성격 하위 요소 프로파일

하위 요소	개방성(T66)				성실성(T66)				외향성(T66)			
	경험 추구	미적 개방성	상상력	지적 호기심	목표 지향성	신중성	신뢰성	자기 규율성	관계 지향성	주장성	활동성	긍정 정서
T 점수	66	61	70	39	65	51	71	59	68	71	60	54

하위 요소	우호성			신경증				적응 및 자아강도							
	겸손	타인존중	휴머니즘	우울	불안	충동성	공격성/적대감	적응	학교 만족	학업 수행	전공 만족	대인 관계	자아 강도	무기력	정서 충격
T 점수	66	52	70	51	51	45	69	43	70	69	43	70	68	48	61

(4) 심리검사 종합 해석

SCT 문장완성검사에서 내담자는 부모님에 대한 서운한 감정이 있으며 대화를 통해 관계를 회복하고 싶어 하며 미래에 대해 희망적이고 긍정적인 삶을 살고 싶어 하는 것으로 보임.

SPPI 강점검사에서는 진실성, 낙관성, 친절, 희망이 강점으로 나타났으며, 이는 일상생활이나 학교생활에서 친절한 행동으로 교류하며 적응을 잘하고 안정된 감정 상태와 긍정적 마음으로 대학생활에서 동기들과 함께 어울려 적극적으로 모든 활동에 참여하는 것으로 보임.

성격검사에서는 인간의 존엄을 최고의 가치로 여기고 신뢰성이 높아 타인과 친해지면 신뢰를 잘하며 원만한 대인관계를 유지하고 있으며 학교생활 또한 만족스러운 것으로 나타남.

아) 내담자의 발달사 및 성장 배경

내담자는 태어날 때부터 시각장애를 가지고 있었으며, 초등학교 시절에는 또래 아이들처럼 학습부분을 따라가기 어려워하였고 이로 인해 좌절감을 느꼈다고 하였음.

중학교 시절에는 자신의 장애와 사춘기 특성으로 인해 자기중심적으로 생각하다 보니 타인의 입장을 고려하지 못하여 친구들로부터 왕따와 놀림을 당했다고 생각하고 있으며, 부모님의 부정적인 언행으로 마음의 상처가 많다고 표현하였음. 예를 들면 일상생활 중에 부모님이 "넌 물건도 못 찾니? 장애가 있으면 부모 말을 들어야지 왜 속만 썩이니?" 등의 말을 하는 등 점차 심해진 언어 및 심리적 폭력을 겪으면서 주 양육자인 부모에게 심리적 불안을 내담자는 느꼈으며, 이것에 대해 부모에 대한 애착을 형성하지 못했다고 표현하였음.

고등학교 때는 정신을 차리고 공부에 보다 집중하게 되었고, 대학 생활 중에 시각장애로 인한 정보 접근이나 기한이 정해진 과제에 대해 완수하는 것에 대한 촉박함이 불편함으로 느껴지기도 하였으나 그 외에 학업적인 부분이나 과제수행에 대해서는 어느 정도 해낼 수 있다고 보고하였음.

자) 내담자의 자원

- 자신의 장애에 대해 당당하게 이야기한다.
- 상담 장면에서 자신에 대해 적극적으로 이야기한다.
- 자신이 맡은 일에 성실하다.
- 타인에 대해 이해하려는 마음이 크다.

차) 상담사가 본 내담자의 문제 이해

내담자는 두 형제 중 막내로 선천적인 시각장애를 가지고 태어났으며, 초등학교 6학년 때부터 성인이 된 27세 현재까지도 장애와 관련한 부모의 부정적인 언행이 지속되었다고 생각하고 있으며, 예를 들면 부모님의 평소 언행이 "넌 물건도 못 찾니?", "장애가 있으면 부모 말을 들어야지 왜 속만 썩이니?" 등의 말을 하는 등 점차 심해진 언어 및 심리적 폭력을 겪으면서 주 양육자인 부모에게 심리적 불안을 느꼈으며, 내담자는 이것에 대해 부모에 대한 애착을 형성하지 못했다고 표현하였음. 내담자는 자신이 책을 보거나 정보를 탐색하는 활동을 포함하여 시각적으로 의존도가 높은 활동을 진행할 때마다 시각장애라는 걸 지각하게 되어 화가 나고 슬프며 마음이 무거워져 끝내 무기력함을 느꼈고 부모로부터 받은 상처로 인해 지금까지 부모님에게 마음을 열지 못하게 되면서 시각장애에 관한 수용이 어려웠다고 하였음. 내담자는 시각장애를 가지고 있어도 주어진 목표나 과제가 생기면 최선을 다하고 본인 생각과 감정을 솔직하게 표현하고자 하는 욕구가 있는 것으로 보인다. 내담자는 장애로 인한 무기력함과 스트레스를 받고 싶어 하지 않으며 자신이 마음이 편해야 한다는 것에 목적을 두고 장애로 인해 겪는 한계로부터 극복하겠다는 마음으로 자유로운 삶을 살아가며 자신의 상처를 이겨내고자 한다.

내담자가 성장해 온 환경을 보면 사춘기가 시작될 즈음에 부모님의 부정적인 언행으로 인하여 내담자의 자존감과 자신감에 부정적인 영향을 주었고 어려운 사춘기를 맞이했을 것이다. 사춘기 때 낮은 자신감과 자존감, 우울감은 내담자를 자살 충동까지도 느꼈다고 보고하였으며, 또한 친구들과의 잦은 다툼이나 갈등으로 인해 내담자는 원만한 대인관계 및 친구관계를 유지하거나 지속적인 관계를 유지하는 것에도 어려웠다고 보고하였음.

내담자는 어린 시절 부모님이 부정적인 언행이 아니라 내담자에게 지속적인 관심과 사랑의 응원이 담긴 언행의 표현을 사용했더라면, 자신의 장애에 대해서도 보다 편안하게 받아들일 수 있었을 것으로 보이며, 부모와 내담자의 관계는 애착 형성이 잘 이루어졌을 것으로 예상된다.

내담자가 자신의 장애에 대해보다 편안하게 수용하기 위해서는 부모님의 따뜻한 관심과 사랑이 필요해 보이며 내담자와의 관계를 회복하는 과정이 필요할 것이다. 그리고 상담사 또한 장애를 가지고 있어 상담사의 자기개방이나 진솔한 태도, 공감적인 반응을 통해 내담자를 있는 그대로 받아준다면 내담자가 가지고 있는 부정적인 감정과 생각을 상담사에게 편안하게 표현하도록 돕는 것이 필요해 보임.

카) 상담 목표

(1) 합의 목표

• 시각장애로 인해 주어진 일이나 과제를 시간 내 완수하지 못할 때 조급한 마음을

알아차리고 불안과 두려움을 낮춘다.
- 시각장애로 인해 겪는 부정적인 감정들을 긍정적인 감정으로 전환시킬 수 있다.

(2) 상담사의 임상 목표

- 내담자에게 인지행동치료의 알아차림의 기법을 활용하여 자신의 장애 수용의 문제에 대해 알아차리게 함으로써 낮아진 자존감을 회복할 수 있도록 해준다.
- 시각장애로 정보 접근에 대한 한계를 느끼지 않도록 지역의 복지관에 시각장애에 대한 정보 교육사업이나 장애인 정보화 교육을 통하여 정보 접근의 한계를 최소화할 수 있는 방법을 알아볼 수 있도록 해준다.

타) 상담 전략 및 접근방법

- 시각장애로 인해 겪는 부정적인 감정들을 긍정적인 감정으로 전환시킬 수 있는 방법을 찾아보고 실천해 본다.
- 자신의 장애로 인해 무기력함과 스트레스 등을 받았을 때 해소할 수 있는 방법을 찾아보도록 한다.
- 일상에서 시각장애로 인해 발생한 여러 가지 상황에 대해 부정적으로 바라보는 것이 아니라 그 상황을 긍정적으로 이해하려는 수용적인 태도를 기른다.
- 다양한 경험 속에서 자신만의 노하우를 통해 터득하게 된 것, 즉 성공경험을 찾아 자신감을 고취시킨다.
- 과업이나 과제 수행 시 어려움과 마주했을 때 정확한 자신의 의사표현을 통한 도움요청 등 적극적인 자세로 어려움을 해결할 수 있다.

파) 상담 진행 과정 및 축어록

(1) 상담 진행 과정 요약

회기	일자	내용	비고
1	2023. 06. 23.	상담의 구조화, 호소문제 탐색	
2	2023. 06. 28.	상담 목표 및 상담 전략 세우기	
3	2023. 07. 07.	내담자의 발달사 및 경험 탐색	
4	2023. 07. 10.	내담자 강점 및 장점 찾기 호소문제 해결을 위한 대안 탐색	
5	2023. 07. 12	상담에 대한 성과 및 소감 나누기	

1회기 상담의 구조화하기 (금요일) 16:00 ~ 17:00

첫 회기에서 상담의 접수면접(상담의 구조화)을 시행함. 호소문제 탐색 시 내담자는 상담에서 시각장애로 인해 겪는 두려움과 불안의 문제를 감소하는 방법을 다루고 싶다고 하였으며, 상담 첫 회기라 긴장하고 떨려 하는 모습이 관찰되기도 하였음. 또한 상담사는 상담사의 병적웃음이 상담에서 혹시나 방해가 될 수 있을 것을 염려하여 상담 시 감정실금이 발생할 수 있음을 양해를 구하였고 이에 내담자가 괜찮다고 말해 주어서 내담자가 배려심이 많고, 따뜻한 사람이라 느껴졌고 상담사는 마음이 편안해짐을 느꼈고, 고맙다는 표현을 하였음.

2회기 상담 목표 및 전략 (수요일) 16:00 ~ 17:00

지난 1회기에 내담자에게 1주일 동안 특별한 일은 없었는지, 수면상태는 어땠고, 감정과 기분은 어땠는지 등의 안부를 물어봤더니 특별한 일은 없었고, 원래 수면상태는 8시간이었으나, 지난 1주일 동안 평균 수면시간보다 상담 현장실습으로 일지 작성 및 보고서 등 작성을 하느라 수면시간이 줄었다고 이야기하였으며, 감정은 평화롭다고 말하였다. 기분이 좋았고, 지금은 어떤 이야기를 할까?라는 설렘으로 상담실을 방문하였다고 하였으며 내담자가 함께 웃으며 2회기 상담을 시작하게 되었음. (이 상담을 통하여 이루고 싶은 목표는 무엇인지?) 이루고 싶은 상담 목표를 모르겠다고 하였음(상담 목표 및 상담전략을 파악하기 위하여 내담자의 발달사에 대해 이야기해 줄 수 있느냐?), 두 형제 중 막내로 선천적인 시각장애를 가지고 태어났고, 부모님과 사이는 지속적으로 별로 좋지 않으며, 자신의 문제에 대해서는 책을 보거나 정보를 탐색하는 활동을 포함하여 시각적으로 의존도가 높은 활동이 어렵고 또한 대학 생활 중에 시각장애로 인한 정보접근이나 기한이 정해진 과제에 대해 완수하는 것에 대한 촉박함이 불편함으로 느껴지기도 하였으나 그 외에 학업적인 부분이나 과제수행에 대해서는 어느 정도 해낼 수 있다고 이야기하여 이를 상담 목표로 설정하기로 합의함. 상담사는 부모님과의 관계회복이나 개선이 내담자의 호소문제 해결에 어느 정도 도움이 될 것으로 생각되어 다음 회기에 부모님과의 관계를 탐색해 보는 것이 필요하다고 여겨졌음.

3회기 내담자 자신 탐색하기 (금요일) 16:00 ~ 17:00

부모님과의 관계에 대해 탐색하였음. 내담자는 부모님에 대해 '우리 부모님은 나에게 사랑도 주지 않았다', '우리 부모님은 냉정하고 나에게 관심이 없었다', '내가 도움이 필요할 때 우리 부모님은 나를 도와주지 않았다'라고 표현하였다(부모님께서 그런 말을 할 때 어떤 마음이 들었나?) 슬펐고, 자신이 혼자 있는 것처럼 느껴졌고 외롭다고 하였음(성인이 되었으니 부모님께 조금이라도 마음을 열어보는 것이 어떠냐?) 아직은 부모님의 과거 부정적인 언행으로 인해 마음의 상처가 깊어서 부모님에게 마음을 열기가 쉽지 않고, 부모님이 나에게 해준 것도 없는데 왜 내가 마음을 열어야 하는지 모르겠다라고 하였음. 이로 인해 자신의 자존감과 자신감이 떨어져서 우울하다고 이야기함.

내담자가 계속해서 부모님에 대해 부정적으로 표현하는 것이 부모님과 사이가 정말 좋지 않구나라고 느껴졌고, 관계 회복에 어려움이 있지만 한 번 정도는 필요한 과정이라고 생각되어져 상담사로서 내담자를 공감해 주기보다는 은연중에 내담자에게 부모님과 대화를 시도해 보라는 압력을 행사하지 않았나 생각되어졌음.

4회기 자신의 강점과 대안 찾기 (월요일) 16:00 ~ 17:00

저번 회기 상담 이후에 내담자의 마음과 생각은 한 주간 어땠는지, 기분 상태는 어떤지, 등등 이야기를 잠시 나누고, 4회기 상담을 진행하였음. 이번 상담에서는 부모님과 좋았던 기억 떠올려 보기, 내담자가 부모의 부정적인 언행으로 인해 낮아졌던 자신감과 자존감을 회복하여 호소문제 해결방안을 찾는 방향으로 상담을 진행함. (부모에게 좋았던 추억들을 떠올려 보거나 부모님에게 감사했던 일들은?) 부모님과 함께했던 추억은 별로 없으나 좋았던 기억이나 감사했던 일들을 떠올려 보자면 부모님과 함께 맛있는 식당으로 식사하러 갈 때, 감사했던 일은 시각장애가 있음에도 불구하고 이렇게 숨을 쉬고 살아갈 수 있음에 감사하고, 혼자서 할 수 있도록 신경을 하나도 안 써주셔서 혼자 스스로 힘으로 자신의 삶을 어떻게 극복해 나갈 것인지에 대해 알게 해주셔서 감사드린다고 말하였음.

내담자의 자신감, 자존감을 회복시킬 수 있도록 하기 위하여 자신의 장점을 인지행동치료의 알아차림의 기법을 활용하여 내담자의 장점을 알아볼 수 있는 시간을 가졌다. (장점이라고 생각하는 것은 무엇이 있을지?) 저는 음악을 좋아하여 노래하는 것을 좋아합니다. 그리고 사람들과 함께 같이 있는 것을 좋아하고 자신이 책임감이 강하며 자신의 주장이 뚜렷한 것이라고 얘기하였음. 상담사가 내담자의 강점에 대해 타인에 대한 배려심이 있어 보이고, 상대방의 이야기를 잘 경청해 주는 등, 자신이 해야 할 일이 있으면 포기하지 않고 해내려고 노력하는 모습이 멋진 모습이 내담자님의 강점이라고 생각한다고 말하였을 때, "아! 제가 또 이런 강점이 있다는 것을 알게 되었군요. 상담사님께서 같이 저의 장점에 대하여 찾아주시고 이야기해 주셔서 너무 감사드리며, 이 기회를 통해 내가 이런 사람이었구나!를 많이 깨닫게 되었습니다"라고 말하였다. 내담자는 자신의 호소문제 해결방안이 무엇이 있을지 상담사에게 물어왔음.

(제가 이야기 해주는 것이 도움이 될 진 모르겠지만 시각장애인 분들이 사용하는 한소네 혹은 점자 정보단말기를 능숙하게 활용할 수 있도록 시각 장애인들이 맞춤형 교육에 참여하거나 복지관에 가서 시각장애인을 위한 교육은 없는지 알아보고 또한 학업생활이나 과제를 수행할 때 어려움이 있는 경우 주변 분들에게 도움을 받거나 교수님들에게 자신의 현재 상황을 자신 있게 이야기해 보는 방법도 좋고 자신의 문제를 어떻게 해결할 것인가에 대하여 생각도 하고 고민도 해보면서 자신에게 맞는 해결책을 스스로 한 번 찾아가 보는 것도 중요하다) 다음 상담시간 안내 및 종료에 대해 안내하고 상담을 마무리하였고, 상담이 필요하면 언제든지 상담실에 와서 상담할 수 있는 기회가 있다고 알려주었음.

5회기 상담 마무리 (수요일) 16:00 ~ 17:00

지난 일주일 동안 어떻게 지냈는지, 상담실에 방문할 때 어려움 없었는지 등의 안부를 물어본 후 마지막 5회기 상담에서는 상담에 대한 성과 및 소감 나누기를 진행함. (5회기 상담하는 동안 어떠셨나요?) 상담이 너무 좋았던 것 같다. (어떤 면이 너무 좋았던 것인지? 구체적으로?) 이전의 상담경험도 없었고 이번 현장실습 하면서 상담을 경험할 기회가 있어서 상담에 참여해 봤지만 상담을 통해 자신의 장점 찾기를 진행하면서 낮아져 있던 자존감, 자신감을 향상시킬 수 있게 된 것 같다. 이제부터 언제든지 고민이 있거나 상담하고 싶을 때 바로바로 상담센터를 방문하면 도움을 받고 자신의 이야기를 할 수 있다는 것에 행복하고 즐거웠다라고 표현함.

(2) 축어록(5회기 중 4회기)

- 제시 이유: 내담자가 3회기 상담에서 자존감과 자신감이 떨어져 있는 것으로 보여 4회기 상담에서 내담자의 강점과 장점을 탐색하여 내담자에 도움을 주고 싶었습니다. 내담자가 자신의 강점을 발견하는 과정이 내담자의 부정적인 사고에서 긍정적인 사고로 조금이라도 변화하는 데 도움이 되었을까?라는 생각이 들어서 제시하게 되었음.

상담사1: 안녕하세요. 한 주 동안 잘 지내셨나요?
내담자1: 네. (고개를 위아래 흔들며) 그럭저럭... 조금은 바쁜 생활을 했어요.
상담사2: 표정이 별로 좋아 보이시지가 않아요. 이유가 있으실까요?
내담자2: (우울한 표정을 지으며) 사실 요즘 들어 부모님 생각이 많이 나서요.
상담사3: 어떤 생각을 하시고 계신 걸까요?
내담자3: 부모님께 감사할 것들이 많았는데 너무 부정적인 것들만 기억하려 하지 않았나 싶어요. (미간을 찌푸리며) 살짝 죄책감이 들었어요.
상담사4: 아. 그래서 마음이 답답하셨겠어요.
내담자4: 네. 부모님께 죄송한 마음도 많이 들었어요.
상담사5: 그러면 부모님과 좋은 추억을 떠올려 보시겠어요?
내담자5: 추억이 많이 있지는 않지만 제가 먹는 것을 좋아하는데 (살짝 입가에 웃음을 지으며) 어린 시절 부모님과 식당에 가는 것을 좋아했어요. 그래서 부모님과 맛있는 음식을 먹었던 것이 추억으로 떠올라요.
상담사6: 부모님과 식당에 가서 맛있는 음식을 먹는 것을 좋아하셨군요?
내담자6: 지금 생각해 보면 정말 좋은 추억으로 기억돼요.
상담사7: 그럼 감사한 일은 어떤 것이 있을까요?
내담자7: 낳아주셔서 지금껏 숨 쉬게 해주신 것과 부모님의 무관심 덕분에 저는 혼자 스스로 내 삶을 어떻게 극복하고 살아야 하는지 알게 된 것 같아요.

상담사8: 혼자 스스로 할 수 있는 방법을 알려주신 부모님께 감사하다는 말씀이시죠?
내담자8: 네. (강조하듯 톤을 올리며) 저보다 더 잘 살아나가는 시각장애 친구들도 있지만 저도 나름 스스로 삶을 극복할 수 있는 힘이 있는 것 같아 부모님께 감사해요.
상담사9: 그럼. 준수 님 이제부터 준수 님의 강점 찾기를 해보는 시간을 갖을게요.
내담자9: (머쓱한 표정을 지으며) 아. 제 강점이요?
(잠시 정적이 흐른 뒤) 저는 사실 음악을 좋아해요. 그리고 노래를 잘 불러요. 노래를 부를 땐 행복하고 누가 내 노래를 들어주면 자신감도 생기는 것 같고요.
상담사10: 노래 부르는 것을 좋아하시는군요?
내담자10: 네. 노래를 부를 때 너무 행복해요.
상담사11: 음악을 언제부터 그렇게 좋아하시게 되었나요?
내담자11: 사춘기 시절이었던 중학교 때쯤인 것 같아요.
상담사12: 사춘기 시절 많은 위로가 되었나 보네요.
내담자12: 네. 사실 부모님과의 관계가 좋지 않아 외로웠어요. 그때 음악을 듣고 노래를 부르며 외로움을 잊기도 하고 나름 잘 부르는 것 같아 행복했어요.
상담사13: 음악이 사춘기 때 많은 도움을 준 것 같네요.
내담자13: 네. 그때 제가 많이 의지하고 좋아했어요. 그 시절 버틸 수 있는 힘을 준 게 음악이니까요. 그리고 전 책임감이 강해요. 타인에 대한 배려심이 높기도 하고요.
상담사14: 아. 그 외에 다른 것들도 찾아보시겠어요?
내담자14: (머리를 긁으며) 강점을 생각해 본 적이 많이 없어서 어렵네요...
상담사15: 많이 어려우세요? 많이 어려우시면 강점 찾기 카드를 이용해 찾아볼까요?
내담자15: 그런데... 제가 시각장애가 있어서 어려울 것 같아요.
상담사16: 아, 죄송해요.
내담자16: 아니에요. 좀 더 생각해 볼게요. 참 저는 상대방에 이야기를 경청해서 잘 들어줘요. 그리고 해야 할 일들이 있을 때에는 포기하지 않고 노력하려 해요. 동기나 친구에 말을 들어주는 것을 좋아하고 책임감이 강해 과제나 내가 해야 하는 일에 최선을 다하려고 해요.
상담사17: 준수 씨는 참 많은 감정을 가지고 계시네요.
내담자17: 아.... 그런가요?
상담사18: 준수 씨는 항상 노력하고 스스로 헤쳐 가는 멋진 모습을 가지고 계신 것 같아요.
내담자18: 감사합니다. (환하게 웃으며) 상담사께서 저의 강점 찾기 기회를 통해 제 자신의 강점을 알게 되었어요. 하지만 시각장애 때문에 강점에 대한 확신이 생기지가 않아요.
상담사19: 확신이 생기지 않는 이유가 뭘까요?

내담자19: (잠시 생각한 후) 사실 정보 접근 때문에요. 잘 해내고 싶은 감정은 크고 시각적인 불편함 때문에 그게 어려우니 제 자신을 자꾸 비교하게 돼요.

상담사20: 지금도 충분히 잘 해나가고 계신 것 같은데 부족한 것 같아 불안한 감정이 드시는 것 같아요.

내담자20: 네, 맞아요. 어떻게 해야 할까요?

상담사21: 제가 이야기 해드리는 것이 도움이 될지 모르겠지만 시각 장애인 분들이 사용하는 한소네나 혹은 점자 단말기를 능숙하게 사용할 수 있도록 시각 장애인을 위한 맞춤형 교육을 알아보시고 참여해 보시면 좋을 것 같아요.

내담자21: 이번 방학에는 한번 알아봐야겠어요.

상담사22: 복지관에도 연락드려 프로그램이 있는지 알아보셔도 좋을 것 같고요.

내담자22: 그러게요.

상담사23: 그리고 학업생활이나 과제를 수행할 때 어려움이 있는 경우라면 주변 분들의 도움을 받아보시는 것도 추천드려요. 교수님들께 현재 상황을 이야기해도 좋은 방법 같고요.

내담자23: 아. 좋은 방법 같아요. 저희 교수님들은 충분히 이해해 주시고 여러 방법을 알려주실 것 같아요.

상담사24: 자신의 문제를 어떻게 해결해 나갈 것인가에 대해 고민해 보시고 자신에 맞는 해결책을 스스로 찾아보시는 것도 중요할 것 같아요.

내담자24: 네. 상담사님 말씀처럼 해보도록 하겠습니다.

상담사25: 스스로 문제해결을 하시다가 보면 스스로 자신의 강점을 더 많이 알아차리실 수 있을 거예요.

내담자25: 맞아요. 이제부터라도 저의 강점을 알아가고 제 자신을 알아봐야겠어요. 감사합니다.

상담사26: 이것으로 4회기 상남을 마치겠습니다.

3) 지체장애 학생으로 "발표할 때마다 두려워요"[3]

가) 내담자의 인적 사항

최철수(가명)는 뇌성마비 중증으로 조산으로 인한 장애를 갖게 되었으며, 남학생이며, 종교는 무교이다. 대학 3학년이며, 특별하게 약물복용은 하지 않고 있으며, 수면상태는 잠을 잘 자지 못한다고 함.

3) 이 상담사례는 변준호의 장애 학생 상담사례임

나) 상담 신청 경위

내담자는 일상생활이나 대학 생활에서 자신의 의지와 상관없이 발생하는 웃음을 어떻게 하면 극복할 수 있을지 몰라서 방법을 찾고자 스스로 상담을 신청하였음. 내담자의 감정실금 증상은 초등학생 때 발생한 것으로 기억하지만 정확한 시기는 잘 모른다고 하였음. 특히 발표 시에 발생되는 감정실금 증상으로 힘들고 괴롭다고 표현하였음.

다) 이전 상담의 경험

중학교 2학년 때 장애로 인한 우울감을 포함한 복합적인 증상들이 나타나 극단적인 선택의 생각이 자주 떠올라 부모님과 친구를 포함하여 많은 사람으로부터 상담 권유를 받아 상담센터를 방문한 경험이 있고, 상담을 통해 마음은 편안해졌지만, 자신의 문제가 모두 해결되었다고 생각하지는 않았음.

라) 내담자의 주호소문제

발표할 때마다 두려워요.

본인 의지와 상관없이 뜻하지 않게 웃는 일이 자주 발생해서 사람들 앞에서 말하는 게 두렵고 고통과 불안을 느껴 스트레스를 받아 힘들고 괴롭다고 하였음.

"웃는 일로 다른 사람들에게 오해받아 화가 나요."

"감정실금 증상을 그만하고 싶은데 어떻게 해야 할지 모르겠어요."

"뜻하지 않게 내가 원치 않은 상황에서 웃음이 터져 나와 스트레스를 받고 있고 꼬집고 때려도 웃음이 멈추지 않아 너무 괴로워요."

마) 첫인상 및 행동 특성

내담자의 옷차림은 계절에 맞게 옷을 단정한 차림과 긴 바지를 입었으며 휠체어를 타고 상담실에 들어왔음. 목소리 톤은 낮으면서 부드러운 톤이었고 어투는 전반적으로 상냥하면서 포근한 인상을 주었으며 대화할 때 '~한 것 같은데 맞나요?', '~해 주실 수 있으실까요?' 등의 표현을 자주 하였음. 이를 통해 내담자는 예의 바르고 타인을 존중하고, 배려심이 많은 사람으로 보였으나, 천천히 질문하는 과정에서 조심스럽게 말하는 어투에서 풍기는 분위기를 보아 긴장하고 조심스러워한다는 걸 느꼈음. 내담자는 자신이 말할 때나 상담 중 불규칙적으로 감정실금 증상을 자주 보였고 증상을 보일 때마다 억제하고자 얼굴을 찡그리며 고통을 참는 모습을 보였음.

바) 내담자의 가족사항

- 아버지: (52세, 건축사업가) 가정에서 내담자를 대하는 태도를 포함하여 가부장적이고, 가족과 상의 없이 독단적으로 추진하는 것이 권위적인 모습이라 표현하였고,

가끔 직장 일로 인해 스트레스 상태일 때 여러 문제가 발생하면 여린 모습을 보이나 본인이 맡은 일에 대해 책임감이 강하다고 하였음. 내담자와 사이는 그렇게 좋지 않다고 느끼고 있으며, 어렸을 때부터 내담자 자신의 의견을 무시한 경험이 많았다고 했는데 대표적으로 내담자와 의견 충돌이 생기면 내담자에 의견을 존중하지 않은 적이 많았다고 했음. 친밀도: 2~3점

- 어머니: (47세, 초등학교 방과 후 강사) 시원스러운 성격, 까탈스러운 면과 화를 잘 내시는 모습을 보이지만 내담자와 자주 놀러 가거나 친구처럼 대해 줄 정도로 사랑의 신호를 많이 표현하며, 내담자의 어린 시절부터 병원에 데려가 재활 치료를 받을 수 있게 헌신적으로 희생하시는 유일한 분이라고 하였음. 친밀도: 8~9점
- 형: (26세, 언어재활사) 내담자를 대하는 분위기는 전체적으로 차분하고 내담자와 대화하다 가끔 장난칠 정도로 서글서글한 편이며 인간관계를 잘 맺을 만큼 사교성이 좋다고 하였음. 하지만 화가 나는 일이 생기거나 진지한 상황에 놓이면 냉정하고, 슬픈 영화를 봐도 눈물을 보이지 않을 만큼 감성적이지 않은 사람이라고 했음. 친밀도: 8~9점

사) 심리검사

(1) STC 검사

구분	번호	제시문구	작성내용
① 어머니에 대한 태도	13	나의 어머니는	화를 잘 내시는 편이지만 사랑이 넘치는 분이다.
	26	어머니와 나는	싸움도 엄청 많이 하고 한편으로는 친구 같은 존재이다.
	39	대개 어머니들이란	화를 잘 내시고 한편으로는 따뜻함이 많으실 것이다.
	49	나는 어머니를 좋아했지만	어머니도 나를 좋아해 주신다.
해석 요약	어머니를 진심으로 사랑하고 따뜻한 존재로 느끼고 있다.		
② 아버지에 대한 태도	2	내 생각에 가끔 아버지는	권위적이며 가부장적이고 감성적이다.
	19	대개 아버지들이란	권위적이며 가부장적일 것이다.
	29	내가 바라기에 아버지는	권위적이며 가부장적이다.
	50	아버지와 나는	사이가 예전보다 좋아졌지만 그래도 안 좋은 편이다.
해석 요약	아버지에 대해 권위적이며 가부장적이다. 라는 반복적인 표현으로 볼 때 심리적으로 편안하게 느끼지 않고 다소 부정적으로 느끼고 있는 그것으로 보인다.		
③ 가족에 대한 태도	12	다른 가정과 비교해서 우리 집안은	아버지가 어떻게 하느냐에 따라 달라진다.
	24	우리 가족이 나에 대해서	막내라서 예뻐해 주시고 사랑해 주신다.

	35	내가 아는 대부분의 집안은	화목하고 행복할 것이다.
	48	내가 어렸을 때 우리 가족은	귀여워하고 예뻐했다.
해석 요약	가족에 대해 따뜻함을 느끼고 소중하게 생각한다.		
④ 여성에 대한 태도	9	내가 바라는 여성상은	얼굴이 예쁘고 섹시한 여인상을 원한다.
	25	내 생각에 여자들이란	별별 사람이 다 있다고 생각한다.
해석 요약	많은 여성 중 자신이 보기에 예쁜 여성을 만나기를 원한다.		
⑤ 남성에 대한 태도	8	남자에 대해서 무엇보다 좋지 않게 생각하는 것은	여러 가지로 많지만 잘 모르겠다.
	20	내 생각에 남자들이란	자기 마음대로 하려는 주장이 강하다.
	36	완전한 남성상은	이 세상에 없다고 생각한다.
해석 요약	남성에 대해 부정적으로 생각하고 있다.		
⑥ 이성, 결혼에 대한 태도	10	남녀가 같이 있는 것을 볼 때	가장 엄청 많이 부럽다.
	23	결혼 생활에 대한 나의 생각은	혼자 사는 것이 제일 낫다고 생각한다.
	37	내가 성교를 했다면	이야기하고 싶지 않다.
	47	나의 성생활은	말하고 싶지 않다.
해석 요약	결혼에 대해 부정적으로 생각하지만, 연애는 하고 싶으며 성에 관련된 이야기는 피하고 싶어 한다.		
⑦ 친구나 친지에 대한 태도	6	내 생각에 참다운 친구는	잘 모르겠고 없다고 생각한다.
	22	내가 싫어하는 사람은	너무 많아서 모르겠다.
	32	내가 제일 좋아하는 사람은	우리 교회 목사님이시다.
	44	내가 없을 때 친구들은	모르겠다.
해석 요약	좋아하는 사람은 있지만 인간관계에 대해 어려움을 느끼고 있다.		
⑧ 권위자에 대한 태도	3	우리 윗사람들은	존경해야 할 분들도 계시고 그렇지 않은 분들도 계실 것이다.
	31	윗사람이 오는 것을 보면 나는	상황에 따라 달라진다.
해석 요약	본인이 추구하고 판단하는 기준에 따라 사람을 가리는 것으로 보인다.		
⑨ 두려움에 대한 태도	5	어리석게도 내가 두려워하는 것은	코스튬 인형탈을 두려워한다.
	21	다른 친구들이 모르는 나만의 두려움은	말 못하겠다.
	40	내가 잊고 싶은 두려움은	아버지에게 받은 많은 상처의 두려움을 잊고 싶다.
	43	때때로 두려운 생각에 휩싸일 때	불안감이 높아진다.
해석 요약	상황과 사물로부터 느끼는 두려움은 드러내기 싫지만, 이겨내고 싶어 한다.		
⑩ 죄책감에 대한 태도	14	무슨 일을 해서라도 잊고 싶은 것은	아버지에게 받은 상처를 잊고 싶다.
	17	어렸을 때 잘못했다고 느끼는 것은	기억이 나지 않는다.
	27	내가 저지른 가장 큰 잘못은	엄청 많다.

	46	무엇보다도 좋지 않게 여기는 것은	많은 것 같아서 잘 모르겠다.
해석 요약	잘못에 대해 많다고 생각하지만 표현하고 싶어 하지 않는 것으로 보인다.		
⑪ 자신의 능력에 대한 태도	1	나에게 이상한 일이 생겼을 때	짜증 나고 화가 난다.
	15	내가 믿고 있는 내 능력은	말을 조리 있게 잘하는 것이다.
	34	나의 가장 큰 결점은	화를 잘 내고 감정 조절을 못하여 욱하는 것이다.
	38	행운이 나를 외면했을 때	슬프고 좌절할 것 같다.
해석 요약	의도치 않은 슬픔과 불행한 일을 겪으면 자기 확신이 뚜렷하지 않아 불안함을 느끼고 있다.		
⑫ 과거에 대한 태도	7	내가 어렸을 때는	행복한 일도 있었을 것이고 불행한 일도 있었을 것이다.
	33	내가 다시 젊어진다면	더 멋진 남성이 되고 싶다.
	45	생생한 어린 시절의 기억은	외할머니 등에 업혀 있었을 때이다.
해석 요약	좋은 기억도 있지만 자신의 과거에 대해 후회하고 있다.		
⑬ 미래에 대한 태도	4	나의 장래는	아직 정하지 못했고 언제든지 바뀔 수 있을 것이다.
	11	내가 늘 원하기는	잘 모르겠다.
	16	내가 정말 행복할 수 있으려면	나 자신을 먼저 사랑할 줄 알아야 한다.
	18	내가 보는 나의 앞날은	자신의 삶에 어떠한 것을 부여하는가에 따라 달라진다.
	28	언젠가 나는	걸을 것이다.
해석 요약	미래에 대해 불안을 느껴도 희망을 품고 있다.		
⑭ 목표에 대한 태도	30	나의 야망은	꼭 좋은 곳 취업하는 것이다.
	41	내가 평생하고 싶은 일은	연애이다.
	42	내가 늙으면	욕하고 이기적인 성격이 죽을 것이다.
해석 요약	자신의 욕구를 충족시키기를 원한다.		
일반저 요약	자존감이 낮고 불안과 두려움을 자주 느끼지만, 내담자가 편하다고 생각하는 대상이나 사물 그리고 상황 앞에선 마음을 잘 여는 편이며 자신이 추구하고 생각하는 가치관을 가지고 본인만의 방식으로 극복하기를 원한다.		

(2) SPPI 강점검사

• **SSPI 강점검사 하위 요소 프로파일**

유형	지적 욕구			공감력				도전성		
	호기심	개방성	학구열	사랑	배려	감정 인식 능력	끈기	용감	진실성	적극성
T점수	25	20	29	35	45	43	26	22	46	32

유형	낙관적 사고				절제력					공동체 의식			
	감사	낙관성	유머	희망	겸손	신중성	친절	용서	절약	경쟁	협력	리더십	시민 의식
T점수	28	48	42	50	47	46	34	51	49	29	58	23	43

(3) 성격검사

• **성격 하위 요소 프로파일**

하위 요소	개방성(T27)				성실성(T24)				외향성(T46)			
	경험 추구	미적 개방성	상상력	지적 호기심	목표 지향성	신중성	신뢰성	자기 규율성	관계 지향성	주장성	활동성	긍정 정서
T 점수	35	28	36	32	27	20	32	41	49	65	41	31

하위 요소	우호성(T27)			신경증(T65)				적응 및 자아강도							
	겸손	타인존중	휴머니즘	우울	불안	충동성	공격성/ 적대감	적응	학교 만족	학업 수행	전공 만족	대인 관계	자아 강도	무기력	정서 충격
T 점수	43	28	41	65	59	47	71	37	32	32	47	50	28	38	61

(4) 심리검사 종합 해석

내담자의 강점은 자신의 의견이나 생각을 적극적으로 표현하는 자기 주장성 및 공동체 의식의 협력으로 가족이나 학교 등 단체 생활에서 주어진 과제나 임무를 달성하는 데 있어 타인과 공동, 협동으로 노력하여 목표를 달성하는 일을 잘하고 공동체에 소속감을 느끼면 업무 수행의 능률이 올라갈 것으로 보임. 그러나 새로운 환경이나 낯선 사람에게 자신이 어려움으로 호소하고 있는 감정실금에 대해 적극적으로 표현하는 것에 대해 어려움을 겪을 것으로 보여, 자신이 안정감을 가지고 있는 사람과 접촉하여 교류하는 활동을 하면서 사고의 변화를 주는 것이 필요해 보이며, 한 번도 접하지 못한 새로운 활동은 미리 구조화를 하거나 구체화시켜 본 후 도전하며 실천하는 것이 도움이 될 것으로 보임.

아) 내담자의 발달사 및 성장 배경

내담자는 미숙아(조산)로 태어나 백질 연화증, 즉 뇌성마비 장애를 판정받게 되었음. 내담자는 어렸을 적에 자신의 장애에 대해 별로 크게 신경 쓰지 않았지만, 일주일의 세 번씩 신촌 세브란스병원 or 분당 보바스 어린이 병원에 외래 재활 치료를 다녔다고 했음. 병원 진료가 있는 날이면 어머니가 새벽에 일어나 내담자의 치료를 위해 헌신하신 모습은 지금도 잊혀 지지 않는다고 했음. 내담자가 점차 성장하면서 방학이 되기 전 보바스 어린이 병원에 입원 집중 치료 입원 대기를 예약했고 방학이 될 때마다 해당 병원에 입원하여 집중 재활치료를 2~3달 동안 받아왔음.

치료받는 동시에 알코올 주사 또는 보톡스도 같이 맞았으나 장애의 정도는 호전되지 않았고, 장애의 상태가 원래 유지되던 대로 똑같다는 이야기를 들었으며, 지금도 어머니한테 고마움을 느낀다고 할 정도로 좋은 관계를 형성하는 중이라고 하였다.

내담자는 사춘기가 시작되면서부터 현재까지 자신의 장애로 인해 우울감을 포함한 복합적인 여러 생각과 감정들로 인해 너무 힘든 감정을 느끼기 시작했다고 하였음. 내담자가 힘들어하는 요인 중 하나는 "어린 시절부터 아버지가 가정에서 권위적으로 행동하는 모습과 상황마다 독재적이면서 가부장적인 모습에 대해 힘들어한다고 보고하였고 아버지의 이러한 태도는 내담자가 중학교 들어가면서 내담자가 의견을 제시할 때 무시하거나 들어주지 않는 태도로 인해 상처받았다고 보고하였으며 아버지에 대한 슬픔과 서운함이 커서 지금도 매우 힘들다고 말하였음. 친형은 어린 시절부터 내담자의 정신적인 지주의 역할과 함께 장난도 칠 정도로 사이가 좋았다고 하며 지금도 친형에 관한 생각은 "우리 형만 한 사람 없어요."라고 자랑할 정도로 형에 대해 긍정적으로 생각하고 있었으며 형에 대해 이야기할 때 내담자는 하얀 이를 내보이는 등 환한 미소 보이기도 했음.

자) 내담자의 자원

- 자신의 문제를 침착하게 해결하려는 의지가 강하고 상담에 적극적으로 참여한다.
- 현재 자신의 신체적 상황과 환경적 조건을 잘 파악하고 있고 이를 잘 표현할 줄 안다.
- 타인을 존중하고 예의가 바르며 배려심이 깊다.
- 생각과 의견을 다른 사람에게 분명하게 말하고 표현한다.
- 자신에게 주어진 과업을 완수하려는 책임감이 강하다.

차) 상담사가 본 내담자의 문제 이해

내담자는 미숙아로 태어나 뇌성마비 장애를 갖게 되었으며, 어린 시절 대학병원에 오가면 장기적으로 재활 치료를 받았으나 장애 상태가 호전되지 않았음. 성장하면서 어머니와 형에게는 긍정적인 관계 경험을 많이 한 것으로 보였으나, 아버지에 대해서는 가부장적이고 독재적, 권위적인 사람으로 느끼고 있으며, 아버지를 두려움과 미움의 대상으로 느끼고 있음. 내담자는 자신의 뇌성마비 장애의 증상 중의 하나인 감정실금에 대해 타인들로부터 오해하는 것에 대한 두려움이 많았고, 발표를 비롯하여 사람들과의 관계에서 본인의 의지와 상관없이 뜻하지 않게 웃는 일이 자주 발생해서 사람들 앞에서 말하는 게 두렵고 고통과 불안을 느껴 스트레스를 받고 힘들고 괴롭다고 하였음.

상담을 통해 내담자가 있는 그대로의 자신의 모습을 마주 보게 하여 스스로 통찰하게 함으로써 있는 그대로 자신을 수용하게 하며 일상생활에서 나를 사랑할 수 있게 조력할 것이며 발표할 때 감정실금이 나타날 때 당황하지 않고 차분히 대처할 수 있는 방법을 탐색하여 긴장하지 않고 편안하게 연습한 만큼 진행할 수 있도록 조력할 것임.

카) 상담 목표

(1) 내담자와 합의된 목표

① 발표할 때 긴장하지 않고 편안하게 연습한 만큼 진행할 수 있다.
② 발표 시 감정실금이 나타날 때 당황하지 않고 차분히 대처할 수 있다.

(2) 상담사의 임상 목표

① 단기목표

- 내담자 스스로가 자신을 있는 그대로의 모습을 마주 본다.

② 장기목표

- 나를 있는 그대로 수용하고, 나 자신을 이해하고 통찰하며, 나를 사랑하도록 한다.
- 인간 중심 이론을 바탕으로 내담자의 자기존중을 회복하고 왜곡된 자기개념을 수정해서 자아실현을 할 수 있다.

타) 상담전략 및 접근방법

- 감정실금이 발생하면 멈출 때까지 억지로 참지 않는다.
- 감정실금이 언제 발생하는지 탐색하고 기록한다.
- 긴장할 때 숨을 천천히 내쉬는 연습을 진행한다.
- 자신이 느끼는 감정을 탐색하고 기록한다.
- 실제로 발표 연습을 통해 긴장감을 낮춘다.

파) 상담 진행 과정과 축어록

(1) 상담 진행 과정

1회기 상담구조화와 주호소문제 탐색 (금요일) 16:00 ~ 17:00

상담구조화 장면에서 갑자기 하얀 이를 드러내며 큰 소리로 웃기 시작하더니 표정을 일그러질 정도로 억지로 참는 모습을 보였음. 웃음이 멈춘 후 상담 신청 이유를 물었을 때 내담자는 "제가 현재 대학에서 현장실습을 진행하고 있는데 발표를 하게 되었어요." 라는 대답과 함께 내담자는 말이 끝나자마자 또 웃기 시작했음. 웃음이 멈출 때까지 기다린 후 내담자에게 웃는 이유에 대해 질문했고 "제가 겪고 있는 장애의 증상 중 하나인 감정실금이라고 하는 게 있는데 이게 의도치 않게 자주 웃게 돼서 사람들에게 오해도 많이 받고 저희 어머니 말씀으로는 뇌를 다쳐서 나온 거라고 하더라고요." 말하며 무거운 톤으로 스스로가 겪는 감정실금 이야기를 하였음. (주호소문제는?) 우선 사람들 앞에서 발표하는 일이 매우 두렵다라고 하였지만 구체적으로 표현하지는 않았음. 주호소문제를 알기 위해 내담자와 공통된 관심사 인생에 대한 신념과 가치관을 먼저 이야기 나누며 신뢰 관계를 구축하였고 점차 내담자가 자기 개방을 할 수 있게 접수면접 기록지를 내담자에 대해 파악하였음. 내담자의 신체 병력에 대해 물었고, 장애에 대한 수용 정도는 어떠한지 탐색하였을 때 "수용해야 한다는 건 알지만 수용하는 게 쉽지 않아서 잘 모르겠어요."라고 답했음 (이유는?) "이유를 말하기 힘들 정도로 좀 어려워요."라고 말하며 덧붙여 뇌성마비로 인해 자주 발생하는 감정실금 증상에 대해 자신의 이야기를 하나씩 풀어갔음. "예전에 어머니랑 같이 놀러 간 적이 있었는데 갑자기 감정실금이 터져서 주변 사람들의 시선이 저한테 쏠렸어요. 그땐 어려서 잘 몰랐는데 지금도 그 일이 잊혀 지지 않아요. 할 수만 있으면 감정실금 증상을 완전히 치료하고 싶어요."라고 말했다. 그 이후로 상담의 구조화 및 유의 및 준수 사항을 안내하면서 내담자가 상담에서 기대하는 부분과 가족관계 탐색을 하려고 하였으나 상담시간이 촉박하여 구체적으로 파악하지 못한 체 1회기 상담을 마무리하였음.

2회기 주호소문제의 해결 여부 탐색 (수요일) 16:00 ~ 17:00

내담자의 안부를 물으며 현재 자신이 기분과 상태를 묻는 것으로 상담을 시작하였음. 내담자는 "그저 그렇지만 굉장히 쉬고 싶어요."라고 답하였고 (이유는?) "하계 현장실습 일정이 너무 정신없고 활동도 많아 몸과 마음이 지친 것 같아요."고 대답했음. 지난 회기에서 알 수 없었던 내담자의 가족 정보 등을 탐색했고 어머니나 아버지 이야기를 할 때 말의 높낮이가 고조되거나 차분해지는 모습이 관찰되었다. (아버지는 어떤 분?) "어디서 이런 이야기는 안 하는데 정말 싫어요." (이유는?) "제 생각일 수도 있는데 어렸을 때부터 저와 의견도 많이 맞지 않았고 제가 이거 하고 싶다.라고 말씀드려도 무시당한 적이 많았어요." (그래서요?) "그 일이 제가 중학생? 언제인지 자세히 기억나진 않지만, 갈수록 아버지에게 상처받은 일이 많았어요." (그때 마음은?) "억울하고 분했어요.

하지만 장애가 있더라도 희망을 놓고 싶지는 않았어요." 이를 통해 내담자가 장애를 가지고 있지만 자신이 해야 할 일에 대해 책임감을 갖고 해야 한다는 인생관이나 장애에 대한 가치관을 알 수 있었음.

하지만 내담자의 호소문제인 감정실금, 발표 시 불안에 대해 자신이 정말 해결할 수 있는지에 대한 의문과 이를 감당해야 한다는 부담감과 무기력 그리고 불안감을 이기지 못한다는 모습이 관찰되었음. 이 불안을 줄이는 방법은 무엇이고 어떻게 할지 다음 상담회기에 진행하는 것으로 합의하고 상담을 마무리했다. 내담자의 경험을 나누면서 내담자는 자신의 장애에 대해 남들이 못해 봤던 일들을 해보고 싶고, 보조기기 도움을 받아 걷고 싶다고 표현하였고, 내담자는 비장애인 못지않게 장애인으로서 떳떳하게 살고 싶은 바람으로 보였음.

3회기 주호소문제와 관련한 감정 탐색 (월요일) 16:00 ~ 17:00

지난 회기와 마찬가지로 안부를 먼저 물으면서 지난주에 즐거웠던 일을 물어보니 "학교 실습 기간 중 워크숍에 갔는데 남자 동기들과 맛있는 치킨과 순대를 먹어서 너무 좋았어요."라고 대답했다. 그 직후 해맑은 표정을 지으며 "오자마자 즐거웠던 일을 왜 질문하시는 거죠?"라고 물었음. (저번 상담을 진행했을 때 주호소문제를 해결하기 위해 내담자가 살면서 느낀 감정과 이야기를 들어보고 싶다) 내담자는 목소리의 톤을 낮추고 진지한 표정을 보이며 "선생님의 이야기도 들려주실 수 있으세요?"라고 물어 상담사는 "저도 살면서 겪은 이야기를 함께 공유하면서 내담자한테 배우고 싶은데 혹시 저에게 내담자님의 이야기를 해주실 수 있으세요?"라고 다시 물었음. 내담자와 눈을 마주치며 물어보니 내담자는 하얀 이를 드러내며 긍정적인 웃음을 보이며 "좋아요!"라고 전했음. 서로의 경험을 이야기하기 전 내담자가 생각하는 감정에 관해 물어보니 "기쁨과 슬픔 그리고 분노가 있어요."라고 대답했다. (본인이 말한 감정들은 어떤 상황에 느끼는지?) "잘 이해가 되지 않아서 그러는데 혹시 다시 한번 설명해 주실 수 있으실까요?"라고 질문했음. (어느 순간에 행복함을 느끼고 어느 때에 우울한 마음이 드는지 떠올려 보시면 이해하시기 유리하실 겁니다). 기쁠 때는 밥이나 삼겹살 등 본인이 좋아하는 음식을 먹을 때이고, 슬플 때는 자신의 신체가 마음대로 움직이지 못해 답답함을 느끼거나 뜻대로 제어가 되지 않을 때 슬프다고 했으며 화가 날 때는 자신이 존중받지 못할 때라고 답했음. 내담자는 감정을 표현할수록 접수 면접 때에 비해 온화한 미소를 보이기 시작했고 "제 기분을 이렇게 표현해 본 적이 없는데 이렇게 표현할 수 있는 시간이 있어서 너무 좋은 시간인 것 같아요!"라고 말했음. 내담자가 주호소문제로 발표를 가져온 이유에 관해 좀 더 구체적으로 물어보니 "최근에 현장실습을 진행하는 중인데 발표를 맡게 되어 잠도 한숨도 못 자고 지금도 사실 너무 피곤한데 실습은 해야 하니까 하고 있어요."라고 답하였고 발표 기간도 얼마 남지 않았다고 했음. (발표 시 긴장하는 이유는?) 말의 톤이 갑자기 낮아지고 어두운 표정으로 "제가 예전에 알고 지냈던 친구들이나 지인들로부터 의도치 않게 감정실금이 발생해서 오해를 사 싸우거나 혼나는 일이 많았어요. 그 일이 계속 일어나서 그런지 너무 억울하면서 화도 나고 속상해서 울었던 적도 많아요. 그 일이 저한테는 너무 고통스러운데 자꾸 신경 쓰게 되니까 발표해야 하는 상황처럼 제가 긴장되면 감정실금이 더 심해지더라고요."라고 한숨을 크게 쉬었음. (지금 저한테 본인의 생각과 자기감정 표현을 굉장히 잘하시고 본인의 문제를 해결하고자 하는 마음이 클수록 책임감이 생기는데 내담자는 책임감이란 긍지를 가지고 직면으로 마주하시는 모습이 굉장히 대단하다고 지지함) 내담자는 놀란 표정을 지으며 "정말 그렇게 생각하세요?"라고 물어보았음. (상담사가 긍정적으로 고개를 끄덕였음) 내담자는 최근 자신이 다니는 학교에서 살면서 처음 해보는 과제에 대해 이야기하였고 그 과제로 인해 많은 스트레스를 받았는데 결과적으로 책임감을 느끼고 진행하다 보니 결국엔 어려운 과제를 무사히 마무리할 수 있었고, 학교에 오면서 과제를 포함해서 자립하는 것도 그렇고 대인관계에서도 예전보다 더 넓어져 성장할 수 있었다라고 하면서 자신이 말한 부분이 책임감이며 이것이 자신의 강점이 될 수 있을지에 대해 물어보았음. ("사실 절대적인 정답은 없다고 생각하지만, 내담자님이 생각하시는 게 정답이라 판단되시면 그게 최고의 정답이 될 수 있다고 생각합니다.)

상담을 마무리하며 다음 회기에서는 발표를 할 때마다 긴장을 줄이는 방법에 대해 같이 생각해 보는 시간을 가지자고 안내했고 상담의 회기가 얼마 남지 않게 되었다고 전하자 내담자는 아쉬운 표정을 지었음. 상담한 소감에 대해서도 "마음은 정말 편하고 나에 대해 솔직한 감정을 표현할 수 있어 기뻤지만, 감정실금에 대해 내가 원하는 해결 방안을 찾지 못해 아쉬워요."라고 말하였음.

서로의 경험에 대해 공유하는 시간을 가지면서 내담자가 생각하는 최고의 강점이란 무엇인지 탐색하는 작업을 가졌음. 여러 가지 이야기가 나오다 내담자의 목소리 톤이 높아지기도 하였고 상담사에게 가벼운 어투로 질문을 하기도 하였음.

4회기 주호소문제 발생 시 대처방법 패턴 탐색 (화요일) 16:00 ~ 17:00

발표 시 감정실금이 발생했을 때 어떻게 대처하면 되는지에 대해 이야기를 나누었음. 내담자는 자신의 감정실금에 대해 일단 사람들에게 양해를 구하는 방법이 있을 것이라 말하였음. (타인이 이것을 고려해 주지 않는다면?) 내담자의 표정이 굳어졌고 그래도 그것을 감수하고라도 양해를 구해야 하지 않을까요라고 답했음. 상담사가 지금 실제 발표하듯이 연습해 보자고 제안하였을 때 내담자는 놀란 표정을 지으며 다음 회기에 준비를 해서 하면 안 되겠다고 말하였음. 발표할 때 미리 준비해야 하는 것들에 대해 서로 나누고 감정실금이 발생했을 때 호흡법을 연습하였음.

5회기 감정실금의 대처 방법과 상담소감 (수요일) 16:00 ~ 17:00

실제로 발표하는 상황(자기 자신에 대해 소개하는 것)을 시연해 보기 위해 시도하였을 때 내담자는 긴장하는 모습이 관찰되었음. 다시 감정실금이 발생되어 호흡법을 시도하였으나 감정실금에 도움이 되지 않았던 것으로 보였음. 내담자는 상담사 때문에 호흡법이 잘 되지 않는다고 하였고 상담사는 그러면 웃음이 멈출 때까지 평상시에 웃음을 멈추기 위해 자신을 꼬집는 행동을 하지 말고 그냥 신나게 웃으라고 하였음. 웃음이 멈춘 후에 발표 시연을 다시 시도하였고, 중간중간 말이 빨라지고 감정실금이 2~3차례 나타나 그럴 때마다 웃음이 멈출 때까지 차분히 기다려 주었음. 내담자는 많이 편안해졌지만, 발표는 그래도 하고 싶지 않다고 표현하였음.

(2) 축어록(5회기 중 4회기)

상담사1: 철수 씨가 생각하시기에 발표를 잘하는 기준은 무엇이라고 생각하시나요?

내담자1: (진지한 표정을 지으며) 목소리가 떨리지 않아야 하고 절대로 실수해선 큰일 난다고 생각해요. 그리고 실수를 하게 되면 발표할 때 듣는 사람들이 준비도 제대로 하지 못했나? 하는 생각이 먼저 떠오르고 (목소리의 톤이 높아지고 말이 빨라지기 시작하며 감정실금 증상이 나타나기 시작한다.) 주위에서 반응하는 표정이 보이니까 그게 더 부담돼서 더 잘하고 싶은데 이런 불안도 있는데 감정실금도 제가 지금도 말하면서 터지고 있는데 발표할 때... (숨이 점점 차오르는 모습을 보이며 굉장히 고통스러워한다.)

상담사2: 일단 크게 한 번 숨을 쉬면서 호흡을 천천히 해 볼까요? 부담 갖지 마시고 천천히...

내담자2: (숨을 고르게 천천히 들어 마시기 시작한다. 그 후로 숨을 고르게 내쉬며 점차 안정적으로 호흡이 잡히기 시작한 후 점차 감정실금 증상이 사라진다.) 죄송합니다. (점점 톤이 내려가며) 제가 이럴 생각은 없었는데 괜히 선생님에게 피해를 준 것 같아 죄송해요. (말이 끝나자마자 표정이 시무룩해진다.)

상담사3: 괜찮아요. 하고 싶으셔서 하시는 것도 아닌데, 편하게 있는 그대로 드러내시는 게 내담자님의 건강을 위해서도 좋으세요.

내담자3: (어두운 표정은 풀렸지만 슬픈 눈빛을 보이며) 선생님처럼 저의 상황을 이해해 주시는 분들도 계시지만 그렇지 않은 분들도 계셔서 제가 더 부담을 느끼는 것 같아요. 사실 제가 지금 하고 있는 일도 그렇고 선생님과 하는 상담도 제가 쭉 지켜보면서 느낀 건데 감정실금은 온전하게 해결할 수 없다는 게 너무 아쉽습니다. 수용해야 하는 것도 알겠고 제 마음이 문제가 있는 건지 잘 모르겠지만 전 해결해야 할 문제가 많은 것 같아요. (말을 다 끝마치고 한숨 쉰다.)

상담사4: 일단 잠시 마음을 비우는 시간을 한 번 가져보시겠어요?

내담자4: 마음을요?

상담사5: 네. 생각이 많아지고 뭔가 말하기 힘든 상황이 있으면 저 또한 저를 위해 가끔 사용하는 방법인데 잠시 혼란스러운 마음을 진정시키기엔 굉장히 좋은 방법이라고 봅니다.

내담자5: (한참 생각하다가) 일단 해볼게요. 지금부터 하면 되는 거죠? (감정실금이 또 발생한다.)

상담사6: (내담자의 감정실금이 멈출 때까지 기다린 후) 네. 일단 3분의 시간을 가져보고 그 시간 동안 모두 비워 보세요. (알람 설정을 3분으로 맞춘 후) 지금부터 시작하겠습니다. 준비하시고 준비 시작!
3분의 시간이 모두 지나간 후 내담자에게 바로 안내했다.

내담자6: (긴장이 풀린 목소리로) 아, 끝났다~ (말이 끝나자마자 감정실금 증상이 발생한다.)

상담사7: (내담자의 감정실금이 멈출 때까지 기다린 후) 일단 3분의 시간 동안 무슨 생각부터 드셨어요?

내담자7: 음... 일단은 진정은 됐는데 방금 또 감정실금이 일어나서 기분이 썩 좋지 않아요.

상담사8: 그럼 감정실금이 발생하시기 전까지 마음 정리가 되지 않았나요?

내담자8: (오른손 주먹을 쥐고) 마음을 정리해야 하는데 잘 안 되더라고요. 자꾸 마음속에서 그래도 일단 제가 할 수 있는 일이라도 하나씩 해야 한다고 생각했어요. 전에도 말씀드렸지만 사람 사는 게 쉽진 않으니까 저도 모르게 자구 부담을 느끼는 것 같아요.

상담사9: 내담자님의 이야기를 들으니 내담자님은 현재 자신이 할 수 있는 역할을 찾아 도전하시고 책임을 지고 고민하시는 모습이 제가 많이 배워야 하는 모습이라고 생각합니다.

내담자9: (진지한 어투로) 선생님이 보시기엔 제가 열심히 사시는 걸로 보이세요?

상담사10: (고개를 끄덕이면서) 다시 내담자님과 상담을 이어 진행해도 될까요?

내담자10: 네! 그렇게 하셔도 됩니다! “수업과 상담사님과의 이런 시간이 제가 지금도 막 울컥하고 눈물 날 것 같고 그런 마음들이 있지만 내가 지금 이 시간을 잘 보내려고 노력해야겠다. 그리고... 제가 아버지랑 뭘 더 같이 할 수 있을까 이런 생각을 더 많이 하게 됐어요. 저한텐 이 상담이 큰 힘이 되었습니다.

4) 시각장애 학생의 “엄마가 편하게 잘 지내고 싶어요”[4)]

가) 내담자의 인적 사항

소행성(가명, 만 21세), 여자, 미혼, 무교, 경기도 소재 대학에서 상담공부를 하고 있는 3학년 학생, 중증 시각장애 뇌수막염으로 수술 중 의료사고로 인한 장애를 갖게 된 것으로 보고함. 수면 상태는 피곤한데 눈이 불편해 거의 잠을 못 잔다고 함.

4) 이 상담사례는 윤정은의 장애 학생 상담사례임

나) 이전 상담 경험 및 상담 신청 경위

(1) 이전 상담 경험

고등학교 시절, 학교와 복지관에서 진로 고민으로 단회성 상담을 받은 적이 있고, 대학교 진로상담센터와 학과 교수님을 통해 상담을 받은 적이 있고(7회기 정도), 전공 수업에서 진행하는 집단상담을 경험해 본 적이 있음.

(2) 상담 신청 경위

내담자는 아버지와의 경험을 이야기하면 부정적인 감정이 올라와 생활을 하는데 힘들어 아버지와 관련한 기억을 지우고 싶은 마음이 있어 자발적으로 상담을 신청하게 되었음.

다) 내담자의 주호소문제

- 아버지에 대한 기억을 지우고 싶어요. 어린 시절 아버지의 도박으로 인해 재산을 탕진하였고, 그로 인해 부모님이 이혼을 하시게 되었으며, 아버지에게 경제적으로 어떠한 도움도 받지 못하여 어머니와 지금까지 생활고에 시달리고 있어 아버지를 생각하면 분노가 올라온다고 하였음.
  아버지를 보면 미워하는 것보다 지친다고 표현하였음. 아버지가 아픈 내담자에게 죽으라고 했고, 생활고 때문에 엄마가 일을 하셨는데, 아버지는 직업이 없는 상태로 도박을 하였고 그로 인해 부모님이 이혼하게 되었음.
- 엄마와 둘이 생활하는데 경제적으로 힘들어요. 부모님의 이혼소송과 7년간의 의료사고 소송으로 인해 경제적으로 힘들었으며, 현재 엄마도 자신도 경제활동을 하고 있지 않아 경제적으로 힘들다고 함.

라) 인상 및 행동 관찰

내담자는 갈색으로 염색한 머리카락과 전체적으로 마른 체격이었으며, 피부는 약간 구릿빛임.

내담자의 목소리 톤은 낮은 톤이며 차분한 자세로 상담에 응했다. 면접 진행 중 아버지 관련 이야기를 할 때 잠시 망설이다 머리를 부여잡고, 살짝 주먹을 쥔 손을 눈에 대고 있는 행동을 보였음. 한숨 쉬면서 말하기 시작하였고, 아버지에 대한 이야기부터 시작하였고 아버지를 이야기할 때는 얼굴이 어두워지고, 한숨을 쉬는 등 부정적인 모습이 보였고, 어머니 관련 이야기를 할 때는 미안해하며 눈물 흘리는 행동을 보였다. 전체적으로 가족 관련 얘기를 하면 위축되듯이 목소리가 점점 작아졌고, 고개를 숙이고, 눈을 가리는 행동이 많았음.

마) 내담자의 발달적 요인

내담자는 일란성 쌍둥이로 8개월 만에 출생하였고, 출생 시 쌍둥이 언니는 이상이 없는 상태로 출생하였고 자신은 중환자실에서 치료를 받았음. 그러나 쌍둥이 언니가 갑작스러운 패혈증으로 인해 몸 상태가 좋지 않아 사망하게 되었음.

초등학교 1학년 때 내담자는 선생님으로부터 매를 맞은 경험에 대해 보고하였으나 어떤 이유로 매를 맞았는지에 대해 구체적으로 물어보았을 때 "일이 터졌어요. 자세히는 말하기 힘드네요"라고 답변하며 눈물을 흘리는 행동을 보였음. 초등학교 2학년 때는 뇌수막염으로 학업을 도저히 이어 나갈 수 없는 상태로 입원해 있다가 다시 공부하려니까 공부도 어려워지고 학업에서 손을 떼게 되었음. 초등학교 6학년 때 친구들이랑 넷이서 라면을 먹다가 라면을 엎질렀던 경험이 있는데 그때 담임선생님이 "이거 니들이 책임져라"라고 말하며 잔뜩 화난 표정이 기억나고 그때 다른 친구들은 안 하려고 했고 책임질 사람은 나밖에 없다고 생각되어 자신이 안 하였다고 못하였고 그 상황이 슬픈 건 아닌데 자신의 일인가보다 하고 담담했다고 하였음.

중학교 1학년 때 체육 선생님이 담임선생님이셨는데 사이가 나쁘지 않았고 담임이 여성이고 단발이고 키가 컸고 특수체육을 전공하셨었다고 보고함. 담임이 우유를 가져오라고 시켰는데 친구들이 시각장애 및 중복장애로 인해 꼼짝을 안 해서 자신이 말없이 조용히 해주는 역할을 하였음. 싫은 건 아닌데 친구들이 자신을 노예처럼 종 부려먹듯 하는 것 같다는 생각이 들었다고 하였음. 또 다른 경험에 대해 반 친구들이 싸움이 나면 조용히 지켜보고 싶었지만 말리는 역할을 하였고, 고등학교 2학년 때 케이크 제작 수업 시간에 한 명이 반죽을 하면 다른 두 명이 치즈를 까야 했는데 못 까서 내담자가 해줘야 하고. 다른 친구들은 설거지를 안 하려고 해서 자신이 혼자 하는 일이 많아 친구들에게 '너희가 직접 해라'라고 화내고 싶었지만 친구들이 울 것 같아 화를 내지 못하였다고 함. 그런 상황마다 결국은 자신이 해야 한다는 것과 아무도 도와주지 않는다는 것이 느껴질 때 죽고 싶은 마음이 있었다고 하였음.

현재 대학 생활은 괜찮다고 하였고, 상담을 전공하고 있는데 상담을 배워서 자신이 졸업했던 특수학교로 돌아가 장애 학생들을 가르쳐야 한다고 표현하였음. 특수학교에서 자신이 경험했던 것처럼 장애 학생들에게 사건이나 일이 터졌을 때 어떻게 해야 할지 모르는 장애 학생들에게 가르쳐주고 싶다고 하였음. 대학 3학년 1학기 때 생활 지원 도우미가 자신에게 전과하라고 했을 때 당황하면서 웃었던 경험이 있음. 생활 지원 도우미는 차라리 공공행정으로 전과하는 게 성향에 맞는다는 말을 하였다고 함. 그 말을 듣고 황당했지만 전과하고 싶은 마음도 있었다고 함. 왜냐면 자신이 상담을 할 때 이미지도 안 맞는 것 같고, 계속 표정을 구하는 게 어렵고, 주변에서 자신이 차갑다는 말을 듣기고 해서 그런 말들 들을 때 전과를 해야 하나라고 생각도 했다고 함. 하지만 전과를 하면 자신에게 후회할 것 같은 생각도 있고, 최근에는 범죄자들의 속마음이 궁금하여 졸업 후 범죄심리학자가 되는 것이 꿈이라고 말하였음.

바) 가족 배경

- 아버지(49세): 아버지에 대한 구체적인 기억이나 정보가 없으나 아버지는 직업이 없었고, 가정에 신경 쓰지 않았던 분이라고 어머니를 통해 알게 됨.
- 어머니(44세): 내담자와 사이가 좋아 친밀한 관계임. 다만 아버지에 대해 이야기를 하는 것을 좋아하지 않으며 자신이 아버지에 대해 물으면 감정이 올라와 혼내시고, 절대로 이야기해 주지 않는다고 함. 아버지에 대해 엄마와 자신의 삶에 개입한 사람으로 생각하며 증오심을 느낄 정도인 것 같다고 하였음. 요즘엔 일을 하시는데, 스카프 장사를 한 적이 있다고 함.
- 이란성 쌍둥이(언니, 사망): 출생 후 얼마 안 돼서 사망함.

사) 상황/대인관계 문제

대인관계는 아무 문제없이 조용히 넘어가고 있다고 하였고, 대학 생활 중에 생활 지원 도우미가 '니가 스스로 해봐라'라는 말에 화가 났다고 함. 예를 들면 내담자는 시각장애로 인해 출결 처리나 밥을 먹으러 식당에 갈 때, 스마트폰 조작할 때, 스마트폰 조작이 불편하고, 식사하기 어려울 때 도움을 받는 거였는데 생활지원 도우미의 그런 말에 화가 났지만 당황해서 어떠한 말도 하지 못하였다고 함.

내담자는 가까운 사람과 어머니께 솔직하게 표현을 잘 전달하지 못하며, 조심스럽고, 불안이 높음. 아버지에 대해서는 아버지를 기억에서 지우고 싶을 만큼 밉다고 표현하면서도 아버지에 대해 궁금해하는 양가감정이 있음. 어머니에 대해서는 일상생활에서 많이 의지하고 의존하며 도움을 받고 있으나 짜증을 부리기도 하는 대상으로 생각하고 있음. 내담자는 일상에서 생각들이 다소 현실적이지 못하거나 때로는 부정적이고 왜곡된 생각으로 발전하여 내담자의 삶을 오히려 방해하고 있기도 했으며, 또한 미리 걱정을 하거나 염려를 하는 것들로 인해 시도를 해보지 않는 행동을 선택하거나 부정적인 결과를 스스로 생각하는 성향이 있음.

아) 내담자의 자원

- 기억력이 좋다.
- 자신이 맡은 일은 끝까지 책임감 있게 꼼꼼하게 마무리하려 노력함.
- 사람들과의 관계를 중요하게 생각하며 협동심과 배려심이 깊음.
- 자신 의견보다 다른 사람의 의견을 더 수용해 줌.

자) 심리검사 결과 및 해석

(1) SCT검사

구분	번호	제시문구	작성내용
① 어머니에 대한 태도	13	나의 어머니는	좋으시다.
	26	어머니와 나는	친밀하다.
	39	대개 어머니들이란	그냥 부드러우면서도 다정다감하다.
	49	나는 어머니를 좋아했지만	지금도 좋아한다.
해석 요약	어머니에 대해서 친밀하고 좋은 감정을 느끼고 있음.		
② 아버지에 대한 태도	2	내 생각에 가끔 아버지는	별로 부분 말하고 싶지 않다.
	19	대개 아버지들이란	폭력이 있다.
	29	내가 바라기에 아버지는	엄마를 덜 고생시켰으면
	50	아버지와 나는	썩 친하지는 않았다.
해석 요약	아버지에 대해서는 부정적인 느낌을 가지고 있지만 아버지에 대해 구체적으로 잘 알고 있지 못하는 것으로 보임.		
③ 가족에 대한 태도	12	다른 가정과 비교해서 우리 집안은	그냥 그렇다.
	24	우리 가족이 나에 대해서	좋게 생각하는 부분과 그렇지 않게 생각하는 부분도 있다.
	35	내가 아는 대부분의 집안은	잘 모르겠다.
	48	내가 어렸을 때 우리 가족은	크게 행복하진 않았다.
해석 요약	행복한 가족을 원하지만 어떠한 가족이 행복한지에 대해 구체적으로 잘 모름.		
④ 여성에 대한 태도	9	내가 바라는 여성상은	그냥 평범한
	25	내 생각에 여자들이란	어머니와 비슷하다.
해석 요약	평범한 어머니처럼 비슷하다고 느껴짐.		
⑤ 남성에 대한 태도	8	남자에 대해서 무엇보다 좋지 않게 생각하는 것은	아버지와 비슷한 이미지가 떠오른다.
	20	내 생각에 남자들이란	괜찮은 것 같다.
	36	완전한 남성상은	잘 모르겠다.
해석 요약	남자를 자체가 안 괜찮은 것 같음.		
⑥ 이성, 결혼에 대한 태도	10	남녀가 같이 있는 것을 볼 때	부러워 보인다.
	23	결혼 생활에 대한 나의 생각은	생각해 보질 않았다.
	37	내가 성교를 했다면	경험하지 않아 모르겠다.
	47	나의 성생활은	모르겠다.
해석 요약	남녀가 같이 있으면 부럽고, 이성관의 경험에 해 본 적이 없어서 관심이 없는 것 같음.		
⑦ 친구나 친지에 대한 태도	6	내 생각에 참다운 친구는	선생님
	22	내가 싫어하는 사람은	아빠
	32	내가 제일 좋아하는 사람은	어머니

<table>
<tr><td></td><td>44</td><td>내가 없을 때 친구들은</td><td>잘 모르겠다.</td></tr>
<tr><td>해석 요약</td><td colspan="3">내담자가 좋아하는 사람은 엄마이며, 싫어하는 사람은 아빠임.</td></tr>
<tr><td rowspan="4">⑨
두려움에
대한 태도</td><td>5</td><td>어리석게도 내가 두려워하는 것은</td><td>아버지</td></tr>
<tr><td>21</td><td>다른 친구들이 모르는 나만의 두려움은</td><td>글쎄요. 잘 모르겠다.</td></tr>
<tr><td>40</td><td>내가 잊고 싶은 두려움은</td><td>어렸을 때의 기억(누가 지워줄까? 물어보면 네! 라고 대답할 정도)</td></tr>
<tr><td>43</td><td>때때로 두려운 생각에 휩싸일 때</td><td>잘 모르겠다.</td></tr>
<tr><td>해석 요약</td><td colspan="3">불안과 두려움에 적극적으로 대처하지 못하고 있는 것으로 보임.</td></tr>
<tr><td rowspan="4">⑩
죄책감에
대한 태도</td><td>14</td><td>무슨 일을 해서라도 잊고 싶은 것은</td><td>과거의 좋지 않던 기억</td></tr>
<tr><td>17</td><td>어렸을 때 잘못했다고 느끼는 것은</td><td>아버지가 엄마를 괴롭게 한 것</td></tr>
<tr><td>27</td><td>내가 저지른 가장 큰 잘못은</td><td>잘 모르겠다.</td></tr>
<tr><td>46</td><td>무엇보다도 좋지 않게 여기는 것은</td><td>가족의 불화</td></tr>
<tr><td>해석 요약</td><td colspan="3">내담자는 어릴 적 부모님의 불화를 생겨 기억을 좋지 않았음.</td></tr>
<tr><td rowspan="4">⑪
자신의
능력에
대한 태도</td><td>1</td><td>나에게 이상한 일이 생겼을 때</td><td>그냥 그렇구나 하고 넘어간다.</td></tr>
<tr><td>15</td><td>내가 믿고 있는 내 능력은</td><td>기억하는 능력</td></tr>
<tr><td>34</td><td>나의 가장 큰 결점은</td><td>내가 내 감정에 솔직하지 못한 것</td></tr>
<tr><td>38</td><td>행운이 나를 외면했을 때</td><td>잘 모르겠다.</td></tr>
<tr><td>해석 요약</td><td colspan="3">내담자는 자신의 기억하는 능력이고, 감정에 솔직하게 못한 것을 아쉬움이 있는 것 같음.</td></tr>
<tr><td rowspan="3">⑫
과거에
대한 태도</td><td>7</td><td>내가 어렸을 때는</td><td>행복하지는 않았던 거 같다.</td></tr>
<tr><td>33</td><td>내가 다시 젊어진다면</td><td>잘 모르겠다.</td></tr>
<tr><td>45</td><td>생생한 어린 시절의 기억은</td><td>아빠와 엄마가 싸웠을 때</td></tr>
<tr><td>해석 요약</td><td colspan="3">내담자에게 겪은 시절에 행복하지 않았고, 부모님의 싸움을 기억을 함.</td></tr>
<tr><td rowspan="5">⑬
미래에
대한 태도</td><td>4</td><td>나의 장래는</td><td>어느 정도는 보장될 거 같다.</td></tr>
<tr><td>11</td><td>내가 늘 원하기는</td><td>그냥 지금처럼 있는 것</td></tr>
<tr><td>16</td><td>내가 정말 행복할 수 있으려면</td><td>엄마와 아빠 화해</td></tr>
<tr><td>18</td><td>내가 보는 나의 앞날은</td><td>밝은 거 같다.</td></tr>
<tr><td>28</td><td>언젠가 나는</td><td>아이들에게 상처 주고 싶지 않다.</td></tr>
<tr><td>해석 요약</td><td colspan="3">부모님의 화해를 통한 안정된 가족 분위기 속에서 행복해지기를 바라고 있음.</td></tr>
<tr><td rowspan="3">⑭
목표에
대한 태도</td><td>30</td><td>나의 야망은</td><td>엄마가 행복해졌으면</td></tr>
<tr><td>41</td><td>내가 평생하고 싶은 일은</td><td>없어요.</td></tr>
<tr><td>42</td><td>내가 늙으면</td><td>잘 모르겠다.</td></tr>
<tr><td>해석 요약</td><td colspan="3">내담자보다 엄마가 더 행복하길 바라는 것 같음.</td></tr>
<tr><td>일반적
요약</td><td colspan="3">자신의 힘듦이나 어려움에 대해 부모님의 이혼에서 비롯된 것으로 생각하고 있으며, 아버지에 대한 미움과 원망이 크나 어머니에 대해서는 안쓰러움과 고마운 마음을 가지고 있으며 자신보다 어머니가 행복해지기를 바라는 마음이 큼.</td></tr>
</table>

• 성격 하위 요소 프로파일

하위 요소	개방성(T34)				성실성(T46)				외향성(T35)			
	경험 추구	미적 개방성	상상력	지적 호기심	목표 지향성	신중성	신뢰성	자기 규율성	관계 지향성	주장성	활동성	긍정 정서
T 점수	38	23	40	57	42	49	50	46	43	33	34	45

하위 요소	우호성(T76)			신경증(T31)				적응 및 자아강도							
	겸손	타인존중	휴머니즘	우울	불안	충동성	공격성/적대감	적응	학교 만족	학업 수행	전공 만족	대인 관계	자아 강도	무기력	정서 충격
T 점수	69	61	68	43	44	34	26	54	43	54	58	55	40	35	49

(2) 성격검사

KMPI 성격검사 결과 해석

내담자는 타인을 존중하고 겸손하며 사람은 인간적으로 존중받아야 하며 어려운 사람에 대해 봉사하는 것에 대해 장점을 가지고 있으나 자신의 감정이나 의견을 적극적으로 표현하는 주장성(T33), 활동성(T34), 개방성(T34)이 낮아 타인에게 적극적인 표현을 하는 것에는 어려움이 있을 것으로 보인다. 예를 들어, 대학생활 중에 학습 도우미나 생활지원 도우미 '니가 알아서 해라'라는 말에 대해서도 자신의 시각장애로 인해 다소 어려운 부분에 대해 도움을 요청하였으나 거절당했다는 느낌을 받았고, 이러한 자신의 상황에서 좀 더 적극적으로 표현하거나 서운한 감정을 표현하지 못하여 스트레스를 받을 수도 있을 것으로 보임. 따라서 주변 사람들과 조화로운 관계를 추구하여 팀 환경에 잘 적응하도록 하여 좋은 수행성과 및 성취경험을 통해 자신감을 고취시킬 필요가 있으며, 자율적인 상황보다는 구조화된 환경에서 더 좋은 성과를 낼 수 있을 것으로 보임.

(3) SPPI 강점검사 하위 요소 프로파일

유형	낙관적 사고 - 58				절제력 - 54					공동체 의식 - 63			
	감사	낙관성	유머	희망	겸손	신중성	친절	용서	절약	경쟁	협력	리더십	시민 의식
T점수	42	72	52	67	65	43	69	35	57	39	72	72	70

SPPI 강점검사 결과 해석

내담자의 가장 큰 강점은 도전성의 끈기임. 자신에게 주어진 목표나 과제를 포기하지 않고 꾸준하게 노력하는 성향이여 어떤 일을 시작하면 끝까지 해내는 능력을 강하게 내재되어 있는 상태이고, 자신의 목표를 계획하고 달성할 수 있는 성취 경험을 다양하게 제공하는 것이 중요함.

차) 내담자 문제의 진단 및 개념화

(1) 원인론적 이해

내담자는 어린 시절 부모의 가정불화 및 이혼으로 인해 주 양육자인 부모로부터 충분한 사랑을 받지 못했다라고 느끼고 있으며 부모님이 싸우는 모습을 보면서 내담자에게 불안한 정서, 무섭고, 자기 탓이라고 생각하는 것, 죄책감, 미안한 마음 등을 많이 느꼈을 것 같다. 또한 아버지에 대한 기억이나 경험이 많지 않은 내담자는 성장하면서 아버지에 대해 궁금했지만, 아버지가 어떠한 사람인지 어머니에게 물어보면 감정이 올라와 화를 내거나 혼을 내는 어머니의 모습을 보며 아버지를 객관적으로 이해하기보다는 어머니가 전달해 준 부정적인 아버지의 모습으로 아버지를 기억하고 있음. 어린 시절부터 현재까지 부모의 이혼으로 경제적으로 힘든 부분에 대해 아버지가 아무런 도움을 주지 않고 있어 자신을 힘들게 한다고 생각하여 아버지에 대한 미움과 부정적인 감정이 커졌으며 아버지에 대한 기억을 지우고 싶다고 호소하는 것으로 보임.

(2) 목적론적 이해

내담자는 장애가 있지만 자신이 어떻게 하면 잘 살아갈 수 있는지, 잘 살아가고 싶은 마음에 대비하고 생존하기 위한 생각을 끊임없이 하고 있다. 상담공부를 통해 자신이 학창 시절 경험했던 사건이나 일에서 장애 학생들이 어려움을 겪기보다는 문제를 잘 해결해 나가기를 바라는 마음으로 상담공부를 마무리하고 싶은 마음도 있음.

(3) 상담사의 주 이론에 입각한 인지행동적 이해

내담자는 어린 시절 자신이 겪었던 외부의 사건과 현상에 대해서 부정적이고 왜곡된 신념을 갖게 되면서 이러한 인지적 요소로 인하여 다양한 부정적인 감정이 유발되는 것으로 보임. 현재의 외부의 사건과 현상에 대해서도 부정적으로 생각하며 왜곡된 신념을 갖고 있어 긍정적인 사고로 변화될 수 있도록 상담에서 도움을 주어야 한다고 생각이 들었음. 내담자는 사람들의 생각을 구체적으로 물어보지 않고 혼자서 부정적으로 결론을 내리거나 판단해 버리는 성향이 있음. 예를 들면, 아버지에 대해서도 아버지와 구체적인 경험, 기억이나 추억 등을 통해 아버지에 대해 부정적으로 느끼는 것이 아닌 어머니의 입을 통해 전달받은 내용만으로 아버지를 나쁜 사람으로 판단하고 미워하거나 불편해하며, 또한 어떤 상황이나 경험에 대해 궁금하여 타인에게 물어보나 타인의 눈치를 살피느라 구체적으로 물어보지 못하고 자신의 욕구를 좌절시키기도 하고, 타인의 말이나 행동에 불편감을 느끼지만 이에 대해 적절하게 대처하지 못하고 부정적인 생각으로 연결하고 결론 지어버림.

타) 상담의 목표 및 전략

(1) 합의 목표

• 엄마에게 고마운 마음과 미안한 마음 등의 감정을 편안하게 표현하기
• 가까운 사람에게 솔직하게 감정 표현하고 싶은지 생각하기

(2) 임상 목표

• 아버지에 대한 미워하는 감정 중 현재 6에서 3점 정도로 낮춘다.
• 자신에게 친밀한 사람에게 자신의 감정을 솔직하게 표현할 수 있다.

(3) 상담의 전략

• 무조건적인 긍정적 존중 (판단하지 않고, 내담자 솔직한 감정표현 필요)
• '지금-여기'의 즉시성, 자기 노출하기 (자신의 정서를 표현하는 것)
• 마치-처럼 표하기
• 관점 바꾸기

파) 상담 진행 과정 및 축어록

(1) 상담 진행 과정

회기	일자	내용
1회기	2023. 06. 23 (금)	- 접수 면접 및 라포 형성 - 상담의 구조화, 호소문제
2회기	2023. 06. 28 (수)	- 내담자 이해를 위한 정보탐색, 목표 설정
3회기	2023. 07. 03 (월)	- 사회적 관계 기술, 감정표현 연습하기 - 과제 제시를 통한 연습해 보기
4회기	2023. 07. 10 (월)	- 어머니에 대한 마음 표현하기
5회기	2023. 07. 12 (수)	- 아버지에 대한 마음속 응어리를 정화하기

(2) 상담 회기별 요약

1회기 상담의 구조화 (금요일) 16:00 ~ 16:50

접수 면접을 진행하면서 내담자의 정보를 파악하고, 내담자의 호소문제를 탐색하였음. 가볍게 대화로 시작하여 상담을 진행했고, 내담자의 주호소문제를 듣고 이와 관련된 질문으로 호소문제를 구체적으로 나누었음. 내담자는 실습을 하는 것은 좋은데 실습비가 들어오면 그 돈을 동사무소에 다시 반납해야 한다고 했음. 기초수급자로 되어 있어 소득이 잡히게 되면 지원을 받지 못하기 때문에 돈을 다시 동사무소에 갚아야 한다고 하면서 '내가 돈을 버는 게 죄 같아요. 생활은 어떻게든 되는데 제가 돈을 벌기만 하면 동사무소에 상납하듯 반납해야 하거든요.'(무슨 이유 때문에 그렇게 됐을까요.) 부모님이 이혼했다고 했었잖아요. 그때 분유 값을 카드게임 포커로 아버지가 날렸어요. 온 집안에 고장 난 물건들이 있는데 고쳐주지 않았고요. 그것 때문에 부모님이 이혼하고 그때부터 생활고가 시작되었어요. 지옥문이 열릴지 어떻게 상상했겠어요. (어머니가 이혼하시고 일을 하신 게 왜 생지옥일까요?) 제가 아파서 병원에 입원했었거든요. 저 때문에 소송을 7년을 끌고 갔어요. (무슨 소송이었을까요.) 이혼 소송하고 의료사고가 조금 났었거든요. 의료 소송 때문에 7년을 끌고 갔어요. 의료사고는 병원에서 제게 뭘 실수를 했어요. 엄마가 제 앞에서 하는 말이 미안하다 했음. 왜냐하면 제가 시기를 놓쳐서 ○○님처럼 검사를 했으면 시력이 남을 수 있었는데 그러지 못해 엄마가 미안하다고 하더라고요. (그 사고 이후 눈이 안 보이게 된 건가요?) 엄마도 늦게 했지만 병원에서 시기를 애초에 잘못한 것 같고, 서울 대학병원으로 이후에 옮겼는데 그때서야 알게 되었다고 하였음. 상담 종료 시 내담자의 호소문제를 듣고 상담을 어떻게 이끌어갈지 부담스러웠고, 내담자의 문제를 해결할 수 있을지에 걱정이 되었음.

2회기 상담 목표 설정하기 (목요일) 17:00 ~ 17:50

부모님과의 관계 탐색을 하였고 내담자의 과거 경험에 대해 이야기할 시 내담자의 감정이 올라오는 것을 배려하여 얘기할 수 있는 만큼에 질문을 하였음. 상담 목표를 정하려고 했을 때, 갑자기 내담자가 상담사에게 부탁하고 싶은 게 있다고 말하였다. 내담자가 엄마와의 관계에 대해 도움받기를 원하면서 '근데 부탁드릴 게 있는데 저희 어머니 좀 제발 좀 도와주세요.'라고 요청하였음. 어머니와 동기들에게 솔직하게 표현을 잘 하고 싶다는 내담자의 욕구를 반영하여 사회적 기술을 향상시킬 수 있도록 가까운 사람들에게 한번 솔직하게 표현하여 전달하기 과제를 내줬음. 과제에 대해 내담자는 잠시 고민과 생각을 하는 모습을 보였음. (잘할 수 있을 거야 상담사의 격려와 응원), 내담자가 도전을 받아들이고 할 수 있을 것 같다고 하였음.

3회기 자신의 감정 탐색 및 표현하기 (금요일) 16:00 ~ 16:50

2회기 때 상담사가 부여했던 과제를 수행했는지 확인하였음. (가까운 사람들에게 표현했는지?) 내담자는 도와줘서 고맙다고 고마운 표현을 했었는데 처음에 했을 때는 어색했다고 함. (사람들의 반응이 어땠는지?) 동기 언니는 그냥 고맙다는 인사 좀 하지 말라고 했다고 함. 저번주하고 어제는 ○○한테 과일 같은 거 가져다줬으며, 심경은 그때 괜찮아졌는데, 하필이면 엊그제 토요일날 좀 일이 있어서 터졌다고 함. 내담자가 어머니께 본인이 왜 실명이 돼버렸는지, 언니가 왜 죽었는지, 자신은 그렇다 쳐도 언니라도 좀 더 살았으면 좋았는데 그런 감정이 계속 밀려왔다고 함. 그리고 소송이 얼마나 걸렸는지, 부모님의 이혼에 대해 어머니에게 물어보았지만, 어머니는 다른 사람들에게는 그 상황에 대해 말해주었지만, 내담자에게는 구체적으로 알려주지 않았으며, 신경 쓰지 말라고 하여 어머니한테 좀 충격을 받았지만, 어머니께 표현을 전달 못했다고 함. 상황이 아닌 것 같다고 판단이 되어 어머니의 감정을 건들기 싫었다고 함. 내담자의 말을 경청하는 상담사는 가슴이 아프고, 안타깝고, 속상해하면서 내담자에게 달래주었음.

4회기 사실과 생각, 느낌 구분하기 (금요일) 17:00 ~ 17:50

내담자는 아버지를 이성적이고 감정보다 현실적이라고 생각한다고 하였으나 아버지의 얼굴을 실제로 본 적이 없다고 하였음 (기억하는 아버지의 대한 느낌?) 그냥 냉혈인간 같은 느낌이라고 이야기했음. 아버지 관련 얘기를 하니까 내담자의 표정이 어두워졌고, 마음속의 감정적 갈등이 생겨 힘들어 보여 다른 방향으로 전환했음. (행복하는지?) 아버지에 대해서 지금 말하는 것이 느낌인지 사실인지를 구분하지 못하고 있어, 자신의 생각이 사실인지 느낌인지, 판단인지를 살펴보도록 함. 내담자는 생활비만 어떻게 해결하면 행복할 것 같다고 함. 대인관계는 잘 모르겠다고 하고, 어머니랑 사이가 괜찮은데, 요즘에 기숙생활을 하면서 도와주는 생활지원 도우미가 있는데 현재는 사이가 멀어졌다고 함. 생활지원 도우미와 청소 때문에 싸울 뻔했고 기숙사에서 쓰레기를 쓰레기통에 버리라고 말하며, '뒷감당은 누가 할 거냐'고 그런 식으로 말을 하여 크게 싸웠다고 이야기를 하였음. 상담 중에 내담자가 표현하는 것 중에 이해가 되지 않는 부분이 있어 어려움이 있었음. 예를 들어 내담자가 대학에 들어오고 나서 안경을 쓰고 나서 봤다는 기억이 난다고 하였으나 이것이 무슨 말인지 잘 이해가 되지 않았으나 구체적으로 물어보지 못하였음.

5회기 상담 마무리 (금요일) 16:00 ~ 16:50

그동안 4회기까지 상담을 통해서 과거보다 많이 나아졌다고 하였지만, 현재 자신이 엄마와 둘이 생활하면서 혼자 거의 책임져야 하는 상황이 계속 펼쳐지고 있다고 하였음. 현재 기초수급 지원을 받고 있는데 이 실습에서 받게 되는 자신의 급여로 인해 소득이 증가되면 기초수급 지원을 받지 못하게 되는 부분도 염려가 되고 다시 동사무소에 반환 절차 등 이러한 것들을 진행해야 하는 부담감을 표현하기도 하였음. 내담자는 자신의 개인적인 이야기를 하면서도 가정 경제적인 부분에 대해서 다른 친구들처럼 이런 생활고에 시달리지 않았으면 좋겠다는 바람을 표현하였음.

(3) 상담 축어록 (5회기 중 3회기)

제시 이유: 내담자는 아버지에 대해 자꾸 기억을 떠올린다 하였지만, 지금 현재로서 솔직하게 감정을 적극적으로 표현하는 데 어려움이 있어서 상담 중에 연습과 시도를 해봐야 한다는 생각이 들어 과제를 내주었고, 내담자가 이를 잘 수행하였다고 생각되어 제시하였음.

상담사1: 지난주에 잘 보내셨나요?
내담자1: 네.
상담사2: 혹시 지난주에 과제 (지난 과제는 동기들에게 감정표현하기) 얘기를 했었잖아요. 기억하시나요?
내담자2: 기억나요. 동기한테 도와주거나 했을 때 '고마웠다'라고 말했어요. 동기가 그걸 받아줬던 것 같아요.
상담사3: 고마운 상황이 어떤 것이었을까요?
내담자3: 저희 동기 언니가 이동하거나 밥을 먹을 때 도와줬었거든요. 그때 그 상황이었을 때 정말 고마웠어요. 밥버거가 나왔었는데 푸기가 곤란한 상황이었는지 언니가 도와줘서 고마웠거든요. 좀처럼 말하기 어색했는데...
상담사4: 어려웠었는데, 용기를 냈어요. 상대방에 그런 표현을 했을 때 어떤 반응을 보이셨나요?
내담자4: 고맙다는 말 자주 하지 말라고 부탁은 할 수도 있는 거라고 그랬어요. 그리고 다른 **언니에게는 제가 고마워서 과일 같은 것도 좀 가져다주고 그랬어요.
상담사5: 그렇게 전하고 나니 기분이 어땠어요?
내담자5: 잠시 동안은 괜찮아졌는데 하필이면 엊그제 토요일에 일이 터진 것 같아요.
상담사6: 일이 터졌다고 하셨는데, 어떤 일인지 말씀해 주실 수 있을까요?
내담자6: 그게 사실... 좀... 상황이 제가 왜 실명이 되어버렸는지, 언니가 왜 죽었는지.
상담사7: 안 좋게 돌아가셨다는 건 어떤 걸 이야기하시는 걸까요?
내담자7: 얘기해서 안 될 걸 절 도와주신 분이 꺼냈어요. 그게 저... 같이 밥을 먹었는데 만나서 밥을 먹고 만남이 잘 끝나고 있었는데, 카페에 이동을 했거든요. 음료를 시켜 먹고 집에 가려고 하는 상황이었어요. 그때 하필이면 그분이 어머니랑 셋이 제 눈앞에서 어떻게 실명하게 됐는지, 언니가 왜 죽었는지, 아빠와 엄마가 왜 이혼하게 되었는지 그런 이야기를 어머니께 물어봤거든요. 언니가 왜 죽었는지. 아빠와 엄마가 왜 이혼하게 되었는지 그런 이야기를 어머니께 물어봤거든요. 어머니가 말하고 싶지 않았는데 억지로 다 불어버리게 된 것 같아요. 엄마는 말하는 동안 제 귀를 막고 계셨어요. 그분은 제가 말하면 어떠냐고 그러는 것 같고, 저도 억지로 떠올리는 상황이 되어 버렸어요. 저는 그 앞에서 울고 싶었는데 울지 못했어요. 미안했어요.

상담사8: 그게 왜 미안하셨을까요?

내담자8: 제가 없었다면 편한 분위기에서 엄마랑 그분이 말을 편하게 할 수 있었을 텐데 제가 껴버려서 좀... 끼지 말아야 할 상황인데 껴버려서...

상담사9: 소행성님은 상황에서 끼었다고 생각하시는데 그게 아니고 소행성님이 잘못이 없고, 그분이 소행성님을 보호해 주고 싶으셨던 건데 그분이 아니었다면 어머니랑 좋은 시간을 보내셨을 게 아닐까요?

내담자9: 그분을 저도 계속 관찰했었는데 너무 솔직한 분이니 난감한 상황이 많이 벌어졌었어요. 말을 해서 될 말이 있고, 안 될 말이 있잖아요. 예를 들어 상담사님께 누군가 기분 나쁜 말을 하고, 아픈 상처를 건드는 말을 들으시면 상담사님은 기분이 어떠실 것 같아요.

상담사10: 저도 굉장히 기분이 나쁠 거라 생각해요. 그런데 제가 성격적으로 기분이 나빴다 하면 그분을 잡아서 저는 이야기를 해요. 시비 거는 게 아니라 이야기하려고 해요. 넘어갈 수 있다면 넘어가지만 너무 심하게 했다면 저는 잡아서 이야기해요. 참는 것보단 저는 왜 그런 이야기를 했는지 물어요. 소행성님, 소행성님도 저처럼 이야기할 수 있어요. 싫은 건 싫다고 말하세요.

내담자10: 저도 넘어갈 수 있는 상황이면 넘어가겠는데 말을 붙이기가... 상황적으로 봐서 어려운 상황이었던 것 같아요. 싫은 건 싫다고 말하기가 어려운 상황이었었어요. 거기다가 대고 말을 하면은 톡 쏴버리는 경우가 되니까... 그분도 참지 못하고 저에게 화를 낸다는 걸 저는 알고 있으니까요.

상담사11: 그분이 화를 낼까 무서운가요?

내담자11: 네.

상담사12: 그분이 화를 내지 않기 위해 내가 솔직하지 못하고, 답답한 마음을 가지고 있는 게 맞는 걸까요?

내담자12: 그건 아닌데... 이게 그냥 화를 낼 것도 알고 엄마도 있고... 엄마가 없다면 화를 냈을 것 같았는데...

상담사13: 내담자님은 엄마가 안 계셨다면 말을 하실 수 있었다는 걸까요?

내담자13: 어느 정도는요.

상담사14: 소행성님은 화를 낼 수도 있었는데 내가 화를 냈을 때 엄마가 상처받거나 그분에게 미안하다고 말해야 하는 상황이 생길까 봐 그래서 참으셨던 건 아니었을까요?

내담자14: (고개를 끄덕임)

상담사15: 엄마는 그래도 자기 생각을 솔직하게 말하는 소행성님을 원하시지 않을까요? 소행성님 본인 생각을 표현할 수 있는 그런 사람이 되길 원하지 않으셨을까요?

내담자15: 그렇겠죠... (한숨...)

상담사16: 혹시 자신이 없는 건 아닐까요?

내담자16: 자신도 없었고 그분이 (후... 한숨) 저희 엄마를 혼을 내실 것도 같다는 생각이 먼저 앞서더라고요. 엄마보다 그분이 좀 나이가 많으셔서. 나이가 많으신 분한테 화를 내기도 뭐하고...

상담사17: 소행성님이 미리 생각하신 것 같아요. 그런 상황이 일어나지 않았어요. 엄마를 보호해야 하는 건 이제는 행성님이 될 수 있지 않을까요?

내담자17: 말은 할 수 있는데 그분이 괜히 좀... 좀 더 그렇게... 흠... 말을 하기 시작했다면 저도 이성을 잃고 폭주했을 것 같다고 해요.

상담사18: 그럴 수도 있지 않을까요? 그렇게 말했다면 지금보다 마음이 편하지 않을까요? 본인이 하고 싶은 말을 했으니까요. 그분도 자기가 하고 싶은 말을 하셨잖아요. 소행성님은 참고 그런 건 아니지 않을까요? 저는 본인이 이성을 잃고 폭주를 했을 거라고 했는데 저는 괜찮다고 생각해요. 참다가 터진 거니까.

내담자18: 저도 애초에는 그럴 생각이었는데, 사람이 너무 많아서 화를 내기도... 할 상황이 아니었어요.

상담사19: 그러셨군요. 말하기 어려운 상황이라 여기셨군요.

내담자19: 수습하기도 어렵고 거기서 했다가는 주변 사람들도 놀라고 그럴 것 같은 뻔한 생각이 들었어요. 제 앞에 찻잔이 있었는데 던지고 싶은 마음이 들었었거든요. 그 사이에 엄마도 껴있고요. 그분의 아들도 있었어요.

상담사20: 행성님이 속에 쌓여 있는 것을 다 말하면 말씀하신 것처럼 표현됐을 것 같단 말씀이시지요?

내담자20: (고개를 끄덕임)

상담사21: 그럼 만약에 사람이 적거나 별로 없을 때 그런 상황이 온다면?

내담자21: 상담사님이 말씀하신 것처럼 그런 반응을 저도 똑같이 보였을 것 같아요.

상담사22: 생각하신 것처럼 다 표현했다면 어땠을까요?

내담자22: 그 사람도 당황했겠죠.

상담사23: 그분은 당황하셨겠지만 소행성님의 마음은 지금보다는 낫지 않았을까요?

내담자23: 그렇겠죠. (한숨을 내쉼)

상담사24: 소행성님이 참지 말고 하고 싶은 말을 다음번에는 했으면 좋겠어요. 자기표현을 할 수 있는 능력이 있으시잖아요.

내담자24: (고개를 끄덕임)

상담사25: 지금 마음이 어떠세요?
내담자25: 편안해요. (살짝 미소를 지음)
상담사26: 혹시 여기까지 상담을 진행했는데요. 소행성님에게 도움이 되었을까요?
내담자26: 네.
상담사27: 어떤 부분이 도움이 되셨을지 구체적으로 말씀해 주실 수 있을까요?
내담자27: 상담사님께서 내 감정에 솔직해지는 것을 가르쳐 줬었고, 이런 상황에서 화를 낼 수도 있는 거구나... 화를 내는 게 나쁜 게 아니구나, 화를 참는 게 결코 답이 아니구나. 그냥 웃는 게 답이 아니구나 라는 생각이 들었어요.
상담사28: 그렇게 말씀해 주시니까 저도 감동받았고 대견하다는 생각이 들어요. 본인이 할 수 있잖아요. 못하는 일은 없어요. 할 수 있을 거라 믿어요. 그래서 자신감을 가지시면 좋겠습니다.
내담자28: 이 말을 해도 괜찮을지 모르겠어요. 요즘에는 당황했을 때 웃는 게 너무 무서워요. 어제 교수님께서 당황했을 때 웃는 것도 자연스러운 거라 했는데 웃는 게 너무 무서워요. 하필이면 당황했을 때 일반 사람들처럼 당황한 표정이 아니고 웃음이 나와버리니까 그게 무섭더라고요.
상담사29: 무서워해도 돼요. 그게 나쁜 건 아니잖아요.
내담자29: 엄마랑 저를 도와주시는 분이 그러지 말라고. 반응하지 말라고. 무서워도 내 감정을 누르는 거를... 교수님은 그런 노력이 안타깝다고 하세요. 머리로는 아는데 말하는 게 힘들어요. 사회에 나가서도 더 그럴까 봐 무섭네요.
상담사30: 궁금한 게 있어요. 소행성님의 어머니는 왜 그러지 말라고 하실까요?
내담자30: 사회에 나가면 망신당한다. 모자란 애처럼 보인다라고 말씀하시더라고요.
상담사31: 소행성님이 미리 말해 보는 건 어떨까요. 누군가를 만났을 때 저는 당황했을 때 헛웃음이 나올 때가 있어요라고 미리 상대에게 자신을 표현하는 것은 어떨까요. 오해하지 않게요. 미리 양해를 구하는 거죠. 그러면 상대방은 이해를 해줄 거예요. 저도 그런 상황이 있었어요. 양해를 구하려고 말한 적이 있었어요. 그런데 상대방이 이해하고 도와주더라고요. 그래서 저처럼 행성님이 그렇게 하면 어떨까 해요. 내담자님이 편하게요.
내담자31: (한숨을 쉬며) 그렇겠죠...
상담사32: 말할 자신이 없는 것은 아니시죠? 본인이 시도해 봐야 하지 않을까요? 행성님은 그런 노력을 충분히 하실 수 있을 거예요. 어떻게 생각하세요?
내담자32: 양해를 구해 보려고 노력해 보겠습니다. (웃으며)
상담사33: 제 주변에도 비슷한 상황인 분이 있어요. 감정실금 때문에 웃음이 나올 수 있다고 양해를 구하곤 해요. 그런 자세가 필요한 것 같아요.
내담자34: 학교에서는 통하겠지만 사회에 나가면 이해...할 수 있을까요?
상담사34: 학교생활도 사회생활과 같이 포함되어 있어요. 여러 사람을 만나게 되죠. 그러니까 포기하지 말고 할 수 있을 거라 자신을 믿어보세요. 그렇지 않는다 하면 본인이 할 수 있는 게 없을 거예요. 결국 자기가 힘들지 않을까 싶네요.

내담자35: 그렇게 말씀해 주셔서 감사해요. 제가 이런 이야기 꺼내기 쉽지 않았는데 제 이야기를 끝까지 믿고 기다려 주시고 들어주셔서 고맙습니다.

상담사36: 제가 말한 것처럼 약속해 주실 거죠? (웃으면서)

내담자36: (크게 소리 내 웃으며) 네~, 저도 제 감정도 조금씩 오픈해 보고, 좀 더 표현을 해보도록 하겠습니다.

상담사37: 그래요. 응원할게요! 5회기 동안 수고 많았어요. 나중에 힘든 점이나 고민이 있으면 언제든 저한테 오세요.

내담자37: 네, 감사합니다.

5) 심한 중증 지적장애 학생인데 "누군가를 돕는 사람이 되고 싶은데, 현재 그런 능력이 없는 것 같아 걱정이에요."[5)]

가) 내담자의 인적 사항

이 내담자는 심우진(가명, 만 21세), 남, 미혼, 무교, 경기도에 있는 전문대학 상담 공부를 하고 있는 3학년 재학, 심한 지적장애를 가지고 있으나 의사소통은 이루어짐.

나) 상담 신청 경위

내담자가 전공 현장실습 과정 중 자신을 탐색하고 이해하기 위해 단기 상담을 요청하여 신청하였다.

다) 이전 상담의 경험

대학교 재학 중 전공 교수님께 진로 상담을 1회 받아본 경험이 있으며 상담 전공 수업과 워크숍 중 진행되는 집단상담 경험을 하였다.

라) 내담자의 주호소문제

내담자가 지적장애를 가지고 있으나 "누군가를 돕는 사람이 되고 싶은데 현재 그런 능력이 없는 것 같아 걱정이에요." 실제로 누군가에게 도움을 받는 것보다는 주고 싶어서 대학교에 진학해서 상담학을 전공하는 3학년 학생으로, 전공 교육 수업 내용을 따라가는 것이 점점 어렵게 느껴진다고 말하고 있다. 다른 사람을 돕고 싶은데 나는 능력이 없는 것 같다며 어떻게 해야 내가 누군가를 돕는 사람이 될 수 있는지 다루고 싶다고

5) 이 상담사례는 이보영의 장애 학생 상담사례임

호소문제를 이야기했다.

마) 첫인상 및 행동 특성

내담자는 흰 라운드 티에 반바지, 전체적으로 깔끔한 옷차림으로 상담실을 방문하였으며 걸음걸이가 사뿐사뿐하다고 느껴질 정도로 가볍게 걷는다. 질문에 상담사를 눈 마주침 하지 않고, 말을 할 때 좌우로 고개를 돌리며 다른 곳을 바라보고 오른쪽 손가락을 오므려 자주 입 근처에 가져다 대는 모습을 보인다. 상담사가 내담자의 말을 요약했을 때, '네, 네' 하며 고개를 끄덕이는 모습을 자주 보인다. 지적장애 중증으로 급수가 있을 당시에는 지적장애 2급의 중증 판정을 받았다고 하지만 상담사가 보기에 의사소통 및 자기표현이 판정받은 것보다 훨씬 더 우수한 기능을 보이고 있다고 느껴진다. 중증의 지적장애인이나 전체적으로 정돈된 옷차림, 예의를 갖춘 행동 등 일상적인 생활 습관 훈련이 잘 되어 있고, 우수한 것으로 보인다.

바) 내담자의 가족사항

- 아버지(59세, 학력 대졸, 현재 자동차 디자인 회사 재직): 내담자가 친밀도를 1부터 10 중 10이라고 표현하며 매우 친밀하다고 말한다. 아버지는 내담자가 가고 싶은 곳이 있다면 데려다주고 내담자가 학교생활을 더 잘 즐길 수 있도록 조언해 준다고 한다. 학교 과제를 할 때마다 교재에 밑줄을 그어주고 중요 포인트를 잡아 학업에 도움을 주며 용돈을 주는 좋은 아버지라 여기고 있다. 그러나 혼자 영화관에 가 영화 보는 것을 좋아하는 내담자에게 아버지가 혼자 대중교통수단을 이용하여 멀리 다녀오는 것은 걱정이 된다며 반대할 때가 많다고 한다.
- 어머니(57세, 학력 고졸, 장애 활동 보조사): 내담자가 친밀도를 1부터 10 중에 10이라고 표현함. 내담자가 다니는 학교의 평생교육원에서 활동 보조 교육을 최근에 받아 주중 오후 4시에 주간 일자리센터에서 퇴근하는 지적장애인을 집까지 데려다주는 일을 하고 있다. 담당하는 장애인이 쌀과자를 좋아해 어머니가 챙겨서 다닌다고 하며 어머니는 친절한 분이라고 말한다. 집안의 문제에 대해 어머니가 결정권을 많이 가지고 있는 것 같다고 한다. 어머니는 5남매이신데 그중에 둘째인 우리 어머니만 대학을 가지 못했어요라고 말하며 삼촌은 Y대학교를 나오고 다른 형제들도 좋은 대학교를 나왔는데 우리 엄마만 돈이 없어 대학을 가지 못해 속상하다고 말하며 엄마와 우리 대학교에서 밥을 같이 먹고 싶다고 말하는 모습에서 아들인 내담자 자신만 대학을 다니는 것이 어머니에게 미안한 마음이 있는 것처럼 여겨짐.

사) 심리검사

(1) SCT검사

구분	번호	제시문구	작성내용
① 어머니에 대한 태도	13	나의 어머니는	상냥하시고 배려심이 깊다.
	26	어머니와 나는	다정하고 화목하다.
	39	대개 어머니들이란	모성애와 따뜻함을 느낀다.
	49	나는 어머니를 좋아했지만	잔소리할 땐 싫지만 어머니에게 친절하게 대한다.
해석 요약	어머니에 대해 따뜻하고 상냥한 분으로 느끼고 있으며, 내담자의 보고에서도 어려서부터 어머니와 많은 시간을 함께 보내며 따뜻한 격려를 많이 받았던 것으로 기억하고 있었음.		
② 아버지에 대한 태도	2	내 생각에 가끔 아버지는	따뜻한 마음이 있고 친절하시다.
	19	대개 아버지들이란	친절하고 밝게 웃는다.
	29	내가 바라기에 아버지는	다정하시다.
	50	아버지와 나는	부자(父子)처럼 느껴진다.
해석 요약	아버지에 대해 친절하고 다정한 사람으로 인식하고 있으며 친밀한 관계가 형성되어 있음.		
③ 가족에 대한 태도	12	다른 가정과 비교해서 우리 집안은	화목하고 향기가 좋게 느껴진다.
	24	우리 가족이 나에 대해서	효자고 착한 아들이라 여긴다.
	35	내가 아는 대부분의 집안은	아름다운 가정이다.
	48	내가 어렸을 때 우리 가족은	협동심이 있는 가족이다.
해석 요약	전체적으로 화목하고 편안한 가족 분위기 안에서 가족들이 협력하는 모습을 통해 내담자는 안정감을 느끼고 있음.		
④ 여성에 대한 태도	9	내가 바라는 여성상은	아름답고 우아하다.
	25	내 생각에 여자들이란	배려심이 강하다.
해석 요약	바라는 여성상에 특별히 누군가를 떠올릴 수 있는지 물으니 내담자는 어머니라고 답하였는데 내담자를 배려하고 자상했던 긍정적인 어머니의 모습이 여성의 기준이 되었던 것이라 여겨짐.		
⑤ 남성에 대한 태도	8	남자에 대해서 무엇보다 좋지 않게 생각하는 것은	생각해 본 적 없다.
	20	내 생각에 남자들이란	멋있고 잘생겼다.
	36	완전한 남성상은	배려가 깊고 여성들에게 친절하다.
해석 요약	배려하고 친절한 사람을 좋은 사람이라고 여기는 내담자의 모습을 볼 수 있음.		
⑥ 이성, 결혼에 대한 태도	10	남녀가 같이 있는 것을 볼 때	질투가 난다.
	23	결혼 생활에 대한 나의 생각은	천천히 생각해 보고 좋은 아내를 얻을 것이다.
	37	내가 성교를 했다면	다정하게 대할 것이다.
	47	나의 성생활은	남성이 멋있고 잘 생겼다.

해석 요약	남녀가 같이 있는 모습에 질투가 나는 이유가 있을지 물었으나 특별히 없다고 함. 혹시 여자친구가 있었으면 하는 바람이 있는 것은 아닌지 물었으나 현재 부모님과 셋이 사는 생활에 만족한다고 보고함.	
⑦ 친구나 친지에 대한 태도	6	내 생각에 참다운 친구는	깊이 생각해 주고 마음이 따뜻한 친구다.
	22	내가 싫어하는 사람은	이야기를 잘 안 들어주거나 화내는 사람이다.
	32	내가 제일 좋아하는 사람은	이야기를 들어주고 감정이 풍부한 사람이다.
	44	내가 없을 때 친구들은	찾거나 외로움을 느낀다.
해석 요약	자신의 말에 공감하며 이야기를 나눌 수 있는 친구를 만나고 싶은 내담자의 욕구를 느낄 수 있음.		
⑧ 권위자에 대한 태도	3	우리 윗사람들은	훌륭하고 멋있는 사람들이다.
	31	윗사람이 오는 것을 보면 나는	다가가서 이야기한다.
해석 요약	윗사람에 대한 부정적인 감정이 없고 긍정적인 이미지가 있는 것으로 보임.		
⑨ 두려움에 대한 태도	5	어리석게도 내가 두려워하는 것은	과제를 못 했을 때 무서움이 있다.
	21	다른 친구들이 모르는 나만의 두려움은	과제를 안 했을 때의 두려움이다.
	40	내가 잊고 싶은 두려움은	학교 갈 준비를 못할까 봐 두렵다.
	43	때때로 두려운 생각에 휩싸일 때	과거를 잊고 다시 시작한다.
해석 요약	과제에 대한 두려움이 큰 것으로 여겨져 어떤 부분이 두려운 것인지 질문하였고, 교수님들이 '제는 왜 못했지?'라고 할까 봐 걱정이라는 답변에서 과제 자체에 대한 두려움뿐 아니라 잘하고 싶고, 인정받고 싶어 하는 내담자의 내면을 살펴볼 수 있었음.		
⑩ 죄책감에 대한 태도	14	무슨 일을 해서라도 잊고 싶은 것은	수업내용이다.
	17	어렸을 때 잘못했다고 느끼는 것은	늦게 기어다니고 부모를 힘들게 한 것이다.
	27	내가 저지른 가장 큰 잘못은	스스로 찾으며 반성한다.
	46	무엇보다도 좋지 않게 여기는 것은	누군가를 보호하지 않고 사랑해 주지 않는 것이다.
해석 요약	수업을 잘 듣고 싶은 욕구가 있는 내담자가 잊고 싶은 것을 수업내용이라고 적은 부분에 대하여 질문하였을 때, '잊고 싶지 않은 것은 수업내용이다.'라고 말하고 싶었다고 하였음. 발달이 늦었던 것이 부모님을 힘들게 한 부분이라 여기는 것을 보고 자신의 장애로 인해 부모님에게 미안한 마음을 갖고 있는 것으로 보임.		
⑪ 자신의 능력에 대한 태도	1	나에게 이상한 일이 생겼을 때	최선을 다해서 노력한다.
	15	내가 믿고 있는 내 능력은	사람을 도와줄 수 있는 능력.
	34	나의 가장 큰 결점은	내가 어떻게 하면 실수를 안 하고 잘할 수 있을까.
	38	행운이 나를 외면했을 때	다시 찾으려고 한다.
해석 요약	학습, 노력을 통해 자신의 능력을 키우고자 하는 모습을 보이며 실수하고 싶지 않은 내담자의 욕구를 탐색할 수 있음.		
⑫ 과거에 대한 태도	7	내가 어렸을 때는	귀엽고 애교가 많다.
	33	내가 다시 젊어진다면	취미생활을 즐기고 싶다.
	45	생생한 어린 시절의 기억은	걷는 연습을 했을 때.

구분	번호	문항	응답
해석 요약	어린 시절 긍정적인 태도가 보이나, 걸음이 늦어 재활치료를 오래도록 받았던 보고와 관련된 기억이 있어 보임.		
⑬ 미래에 대한 태도	4	나의 장래는	천천히 찾아낼 것이다.
	11	내가 늘 원하기는	미래가 바뀌면 좋을 것 같다.
	16	내가 정말 행복할 수 있으려면	웃으면서 밝게 지낸다.
	18	내가 보는 나의 앞날은	스스로 결정한다.
	28	언젠가 나는	훌륭한 사람이 될 것이다.
해석 요약	원하는 것의 의미에 관해서 묻는 말에 미래가 바뀌면 공기도 맑아지고, 코로나 때문에 아픈 사람도 없을 것 같다는 긍정적인 사고를 하는 내담자의 모습을 통해 낙관적인 태도를 볼 수 있었음. 장래에 스스로 결정하고 싶은 욕구가 있음을 볼 수 있음.		
⑭ 목표에 대한 태도	30	나의 야망은	포기하지 않고 노력한다.
	41	내가 평생하고 싶은 일은	운동을 열심히 한다.
	42	내가 늙으면	육체가 약해질 것이다.
해석 요약	운동을 열심히 하고 싶다는 욕구와 관련하여 질문한 결과, 휠체어를 타고 있는 동기들을 들어서 바로 앉게 하거나, 번쩍 들어서 화장실 가는 것을 도와주고 싶다고 하였는데 내담자에게는 힘이 부족한 것 같아 키우고 싶다고 보고 하였음.		
일반적 요약	내담자는 안정된 가정환경에서 부모님의 따뜻한 사랑을 받고 자라온 것으로 보이며, 자신이 수행해야 하는 과업에 대해 최선을 다해 노력하는 성실한 사람으로 보이나 실패나 실수, 그리고 본인의 능력을 초과하는 학습과 관련된 부분에 대해 능력이 없다고 생각하고 타인에게 그로 인해 인정받지 못할지도 모른다는 스트레스를 받고 불안함을 느껴 자신의 능력을 부정적으로 보고 있는 경향성이 있다.		

(2) SPPI 강점검사

• SPPI 강점검사 하위 요소 프로파일

유형	지적 욕구 - 49			공감력 - 57				도전성 - 58		
	호기심	개방성	학구열	사랑	배려	감정 인식 능력	끈기	용감	진실성	적극성
T점수	49	62	36	62	63	46	56	63	60	53

유형	낙관적 사고 - 58				절제력 - 52					공동체 의식 - 59			
	감사	낙관성	유머	희망	겸손	신중성	친절	용서	절약	경쟁	협력	리더십	시민 의식
T점수	72	53	44	63	50	49	64	31	65	49	58	72	77

SPPI 검사결과

내담자의 강점으로는 감사, 리더십, 절약이며 부모님의 격려와 지지 속에 자란 내담자는 자신이 도움을 받는 상황에 감사하는 마음을 가지며 낙관적 사고를 하는 데 도움이 된 것으로 여겨진다.

개방적인 자세를 가지고 있어 주어진 일에 적극적으로 대처하고 호기심을 가지고 있지만, 내담자가 가지고 있는 지적장애가 지적 욕구를 충족하는 데 어려움이 있었을 것으로 보인다. 학교 팀 과제를 맡는 상황에서 조장을 맡아 잘하고 싶었다는 내담자의 보고와 같이 리더십을 발휘해 팀의 리더가 되어 타인에게 도움이 되는 존재로 팀을 잘 이끌고 싶어 하는 욕구가 있으나 자신의 능력에 한계와 부딪쳤을 때 자신에 대한 죄책감과 비난받을지도 모른다는 부담감을 가지고 있는 것으로 보인다.

높은 점수를 가지고 있는 시민의식은 내담자의 부모님이 어린 시절 약속이나 규범을 성실하고 책임감 있게 지키도록 훈련하였던 경험을 바탕으로 쌓였다고 보인다.

(3) 성격검사

• 성격 하위 요소 프로파일

하위 요소	개방성(T48)				성실성(T44)				외향성(T47)			
	경험 추구	미적 개방성	상상력	지적 호기심	목표 지향성	신중성	신뢰성	자기 규율성	관계 지향성	주장성	활동성	긍정 정서
T 점수	50	61	49	25	28	46	54	52	32	47	58	54

하위 요소	우호성(T42)			신경증(T23)				적응 및 자아강도							
	겸손	타인존중	휴머니즘	우울	불안	충동성	공격성/적대감	적응	학교 만족	학업 수행	전공 만족	대인 관계	자아 강도	무기력	정서 충격
T 점수	51	45	41	33	33	36	20	63	36	54	67	75	20	35	36

성격검사 결과

내담자는 호기심이 많고 새로운 것을 다양하게 경험하기를 좋아한다고 여겨지며 상상력이 풍부해 자기 생각을 표현하는 것에 즐거움을 느끼는 것으로 보인다. 맡은 일을 성실하게 해내며 책임감 있게 해내고자 노력하여 사람들과 신뢰감을 가지고 긍정적인 대인관계를 맺고 있을 것으로 여겨진다. 사람들과의 관계를 중요하게 생각하며 협동심과 배려심을 가지고 있어 양보를 잘하고 다른 사람의 의견을 수용해 주는 경향성이 있어 보인다. 현재 안정된 일상생활을 유지하고 있는 것으로 보이나 스트레스 상황에 잘 대처하지 못할 수 있어 주변의 관심과 대화를 통해 격려와 지지가 필요할 것으로 여겨진다.

(4) 심리검사 종합 해석

내담자는 낙관적 사고와 감사의 태도로 현재 자신의 삶을 만족하고 있는 강점이 있다. 자신이 가지고 있는 능력을 통해 타인을 돕고, 협력하려는 의지가 있으며 자신이 받는 사랑이 당연한 것이 아니고 고마운 것임을 아는 능력이 내재하여 있다. 내담자의 장애로 한계 상황을 느끼며 불안해하는 마음이 있으나 적극적인 지지와 격려를 통해 자신을 성장시킬 힘을 기를 수 있도록 하는 것이 중요하다고 본다. 내담자의 개방적이고 도전적이며 성실한 내적 자원을 바탕으로 자신이 부족하다고 생각하는 부분은 꾸준한 훈련을 통해 잠재력을 증진하고 자신의 능력 내에서 공감하고 협력할 방안을 찾도록 한다면 내담자의 호소 문제를 해결할 수 있으리라 보인다.

아) 내담자의 발달사 및 성장 배경

유아기 ~ 학령전기 (0세~5세)	• 내담자는 지적장애를 가지고 태어났으며 다리 근육이 약해 잘 걷지 못하여 유치원에 들어가기 전까지 대학병원에서 월요일부터 금요일 주 5일 재활 치료를 받았음. 집에 와서도 보행기를 매일 타며 연습했던 기억이 지금도 난다고 함. 문장완성검사에서 생생한 어린 시절의 기억이 걷는 모습이라고 말하고, 어렸을 때 잘못했다고 느끼는 것이 늦게 기어다녀 부모를 힘들게 한 것이라고 말하고 있으며 내담자는 지금도 자신이 약간 평발이라며 엄지발가락에 힘을 주고 걸어 부모님이 걱정하고 계셔 나는 좋은 모습만 보여드리고 싶은데 걱정을 시켜 안타깝다고 말함.
학령기 (6세~12세)	• 초, 중, 고 일반 학교의 특수학급을 다님. • 초등학교 1학년 때, 점심시간에 밖에 나가는 것을 좋아해 밥을 먹고 나갔는데 비가 와 흙탕물 웅덩이에 빠져 옷이 많이 젖었던 기억이 있다며 그때 젖은 옷으로 도움반 선생님께 가 말씀을 드렸더니 선생님이 어머니께 전화를 드려 어머니께서 데리러 와주셨던 기억이 난다고 함. 초등학교 5학년 때는 점심시간 밥을 먹고 체했는지 몸이 안 좋아 무언가 올라오는 느낌이 들더니 국어 수업 시간 토했던 기억이 있다며 선생님께 양호실에 다녀오겠다 말씀드려 가는 중에 배가 아프기 시작하였고 갑자기 화장실에도 가게 되었는데 변도 묽게 나와 집에 갈 수밖에 없었다고 함. 다음 수업 시간이 5교시 체육 시간으로 피구 경기를 하기로 했는데 구경도 못 하고 집에 와 속상했던 기억이 있다고 함.
청소년기 (12~18세)	• 고등학교 3학년 때 친한 친구가 있었는데 다리가 불편하고 손 기능도 약해 내담자가 일찍 학교에 와 엘리베이터를 타고 교실에 함께 가거나 교과서, 공책 같은 것을 옆에 놔주며 도와주었다고 함. 그 친구는 자동차를 좋아해서 매일 학교 올 때마다 자동차 모형을 가지고 다녔는데 그런 것도 같이 이야기를 함께 많이 나누었다고 함. 학교가 4시에 끝나면 집에 가거나 방과 후 활동을 했는데 친구는 제빵 만드는 것을 하고, 내담자는 학교 체육관에서 운동하는 등 다른 것을 해서 충분히 도와주지 못했던 기억이 있다고 함.
고등학교 졸업 이후 (18세~22세)	• 특수학교 졸업 후, 학교 제공 일자리 사업을 통해 만난 고3 학생을 졸업 전까지 일 년간 지원 활동한 적이 있음. 수업 시간 통제가 안 되고 친구들을 괴롭히는 학생이었는데 다른 친구들을 괴롭히는 것을 막아주었고 담당 학생과 학교 버스를 함께 타고 다니며 재활원까지 함께 다녔다고 함. 지원하던 학생이 졸업 후, 초등학교 5학년 여학생 활동 보조를 하였는데 여학생이다 보니 화장실을 다녀오는 부분이 보조하기가 어려워 그만두고 집에 있다가 어머니가 지금의 학교를 알아보시고 내담자에게 추천해 입학하게 되었다고 함.
대학교 입학 후 (23세~현재)	• 대학교에서 만난 동기들과의 생활이 매우 재미있고 좋으며 현재는 실습 중인데 참여하는 시간이 좋다고 함. 내담자가 실습 시간에 파트너가 되기를 원했던 동기 누나가 있었는데 파트너가 되어 마음이 편안하다고 함. 학교 카페를 좋아하는데 카페에 가서 주문하는 것이 좋고 친구들에게 음료를 사주는 것이 좋다고 하며 최근 생일에 친구들이 기프티콘을 선물해 주고 생일을 축하해 주어 음료를 한 잔씩 선물해 줬다고 하며 뿌듯해함. 가정에서는 최근 내담자 생일에 아버지와 어머니가 함께 미역이랑 맛있는 음식을 차려 파티를 해주었다며 사랑받고 있다고 느끼고 감사하다고 말함.

자) 내담자의 자원

- 내담자를 적극적으로 지원하는 부모님.
- 나와 다른 생각이나 새로운 것을 받아들이려 하는 개방적 자세와 다양한 경험을 하고자 하는 욕구.
- 다른 사람의 의견에 공감하면서도 자신의 주장을 내세울 줄 아는 모습.
- 계획한 일을 서투르지만 끝까지 책임 있게 마무리하려고 노력하는 자세.
- 누군가를 돕는 사람이 되고 싶다는 내면의 의지.

차) 상담사가 본 내담자의 문제 이해

내담자는 선천적으로 지적장애가 있었으며 대근육, 소근육 발달이 늦었고 가장 생생한 어린 시절의 기억은 걷는 연습을 했을 때라고 말하고 있다. 어렸을 때 잘못했다고 느끼는 것은 늦게 기어다녀 부모님을 힘들게 한 것이라 말하고 있고 상담 중에도 발, 걸음걸이와 관련한 보고가 많아 걷는 것에 대해 내담자가 의미를 두고 있음을 알 수 있다. 어머니는 다른 일을 하지 않고 어린 시절 내담자의 재활 치료부터 계속 함께하고 있으며 현재 대학교 등하교를 거의 책임지실 정도로 내담자를 밀착하여 돌보고 계시는데 내담자는 어머니에게 감사한 마음을 지니는 동시에 어머니가 여러 사정으로 가보지 못한 대학을 자기만 다니는 것에 대해 안타까워하며 죄책감을 느끼고 있는 듯 느껴진다.

"내담자는 수박은 좋아하지만 차가운 것은 몸에 안 좋으니까 먹지 않고 찬물도 먹지 않아요."라고 이야기하며 "초콜릿, 술이나 담배는 하면 안 되니까 안 좋아해요."라고 말하고 있는데 부모님이 어려서부터 외동으로 키우며 해도 되는 것과 안 되는 것을 좋다, 나쁘다로 명확하게 구분 지어 분명하게 지키도록 하며 습관화했다는 느낌이 들고 내담자 자신도 일상생활, 학교생활에서 높은 규준을 가지고 행동하고 있는 것으로 보인다.

어려서부터 부모님의 도움을 받아왔던 내담자는 부모님에게 감사함과 편안함을 느꼈으며 동시에 자신도 고등학교 졸업 후 경험한 발달장애인 지원 활동을 통하여 누군가를 도울 수 있다는 것에 뿌듯함을 느꼈음을 알 수 있다. 자신보다 장애가 심한 장애인을 돌보며 뿌듯함을 느꼈던 것과 달리 대학에 와서 부딪치는 학습적 부담은 도움을 주는 사람이 아니라 돌봄을 받는 사람의 입장이 된 경우가 많았을 것이다. 특히, 급한 화장실 배변 처리 등의 문제에 부딪히는 동기들을 보며 자신이 도와주고 싶으나 해보지 않은 일이라 잘 도울 수 없는 상황에서 좌절감을 느끼고 '나는 능력이 없는 사람'이라고 여겨졌을 가능성이 있다.

카) 상담 목표 및 전략

(1) 내담자와 합의된 목표

- 내담자가 자신의 능력을 탐색하고, 능력 안에서 다른 사람을 충분히 도울 수 있는

사람임을 인지한다.

- 내담자가 컴퓨터 프로그램을 다루는 일에 대해 학습 후 기본적인 자료를 만들 수 있다.

(2) 상담사의 임상 목표

- 내담자가 도울 수 있는 일과 돕기 어려운 일을 스스로 탐색하기.
- 내담자가 느끼는 현실적 자기와 이상적 자기의 차이를 인지하고 객관적으로 자기를 바라볼 수 있도록 함.

(3) 상담전략 및 접근방법

- 상담사는 인간 중심적 태도로 자신에 대한 이야기를 꺼내는 것을 어려워하는 내담자가 편안하게 상담할 수 있도록 무조건적 존중, 공감적 이해, 진실성을 가지고 임한다.
- 로저스의 인간중심 이론에 기반하여 내담자가 자신을 스스로 탐색하여 현재의 자신을 알고, 과제의 성공 경험을 통해 잠재적 재능을 통찰하여 충분히 기능하는 사람임을 인지하도록 한다.
- 현재 자신이 도움을 줄 수 있는 일과 도움을 줄 수 없는 일을 구분해 본다.

타) 상담 진행 과정 및 축어록

(1) 상담 진행 과정

회기	주제	내용
1회기	상담 구조화, 라포 형성 내담자의 주호소문제 탐색	- 접수 면접을 통해 내담자 탐색 - 상담의 구조화
2회기	심리검사 실시, 상담 목표 설정, 내담자의 호소문제 의미 찾기	- 내담자 심리검사 실시 - 내담자 호소문제의 '돕는다는 것'의 의미 찾기 - 내담자와 합의된 상담 목표 설정하기
3회기	자기 이해하기	- 내담자가 할 수 있는 일과 어려운 일을 확인할 수 있도록 돕기
4회기	성공 경험을 통한 긍정적 자아개념 찾기	- 내담자의 성공 경험 탐색하기 - 현재 실습 중인 중증장애인 양성 과정을 배우고 있는 내담자가 교육을 통해 변화하고 있는 자신을 탐색하기
5회기	내담자 스스로 자신의 성장을 탐색하고 호소문제 다시 바라보기 소감 나누기	- 꾸준한 노력을 통한 성장한 자신의 모습을 탐색하기 - 내담자의 가능성 격려하기

1회기: 상담의 구조화 (금요일) 17:00 ~ 18:00

접수면접을 통해 상담의 구조화 및 내담자의 호소문제를 탐색하였음. (처음 상담을 시작하는데 느낌은 어떤가요?) 조금 긴장되기는 하지만, 괜찮고 편해요. 내담자는 시간이 지나면서 마음이 안정되어 가는 듯 보였으며 자기 생각을 천천히 진솔하게 표현하였음. 때때로 질문과 다른 내용으로 답변을 할 때가 있으나 상담사가 다시 방향을 잡아 질문하면 질문 방향에 맞는 답변을 하였음.

내담자는 다른 사람을 돕고자 하는 의지가 강하고, 도움을 주고 싶어 하는 대상이 친구뿐 아니라, 부모님에게 도움을 받기만 했던 아들에서 나아가 자랑스러운 아들로 인정받고 싶어 하는 의지가 보였음. (어떤 이야기를 들었을 때 행복한가요?) '우리 우진이 잘했다'라는 말을 들으면 기분이 좋아요. 그런 말을 듣고 싶어요. 어머니가 제가 과제를 하거나, 마트에 가서 심부름을 잘하고 오면 그런 말을 해주세요 라고 표현하며, 자신이 부모님에게 어떠한 도움이 되었을 때 내담자는 뿌듯함을 느끼는 것으로 보였음. 내담자는 상담을 통해 변화하고자 하는 모습이 관찰되었고 상담 동기 및 변하고자 하는 의지가 높아 상담사가 있는 그대로의 모습을 인정해 주고 그동안의 성공 경험이나 성취 경험 탐색 등을 통해 상담사의 가능성과 긍정적인 모습을 찾아 준다면 자신의 모습을 알아가고 이를 통해 자신감 증진과 호소문제 해결에 도움이 될 것으로 보임.

2회기: 상담 목표 설정하기 (수요일) 17:00 ~ 18:00

(지난 상담 이후로 내담자가 느끼는 변화가 있을까요?) 상담사가 마음을 편하게 해주어 기뻤던 것 같아요. (누군가를 돕는 사람이 되고 싶다고 했는데 돕는다는 것이 어떤 의미일까요?) 우리 과에 휠체어를 타는 친구가 세 명 있는데 그 친구들이 위험한 곳으로 가지 않게 휠체어를 밀어주고 어디 이동할 때는 도와주는 것 같은 거요. 제 짝이 있는데 그 친구도 휠체어를 타요. 휠체어를 탈 때 밀어주고 음료수를 먹여주는 것, 그런 것이 돕는 거라고 생각해요. (내담자가 말씀하시는 것을 보니 주변에 있는 친구들에게 관심을 가지고 이미 많은 부분 도와주고 있는 것 같아요) 그렇지만, 힘으로 밀어 줘야 되니까, 그리고 휠체어 타는 친구들이 몸이 내려올 때는 번쩍 들어줘야 할 때가 있는데 그런 걸 드는 능력도 키우고 싶고 튀어나온 길은 넘이지지 않게 봐주면서, 살짝 들어서 가게도 해주고 싶어요.

내담자가 생각하는 돕는다는 것의 의미를 찾아보고 실제로 이미 내담자가 도움을 주고 있는 사례를 탐색해 보았음. (이미 능력을 갖추고 도와주고 있으신 것 같은데 내담자가 능력이 없다고 느껴진 일이 최근에 있었을까요?) (잠시 망설이고 손을 입에 가져다 대고 고민하는 모습을 보임) 학교에서 A 과목 과제가 있었는데 제가 조장을 하기로 했었어요. 그런데 조장이니까 조사도 하고, 조사한 것을 컴퓨터로도 잘 쓰고, 숫자도 잘 계산하고 했어야 했는데 그러지 못했어요. 저는 조장이잖아요. 그런데 하지 못했어요. (조장으로 팀을 잘 이끌어 가고 싶었는데 그렇지 못해 답답했던 것 같은데요) 네, 저는 조장이니까요. 그래서 힘들었어요. (내담자분이 조장을 하기로 결정하신 건가요, 추천받으신 건가요?) 과 대표가 해보겠냐고 했는데 처음에는 하기 싫었거든요. 제가 해보겠다고 했을 때 기분이 좀 이상했어요. 조원들과 같이 도와주거나 어려운 게 있으면 서로 같이하고 그런 역할을 하고 싶었던 것 같아요. (팔꿈치 아래부터 손등 위까지의 팔 부분을 계속 만지고 손을 쓰다듬고 입으로 호호 부는 모습을 보임) (팔이 불편하신가요?) 제가 스트레스를 받으면 팔을 긁어요. 팔을 긁어서 상처가 났었어요. (지금은 나아지신 건가요?) 네, 이제 괜찮아요. 거의 다 났어요. (최근에 스트레스 받으신 일로 긁으셨던 걸까요?) 네, 거의 다 났어요. 조장으로서 책임을 다하고 싶었던 내담자가 자신이 조원들에게 도움이 되지 못하고 과제를 잘하지 못했던 상황에 스트레스를 받고 힘들어했음을 알 수 있었음.

내담자는 고등학교 때까지 특수학교에서 도움을 주는 일이 많았던 학생으로, 현재 대학 생활에서도 도움을 주고 싶은 욕구가 크지만, 학습적인 부분에서 자신의 지적능력으로 해결할 수 없는 부분이 생겨 난처해하고 있고, 잘하고 싶고 인정받고 싶은 자신의 욕구가 좌절되는 상황 속에 힘들어하고 있음을 알 수 있었음. 내담자가 가지고 있는 능력과 잠재된 능력을 다음 회기에 탐색해 보며 내담자가 누군가를 돕고 싶어 하는 욕구를 해결할 수 있는 방법을 찾아보기로 하였음.

3회기: 자기탐색하기 (월요일) 17:00 ~ 18:00

내담자와 인사하며 지난주에 학교 현장실습에서 다녀온 워크숍에 관한 이야기를 나누었음. (우진님이 이번 워크숍에 가셔서 누군가를 도와주거나 했던 일이 있으셨을까요?) 바닷가로 갔었는데 실습이 끝나고 자유시간에 휠체어를 탄 친구를 밀어주며 함께 바닷가를 걸었어요. 다음날 조식 먹으러 가는데 방을 같이 쓰는 A를 도와 식당으로 함께 가는 일도 했어요. 내담자가 친구를 도와주고 집을 떠나 여행을 다녀왔다는 일에 뿌듯해하는 듯한 모습을 보임.

내담자는 이전 상담에서 노트에 연필로 필기하는 것을 좋아한다고 했었는데 내담자가 할 수 있는 일과 하기 어려운 일을 가정, 학교 등에서 탐색하며 적어보았음. 내담자가 각각의 상황에 자신을 탐색하고 구체적으로 표현하였으며 성실하게 활동에 참여함. 내담자가 잘할 수 있는 일을 먼저 탐색하고 싶다고 하여 먼저 탐색함.

내담자가 말한 할 수 있는 일은 첫째, 휠체어 타는 학생을 밀어주면서 실습 장소로 이동하기. 둘째, 세탁된 마른 수건을 어머니가 가져다주시면 내담자가 개는 방법에 따라서 잘 갤 수 있음. 셋째, 저녁을 일찍 드시고 출출한 아버지에게 드시기에 편한 부드러운 과자와 물을 가져다드린다고 세 가지를 작성하였음. 내담자가 하기 어렵다고 생각하는 일은 첫째, 휠체어에 타는 동기를 화장실에 가서 바지를 내려주고 끝날 때까지 기다려 주기. 둘째, 조 활동을 할 때, 숫자로 계산하거나 조사한 것을 한글이나 엑셀로 표현하기 두 가지였음. 내담자가 할 수 있다고 생각하는 일이 그렇지 않다고 생각하는 일보다 많음을 이야기하며 친구들과 가족들을 위해 많은 일을 하고 있음을 긍정적으로 이야기함.

할 수 없다고 여기는 일 중 첫 번째인 화장실에 간 동기의 신변처리를 돕는 일과 관련하여 탐색함. (동기들을 학교에서 돕는 일 중, 화장실에서 돕지 못한 것을 이야기한 이유가 있을까요?) 우리 반에 A가 있어요. 그런데 제가 얼마 전에 음료수가 먹고 싶다고 해서 스무디를 사다 줬거든요. 그런데 스무디가 양이 많잖아요. 그게 양이 많았던 모양이에요. A가 먹는 동안 제가 잘 봤어야 했는데 화장실이 급했나 봐요. 원래 도와주시는 분이 계신 데 수업 중이라 그분도 안 계셨어요. 그리고 우리 과 지원사 선생님도 다른 친구를 도와주고 계셨어요. 그래서 그 친구가 급한데 도와줄 수가 없었어요. (내담자님이 사다 주신 음료를 먹고 그렇게 되어 더 난감하셨던 것 같네요) 네, 제가 괜찮은지도 봤었어야 됐고, 그리고 또 제가 번쩍 들 수가 없어요. 그래서 우리 과 B 친구와 함께 들으면 할 수 있을 것 같은데…. 또 그러지 못했고…. 내담자는 친구가 난감했던 상황을 자기가 전해준 음료와 연관이 있다며 여기며 친구가 음료를 먹을 때까지 끝까지 지켜봐 주지 못한데 미안한 마음과 죄책감을 느끼고 있다고 여겨짐. 내담자에게 음료수를 사다 준 것만으로도 도와준 것이고 내담자가 할 수 있는 상황 내에서 도움을 주면 되는 것임을 이야기함. 내담자의 강점인 높은 시민의식이 이러한 상황에서 자신을 자책하는 것으로 작용했을 것으로 보임. 친구가 화장실을 가는 상황에 돕지 못해 안타까워하지만 음료수를 사다 주는 행위 자체만으로도 내담자가 할 수 있는 부분 내에서 충분히 도와주었던 것임을 공감해 줌. 내담자와 다음 회기에 자신이 할 수 있는 영역 내에서 할 수 있는 일을 좀 더 찾아보고 이야기를 나누어 보기로 하고 회기를 종결함.

4회기: 성공경험 탐색하기 (월요일) 17:00 ~ 18:00

주말에 친척 누나와 영화관을 다녀왔다고 하여 영화의 제목과 줄거리를 물으며 내담자가 설명하는 것을 들어주고 호응해 줌. 최근 학교에서 현장실습을 하는 상황에 관하여 이야기 나눔. (방학 중에도 현장실습을 하며 열심히 지내고 계시네요) 네, 동기들이랑 같이하고 있어요. 컴퓨터도 하고, 일지도 쓰고…. (컴퓨터로 어떤 일을 하고 계세요?) 한글로 표도 만들고, 엑셀로도 만들고…. 카드 뉴스도 만들고 그랬어요. (다양한 프로그램을 다루고 계시네요. 한글과 엑셀이 어려웠던 일이 있으셨다 하셨었는데 어떠세요?) 이제는 표도 만들고, 좀 할 수 있을 것 같아요. (2주 정도 하신 거지요, 계속 연습하니 잘할 수 있다는 생각이 드시나 봐요.) 네, 이제는 좀 할 수 있을 것 같아요. 카드 뉴스로 제가 친구들 생일도 만들고 그랬어요. 현장실습 중에 이뤄지는 꾸준한 컴퓨터 교육을 통해 내담자가 잘 다루고 싶었던 프로그램을 다룰 수 있게 되어 욕구가 충족되었고 그로 인해 자신감을 얻게 된 듯함.

학교 내 편의점이 방학 중에는 무인으로 운영될 때가 있어 바코드를 찍고 들어가야 하는데 처음에 할 수 없어 동기에게 물어 해결하였고 자신의 카드로 동기에게 음료도 선물할 수 있었음을 보고함. 내담자가 모르는 부분은 친구나 선생님들께 질문을 통해

해결하고자 하려는 모습이 장점임을 함께 탐색함. 현재 실습 중 일지를 작성해야 하는데 밀리지 않고 매일 시간마다 작성하고 있다고 하여 내담자의 성실한 태도를 긍정적으로 표현해 주고 격려함. 방학 전에 과제도 힘들고 발표 때문에 스트레스를 받으면서 자신의 능력에 대해 부정적인 인식이 쌓여 학교를 그만두고 싶어 어머니와 과 사무실에 와 자퇴에 대해 상담도 하고 하였으나 현재는 학교생활도 만족하고 있다고 함. (처음 만났을 때 내담자님이 도움을 주고 싶은데 능력이 없는 것 같다고 여겼던 마음은 현재는 어떤가요?) 지금은 능력이 없다고 생각 안 들어요. 지금은 한글이랑 엑셀도 배우고 또, 그런 거 할 수 있거든요. 교육을 통해 내담자 자신의 능력이 향상되었음을 인지하며 자존감이 높아진 것으로 여겨짐. 다음이 마지막 상담 회기임을 이야기하며 짧은 시간이지만 내담자가 많은 부분 성장했음을 격려함.

5회기: 내담자 가능성과 종결하기 (수요일) 16:00 ~ 17:00

내담자가 목에 자주 걸고 다니는 블루투스 이어폰이 있어 그에 관해 물어봄. (내담자님이 목에 걸고 다니시는 것이 이어폰인가요?) 네, 블루투스 이어폰이에요. 이렇게 목에 걸고, 또 이 끝을 잡고 잡아당기면 귀에 꽂는 이어폰이 이렇게 나와요. 상담사가 신기해하고 호응을 하니 굉장히 자세히 행동을 취하며 블루투스 이어폰의 기능을 설명함. 최근에 학교 끝나고 어머니를 기다리며 듣거나, 버스를 타고 집에 가기도 하는데 그때 음악을 들으며 간다고 함. (대개 어떤 음악을 들으시나요?) 제가 드라마 음악을 좋아해요. 드라마 음악을 듣거나 제가 또 일본 애니메이션을 좋아해요. 그래서 그걸 제가 다운을 받아서 들어요. (기계 잘 다루시네요) 고치는 것은 잘 못 하지만, 그냥 핸드폰 검색하거나, 앱 게임 다운 받고 그런 거 할 수 있어요. (그렇게 뭔가를 활용하는 것을 잘하시는군요, 블루투스도 잘 이용하시고요) 내담자는 대화 중 눈 마주침을 하는 일이 없었으나 블루투스 이어폰에 진심으로 호응하고 궁금해하는 모습을 보이는 상담사를 대략 몇 초간 눈 마주침을 하고, 웃으며 열심히 설명하는 모습을 볼 수 있었음. (현장실습이 이제 막바지에 이르고 있네요. 현장실습을 통해 성장했다고 느끼시는 부분이 있을까요?) 제가 어제 엑셀을 배웠는데 표 만들기 못했는데 지금은 강사님이 많이 도와주시고 그래서 만들기도 잘 배우고 할 수 있게 된 것 같아요. (실습으로 본인이 성장했다고 느끼시나요?) 네. (처음으로 돌아가서 내담자분이 도와주고 싶은 부분이 많은데 어려운 게 있다고 하셨잖아요. 그런데 지금은 어떻게 느껴지세요?) 지금은 혼자 할 수 있고, 나도 할 수 있다는 걸 깨닫게 된 것 같아요. (어떤 걸 혼자 할 수 있다고 생각하세요?) 한글 배울 때 표 만들기 그런 거를 지금까지는…. 그런데 표 만들기 할 수 있을 것 같아요. (조원들을 도와주지 못했던 상황을 이야기하셨던 것 같은데 이제는 좀 해결이 되었네요?) 네, 이제 할 수 있어요.

(현장실습은 내담자님을 많이 성장하게 했네요. 내담자님이 할 수 있는 내에서 충분히 능력자시네요) 웃으며 그렇다고 함. (현장실습이 조금 있으면 끝나는데 끝나고 계획한 일이 있을까요) 일러스트 학원을 알아보고 다니고 싶다고 함. 내담자처럼 장애가 있는 친구들에게

그림을 알려주고 싶고 같은 과에 그림책을 쓰는 선배가 있다고 말하며 그 선배처럼 색칠도 하고 그림책을 만들어 보고 싶다는 의지를 표현함. 내담자의 목표, 도달하고자 하는 의지를 긍정적으로 공감해 줌. 동기들뿐만 아니라 장애 당사자들에게 내담자가 충분히 도움을 줄 수 있는 사람이며 앞으로도 같은 장애를 가지고 있는 사람들 속에서 발휘할 수 있는 능력이 많을 것이라 격려함. 내담자가 성실하고 적극적인 모습으로 상담에 임해주어 매우 고맙게 생각함을 상담사도 표현하며 상담을 마침.

(2) 상담축어록(5회기 중 3회기)

상담사1: 한 주 동안 잘 지내셨나요?

내담자1: 지난주에 학교에서 워크숍을 갔다 왔어요. 그래서 피곤해서 2시부터 3시 반까지 낮잠을 잤어요.

상담사2: 워크숍은 즐거우셨어요?

내담자2: 네.

상담사3: 우진님이 이번 워크숍에 가셔서 누군가를 도와주거나 했던 일이 있으셨을까요?

내담자3: 워크숍 가서요?

상담사4: 네.

내담자4: A를 잘 도와준 것 같아요. 워크숍 가서 저녁에 밥을 먹고 해수욕장을 갔다 왔었거든요. 거기 갔다 오는데 제가 밀어주고 이제 2학년 때 심리측정 교수님도 만났는데, 다른 친구들이랑 만났는데 제가 거의 반부터 끝까지 밀어주고 금요일 아침 먹기 전에도 제가 씻고 A 학생을 아침 먹는 식당까지 데려다줬어요. 그런 것 때문에 제가 신발도 챙겨주고 휠체어까지 밀어주고 그랬거든요.

상담사5: 아~ 우진님이 A 학생이랑 방을 같이 썼는데 신발도 신겨주고 같이 식당까지 내려오고 그런 일을 도와주셨네요. 많이 도와주셨네요.

내담자5: 네, 네.

상담사6: 우진님이 누군가를 도와주고 싶어 하는 마음이 있으시잖아요. 그런데 어렵다고 하셨었는데 지금 여러 이야기를 하시는 것을 보면 우진님이 하실 수 있는 일이 굉장히 많으셨던 것 같아요. 특히 휠체어를 탄 친구를 밀어주는 일을 많이 하셨네요.

내담자6: 네.

상담사7: 그런 일 말고 다른 도움을 주고 싶은 일은 무엇이 있으실까요? 꼭 친구가 아니어도 돼요. 내 마음속에 도와주고 싶은 일이 있다면 어떤 일이 있을까요?

내담자7: (생각해 보다) 휠체어를 탄 친구 중에 혼자 화장실에 못 가는 친구들이 있잖아요. 그런 친구들을 도와주고 싶어요.

상담사8: 이동하는 것 말고 화장실을 이용할 때도 도와주고 싶으시군요. 신체적으로 도와주는 일 말고 다른 도와주고 싶은 일은 무엇이 있으실까요?

내담자8: 제가 A 수업 시간에 조장을 했었어요. 저는 조장을 맡으면은 다른 과들 학생이 총 몇 명인지 한글이나 엑셀로 만들어야 하는데 저는 그게 약해서 다른 조원들이 하는 것을 지켜봐 주면서 어떻게 하면은 발표를 잘할 수 있을까 하는 생각이 들었어요.

상담사9: 우진님이 조장으로 잘하고 싶으셨는데 어려운 점이 있어서 안타까우셨다는 얘기처럼 들리네요.

내담자9: 네, 맞아요.

상담사10: 우진님이 여기다가 (종이와 펜을 주며) 잘할 수 있는 일과 하기 어려운 일을 적어 보는 시간을 가져보려고 해요. 우진님이 지난번에 필기하는 것을 좋아한다고 하셨던 기억이 있어요.

내담자10: 네, 맞아요.

상담사11: 적어 보며 함께 생각해 보는 시간을 가져도 괜찮으실까요?

내담자11: 네, 네.

상담사12: (할 수 있는 일과, 어려운 일로 나누어 글씨를 쓰는 내담자를 보며) 글씨를 굉장히 잘 쓰시네요. 필기하는 것을 좋아한다고 하시더니 정말 잘 쓰시네요.

내담자12: 네, 네.

상담사13: 그럼 어떤 것부터 먼저 적어볼까요?

내담자13: 할 수 있는 일부터요.

상담사14: 네. 그럼 천천히 우진님이 할 수 있는 일부터 찾아보기로 해요. 아주 작은 일도 되고 우진님이 할 수 있는 일을 생각해 보시고 천천히 찾아 적어볼까요.

내담자14: (잠시 생각하고는 글씨를 써 내려감)

상담사15: 우진님, 문장을 굉장히 완성도 있게 쓰시네요. 휠체어 타는 학생을 밀어주면서 실습 장소로 이동하기. 굉장히 구체적이고 전달이 잘되도록 쓰시네요. 그럼 두 번째도 찾아볼까요? 집에서 하는 일도 생각해 보셔도 돼요.

내담자15: 집에서요…. 네, 네. (작성하는 시간이 2-3분 정도 걸림)

상담사16: 우진님이 우진님 목소리로 읽어봐 주실 수 있을까요?

내담자16: 저희 어머니께서 저희가 샤워를 하면 수건이 필요하잖아요. 머리 털고 몸 닦고 그러면 수건이 필요하잖아요. 그 수건을 그 세탁기 앞에다 갖다 놓으면 어머니께서 빨래를 하시고 그걸 거실 쪽 소파에 두시면 제가 그거를 어머니 바쁘실 때마다 제가 하겠다고 하면서 저는 수건 개는 것을 어머니께 배웠어요. 그래서 그거를 하나씩 하나씩 개서 옆에 놓고 그거를 저희가 수건을 두 개씩 쓰거든요. 저는 안방에서 씻거든요. 안방에서 씻을 때는 하얀 색깔이랑 빨간 색깔을 쓰거든요. 그거를 안방 화장실에 가져다 놓고 또 나머지는 어머니께서 어디서 받으신 수건을 그런 거를 따로 개거든요. 그거를 제가 심심할 때마다 어머니가 가져다주시면 제가 하겠다고 하면서 TV를 보면서 방법을 익혔으니까 그거를 소파에 앉아서 하고 그렇죠.

상담사17: 아~ 세탁이 된 마른 수건을 어머니가 가져다주시면 우진님이 TV를 보며 개는 방법에 따라서 잘 개신다는 거군요.

내담자17: 네, 네, 맞아요. (웃음)

상담사18: 어머, 정말 좋은데요. 정말 좋아요. 또 다른 더 하실 수 있는 일이 뭐가 있을까요?

내담자18: 더 할 수 있는 일이요? 어….

상담사19: 우진님이 하실 수 있는 게 엄청 많네요.

내담자19: 아, 네. (다음을 작성한다. 지우개로 지워가며 깨끗하게 작성한다)

상담사20: 세 번째는 어떤 것일까요, 우진님?

내담자20: 아버지께서는 밥을 먹고 나서 항상 뭘 찾으세요. 저희 부엌이 거실이랑 가깝거든요. 아버지가 저녁 드시고 저희 아버지께서는 뭔가 좀 배가 들 찬 느낌을 드시거든요. 그래서 그거를 항상 뭐... 집에서도 노트북, 아버지께서 최근에 노트북을 장만하셨거든요. 뭐 보시거나 뭐 구매할 때 배가 고프잖아요. 저녁 먹으면 살짝 배가 고플 수 있잖아요. 저는 그래서 아버지께서는 원래 아버지 같은 사람들은 이빨로 하는 게 불편하잖아요.

상담사21: 아~ 씹는 거요~

내담자21: 네, 뭐 딱딱하거나 그런 거 불편하니까 부드러운 거 있잖아요. 크래커나 그런 거. 제가 바쁠 때는 아버지가 직접 꺼내 드시는데 제가 할 게 없을 때는 아버지 제가 어떤 거 가져다드릴까요? 그러면 아버지가 이거 가져다 달라면 가져다드리고, 목 막히면 안 되시잖아요. 그거를 물이랑 정수기랑 가깝거든요. 제가 그걸 물을 딱 맞춰 가지고 떠다 드리면 아버지가 좋아하세요. 제가 가져다드리는걸.

상담사22: 우진님은 아버지가 저녁을 드시고 약간 출출하실지도 모르는 상황을 눈치를 채시고 아버지 혹시 뭐 필요한 거 없으세요라고 묻기도 하고 과자를 부드러운 드시기 편한 것으로 가져다드릴 때도 있고, 과자만 드리면 목이 좀 막히실까 봐 물도 떠다 드리고 하신다는 말씀이신가요?

내담자22: 네, 네.

상담사23: 아니 어쩌면 그렇게 멋진 마음을 갖고 계세요.

내담자23: (웃으며) 매일 매일 하는 거예요.

상담사24: 매일, 매일 이런 일을 하고 계세요?

내담자24: 네, 어머니께서 과자를 사다 두시면 에이스 과자나 크래커 과자 비슷한 과자를 아버지한테 가져다드리거든요. 물이랑 떠가지고요.

상담사25: 매일 이렇게 반복되는 일이시란 거지요?

내담자25: 저녁때는 실습 때는 요즘 못하지만, 아버지가 오늘 같은 날은 5시에 오셔서 저녁을 같이 먹고 5시 반부터 배가 고플 거 아니에요. 일찍 먹으면.

상담사26: 아~ 저녁을 좀 일찍 드시나 봐요.

내담자26: 네, 제가 늦게 끝나면 같이 못 먹고. 같이 먹을 때도 있고 아버지가 늦으시면 둘이 같이 먹거든요.

상담사27: 보통 저녁은 몇 시 정도에 드세요?

내담자27: 학교 안 가는 주말에는 5시에서 6시 사이에 먹고요. 아버지 오실 때는 5시에서 5시 반 정도에 먹어요.

상담사28: 보통은 대체로 6시 전에 먹네요. 최근에는 우진님은 실습 때문에 조금 늦게 드시나 봐요.

내담자28: 네, 네.

상담사29: 아니, 어떻게 아버지를 생각하시는 마음이…. 빨래 갤 때는 어머니를 도와드리고, 학교에서는 휠체어 탄 친구들을 도와주고 있고요. 우진님은 능력이 많은 분이네요.

내담자29: 네, 네.

상담사30: 자, 그럼 이번에는 우진님이 하기 어려운 일을 좀 생각해 볼까요. 천천히 생각해 보세요.

내담자30: (연필로 작성한다. 손에 힘을 주고 숨소리가 조금 세지며 작성한다.)

상담사31: 우진님이 말씀해 보실 수 있을까요?

내담자31: 동기들이 쉬는 시간에 화장실이 급하잖아요. A 학생 심부름으로 카드를 주면서 카페에서 망고 스무디를 심부름해서 가져다줬었거든요. 그거를 먹더니 좀 급했던 것 같아요. 그거를 그 먹고 화장실이 급했던 것 같아요. 이모부가 도와주시는데 계시지 않았고 제가 대처 방법을 몰라서. 제가 대처 방법을 몰라서 A 학생이 급할 때는 옆에서 도와줘야 하는데 제가 대처해 주지 못해서….

상담사32: 우진님이 음료를 가져다준 날이었는데 그것 때문에도 신경이 쓰였나요?

내담자32: 그것 때문에…. 스무디 같은 건 양이 많잖아요. A 학생이 마시고 나서 2시 반쯤에 몸이 좀 급한 표정이었나 봐요. 그래서 제가 빨리 가서... 우리 과에 B 학생이 힘이 세요. 제가 혼자 하기보다는 B 학생과 같이 A 학생을 들어서 이동해서 변기에 앉혀주면 제가 바지만 도와주면 편하게 볼일을 볼 수 있게 해주고 또 다 끝나면 제가 올려주고 그러면 제가 잘 기억해 뒀다고 도와주는 역할을 해보고 싶어요.

상담사33: 스무디를 선택한 것은 누구의 선택이었어요?

내담자33: A 학생의 선택이었어요.

상담사34: 그러면 우진님의 선택이 아니고 친구가 양이 많은 음료를 선택한 거였네요.

내담자34: 우리 과에 지원해 주시는 선생님들이 계시잖아요. 그런데 그날은 C 학생도 도와줘야 했고 좀 어려웠어요.

상담사35: 그날은 A 학생을 도와주기가 여의치 않아 보여서 우진님이 안타까우셨군요.

내담자35: 네. 네.

상담사36: 그래도 그런 마음을 가졌다는 것은 누구나 할 수 있는 건 아니에요. 대단한 일이에요. 이미 음료를 가져다준 것만으로도 충분히 도와주신 것으로 보이네요. 또 다른 적어 놓아주신 것도 읽어주실 수 있을까요?

내담자36: 두 번째는 제가 이 실습하기 전에 6월 20일 날 제가 몸 상태가 많이 안 좋았거든요. 팀원들이랑 조 활동을 해야 하는데 제가 혼자서 못해서 자퇴할까도 생각도 들고 그래서 어머니께서도 그렇게 할 거면 그만둬라 하고. 그래서 제가 차에서 어머니께 이렇게 이야기했어요. 엄마랑 같이 학과 사무실에 가가지고 조교 선생님이랑 지원사 선생님한테 힘드니까 자퇴하겠다고 하자고 그래서 같이 갔거든요. 그런데 선생님들이 잘하고 있으니까 버텨보자 그랬거든요. 저는 제가 알기로는 저희 어머니랑 D님이랑도 통화했다는 걸 들었어요. 잘하고 있으니까 옆에서 예뻐해 주고 있다. 이런 얘기를 들었어요. 또 실습을 생각했죠. 제가 교수님을 만났어요. 학교에 오셨다는 걸 듣고 제가 만났는데 실습하는 거 어떻게 생각하냐고 그러셔서 교수님이 우진이는 잘하고 있고 예쁘니까 잘해보자 그러셨거든요. 저는 1학년 처음 들어와서 교수님이랑 면담을 했었거든요. 그때 교수님이 우진이는 그림을 잘 그리니까 아이들을 대상으로 책 한 권을 보여주시면서 이렇게 똑같이 그려보면 어떻겠냐고 그러시는 거예요. 그래서 저는 맨 처음에 그 꿈을 좋아했거든요.

상담사37: 1학년에 왔는데 그때 교수님이 만화책을 한 권 보여주시면서 이런 걸 해보는 게 어떻겠냐고 하셨었어요?

내담자37: 네. 그래서 제가 2학년 3학년 되면서 생각이 바뀌었어요. 1학기 때 그림 그리는 날이 있었거든요.

상담사38: 집, 나무, 사람 그림 검사요?

내담자38: 네. 그걸 하며 전 생각했죠. 그리면서 아이들이 좋아하겠다는 생각이 들었거든요.

상담사39: 그러셨군요.

내담자39: 그래서 저는 3학년 때, 다시 교수님께 이야기했죠. 저는 만화를 그리기가 좀 힘드니까 아이들이 볼 수 있는 움직이는 그림 같은 걸 배우고 싶고 그런 꿈을 가졌으면 좋겠다 싶어서 이야기했더니 교수님이 알겠다 하셔서 저는 그 꿈을 포기하고 제가 초등학교 4학년 때가 동아리 활동이 있었어요. 제가 4학년 때 5반이었는데 거기서 다 같이 만화 그리는 반이 동아리가 있었는데 제가 그림을 그렸어요. 그림을 그리는 순간 저는 만화가가 되기로 한 거죠. 그리고 대학교 졸업하면은 부모님도 도와드리고 취미생활로 그림도 그리면서 부모님이랑 같이 집안일도 배우면서 운동도 하고, 원하는 걸 찾아보기로 한 거죠. 그래서 만화가가 되기로 결심한 거죠.

상담사40: 아~ 초등학교 4학년 때 본 동아리 활동을 통해서 그런 결심을 하게 된 거군요.

내담자40: 남아 있는 동아리가 만화동아리였나 봐요.

상담사41: 처음부터 만화동아리를 선택하신 건 아니었어요?

내담자41: 처음엔 아니었어요. 만화동아리 가지고 그림도 그리고….

상담사42: 동아리에서 그림을 그리면서 칭찬도 받고 하셨었나 봐요.

내담자42: 네, 네.

상담사43: 그런 부분이 우진님을 뿌듯하게 하고, 기쁘고 행복하게 하셨겠다는 생각이 드네요.

내담자43: 네.

상담사44: 그 마음을 어른이 되어서도 갖고 계시고 그런 일을 하고 싶으신 거군요.

내담자44: 네.

상담사45: 아까 조별 활동하면서 어려우셨다는 얘기로 돌아가 볼까요. 조별 활동에서 숫자를 세고 분석하고 이러는 일이 힘드셨나 봐요.

내담자45: 그거를 타이핑을 치고 우리뿐만 아니라 다른 과들도 포함해서 학생 수를 조사해야 하고 그런 걸 찾아봤는데 제가 그걸 잘 못 해서….

상담사46: 잘 못 해서 어떤 어려움이 있으셨어요.

내담자46: 잘 못 해가지고 조원들한테 제가 화도 좀 내고 짜증도 냈는데 근데 그거를 들었는데 교수님이 들으셔가지고 다른 조원들을 불러서 교수님이 우진 학생이 어려우니까 잘해보자 이러신 걸 들었어요.

상담사47: 그런 이야기를 들었어요?

내담자47: 제 느낌에요.

상담사48: 아…. 느낌에요. 그러셨구나. 그러면 그 친구들한테 잘 안 돼서 화도 내고 짜증도 냈었던 그때의 마음을 잠깐 생각해 볼까요?

내담자48: 그때는 제가 처음이라 제가 잘 몰랐는데 그 다음 날 가서 앞으로 열심히 할 테니까 같이 얘기도 하면서 잘해보자 그랬었거든요. 그랬더니 그 두 학생이 제가 전달한 잘해보자는 이야기 듣고 잘해보고 싶었어요.

상담사49: 잘하고 싶은데 잘 안돼서 속상하고 그랬을 때 우진님이 표현한 행동이 있을까요?

내담자49: 제가 이 팔을 보시면 그때 그 상처가 남아 있어요. 그때 더운 날이었어요.

근데 제가 화가 나고 짜증 나는지 온몸을 긁을 정도로 피 나고 상처가 날 정도로…. 숨도 좀 쉬기 어렵고 그랬어요.

상담사50: 화가 나면 몸도 긁게 되고, 숨도 쉬기 어렵고 그러신가요?

내담자50: 근데 그걸 교수님이 보시고 안타까워하셨어요. 그리고 그때 친구들이 같이 보건센터에 가줘서 고마웠어요.

상담사51: 상처 났을 때 같이 친구들이 같이 가주어서 고마웠군요.

내담자51: 그때 제가 피곤하고 몸이 많이 안 좋았어요. 그때 가주신 게 고맙고….

상담사52: 우진님은 그때 말고도 화가 나고 속상해 몸을 상처 내며 긁으셨던 적이 있으셨을까요?

내담자52: 그때 말고는 없었어요.

상담사53: 그게 처음이셨어요?

내담자53: 네.

상담사54: 그러셨군요. 그럼 그때가 살면서 가장 많은 스트레스를 받았던 것 같네요.

내담자54: 네.

상담사55: 그런데도 잘 참으셨네요. 지금 상처가 낫고 있는 것만큼 마음도 많이 나아지셨을까요, 그때보다?

내담자55: 네.

상담사56: 자, 우진님이 할 수 있는 일을 세 개나 쓰셨어요. 그리고 할 수 없는 일은 두 가지를 쓰셨는데 할 수 없는 일이 더 생각나시는 게 있나요?

내담자56: 아니요.

상담사57: 어, 그러면~ 할 수 있는 일이 더 많네요, 우진님?

내담자57: 네.

상담사58: 숫자가 꼭 답은 아니지만 우진님이 하실 수 있는 일이 하실 수 없는 일보다 더 많아요. 우진님이 도와주는 것을 좋아하는데 니는 능력이 없는 것 같아요. 했었잖아요. 그런데 오늘 보니까 어떠세요? 능력이 없어 보이세요?

내담자58: 아니요.

상담사59: 아니지요? 능력이 많은 분인 거지요?

내담자59: 네.

상담사60: 어떠세요, 이렇게 쓰면서 살펴보니까?

내담자60: 학교에서 못 했던 걸 집에서 해보니까 재밌고 좋아요.

상담사61: 네. 맞아요. 집에서 할 수 있는 일도 많아요. 꼭 학교에서뿐만 아니라. 학교에서도 어떤 것을 계산하고 발표하는 것은 어려울지라도 누군가를 도와주려고 하는 마음은 아주 마음속 깊이까지 있으시잖아요. 우진님 이렇게 마음먹는 것이 어려운 거예요. 우진님은 충분히 하실 수 있는 분이라는 생각이 제가 드네요.

내담자61: 네.

상담사62: 우리가 오늘까지 세 번의 상담을 했어요. 상담을 세 번째까지 오면서 본인 마음의 어떤 변화가 있으실까요?

내담자62: 변화요?

상담사63: 아니면 내가 생각이 좀 달라졌다거나…. 이런 생각도 하게 됐어요. 같은 게 있으실까요?

내담자63: 저는 이 상담을 통해서 제가 할 수 있는 일과 하기 어려운 일을 적어봤을 때, 다른 학생들을 도와주지 못한 것도 아쉽고 같이 가서 빨리 처리하는 것도 도와주지도 못하고 그런 게 아쉬운 거 같아요.

상담사64: 아~ 그런 것 같아요. 그런데 우진님, 그런 일은, 화장실에 가서 누군가를 돕는 일은 우진님만 어려운 것은 아니에요. 많은 사람이 어려워하는 일 중에 하나예요. 그리고 이미 친구가 원하는 음료를 가져다준 것만으로도 충분히 도와주신 것으로 보이네요. 누군가를 도와주어야겠다는 마음을 갖는 것은 쉽게 가질 수 있는 마음도 아니에요. 우진님이 그런 마음을 가지고 있다는 게 훌륭한 일이에요. 그리고 지난번에 시각장애 학생 녹음하는 것도 도와주고 계신다고 하셨잖아요. 하실 수 있는 일은 더 많이 있네요.

내담자64: 네, 감사합니다.

상담사65: 시각장애 학생 녹음하는 일을 도와주시고 파일명을 바꾸는 걸 도와주는 것을 연습해 보신다고 하셨잖아요.

내담자65: 네.

상담사66: 그것도 천천히 노력해 보시면 잘하실 수 있을 거예요. 자, 그러면 오늘은 여기까지 하고 다음 회기 때 뵙겠습니다.

내담자66: 네, 감사합니다.

별첨자료)

보건복지부(2013) 발달장애인 부모상담지원 매뉴얼 (제공기관용)

Ⅰ. 상담 서비스 절차

발달장애인 부모를 대상으로 하는 심리·정서 상담서비스는 크게 사전면접, 초기 상담, 중기 상담, 상담 종결의 4단계로 구분할 수 있다. 각 단계별로 상담의 목적, 주요 과업 및 내용, 필요한 관련 양식을 다음 <표 1>과 같이 정리할 수 있다.

〈표 1〉 심리·정서 상담서비스 세부 절차 및 내용

<table>
<tr><th>절차</th><th>사전면접</th><th>초기 상담</th><th>중기 상담</th><th>상담 종결</th></tr>
<tr><td>회기*</td><td>사전면접</td><td>1~3회기</td><td>4~20회기</td><td>21~24회기</td></tr>
<tr><td>목적</td><td>서비스 이용자의 상담 적합성 판단 및 최적 상담사 선별(참고1)</td><td>서비스 이용자의 문제와 욕구 파악 및 관계 형성</td><td>서비스 이용자의 변화를 위한 집중적 상담 수행</td><td>서비스 이용자의 성과 평가 및 상담전략 활용 등 정리</td></tr>
<tr><td>주요 과업 및 내용</td><td>① 이용자 적격성 선별(참고)
② 상담 안내와 신청
③ 최소한의 정보 파악
④ 상담형식 협의</td><td>① 이용자의 욕구 및 관련 내용 파악
② 필요한 정보 수집
③ 사례 개념화
④ 달성할 목표 설정
⑤ 상담계획과 전략 수립
⑥ 상담의 구조와 원리에 대한 안내
⑦ 라포와 작업동맹 형성
⑧ 상담 계약</td><td>① 이용자 욕구의 구체화 작업
② 욕구관련 요인 검토 및 통찰
③ 서비스 이용자의 저항 다루기
④ 대안 마련
⑤ 실천과 훈습
⑥ 중간점검</td><td>① 상담의 성과 평가
② 종결준비 및 안내
③ 심리상담 효과성 평가를 위한 검사 실시(참고1 등)</td></tr>
<tr><td rowspan="2">관련 양식</td><td rowspan="2">[서식 1] 상담신청서 (서비스이용자, 필수)
[서식 2] 상담동의서 (서비스이용자, 필수)
[서식 5] 상담효과성 평가결과 보고(보건복지부 보고용, 필수)
[참고1] 우울(CESD-11) 척도 등</td><td colspan="3">[서식 3] 상담기록지 (상담사, 필수)
[서식 6] 피드백 질문지 (상담사, 선택)
[서식 7] 회기 연결 작업지 (상담사, 선택)
[서식 8] 매일 경험 일지 (서비스이용자, 선택)
[서식 9] 자동적 사고 기록지 (서비스이용자, 선택)</td></tr>
<tr><td colspan="2">[서식 4] 사례 개념화 요약지 (상담사, 필수)</td><td>[서식 5] 상담효과성 평가결과 보고(보건복지부 보고용, 필수)</td></tr>
</table>

* 서비스 이용자의 욕구와 요청, 상담사 의견, 심리·정서 검사 등을 통해 개인별 회기 조정 가능

II. 상담 서비스의 단계별 내용

1) 사전면접

사례

46세의 김○○씨는 사업을 하고 있는 남편 박△△씨와의 사이에 자폐진단을 받은 14세 아들 진욱이(가명)와 고등학교 2학년인 17세 딸 진미(가명)를 두고 있다. 김○○씨는 재발성 주요 우울장애를 경험하고 있다고 보고하였다. 접수면접에서 CESD-11 우울수준 점수가 28점으로 나타나 우울증 진단을 확인할 수 있었다. 아들 진욱이는 초등학교 고학년이 되면서 엄마가 더 이상 통제할 수 없다고 느끼는 행동 문제들을 보이기 시작하더니, 중학교에 들어가면서 어려움이 더 커졌다고 하였다. 접수면접에서 기꺼이 상담에 참여하겠다고 하였으며, '누군가에게 하소연이라도 하고 싶어요' 라고 했다. 현재 자신의 생활에 대해 말할 준비가 되어 있었으며, 자신이 경험하고 있는 감정과 생각에 대해서도 기꺼이 공개할 준비가 되어 있었다.

가. 사전면접의 목적

서비스 신청자의 상담 욕구를 판단하고 서비스 신청자에게 최선의 상담 효과를 가져다줄 상담사(직접서비스 제공인력)를 선별하는 것이다.

나. 사전면접의 주요 과업 및 내용

서비스 신청자의 상담신청서 및 상담동의서 작성을 안내하고 충실히 작성하였는지를 확인하며, 누락된 부분이 있을 경우 격려하여 완성하도록 한다.

예시

김○○씨의 우울수준 검사(CESD-11) 결과가 28점으로 우울증 진단을 받을 수 있는 수준이며, 상담에 대한 심리·정서적인 욕구를 표출하고 있음.

서비스 적격성 판단의 검사 결과는 '상담신청서[서식 1]'에 기록하여 보관하여야 한다. 상담사는 향후 서비스 종료 시에 동일한 검사를 시행하여 초기 검사와 상담 종결 시 검사의 결과를 엑셀파일로 작성하여[서식 5] 시·도를 통해 보건복지부에 보고하여야 한다.

사전면접을 하는 사람은 발달장애인의 부모가 스스로를 돌보기 위해 상담을 받고자 결심하였다는 것은 매우 어렵고 중대한 결정이라는 것을 인식하여야 한다. 사전면접 과정에서 무엇보다 중요한 것은 발달장애인의 부모가 이러한 의사결정을 포기하거나 돌이키지 않도록 세심한 배려를 해야 한다는 것이다. 따라서 사전면접을 하는 사람은 서비스 신청자에게 적절한 상담사를 선별하기 위한 준비로서 서비스 신청자의 상담 욕구와 필요를 향후 상담진행에 장애가 되지 않도록 최소한으로 파악한다.

또한 서비스 신청자가 충분히 이해하여 서비스를 신청할 수 있도록 상담내용 및 절차에 대해 개략적으로 설명한다. 비밀보장에 대해 안내하고 관련 서류를 문서화하며, 구체적인 상담의 형식에 대해 협의한다.

예시

김○○씨에게 발달장애인 부모대상 심리·정서 상담서비스의 내용 및 절차에 대해 개략적으로 설명하고, [서식 1]의 상담신청서와 [서식 2]의 상담동의서를 작성하도록 안내함.

* **사전면접**은 최소한의 정보를 얻는 것이 주목적이므로 약 15~30분 정도가 적절하며, 30분을 넘는 것은 바람직하지 않음. 또한 **사전면접**을 너무 상세하게 하면 본 상담사에게 연결되었을 때 상담내용을 반복하게 하고, 다시 관계형성을 해야 하는 부담감을 심어줄 수 있음.

다. 관련 양식

사전면접 단계에서는 다음과 같은 양식의 서류를 서비스 이용자가 직접 작성하도록 하여 문서화한다.

〈표 2〉 접수면접에서 필요한 관련 양식

관련 양식	작성자	비고
① 상담신청서 [서식 1] ② 상담동의서 [서식 2] ③ 우울척도(CESD-11) 검사[참고 1]	서비스 이용자	필수
④ 상담효과성 평가결과 보고 [서식 5]	상담사	필수

2) 초기 상담(1~3회기)

사례

초기 회기에서 김○○씨는 발달장애인인 아들을 하루 종일 돌보는 자신의 일과에 대해 길게 설명하였다. 김○○씨는 아이를 임신과 태교 출산하는 과정에 대해 이야기하며, 남편에 대한 '분노'와 스스로에 대한 '죄책감'으로 괴로워하였다. 하루 종일 아이에게 신경 쓰고 돌보아야 하는 자신의 인생에 대해 이야기하며 '고독함, 외로움'을 느끼고 있었으며, 아이의 상태가 변화하고 더 이상 통제할 수 없다고 느끼면서 '당황'해 하고 있었다. 남편이 적극적으로 도와주지 않고, 김○○씨를 도와줄 사람이 없이 혼자서 진욱이(가명)를 돌보아야 한다는 어려움이 있었다. 도움 없이 혼자서 해내야 하는 현재의 역할에 대해 외롭고 분노를 느낀다고 하였다. 아들의 치료를 위해 여러 곳을 전전했고, 비용은 많이 들어가는데 도움은 되지 않는다고 여겨지는 경험이 많았다. 이후에 생각해 보면, 잘못된 치료를 강요했던 경우도 많았다며, 더 이상 전문가들을 믿는 것이 어렵고, 남편과 자녀의 문제를 상의하는 것에 대한 '거부감'도 있었다. 최근에 진욱이의 행동문제가 심각해지면서, 의사가 약물치료를 권했는데, 현재 완강히 거부하고 있는 상태이다. 초기에 약물을 복용하는 과정에서 김○○씨가 실수를 해서 진욱이가 부작용을 경험했는데, 이에 대해 심한 죄책감을 느꼈고 우울증이 심해졌다고 보고하였다.

가. 초기 상담의 목적

초기 상담에서는 서비스 이용자의 문제와 욕구를 파악하고 성공적인 상담을 달성하기 위해 전체 목표 및 계획 등을 수립하며, 서비스 이용자와 상담사 간의 신뢰 및 동맹관계를 형성하는 것이다.

나. 초기 상담의 주요 과업 및 내용

초기 상담의 주요 과업은 아래와 같이 크게 8가지로 정리할 수 있다.

1. 서비스 이용자의 욕구 및 관련 내용 파악
2. 필요한 정보 수집
3. 사례 개념화
4. 달성할 목표 설정
5. 상담계획과 전략 수립
6. 상담의 구조와 원리에 대한 안내
7. 라포(rapport)와 작업동맹 형성
8. 상담 계약

첫째, 서비스 이용자가 가지고 있는 문제와 욕구의 내용이 무엇인지 파악한다. 서비스 이용자는 자신의 욕구를 정확히 표출하지 못할 수 있으므로, 경청과 적절한 피드백을 통해 서비스 이용자의 욕구와 관련 내용을 파악해야 한다. 이때, 의역(paraphrasing)이 자주 활용될 수 있는 기술인데, 서비스 이용자의 표현을 상담사의 표현으로 바꾸어 재질문하여 서비스 이용자가 확인하도록 하는 것이다.

예시

김○○씨가 표출하는 부정적인 정서를 '분노', '죄책감', '고독함', '외로움', '당황', '거부감' 등으로 표현을 바꿀 수 있는지 재확인.

둘째, 서비스 이용자를 충분히 이해하기 위해 가족사항 및 구성원 간 관계, 성격특성, 대인관계 등의 필요한 정보를 수집한다.

예시

발달장애인 자녀의 장애 특성이나 행동 습관, 배우자와의 관계, 비장애 자녀와의 관계 등을 파악.

셋째, 서비스 이용자로부터 획득한 정보를 바탕으로 서비스 이용자의 문제나 욕구에 대해 사정하는데 이를 사례 개념화라고 한다. 사례 개념화를 위해 상담사는 다음 <표 3>과 같은 질문에 답할 수 있다.

〈표 3〉 사례 개념화를 위한 질문(예시)

- 서비스 이용자가 상담을 통해 해결하고 싶은 문제영역은 무엇인가?
- 현재의 문제와 욕구는 무엇인가?
- 현재의 문제와 욕구는 어떻게 발생하였고, 어떻게 지속되었는가?
- 현재의 문제와 욕구에 대한 서비스 이용자의 생각은 무엇인가?
- 현재의 문제와 욕구에 대한 서비스 이용자의 신체적 반응은 무엇인가?
- 현재의 문제와 욕구에 대한 서비스 이용자의 감정적 반응은 무엇인가?
- 현재의 문제와 욕구에 대한 서비스 이용자의 행동적 반응은 무엇인가?
- 서비스 이용자는 신체적/감정적/행동적 반응에 대해 어떻게 생각하는가?
- 서비스 이용자는 신체적/감정적/행동적 반응에 어떻게 대처하고 있는가?

사례 개념화는 서비스 이용자를 이해하는 기본적인 틀을 제공하므로 중요한 과업이다. 일반적으로 초기 상담인 1~3회기에서는 주로 사례 개념화의 기본 틀을 만들고 전 회기에 걸쳐 사례 개념화를 수정하고 보완해 나간다. 사례 개념화의 절차는 아래 <표 4>와 같이 단계적으로 이루어진다.

〈표 4〉 Persons(1989)이 제시한 사례 개념화의 여섯 단계

제 1단계 : 문제 목록을 구체화한다.
서비스 이용자가 제시하는 문제 목록을 작성하는 것이 사례 개념화의 제 1단계이다. 흔히 서비스 이용자가 가져오는 문제·욕구 목록은 8~10개 정도이다.

예시

> 자녀양육에 대한 남편의 무관심으로 인한 분노, 자신의 상황과 장애자녀의 증상이 나아지지 않는 것에 대한 무력감, 사회적 지지가 부족하고 혼자서 어려운 상황을 극복해야 한다는 고립감, 비장애 자녀에 대한 미안함, 장애자녀의 미래와 본인의 사후에 대한 걱정, 경제적 어려움, 불면이나 두통 등의 신체적 건강문제 등이 문제·욕구 목록에 포함될 수 있다.

서비스 이용자는 잘 몰라서 혹은 당혹스러워서 자신이 가지고 있는 문제·욕구 목록을 제시하지 않을 수도 있다. 그러나 문제·욕구 목록을 포괄적으로 알지 못하고는 사례 개념화를 정확히 할 수 없을 뿐 아니라 올바른 상담개입을 할 수 없다. 포괄적인 문제·욕구 목록을 작성해야 한다는 것이 실제 상담 장면에서 반드시 모든 문제를 다루어야 한다는 것은 아니다. 서비스 이용자가 가지고 있는 문제를 아는 것이 상담사가 상담 계획을 세우는 데 꼭 필요하다는 설명을 하여 서비스 이용자의 도움을 얻을 수 있다. 혹은 상담신청서에 포함된 서비스 이용자의 욕구 사정도구를 활용할 수 있다.

제 2단계 : 핵심기제(이면기제)에 대한 가설을 세운다.
핵심기제에 대한 가설을 세우는 과정은 사례 개념화의 중심부분이며, 가장 어려운 부분이기도 하다. 핵심기제는 표면적 문제를 야기한 혹은 표면적 문제와 직접 관련이 있는 문제 또는 결함을 말한다. 이면적 핵심기제를 객관적으로 측정하는 것은 어렵다. 따라서 각 사례에서 어떠한 핵심 믿음은 대개 '……하면……할 것이다'의 형태로 나타난다.

예시

> 장애자녀를 잘 돌봐야 다른 사람들이 손가락질하지 않을 것이다.
> 장애자녀의 엄마이기 때문에 모든 일을 더 완벽하게 해야 할 것이다.
> 장애자녀와 관련해서 나를 도와줄 사람은 아무도 없다.

위의 예시에서 세 번째와 같이 보다 단순하고 포괄적인 핵심믿음도 있다. 때로는 핵심믿음만으로 서비스 이용자의 중심 문제를 충분히 설명하기 어려운 경우도 있으며, 문제 해결 기술의 결여가 핵심기제일 수 있다. 상담사들은 이면의 핵심기제를 간결하고 명확하게 한 문장으로 표현하려고 애쓰지만 쉬운 일이 아니다. 여러 가지의 핵심기제가 서로 얽혀 표면적인 문제를 일으킬 수 있다. 상담사는 사례 개념화가 불가능한 경우를 만날 수도 있다. 이럴 경우 상담사는 증상 중심의 치료를 하게 된다. 이런 치료가 성공할 수도 있고 실패할 수도 있지만 이를 통해 정보를 축적하면 결국에는 사례 개념화가 가능해진다.

제 3단계 : 가정된 핵심기제가 문제·욕구 목록의 다양한 문제들을 야기하는 방식에 대해 기술한다.
상담사는 자신이 가정한 이면의 핵심 기제가 문제 목록상의 모든 문제를 어떻게 야기하는지 그 방식에 대해 명확하고 구체적으로 설명하려고 노력해야 한다.

예시

> '장애자녀와 관련해서 나를 도와줄 사람은 아무도 없다'고 믿고 있는 김○○씨는 그 믿음의 결과로 우울, 고립감, 남편과의 불화, 불면, 두통 등의 문제가 발생했다. 이 경우 김○○씨의 남편과의 불화는 가족 이외의 타인으로부터의 지지도 받을 기회를 스스로 박탈하고 부정적 사고를 더욱 강화시켜 김○○씨를 더욱 우울하게 만들었다.

제 4단계 : 현재 문제들의 촉발 요인을 살펴본다.
서비스 이용자의 이면 핵심기제가 현재 문제·욕구를 촉발시킨 요인들 사이의 관계를 살펴봄으로 핵심기제에 대한 가설을 검증해 볼 수 있다.

예시

'남편이 도와주지 않는다면 나는 고립된 것이다'라는 믿음을 가지고 있는 김○○씨가 자녀양육에 무관심한 남편으로 인해 우울이나 고립감을 느낄 것이라고 쉽게 예상할 수 있다. 이때 만일 이와는 다른 유형의 사건이 현재의 문제를 일으켰다면 김○○씨의 사례 개념화는 재검토해 봐야 한다.

물론 다른 사람들이 보기에는 서비스 이용자의 욕구와 관계없을 것 같은 사건이 서비스 이용자에게는 그러한 의미로 받아들여지는 경우도 많으므로 사건 자체만을 탐색하는 것이 아니라, 그 사건이 서비스 이용자에게 주는 의미도 같이 탐색해 봐야 한다.

제 5단계 : 서비스 이용자는 자녀의 장애를 수용하고 있는지를 탐색해본다.
서비스 이용자의 이면 핵심기제의 기원이 무엇인지를 서비스 이용자의 발달과정에서부터 찾아보려고 시도한다. 대개의 경우 부모와의 관계가 결정적인 역할을 한다. 서비스 이용자가 자녀의 장애 수용여부에 따라서 심리적인 현상이 다양하게 나타난다. 장애 수용여부를 구체적으로 탐색해야 한다.

예시

김○○씨의 부모는 칭찬이나 인정에 인색했고, 남동생과 빈번히 비교를 당한 경험 때문에, 김○○씨는 유년 시절에 부모에게 인정받고자 완벽주의적인 성격이 형성되었다고 보고하였다. 김 ○○씨의 부모는 자녀의 장애를 수용하고 있다고 하나 종종 다른 장애친구들이나 비장애인을 보면서 우리 아이도 혼자서 자신의 욕구만이라도 해결할 수 있는 가장 기본적인 의사표현을 정확하게 표현해 주었으면 하는 생각을 자주 한다.

제 6단계 : 사례 개념화에 근거해서 예상되는 상담의 장애 요소들을 예견한다.
상담사가 서비스 이용자가 경험하게 될 방해요소를 미리 예상하면 상담사는 문제의 발생을 예방하거나 해결할 수 있을 것이다. '완벽하지 않으면 사람들이 날 무시할 것이다'라는 믿음을 가지고 있는 서비스 이용자는 수행한 과제를 상담사가 어떻게 평가할지에 대해 지나치게 불안해 할 것이다. 정서적으로 불안해지면, 그 상황을 회피해 버리는 행동이 나타나, 과제를 자신이 해야 된다고 생각하는 만큼 완벽하게 하지 못했을 때 상담 시간에 나타나지 않을 수 있다.

넷째, 서비스 이용자와 충분한 대화와 협의를 통해 상담기간 동안 달성할 목표를 설정한다. 초기 상담에서 효과적으로 목표를 수립하기 위해 아래 <표 5>와 같은 사항을 참고할 수 있다.

〈표 5〉 목표 설정 참고사항

1. 서비스 이용자의 기분이나 정서를 CESD-11 척도 [참고 1]를 사용하여 사정한다. 2. 서비스 이용자가 가지고 있는 현재 문제나 욕구를 확인한다. 이때 활용 가능한 검사 도구는 아래와 같다.(예시) ① 부모의 스트레스 척도 [참고 2] ② 사회적 지지 척도 [참고 3] 3. 서비스 이용자가 제시한 문제나 욕구를 구분하고 우선순위에 따라 목표목록을 만든다. 4. 상담에 대한 서비스 이용자의 기대가 무엇인지 파악한다. 5. 서비스 이용자가 호소하고 있는 문제나 욕구가 DSM-IV에 근거한 장애[6]에 기인한다면, 그 장애에 대해 설명하고 교육시킨다. 6. 서비스 이용자에게 목표목록에 따른 과업이나 세부 과제를 설명하고 제시한다. 7. 위의 과정을 요약·정리하고 서비스 이용자의 피드백을 얻는다.

다섯째, 설정한 목표를 성공적으로 달성하기 위한 상담계획과 전략을 수립한다.

예시

상담 목표: 아이의 행동에 화내지 않고 적절하게 대처하는 행동을 하고 싶다.
① 자녀를 때리거나 욕을 하지 않고 욕구를 표현하고 싶다.
② 남편과 아이들에게 짜증을 부리지 않는다.

상담전략:

- 화와 욕 속에 있는 고통스러운 불안한 감정경험(수치, 두려운, 분노, 절망, 모멸감, 자기혐오 등)에 대해 접촉하고 머물기
- 화를 낼 때의 마음속에 자녀를 잘 키우는 좋은 엄마이고 싶은 마음과 힘든 삶에도 불구하고 행복한 가정을 꾸리고 싶은 마음 등 타당화하기.
- 자녀에게 폭력과 욕을 하지 않고 자신의 욕구를 긍정적 목적어로 표현하기
- 마치 화가 나지 않은 것처럼 행동해 보기
- 아동학대에 관한 교육을 실시하기

여섯째, 서비스 이용자가 상담 과정을 잘 이해하고 협조적인 관계를 유지할 수 있도록 상담의 구조와 원리에 대해 충분히 설명한다. 즉, 비밀보장, 상담시간과 비용, 상담에 대한 전반적인 소개, 상담에서의 서비스 이용자의 역할, 상담에서 다루기로 합의한 문제·욕구나 목표, 구체적인 상담계획 및 절차 등에 대하여 충분히 숙지할 수 있도록 안내한다.

일곱째, 성공적인 상담을 위해서는 상담사의 전문적 능력뿐 아니라 서비스 이용자의 적극적인 참여가 중요함을 인식시킨다.

마지막으로 앞서 언급한 내용들을 서비스 이용자가 충분히 이해하고 동의하였음을

6) 최근 DSM-IV가 DSM-V로 개정됨에 따라 향후에는 DSM-V에 근거하여 장애를 판정해야 한다.

문서화하여 계약을 맺는다.

초기 상담의 8가지 주요 과업은 실제 현장에서는 아래 <표 6>과 같은 구조로 진행되는 경우가 일반적이다.

〈표 6〉 초기 상담의 구조와 형식(예시)

1. 신뢰와 치료적 관계를 형성한다.
2. 서비스 이용자의 문제와 욕구에 적합한 실천모델(예를 들면, 인지모델)과 상담과정에 대해 교육한다.
3. 서비스 이용자가 현재 당면하고 있는 문제와 어려움을 파악하고 희망을 준다.
4. 상담에 대한 기대를 이끌어내고 필요하다면 교정한다.
5. 회기 중에 파악된 정보를 통해 목표목록을 작성한다.
6. 초기 상담 첫 회기에 대한 피드백을 구한다.
7. 상담에 대한 목표를 설정한다.
8. 상담에 대한 구조화를 한다.

다. 관련 양식

초기 상담 단계에서는 다음과 같은 양식의 서류를 서비스 이용자가 직접 작성하도록 하거나 상담사가 작성하여 문서화한다. 상담기록지와 사례 개념화 요약지는 필수적으로 작성하고, 나머지 서식은 상담사의 필요에 따라 선택하여 작성한다.

〈표 7〉 초기 상담에서 필요한 관련 양식

관련양식	작성자	비고
① 상담기록지 [서식 3] ② 사례 개념화 요약지 [서식 4]	상담사	필수
③ 피드백 질문지 [서식 6] ④ 회기 연결 작업지 [서식 7]	상담사	선택
⑤ 매일 경험 일지 [서식 8] ⑥ 자동적 사고 기록지 [서식 9]	서비스이용자	

(3) 중기 상담 (4회기 ~ 20회기)

사례

김○○씨는 상담을 진행하면서, 자신이 진욱이(가명)를 돌보는 역할에만 충실하였다는 것을 자각하게 되었다. 아이를 돌보는 데 치중하면서 자신의 역할이 좁아졌고, 어머니와 아내의 역할을 하지 않았다는 것에 대해 살펴보았다. 배우는 것을 좋아하고 다른 사람과 어울리는 것을 좋아했던 자신의 성향에 대해서도 되돌아보면서, 자신의 역할과 활동의 영역을 확장할 필요가 있었다. 진욱이를 돌보면서 가정 밖에서의 즐거운 경험을 차단하였고 좁은 세상에서만 살고 있었다는 것을 새삼 깨닫기 시작했다. 영화를 보거나, 남편과 외식을 했던 경험이 거의 없었다. 남편은 김○○씨가 부부관계에 무관심하다고 불평하였고, 남편의 불평은 늘 부부싸움으로 이어졌다. '완벽한 돌봄', '완벽한 자기' '완벽한 가정'에 대해 느끼는 좌절감과 무기력감, 분노감에 대해서 이야기하였다. 역할의 영역을 확장하는 것을 방해하는 중요한 요인은 '완벽하고 싶어 하는 자기'라는 것에 대해 자각하기 시작했다. '부족하면 다른 사람들이 손가락질할 것 같아요', '잘하지 못하면, 다른 사람들이 욕할 것 같아요', '아이가 장애이니까 엄마가 더 잘해야 해'라는 생각들에 대해 살펴보았다. 자라온 환경을 살펴보니, 경상도 어머니와 아버지는 마음과는 달리 칭찬을 표현하는 데 인색했고, 인정에 대한 욕구가 컸던 김○○씨는 늘 부모에게 인정받고자 좀 더 잘하려고 애썼던 어린 시절에 대해 보고했다. 남동생이 있었는데, 공부가 뒤처져서 기죽어 있곤 했다. 이런 동생을 안쓰럽게 여겼던 부모님들은 누나에게 동생의 숙제를 도와주라고 요구하기도 하였고, 같은 점수, 같은 행동을 하더라도, 동생을 칭찬받고 누나는 칭찬받지 못했던 경험을 이야기하면서 눈물을 흘리기도 했다. 부족하다고 여겨지면 불편하지만, 불편함을 수용하고, 타인의 도움을 기꺼이 받아들이기로 하였다. 다른 조력자들과 '함께 협력'해 보기로 하였다. 담당의사의 조언을 수용하고, 타 전문가들과 상의하고 의견을 나누기로 하였다. 학교의 담당선생님들을 믿고 학교생활에 관여하던 것을 멈추기로 하였다. 가장 중요한 조력의 대상은 남편이었다. 자신의 역할을 나누는 과정에서 불안감을 표현하였고 불편한 감정에 대해 호소하곤 하였으나, 다른 조력자들의 도움과 관심을 얻는 데 점점 익숙해져 갔다. 협력자들의 도움을 얻고, 특히 남편의 도움을 받기 시작하면서, 진욱이를 돌보아야 한다는 심적 압박감이 적어졌고, 남편을 포함한 타인과 관계맺기에 흥미를 가지기 시작했다. 김○○씨의 변화는 진욱이의 행동문제에도 긍정적인 영향을 미쳤고, 의사와 상의하면서 아이의 문제행동이 감소하기 시작했다. 자신의 감정과 어려움을 나눌 수 있어 '속이 시원하다'라고 상담에 대한 소감을 이야기하였다.

가. 중기 상담의 목적

중기 상담의 목적은 서비스 이용자와의 합의된 문제 및 욕구를 해결하고 원하는 목표를 달성하기 위해, 집중적으로 변화를 위한 상담 작업을 수행하는 것이다.

나. 중기 상담의 주요 과업 및 내용

중기 상담의 주요 과업은 다음과 같이 크게 6가지로 정리할 수 있다.

1. 서비스 이용자 욕구의 구체화 작업
2. 욕구관련 요인 검토 및 통찰
3. 서비스 이용자의 저항 다루기
4. 대안 마련
5. 실천과 훈습
6. 중간점검

첫째, 서비스 이용자의 문제와 욕구를 구체화한다. [서식 1]의 상담신청서에서 파악된 내용을 바탕으로 서비스 이용자의 욕구 및 문제를 영역별로 더욱 세분화하여 파악한다.

둘째, 서비스 이용자의 문제와 욕구에 관련된 여러 요인들을 검토하고 이용자 스스로 통찰하도록 돕는다. 즉, 서비스 이용자의 과거 경험과 현재 상황 간의 관계를 인식하도록 하고, 이와 관련된 이용자의 감정과 욕구를 환기하거나 표출하도록 하며, 서비스 이용자의 내재된 성격이나 대인관계 유형 및 자신에 대해 통찰하고 인식하도록 돕는다.

예시

> 김○○씨의 과거 성장과정에서 부모와의 관계나 형제 관계를 상기하도록 하여, 과거의 경험이 현재의 완벽주의적 성격이나 '장애자녀의 엄마이기 때문에 모든 일을 더 완벽하게 해야 한다'는 믿음과 관련이 있음을 통찰하도록 도와주고, 김○○씨의 과거의 해결되지 못한 감정을 환기하도록 한다.

구체적으로 상담사는 서비스 이용자의 주관적인 생각과 반응의 틀을 발전시킨 역사적 맥락을 살펴보고자 다음 <표 8>과 같은 질문을 활용할 수 있다.

〈표 8〉 서비스 이용자의 역사적 맥락 파악을 위한 질문(예시)

- 현재 문제와 욕구를 발생시킨 초기 학습과 경험, 유전적 특성은 무엇인가?
- 내재된 믿음과 생각은 무엇인가?
- 문제를 발생시키거나 문제를 해결하는데 방해가 되는 요인은 무엇인가?
- 자신에 대해 어떻게 바라보고 있는가?
- 타인에 대해 어떻게 바라보고 있는가?
- 자신과 타인의 관계에 대해 어떻게 바라보고 있는가?

셋째, 서비스 이용자가 상담과정에서 저항감을 드러낼 경우, 상담사는 서비스 이용자의 저항이 상담사의 잘못이나 역전이에서 비롯된 것은 아닌지 자신을 점검하고 돌아보아야 하며, 상담사 자신의 문제를 개인분석이나 슈퍼비전 등을 통해 해결할 수 있다.

넷째, 서비스 이용자가 자신의 감정, 행동, 생각을 조절하거나 변화시키려는 욕구나 동기를 활성화시키고, 특정 문제나 욕구의 제거 및 완화를 위한 상담 기법의 적용과 그 효과성에 대해 논의를 함으로써 바람직한 대안적 행동을 마련한다.

다섯째, 서비스 이용자가 가지고 있었던 부적응적 경향성과 유형을 상담과정을 통해 조절하거나 변화시킬 수 있도록 하고, 새로운 통찰이나 스스로에 대한 인식을 실천에 옮기고 내면화하도록 돕는다.

여섯째, 서비스 이용자와 함께 결정한 목표와 과업들이 상담계획에 따라 잘 진행되고 있는지 중간점검하고 협의를 통해 반영한다.

중기 상담의 6가지 주요 과업은 실제 현장에서 아래 <표 9>과 같은 구조로 진행되는 경우가 일반적이다.

〈표 9〉 중기 상담의 구조와 형식(예시)

1. 최근의 정보와 기분을 검토한다.
2. 이전 회기와 연결한다. (회기 연결 작업지 첨부 [서식 7]
3. 의제를 설정한다.
4. 과제를 검토한다.
5. 의제에 대해 토의한다.
6. 회기를 요약한다.
7. 피드백을 받는다. (피드백 질문지 첨부 [서식 6])

다. 관련 양식

중기 상담 단계에서는 초기 상담 단계와 마찬가지로 다음과 같은 양식의 서류를 서비스 이용자가 직접 작성하도록 하거나 상담사가 작성하여 문서화한다. 상담기록지와 사례 개념화 요약지는 필수적으로 작성하고, 나머지 서식은 상담사의 필요에 따라 선택하여 작성한다.

〈표 10〉 중기 상담에서 필요한 관련 양식

관련양식	작성자	비고
① 상담기록지 [서식 3]	상담사	필수
② 사례 개념화 요약지 [서식 4] ③ 피드백 질문지 [서식 6] ④ 회기 연결 작업지 [서식 7]	상담사	선택
⑤ 매일 경험 일지 [서식 8] ⑥ 자동적 사고 기록지 [서식 9]	서비스이용자	

(4) 상담 종결 (21회기~24회기)

사례

협력자들에게 도움을 청하고 도움을 받게 되면서 발달장애 아들에 대한 부담이 조금 적어졌다고 하였다. 남편과의 의사소통이 호전되었고, 남편이 잘 못하는 부분이 있지만, 함께 협력한다는 느낌이 좋다고 하였다. 무엇보다 아들의 치료를 도울 수 있는 전문가와 협력을 수용하게 되었다. CESD-11 우울수준 척도 점수가 28점에서 10점으로 낮아졌다. 상담을 종결하지 않고 격주 혹은 한 달에 한 번이라도 지속하기를 원했다.

가. 상담 종결의 목적

서비스 이용자의 목표 및 과업이 어느 정도 달성되었는지 성과를 평가하고, 상담 과정에서 학습하고 실천한 내용들을 앞으로의 삶에서 잘 활용할 수 있도록 정리하며, 남은 문제가 있다면 어떻게 대처할 것인지 점검한다.

나. 상담 종결의 주요 과업 및 내용

상담 종결기의 주요 과업은 다음과 같이 크게 7가지로 나타낼 수 있다.

1. 상담에 대한 평가
2. 의존성의 극복과 독립심 키우기
3. 변화의 실천과 홀로서기의 준비
4. 재발 가능성 안내
5. 추가 상담에 대한 안내
6. 이별의 감정 다루기
7. follow-up 하기

첫째, 합의에 의해 종결이 결정되면 지금까지의 상담과정을 간단히 정리하고, 합의한 목표의 달성 여부 등 상담의 성과를 평가한다.

둘째, 순조로운 종결을 위해서는 서비스 이용자가 서비스 종결 후에도 책임감 있게 행동하고 적응적으로 대처할 수 있도록 지지하고 격려한다.

셋째, 서비스 이용자가 상담 기간 동안 터득하고 실천한 기술을 실제 생활에서 스스로 적용하여 활용할 수 있도록 돕는다.

넷째, 종결을 합의하였다고 해서 서비스 이용자의 문제와 욕구가 완전히 해결된 것은 아니고, 소거된 행동이나 과거의 부적응적 반응양식이 일시적으로 활성화될 수 있으므로, 이러한 재발 가능성을 충분히 알려준다.

다섯째, 상담 종결 후 서비스 이용자가 다시 어려움에 직면하는 경우 추가적으로 상담을 받을 수 있음을 알려주어, 서비스 이용자가 안심하고 상담을 종결할 수 있도록 한다.

여섯째, 상담 기간 동안 서비스 이용자와 상담사 간에 맺었던 상담 관계를 순조롭게 끝내기 위해, 서로의 감정을 충분히 다룬다.

마지막으로 상담 종결 후 3~6개월 후에 follow-up을 하는 것이 일반적인데, 이전의 상담과정에서 습득하고 달성한 변화가 계속 유지되고 있는지를 확인하고 추가적인 서비스 이용이 필요한지 여부를 판단한다.

이러한 상담 종결기의 주요 과업은 실제 현장에서 아래 <표 11>과 같은 방식으로 이루어지기도 한다.

〈표 11〉 상담 종결의 내용(예시)

1. 종결에 대해 솔직하게 논의한다.
2. 상담을 종결하는 것이 슬픈 과정임을 표현하도록 한다.
3. 서비스 이용자가 자신감을 갖고 자발적으로 인식할 수 있도록 도와준다.
4. 반응이 없는 경우는 이에 대해 다룬다.
5. 상담의 지속에 대해 다룬다.

다. 관련 양식

상담 종결 단계에서도 다음과 같은 양식의 서류를 서비스 이용자가 직접 작성하도록 하거나 상담사가 작성하여 문서화한다. 상담기록지는 필수적으로 작성하고, 나머지 서식은 상담사의 필요에 따라 선택하여 작성한다.

〈표 12〉 상담 종결에서 필요한 관련 양식

관련 양식	작성자	비고
① 상담기록지 [서식 3] ② 상담효과성 평가결과 보고 [서식 5]	상담사	필수
③ 피드백 질문지 [서식 6] ④ 회기 연결 작업지 [서식 7]	상담사	선택
⑤ 매일 경험 일지 [서식 8] ⑥ 자동적 사고 기록지 [서식 9]	서비스 이용자	
⑦ 우울척도(cesd-11) 검사 [참고1]	서비스 이용자	필수

참고문헌

강선경(2002). 장애자녀를 둔 부모의 태도, 스트레스 대처 및 사회적 지원이 그들의 생활만족도에 미치는 영향에 대한 연구. 정신건강과 사회복지, 14, 7-35.

강은숙, 박윤이, 이영민, 이지연, 이택영 공저(2014). 특수아동 치료교육 및 심리상담. 계축문화사.

강진령(2011). 집단과정과 기술. 학지사.

고상은(2019). 의사소통장애와 언어치료에 대한 예비유아 교사의 인식 조사. 대구대학교 재활과학대학원 석사학위논문.

교육부(2022). 장애인 등에 대한 특수교육법 시행령, 대통령령 제32722호.

교육부(2023). 장애인 등에 대한 특수교육법 시행령, 대통령령 제33406호.

교육부(2023). 장애인 등에 대한 특수교육법, 법률 제19189호.

구본권, 김인옥, 박소연, 최종덕(1998). 장애아동 부모의 양육 스트레스와 사회적 지원이 삶의 만족도에 미치는 영향. 한국심리학회지: 건강, 3(2), 15-30.

국민건강보험공단(2023). 2018~2022년 ADHD 진료인원 현황.

권요한(1998). 장애학생 부모교육 프로그램. 국립특수교육원.

김경진(2004). 청각장애인의 의사소통과 대인관계 형성에 관한 연구. 한국복지대학교 논문집, 15, 45-60.

김동일, 김계현, 김병석, 김봉환, 김창대, 김혜숙, 신종호 공저(2014). 특수아동상담. 학지사.

김미경(2011). 특수아동 부모교육 및 상담. 학지사.

김민정(2013). 지적장애 학생의 긍정적 행동지원을 위한 사회적 상호작용 증진 방안. 특수교육연구, 15(2), 45-67.

김성희, 변용찬, 손창균, 이연희, 이민경, 이송희, 강동욱, 권선진, 오혜경, 윤상용, 이선우(2011). 2011년 장애인 실태조사. 보건복지부, 한국보건사회연구원.

김수연(2019). 비디오 자기 모델링을 활용한 공감훈련 프로그램이 지적장애 중학생의 사회적 기술에 미치는 효과. 지적장애연구, 21(1), 1-25.

김영숙, 윤여홍 공저(2009). 특수아상담의 이해. 교육과학사.

김정권, 이상춘, 여광응, 조인수(1993). 정신지체아 지도의 이론과 실천. 성원사.

김진경, 최종덕, 박소연(2008). 장애아동과 일반아동 어머니의 양육태도 및 감각처리 비교연구. 대한작업치료학회지, 16(1), 45-54.

김현식(1991). 지체장애아의 성격특성에 관한 연구. 단국대학교 대학원 석사학위논문.

노안영(2005). 상담심리학의 이론과 실제. 학지사.

박수경(2006). 지체장애인의 장애수용과 영향요인. 한국사회보장학회, 22(1), 265-286.

박자경(2009). 사회적 지지와 장애인의 삶의 만족도 관계 분석. 한국장애인고용공단 고용개발원.

박지연, 김미선, 이정은(2006). 의사소통장애의 진단과 중재에 대한 특수교사의 인식. 이화여자대학교 특수교육연구소, 5(2), 77-102.

박지혜, 김화수, 이은주(2014). 지적장애 아동의 화용언어 특성. 한국지적장애교육학회, 16(2), 153-175.

박태수, 고기홍 공저(2007). 개인상담의 실제. 학지사.

박화란, 배인호, 이용환(2019). 언어장애와 언어재활에 대한 소아청소년과 의료인의 인식과 이해. 언어치료연구, 28(4), 155-161.

박화문(2001). 특수아동교육. 교육과학사.

보건복지부(2012). 우리아이 심리지원 서비스.

보건복지부(2022). 장애인 복지법 시행규칙, 보건복지부령 제932호.

보건복지부(2023). 장애인 복지법, 법률 제19609호.

보건복지부(2024). 장애인 복지법 시행령, 대통령령 제34731호.

서유진(2010). 예비교사의 통합교육 역량 강화를 위한 특수교육학개론 교직과목의 운영방안 모색. 특수교육연구, 12(2), 45-67.

송미경, 최윤희(2013). 특수아상담. 시그마프레스.

송정순(2000). 발달장애아 부모교육 프로그램의 모형 개발. 아주대학교 교육대학원 석사학위논문.

송준만, 유호순(1997). 특수아지도. 한국방송대학교 출판부.

안재범(1999). 장애아동 어머니의 양육 스트레스와 사회적 지원이 삶의 만족도에 미치는 영향. 한국심리학회지: 건강, 4(1), 1-15.

안정선, 오승진(2012). 집단미술치료 프로그램이 장애아동 부모의 양육스트레스 감소와 자아존중감 향상에 미치는 연구. 예술심리치료연구, 8(1), 21-39.

오영주(2008). 유아의 언어능력과 또래유능성의 관계. 서원대학교 교육대학원 석사학위논문.

원호택 외 공역(1999). Beck-우울증의 인지치료. 학지사.

윤순이(2010). 지체장애인의 자립생활에 영향을 미치는 요인. 백석대학교 기독교전문대학원 박사학위논문.

윤여홍(2000). 영재의 심리적 특성과 정서발달을 위한 상담. 한국심리학회, 19(1), 79-101.

윤치연, 이영순, 천성문 공저(2004). 특수아상담 및 치료교육 프로그램. 학지사.

이동열(1986). 정서 장애아의 부모 상담. 정서·행동장애연구, 2(2), 82-84.

이미숙(2016). 일반 노인의 인지-언어 능력과 삶의 질 간 상관성. 대구대학교 특수교육재활과학연구소, 55(4), 143-161.

이상복(2000). 발달장애의 신개념 소개와 지도방법. 제18회 정서장애아 및 학습장애아 교육연수자료집. 한국정서·행동장애아교육학회.

이세정(2008). 음악 놀이 활동이 정신지체아동의 자아개념 및 사회성에 미치는 영향. 단국대학교 특수교육대학원 석사학위논문.

이소현, 박은혜(1998). 특수아동교육. 학지사.

이승희(2009). 자폐성 장애아동의 의사소통 특성 및 중재 방안. 특수교육저널: 이론과 실천, 10(2), 45-67.

이장호(1982). 상담심리학입문. 박영사.

이태훈(2005). 시각장애인의 재활과 고용을 위한 시각장애인 재활개론. 월드사이언스.

이효정, 오인수, 이영선, 최하영 공저(2012). 특수아 상담. 학지사.

임경옥, 박경화, 조현정 공저(2017). 특수교육학개론. 학지사.

장미경, 이은경, 주영아 공저(2015). 집단상담의 기초. 한국방송통신대학교 출판문화원.

정대영, 최정아(2010). 장애아동 부모와 일반아동 부모의 심리적 안녕감 비교. 정서·행동장애연구, 26(3), 319-343.

정성란, 고기홍 김정희, 권경인, 이윤주, 이지연, 천성문 공저(2013). 집단상담. 학지사.

정해동, 김주영, 박은혜, 박숙자(1999). 장애학생을 위한 보완·대체의사소통 지도. 국립특수교육원.

조성재(2007). 장애인의 심리·사회적 적응을 위한 재활 상담 기법 및 중재방안. 특수교육저널: 이론과 실천, 8(2), 493-508.

조용태(1995). 정신지체아동의 가정환경변인과 또래수용도와의 관계. 대구대학교 대학원 박사학위논문.

조용태, 이선미(2004). 특수아 상담의 이해와 전략. 특수교육.

조윤경, 강지현, 이경이 공저(2014). 특수아상담 및 가족지원. 공동체.

조정연, 김영숙, 박상의 공저(2008). 특수아동상담. 박학사.

천성문 역(2001). 아동상담의 이론과 실제. 시그마프레스.

최중옥(1997). 특수아동의 이해와 지도. 교육과학사.

최중옥, 박희찬, 김진희(2005). 정신지체아 교육. 양서원.

홍경자(2001). 자기이해와 자기지도력을 돕는 상담의 과정. 학지사.

홍려교(2001). 스포츠참여와 지체장애인의 장애수용 및 신체상에 관한 연구. 이화여자대학교 박사학위논문(미간행).

American Association n Mental Retardation (1992). Mental Retardation: Definiton, classification and systems of supports (9th ed.). Washington, DC: Author. 박승희 역(1994). 정신지체의 정의, 분류, 지원의 체계. 교육과학사.

American Association on Mental Retardation (2002). Mental Retardation: Definition, Classification and systems of supports (pp. 14-15). Washington DC: Author.

American Psychiatric Association. (2000). Diagnostic and statistical manual of mental disorders (4th ed., text rev.). American Psychiatric Association.

Baker, B. L., Blancher, J., Kopp, C. B., & Kraemer, B. (1997). Parenting children with mental retardation. In: Bray NW, editor. International review of research in mental retardation. Academic Press; San Diego, CA: 1997. pp. 1-45.

Baker, B. L., McIntyre, L. L., Blacher, J., Crnic, K., Edelbrock, C., & Low, C. (2003). Pre-school children with and without developmental delay: behaviour problems and parenting stress over time. *Journal of Intellectual Disability Research*, *47*(4-5), 217-230.

Baker, K, & Donelly, M. (2001). The social experiences of children with disability and the influence of environment: A framework for intervention. *Disability and Society*, *16*(1), 71-85.

Barkley, R. A. (1981). Hyperactive children: A handbook for diagnosis and treatment. Guilford Press.

Beck, A. T. (1967). *Depression: Clinical, Experimental, and Theoretical Aspects*. New York: Harper & Row.

Berkowitz, L. (1974). Some determinants of impulsive aggression: Role of mediated associations with reinforcements for aggression. *Psychological Review*, *81*(2), 165-176.

Boucher, J., & Lewis, V.(1992). Unfamiliar face recognition in relatively able autistic children, *Journal of Child Psychology and Psychology and Psychiatry*, *33*, 843-859.

Brueggemann, B. J. (1999). Lend me your ear: Rhetorical constructions of deafness. Gallaudet University Press.

Carr, W. (1995) `Education and Democracy: Confronting the Postmodernist Challenge', *Journal of Philosophy of Education*, *29*, 1, 75-91.

Corey, G. (2003). 심리상담과 치료의 이론과 실제 (조현춘 & 조현재, 역). 시그마프레스. (원저 출판 2001년).

Corey, G.(1991). *Theory and practice of counseling and psychotheraphy* (4th ed). Belmont.

Cormier, S., & Hackney, H. (2004). *Counseling Strategies and Interventions* (6th ed.). Pearson Education.

Doll, E. A. (1941). The essentials of an inclusive concept of mental deficiency. *American Journal of Mental Deficiency*, *46*, 214-229.

Droll, D. M. (1984). *Forgiveness : Theory and research.* Unpublished doctoral dissertation. University of Nevada-Reno.

Ellis, A. (1989). *Rational Emotive Behavior Therapy: A Therapist's Guide*. New York: Springer Publishing Company.

Ellis, A. (2001b). *Feeling Better, Getting Better, Staying Better: Profound Self-Help Therapy for Your Emotions*. Impact Publishers.

Ellis, A., & Dryden, W. (1997). *The Practice of Rational Emotive Behavior Therapy* (Rev. ed.). Springer Publishing Company.

Ellis, A., & Dryden, W. (2007). *The Practice of Rational Emotive Behavior Therapy* (2nd ed.). Springer Publishing Company.

Enright, R. D., Gassin, E. A., & Wu, C. (1992). Forgiveness: A development view. *Journal of Moral Education, 2*, 99-114.

Fantuzzo, J., Sutton-Smith, B., Coolahan, K., Manz, P., Canning, S., & Debnam, D. (1995). Assessment of preschool play interaction behaviors in young low-income children: Penn Interactive Peer Play Scale. *Early Childhood Research Quarterly*, *10*(1), 105-120.

Flick, G. (1998). The interpretation of dreams. standard Edition. Vol.4.

Fortier, L. M., & Wanlass, R. L. (1984). Family crisis following the diagnosis of a handicapped child. *Family Relations*, *33*(1), 13-24.

Frith, U. (1989). *Autism. Explaining the enigma*. Oxford, England: Basil Blackwell.

Gadow, K. D. (1987). Comparison of behavioral and pharmacological interventions for hyperactive children: Effects on academic performance. *Journal of Abnormal Child Psychology*, *15*(4), 531-546.

Gardner, H. (1973). *The quest for mind: Piaget, Levi-Strauss, and the structuralist movement*. Alfred A. Knopf.

Gassin, E. A. (1995) *Social cognition and forgiveness in adolescents romance: An intervention study.* Unpublished doctoral dissertation, University of Wisconsin-Madison.

Glasser, W. (1985). *Control Theory: A New Explanation of How We Control Our Lives*. Harper & Row.

Glickman, N. S. (1993). *Deaf identity development: Construction and validation of a theoretical model* (Unpublished doctoral dissertation). University of Massachusetts, Amherst.

Hackney, H. L., & Cormier, S. L. (1994). *Counseling strategies and interventions*. Allyn and Bcom. 임성문. 이주성. 최국환. 김윤주. 이누미야 요시유키. 안형근. 육성필 옮김(2004). 심리상담의 과정과 기법. 시그마프레스.

Hallahan, D. P., & Kauffman, J. M. (1994). *Exceptional Children: Introduction to Special Education* (6th ed.). Allyn and Bacon.

Hallahan, D. P., & Kauffman, J. M. (1995). *Exceptional learners: An introduction to special education* (6th ed.). Allyn & Bacon.

Hallahan, D. P., & Kauffman, J. M. (2003). *Exceptional learners: Introduction to special education* (9th ed.). Allyn & Bacon.

Heinze, A., & Rotatori, A. F. (1986). Counseling children with visual impairments. In J. L. Matson & J. A. Mulick (Eds.), *Handbook of counseling and psychotherapy with special populations* (pp. 179–196). Springer.

Heirman, E., Loots, G., & Devise, I. (2015). Deaf adolescents and their close relationships: A study of deaf adolescents and their hearing and deaf friends, partners, and siblings. *Journal of Deaf Studies and Deaf Education*, *20*(3), 291-302.

Heward, W. L. (1996). *Exceptional Children: An Introduction to Special Education* (5th ed.). Merrill/Prentice Hall.

Hill, C. E. (2014). *Helping Skills: Facilitating Exploration, Insight, and Action* (4th ed.). American Psychological Association.

Hill, C. E. (2014). *Helping Skills: Facilitating Exploration, Insight, and Action*, Third Edition. Amazon Kindle. 주은선 역. 상담의 기술. 학지사.

Hill, C. E. (2014). 상담 기술: 탐색, 통찰, 실행 촉진하기 (주은선 역). 학지사. (원저 출판 2014년)

Kirk, S. A., & Gallagher, J. J. (1996). *Educating exceptional children* (8th ed.). Houghton Mifflin.

Klin A, Volkmar F, Sparrow S, editors(2000). *Asperger syndrome*. New York: Guilford Press

Krueger, L. E.(1981, 1982). Single judgment of numerosity. *Perception and Psychophysics*, *51*, 175-182.

Levine, L. M. (1980). Counseling deaf children and adolescents: The need for specialized training. *Journal of Rehabilitation of the Deaf*, *13*(3), 1–7.

Lewis, R. B., & Doorlag, D. H. (1994). *Teaching special students in general education classrooms* (4th ed.). Merrill/Prentice Hall.

Luborsky, E. B., O'Reilly-Landry, M., & Arlow, J. A. (2011). Psychoanalysis. In R. J. Corsini & D. Wedding (Eds.), *Current psychotherapies* (9th ed., pp. 15-66). Belmont, CA: Brooks/Cole, Cengage Learning.

Maes, B. (1978). *Stress and Coping in Families of Children with Special Needs.*

Majerova, H. (2017). The Person in a Situation of Visual Impairment and its Perception and Imagination from the Qualitative Viewpoint. *Procedia - Social and Behavioral Sciences, 237*, 751-757.

Mamas, C., Daly, A. J., & Hall, J. S. (2020). Social participation of students with special educational needs in inclusive settings: A social network perspective. *Frontiers in Education, 5*, 561-662.

Mauger, P.A. Freeman, T., McBride, A.G., Perry, J.E., Grove, D.C. & Mckinney, K.E.(1992). The Measurement of Forgiveness : Preliminary Reseach. *Journal of Psychology and Christianity, 11*, 170-180.

McGown, R. (1982). Parents of handicapped children: Needs and services. *Journal of Child Psychology and Psychiatry, 23*(2), 121-129.

Meichenbaum, D. (1997). *Cognitive-behavior modification: An integrative approach.* Plenum Press.

Meichenbaum, D. (2007). Stress inoculation training: A preventative and treatment approach. In P. M. Lehrer, R. L. Woolfolk, & W. E. Sime (Eds.), *Principles and practice of stress management* (3rd ed., pp. 497-518). Guilford Press.

Meyen, E. L. (1996). *Exceptional children in today's schools: What teachers need to know.* Love Publishing Company.

Miller, S. M. (2005). *Factors that influence quality of life in individuals with developmental disabilities: adaptation of a rehabilitation model.* Unpublished doctoral dissertation, University of Wisconsin-Madison.

Nelson, K. B., & Ellenberg, J. H. (1986). Antecedents of cerebral palsy. Multivariate analysis of risk. *The New England Journal of Medicine, 315*(2), 81-86.

Peck, M. S. (1994). *Further along the road less traveled: the ending.* Simon & Schuster.

Pelham, W. E., & Evans, S. W. (1992). Teacher ratings of DSM-III-R symptoms for the disruptive behavior disorders: Prevalence, factor analyses, and conditional probabilities in a special education sample. *School Psychology Review, 21*(2), 285-299.

Reiman, J. W., & Bullis, M. (1989). Community integration of young adults with deafness: A follow-up study. *Exceptional Children, 55*(6), 507–515.

Robbins, A. (2000). Language development. In: Waltzman S, Cohen N. (Eds.) *Cochlear Implants*. NY: Thieme.

Rogers, C. R. (1970). *Carl Rogers on Encounter Groups*. Harper & Row.

Rogers, S. J., Ozonoff, S., & Maslin-cole, C. (1993). Developmental aspects of at-tach-ment behavior in young children with pervasive developmental disorders. *Journal of the American Academy of Child and Adolescent Psychiatry, 32*, 1274-1282.

Russell, D, M. (2004). Brain injury: A family perspective. In M. Lash, D. B. McMorrow, K. Tyler, & T. Antoinette (Eds.), *Training manual for certified brain injury specialists* (3rd ed., pp. 143-154). American Academy for the Certification of Brain Injury specialists.

Rutter, M.(1970). Autistic children: infancy to adulthood. *Seminars in Psychiatry, 24*, 35-450.

Salomone, P. R. (1996). Tracing Super's theory of vocational development: A 40-year retrospective. *Journal of Career Development, 22*(3), 167-184.

Schaefer, C. E., & Millman, H. L. (1994). *How to help children with common problem*. Jason Aronson Inc.

Schwab, S., Sharma, U., & Loreman, T. (2021). Are we included? Secondary students' perception of inclusion climate in their schools. *European Journal of Education, 56*(1), 46-61.

Scorgie, K., & Sobsey, D. (2000). Transformational outcomes associated with parenting children who have disabilities. *Mental Retardation, 38*(3), 195-206.

Seligman, M, (2000). *Conducting effective conferences with parents of children with disabilities: A guide for teachers*. New York: Guilford press.

Seligman, M., & Darling, R. B. (2007). *Ordinary families, special children: A systems approach to childbood disability* (3rd ed.). New York: Guilford press.

Spencer, P. (1993). Communication behaviors of infants with hearing loss and their hearing mother. *Journal of speech and hearing prsearch, 36*, 311-321.

Sue, D. W. (1990). *Counseling the Culturally Different: Theory and Practice*. Wiley.

Thompsonm, C. L., & Rudolph, L. B. (2000). *Counseling Children* (5th ed.). Brooks/Cole.

Tuttle, D., & Ferrell, K. (1995). *The Art of Teaching Visually Impaired Students*.

U.S. Department of Education. (1974). Family Educational Rights and Privacy Act

(FERPA), Public Law 93-380. U.S. Government Printing Office. Retrieved from https://www.govinfo.gov/content/pkg/STATUTE-88/pdf/STATUTE-88-Pg484.pdf

Volkmar, F. R. (2000). Diagnostic issues in Asperger syndrome. *Journal of Autism and Developmental Disorders*, *30*(6), 457-460.

Warren, D. H. (1994). *Blindness and Children: An Individual Differences Approach.* Cambridge University Press.

WHO, ICD-11 Foundation(https://icd.who.int/dev11/f/en/, 2020.

Wolf, A. (1969). *The psychoanalytic group: The emergence of leadership*. Grune & Stratton.

Wolitzky, D. L. (2011a). Psychoanalytic psychotherapy. In J. C. Norcross, G. R. VandenBos, & D. K. Freedheim (Eds.), *History of psychotherapy: Continuity and change* (2nd ed., pp. 93-120). American Psychological Association.

Woolfson, L., & Grant, E. (2006). Authoritative parenting and parental stress in parents of pre-school and older children with developmental disabilities. *Child: Care, Health and Development*, *32*(2), 177-184.

AUTHOR 저자소개

양종국

건국대학교 대학원에서 교육학박사를 취득하고, 현재는 한경국립대학교 사회통합학부 상담심리교육전공교수, 장애대학생들을 위한 재활심리치료교육센터장을 운영하고, 한경국립대학교 교육대학원장의 직무를 수행하고 있으며, 우리나라 최초로 장애학생들만을 위한 장애상담심리전공을 대학원과 학부에 개설하여 장애인 전문상담교사를 양성하고 있고, 장애인들을 위한 KBS3라디오 "함께하는 세상만들기"에서 장애인을 위한 심리상담 프로그램 양종국교수의 마음읽기를 매주 화요일에 방송하고 있다. 한국군경상담학회장, 한국학습상담학회장, 한국상담학회 기획부회장, 총무이사 등을 역임하였고, 현재는 한국노인상담학회 부회장, 한국진로교육학회부회장과 경기도 장애인부모회, 평택시 장애인부모회 등 장애인 상담심리전문가로 활동하고 있다.

특수아상담 및 사례

초판 1쇄 발행 / 2024년 12월 31일
초판 2쇄 발행 / 2025년 9월 10일

●

저 자 / 양 종 국
발행인 / 이 중 수
발행처 / **동 문 사**

●

서울특별시 서대문구 홍제원 1길 12
(홍제동 137-8)
Tel: 02)736-3718(대), 736-3710, 3720
Fax: 02)736-3719
등록번호: 1974.04.27. 제9-17호
가격: 33,000원

●

ISBN: 979-11-6328-615-8 (93370)
E-mail: dong736@naver.com
www.dongmunsa.com